工商管理经典译丛 | Business Administration
市场营销系列 | Classics·marketing

广告学

原理与实务

Advertising & IMC

Principles & Practice

第 11 版

Eleventh Edition

[美] 桑德拉·莫里亚提（Sandra Moriarty）
南希·米切尔（Nancy Mitchell）
查尔斯·伍德（Charles Wood）
威廉·维尔斯（William Wells）
著

桂世河　汤　梅
译

中国人民大学出版社
·北　京·

工商管理经典译丛·市场营销系列

出版说明

随着我国市场经济的不断深化，市场营销在企业中的地位日益突出，高素质的市场营销人才也成为企业的迫切需要。中国人民大学出版社早在1998年就开始组织策划“工商管理经典译丛·市场营销系列”丛书，这是国内第一套引进版市场营销类丛书，一经推出，便受到国内营销学界和企业界的普遍欢迎。

本丛书站在当代营销学教育的前沿，总结国际上营销学的最新理论和实践发展的成果，所选图书均为营销学界有影响的专家学者所著，被世界各国（地区）的高校师生和企业界人士所广泛使用。在内容上，涵盖了营销管理的各个重要领域，既注意与国内营销学相关课程配套，又兼顾企业营销的实际需要。

市场营销学是实践性很强的应用学科，随着我国企业营销实践的日渐深入和营销学教育的快速发展，本丛书也不断更新版本，增加新的内容，形成了今天呈现在读者面前的这一较为完善的体系。今后，随着营销学的发展和实践的积累，本丛书还将进行补充和更新。

在本丛书选择和论证过程中，我们得到了国内营销学界著名专家学者的大力支持和帮助，原我社策划编辑闻洁女士在早期的总体策划中付出了大量的心血，谨在此致以崇高的敬意和衷心的感谢。最后，还要特别感谢为本丛书提供版权的培生教育出版集团、约翰威立公司、麦格劳-希尔教育出版公司、圣智学习出版公司等国际著名出版公司。

希望本丛书对推动我国营销人才的培养和企业营销能力的提升持续发挥应有的作用。

中国人民大学出版社

译者序

自1710年英国新闻工作者约瑟夫·艾迪生（Joseph Addison）提出“广告是告知（inform）”的新闻观以来，世界广告理论发展历经300余年。在中外流行的广告定义中，先后出现了“新闻”“介绍”“推销”“宣传”“介绍与促销”“传播”“营销”“营销传播”等邻近的属概念。这一演进过程是广告理论从工业文明迈向信息文明的必然结果，从而逐步摒弃“征服”消费者的企业单边主义，构建具有主体间性的传播命运共同体。

值得一提的是，在20世纪中叶之后，伴随信息生产力的提高和传播学的兴盛，广告被纳入营销传播领域。其间，弗雷德·梅斯纳（Fred Messner）1964年第一次使用“营销传播”概念进行专论，吹响了从广告的促销观转向营销传播观的号角；劳伦·克兰（Lauren Crane）1965年第一个明确倡导用“营销传播”取代“促销”，并形成世界上第一部营销传播学专著：《营销传播学：一种关于人、信息和媒介的行为观》（*Marketing Communications: A Behavioral Approach to Men, Messages, and Media*）。

到20世纪70年代之后，广告又进入整合营销传播的范畴。弗雷德里克·韦伯斯特（Frenerick Webster）在1971年出版的《营销传播：现代促销战略》（*Marketing Communication: Modern Promotional Strategy*）一书引入协同理论，专章讨论“传播要素协同”，将营销传播“组合”推向“整合”，整合营销传播理论就此萌芽。到1986年，韦恩·德罗齐耶（Wayne DeLozier）与特伦斯·森普（Terence Shimp）一起在《促销管理与营销传播学》（*Promotion Management and Marketing Communications*）一书中直接以“整合营销传播与促销计划”为章名，正式宣告营销传播组合理论转向整合营销传播（IMC）理论。随后，1989年唐·舒尔茨（Don E. Schultz）既领衔给出整合营销传播的第一个定义，又领衔初创IMC的理论体系，因此被世人尊称为“整合营销传播之父”。

整合营销传播理论体系初创后，其目标先后经历塑造统一品牌形象、建设品牌关系、提升品牌资产的演进，因而从战术层面、质性思辨和主客二元日渐转向战略层面、财务量化与主体间性。进入21世纪，随着信息社会的数字化加速，“传播乃共创”的特征日益凸显，广告主与利益相关者在品牌接触点上共创共享价值成为当前和未来的整合营销传播目标。

《广告学：原理与实务》（第11版）是世界知名传播学者和营销学者共同合作的结

晶，继续深化往版“万事皆传播”“传播乃营销，营销乃传播”的观念，在一定程度上把“传播”而不是“交换”当作营销的核心概念，以此构筑社会数字化背景下的对话式、价值共创式的整合营销传播框架。

本书从1989年出版至今，一直作为广告与整合营销传播领域的全球权威教学用书之一。英文第9版的书名已凸显整合营销传播主旨，而中文版书名为了保持延续性，仍为《广告学：原理与实务》。第11版中文版考虑到实用性和可读性，未纳入原著第10章“促销文案写作”和第18章“社会影响、责任与道德”，读者可阅读中国人民大学出版社的英文影印版相关内容。另外，由于受第三方版权的限制，本版原著一些内容无法译出，包括第4章和第14章的章首案例及“成功秘诀”专栏、大部分章节中的“原理性问题”“实务性问题”等专栏、大量图片和少量引文。本书各章的注释制作了二维码放在章末，也可在中国人民大学出版社网站（www.crup.com.cn）上查阅。因此，第11版中文版比以往版本的总字数减少一半。不过，这恰似“浓缩”，反而更切合中国高校广告学、营销学、电子商务、工商管理等专业学生的选用。作为工商管理经典译丛图书，前几版已被湖南大学、武汉理工大学、中国地质大学等众多高校相关专业的本科生、研究生选作重点阅读书目。

可以说，18世纪、19世纪的广告理论集中于英国，20世纪的广告理论繁荣于美国。可以预见，中国将引领21世纪的广告与整合营销传播理论。翻译图书作为中西文明交流互鉴的一种体现，希望读者以“拿来主义”的姿态面对，努力创立中国营销传播学派。之所以有如此信心，是因为中国历来不缺乏创新精神。例如，我国南北朝时期的《上清太极真人神仙经》一书中就使用了“广告”一词，到1899年、1900年，张之洞、陈衍领导下的《湖北商务报》秉持“以夏变夷”“断裂式滋补”的首创精神，首推我国“广告”概念的现代化转型。在中国广告教育从1910年左右兴起之时，广告学者李廷翰就结合我国实际著书立说，完成本土化的中国第一本广告教材——《广告术》。

参与本书初译和第一次校稿的学生有重庆大学外国语学院硕士金上然（第1章、第6章、第8章、第9章），武汉大学营销专业学生杨好佳（第2章、第3章、第15章）、余祺可昕（第4章、第13章）、杨涵之（第5章）、洪正妮（第7章、第14章）、陈贞全（第9章、第12章），三峡大学田家炳教育学院硕士桂雪（第10章、第11章、第16章）。初稿和第一次校稿完成后，因受第三方版权的限制，全书内容需要重新梳理和校译，又得到了武汉工商学院文法学院汤梅副教授（第1章、第6章、第7章、第16章）、武汉大学信息管理学院硕士罗婷（第4章、第5章、第9章、第10章、第12章、第13章）、重庆大学外国语学院硕士金上然（第2章、第3章、第8章、第9章、第11章）、中南民族大学文学与新闻传播学院吴梓毓（第9章、第14章、第15章）的大力协助。湖南大学新闻与传播学院广告系主任莫梅锋教授、中国地质大学艺术与传媒学院汪潇博士、武汉纺织大学传媒学院熊蕾副教授、湖北大学外国语学院刘柯兰副教授、武汉工商学院文法学院汤梅副教授，都积极响应本书的编译与统稿。中国人民大学出版社石岩编辑在内容的选择、编排、衔接以及第三方版权协调等事宜上付出了诸多辛劳。在此，万分感谢这些学生、朋友、高校同行以及中国人民大学出版社的鼎力支持。

尽管我们对第 11 版英文原著进行了反复推敲，但由于对社会数字化转型中的广告与整合营销传播理论与实践重构的理解欠深，加上翻译水平有限，难免出现不妥之处，敬请广大读者指正。

桂世河

前言

转型中的知识重构与洞察

当你上外语课时，会发现自己不仅疲于应付词汇，而且疲于应付怎样思考、如何过自己的生活、如何联系他人。在某种程度上，对营销传播研究的体验类似于学习一门外语，因为学习广告、公关、直销、促销等营销传播的一门课程或一篇课文就开启了一个新的语言领域：对老观念而言，存在新词汇；对难以理解的概念而言，存在新术语；对实务幕后而言，存在新短语；对于震惊世界的理论而言，存在新观点。

如今的营销传播不只是一门新语言，是对自己、对母亲、对挚友在课堂上、电话里抑或短信中说话的一种新方式。由于媒介出现了新的形态与互动方式并创造了机会，营销传播的核心正被教授和学术界重构。《广告学：原理与实务》（第 11 版）将助你获取新语言、新情报、新洞察，与时俱进。

我们不只要重构交谈的新方法，不只在使用新媒介、采取新方法上利用旧媒介，也正根据那些能延伸、连接、重塑对话和思维的计算机、在线设备和信息系统来调整我们的思维与行动。当打电话或发推文时，难道你没有开展与以往不同的对话？为了切合媒介形态的要求，难道你没有浓缩或扩展你的思想？

不过，在这些交谈方式的背后，存在一个让你能够参与对话的情报：需要了解与你交谈的人。更重要的是，能洞察这些人的信念与行为。

在营销传播中，计算机驱动的传播方式正在发生转型，诸如人工智能（AI）、虚拟现实（VR）、物联网（IoT）等热门主题正创造一种对话式互动，更个性化，更与个人相关。这些东西在重构我们的学习、工作、旅游、游戏以及组织和管理我们周围的世界上潜力巨大。

人工智能的机理在于能够挖掘数据并找到消费者行为模式。VR 是一种图像系统，能基于大数据提供现实生活场景和体验。例如，戴上一副眼镜，就能在没有离开展厅的情景下驾驶一辆新车。物联网是指微型计算机之间的所有传播和连接，而这些微型计算机嵌入我们所穿、所住的东西，嵌入汽车、办公室、商店，就像 Fitbit[①]、

---

① Fitbit 通过追踪全天活动、锻炼、睡眠和体重，帮助人们过上健康、平衡的生活。——译者

Siri[①]、家里的温控系统或汽车里的全球定位系统（GPS）设备。

放在房间里的亚马逊 Echo 恰如一个电子守门人，是一款私人免提、可用语音激活的“数字助理”，能帮助你找到最好的餐馆并预约，呼叫朋友、留言，寻找体育比分，控制房间温度，播放你喜欢的音乐。

这些系统汇集的数据与系统本身提供的信息、反馈的信息一样多。对消费者来说，意味着简化了任务。例如，要求 Alexa 订购星巴克咖啡时，Alexa 就会根据你最后一次订购的地点、时间、东西来记住你的偏好。对于组织来说，这些信息驱动的体验令以顾客想要的方式交付其想要的产品或服务变得更容易。

“大数据”这一术语描绘了关于消费者信息、互动、偏好和体验的海量数据库，能够用于创造或强化品牌关系。寻找模式的数据挖掘在于如何将信息转化成消费者内在需要，进而变成相关讯息和反应。你下意识地做了这些，恰如你依据自身的内在需要发起对话和进行个人体验。

在商业上，这些工具和实践用于企业生命周期中与消费者、预期顾客以及其他人交谈，其目标是提升每次接触和对话的精准性。这些新工具带来了新机遇，更值得重视的是有效传播的永恒原理。第 11 版继续聚焦这些有效营销传播的原理和实务。

因此，需要重构广告、公关或其他营销传播的观念。从业者学习如何重构其职业实践和原理，充满了无数可能性。这算是一次及时转型，也是一次难得的重构机会。

第 11 版的新颖之处

1. 增加了一位新作者。第 11 版新增了作者查尔斯·伍德（Charles Wood），他是塔尔萨大学柯林斯商学院的营销学副教授，他将商业和营销洞察增补至本版中。

2. 格外重视整合营销传播。第 11 版更加聚焦整合营销传播，在篇章的顺序、内容、资料更新等方面做了大量修订。有关整合营销传播的所有章节与广告组合起来置于本书的前几章，是为了对整合营销传播的职业领域和职能给予综合阐述。这一变化涉及篇章的重新组织，是对学生的回应，因为他们在学习第 2 篇关于战略与计划的内容之前，想知道这些职场领域（公关、直销、促销和广告）是什么以及它们是如何运作的。

3. 战略性品牌传播。前几版是从广告开始介绍的，接着是营销。有关营销基础知识的章节已在前几版修订过，充当了阐述营销传播（也指战略性传播）的引论，在第 11 版中，营销被纳入第 1 章。如此编排旨在强化品牌和营销实践，为品牌化提供传播方面的基础知识。第 1 章也介绍了营销组合及其讯息传输，包括对整合营销传播概念和实践的介绍，还阐释了如何通过传播实现品牌化。

4. 广告。旧版的第 1 章是广告，在新版中变成了第 2 章。共有三章内容详述营销传播职能领域中最重要的基础知识。第 2 章介绍了广告的基本职能、要素和作用，也通

---

① Siri 是苹果公司在 iPhone 4S、iPad 3 及以上版本手机和 Mac 上应用的一个语音助手，可以令 iPhone 4S 及以上版本手机（iPad 3 以上平板）变身为一台智能化机器人。利用 Siri，用户可以通过手机读短信、了解餐厅、询问天气、语音设置闹钟等。——译者

过梳理广告发展演变以及当今广告的主要参与者、广告公司类型及其工作介绍了最新的广告实务。

5. 公共关系。旧版第 15 章是公共关系，在新版中变成了第 3 章，目的在于强化其在整合营销传播中的关键角色，另外许多学生要申请战略传播项目，而该项目包括公关与广告。该章将介绍公关的基本职能、工具以及公共活动的不同类型。

6. 直接反应与促销。本书决定从营销传播职业入手，特别是广告与公关，意味着旧版的其他两个领域的章节需要前移。我们认识到，直接反应与促销尽管很重要，但在作者所属学院不是典型的专业（或课程），因此我们将其合为一章。合并旨在强化行动与互动是直接反应、促销的特征和目标。新版第 4 章将介绍直接反应传播的要素与媒介，为消费者促销和贸易促销做铺垫。此外，本章阐释了跨界促销的各种类型、数据库对于直接反应传播和促销的重要性。

7. 新主题与新媒介。本书每次修订都不得不注意新媒介带来的变化。从上一版开始，管理者面临人工智能、虚拟现实、物联网带来的新传播方式，诸如原生广告、程序化购买、必肯广告（beacons）① 等新术语在业界不断涌现。所有这些创新由收集、处理和使用数据的新手段所致，第 11 版将加以讨论。

8. 世界品牌传播活动的获奖新案例。本书的附加价值之一在于有黏性的故事，它能揭示品牌传播的效果。新的或升级版的案例置于章首，以例证基本原理和最佳实务，向学生表明如何进行职业规划以及如何有效执行战略。

9. 专家的大量贡献。本书的理念是把全球学术界和职业界的许多人的贡献融合进来。不仅是引证他们的演讲和论文，还请他们专门为本书撰稿，分享他们有关传播活动的故事。本书是在顾问委员会专业人士的洞察与指导下完成的。此外，由教授提名的一群年轻职业者提供的故事、随笔和案例也在本书中起了重要作用。

本版主线

尽管前言中强调了变化，但本版的重要内容有一个中心线索贯穿每章。因此，有基本的主线是本书与其他广告与营销传播方面入门教学用书的不同之处。

品牌传播与整合营销传播

本书在多年前主要作为广告学入门教学用书出版。多年过去了，广告界发生了变化。现在我们使用的是“品牌传播”或“营销传播”这样的措辞，因为广告已超越我们熟知的印刷媒介广告、广播电视广告、公关、直销以及其他促销形式，需要凸显品牌及其传播活动。

电子媒介、社交媒体为品牌与消费者在线传播带来了新路径，诸如游击营销用令人惊奇的方式在不可预料的地点触达消费者，这些另类的、非传统的方式以难以忘怀的体

① 必肯是脸书 2007 年推出的一项富有争议的社交广告服务，将用户在其他网站的行为公之于众。按照必肯业务模式，参加项目的网站（尤其是零售网站）会把用户的购买行为发送给脸书，脸书将在内部传播给其他好友，从而起到推广产品或品牌的广告效果。用户和隐私维权人士投诉必肯侵犯了隐私权。——译者

验为人们融入品牌讯息提供了新的契机。

正在兴起的蜂鸣传播和对话取代过去针对消费者的讯息传播实践，目标在于争取口碑传播对话，加强和扩大传统营销传播方式的威力。

广义上讲，品牌传播包括各种组织（营利性组织和非营利组织）使用的一系列传播工具，从而促销品牌、B2C 和 B2B 的产品及服务。我们所提及的公关、直销、促销，都不过是品牌传播工具的冰山一角。

我们把利用不同形式的品牌传播说成是整合营销传播，亦即战略性地使用多种传播形式，从而促使对品牌感兴趣或有关联的不同消费者能够融入。关键词是整合，意味着各种工具被整合利用。本书于前版已对书名做了修改，正是因为认识到现代品牌传播的重要性。

效果

在多年前的超级碗大赛期间，安海斯-布希公司（Anheuser-Busch）发布了一则名为“喝采”（Applause）的广告，表现的是人们在机场自发地向回国的美国队欢呼的场面。即使是在家里看电视的受众，也想加入欢呼的行列，尽情表达自己的敬意和激动之情。这是一幅令人感动、难忘的优美画面，促使一些观众看好安海斯-布希公司。

然而，这是一则有效的广告吗？它试图达到什么目的？观众记住安海斯-布希公司的广告了吗？如果记住了，广告是怎样影响他们对该公司及其品牌的看法的？

什么是有效的广告？是获得热议的营销传播吗？是像安海斯-布希公司的广告一般触动了你的情感、激发了你的欢呼吗？当我们说广告是有效的，究竟意味着什么？

我们的答案是，如果品牌传播获得了受众的预期反应，就是有效的。有效的品牌讯息对人们产生了影响，获得了可测的效果。

有效的讯息能打动你，让你去喜欢、去爱、去笑、手舞足蹈、坐立不安或感激涕零，也能使你驻足观看，甚至停下来思考。传播不会使你做自己不想做的事情，但当你经过超市过道时，或当你为服务人员、首批响应者点赞之时，能让你获悉一种新产品或想起一个钟爱的品牌。

《广告学：原理与实务》利用效果多面模型来更好地解释品牌传播策略、消费者反应及其效果。该模型像一颗钻石，其侧面代表一则品牌讯息所引发的不同类型的消费者反应。模型蕴含的观念贯穿全书，以便帮助解释很多问题，例如，目标如何决策、何种策略达到什么效果、一则广告和其他营销传播形式如何根据目标来评估等。

因此，本书既致力于阐释广告以及其他品牌传播工具（公关、直销、促销等），又致力于考虑所有商业传播活动如何运作。

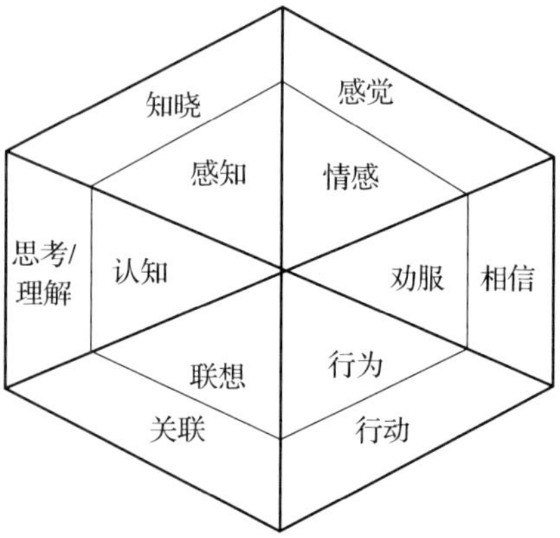

效果多面模型

不朽原理与最佳实务

为了帮助你更好地理解有效传播是如何开展的，本书将重视业界的原理与实务。

营销传播讯息部分来自灵感，部分来自辛勤工作，但也是条理清晰的逻辑思考的结果。在大多数情况下，消费者对目标知之甚少，因为目标信息通常不会公示，有时甚至无法辨别传播本身。回想前面提及的安海斯-布希公司的“喝采”广告，从我们的介绍中，你能知道其广告目标是什么吗？是卖啤酒吗？是让观众跑出来购买该品牌吗？实际上，这则广告似乎不是直接的销售说辞。

你阅读本书后能得出的推断就是：目标似乎仅仅是促使人们产生好感，最终目的是把良好、温暖的情感与品牌连接起来。这则广告有效吗？当你重读案例时有何感想呢？

第 11 版带你走进许多获奖传播活动的幕后，如“佳得乐”、“REI”、“像个女孩”（#LikeAGirl）、“欧仕派”（Old Spice）、“无畏女孩”（Fearless Girl）等主题传播活动，揭示获奖者的辛劳，并阐释其目标、启示和创意。你将明白创意从何而来，感受广告决策的过程，并了解讯息创作者面临的风险。

本书也得到许多非常有经验的业界人士和广告明星的供稿，他们毕业于全美广告、公关和营销传播专业。

验证营销传播奏效

广告主和营销者想得到营销传播有效的证据，你同样也想知道本书对你的价值。通过阅读本书，你会知道所有的讯息声明都需要论据支持。这就是我们做出以下声明的原因——这本身就是一则广告，即要了解有效品牌传播，《广告学：原理与实务》是值得研读的一本书。我们敢于做出如此大胆的声明，凭借如下理由：

《广告学：原理与实务》久经考验，从 1989 年出版至今，一直作为本领域的权威教学用书之一。本书紧跟业界的最新实务，同时阐发带来竞争优势的基本原理，在专业学习过程中可作为学生重要的参考书。我们从年轻的职业广告明星那里听说，他们依靠本书在职业生涯中不断前行。本书的原理是不朽的，你对业内有效实务和原理的理解有助于你在职业发展中不断迈上新的台阶。

目 录

PART I

第1篇 原理：异口同声传播

PART 2

第2篇　原理：品牌与消费者的真实性

PART 3

第3篇　原理：优秀创意用于传播品牌真相

PART 4

第4篇 原理：动态世界中的媒介

PART 5

第5篇 原理：整合营销传播与全方位传播

第 1 篇

原理：异口同声传播

第1章

战略性品牌传播

学习目标

- 能界定营销组合及其如何传递讯息。
- 能界定整合营销传播。
- 能理解本章为你的职业生涯所提供的帮助。

新的传播和促销形式正在改变当今营销和传播战略的所有领域，而在激烈争夺购买产品和支持组织的人的心智与金钱中，有诸多选择方案，以至于本章的聚焦点不断受到挑战。我们认为，在不断变化的传播战略中，悍然不动的焦点是品牌。传播战略意味着探寻广告、公关、直接反应传播、销售促进、在线传播和其他促销领域的原理与实务。

获奖案例

新猪公司是治污的好伙伴

新猪公司（New Pig Corporation）是一家国际性的B2B公司，它在通常沉闷的利基市场上建立了独特的品牌地位。新猪公司通过获过大奖的产品目录、直销计划和分销商触达市场，因其创新的产品线和传奇般的顾客服务颇受欢迎。

新猪公司的品牌个性十分有趣——把肮脏的工厂变成了一个干净的、以猪为题材的主题公园。以下几个例子可表明“猪”主题贯穿整个公司：

- 产品目录名称：猪品目录
- 员工：小猪
- 地址：猪肉街一号
- 电话：1-800-HOT HOGS
- 传真：1-800-621-PIGS
- 内部网：猪交换（在线信息与知识交换）
- 自助餐厅：猪槽
- 促销品：猪鼻帽、猪笔、猪记事本等
- 创始人：野猪队的主席
- 总裁/首席执行官：猪头
- 词语：猪一样坚定、猪日、猪腿纪念日、猪叫声、猪烧烤等

历史上，泄漏在泥土或黏土中的石油及其他液体都被吸收，此过程可能吸收了大部分溢漏物，但也造成了污染。一项发明提供了解决方案：原猪牌（Original PIG）吸收袜，它是第一个具有吸附性的袜子，促使以往的泄漏及其管理有了较大改观。

新猪公司的所有产品都映射了一种品牌形象：轻松愉快的猪。例如，放在机器周围用于吸附溢出物的垫子在市场上以“猪牌”出售，上面印有色彩鲜艳的小猪图案，并带有品牌主题标语。印有友好的猪脸（“猪先生”）的图不时出现在产品目录与网站及一些特销活动上，以猪为主题增添了惊喜和乐趣。

尽管该公司在其成长的早期阶段没有工业分销，但市场对猪牌产品的需求还是很大，以至于固安捷（Grainger）、卡特彼勒（Caterpillar）、Safety-Kleen、Motion Industries和NAPA这些优质分销商至今都是治污的好伙伴。如今，新猪公司成为一家多渠道、多品牌的制造商和经销商，向世界提供吸收性产品和其他工业维护品，帮助车间保持清洁、安全的环境。

这一切都始于宾夕法尼亚州阿尔图纳的一个仓库的一角，仓库有个贴切的绰号——

“猪圈”。几轮试验和产品测试后，情况依旧一团糟。当袜子在肮脏的油池中打滚时，很容易理解为什么创始人起初将其称为“猪牌”。

为了纪念诞生地——猪圈，公司给世界上第一只含吸收剂的袜子取名为“猪牌吸收袜”。注册官方名称时，一家顶级广告公司警告，“猪”这个字会产生太多负面含义，不适合作为商业名称。

尽管如此，创始人还是意识到“猪”的提法也有很多正面含义，比如“小猪”、“小猪储蓄罐”和“猪天堂”。公司的公关总监卡尔·德卡斯珀（Carl DeCaspers）说：“猪真的很有趣。”

两位创始人还打算用“猪公司”（Pig Corporation）作为公司的新名称，但董事长兼联合创始人本·斯塔佩尔菲尔德（Ben Stapelfeld）发现，“猪公司”已被注册。斯塔佩尔菲尔德没有气馁，就在前面加个“新”字，由此创建了新猪公司。“新猪”是一个折中的名称，反映了产品性质以及公司的创新理念。

顾客感觉这个名称很有趣，也好记，加上专家的提议，公司创始人决定将其作为公司名。公司的成功证明了品牌愿景的力量。目前，泄漏处理专家向70多个国家的20多万个工业企业、公用事业机构、军事和政府设施提供服务。公司总部位于宾夕法尼亚州蒂普顿，有570名来自全球的员工。

新猪公司保持了趣味性，同时继续扩大其全球盟友。1990年，新猪公司被*Inc.*杂志列为美国增长速度第64位的私有企业，且增长一直没有中断。目前该公司在美国拥有10家厂商，涉及制造、仓储和销售业务。随着新猪公司在英国和荷兰扩大业务以为欧洲提供服务，国际发展仍在继续。2007年，新猪公司在亚洲保持增长，并在上海成立了新猪中国公司（New Pig China）。新猪印度公司（New Pig India）于2015年3月开业，总部设在新德里，负责仓储和销售业务。

新猪公司的销售由直销推动，很大程度上依赖其屡获殊荣的产品目录。每年一月版的产品目录厚达450页，丰富多彩的内容展示了3 100多个旨在打造一个干净和安全的车间的工业养护解决方案。

新猪公司的客服堪称传奇。顾客可通过电话、网络和销售代表与公司联系，每次互动都彰显了独特的企业文化。

新猪公司通过销售以猪为主题的普通工业吸收性产品、车间安全品以及与猪相关的产品和促销品，成功地使一些不太可能品牌化的产品实现了品牌化。

本章旨在提供营销和传播作用的基础知识。新猪公司的故事告诉我们，富有想象力的传播战略有助于建立一个品牌，并将产品带入生活。本章首先阐述市场营销的基本原理，并将营销与传播战略、整合营销传播联系起来，解释品牌化的概念及其为何严重依赖传播战略。

品牌锚定了我们对一个产品或组织的思想、情感和体验，是我们使用的名称、心智中的形象，也是我们管理和认识市场的渠道。为了理解品牌及其运作，首先需要了解营销，它是企业负责管理一个或多个品牌的首选职能。

1.1 营销基础

由于广告、公关和营销传播专业皆开设了营销方面的导学课程，此处不再介绍营销的入门知识。取而代之的是回顾营销的一些基本概念，以知其如何影响或指导传播战略。

市场营销（marketing）旨在建立品牌和顾客之间的联系，以刺激销售并带来利润。对非营利组织而言也是如此。大多数传统营销计划旨在销售产品（包括货物、服务或创意）。销售目标是对市场的反应，即把产品的可用性、产能与消费者对产品的需要、欲望或需求以最佳方式匹配。

有时候，刺激产品需求存在挑战。衰败城市（Urban Decay）是一种街头风格的化妆品系列，目标市场是时尚的年轻女性。据《华尔街日报》（*Wall Street Journal*）报道，衰败城市通过前卫的包装、诸如“Perversion”和“Stroy Dog”等奇特的产品名称来吸引市场。[1]

营销组合

营销实现目标的途径是管理一系列运作和战略决策，即**营销组合**（marketing mix）或 **4P**：产品（product）设计和性能；地点（place）——可触及的地方与分销；定价（pricing）策略；促销（promotion）。4P 传递了品牌讯息。换句话说，产品设计和构造体现品牌了吗？价格反映产品质量了吗？商店或在线网站对品牌形象有何贡献？更正式的营销传播讯息（如广告、公关、直接反应、事件和赞助、包装、销售促进以及其他有计划的讯息）提及品牌了吗？

营销还注重对顾客关系的管理，从而让品牌的**利益相关者**（stakeholder）受益。利益相关者是指与品牌的成功存在利害关系的所有个人和群体，包括员工、投资者、社区、媒体、商业伙伴、顾客。正如后文有关品牌化的内容中所解释的：积极的利益相关者关系能为一个品牌创造价值。

营销与讯息

营销传播（marketing communication）在英文中被简化成 marcom，它包括各种功能和对各种传播工具的利用，如广告、公关、销售促进、直接反应、事件和赞助、售点陈列、数字媒介、传播方面的包装、人员推销以及不断发展的新式在线传播。作为有计划传播活动的组成部分，它们战略性地传递特定讯息，从而推介一个品牌或组织，比如新猪公司。

在更广泛的层面上，**品牌传播**（brand communication）涉及各种营销传播讯息，也包括创造与保持统一品牌形象的个人体验。

以彪马（Puma）品牌为例，其尖端产品设计的创新精神同样推动了包括广告在内的营销传播。彪马利用非传统方式与顾客连接，比如**口碑**（word of mouth）、网络、吸引眼球的店内商品陈列、在大街上推介其品牌的其他营销传播活动。其聪明的品牌传播理念也体现于促销中，比如世界杯在日本和韩国举行期间，世界各地的一些日本餐馆出现了一种别具一格的彪马寿司卷，并通过打上彪马品牌的筷子、清酒杯和餐巾纸宣布了赞助一事。与此同时，彪马与一家英国设计公司合作销售其独家版的世界杯足球靴，还在家具店举办了周末寿司制作活动。换句话说，彪马的品牌传播远远超出了广告和传统媒介。

由此看来，管理的挑战是计划和监管所有不同类型的营销传播所传递的讯息，以便共同以连贯一致的方式协调一致地展示品牌。[2]

主要参与者

营销界是一个由专业人员组成的复杂网络，所有这些人都参与了产品设计、生产、分销和促销，他们既是营销传播讯息的受众，又是传递品牌讯息的合作伙伴。主要有四类参与者：（1）营销者；（2）广告公司、公关公司等营销传播合作伙伴；（3）供应商；（4）分销商和零售商。

营销者是生产并销售产品或服务的任何公司或组织，可用善因营销推广，也可能是非营利组织对其支持者的推广。对于营销传播合作伙伴（广告公司和其他营销传播公司），品牌背后的企业或公司被叫作客户。产品或品牌经理是市场组织与营销传播伙伴的关键联络人，他们给予广告公司有关品牌战略、预算和排期的指导。一位品牌经理认为，有效的管理者应让营销传播专家来做事。

《华尔街日报》的一篇文章指出，由于削减成本的压力以及战略、技术的改变（尤其是在数字领域），营销者与其代理商之间的关系可能会变得复杂。[3] 有时，在广告公司和客户之间建立有效的伙伴关系是很困难的。

生产产品或管理非营利组织的材料和成分可从其他公司获得，这些公司被称为供应商。**供应链**（supply chain）是复杂的供应商网络，它们生产零部件和原料，然后卖给制造商。**分销链**（distribution chain）或**分销渠道**（channel of distribution）是将产品从制造商转移到买家的各种公司。供应商和分销商也适用于非营利组织，是其传播过程中的合作伙伴。

最常见的市场类型

最初，**市场**（market）是指买卖双方发生交换行为的场所，而如今的市场不仅指一个地方（如新英格兰市场），也指特殊类型的购买者（如青年市场或摩托车市场）。**市场份额**（share of market）是指某特定品牌的销售额占品类总销售额的百分比。

如图1-1所示，市场类型主要有四种：（1）消费者市场；（2）企业间市场（产业市场）；（3）机构市场；（4）渠道市场。这些市场可以进一步按规模或地理位置（本地、区域、国家或国际）进行划分。

- **消费者市场**（consumer market）（企业对消费者/B2C）是企业把商品和服务卖

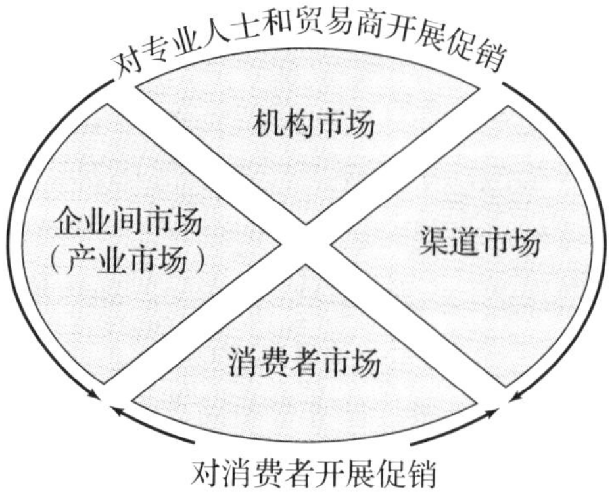

图 1－1　市场的四种类型

说明：作为广告、公关、促销的目标受众，消费者市场很重要，但它仅是四个市场之一，其他三类市场通过专业人士和贸易营销传播触达。

给为个人或家庭使用而购买的消费者。对于售卖牛仔裤、运动鞋、运动衫、音乐、课本、背包、电脑、教育、自行车和其他许多产品的公司来说，学生是消费者市场的成员。

- **企业间市场**（business-to-business（B2B）market）由因自身业务或生产其他产品所需而购买产品或服务的企业组成，如新猪公司。例如，通用电气公司（General Electric）购买计算机用于结算和库存控制，购买钢铁和电线用于制造产品，购买清洁用品用于维护建筑物。2016 年，最大的三家 B2B 营销者是微软、IBM、富国银行（Wells Fargo）。[4] 企业间市场的促销侧重于事实性内容和信息。
- **机构市场**（institutional market）包括医院、政府机构和博物馆等各种各样的非营利组织。例如，大学因在家具、清洁用品、电脑、办公用品、杂货、视听材料、纸巾和厕纸等方面有需求而属于机构市场。这类广告类似于 B2B 广告，因为它们通常侧重于事实。
- **渠道市场**（channel market）包括分销链的成员，由**转卖商**（reseller）或中间商等企业组成。**渠道营销**（channel marketing）把讯息指向分销渠道，现在尤为重要，因为制造商认为分销商是其营销计划中的合作伙伴。

虽然 B2B 营销越来越强大，但大多数营销传播的经费都花在了消费者市场上。重要的是，营销传播用来触达所有四种市场类型的顾客。尽管营销传播的类型和指向受众的方式可能有所不同，但传播战略对四种市场的营销来说都是必不可少的。

营销组合如何传递讯息

营销经理通过营销组合（4P）去完成营销目标，如图 1－2 所示。这些营销组合决策是营销策略的关键要素。对营销经理而言，营销传播只不过是营销组合的一部分，但对营销传播经理而言，所有这些营销组合要素皆为传播，有时与计划中的营销传播讯息产生冲突，甚至会让消费者感到困惑。

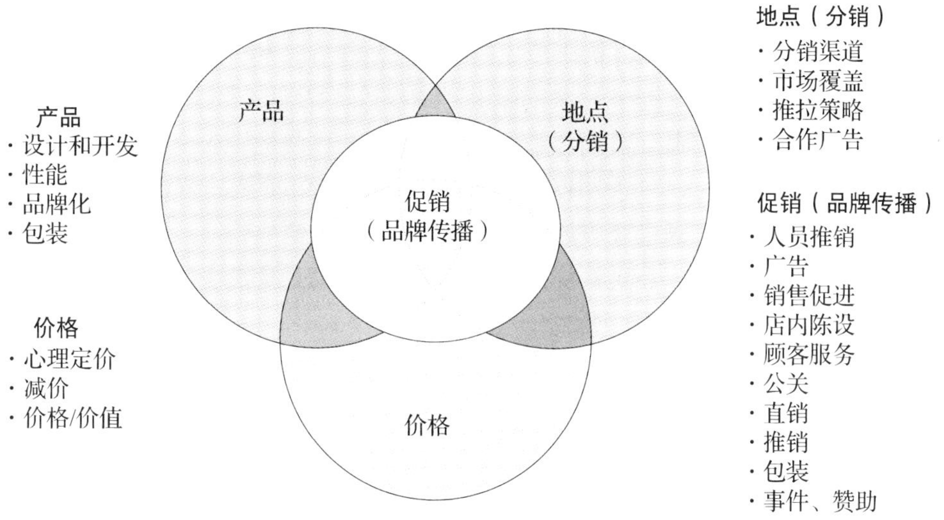

图 1-2　营销组合

说明：营销组合的四个要素及其相关工具和营销传播技巧是构成市场营销的基本要素。品牌传播居中且与其他 3P（产品、分销、价格）重叠，因为它们都有传播效果。

营销组合要素提供了传播线索，下面讲述其中三个要素。

产品　设计、性能和质量是产品成功的关键因素。当一个产品表现良好时，在性能上就会发出一个积极的信号，表明这个品牌可以重新购买或再访问（反之亦然，性能差会传递负面信息）。积极的品牌体验也会促使购买者向他人推荐该品牌，通过口碑来扩大积极体验的范围。

苹果等品牌以其设计而出名，成为一个与竞争对手不同的主要**区隔点**（point of differentiation）。如果区隔点对顾客非常重要，它就建立了**竞争优势**（competitive advantage）。苹果的 iPod、iPhone 和 iPad 等个人数码产品，因其创新性而吸引了一大批狂热的追随者。

苹果的 iWatch 等新品牌的产品上市依赖于媒介传播，通常涉及公众宣传、广告以及贸易促销，传播的目的在于提高新品牌的知晓度、解释这一新品的工作原理以及与竞争者的不同之处。性能对于推出创新型和技术型产品是非常重要的，因为这些产品需要通过广告、公众宣传解释如何使用新技术，从而打入市场。

产品性能（如何对待或使用产品）能发出产品或品牌讯息的最强音，决定着消费者是否再次购买或是否将其推荐给他人。例如，购买电脑的人会问以下问题来评估电脑的性能：电脑好用吗？容易坏吗？它的内存有多大？另一个经常与高端品牌联系在一起的产品特性是质量。比如，梅赛德斯-奔驰（Mercedes-Benz）和劳力士（Rolex）的理念是：如果产品设计良好，制造商又保持高质量标准，品牌将处于高端地位。

与产品性能相关的还有产品的适应性改变，由消费者需求驱动创新之时尤甚。雅芳（Avon）的沐浴露就是一个例子，长期以来，它一直被用作驱虫剂，发现了这一点后雅芳推出了系列驱虫乳液。

定价 产品卖家设定的价格会传递出“质量”或“地位”讯息。相对竞争者而言，价格越高，质量或地位就越高。价格不仅取决于产品制造成本和营销成本，还取决于卖家的预期利润率以及价格对品牌形象的影响。最终，产品价格取决于市场的承受能力、竞争状况、产品的相对价值、消费者的估价能力，这被称为价格或价值主张。**心理定价**（psychological pricing）策略是利用营销传播来影响顾客对价值的判断。例如，通过广告可以实现声望定价，即通过奢华环境中的“特殊产品”照片或通过广告文案解释价高的原因，由此高价似乎让产品更具价值、更贵重。价格的意义往往依赖营销传播所提供的情境，这使价格处于正确的位置。

除了售点能传递价格讯息，告诉消费者价格的常见主要工具是营销传播。**价格文案**（price copy）是众多零售广告的重点，它主要关注价格及其与价值的关系。在经济大萧条时期，快餐连锁店、沃尔玛、折扣店和一元店都实施价值定价策略，即以 1 美元的价格来发出省钱的信号。促销定价则是通过减价、特价等方式大幅度或暂时降价。

地点/分销 提供一种能满足顾客需要的商品或服务，其实受益并不多，除非你有一种机制使商品或服务能够被顾客获得且能够促成付款。一个品牌在哪里生产或如何生产也会传递产品讯息。斯沃琪（Swatch）手表在沃尔玛卖与在诺德斯特龙（Nordstrom）卖会完全不同。因此，我们的目标是使分销与产品质量、品牌个性和价格相匹配。

以彪马为例，该公司的鞋类和运动服装市场正因其不寻常的分销方式而不断扩大。彪马的渠道营销策略是将其产品同时提供给高端和普通的消费者，将其前卫的设计卖给时尚的零售商，然后将其更主流的产品投放到购物中心商店。近年来，彪马扩大了其分销计划，包括自己的商店，这些商店通过反映彪马品牌个性的独特购物环境吸引顾客。

常见的分销策略涉及对零售商等中间商的使用。例如，苹果公司不仅通过其他零售商销售产品，而且在其非常受欢迎的苹果商店销售。“点击或砖块”是用来描述产品是在网上销售（点击）还是在传统商店销售（砖块）的一个短语。如兰德斯-恩得（Land's End）和戴尔（Dell）等**直营**（direct marketing，DM）公司不经转卖商而直接销售产品。销售完全取决于产品和直接反应广告的效果。新猪公司虽有一些转卖商，但主要依靠直销。

另一个与分销相关的策略在于区分推拉策略。**推式策略**（push strategy）向零售商提供折扣和广告费用等促销激励，分销的成功依赖于这些中间商推广产品的能力，它们通常自己做广告。相反，**拉式策略**（pull strategy）将营销传播的努力指向消费者，试图通过刺激消费者需求进而拉动渠道商进货。

营销组合中的其他功能 在关于品牌传播的主要营销策略中，4P 概念非常有用。人员销售、顾客服务等其他领域在品牌传播组合中也很重要。

人员销售（personal sales）不是通过媒介而是依赖于营销者和潜在顾客之间面对面的接触，这在 B2B 营销和高端零售中尤为重要。相比之下，自助零售商（杂货店、药店和像开市客（Costco）这样的大卖场）依赖于顾客知道他们想要什么，以及在商店的什么位置可以找到。

大多数广告的效果往往是延迟的，与之相反，营销者使用人员销售来为购买产品的人创造即时销售。不同类型的人员销售包括业务现场代表的销售拜访（外销），由售货员在销售点提供协助（零售），以及销售代表给客户办公室打电话。营销传播支持销售计划以找寻**潜在顾客**（lead），即识别**预期顾客**（prospect）。**潜在顾客开发**（lead generation）是贸易促销和广告的一个常见目标。人员销售在 B2B 营销中更为重要，因为可以接触到公司内能够授权购买的关键决策者。

顾客服务（customer service）既指在购买前、购买中、购买后向顾客提供的帮助，又指公司提供此类帮助的意愿。大多数制造商都有一个客服部门，为许多商品提供售后服务，回答有关产品的问题，处理有关产品的投诉。不过，顾客服务远不止传统的面对面的服务，现在许多公司通过在线联系而不是面对面交流为顾客提供帮助。

营销传播的附加值

来自营销组合和营销传播的信息可以为消费者和营销者增加产品的价值。**附加值**（added value）指的是使产品对消费者和分销伙伴更有用或更具吸引力的策略或传播活动。产品、价格、分销增加了更多的有形价值。例如，购买产品越方便，顾客价值就越高。同样，价格越低，产品就越有用，或者说质量越高，顾客价值就越高。

营销传播可通过创建一个易记的品牌、传递有用信息、增加产品吸引力来提高心理价值。如果没有附加值，为何要比竞品支付更多钱呢？摩托车就是摩托车，但哈雷戴维森（Harley Davidson）通过营销传播、顾客关系树立了品牌形象，成为一款备受青睐的摩托车。广告等营销传播不仅能展示产品的内在价值，还可通过提高产品吸引力，吸引潜在顾客、成员与捐赠者的注意力而增加价值。

另外，并不是所有的营销组合决策都能传递积极的讯息和增加产品价值。网飞公司（Netflix）就发现，尽管将视频流服务和 DVD 邮递服务分开可增加一个叫作 Quickster 的价格更高的选择系统，但此拙劣计划激怒了顾客且拉低了股价。此方案不但没有为网飞公司的顾客增加价值，反而让顾客认为网飞公司为了赚钱而推出更不方便的视频服务形式。

1.2　何为整合营销传播

传播战略的方式被称为**整合营销传播**（integrated marketing communication，IMC），是协调所有营销传播工具讯息与营销组合决策讯息的实践。IMC 的一个重要目标是传递关于品牌的一致讯息。IMC 就像用不同的乐器合奏而出的乐章，但在决定单个乐器的曲调之前，你必须知道要演奏的歌曲。这首歌就是品牌：品牌策略和意义。这一概念将在第 15 章详述，到时将解释管理 IMC 活动和计划的挑战。

IMC 仍在发展中，专业人士和教授都在界定其边界并解释它的运作。整合是关键，意味着每条讯息都应聚焦，所有讯息共同创建一致的有吸引力的品牌形象，即协同增效。当各个部分得到有效协调时，整体效果会大于部分之和。麦当劳的品牌识别就是一个简单的例子，名称中的“M”反映在麦当劳标志性拱门上。一个名称、一个徽标、一个建筑设计、一个招牌，共创了这一熟悉的、成功的品牌形象。

新猪公司如何开展 IMC

新猪公司的营销之所以成功，是因为其令人难忘的品牌形象和极富创意的营销传播方式。新猪公司使用多种营销传播工具实施复杂的 IMC 计划。其屡获殊荣的 B2B 直销计划不仅有一月份为旗舰产品出版的“大猪品目录”（Big Pigalog），还有每月 52～148 页的“迷你目录”。该计划包括日常顾客和潜在顾客的邮件、电子邮件、传真、互联网和电话销售，以及贸易出版物（纸质出版物和数字出版物）和名录上的广告。新猪公司还制作了一系列视频来讲故事，并将其作为视频产品、员工培训材料。

互动的面对面接触也很重要，新猪公司不仅拥有出色的顾客服务，每年还会参加几场大型贸易展会。顾客对这种古怪的“猪性”感兴趣，希望与公司打交道时能获得乐趣。新猪公司发现在产品研发阶段该名称也吸引了参加测试的顾客，他们被小猪的名字逗乐了，在论及产品时加上“小猪”的评论或笑话，通常会在谈话中发出“哼哼”声或询问猪小姐、猪老板的情况。在典型的买卖关系中，这种不同寻常的反应使产品开发过程变得更加有趣。

此外，有前瞻性的公关或媒介计划，如企业和技术文章、通讯稿和奖项，皆可以强化新猪这个品牌，也有助于强化公司作为世界领先专家的声誉。

营销传播是品牌传播和营销策划的核心，图 1－3 描绘了这一关系。当营销传播工具与营销组合传播的讯息不一致时，问题就出现了。例如，销售促进等功能活动在多大程度上反映了品牌形象？是否偏离了定价策略以及价格与价值的关系？雷克萨斯（Lexus）或蒂芙尼（Tiffany）等高端奢侈品可能会因为销售促进活动的创意欠佳而降价。无论是通过邮件还是在线方式，直接反应讯息同样可能引发隐私问题，使品牌对顾客显得不敏感。

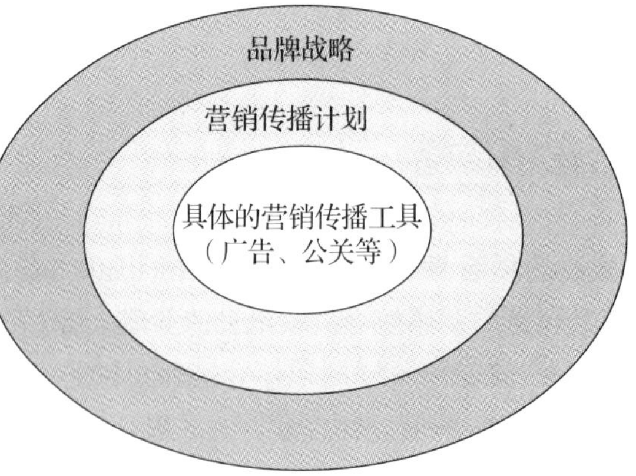

图 1－3　品牌传播层级

说明：品牌传播始于营销计划制定的品牌战略，制定具体的营销传播计划需要贯彻落实营销战略和品牌战略。

IMC 与传统广告或公关的不同之处在于注重品牌化和品牌传播（包括体验）的整体性。如果 IMC 顾及所有可能的品牌讯息，营销传播经理就能够确保品牌的感知是清晰的、显著的，而不是混乱的、模糊的。

为何聚焦品牌

本章主要讨论品牌，所以要花一分钟来解释该概念的重要性。一个品牌不仅仅意味着一个产品。汉堡包是一个产品，巨无霸和汉堡王是品牌；牙膏是一个产品（或品类），高露洁和佳洁士属于牙膏品牌。品牌化既应用于组织（麦当劳）和产品（巨无霸），也应用于州立农业保险公司（State Farm）和美国邮政服务公司（US Postal Service）等机构提供的服务。品牌化对联合之道（United Way）和仁爱之家（Habitat for Humanity）等非营利组织也很重要。

通过新猪公司的案例可知，组织品牌可能与产品品牌相同，也可能不同。国际品牌化专家吉普·弗兰岑（Giep Franzen）和他的荷兰研究团队发现："组织应该意识到，只要存在且与其他组织互动，一个组织就在使自己品牌化。因此，公司品牌化是不可避免的，不管这个过程是否被管控。"[5] 换句话说，一个组织不可能不进行传播。

品牌化是一种管理功能，它采用传播方式来创建品牌的无形资产，使其被消费者记住并有意义。有效的营销传播建立了独特的身份，通过品牌进入消费者的心灵和头脑。可以这样定义**品牌**（brand）：源于体验和信息而对一家公司、一个组织或产品线充满情感的感知。有的定义指出品牌是能够代表品牌名称、商标等的品牌识别要素。

品牌是情感、承诺和体验的复杂组合，换句话说，品牌存在于消费者和其他利益相关者的头脑和心灵之中。头脑掌握品牌的信息（承诺），心灵控制着品牌情感和感情（喜欢或不喜欢、地位高低、性感或无聊，等等）。

事实上，所有拥有名称的组织都可以被认为是品牌。对于许多品牌，特别是像衰败城市化妆品这样的小品牌，传播决定权在于所有者、创始人或业务合作伙伴。温德·佐姆尼尔（Wende Zomnir）不仅是衰败城市化妆品品牌的创始合伙人和创意总监，也是一名广告专业毕业生和营销传播专业人士，她利用自己的创意在竞争激烈的化妆品市场塑造了一个有影响力的品牌形象。

用品牌化区隔产品与组织

品牌化也把相似的产品和组织进行了区隔。有时，在品类相同的品牌之间，其区别在于产品特性——汉堡包中的肉的质量或牙膏的化学成分，但我们选择一个品牌而不是另一个品牌往往是因为品牌印象不同。很多公司制造产品且推广品牌，只有品牌能将产品与其竞争者区分开来，并向顾客做出一定承诺。

产品品牌不仅用于出售的"物品"，也用于服务和非营利组织。你可能听说过社区的临终关怀项目，但你知道有许多营利性组织和非营利组织会在同一个社区就临终关怀项目展开竞争吗？这就是许多项目努力发展独特品牌识别的原因所在。

怎样获得品牌意义

一个品牌不仅仅是一个名称或徽标，事实上它是一种感知，赋予我们对所知、所用的产品的认同或印象。在有关品牌化的科学与艺术的一本书中，吉普·弗兰岑和桑德拉·莫里亚提（Sandra Moriarty）解释说，品牌的意义是“一种来自对品牌体验和讯息的综合感知”。[6] 这是什么意思呢？

当两个品牌的产品在属性或性能方面没有根本区别，且两个品牌的产品价格相同时，为什么有些品牌的销量是其他品牌的两倍？答案在于品牌意义不同。意义线索和形象是营销传播赋予品牌的东西。品牌意义是一个品牌所拥有的不可复制的东西。竞争对手可以制造出类似的产品，但很难制造出相同的品牌，因为品牌意义建立在个人体验的基础上。

品牌是承载着情绪情感等无形元素以及商标、包装设计等有形元素的一种感知、一种印象。有形特征是你能够看到或触摸到的东西，如一个产品的设计、原料、组件、尺寸、形状和性能。无形元素包括产品可感知的价值、品牌形象、正面与负面印象、情感，以及顾客已具有的关于品牌、产品或公司的体验。无形特征与有形特征一样重要，都建立了人们与自己喜爱的品牌之间的情感连接。

因此，品牌意义是一个顾客（或其他利益相关者）对一个组织或一个产品品牌所看、所听、所读或所体验的总和。然而，意义总体上是不能进行管理控制的。一个公司能够拥有**品牌名称**（brand name）和品牌符号，且在一定程度上影响人们对该品牌的看法，但不能决定品牌印象，因为它存在于人们的头脑中且源于个人体验。

品牌意义的影响力不限于顾客或消费者的范围。员工常说他们在寻找有意义的工作，有时涉及职位描述——他们要做些什么——更有可能源于组织使命，即公司做什么和代表着什么。

如何进行品牌转化

品牌化的一个基本原理是品牌传播将产品（货物和服务）转化成比产品本身更有意义的东西。一个品牌有了个性并创造了品牌识别，会将类似的产品区分开来，使它独一无二，从而简化购物过程，为消费者增加价值。蒂芙尼手表远不只是计时器，即使与斯沃琪手表构造一致，它们也是有区别的。蒂芙尼与斯沃琪手表又不同于普通的、不知名的凯马特（Kmart）手表。**品牌转化**（brand transformation）通过象征性的品牌线索来丰富品牌意义而制造区隔。蒂芙尼品牌象征着优质、精密、奢侈；斯沃琪品牌象征着有趣和时尚；凯马特品牌象征着廉价与实用。

在品牌化过程中，有很多要素需要探索，在此重点讨论四个：品牌识别、品牌定位与承诺、品牌形象、声誉和诚信。

品牌识别　品牌化的主要作用是为一个产品在品类中创建一个独特的**品牌识别**（brand identity）。为此，要从我们所使用的名称开始讨论。分析一下你在谈论所买商品时的用语：你买薯片还是多力多滋？你喝软饮料还是百事可乐？你穿网球鞋还是耐克？你叫它折扣店还是沃尔玛？如果品牌化获得成功，你可通过名称而不是一般类别来提及特定品牌。

新产品的品牌名称命名用可记性与相关性予以检测。品牌识别线索越容易辨识，就越容易创建品牌的知晓度，也易于寻找和重复购买一个品牌，这对于顾客忠诚至关重要。成功的品牌名称具有以下几个特征：

● 独特。苹果用作电脑品牌名称，这是与品类无关的普通品牌名称，不易与类似的名称相混淆。品牌名称也是刺激物，如维珍航空（Virgin）。

● 联想。例如，斯巴鲁选择傲虎（Outback）作为其运动型多用途汽车品牌名称，希望让人想到在澳大利亚荒野的冒险活动。

● 利益。一些品牌名称与品牌承诺有关，如 Slim-Fast 与减肥有关，海飞丝与去屑洗发水有关。

● 传统。一些品牌名称与制造商有联系，如亨利暨理查德·布洛克报税公司（H&R Block）、家乐氏（Kellogg's）、爽健（Dr. Scholl's）。制造商把名称用于品牌上确实有效，特别是在国际市场上，品牌背后的公司也是品牌形象的重要组成部分。

● 简洁。为了便于辨认与记忆，品牌名称一般很简短且容易发音，例如汰渍、比克（BIC）。由于国际营销的发展，品牌名称能恰当翻译成他国语言也很重要。

可口可乐在 20 世纪 70 年代末进入中国市场时，面临的棘手问题是如何把众所周知的品牌名称翻译成中文。汉语没有与“Coca”或“Cola”对应的词语，而音译没有意义。巧妙的做法是使用“可口可乐”四个字来表示，前两个字表示“美味”或“香喷喷”，后两个字表示“真的快乐”。在中国，可口可乐商标的效果是其在中国市场上发展成领导品牌的关键因素。

品牌识别线索通常是品牌名称，也可以是视觉象征——想想象征耐克的漂亮图案，象征彪马的腾空而起的猫。许多元素都有助于视觉识别：徽标、商标、字符，以及颜色和独特字体等其他视觉线索。对于企业来说，诸如建筑设计、送货卡车、包装、购物袋，甚至员工所穿衣服，也是品牌识别的一部分。**徽标**（logo）代表了产品来源。

商标（trademark）是表明所有权的法律标志。最初，商标是简单的符号或首字母，银器匠将其刻在产品上，称为“行业标志”。现在的商标可能包括徽标、其他图案标志，甚至是品牌名称的不同寻常的效果图，如可口可乐独特的手写体。商标需要注册，只要商标一直用于某产品，公司就拥有其商标的独家使用权。

当一个品牌名称主导了诸如舒洁（Kleenex）纸巾和施乐（Xerox）复印机这样的品类时，问题就会出现。在这种情况下，品牌名称就变成了品类的代名词。当冰箱、自助洗衣店、拉链、阿司匹林变成了通用的品类名称，就失去了法律保护。尽管邦迪（Band-Aid）和棉签（Q-tips）上的注册符号是合法的，但“这是权宜之计”，品牌名称处于变成一般品类标签的危险境地。

品牌名称和徽标对品牌识别很重要，但一些品牌已将它们的身份与一个标志性人物相联系。面团宝宝（Pillsbury Doughboy）、奇布勒精灵（Keebler Elves）、麦当劳叔叔、宝洁公司的“清洁先生”（Mr. Clean）等都为其品牌增添了个性。

声音也可以是强烈的品牌线索，比如苹果电脑开机时的声音。当然，最常见的音频识别元素是广告歌曲。

在谈论品牌化时，我们使用了“线索”一词，因为一个品牌名称本质上是对熟悉产品或组织的提醒，它使人想起一些信息、印象或体验。品牌线索也建立起对购买品牌的预期。

品牌定位与承诺 除了基本的识别要素，品牌开发的另一个战略决策涉及真实的**品牌定位**（brand position）。定位是一种方法，在于识别自己产品或品牌在消费者心智中的位置（相对竞争者而言）：更高档、更低级、更重要、更豪华。它在一定程度上是真实的，代表人们看待品牌的实际想法，而不是品牌经理希望达到的理想地位。

与定位相关的是**品牌承诺**（brand promise）。从消费者的角度来看，一个品牌的价值在于它所做出的承诺。换句话说，品牌通过传播设定了顾客对产品在使用过程中会产生什么预期。1879 年，宝洁公司开发了象牙牌（Ivory）肥皂，这是品牌化的一大进步，因为制造商树立了一个有意义的品牌概念，将肥皂这种**平价产品**（parity product）（一种几乎没有明显特征的产品）转变为一种强大的品牌。"漂浮的"与"99.44%纯正"是确定象牙皂的关键卖点的承诺，正如"原理性问题"专栏中解释的那样，象牙皂是有史以来最伟大的营销和品牌化故事之一。

一致性是承诺的基石。承诺需要在与品牌接触的所有地方都能兑现。此外，品牌必须兑现承诺。许多实力较弱的品牌都饱受过度承诺之苦。通过大肆宣传和夸大其词，它们做出了超出自己能力范围的承诺，最终让消费者失望。如果止咳药声称能缓解喉咙发炎，那么它最好能缓解这种症状。如果它的味道也很好，那么最好不要让人失望，因为它一般会有一种苦涩的味道。

原理性问题

象牙皂：能漂浮的纯正肥皂

肥皂就是肥皂吗？

品牌化的基本原理是品牌承载着使产品在品类中与众不同的意义。在其他公司都没有意识到能让一块肥皂变成独一无二的产品之前，宝洁公司通过为其象牙牌肥皂创造可识别的要素做到了这一点。象牙牌的可识别系统唤起了人们对产品新特征的注意。下面是关于象牙牌肥皂如何成为最早和最成功的品牌之一的背景故事。

在美国内战之前，家庭作坊用碱液、脂肪（烹饪用的油脂）和壁炉灰来制作肥皂。这种柔软的、微黄色胶状的肥皂可以充分地清洁东西，但一旦滑到桶里，就会融解成软块。在维多利亚时代，肥皂质量是以昂贵的卡斯提尔肥皂（一种从地中海进口的纯白色的橄榄油制成的肥皂）为基准的。

威廉·普罗克特（William Procter）和詹姆斯·甘布尔（James Gamble）是一家蜡烛制造公司的合伙人，他们发现了一种配方，可以生产出一种统一规格的肥皂。内战期间，他们将肥皂装在木箱里提供给两方军队。当战士们要求带一块条状肥皂回家时，他们开始量产，打开了一个巨大的市场。不过，这种条状肥皂仍然是黄色的，依然容易沉入水底。

宝洁公司雇用了一位化学家来研制一种可以与卡斯提尔肥皂抗衡的白色肥皂，这是第一次在产品设计上运用科学的研发手段。1878 年宝洁公司发明了白色肥皂，在公司收到"能漂浮的肥皂"的请求之前，这只是一个小小的成功。据说，在 1879 年，一名工人在午餐时不小心离开了正在运行的肥皂混合机，导致生产出了一种不寻常的泡沫混合物。最近的研究发现，詹姆斯·甘布尔可能一直在摸索如何让肥皂漂浮。无论是偶然还是有意为之，宝洁公司都造就了世界上最伟大的产品陈述之一：能漂浮的肥皂。

其他决策也有助于品牌化的突破。1879年，宝洁公司的一名员工在教堂听了圣经中一段有关象牙塔的故事后，提议将这种白色条状肥皂重新起名为象牙牌肥皂。这个伟大的产品有了一个伟大的名称，也带来了巨大的产品利益。顾客不再需要寻找肥皂，可以按名称找到他们喜欢的特定产品。

宝洁公司的品牌创新远未结束，后人决定使产品质量能与卡斯提尔肥皂相媲美，向化学家寻求帮助，以测定卡斯提尔肥皂和象牙牌肥皂的纯度。1982年，研究表明，在象牙牌肥皂中，所有不纯物质加起来只占0.56%，该数值小于卡斯提尔肥皂。宝洁公司称其象牙牌肥皂是“99.44%纯正”，在品牌历史上诞生了一个著名的广告口号。

资料来源：Charles Goodrum and Helen Dalrymple，*Advertising in America*（New York：Harry N. Abrams，1990）；Laurie Freeman，“The House That Ivory Built：150 Years of Procter & Gamble，”*Advertising Age*，August 20，1987，4-18，164-220；“P&G History：History of Ivory，” June 2004.

品牌形象 品牌意义的另一要点在于品牌形象，它比品牌印象更复杂。更具体一点说，**品牌形象**（brand image）是一个品牌的心理图式或看法，包含奢侈、耐用、便宜等联想，也包括情感。这些联想与情感主要来自广告以及其他营销传播的信息内容。比如，当你想起本杰瑞（Ben & Jerry）冰激凌、芝加哥小熊队（Chicago Cubs）、天际调味品公司（Celestial Seasonings）的茶时，你会想到什么？

形象的一部分是**品牌个性**（brand personality），它使一个企业或一个品牌人性化，象征着你认识的人的品质：大胆、有趣、令人兴奋、勤奋、极客、勇敢、无聊等。也许哈雷戴维森是有史以来最具品牌个性的。你是怎么描述它的？一定程度上哈雷戴维森就是将你与品牌相联系的人，是一个身着黑色皮衣、不顾一切的人。在现实生活中，哈雷戴维森的车主可能是医生、律师或教授，但这并不重要。当他们身穿黑色皮衣骑在摩托车上时，他们是道路上的叛逆者。哈雷戴维森的品牌个性映射出骑着哈雷戴维森的人，而骑着哈雷戴维森的人反映出或者说向往着哈雷戴维森的品牌个性。品牌通过其独特的形象和个性与我们交流。

声誉和诚信 品牌具有鲜明的意义，是品牌化的几个要素（身份、定位与承诺、形象和个性、声誉）结合在一起而形成的连贯一致的感知。[7] 组织能管控大多数品牌识别要素，但我们更要知道，品牌归根结底是消费者心智中的印象。人们会基于品牌的作为、承诺来看待它。这既是对品牌的评价，又是对其声誉的估量。

品牌传播为品牌建立起一定的声誉，反映出品牌的诚信。诚信意味着：品牌能代表某种东西；品牌有一个连贯的存在；品牌有一个向利益相关者发出的、如实反映其承诺的声誉。有效的传播战略计划传递一致的形象和协调的讯息，才有可衡量的品牌诚信和品牌资产。

品牌价值与品牌资产

品牌价值（brand value）有两种形式：对消费者的品牌价值；对企业的品牌价值。第一个是顾客对品牌的体验结果；第二个是财务指标，称为品牌资产。

对消费者的品牌价值 站在消费者的立场上说，因为熟知品牌，购买、使用产品的决策或与组织交往的决策变得容易多了。忠诚于一个知名品牌的风险更小，如果以前有使用经验更是如此。如果喜欢某个品牌，就会去推广。熟悉带来的方便和信心来自过去的体验和营销传播。

另一附加值源于品牌与善因的联系，这种做法叫作**善因营销**（cause marketing）。顾客会因其支持的公司、品牌与善因结合而自我感觉良好。

品牌资产 在企业财务方面，一个品牌及其象征意义能够影响人们愿意为它支付多少钱。电脑、汽车、玉米片和大学都是如此。品牌研究一致发现，在口味盲测中，即使样品一样，人们也会觉得知名品牌比不知名品牌的味道更好。当为相同产品打上不同标签，人们会为认可的品牌支付更多的钱。

成功品牌都有反复购买的忠实用户，带来忠诚度的**品牌关系**（brand relationship）是重要的品牌战略和财务绩效指标。MediaPost. com 网站的一篇文章称，在 18～44 岁的人群中，48%的人表示他们的品牌忠诚度是由品牌创造的体验类型决定的。品牌是如何做到这一点的呢？那就是透明和体贴；创造受众真正需要和想要的内容；在每条信息中投入同理心；创造特殊的时刻。[8] **品牌忠诚**（brand loyalty）计划可为重复购买者提供奖励。例如，常客飞行计划和常客购买计划为忠诚顾客提供了再次光顾的刺激。

另一个原理是品牌关系驱动品牌价值。积极的品牌体验和真实的品牌传播会带来良好的声誉，这也是许多公关计划的重点。建立在关系基础上的品牌价值部分来自**信誉**（goodwill），它取决于积极的品牌关系积累，可用个人的品牌依恋程度来衡量，并可用收入潜力来分析品牌依恋。

沃尔沃就是推动积极顾客关系的一个营销案例，该公司承诺，为每个顾客提供一名个人服务技术员。

总而言之，**品牌资产**（brand equity）是品牌的无形价值，源于品牌与利益相关者的关系强度、身份要素的有效性、声誉、感知性能、知识产权（如产品配方）。

谷歌是第一个价值达 1 000 亿美元的品牌，多年来多次位居榜首。如今，许多品牌的价值已达数十亿美元。以下是品牌咨询公司明略行（Millward Brown）发布的 2016 年 BrandZ 全球品牌价值排行榜的前 10 名。[9]

最有价值的全球品牌：

1. 谷歌，2 291. 98 亿美元
2. 苹果，2 284. 60 亿美元
3. 微软，1 218. 24 亿美元
4. 美国电话电报公司，1 073. 87 亿美元
5. 脸书，1 025. 51 亿美元

6. 维萨，1 008 亿美元
7. 亚马逊，989.88 亿美元
8. 威瑞森，932.2 亿美元
9. 麦当劳，886.54 亿美元
10. IBM，862.06 亿美元

品牌资产的运用 品牌营销与传播经理就是所谓的**品牌管家**（brand stewards），有时会通过**品牌延伸**（brand extension）策略来利用品牌资产，即在相关产品系列上使用一个已建立的品牌名称。实际上，他们推出的新产品会使用公认的、受人尊敬的品牌名称，因为品牌知晓度高、声誉好，会使消费者带有一定的联想、情感和一定程度的信任。其缺点是，如果延伸效果比不上原品牌，延伸就可能稀释原有的品牌意义，甚至产生负面影响。

另一种做法是**联合品牌化**（cobranding），这是使用两家独立公司拥有的两个品牌来合作开发一个产品的策略。联合品牌化是信用卡的一种常见做法，比如维萨与美国联合航空公司（United Airlines）的里程卡（Mileage Plus Card）。塔可钟快餐店（Taco Bell）与菲多利公司（Frito-Lay）的研发团队合作推出的多力多滋 Locos Taco 被誉为快餐业最成功的产品之一。[10] 联合的目的是为顾客提供两个品牌的价值。

一个强大的品牌也可能通过**品牌许可**（brand licensing）吸引其他商业伙伴，实际上是合作伙伴租用品牌名称，并将部分品牌资产转让给另一个产品。例如，加利福尼亚州的牛奶行业将其著名的“Got Milk?”授权给其他品牌，包括奥利奥（Oreo）、Wheaties、品食乐（Pillsbury），用于饼干、即食麦片和其他产品。[11] 最常见的例子是运动队，其名称和徽标授权给各种商品如衬衫、帽子、马克杯和其他纪念品的制造商。你可以留意下自己学校的品牌授权情况。大学和学院通过将自己的名称、徽标和吉祥物等授权给服装生产商来获得收入。

品牌运用的另一方式是**成分品牌化**（ingredient branding），指的是在另一个产品的广告和其他促销活动使用了加工中所需成分的品牌名称。最经典的案例是“Intel Inside”，其他电脑厂家使用该徽标唤起用户对产品装配中所用部件的质量的注意。还有夸耀部件质量的例子，外衣广告声称使用了一种轻薄、保暖、防水的戈尔特斯（Gore-Tex）面料，食品广告声称使用了纽特健康糖（Nutrasweet）和好时（Hershey）巧克力。成分品牌化若想成功，其成分必须是知晓度高、公认的优质产品。

对品牌化实践的回顾在于明白产品的生产方式及性能不再是主要的区隔点。在营销策略中，产品特征的促销不再与品牌意义的生产等量齐观；重点在于建立紧密的品牌关系而不再是获得新顾客。最终，品牌越强势，对利益相关者的价值就越大。有效的品牌战略所带来的大部分附加值都是由营销传播驱动的。换句话说，广告、公关和其他营销传播工具是强势品牌的驱动力，创造了成功营销的故事。

变革时期的品牌传播

营销和整合营销传播是一个动态的领域，会随时间的推移而发生变化。新的数字技术、消费者生成的品牌讯息以及通过社交媒体分享的品牌体验为传播机会打开了新的天地。尤其是在这个社交媒体时代，让我们来看看营销实践正在发生的变化。

受托责任 高管向营销经理提出了一个难题，要求他们证明自己的决策能够带来最有效的营销策略，其计划是要担责的。传统上，企业业绩是通过销售额增长、品牌所占市场份额和**投资回报率**（return on investment，ROI）来衡量的。投资回报率的计算能够判断品牌的收入与成本之比。换句话说，投资回报率能够判断营销计划的花费以及带来的收入。

如今，品牌经理舍弃其中一些衡量标准，转而采用融入度等研究品牌传播效果的衡量标准。一位理论家提出了 ROE^2 模型，代表体验×参与的回报，认为是对品牌关系的一种更长期、更全面的衡量。[12]

另一位作者指出，营销是混乱的，数字并不能说明全部事情。一位专栏作家把营销称为一个“定义不清的问题”。之所以如此，是因为如果不能定义营销，就无法衡量它。

品牌关系战略 建立关系的传播计划具有战略意义，因为它将营销战略从注重一次性购买转向强调重复购买和保持长期品牌忠诚。这取决于品类，但在许多领域，尤其是服务领域，与季度销售相比，他们更关心牢固的关系。新猪公司就从忠实顾客的重复消费中获益。

品牌关系计划涉及品牌的所有关键利益相关者，如雇员、股东、分销商和供应商、社群，当然还有顾客。所有利益相关者都是个人讯息的传播者——关于品牌的正面或负面讯息。因此，受众间互动的计划显得十分重要，需要鼓励品牌的粉丝与其朋友交谈。在社交媒体上，这种推介策略意味着利用粉丝网络为品牌创造大量“点赞”。

口碑营销 在营销传播中，有一种有效的新方法——**口碑传播**（word-of-mouth communication），与关系营销经常结合使用。口碑策略的出现源于其内在的说服力——你倾向于相信从朋友、家人或生活中其他重要人物那里听到的东西。此外，来自有影响力的朋友和家人的评论比大多数设计好的营销传播信息更可靠。比如，广告通常被消费者认为是自利的。我们的目标是让合适的人谈论品牌，让他们说出支持品牌战略的话语。

进入 21 世纪，随着社交媒体的出现，个体传播的影响力和范围扩大。如今，营销讯息通过面对面交谈和在线交流得以广泛传播。这些讯息通过广泛的联系网络在互联网上迅速扩散，这一现象称为**病毒式营销**（viral marketing）。品牌可以煽动病毒营销的过程，但无法控制它。

全球营销 营销者已进入全球市场。在某些情况下，这是一个深思熟虑的策略；在其他情况下，它们发现自己参与了全球营销，因为国际竞争对手已进入它们的市场。即使像新猪公司这样的 B2B 公司，也在 40 多个国家销售其产品，它是一个强大的全球营销者。

全球营销与国内营销的区别在哪里？在大多数国家，市场由本地、区域、国际和全球品牌组成。本地品牌在单一国家销售；区域品牌是在一个地区（如北美、欧洲、亚洲）出售；国际品牌在世界许多国家销售；全球品牌在世界上几乎无处不在，比如可口可乐。

在一定程度上，国际营销传播战略取决于品牌讯息在所有市场上采取标准化还是本土化方式以适应文化差异。在国际市场上，如果公司想采取高标准化方式，会倾向于获得国际广告公司的支持，来为其产品开展国内、国际市场的营销传播。相反，本土化倾向于在产品分销的所有国家分别使用当地广告公司来策划和实施营销。下一章将讨论各种类型的营销传播代理机构的作用。

媒介融合 影响营销，尤其是影响营销传播的另一趋势是融合。消费者被赋权参与发送和接收讯息，导致媒介边界趋于模糊。当报纸内容不仅在纸媒出现，而且在电视、网络、手机和手表上出现时，很难知道报纸是什么。广告、公关和其他营销传播的功能边界正变得模糊不清，其计划趋于整合。过去常常被认为是广告、公关或媒介商店的代理公司现在承担着不同种类的责任，它们都承诺能做许多相同的事情，包括数字传播。

多元化 社会包容带来了挑战，使营销计划和营销传播变得越来越复杂。星传媒体（Starcom Mediavest）的首席执行官丽莎·多诺霍（Lisa Donohue）指出，在一年一度的戛纳国际创意节上，多元化是提交作品的一个重要趋势。[13] 她特别提到向年轻女性营销时要用真心实意的广告，比如 Always 品牌的“像个女孩”（Like a Girl）传播活动。在旧金山和纽约举办的“3%大会”（3% Conference）上，性别成为焦点问题，目的在于留住广告业的女性员工，而女性在广告业的管理层的比例尤其低。

种族问题也很重要。玩具制造商美泰（Mattel）在 2015 年宣布了新的芭比时尚达人系列，包括 23 个芭比娃娃，其中有 8 种肤色，还有许多其他变化。广告教育基金会（Advertising Educational Foundation）在 2014 年发起了一项名为“种族与民族”的项目，探索美国从 1890 年到现在的不同人群的历史。谷歌 2015 年的一项研究表明，根据谷歌和 YouTube 的数据，多样性和平等的讯息有着广泛的影响力，尤其针对女同性恋、男同性恋、双性恋和跨性别的人群开展营销活动时。[14]

1.3 职业技能的提高

如果你学的不是广告、公关或营销专业，可能会认为这部分与你无关。无论你的职业规划是否在整合营销传播领域，从这门课程所学的经验教训将有助于你所选择的职业和生活。在本课程中，你将有机会获得在职场中获得成功的许多关键技能。本章将帮助你发展和实践这些技能，从而提高你的就业能力。

在此，想想你将学到的一些技能。你在创新性解决问题方面的能力将得以提升；你将思考创意是如何促成任何形式的品牌传播的；你的批判性思考能力会得以培育。换句话说，要求你思考与品牌相关的各种问题，并将你的所知应用到战略营销面临的当代问题上。这样，你就可以根据大量证据提出自己的观点。当你能审视复杂问题时，你的分析能力就增强了。

你将如何展现你所知道的？假设你的教授通过布置有意义的作业来提高书面、口头和视觉传播技能，使你有机会开展高效的传播实训，从而达到目标。你全身心地投入这项工作，会养成良好的职业道德，并为自己发展成为可信赖的和专业团队的成员赢得声誉。最重要的是，你将有机会弄清一些品牌案例（这些案例界定了在商业环境中承担社会责任的意义），并制定战略来实现目标。这些技能和能力乃是职场所高度重视的。

下章预告

营销和营销传播始于各种传播功能和工具之间的协调，但协调因行业变化而显得复杂。接下来的三章将继续追踪这些变化，并介绍广告、公关、营销传播的基本功能，以及直接反应和促销等其他支持营销传播的领域。

成功秘诀

亲吻一头猪，拥抱一只袜子

尽管“创新”一词被过度滥用，却是新猪公司的部分基因。在营销和产品创新方面，新猪公司表现出色。新猪公司获得《设备工程》（*Plant Engineering*）年度产品奖共 29 次，远超其他企业。其创业成功获得认可，也被认为是宾夕法尼亚州最好的工作地点之一。30 年来，新猪公司的营销团队一直在利用获奖产品、广告、视频和其他传播方式赢得顾客。

在营销传播方面，新推出的猪品目录已多次获得“跨信道商业金像奖”（Multi Channel Merchant Gold Awards），其中包括 2006 年的年度产品奖，击败了里昂比恩（LL Bean）和维多利亚的秘密（Victoria's Secret）等家喻户晓的品牌。2009 年，英国版也获得了同样的认可。在 1995 年 MCM 上一篇名为“十大最佳产品封面”的文章中，产品直销大师格伦达·琼斯（Glenda S. Jones）将新猪公司的猪品目录封面列为有史以来最好的封面之一。

最后，从品牌的成功中可以看出营销和营销传播的受托责任。现在，新猪公司在世界各地战胜污垢，通过巧妙的营销传播战略让枯燥的产品变得趣味横生。

复习题

1. 营销传播与品牌传播的区别何在？
2. 营销的定义是什么？营销传播在营销计划运作中处于什么位置？
3. 概述营销界的总体结构并确定其主要的参与者。
4. 营销传播与四个关键的营销概念、营销组合有何关联？
5. 定义整合营销传播，并阐述整合对品牌传播的作用。
6. 如何创造品牌意义和品牌价值？它们与品牌资产的关系是什么？

讨论题

1. 苹果是世界上最知名的品牌之一，这家公司是如何做到这一点的？该公司在产品、价格、分销和营销传播方面的营销组合做了什么才创造了如此巨大的品牌资产和如此高的忠诚度？广告和其他形式的营销传播是如何帮助建立品牌的？

2. 当给同一产品贴上不同的标签后，人们会为自己所认可的品牌支付更多的钱，为什么？

3. 列出你最喜欢的品牌，然后分析：

a. 你最喜欢购买的品牌分布在哪些类别中？这些品牌在何种类别中没有区隔？为什么？

b. 你最喜欢的品牌对你来说代表着什么？它是你用过并喜欢的东西吗？这种熟悉的感觉让你感到舒服吗？每次都如此吗？如果你使用这个品牌就会有好事发生——这是一个承诺吗？它是你一直梦想拥有的东西吗？你为什么忠于这个品牌？

注释

第2章

广　告

学习目标

- 能简述广告实务。
- 能解释广告概念的演进。
- 能区分广告公司的主要参与者和工作。
- 能讨论广告实务的变化。

本章首先界定广告及其在营销传播中的作用，解释广告的基本概念和实务演变。接着阐述广告公司，并分析营销传播中这一较大领域面临的变化，由此得出结论。

获奖案例

用汗水换取饮料

“没有流汗，你就不会达标。”

这是佳得乐公司（Gatorade）将没有运动气息的顾客除名并剥夺他们喝最喜欢饮料的权利的原因。

在便利店收银后台的罗布·贝鲁西（Rob Belushi）（吉姆的儿子）如是说。当他打电话给他的超级运动老板时，佩顿·曼宁（Peyton Manning）出现了，并证实了公司的政策是“用汗水换取”（Sweat it to get it）。

目瞪口呆的顾客被隐藏的摄像机抓拍下来，视频中记录了这段内容：罗布·贝鲁西和面无表情的佩顿·曼宁拒绝向明显未出汗的人销售运动饮料。为了不空手而去，顾客通过做开合跳、俯卧撑，甚至做一些瑜伽动作来流汗，以此获得佳得乐公司饮料。

李岱艾广告公司（TBWA \ Chiat \ Day）为喜士多（C-Store）便利店撰写广告文案的是尼克·西弗恩（Nick Ciffone）与其合作伙伴资深艺术总监戴夫·埃斯特拉达（Dave Estrada）。尼克·西弗恩说：“我、戴夫，还有总监乔迪·希尔（Jody Hill）坐在一起，在拍摄过程中把台词传进佩顿·曼宁的耳机里。这绝对是职业生涯的亮点。”

当身体努力工作并燃烧碳水化合物时，很明显：你在流汗。这就是创意——汗水。流汗了就会得到它，不流汗就无法得到它，就这么简单。

佳得乐公司开发的产品是为了补充运动员在艰苦的训练和比赛中流出的汗液和电解质。执行创意总监说：“这项主题传播活动的目的是让拿着佳得乐的人思考：‘等等，这是我应得的吗？’”换句话说，佳得乐并不适合每一个人。“用汗水换取”这一幽默的广告活动强化了佳得乐长期以来作为严肃运动品牌的声誉，因为它推动了运动员、坚定的锻炼者和体育迷对功能利益的理解，使这一饮料成为体育实力与威望的象征。

本次主题传播活动的视频有八集，都是在一个真实的便利店拍摄的。在其中的六则广告中，著名广告代言人曼宁饰演一位坚定不移的经理，他说必须靠自己的努力才能得到这份工作。出人意料的是，卡罗来纳黑豹队（Carolina Panthers）四分卫、冉冉升起的代言明星卡姆·牛顿（Cam Newton）出现在两则广告中。作为一名顾客，他也重复了“用汗水换取”的主题，让站在他身后的人大吃一惊。你可以在 Gatorade. com/sweat-it-get-it 上查看。

该主题传播活动是作为一个网络传播活动发起的，内容必须足够有趣，才能吸引精通互联网的消费者注意，并推动观看与分享。我们的重点是为来自各行各业的顾客创造一种现实的体验，以此给他们惊喜，捕捉他们真实的反应。

诚实的反应和滑稽的互动触达运动员、锻炼者和球迷等对体育和喜剧感兴趣的目标观众。屏幕上的互动吸引数百万人在 YouTube 和脸书上分享他们在便利店的那一瞬间。音乐电视（MTV）制作了一个三分钟的幕后短片，讲述了喜士多便利店广告活动的拍摄过程。喜剧中心（Comedy Center）还对卡姆·牛顿的镜头进行了幕后拍摄。社交媒体鼓励人们一口气看完八集。

大多数观众喜欢这一系列广告，但剥夺策略并非没有风险。你真的想告诉你最好的顾客他们没有资格购买你的产品吗？几年前，当快餐连锁店汉堡王（Burger King）向热情的粉丝宣布华堡（Whopper）从菜单上撤下之时，这一策略就奏效了。这款汉堡包的粉丝在免下车窗口被抓拍，他们的反应是难以置信。华堡 50 周年纪念活动“不见了”，既展示了消费者需求的力量，又展示了精心打造的品牌识别的忠诚力量。

在“用汗水换取”案例中，当佩顿·曼宁出现在镜头前时效果就已经产生了，因为大多数观众以及吃惊的顾客都认出了这位足球巨星。他们的反应相当经典：惊讶，有点困惑，还有点尴尬。作为一名观众，你不禁会想：这样一位超级运动明星是否有资格喝一杯佳得乐？

广告是此次主题传播活动的核心，但大多数出售佳得乐的便利店的招牌上都打出了“用汗水换取”的主题广告。该活动剧本通过公关和社交媒体的病毒式传播利用了挣得媒介，也通过传统的租用媒介做广告，都取得较好效果。

有效果吗？本章最后的“成功秘诀”专栏将予以揭示。

资料来源：Nick Ciffone，personal correspondence，March 10 and 11，2015；Marc Johns，personal correspondence，March 27，2015，March 31，2015，and April 13，2015；Kim Ashby MacColeman，“No Sweat，Gatorade Gets It. New Branding Campaign with Peyton Manning Leads to Publicity Gold，” August 20，2014，Hope-Beckham newsletter；Jarvis Holliday，“Gatorade Debuts ‘Sweat It to Get It’ Commercials with Peyton Manning and Cam Newton … and ‘Customers，’” August 19，2014，www. Grownpeopletalking. com；Tim Nudd，“Adweek. com's Top 10 Advertising Stories of 2014，” August 18，2014，www. adweek. com；and Josh Sanchez，“Gatorade Unveils ‘Sweat It. Get It.’ Campaign with Lionel Messi，David Luiz，and Usain Bolt，” June 12，2014，Fansided blog on www. SI. com.

2.1 广告实务

杰瑞·德拉·费米纳（Jerry Della Femina）是一位以妙语连珠而闻名的广告大偶像，在回答“什么是广告”这一问题时，他说：“广告是你穿上衣服得到的最大乐趣。”[1] 费米纳生活在《广告狂人》（*Mad Men*）那个时代，受到了同名电视剧的启发，20 世纪 60 年代是其创作的巅峰时期。21 世纪的广告比他那个时代更注重战略和商业效果，但这依然是一个令人兴奋的领域。

你见过大量商业讯息，其中部分是广告讯息，其余是不同种类的促销讯息。例如，一个包装设计或一个体育赛事赞助，但是在盈利以及效果方面，广告是重量级的促销工具。广告也是所有营销传播工具中最常见的，这是众多章节以广告作为开端的原因。

一直以来，广告的目的基本上是售卖**产品**（product），可能是货物、服务或创意。近年虽有了很大变化，但广告的基本假设依然不变，即使面临经济衰退和媒介变革也是如此。如何定义广告以展现其动态性、形式的变化而满足社会和市场需求呢？如下定义可概括现代广告的观点：

> **广告**（advertising）是利用大众媒介和互动媒介触达广大受众，提供有关产品（货物、服务和创意）的信息，并根据顾客需要和欲望介绍产品特征，从而把可识别的出资人与购买者（目标受众）连接起来的劝服性、有偿性的传播方式。

该定义包含了许多要素，我们将在后文介绍因新技术、媒介转型和文化变迁而对其定义做出的修改。

尽管公益广告等一些广告形态使用捐赠的媒介空间与时间，但广告通常需要出售产品的广告主（如佳得乐公司）付费。不仅传递讯息要付费，而且出资人要可识别。

过去的广告是一种从广告主到目标受众的单向传播，通常能触达潜在顾客中的广泛受众。潜在顾客或是大量受众，或是较小的目标群体。然而直接反应广告，尤其是数字传播，能向受众中的个体成员传递讯息。因此，一些广告除了向一大群人传递讯息，还能做到一对一传播。

对于传统广告，讯息传递是通过不同类型的大众媒介进行的，大多数是非人际讯息。然而，恰如佳得乐公司“用汗水换取”广告活动所引发的蜂鸣传播，随着更多互动媒介的引入，这一非人际传播的特征正发生改变。如社交媒体上的口碑传播或发送给公司的消费者生成讯息，数字媒介、互动媒介为双向和多向品牌传播的有趣新形式打开了大门。

大多数广告都有一个明确的战略，试图告知消费者或让其知晓一个品牌、一家公司或组织。广告在很多情况下也试图劝服或影响消费者去做某事，如购买一个产品或访问一个品牌的网站。除信息之外，劝服也可涉及感性讯息。“用汗水换取”广告策略旨在将该品牌的体育资质与普通球迷的渴望联系起来。

记住，一个产品可能是货物、服务或创意。例如，一些非营利机构利用广告来说服成员、告知某一善因、募捐、招募志愿者或是提出某一立场、观点。

广告的基本功能

总结广告定义的要点并更好地理解广告作为一种商业传播形式在发展，有助于明白广告的定义为何因三大主要功能而演变。

1. 识别功能。广告用来识别一个产品、卖产品的商店，或二者兼之。早期广告主要用于识别一种产品及其出售地点。一些早期广告就是简单标记，上面印有店铺名称、生动图案，如鞋铺、杂货店、铁匠铺的标记。

2. 信息功能。广告提供有关产品的信息。自文艺复兴时代起，印刷术的进步带来了读写能力的提高，促使诸如海报、传单、报纸等印刷材料的兴盛。读写能力已不再是上层社会的象征，附有产品详情的广告能触达普通受众。**“广告”**（advertisement）一词大约在公元1655年首次出现，1660年出版商在报纸的商业信息的标题中使用该词。这些广告讯息用于售卖田地，出售逃亡者（奴隶和仆人），告知运输工具的情况（船只、公共马车的时刻表），也被当地商人用来出售产品。由于商业信息很重要，这些广告被视作新闻，其在早期报纸上占据的版面比今天的新闻故事还大。

3. 劝服功能。广告用来劝服人们购买东西。产业革命加速了社会变革，带来了规模生产。机械化不仅提高了产品的生产效率，而且提高了分销效率。生产的高效加上渠道的拓展意味着当地市场不能消化生产商所提供的丰富产品。随着火车和全国公路的发展，生产商可在全国分销产品。随着产品营销的拓宽，拥有一个如象牙牌或刚刚提到的佳得乐之类的、可识别的**品牌名称**（brand name）变得重要起来。越来越多的人需要了解这些产品，因此工业的机械化和新市场的开发推进新传播媒介的广泛使用。例如，杂志、产品目录、广告牌采用引诱的说服方式触达更多的人。马戏团和专利药品制造商是利用广告的先驱，它们把广告促销从识别功能和信息功能推向了带有劝服功能的夸耀形式，其图案和语言具有夸大、夸张的特征。

广告的要素

本章后面将简要回顾300年的广告发展史，介绍许多关键的广告概念。可把描述广告实务的要素总结为：战略、讯息、媒介和评估（见图2-1）。

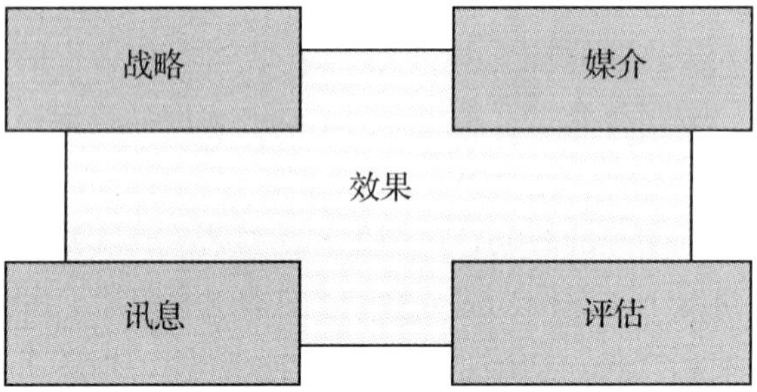

图2-1 广告的四大要素

- 战略。可用能测量的目标来表述一则广告背后的逻辑与**战略**（strategy），如销售、新闻、心理诉求、情感、品牌化、品牌声誉，以及与竞争者相比较的产品定位与区隔、市场细分和定位最佳预期顾客。

- 讯息。讯息背后所持观念以及富有创意与艺术性的讯息表达方式都依赖于调查和消费者洞察。

- 媒介。在过去的几个世纪里，广告主使用了各种媒介，包括印刷媒介（传单、报纸、杂志）、户外媒介（标志和海报）、电波媒介（广播与电视）以及现在的数字媒介。只有消费者画像与媒介受众相切合，广告才对预期消费者做到有的放矢。广告公司的报酬主要源于广告主购买媒介时间或空间的成本。

- 评估。有效果意味着实现了预期目标。为了确定是否真的产生了效果，需要将评估方法纳入战略。行业组织和公司设定的标准可用来评估媒介受众的规模、构成以及广告的社会责任。

营销和广告都面临许多挑战，新媒介和战略的重点是通过个性化讯息触达个体消费者，导致二者的形象都在发生变化。如你所知，有些人甚至怀疑广告是否能继续存在。2016 年《广告时代》（*Advertising Age*）的一篇文章认为，广告公司的作用对品牌领导者来说仍然至关重要，不能将其简单视为大创意的创作者，而应视为品牌和消费者品牌体验的管理者。[2]

常见的广告类型

广告业是一个庞大的、种类多样的产业。不同类型的广告具有不同的作用。考虑到所有不同的广告情景，可把广告分为八个主要的类型：

1. 品牌广告。**品牌广告**（brand advertising）是最常见的广告类型，指的是全国性或消费者广告。如佳得乐广告这样的品牌广告，注重开发和强化长期的品牌识别和品牌形象。

2. 零售广告或地方性广告。**零售广告**（retail advertising）或**地方性广告**（local advertising）专注于那些在特定区域内销售商品的零售商、分销商和经销商。零售广告传递那些在附近商店触手可及的商品信息，其目标就是刺激销售，并为零售商塑造一个独特的形象。地方性广告可以针对像玛克丝（T. J. Maxx）零售店这样的本地商店及像肯德基这样的服务提供者，或者针对在限定区域内提供产品的制造商或分销商。

3. 直接反应广告。**直接反应广告**（direct-response advertising）试图刺激顾客对讯息的即时反应，能使用任何广告媒介，特别是直邮和网络。消费者可通过电话、邮件或网络进行反馈，而商品也会通过邮寄或其他方式直接发送给消费者。

4. 企业间广告。**企业间广告**（business-to-business（B2B）advertising）有时称为贸易广告，是由一个企业向另一个企业做广告，讯息针对的是分销产品的公司、产业购买者以及律师、医生等专业人士。这类广告大多由广告主在专业出版物上刊登。

5. 机构广告。**机构广告**（institutional advertising）有时也称**企业广告**（corporate advertising），其目的在于建立企业识别系统或赢得公众对某个组织秉持的立场观点的支持。制药公司所做的白血病药品广告就属于此类广告。

6. 非营利广告。**非营利广告**（nonprofit advertising）为慈善团体、基金组织、协会、医院、管弦乐队、博物馆和宗教机构等非营利组织所采用，向其顾客（如医院的病人）、会员（如塞拉俱乐部（Sierra Club）会员）及志愿者（如红十字会志愿者）做广告，还向捐赠者和其他形式活动的参与者做广告。美国遗产基金会（American Legacy Foundation）的“真相”（Truth）广告活动是非营利广告的一个例子，该基金会试图向青少年传递反吸烟讯息。

7. 公益广告。**公益广告**（public service advertising）提供的讯息是为了善因，比如禁止酒后驾车（如母亲反对酒后驾车）或反对虐待儿童。在英语里，公益广告也叫作

public service announcements（PSAS），广告和公关专业人士常把这类广告免费制成**志愿者服务广告**（pro bono），媒介为其免费提供发布时间与空间。

8. 特殊广告领域。例如，医疗保健、绿色营销等领域针对特定的情况或问题开发专门的广告技术和机构。

尽管以上八种广告类型是依不同广告特点而区分，但它们有很多共性。实际上，所有类型的广告需要战略性的、可顺利执行的创意和原创讯息，需要一定形式的媒介来传播。此外，有些广告作品也可以视作与同一广告主的其他广告毫无关系的单独广告。例如，制药行业的“白血病”广告或一场**主题传播活动**（campaign）——同一主题之下不同版本的系列广告。广告活动通常会在不同时间、不同媒介上向不同受众细分市场分别开展，以便在一段时间内吸引目标受众的注意。

广告扮演的角色

如前所述，广告在传播和营销上发挥了明显的作用。除了扮演营销传播角色，广告也有经济与社会角色。苹果公司于 1984 年发起的苹果计算机（Apple Macintosh）主题传播活动成功的原因在于一则广告的良好效果，人们普遍认为该广告是过去制作的最成功的广告。当你阅读“实务性问题”专栏中“1984”这则广告后，请指出该广告是怎样担负营销传播、社会和经济角色的。

实务性问题

史上最伟大的商业广告

广告主是苹果公司，产品是新型苹果机，而广告客户（担负广告职责并做决策的人）是苹果的首席执行官史蒂夫·乔布斯（Steve Jobs），他希望制作一则轰动性广告。广告公司是位于加利福尼亚州的佳德广告公司（Chiat/Day）（现为李岱艾广告公司），它拥有一个传奇式的创意总监李·克劳（Lee Clow）（现在是媒介艺术的全球总监）；媒介是美国超级碗大赛；供应商是以电影《异形》（*Alien*）和《银翼杀手》（*Blade Runner*）出名、具有传奇色彩的英国电影导演雷德利·斯科特（Ridley Scott）；受众是 1984 年 1 月冬天收看超级碗大赛的 9 600 万名观众，目标受众是这些人中有意向购买个人电脑的人（对消费者而言，这是一款相对新式的产品）。

其广告的基本原理是：把适当的产品在适当的时间、适当的地点与适当的参与人群联系起来，就能创造奇迹——这就是乔布斯想要的轰动效果。在这个案例中，需要 200 名演员和 90 万美元的预算，其中 80 万美元是为了制作一则 60 秒钟的电视广告。就各方面而言，这是一个巨大的主题传播活动。

故事情节根据乔治·奥威尔（George Orwell）的科幻小说改编，描述的是 1984 年因思想束缚而毫无生气的世界。那些思想上的懒汉（实际上是伦敦街上理着平头的男人们）正在观看屏幕上一个结实的“大哥”型的偶像并滔滔不绝。此时，一个身着鲜红色短装、身材健美的年轻女子被一群戴着头盔、咆哮着的骑兵追赶着跑了进来，将一把大铁锤掷向了屏幕。紧接着，一团新鲜空气从张着大嘴的懒汉眼前缓缓飘过，就如同他们“看见曙光”一样。最后一个镜头是，伴随着广告语响起，画面上出现以下字幕：

> 1月24号，苹果公司的苹果机将上市，你将明白为何1984年变得不像1984年。

这是一个容易被客户接受的广告创意吗？

最先看到这一广告片的苹果公司的管理者担心这则广告不会有效果，因为它看起来与过去所看到的广告片不一样。看完这则广告后，一些参会成员用手抱住了自己的头。有人问：“有谁希望立刻与佳德广告公司解约？”据说，苹果公司的另一个创始人史蒂夫·沃兹尼亚克（Steve Wozniak）拿出支票簿对乔布斯说：“如果你为它支付一半的金额，那么我就支付另外一半。”最后放弃这个广告片的决定被乔布斯驳回了，对佳德广告公司创意团队的信心使他有勇气投放这则广告。

这则广告有效吗？

1月24日，人们在电脑专卖店外排起长队购买苹果电脑，公司存货在一天内售空。在前100天，销售5万台的初定目标被突破，销量达到7.2万台。如果苹果公司能及时满足需求，还会卖出更多。

苹果公司的“1984”广告是当时所有的广告中被人们谈论最多、记忆最深的。无论何时，如果对最佳广告片进行排名，它一定名列榜首，直到21世纪它仍然获得诸多赞誉。

必须承认，这则广告仅播放了一次，是在当年观众人数最多的电视节目中插播的最昂贵的广告，但其目标受众只看到了一次，使超级碗大赛由一个橄榄球比赛变成了当年的广告事件，在节目前后所做的广告增加了超级碗大赛的影响力。人们之所以知道这则广告，是因为在这场比赛和人们看广告之前就有新闻报道，而比赛的事后报道使“1984”广告像橄榄球比赛成绩一样被热议。广告变成了新闻，而且观看广告变成了一个事件，这就是《广告时代》杂志评论家鲍勃·加菲尔德（Bob Garfield）将它称为“史上最伟大的商业广告”的原因。

你可在YouTube上在线观看“1984”广告片和对雷德利·斯科特制作“1984”的采访。

资料来源：“The Breakfast Meeting：What Olbermann Wrought，and Recalling Apple's ‘1984，’ ” New York Times Media Decoder，April 2，2012，http://mediadecoder.blogs.nytimes.com；Kevin Maney，“Apple's ‘1984’ Super Bowl Commercial Still Stands as Watershed Event，” USA Today，January 28，2004，3B；Liane Hansen (host)，“Steve Hayden Discusses a 1984 Apple Ad Which Aired during the Super Bowl，” National Public Radio Weekend Edition，February 1，2004；Bradley Johnson，“10 Years after ‘1984’：The Commercial and the Product That Changed Advertising，” *Advertising Age*，June 1994.

营销传播角色 在担任营销传播角色时，广告起到传递产品信息的作用。广告也可超越有关产品特征的直白信息而塑造**品牌形象**（brand image），把一个产品转换成

一个独特的品牌。“1984”广告展示的就是如何为一台电脑（有革新精神的电脑）塑造个性，从而突破其他电脑品牌（如 IBM）的僵化系统。当广告让品牌闪亮登场时，也就提高了品牌的知晓度并刺激了消费者的需求（第二天顾客就在出售苹果机的商店排起了长队），同时对社会问题和趋势表了态（为非专业人员开发了一种新品类的个人电脑）。

品牌植入式娱乐（branded entertainment）和**品牌内容**（brand content）是两个相似的术语，它们强调在建立品牌关系上最近的趋势。李岱艾广告公司的品牌内容总监、佳得乐公司团队成员之一马克·约翰斯（Marc Johns）将这一趋势描述为“通过品牌镜头讲述故事”。这些术语强调用品牌讯息去激发、参与和发展长期品牌关系的能力。约翰斯认为，尽管它们与传统广告之间的边界有些模糊，但二者还是存在如下区别[3]：

- 提高产品知晓度（传统）与提高品牌资产/亲和力（内容）；
- 印象（传统）与参与（内容）；
- 付费网络（传统）与人际网络（内容）；
- 媒介时间（传统）与消费者时间（内容）。

除了营销和品牌传播角色，广告还有经济和社会角色。

经济和社会角色　在经济发达的社会，商品供过于求，广告便呈繁荣之势。广告担负的角色从提供商品的基本信息拓展到为特定品牌创造需求。佳得乐公司在线主题传播活动中，目标是让观众参与并引发**蜂鸣传播**（buzz）和加强品牌声誉。创建蜂鸣传播——一种口碑传播或吸引人们讨论品牌——已成为社交媒体时代营销传播的重要目标之一。

大多数经济学家认为，由于广告触达大量潜在消费者，能给营销带来成本效应，因而消费者可以更低的价格购买商品。知道一个产品的人越多，销售机会就越多，销量由此增加，价格也就走低。想一想，高清电视、iWatch 或其他新技术产品上市之初采取的是高价，但当需求上升和竞争加剧后，其价格就开始下降。

有两种相对的观点可解释广告如何对经济产生影响。第一种是理性的观点，它把广告视为一种工具，通过价格线索和其他信息（如质量、产地和声誉）来帮助消费者评估商品价值。该观点的倡导者认为广告的作用是客观地提供价格/价值信息，消费者据此做出更为理性的经济决策。第二种观点强调形象和情感反应，认为消费者基于非价格因素、情感诉求做出购买决策。这一感性观点解释了形象和心理诉求如何影响消费者的决策，认为这类广告具有劝服性，无论价格如何变动，广告都降低了消费者转向购买替代品的可能性。

广告除了向我们传递新产品和改良产品的讯息，也反映时尚和设计的发展趋势，从而提高人们的审美水平。同时，广告承担教育的角色，让我们认识新产品及其使用方法。广告也可能引发社会问题。有些人说“1984”广告隐喻了电脑文化的价值观：我们的想法过时了，我们不是这个时代的个人电脑硬件的附属品。广告通过建立我们所能认同的榜样角色（如女运动员解放了温和的黑人民众），帮助我们塑造自我形象，且使我们有了通过所穿、所用的东西来表现个性（粉碎“大哥”型偶像）和生活方式（如红色短裤在单调环境中颜色凸显）的途径。广告也通过描述生活世界的多样性来塑造形象。广告的社会角色既有积极的一面，又有消极的一面。

2.2 广告观念的演进

通过图 2-2 的广告发展时间轴可知，广告业是动态发展的，因技术、媒介、经济和社会环境的影响而演化，但广告史远不止是名称和时间上的变化。时间轴所反映的是价值数十亿美元的广告业的演化过程。[4]

时代和年代

时间轴把广告的演化过程划分为六个阶段，反映了不同历史时期和不同的广告哲学、风格之变化。看完时间轴后，会注意到不断变化的环境，尤其是媒介进步改变了广告发挥作用的方式。（要了解更多历史信息，可登录 http://adage.com/century/timeline/index.html 或 http://library.duke.edu/digitalcollections/eaa。）

印刷广告早期 工业化和机械化的印刷技术促进读写能力的提高，从而推动企业能突破当地市场范围做广告。早期广告看起来像今天的**分类广告**（classified advertising），其目标是识别产品和传递售点信息。尽管传单、海报、手绘标志在这个时代也很重要，但基本上是印刷媒介，特别是报纸。第一个报纸广告出现在 1704 年的长岛地产广告。本杰明·富兰克林（Benjamin Franklin）的《宾夕法尼亚公报》（*Pennsylvania Gazette*）在 1729 年开辟了第一个广告栏目。1742 年富兰克林的《综合杂志》（*General Magazine*）刊登了美国第一则杂志广告。

广告公司早期 现在所看到的广告业发端于 19 世纪。1848 年帕尔默（Volney Palmer）在费城开办了第一家广告公司。智威汤逊广告公司（J. Walter Thompson）成立于 1864 年，今天依然存在。巴纳姆（P. T. Barnum）使用大规模的报纸广告、传单和海报把一个瑞典歌手引入美国，这是最早的系列广告活动之一。1868 年，艾耶父子广告公司（N. W. Ayer agency）开始试行**佣金制**（commission system），最初的广告从业人员是代表客户售卖版面和时间的经纪人或掮客，他们按照媒介费的一定比例提取佣金。智威汤逊广告公司首创了**客户经理**（account executive）职位，即客户和公司的联络人。

随着广告主和营销者越来越多地关注有效广告之创作，广告业逐渐形成。19 世纪 80 年代，广告传奇人物阿尔伯特·拉斯克（Albert Lasker）把广告称为“由因果关系驱使的、印在纸上的推销术”。“纸上推销术”和“因果关系”这两个措辞随后变成描述广告说辞和广告支持的典范。

在零售方面，百货商店业主约翰·沃纳梅克（John Wanamaker）在 1880 年雇用约翰·

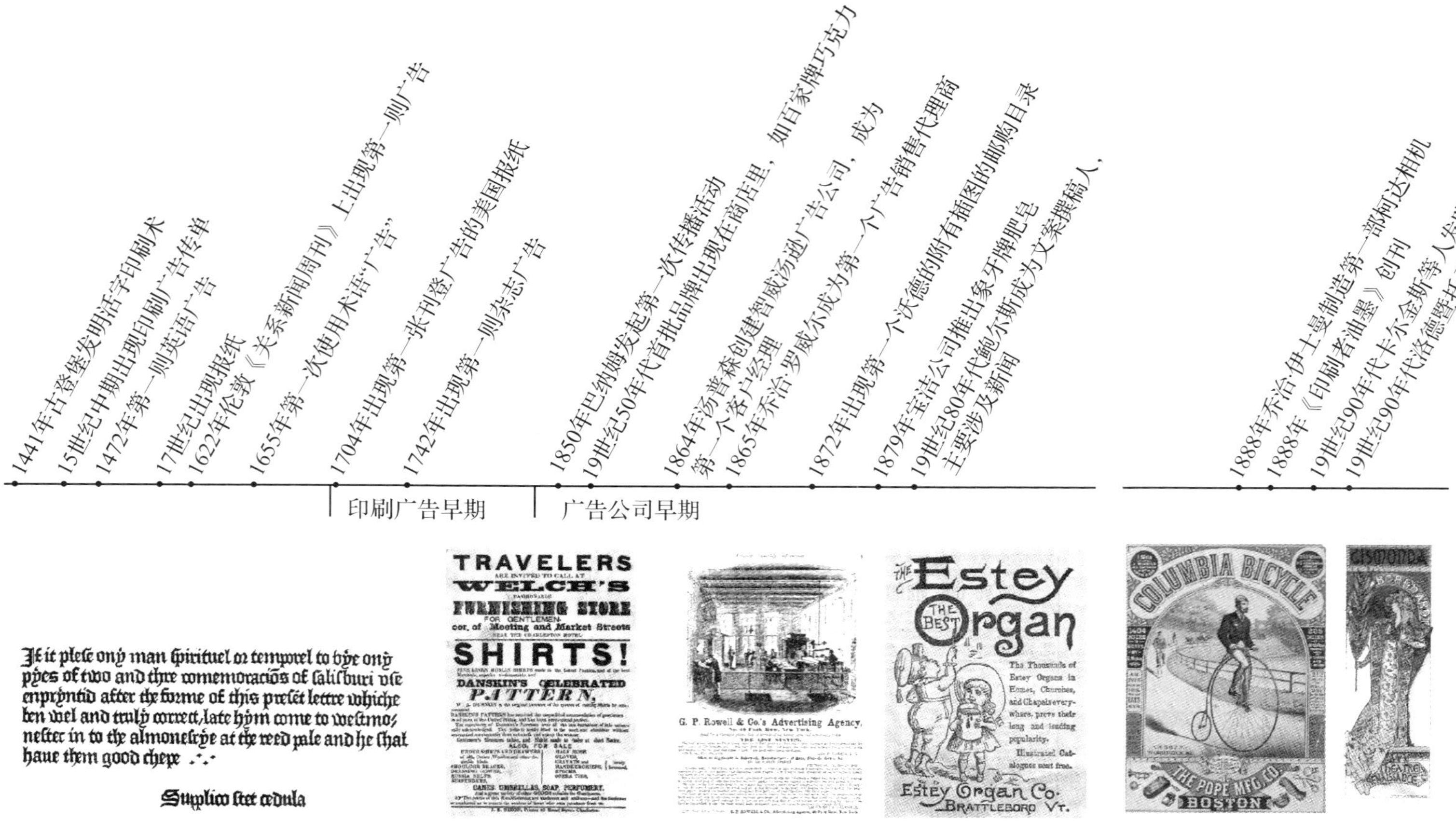

这则早期的英国广告，由威廉·卡克斯顿（William Caxton）创作于1477年，是15世纪印刷广告的范例。

在这则1869年的广告中，乔治·罗威尔（George P. Rowell）的广告批发代理公司使用了满意客户的证言推销该公司。

图 2－2 广告发展时间轴

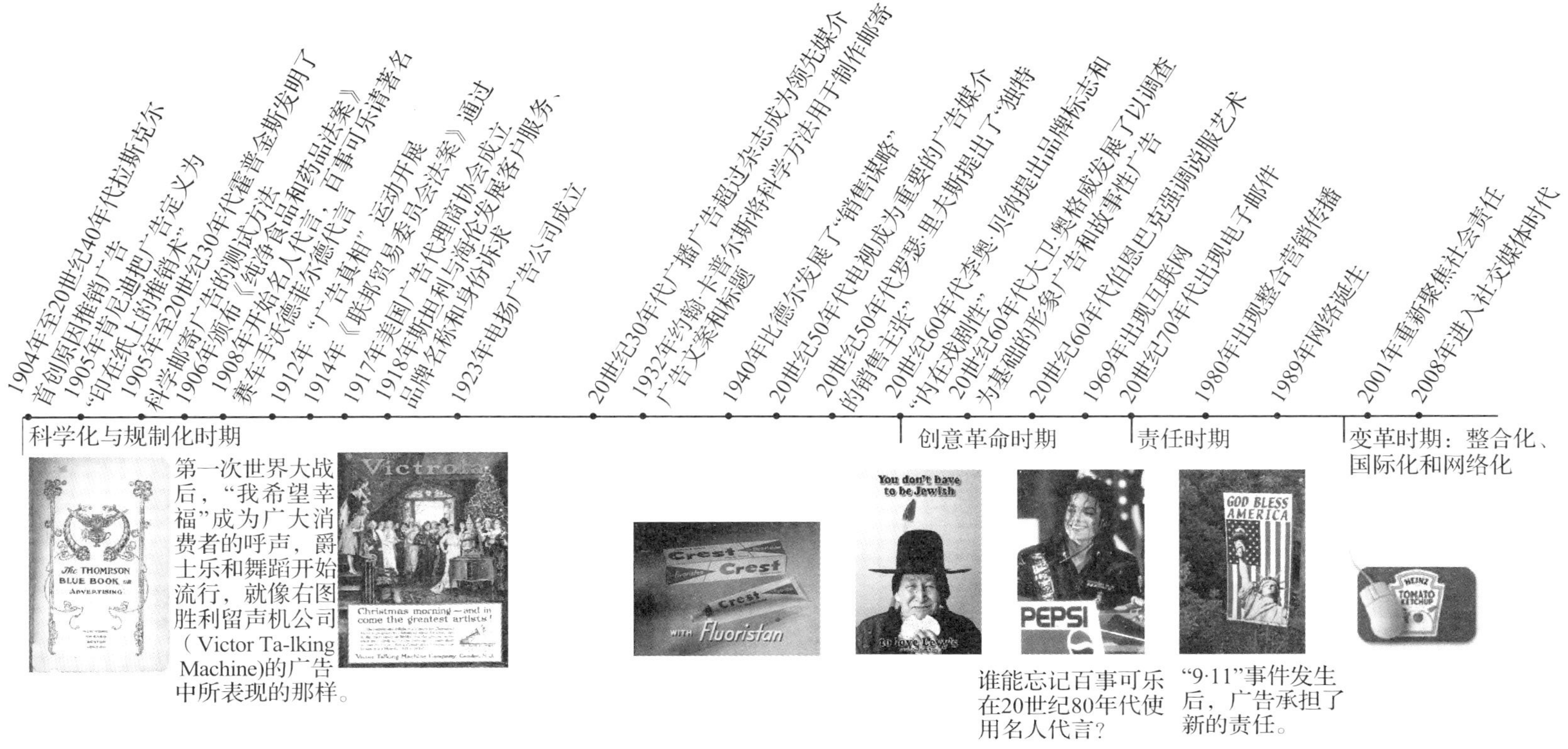

图2-2　广告发展时间轴（续）

鲍尔斯（John Powers）作为商店专任的**文案人员**（copywriter），鲍尔斯以“广告是告知”的观念来精心设计广告策略。创办于 1902 年的麦肯广告公司（McCann）也提出了一个广告策略，即“善诠含义，巧传真实”，强调广告公司在制定广告讯息中的作用。《印刷者油墨》（*Printer's Ink*）是广告业的第一个行业出版物。20 世纪初，智威汤逊广告公司开始出版“蓝皮书”作为广告参考书，解释广告如何运作和如何收集媒介资料。

19 世纪末，广告主开始为其产品品牌取名，如百家牌巧克力（Baker's Chocolate）、象牙牌肥皂。这个时期的广告目的在于为新品牌创造需求和视觉识别。廉价的品牌产品即通常所说的包装品开始堆满杂货店和药店的货架。1892 年，《妇女家庭杂志》（*Ladies Home Journal*）禁播专利药品广告，有伦理问题、承诺言过其实的欺骗广告和夸大广告达到了顶峰。此外，欺骗广告使用强有力的图案来夸大销售讯息。

在欧洲，美术家（也即插图画家），如图卢兹·劳特累克（Toulouse-Lautrec）、奥伯利·比亚兹莱（Aubrey Beardsley）和阿尔丰斯·穆夏（Alphonse Mucha），把他们的技艺带进海报、印刷广告和杂志插图之中，广告的视觉质量极大提高。因具有艺术性，这一时期被认为是黄金时代。在 20 世纪的广告中，艺术家从插图画家转向艺术总监。

科学化与规制化时期①　20 世纪早期出现了广告职业化特征，表现为大广告公司成立行业组织，1917 年正式命名为美国广告代理商协会（American Association of Advertising Agencies）（参看 www. aaa. org）。除了行业组织，这一时期的职业实践也得到发展。正如百货商店业主沃纳梅克所言，“我知道我的广告费用浪费了一半，但问题是我不知道哪一半被浪费掉了”。这种言论一定程度上反映了需要进一步了解广告是否真的有效，同时也认识到需要更好地让讯息有的放矢。

20 世纪早期，职业化的现代广告采用了科学的研究方法，广告专家认为通过科学与艺术的融合，广告效果可以获得提升。其中两个领导者就是克劳德·霍普金斯（Claude Hopkins）和约翰·卡普尔斯（John Caples）。霍普金斯在职业鼎盛时期是洛德暨托马斯广告公司（Lord & Thomas）最知名的广告文案人员。他以高度的理性分析开展广告文案测试，以便推敲广告方法，该方法在其 1923 年出版的《科学的广告》（*Scientific Advertising*）一书中做了阐释。卡普尔斯是天联广告公司（Batten，Barton，Durstine and Osborn，BBDO）的副总，在 1932 年出版了《久经考验的广告术》（*Tested Advertising Methods*）一书，他的有关“广告标题的拉力”（pulling power of headlines）的理论也建立在广泛的测试基础上。卡普尔斯以多变的广告写作手法而闻名，其写作语言丰富且夸张。20 世纪三四十年代丹尼尔·斯塔奇（Daniel Starch）、尼尔森（A. C. Nielsen）、乔治·盖洛普（George Gallup）创立的调查组织依然是今天广告业的组成部分。

在大萧条时期及其之后，雷蒙德·罗必凯（Raymond Rubicam）作为一位广告权威

① 第 11 版原书与前几版一样，此处是“科学时期”，但从时间轴和阐述内容看为“科学化与规制化时期”。中文版以时间轴上的划分为依据。——译者

出现，并与约翰·奥尔·扬（John Orr Young）成立自己的广告公司，扬是洛德暨托马斯广告公司的文案人员。他们以引人入胜的标题和新颖、原创的广告创意而知名。

定向（targeting）指讯息应该命中特定的预期购买者群体，并随着媒介日趋复杂而演化。通过找到最可能购买产品的人及触达他的最佳传播途径，广告主认识到它们的广告花费越来越有效。科学时代促使媒介更好地找到其受众。1914 年，发行量审核局（Audit Bureau of Circulation，ABC）对杂志和报纸的有偿发行制定了标准。1922 年印刷媒介受到了广播广告的威胁，1938 年广播广告的收入超过了印刷媒介的广告收入。

广告公司和广告管理在第二次世界大战后迅速发展，今天依旧存在的智威汤逊广告公司带领广告业在该时期蓬勃发展。广告公司的成功在很大程度上归因于创意文案以及斯坦利·里索（Stanley Resor）与海伦·里索（Helen Resor）的夫妻式团队的管理方式。斯坦利发展出**客户服务**（account service）的概念，并把客户主任的作用拓展到战略发展上。海伦·里索革新了广告文案写作技巧，还创造了"品牌名称"这一概念，作为一个战略将特定产品与独特个性联系起来。此外，创造了"身份诉求"的概念，来劝说穷人模仿富人的习惯（www. jwt. com）。

电视广告在 20 世纪 50 年代登上了荧幕，给广告业带来巨大的、新的收入来源。1952 年，电视广告的尼尔森收视率测量法成为测量电视广告触达率的基本方法。

这一时期也开始重视营销实务，例如，产品差异和市场细分被纳入广告策略。艾·里斯（Al Ries）和杰克·特劳特（Jack Trout）1969 年提出为品牌在人们的心智中创造据点的**定位**（positioning）思想。

创意革命时期 广告公司的创意在 20 世纪六七十年代爆发，这一时期以艺术、灵感和直觉的复兴为特征。在很大程度上，三位创意天才是为了回击调查和科学的主张而推动了创意革命：李奥·贝纳（Leo Burnett）、大卫·奥格威（David Ogilvy）和威廉·伯恩巴克（William Bernbach）。

李奥·贝纳是众所周知的芝加哥广告学派的领导人，他认为必须找到每个商品"内在的戏剧性"。他也认为使用文化原型可塑造代表美国价值观的象征角色，例如，"快乐绿色巨人"、托尼虎（Tony the Tiger）、面团宝宝和其最著名的主题传播活动象征角色万宝路牛仔（Marlboro Man）（参见网站 www. leoburnett. com）。

恒美广告公司（Doyle，Dane，and Bernbach）创立于 1949 年，从一开始，伯恩巴克就因具有强烈的语言、设计和创意意识被认为是同时代最具开创性的广告创意人。人们被其广告情感情绪所打动和折服。那时候的汽车广告充满了诱惑和浮夸，伯恩巴克以其简洁的大众汽车广告而被人熟知，该广告使用像"Think Small"这样的标题，并配以大众汽车的甲壳虫图案（参见网站 www. ddb. com）。

责任和整合时期[①] 从 20 世纪 70 年代开始，广义广告的焦点是效果，客户希望广告能带来销售，因此将重点放到了调查、测试和效果测量上。为了担负起责任，广告公司和其他营销传播代理公司认识到必须证明其工作的价值所在。在 20 世纪八九十年代

---

① 此处在时间轴上分别是"责任时期"与"变革时期"。由此可知，"变革时期"也叫"整合时期"。——译者

的网络泡沫和经济衰退后，对责任的强调变得尤为重要，广告主要求有证据说明广告真正有效地完成了战略的既定目标。

广告责任的另一方面是**社会责任**（social responsibility）。虽然广告规制从 20 世纪初就存在，如 1906 年通过了《纯净食品和药品法案》（Pure Food and Drug Act），1914 年创立了联邦贸易委员会（Federal Trade Commission），但直到 1971 年才创建全国广告审查委员会（National Advertising Review Board）来监管广告的审美与社会责任问题。例如，娜奥米·克莱恩（Naomi Klein）写的《拒绝品牌》（*No Logo*）成为畅销书，马克·格贝（Marc Gobe）的《公民品牌》（*Citizen Brands*）反映了低工资国家的血汗工厂全然不顾舆论的指责。

数字时代带来了即时传播手段，口碑传播在消费者的社会网络中流行，随之，公司开始关注它们的实务、品牌或企业声誉。发端于 2007 年 12 月的经济危机及有关企业实践的坏消息见诸标题，如伯纳德·麦道夫（Bernard Madoff）的庞氏骗局（Ponzi Scheme）导致消费者更加关心企业伦理。

当整合营销传播变得重要时，我们也冠以一个时代。整合营销传播是 20 世纪 80 年代管理者开始采用的方法，目的是更好地协调使用品牌传播工具。整合带来的一致性促使营销传播更加有效，并因此在经济上节约。

社交媒体时期①　自 2008 年以来，**社交媒体**（social media）的广泛使用以及它所催生的口碑营销实践导致社交媒体时代的广告和营销传播实践发生了天翻地覆的变化。甚至在 21 世纪早些时候，数字和在线传播在品牌传播中变得非常重要，大多数品牌和公司都在全球范围内建立网站并尝试使用在线广告。然而，随着脸书、推特、YouTube 和其他分享思想、照片甚至视频的媒介载具的问世，消费者传播结构发生了根本性的改变。

品牌讯息不再依赖于营销传播方案，不再依赖于目标讯息和单向传播。在这个全新的互动世界里，消费者正在生成品牌讯息，并将其发布到 YouTube 上，同时在脸书、Snapchat、Instagram 和推特上分享他们的想法和体验。品牌可以建立自己的脸书和推特账户，但令人兴奋的对话发生在它们控制之外的人与人之间的对话。激动人心的对话在私人之间发生，超出了控制范围，激浪（Mountain Dew）品牌发现，当一个广告以受虐的女性为主题时，有一群黑人男性因遭受激烈的批评而被牵扯进来。公司和组织在寻找倾听、回应和让顾客参与对话的新方式，但很难跟上不断变化的技术和消费者。

时间轴简要描述了各种工作和专业概念的出现，以及其如何随时间的推移而改变。现在让我们深入研究广告业的结构。

2.3 广告业界

在讨论广告定义和广告实务的演变时，我们已简述了广告公司，但广告和营销传播

① 在第 11 版原书中，时间轴上“社交媒体时期”列法有误。中文版为保持原样，不予修订。——译者

的学生必须进一步了解广告业和广告公司是如何组织和运行的。可以通过电视镜头一睹这个领域，如处于广告史上创意革命时期的《广告狂人》（Mad Men）节目。

主要参与者

当讨论行业组织时，有兴趣在广告和其他营销传播领域工作的人就会认为，实际上所有的主要参与者预示你今后可能考虑的工作机会。参与者包括发出讯息的广告主（广告公司把它叫作客户）、广告公司、媒体以及提供专门技能的供应商。关于“1984”的专栏介绍了许多参与者，并阐明所有参与者是怎样为最终的广告贡献不同力量的。

组织　广告是由传递促销讯息的组织或**广告主**（advertiser）发起的。公司为了业务需要为其广告和其他促销讯息出资。在“1984”的专栏中，苹果公司是广告主，首席执行官乔布斯最终决定投放当时具有争议的广告。广告主是最重要的参与者。广告方面的职能管理通常由营销或者**广告部**（advertising department）来负责。

在美国广告主排行榜上，宝洁公司通常名列榜首。2014年，榜首之后分别是通用汽车（General Motors）、丰田（Toyota）、美国电话电报公司（AT&T）、福特（Ford）、康卡斯特（Comcast）、伯克希尔·哈撒韦（Berkshire Hathaway）、辉瑞制药（Pfizer）、欧莱雅（O'Loréal）和菲亚特（Fiat）。[5] 其他时不时出现在排名前10的有威瑞森（Verizon）、新闻集团（News Corp）、时代华纳（Time Warner）和强生（Johnson & Johnson）。这些公司代表的产品种类是汽车、电信、制药、个人护理和化妆品，其他重要的类别有零售、理财服务、食品和糖果、酒水和餐馆。

大多数广告主都有一个开展广告活动的经理或部门，寻找广告能解决的营销问题。例如，苹果公司的主管知道，需要把苹果机诠释为易于使用的电脑平台，新电脑的上市信息需要触达大量潜在购买者，而广告对这一新产品的成功是必不可少的。

营销经理（来自企业高管和营销团队的其他人）也会聘请广告公司。对于佳得乐公司来说，广告公司就是李岱艾广告公司以及其他所需要雇用的营销传播代理公司。作为客户，广告主负责监督广告公司的工作并向其付费。“客户”一词的使用是因为广告公司的人把其广告主称为客户，而把管理广告业务的人叫作“客户经理”。

客户的营销团队有时和广告公司的客服人员做出最终的战略决策，包括目标受众和广告预算规模。客户团队要核准广告或营销传播计划，包括制定讯息大纲和媒介策略的具体细节。

虽然大公司有一个**集中代理商**（agency of record）为其承担大部分工作，甚至可能管理或协调其他广告公司的工作，但大公司也许有几百个广告公司为其服务。

广告公司　第二个参与者是设计、制作、传播讯息的**广告公司**（advertising agency）。在有些情况下，广告公司的风格、经营理念和文化是不同的，因为它们针对的是不同类型的产品，且创始人有不同的个性。日本电通（Dentsu）是一家有着独特文化的广告公司。自1925年起，该公司所有年轻员工和新晋升的高管都要去爬富士山，这是电通的惯例。规模在世界排名第五的这家公司会明示或暗示员工代表客户去爬山。[6]

广告主和广告公司之间的工作安排被称为委托代理关系。“1984”的故事表明，在广告公司与其客户之间培养一种强烈的信任感是多么重要，因为商业主题传播活动涉及高风险的创意。在媒介方面，伙伴关系也很重要。例如，亚马逊为广告公司开发了一个培训项目，帮助它们更好地理解亚马逊的广告版式和服务。[7]

一个广告主选用外部代理机构是因为它认为广告公司在制作一则单独的广告或一个完整的方案方面比自己更有效。一般来说，优秀的广告公司都拥有富有战略眼光与创意的专家、媒介知识、工作天赋，以及拥有为客户出色完成谈判的能力。

不是所有的广告从业人员都在广告公司工作。无论是公司还是组织，大的广告主会通过设立一个广告部来管理广告过程。广告部有时也叫作**营销服务部**（marketing services）或内部代理机构，负责监督广告公司的工作，如图 2-3 所示。营销服务部的任务有：做预算并选择广告公司；负责媒介、制作、摄影等自由职业者的协调活动；确保工作按计划实施；判断工作是否达到预期目标。

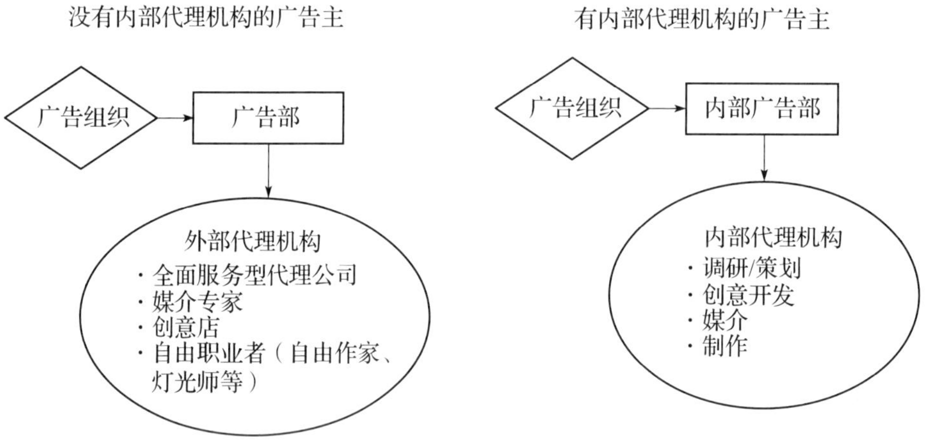

图 2-3　两种广告组织结构

媒体①　广告业的第三个参与者是媒体，用来传递讯息和吸引受众。影响广告发展的核心因素是大众媒介的出现，因为它提供了触达广泛受众的路径。在传统广告中，**媒介**（media）是把讯息从广告主传递给受众和从消费者处反馈给公司的所有传播渠道。我们把媒介称作**信道**（channel），是因其负责传递讯息。不过，它们也可以是公司，如你所在地的报社或广播电台。

诸如时代华纳和维亚康姆（Viacom）等媒体集团十分庞大。时代华纳拥有 38 000 名员工，资产达 400 亿美元，旗下有家庭影院频道（Home Box Office，HBO）、时代集团（Time Inc.）、特纳广播公司（Turner Broadcasting）、华纳兄弟及其他媒介公司。你可登录 www.timewarner.com 查看更多有关媒体集团的情况。**媒介载具**（media vehicle）是具体的节目，如《60 分钟》（60 Minutes）和《辛普森一家》（The Simpsons），或杂志，如《纽约客》（*New Yorker*）、《广告时代》与《健康之友》（*Woman's Day*）等。

---

① 这里没有严格区分媒体与媒介两个不同概念。但我们在翻译时，表述传播载体用“媒介”这个词，表述传播组织机构或人员一般用“媒体”这个词。——译者

每一种媒体（报社、广播电台或电视台、广告牌公司等）都有负责销售广告空间与时间的部门，这些部门专门协助广告主对各种媒介效果进行比较，以便选择最好的媒介组合。很多媒体组织还协助广告主进行广告作品的设计与制作。地方性广告主使用地方性媒介是非常合适的，比如一个零售商在地方报纸上投放广告。

广告利用大众媒介的主要好处在于成本优势，因为购买电子媒介的时间、印刷媒介的版面、数字媒介的时间和空间，皆可触达这些媒介所能覆盖的广大受众。比如，对于超级碗大赛的广告而言，300万美元听起来是一笔不小的开销，但是当意识到广告主借此可以触达超过1亿人时，就会觉得成本没有那么高。如此看来，大众媒介广告最大的好处之一就在于它能以很高的性价比将单一讯息传播给广大受众。

专门供应商与顾问 广告界的第四个参与者包括美术家、作家、摄影家、导演、制作者、印制者以及自由职业者和顾问。在苹果公司“1984”的案例中，电影导演雷德利·斯科特就是一个下游的广告供应商，佳德广告公司与他签约共同制作了这一广告。

从众多的供应商可以看出，制作一则广告涉及不同工种。有时供应商中也包括自由撰稿人、图片艺术家、曲作家、印刷人员、市场调查员、直邮制作社、电话营销员以及公关顾问。

为什么其他参与者要雇用外部供应商？原因是多方面的：也许广告主或广告公司不具备某一领域的专门技术或知识；也许工作量过大；也许需要一种新的观点；也许不想让专职员工带来人力资源成本。

在数字媒介的新世界，出现了另一种类型的供应商，那就是消费者，他们提供了**消费者生成内容**（consumer-generated content）。他们通过 YouTube 上的捐款和多力多滋等广告主赞助的竞赛来实现这一目标，多力多滋将赞助用在美国最具有商业性质的超级碗大赛上。

广告公司的类型

此处，我们主要关注广告公司，但诸如公关、直接营销、销售促进以及网络营销等其他领域，也需要广告公司提供一些专业化的促销服务。本章讨论的许多实践也适于此类代理公司。

在《广告时代》杂志评选的最佳广告公司中，排名最靠前的分属三个领域：第一类在品牌战略计划和执行上具有创意，《广告时代》杂志称之为具有“广泛的想象力”；第二类快速成长并且是最新商业推销辞令的赢家；最后一类因其有效性和成果而得到认可。请注意，下述广告公司代表大小广告公司、全面服务型广告公司和各种专门代理公司。

《广告时代》杂志选出的2017年排名前10的广告公司是[8]：

1. Anomaly 广告公司。它被评为2017年度最佳广告公司，凭借其在数据分析、知识产权和多元文化洞察方面的工作，突破了主流创意代理公司的界限。该公司吸引了包括苹果公司的 Beats by Dre、金宝汤（Campbell Soup）和可口可乐在内的许多新业务，收入飙升了44%。

2. 麦肯广告公司。有百年历史的麦肯广告公司凭借在多个平台上为万事达卡

（Master Card）、雪佛兰（Chevrolet）和 NYC Pride 等客户提供了令人兴奋的创意而获得第二名。

3. R/GA 广告公司。其专长是业务转型，因为它融合了技术和创意，曾向沃尔玛、金宝汤等《财富》500 强企业提供创新战略方面的咨询服务。

4. Droga5 广告公司。根据《广告时代》的说法，该公司已成为“从香肠（约翰逊维尔香肠（Johnsonville Sausage））、运动服装到比萨饼（必胜客）和政治（希拉里·克林顿）等各类广告中吸引眼球的首选公司”。

5. VML 广告公司。根据《广告时代》杂志所说，这家总部位于密苏里州堪萨斯城的广告公司已在数字化领域建立了声誉，越来越多地为斯普林特（Sprint）、温迪（Wendy's）、新百伦（New Balance）、泰森（Tyson）和迈阿密旅游（Miami Tourism）等大牌客户提供创意。

6. 天联广告公司。它改变了人们只把广告公司看作电视创意的认知。天联广告公司专注于消费者行为研究，并为消费者提供优质作品。杰出的例子包括通用电气的播客和《碟中碟》(Unimpossible Missions）系列影片、以 Snapchat 为中心的劳氏公司（Lowe's）的广告，以及士力架（Snickers）的报文和包装。

7. 威顿肯尼迪广告公司（Weiden & Kennedy）。耐克的“想做就做”（Just Do It）和宝洁的“母亲的荣誉赞助商”（Proud Sponsor of Moms）主题传播活动的发起者——威顿肯尼迪广告公司通过不断推出高质量的创意产品证明了自己的持久力。举个例子，威顿肯尼迪广告公司在“重新上校化”（Re-Colonelization）主题传播活动中更新了肯德基的创始人形象，让肯德基再次火起来。

8. Community 广告公司。该公司于 2001 年在迈阿密和布宜诺斯艾利斯成立，之后迅速崛起，赢得威瑞森和通用磨坊（General Mills）等宝贵的新客户，宝马（BMW）等现有客户也不断增长。

9. Laundry Service 广告公司。该公司成立于 2010 年，有着令人印象深刻的客户名单。作为社交媒体的集中代理商，它为 T-Mobile、宝马、推特和 Grub 公司赢得了胜利，这些公司在同一个地方创建并发布内容。随着 Laundry Service 广告公司的发展，如 LG、Jordan Brand 和菲斯奈特（Freixenet）等客户要求重新采用更传统的电视、印刷、户外广告等形式。

10. Tongal 广告公司。它是一个由 12.5 万名自由职业者或制造公司（又名 Tongalers）组成的联盟，Tongal 广告公司利用其分散的劳动力创建了低预算、快速成交的内容。这个创意网络覆盖 150 多个国家，为强生、迪士尼和通用汽车等大客户制作广告。该公司的收入在三年内增长了六倍。

为一家广告公司工作的广告专业人士，如佳得乐公司“用汗水换取”广告故事背后的李岱艾广告公司，或 CP+B 广告公司（Crispin Porter+Bogusky），都在诠释客户的营销研究、战略以及管理广告和营销传播各个领域。

全面服务型广告公司 在广告业中，诸如 CP+B 广告公司等**全面服务型广告公司**（full-service agency）有四种主要的职能：客户管理、创意服务、媒介策划和客户策划。

其中，客户策划也涉及调查。一家全面服务型广告公司也会设立自己的财务和客户部、对项目完成情况进行内部跟踪的**流程协调部**（traffic department）、制作广播和印刷广告的制作部（有时设在创意部之下）和人力资源部。

让我们花一分钟时间了解一下 CP＋B 广告公司。它登上了《广告周刊》（*Adweek*）、《广告时代》及其姐妹出版物《创意》（*Creativity*）杂志的“年度广告公司”排行榜，收入达 1.4 亿美元，在科罗拉多州迈阿密和博尔德两个办公地点雇用了近 900 名员工。公司以其前卫的流行文化策略而出名。你也许知道汉堡王餐厅的古怪“王”这个品牌角色。《广告时代》杂志把这类煽动性作品叫作“文化释放”[9]，它能潜入社会情境并引发蜂鸣传播。CP＋B 广告公司以其创意而知名，但也有新产品设计理念，提出了公共自行车出租项目、WED-40 便携式钢笔和汉堡王流行快餐店的小型汉堡包等想法。

内部代理机构 与普通广告公司一样，**内部代理机构**（in-house agency）制作广告并在媒介上刊播。不过，此类公司是广告主内部组织的一部分，而不是外部的公司。欲对广告实施强力控制的公司会在内部设置代理机构。一个内部代理机构担负外部广告公司的大部分职能，有时甚至是全部职能，并制作售点展示、销售人员宣传品、地方性广告与促销、优惠券等材料，而大广告公司因为成本较高不愿生产这些材料。例如，经销商发现自己做广告和媒介植入能够节约成本，也能适应极短的截稿期。一些时尚型公司，如拉夫劳伦（Ralph Lauren），也由内部代理机构制作自己的广告，以便完全控制品牌形象和时尚说辞。可登录 http://about.ralphlauren.com/campaigns/default.asp 查看这一内部代理机构的情况。

专业广告公司 许多广告公司并没有成为传统的全面服务型广告公司，它们要么专注于某些特定的职能（文案写作、制作工艺或者媒介购买）、受众（少数族裔、年轻人）或行业（保健、计算机、农业或企业间传播）；要么专注于某些特定的市场（亚裔、非洲裔或西班牙裔美国人）。另外，在营销传播各领域都有一些专业广告公司，如品牌化、直销、销售促进、公关、事件与体育营销、包装、售点促销。有时创办一个广告公司来为一个大客户提供服务。让我们了解以下两种特殊类型的广告公司。

- 创意店。**创意店**（creative boutique）也是一种广告公司，一般很小，完全专注于创意执行或产品创意设计。一个创意店配备一个或一个以上的文案人员或艺术家，但通常没有媒介、调查或战略计划方面的人员。一般来说，这些广告公司可以制作在印刷媒介、电子媒介、户外媒介、网络、另类媒介上刊播的广告。创意店通常直接服务于广告主，有时也受雇于工作负荷太大的全面服务型广告公司。
- 媒介购买服务公司。**媒介购买服务公司**（media-buying service）专门帮助客户进行媒介购买。这种公司备受欢迎的原因有很多，主要有以下三个方面：媒介环境越来越复杂；员工费用不断攀升；客户批量采购具有成本优势。可口可乐、联合利华和宝洁等大型营销者对媒介运营的评论也成为头条新闻，因为广告主希望广告代理公司能更好地处理新的传播工具[10]，比如程序化购买和大数据，或依赖拥有大量消费者信息的数据银行开展计算机分析。

以上提到的代理公司类型是依据传统看待代理公司结构和业务焦点进行划分的。关于组织的新观点也成为头条新闻，汤姆·古德温（Tom Goodwin）是 Havas 媒体公司的战略和创新高级副总裁，他设想了一系列新的角色[11]：

- 梦想代理公司。即那些拥有创新者、技术专家、未来学家和为客户做未来规划的战略家的代理公司。
- 品牌代理公司。专注于讲述品牌故事和累积品牌资产，类似于当下的广告代理模式。
- 绩效代理公司。集中于短期销售和即时行动，使用的工具主要有零售广告、户外广告、短期公关、公共宣传、销售促进等。

代理网络和控股公司　最后讨论的**代理网络**（agency network）是一个核心业主下的广告公司之间的大联合。代理网络是在一个广告公司名下运作的所有分支机构。例如，恒美全球（DDB Worldwide）在 90 个国家有 200 个分支机构；天联广告公司在 79 个国家拥有 287 个分支机构。你可以在 www. ddb. com 和 www. bbdoworldwide. com 网站上阅读更多相关内容。

麦肯广告公司是另一个大型的全球性集团，当哈里斯·戴蒙德（Harris Diamond）接任董事长时，他发现一群“混搭的广告公司在一起工作并不特别好”。这个新任董事长兼首席执行官鼓励各广告公司之间开展合作，因此赢得了微软公司的大量全球业务。[12]

控股公司（holding company）包括一个或更多的广告代理网络、其他类型的营销传播代理公司和营销服务咨询公司。最大的四个控股公司是：WPP 集团、埃培智集团（Interpublic）、奥姆尼康（Omnicom）和阳狮（Publicis）。例如，WPP 集团包括智威汤逊广告公司、奥美环球（Ogilvy & Mather Worldwide）、电扬广告公司、精信环球集团（Grey Global Group）、达彼思（Bates）广告代理网络、Berlin Cameron 创意广告公司以及伟达公关顾问公司（Hill & Knowlton）、奥美公关公司（Ogilvy Public Relations）、博雅公关公司（Burson-Marsteller）等；还包括伟门（Wunderman）这样的直接反应公司、明略行公司与 RI 公司（Research International）等调查公司，传立媒介（Mindshare）与尚扬媒介（Mediaedge）等媒介公司。品牌化和企业形象识别公司有朗涛品牌咨询公司（Landor）和 Lambie-Naim 公司。这些公司大多数也是拥有多个办公地点的代理网络。欲了解大的控股公司，可登录 www. wpp. com 获悉 WPP 集团的更多情况。

广告公司的收费

广告公司是个大企业，例如，宝洁公司每年花费近 50 亿美元在全球做广告。想到这笔钱，你就会想到广告公司与客户的关系压力。广告公司欲得到更多的业务和更多的报酬，而客户却想降低成本并尽可能获取广告的成本效益。

广告公司主要有四种收入和利润来源：佣金、酬金、劳务费、绩效奖励。多年来，按照媒介刊播费用的 15%提取佣金是传统的报酬方式，这实际上可追溯到 19 世纪广告公司的做法。目前仍然采用佣金方式的少数客户很少按照 15%支付佣金，这一比率可能更小，由广告公司与客户协商而定。

媒介也在变化，电视等传统付费媒介的主导地位大大降低，现在许多广告主要么使用酬金制或每小时费率[13] 作为主要补偿工具，要么与佣金制结合起来。**酬金制**（fee system）与广告主向其律师、会计顾问付费类似，在20世纪90年代，它取代了佣金作为主要的补偿方法。[14] 客户和广告公司可就每小时费用或费率达成一致，也可就具体项目的费用进行协商，费用同时包括自付费用、差旅费和其他标准项目。

广告公司也可按月或年来结算**劳务费**（retainer）。每月结账的数额是按项目工作量及每小时费率来计算的。大多数公关公司通常采用这种结算方式。

在广告公司报酬方面，最新潮的做法是广告主依据绩效向广告公司付费。**绩效激励**（performance incentive）指广告公司要么以客户销额的比例为基础付费，要么以客户的营销预算为基础付费。该做法的另一形式是：当广告公司策划了一个成功的主题传播活动后，可与客户分享利润，不过广告公司会面临较大的财务风险，因为广告有可能达不到预期效果。

另一种按绩效获得报酬的新方法叫作**按价值收费**（value billing），意思是广告公司不因广告执行与媒介投放而因其创意和战略思想获得报酬。可口可乐的全球媒介与传播主管萨拉·阿姆斯特朗（Sarah Armstrong）力劝本行业转向按价值收费——基于广告效果，即设定的广告目标是否实现获得报酬。[15]

广告公司的内部工作

如果广告公司足够大，除了一名首席执行官，通常还有一个或多个副总裁，以及几个不同职能领域的部门领导。这里重点讨论其中的五个领域：客户管理，客户策划与调查，创意开发与制作，媒介调查、策划与购买以及内部运作。

客户管理 **客户管理**（account management）有时称为客户服务，是连接客户和广告公司的一个枢纽。客户小组总结客户的传播需要，计算出要给广告公司的基本费用，并由客户经理向广告公司的创意团队、媒介团队以及其他营销传播团队介绍费用情况。一旦客户和广告公司就一场主题传播活动的总体指导方针达成一致，客户管理团队就会监督战略的日常开发。

大型广告公司的客户管理通常有三个层次：管理主管负责在战略问题上发挥领导作用，寻找新的商机；客户主管是处理客户业务的主要执行人员，是客户与广告公司之间的主要联络人；客户经理（以及助理客户经理）负责日常主题传播活动，像项目经理一样工作。一个规模较小的广告公司会合并同级别的职位。

客户策划与调查 全面服务型广告公司通常都设有一个独立的部门负责客户策划，有时也涉及调查。当前的广告公司都十分重视调查，目的在于洞察消费者想法和行为，以消费者的角度和品牌关系为导向来设计讯息。**客户策划**（account planning）小组汇集所有的市场和消费者方面的情报，并为消费者代言。客户策划人员都是策略专家，他们提供与消费者的欲望、需要、品牌关系等有关的综合信息，以及提供有关广告应如何基于消费者内在需要去满足这些因素的建议。

创意开发与制作 一个创意小组包括撰稿人员（广告文案人员）、印刷广告或电波广告的构思人员——**艺术总监**（art director），以及将这些想法制作成广播或电视广告的人——**制作人员**（producer）。本书顾问委员会成员肖恩·卡曾斯（Shawn Couzens）更喜欢用“概念工程师”来形容他的工作。其工作重点是围绕促销活动开发大创意或概念。许多广告公司将艺术总监、广告文案人员组成一个支持性团队。能应用创意人员技能的其他部门还有广播电视制作部和艺术工作室。

媒介调查、策划与购买 不依靠外部媒介专家的广告公司设有一个媒介部门，以向客户推荐将讯息传播给目标受众的最有效方式。这一部门有三个职能：调查、策划与购买。媒介业如此复杂，有些人成为某一市场或某一媒介类型的专家不足为奇。

内部运作 在广告公司内部为公司运行提供服务的部门包括：流程协调部、印刷制作部、综合财务服务部及人力资源部（人事部）。流程协调部是广告公司的命脉，负责追踪发生的一切。

广告公司可能有很多专职人员，协作仍然是基本的组织原则。在创意方面，撰稿人和艺术总监的团队可以是长期多产的。为了主要项目的策划进行头脑风暴很常见。《广告时代》专栏作家呼吁更多关注广告公司的创意文化，他说，成功的广告公司需要跨学科员工之间的协作，以确保在制定战略计划和寻找新的营销、广告创意时考虑客户业务的各个方面。[16]

2.4 实务的变化趋势

下面通过讨论广告业的变化和问题，来结束本章对广告基础知识的回顾。由于最近的大衰退和在线传播的影响，广告业显然处在一个永远都在变化的时代。

《广告时代》的专栏作家鲍勃·加菲尔德在2005年撰写了一篇名为《混沌情景》（*The Chaos Scenario*）的争议性文章，该文预测了大众媒介营销和广告的终结。随后，他又于2009年出版了一本同名的书。那是在线营销的早期阶段，比我们所知的大部分社交媒体都要早。当时，业内许多人都持怀疑态度，但加菲尔德在书中指出了媒介发生的所有变化——印刷和电视网络的衰落以及在线媒介的主导地位，强调了其预测的重要性。现在营销界是跨信道、多受众和消费者控制的互动传播，这个行业与过去的《广告狂人》世界几乎没有相似之处。让我们分析一下其中的一些变化。

消费者掌权

正如宝洁公司前全球营销官吉姆·施滕格尔（Jim Stengel）所说，“顾客就是老板”。市场的关键在于使用品牌之人的大脑和心灵。[17] 图2-2时间轴显示的这种变化正引起广告业运营方式的重大转型。前述用户生成内容说明消费者是如何对其看到的广告负责的。

例如，东海岸的Wegmans杂货店发现自己是YouTube上一场音乐盛会——Wegmans音乐剧的焦点。这是由马萨诸塞州北伯勒一所高中的学生创作的，当时他们正在庆祝Wegmans这家新商店的开业。

在广告主的助力下，这一趋势方兴未艾。该趋势始于2009年，当时凯业必达（CareerBuilder）与一家最具创意的广告公司——位于波特兰的威顿肯尼迪广告公司解约。该广告公司为凯业必达设计了五则超级碗大赛广告，并通过内部代理机构策划广告。凯业必达想让普通消费者来为其创作广告，此做法不仅能带来公众宣传，而且省钱。凯业必达仍为这些的广告支付了制作费，并购买了广告时间。公司不仅获得了消费者自创广告（或用户自创内容）的更多机会，而且节省了广告费用。

相比广告公司失去其客户，消费者参与广告的问题更大。事实上，消费者通过维基百科（Wikipedia）、推特和其他信息资源已掌控媒介和营销多年。YouTube、Instagram、脸书邀请每个人体验广告发售游戏。

媒介弱化与边界模糊化

影响广告业发生变化的最大因素是媒介环境的变化。电视过去常常是最好的工具，现在依旧占有最大的预算。不过，由于有线电视频道数量的激增，旧的电视网（哥伦比亚广播公司、国家广播公司、美国广播公司、福克斯）的重要性只有过去的一半。自2007年经济衰退以来，广告支出一直在下降，但《广告时代》杂志报告称，在2015年，全球5 200亿美元的广告支出预计将超过经济衰退前的水平。虽然电视支出持续减少，但数字媒介的使用增加。[18]

媒介碎片化的最大导火线是数字媒介。数字媒介发展呈现如此不同的形式，以至于赶超它是不可能的。虽然报业意识到其多数内容能以数字格式轻松、快速地阅读，但备受冲击。报业走到穷途末路了吗？

传统媒介也试图通过向新的数字格式转型来应对挑战，那么，你将网络报纸和杂志称为什么？当它们出现在屏幕上的时候，它们还是印刷媒介吗？此外，新的个人媒介是真正的脱胎换骨者，如iPhone、iPod、黑莓、亚马逊网的Kindle系列产品。这些个人媒介不仅是电话、音乐播放器、日历、地方和全国信息来源，还是照相机、视频阅览器、书籍阅读器、网站浏览器、视频游戏播放器。电视上的商业广告有可能出现在网上和移动设备上。在制定整合媒介计划时，需要考虑变化，这将在第4篇进行讨论。

模糊化还与营销传播功能有关，例如，华盛顿特区的一家公关公司APCO Worldwide收购了纽约一家名为Strawberry Frog的小型广告公司。因为公关公司现在面临更大的挑战——为客户在各种领域提供更具创意的内容，而不仅仅是在公共关系方面。传统的营销传播功能和工具之间的界限正变得模糊。

互动传播与实时广告

最初的广告理念本质上是单向传播，由品牌向预期顾客发送讯息。品牌是讯息的发送者，而消费者是接收者。准备和制作讯息需要时间，如果消费者有任何反应，那么会需要更多时间。

正如鲍勃·加菲尔德所指出的，现在这一切都不同了。品牌仍然会发送讯息，但消费者也能如此。如果是明智的品牌管理者，现在应该是倾听者、响应者、发送者。他们是真正的传播管理者，且传播比《广告狂人》时代更具互动性。经理们通过研究和客户服务评论来听取意见，更重要的是，可通过独立于自身和广告公司在线运营的新社交媒体来听取意见。这不仅仅是 B2C，而且是 C2B 和 C2C。此外，由于互动在线传播，讯息可以实时发送、接收和回应，恰如私人对话一样。

有效性

考虑到 2007—2009 年的经济衰退及其后果，可以猜到，效率在这个新的营销传播世界是一个优势。客户关注的另一个关键问题是效果，这是看待广告和营销传播中的责任的另一种方式。美国全国广告主协会（Association of National Advertisers）的一项调查发现，52%的营销者要求其代理广告公司削减成本，分担更多成本。[19] 如上文所述，凯业必达公司将广告业务交给内部代理机构，部分原因是为了节省成本，这在经济低迷时期至关重要。那些寻找新方法来提高成本效益的广告公司在与客户交易中具有真正的优势。

除了对效率的持续需求，还有一种对效果的担忧。经济衰退迫使广告业更加认真地创造出能带来效果的广告，然后在广告完成后证明其有效性。效果是贯穿本书的一个主题。

实际上，有效的广告是奏效的。也就是说，它们传递了广告主想要传递的讯息（正如其预期目标），而消费者做出广告主希望的反应。基本上，像宝洁等广告主希望消费者重复购买它们的产品和服务。要做到这一点，广告必须首先有效传播讯息，以激励消费者做出反应。

艾菲奖（Effie Award）是由美国营销协会（American Marketing Association）纽约分会颁发给广告和其他营销传播形式的奖项。这些形式不仅被证明具有创意，更重要的是有效。这意味着这些活动是以可衡量的目标为指导的，且在活动后确定是否达到或超过了目标。（欲了解详情，请登录 www. effie. org。）

艾菲奖表彰有效的世界广告和营销传播，奖项涵盖了一系列商业领域，从美容和健康到旅游业，再加上一些新的领域，比如亲社会的公益作品和前瞻性的媒介创新。

其他注重实效的奖项包括纽约广告节（New York Festivals）的“广告及市场营销成效奖”（Advertising and Marketing Effectiveness Award）、加拿大的“卡西奖”（Cassie Award）、伦敦的从业人员协会奖的“广告和营销效果奖”（London-based Institute of Practitioners Award）。你可以在相应的网站上查看这些奖项。

奖项的其他评判依据包括广告在创意等方面的表现，例如，一个私立颁奖公司设立的“克里奥广告奖”（Clios）、纽约广告协会设立的“金铅笔广告奖”（One Show）和一家法国颁奖公司设立的“戛纳广告奖”（Cannes Lions Award）。也有颁发给媒介计划的奖项（《广告周刊》的年度媒介计划奖）和颁发给艺术指导的奖项（纽约广告艺术总监奖）。这些奖项可以在 www. clioawards. com、www. oneshow. org、www. canneslions. com、www. adweek. com 和 www. adcglobal. org/awards/annual 分别查看。其他专业领域也为巧妙的促销创意设立奖项，例如美国促销协会（Promotion Marketing Association）设立的“雷芝促销奖”

(Reggies Award)，美国公共关系协会（Public Relations Society of America）将“银砧奖”（Silver Anvil Award）颁发给那些突出的公共关系活动。

整合营销传播

前面我们说过本书的中心主题是效果，本书一直也在讨论另一概念——整合。在图2-2的广告时间轴早期，对有效传播的追求致使许多企业重视品牌传播的一致性，其目的在于更加有效地建立前后一致的品牌感知。正如adage.com中所解释的，广告业务过去相当简单，但现在的广告公司必须通过多种工具、媒介和营销传播平台来管理营销传播，向大众媒介的受众做广告，并且要基于实时的、不断变化的传播机会为特定的目标受众（也许是个体）设计定制化的讯息。那么，谁将成为管理此混合业务运营的合作伙伴？谁能将先前过时的广告公司重新整合成一个更强大的整体服务提供者？[20]

正如第1章所述，我们把这一实践叫作整合营销传播，这是实现全方位品牌传播的主要方法。要想取得成效，这些品牌讯息需要相辅相成，并呈现相同的基本品牌战略。

协调战略传播的需要也改变了广告公司的运作方式。它们不再各自为政，相反，它们通过蕴含许多营销传播学科的综合计划和服务，或通过分别专事不同领域的众多广告公司组成的一个团队来协调运作。请注意，本章前面提到的那些顶级广告公司几乎不是传统的全面服务型广告公司，其中许多广告公司认为自己是“多学科的”，甚至是公共关系或数字媒介等其他领域的专家。

下章预告

有效性和效果是本书的主题，我们将向你介绍产生效果的实务。每一章的章尾都附有章首案例的效果。本章案例是佳得乐公司的“用汗水换取”广告。本章介绍了广告的许多基本概念，第3章将介绍公关的原理与实务。

成功秘诀

曼宁说：不为之流汗就得不到

在本章开始，你了解了佳得乐公司“用汗水换取”主题传播活动。当顾客被告知不能购买佳得乐，除非他们用汗水换取时，这种不寻常的剥夺策略夸大了对顾客的不信任感。乍一看，这个想法似乎有些牵强，但这确实巩固了该品牌作为专业运动员和锻炼者所用饮料的地位。

这次活动有效果吗？

“用汗水换取”主题传播活动打破了佳得乐的收视率纪录，成为佳得乐最受关注的在线系列广告，八集的观看次数超过2 300万次。其他衡量标准也可解释为何如此有效：

- 此次主题传播活动推动了佳得乐品牌知晓度的显著提高，广告回忆率上升11个百分点。“用汗水换取”主题传播活动的广告回忆率比谷歌的CPG讯息基准多出10倍。
- 在说服方面，观看了广告的运动员和运动爱好者更有可能将佳得乐视为提高运动成绩的运动饮料（增加 17%）和“首选”品牌（增加 13%）。

- 就受欢迎程度而言，这一活动带来了 14 000 次社会提及和 97%的积极-中性情绪。
- 参与因素导致佳得乐的在线搜索增加 147%。

那么，为什么佳得乐的这个在线广告活动如此有效呢？除了佩顿·曼宁和卡姆·牛顿的代言效果外，幽默的内容也颇受青少年和成年运动员观众的欢迎。

复习题

1. 分析本章所讨论的佳得乐主题传播活动，并将其与现代广告定义的关键方面进行比较。

2. 广告在社会中扮演了四个角色。根据本章的“1984”广告案例，对每一个角色进行界定和解释。

3. 广告的四个要素是什么，它们所代表的关键概念和实践是什么？

4. 追踪广告的演变和当前广告实务的发展趋势。在你看来，我们今天知道的五个最重要的改变是什么？

5. 广告界的四个关键参与者是谁？各自的职责是什么？

6. 我们讨论了广告公司的五类工作。解释每一项所需的技能，分析你的个人技能符合哪一项。

7. 当前广告实务面临哪些挑战？为什么有效性对广告主很重要？

讨论题

1. 许多行业专家认为，苹果“1984”广告是有史以来最好的电视广告。在 YouTube 上观看并分析它为何有效。图 2-2 中的历史时间轴上介绍了多少基本的广告实务和观念？这说明了什么？在你看来，为什么专家们对这则广告印象深刻？

2. 在课堂上，马克告诉老师，所有这些“广告史”都是无关紧要的。老师要求学生考虑为什么理解广告定义和回顾历史是重要的。你会说些什么来支持马克的观点，或者改变他的想法？

注释

第3章

公共关系

学习目标

» 能解释什么是公共关系。
» 能简述公共关系是如何运作的。
» 能列出一般公共关系的工具及其功能。
» 能阐明和讨论公共关系的发展趋势。

当你阅读下面的案例时，你是否发现自己在思考如何解释“像个女孩”？这一故事证实了宝洁的 Always 品牌是如何与其目标受众建立起积极的情感连接的。

第 1 章已学习了营销的基本原理：通过价格、产品、分销、促销来销售产品或服务。第 2 章介绍了作为营销组成部分的广告的基本知识。广告是一种有偿的、非人员的传播方式，它由可识别的出资人利用媒介去劝服或影响受众对产品或服务的态度。本章将了解公共关系在整合营销传播中所扮演的角色，并探讨如何有效发展诸如 Always 品牌和女孩之间的关系，从而在营销传播计划中获得信誉。你要知道“公众”和“关系”两个术语在公共关系中的含义。如果想从事公共关系工作，你可了解所需的基本技能、工具和当前面临的问题。

获奖案例

像女孩般奔跑的 Always 品牌

宝洁公司在竞争中面临一大挑战，就是要用 Always 这一女性护理产品吸引新一代的女孩。尽管 Always 品牌是女性护理品类的全球领导者，但其促销活动落后于主要竞争对手。这些竞争对手不再关注产品利益，而是将注意力转向通过社交媒体在品牌和女孩之间建立情感连接。在追求新顾客的过程中，为了不让自己失去优势，Always 品牌需要一种策略来更新方法并超越竞争对手，在“千禧一代”中培养更高的品牌忠诚度。

宝洁意识到，Always 品牌的优势之一是数十年致力于让女孩通过青春期教育来获得力量。它聘用公关公司开展了一项研究，为这一战略导向继续提供证据支持。调查显示，超过一半的受访女孩在青春期出现信心下降。未来 Always 应在女孩青春期的脆弱时期增强她们的信心，强化核心承诺以强化品牌和赢得更多女孩消费者。

为了产生效果，讯息必须真实、简洁。一位参与者描述了发起该主题传播活动的创意——李奥·贝纳加拿大公司的首席执行官兼首席创意官朱迪·约翰（Judy John）解释了这一突破性创意：“我们探讨了致使女孩在青春期脆弱的不同因素。在探索过程中，有人把一张纸贴在黑板上，上面写着‘像个女孩’。这个创意被解释为：‘像个女孩’已存在很长时间，且多带有贬义，让我们改变其含义。”

写在纸上的文字触发了创意灵感：可能改变女孩对自己的看法，使她们在情感上与品牌联系起来，并为这次主题传播活动的效果赢得广泛认可。

明思力集团（MSLGROUP）、李奥·贝纳加拿大公司、上海东方传媒集团（SMG）和 Holler 这些广告公司是如何设法去重新定义信心的？将侮辱转化为正能量？其中有一段引人深思的视频：要求各个年龄段的人展示他们如何理解“像个女孩”。很明显，“像个女孩”与软弱、虚荣相联系。然后，这段视频向观众展示像个女孩奔跑的行为意味着什么。观众很快就明白了其中的重点：这与品牌、产品相关联。

为了传播这一创意，一个社交标签“像个女孩”应运而生，旨在吸引女孩们，并通过她们让他人知道自己在做哪些鼓舞人心的事情。这段视频被发布到 YouTube 网站上。

在发布之前明思力集团就引起了人们的兴趣，它要求主要影响者和博主使用其社交平台，激发口碑传播，并让视频像病毒一样传播开来。这些努力通过付费媒介的报道，包括超级碗大赛期间插播的60秒广告得到加强。设计与执行的战略性组合让Always品牌与受众连接起来。媒介制作人意识到这一点，在《早安美国》(Good Morning America)和其他许多媒介上刊登了这一主题传播活动的报道。此外，包括萨拉·西尔弗曼（Sarah Silverman)、切尔西·克林顿（Chelsea Clinton）和梅琳达·盖茨（Melinda Gates）在内的名人也为这场主题传播活动发推文。

Always品牌的这场主题传播活动达到其目标了吗？它获得了银砧奖，这是一项由美国公共关系协会颁布的公关领域最杰出的荣誉。在章末的"成功秘诀"专栏中，可了解更多有关此主题传播活动效果的信息。

资料来源：always. com；"Always ＃LikeAGirl：Turning an Insult into a Confidence Movement" Case Study，www. prsa. org，2015；Case Study：Always ＃LikeAGirl，http://www. dandad. org/en/d-ad-leo-burnett-holler-always-likeagirlcampaign-case-study/，2015（retrieved June 15，2016）；Jillian Berman，"Why That 'Like A Girl' Super Bowl Ad Was So Groundbreaking，" February 2，2015，www. huffingtonpost. com；Alexandra Bruell，"Like A Girl" Wins PR Grand Prix，June 23，2015，www. adage. com；Benjamin F. Mitchell，"Girl Power Wins Big at Cannes Ad Festival，" June 23，2015，www. usatoday. com；Jack Neff，"REI and Swedish Tourism Win Promo and Direct Grand Prix for Taking Unusual Risks，" June 20，2016，www. adage. com.

3.1 什么是公共关系

公共关系是一门基础性传播学科，涵盖了广泛的功能，能帮助组织与它所接触的受众建立联系（在公共关系中，受众也称为公众）。本质上，公共关系用来为一个组织建立信誉。章首的案例说明了Always品牌如何让消费者对自己和品牌感觉良好而建立信誉。

公共关系（public relation）旨在建立一个组织与其各种公众之间的所有关系。**公众**（publics）是与公司或组织互动的人群，有员工、成员、顾客、当地社区、股东、其他机构以及整个社会。公众的另一个术语是**利益相关者**（stakeholder)，更狭义地说，它专指那些在公司或组织中拥有股份的人，不论是在财务上还是在其他方面。公众可能是外部的（顾客、新闻媒体、投资团体、公众和政府机构）或内部的（股东、员工）。"像个女孩"主题传播活动涉及多方公众：消费者、宝洁（母公司）的股东和雇员。

众多组织应用公共关系：公司、政府、贸易和行业协会、非营利组织、旅游企业、教育系统、工会、政治家、体育组织、媒体。尽管大多数组织都设立内部公关部来处理公关工作，但也雇用外部的公关公司。

公共关系是全球充满活力的一个职业。美国劳工统计局（US Bureau of Labor Statistics）预计，公共关系领域的就业机会将显著增长，尤其是社交媒体的影响会越来越大。截至 2014 年，已有超过 24 万个工作岗位提供给公关专家。预计到 2024 年，就业前景将增长 6%。[1] 那么这些专家在做什么呢？

从某个意义上讲，公共关系是一种战术，即公关工作人员通过各种传播工具来实现企业形象目标。在更高层面上，公关是一项管理职能，负责监督公共舆论，并就如何与各种受众（公众）建立积极关系而向高级管理人员提供建议，以有效管理组织形象和声誉。在解释公共关系如何发挥作用之前，我们先解释公关实务方面的一些基本概念。

公共舆论

公共关系是建立在对公共舆论的理解之上的，这对组织至关重要。例如，公司对环境、当地社区或工人权利产生的影响，以及公司如何对待员工。**公共舆论**（public opinion）是拥有共同利益的一群人对特定问题达成的共识。

为了制定有效的公共关系方案，公关战略家回答了有关公共舆论的两个主要问题。第一，在现在和将来，哪些公众对组织最为重要？第二，这些公众在想什么？特别强调的是，要了解**舆论领袖**（opinion leader）对每个公众的作用，因为他们是影响舆论的重要人物。

声誉：信誉、信任和诚信

信誉是任何组织能拥有的最大资产。一个对组织持积极态度且消息灵通的公众对组织的生存至关重要，这就是为何建立信誉是大多数公关方案的首要目标。

有时，一个未预料的危机可威胁一个组织获得的尊重与信任。超过 5 000 名员工秘密创建了数百万未经授权的银行和信用卡账户，这损害了富国银行的声誉，后来他们被解雇。[2] 美国联合航空公司的消费者在不到一周的时间里对它的感知度就降至 10 年来的最低点，因为一段视频显示一名乘客从超售航班上被强行拉走。[3]

除了应对紧急事件，建立信誉的公共关系体现了组织的良知。为此，要求公关专业人士及其所代表的客户都要诚信行事。

诚信行为是获得信誉的先决条件，为强调这一点的重要性，公共关系组织制定了道德准则，以鼓励行业成员的道德行为。《美国公共关系协会道德准则》（Public Relations Society of America's Code of Ethics）阐明了行为的核心价值观：倡导、真诚、专业、独立、忠诚和公平，还涉及信息自由流动、公平竞争、信息披露、机密与隐私保护、避免利益冲突等具体规定。[4] 公共关系理事会（Public Relations Council）和国际公共关系协会（International Public Relations Association）等行业组织也提供类似的指导方针。

拥有诚信的声誉不仅仅关涉形象。形象是在广告和其他营销传播工具传递讯息的基础上形成的一种感知，声誉则取决于组织的实际行为。形象反映企业如何宣传自己，而声誉反映的是他人对企业的评价。[5]

良好声誉的价值难以度量，尽管它被看作无形资产，但通常不计入公司资产负债表，不过它对于度量公司价值和品牌价值具有重大意义。缺乏良好的声誉将使企业付出沉重代价。例如，大众汽车（Volkswagen）发现，一起尾气排放作弊丑闻导致公司在美国支付14.7亿美元作为和解费，还在消费者中造成了不良影响。[6] 研究表明，面对负面公共宣传之时，广告只会火上浇油，会显得公司对此漠不关心。[7] 因此，传播者必须找到与受众真正建立联系的方法。

托马斯·哈里斯（Thomas Harris）是高诚公关公司（Golin Harris）的前总裁、合伙人，被《公关周刊》（*PR Week*）评为20世纪最具影响力的100位公关人物之一。在近半个世纪的公关实践中，他意识到诚信的重要性。

阿瑟·佩奇协会（Arthur W. Page Society）是高级公共关系、企业传播主管和教育工作者的一个行业协会，提出了指导公共关系和所有传播专业人员行为的七项原则[8]：

1. 讲真话。
2. 用行动证明。
3. 倾听利益相关者的意见。
4. 为未来而管理。
5. 把公共关系作为整个企业的命脉来处理。
6. 一个企业的真正品质是由员工来体现。
7. 保持冷静、耐心和幽默。

公关对品牌感知的贡献

与广告一样，公共关系对品牌感知也有很大贡献。在整合营销传播计划中，广告专家和公共关系以不同但互补的讯息指向目标受众。广告专家和公关专家共同承担推广品牌的责任，有时他们的努力趋同。哈根达斯（Häagen-Dazs）对蜜蜂研究等慈善事业的赞助就说明了这种努力。

认识到蜜蜂在食品生产中扮演重要角色，哈根达斯与研究人员合作开展了一项主题传播活动，以明确美国蜂群正在消失的原因。[9] 哈根达斯聘请了GS&P广告公司（Goodby，Silverstein & Partners）和凯旋公关公司（Ketchum），共同建立了"哈根达斯爱蜜蜂"项目。哈根达斯投入100多万美元资助研究协会，并联合多方来帮助解开蜜蜂之谜。"蜜蜂委员会"是由科学家和养蜂人组成的专家顾问，是新闻媒体的信源。哈根达斯创作有关蜜蜂问题的社论式广告，看起来就像报纸或杂志上的社论，刊登在《国家地理》（*National Geographic*）和《美食家》（*Gourmet*）等重要杂志上。哈根达斯甚至创造了一种香草蜂蜜新口味的冰激凌，并将所得利润专用于研究蜂群衰竭失调。将公共关系与广告相整合有助于解决一个共同的问题，为客户树立品牌形象。

为了更好地理解公共关系，思考一下公共关系与广告的作用有何区别。广告主通过设计广告、准备书面讯息、购买媒介时间或空间来提高消费者的知晓度和增强其动机，从而为一个品牌带来销量。公关专家的目标是与各种利益相关者沟通，来管理组织的形象和声誉，创造积极的公众态度，最终在组织与其成员间建立牢固的关系。

归根结底，广告和公共关系之间的区别在于：公共关系需要更长远、更宽泛地认识形象和声誉作为企业竞争资产的重要性，并面向更多的目标受众。公共关系和广告在使用媒介的方式、对讯息传递的控制程度以及可信度方面也有所不同。随着数字媒介的发展，公共关系与广告之间的界限已不那么明晰，但二者还存在如下具体区别。

媒介使用 与广告购买时间和空间不同，公关人员试图说服媒介的把关人对公司情况进行报道。**把关人**（gatekeeper）包括撰稿人、制片人、编辑、脱口秀主持人和新闻播音员。虽然公共关系具有优良的传统，但人们常常误认为它是**公共宣传**（publicity），即获得新闻媒体的报道。然而，公共宣传的侧重点是新闻媒体及其受众，这只是公共关系的一个方面而已，它没有直接的媒介成本。即使公共关系通过广告等形式使用付费媒介，讯息往往也只关注组织，很少或不会用来销售一个品牌或产品。

控制 对于传统媒介（也称为主流媒介，如报纸、广播和电视）上出现的新闻报道，公关战略家会受到媒介把关人的支配，不能保证全部甚至部分公关稿件被采用。公关撰稿人撰写新闻稿件，发送给媒体，希望能发表。事实上，真正的风险是稿件可能被编辑改编或重组，不再是公关专家的原意。然而，在当前数字化、移动化、跨平台的世界中，组织并不完全通过传统媒介去触达预期的利益相关者。为了获得更多的控制力，一些组织采用**品牌导向型新闻**（brand journalism），由此可在它们拥有的媒介中创作品牌或组织的故事等内容。相比之下，广告的实际刊播需要得到为之付费的客户的同意，并按其排期予以投放。企业无法控制消费者生成讯息，也无法控制社交媒体上的传播。公共关系专家在网络声誉管理中占有重要的地位。

可信度 公众更容易相信媒体而不是广告主。仅因信息出现在新闻中，消费者就赋予其合法性，这叫作**隐含第三方背书**（implied third-party endorsement）。哈里斯在《公共关系增值》（*Value-Added Public Relations*）一书中指出，如今老练而多疑的消费者知道自己何时被告知，也知道何时被当作商品“卖掉”。他解释说，公共关系“弥补了营销可信度的空缺，因为作为一种市场营销的传播工具，它致力于提供信息而非推销产品”。[10]

爱德曼信任度调查机构（Edelman Trust Barometer）是一家非营利性、由市民自愿组成的组织，每年对企业、媒体、政府和**非政府组织**（nongovernment organization，NGO）等的信任度进行全球研究。2016 年的一项调查分析了 3.3 万多名受访者，结果显示最受信任的媒介信源是在线搜索引擎，最受信任的内容创造者是朋友和家人。[11] 此外，报告还指出，精英和大众之间的信任差距正在显现。也就是说，信息更灵通的精英受访者更信任政府、企业、非政府组织，而且其对媒体的信任度高于大众。

3.2 公共关系的运作

公共关系中的“关系”是指与各种利益相关者之间的关系。事实上，该范畴的主要种差概念——公共事务、媒体关系、员工关系和财务关系（社区关系）——要求注重与公众、媒体、员工和金融界等群体的重要关系。图 3－1 总结了跨国公司的各种公众、合作伙伴或利益相关者。营销策划的一个观点认为，**“关系营销”**（relationship marketing）这一术语是从公共关系中演化而来的。[12] 在章首案例研究中，Always 品牌与女孩建立关系就是关系营销的一个例子。

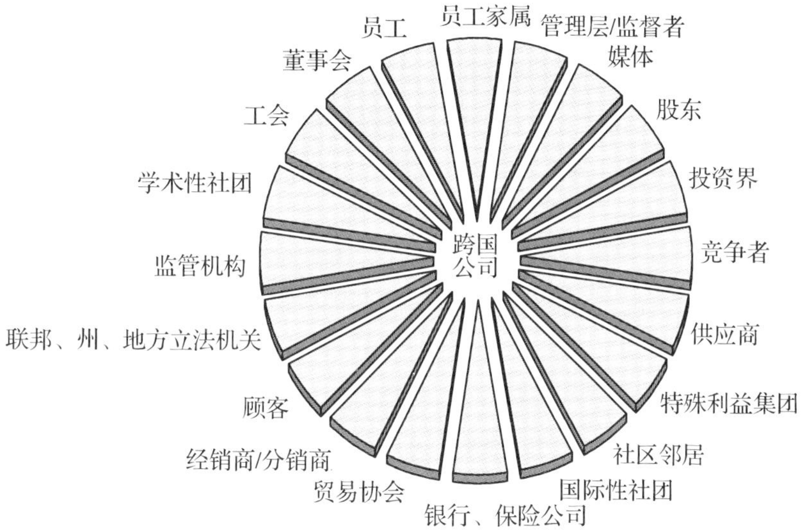

图 3－1　主要的 20 种公众

说明：一般跨国公司有 20 种主要公众，其中，关系管理计划重点关注媒体、员工、金融界、政府和一般公众。

公关侧重的关系

公共关系面对的主要公众有媒体、员工、成员、股东、金融界、政府、一般公众。关系计划的具体领域如下。

- 媒体关系。发展与媒体的关系，即了解媒体中谁对组织的故事有兴趣，称为**媒体关系**（media relation）。当提及公共关系时，大多数人马上想到公共宣传，这表明媒体的重要作用。组织发起公共宣传并向媒体提供相关信息。公共关系人员、编辑、出版商之间的成功关系取决于公共关系人员在诚实、准确性、专业化等方面的良好声誉。一旦其失去或玷污了这种声誉，公共关系人员就无法在企业与媒体之间有效发挥桥梁作用。
- 员工关系。向员工传播信息的活动叫**员工关系**（employee relation）。这一角色也许是人力资源部的职责，也可纳入公共关系范畴。一个相关的活动是**内部营销**（inter-

nal marketing)，目的是使员工了解营销相关活动并获得他们的支持。公共关系人员有时会与人力资源部合作，参与员工招聘、会员招募。这个角色也可涉及如何安排公司或组织的广告、网站、文献、事件活动。

● 财经关系。所有针对金融界的主题传播活动，如发给商业出版物的新闻稿、与投资者和分析师会谈、联邦政府要求公开的公司年度报告等，都叫作**财经关系**（financial relation）。

● 公共事务。就有关政府和规制等问题与政府、公众进行沟通的活动皆为**公共事务**（public affair）。比如，公司建立一家新工厂需要获得政府卫生与公共安全监管机构的批准。公共事务还包括**游说**（lobbying），即公司向立法者提供信息，以获得对某项法案的支持和投票；与试图影响政府政策的消费者或激进组织进行沟通。除政府关系之外，公共事务项目还监控有关组织利益的公共舆论，并就某些问题与公众沟通。**问题管理**（issue management）是公共事务范畴内的另一职能，即从业者积极处理问题，以防止问题升级为危机。

● 社区关系。当前**社区关系**（community relations）的范围已从当地社区拓展到涉及地理、种族等因素的更广社会层面的社区。不论种族、年龄、性别、能力等，这一重心扩大到对不同社区的关照，特别是代表性不足和服务不足的社区。公共关系在非营利组织中扮演着重要的角色，可满足周围社区的各种需求。展示社会责任是公共关系的核心价值。

企业建立社区关系的一种方式是善因营销。当企业将其自身与慈善事业相结合（如哈根达斯和蜜蜂种群），并提供协助和资金支持时，这就是善因营销。善因营销的一个例子是无处不在的粉红丝带（pink ribbon），它与乳腺癌有关，已被美国职业橄榄球大联盟（NFL）和优诺（Yoplait）等许多组织和公司采用。“粉红丝带”主题传播活动以及相关领域的善因营销、使命营销将会在第 15 章中详细讨论。

● 消费者关系。广告和公共关系职能重叠的领域是消费者关系，该领域正在增长。简言之，**消费者关系**（consumer relation）可定义为：与在美国和全球其他地方购物的人建立关系。促进销售和建立品牌是其核心目标，实现这些目标的关键包括吸引和留住顾客、新产品或服务营销、顾客沟通（通常是处理投诉）和教育顾客。因为我们生活在一个全球化的社会中，公共关系用来帮助组织与来自不同文化、地区的消费者进行沟通。

公共关系在整合营销传播领域的最大优势是有助于组织提高其在消费者眼中的可信度。公共关系使用公正的、隐含的第三方背书来传播一个组织的产品和实务信息。[13]

公共关系的独特功能

公共关系的其他领域，如企业声誉管理、危机管理、营销公关和公共主题传播活动，关注点不是目标受众，所以它们各具特点。

● 企业声誉管理。**企业关系**（corporate relation）聚焦组织形象和声誉，其中，**声**

誉管理（reputation management）的首要目标是增进利益相关者对组织的信任。公共关系专家弗雷泽·西泰尔（Fraser Seitel）在《公共关系实务》（*The Practice of Public Relations*）一书中强调了企业形象管理的重要性，他提供的建议是：

> 当今的大多数组织都明白，企业形象是一个“易碎品”。提升企业形象必须与公众的“绝对信任”相结合。这意味着在21世纪企业赢得公共舆论不再是一个可选项，而是长期持续成功的必需品。[14]

公司声誉是一种感知的结果，需要靠行动来获取，而不是由广告创造。看看星巴克（Starbucks）的网站，了解其在社区和环境中所做的努力，并寻找**企业社会责任**（corporate social responsibility）或公司创造积极感知的其他例子。前文提到的善因营销也是企业展现其社会责任的一个途径。

许多例子可证实的是：企业通过做好事而变得更好。比尔·盖茨（Bill Gates）的慈善提升了微软的公共舆论，并在此过程中为公司赢得信誉。通用电气的“绿色创想”（Ecomagination）主题传播活动深化了人们对可持续发展问题的认识（可查看 http://ge.ecomagination.com）。

- 危机管理。对一个组织来说，如何处理危机是最大的考验。**危机管理**（crisis management）的关键是预测危机发生的可能性，并就如何应对负面讯息以及所有受此影响的公众做出计划。从大学宿舍的臭虫泛滥到自然灾害，危机无处不在。泰诺（Tylenol）的氰化物危机事件（1982年）、英国石油公司（BP）的深水地平线石油灾难（2010年）皆为公共关系从业人士处理危机的案例，或至少与公司高管磋商过。有时，参与活动的明星会引发危机。兰斯·阿姆斯特朗（Lance Armstrong）的兴奋剂丑闻给耐克、Trek和RadioShack等品牌带来了危机。兰斯·阿姆斯特朗因此损失了3 000万美元的潜在收益[15]，还失去了环法自行车赛的七次机会，被终身禁赛。

对潜在危机的管理可帮助组织预知风暴。通过分析潜在危机和找到应对危机的办法，可让一个组织对危机做出迅速而有效的反应。[16] 快速反应相当重要。在公共关系专家看来，国际足联主席和其他高官卷入腐败案，并在持续数年的调查后于2015年被迫辞职，这对国际足联造成了不必要的损害。

有效的危机计划既能避免危机，又能在危机发生时减小损失。一项计划要细化到由谁去接触被影响的各个利益相关者（员工、顾客、供应商、市民和社区领袖、政府机构）、由谁向新闻媒体发言、由谁去组建和管理一个现场危机管理中心。例如，在寨卡（Zika）病毒爆发或飓风等自然灾害发生之前，就应有教育消费者的应急计划。

- 公共主题传播活动。作为改变公共舆论的一种方式，**公共传播活动**（public communication campaign）阻止了诸如在空气污染严重地区开车等有害社会行为。当这些活动试图反驳其他广告讯息时，就涉及营销抵制活动。例如，“真理”主题传播活动旨在对抗大型烟草公司用广告吸引青少年。

- 基金募集。通过募捐来集资的做法称为**基金募集**（fund-raising），也叫开发。博物馆、医院和应急组织（如红十字会）等非营利组织常针对潜在捐赠者募捐。职业基金募集者知道如何建立最初联系，以激励他人参与；知道如何使用广告等其他营销传播工具；也知道如何充分利用特殊事件和公众认可。有时候，基金募集称作**战略性慈善**（strategic philanthropy）。

回顾公共关系的一些关键类型，可让你知晓公共关系活动的广度和这个领域的职业机会。下面这个小测试可能对你决定自己是否适合从事公共关系职业有所帮助。

自我测试：你愿意从事公共关系领域的工作吗?

以下是公关经理和专家所需具备的 10 项技能：

1. 了解公共关系和公共事务在支持本地和全球业务目标方面的作用。

2. 能理解传播的“大格局”，以及知道如何有效地整合所有传播功能。

3. 知道如何利用传统和社交媒体控制关键讯息。

4. 在信息技术方面有专长，紧跟移动、社交内容创作/展策、搜索引擎优化等领域的新兴趋势。

5. 能够灵活应对各种挑战和人员，并能敏锐地发现哪些对手需要认真对待。

6. 有较强的口头和书面沟通技巧。

7. 具有汇总、过滤和验证信息的才能，能够应用分析方法对数据进行分类。

8. 有较强的、同时处理多项任务的组织能力和时间管理能力。

9. 能够与团队进行面对面合作和远程合作。

10. 具有冒险精神和从失望或失败中恢复过来的承受力。

资料来源：Doug Pinkham，“What It Takes to Work in Public Affairs and Public Relations，” Public Relations Quarterly，Spring 2004，15，www. prsa. org；Anik Hanson，“10 Skills PR Professionals Will Need in 2020，” June 2012，www. prdaily. com；“Top 7 Skills Needed for a Public Relations Career，” www. prcrossing. com，retrieved July 21，2017；Ken Jacobs，“7 Skills PR Leaders Need to Succeed in the Coming Years：Do You Have What It Takes?，” Public Relations Strategist，April 8，2014，www. prsa. org.

3.3 常用的公关工具

和广告一样，公共关系使用各种各样的营销传播工具。公关在塑造企业形象和声誉中尤其有用。直销有时在派发公司或机构出版物时十分有用。互联网之所以重要，是因为企业网站是传播组织信息的主要途径之一。公共宣传和企业广告等公共关系活动可为企业网站带来流量。销售促进用于支持公共关系活动，如特殊事件。在某些情况下，很难知道事件属于销售促进还是公关活动。公共关系不只是因为利用了这些工具而具备品牌传播的功能，还能提高可信度。

公共关系活动如何使用这些工具类似于策划一次广告活动或整合营销传播活动，这将在第 8 章阐述。公关计划应能补充营销和营销传播战略，使组织以一个清晰的声音与各种公众沟通。在公共关系战略计划中，包括调查、计划、实施和评估（research、planning、implementation、evaluation，RPIE）。公关计划还明确各种关键公众和公共关系活动，公共关系专家使用这些活动来协调不同公众的利益。除此之外，公关计划还需细化目标和落实战略（因为它们是公关计划或活动的指南）。要明确活动是否实现了目标，效果评估就显得很重要，这对所有整合营销传播活动都一样。

在数字时代，随着媒介格局的演化，公共关系在整合营销中的作用也发生变化。传统公关活动只是广告的一个有益补充，现在开始扮演战略角色，尤其是在整合社交媒体方面。以科威国际不动产（Coldwell Banker）这家房地产公司为例，该公司通过内部公关团队讨论智能家居技术如何影响住宅房地产的买卖。另一个例子是亨利暨理查德·布洛克报税公司与美国男子职业篮球联赛（NBA）合作，通过增加使用社交媒体并投资善因营销丰富了青少年的财务知识。[17]

可将公共关系从业人员所用的工具分为三类：付费媒介、自有媒介和挣得媒介。在第 4 篇有关媒介的章节，将深入讨论这三类工具。简言之，三类工具反映的是对不同程度的可信度、对讯息和投放的控制。

付费媒介（paid media）是传统的效果可预测的媒介，主要有刊播印刷和电波等广告形式，由公司或组织为促销而出资。典型的公共关系广告整合了广告和社论功能[18]，包括室内广告、公共服务广告、企业（机构）广告、内部出版物和视觉演示。出资的组织为这些媒介付费，并完全控制讯息的传递方式和时间。不过，可信度受损的原因可能是精通媒介的公众对自我推销的讯息持怀疑态度。

自有媒介（owned media）是出资的组织自己所拥有和能控制的信道，如网站、博客、赞助事件、有关品牌的出版物（如新闻稿）。公司或组织能控制讯息，但不能控制如何或何时传递。在品牌的社交媒体这个信道上，如博客、推特账户、YouTube 频道、脸书页面和最新的在线媒介，从撰稿人到对话的传播过程是无法控制的。自有媒介的竞争也使品牌传播趋于复杂。例如，公司和企业能控制它们自己的网站，但他人拥有的网站（尤其是那些由批评者、不满意的前雇员创建的网站，比如“I Hate McDonald's”和“GTE Sucks”）、公司的博客、聊天室是无法控制的。同理，公司也会通过特殊事件来安排赞助，但新闻界和其他重要公众的参与并不受赞助公司的控制。与广告采用付费媒介一样，自有媒介的一个缺点也是因公众知道其为公司自有，难以对其产生信任。

消费者和大众媒体——不是品牌的所有者——能控制品牌提及和评论，这就是**挣得媒介**（earned media），是最具可信度的媒介选择。当客观的报料者将公关撰稿人的作品（新闻稿、新闻素材和记者招待会）转化为对品牌的积极传播时，媒介就是“挣来的”。其效果有正面口碑、病毒式传播、公共宣传、提及率。口碑、蜂鸣传播对公共关系很重要，因为个人谈话具有可信的说服力。一个品牌视频获得了病毒式传播，并因具有新闻价值而吸引观众，这算是挣得媒介的好例子。章首提到的 Always 品牌视频做到了这一点，在美国广播公司的《早安美国》、英国广播公司（BBC）、《赫芬顿邮报》（*Huffington Post*）、Mashable 网、BuzzFeed 网以及《时代周刊》（*Time*）杂志上获得了全球范围的免费报道。

有时报道也会损害品牌的声誉。美林（Motrin）品牌于周六发布了一则关于母亲用背带背着孩子的在线广告并暗示这种方式会导致背部疼痛，愤怒的妈妈博主和推特用户立即呼吁抵制。到周末，美林的制造商用道歉方式做出了回应，并撤下了广告。[19]

有些公司监管互联网以弄清人们是如何评价公司的，以便它们能做出反应来维护声誉。许多公司雇用能提供网络监控服务的 eWatch 来收集此类信息。

组织应如何应对互联网或社交媒体上的负面信息？企业家和风险投资家马克·苏斯特尔（Mark Suster）警告说，反应过度有危险。他的建议是：如果你犯了大错误，就应尽早承认；如果产生了负面信息，而你相信公司是对的，先看看是否“反响很大”。如果这个问题没有在媒体、社交媒体或其他媒介上被反复提及，那就不用回应，因为回应本身可能会让人们不必要地意识到这个问题。[20]

广告

有时，公共关系会使用广告作为企业可视化或加强与各种利益相关者关系的一种方式。广告的主要形式有内部广告、公益广告和企业广告。

内部广告 组织（如报社、杂志社或电台等媒体）可以制作**内部广告**（house ad），即在自己的出版物或节目中使用广告。例如，地方电视台可以投放一则内部广告：在晚间新闻节目中发布秋季新节目的广告。同样，一家公司也可以在其公司杂志上刊登广告，宣扬自己的观点或一项特殊的员工福利计划。这些内部广告通常由公共关系部来管理。

公益广告 慈善组织和公民组织在电视、广播、印刷媒介上免费投放的广告称为**公益广告**（public service announcement）。联合劝募总会、美国心脏协会（American Heart Association）和当地艺术理事会都依赖公益广告。与其他印刷广告或广播电视广告一样，这些广告也需要做一些准备，并且在大多数情况下，广告公司会为此免费提供专家，媒体也捐赠时间和空间来投放这种广告。

广告理事会（Advertising Council）代表整个广告业开展公关活动，制作了很多投放在电视和印刷媒介上的公益广告，如“朋友，不要让你的朋友酒后驾驶”（Friends Don't Let Friends Drive Drunk）、“保持美国整洁”（Keep America Beautiful）。联合黑人大学基金（United Negro College Fund）的经典广告成为广告理事会最认可的公益广告之一，其广告口号是“心智不容荒芜”。

获得免费的时间和空间不是一件容易的事。无论是哪种媒介的公益广告总监，每周都会接到大量不同主题的公益广告，他们从中挑选一些来刊播。不能保证什么人会观看这些广告，也不能保证看到印刷广告和电视广告的是同一批人。有时这些广告难以得到刊播机会。

企业广告 用来提升**企业形象**（corporate image）或阐明公司立场的广告是**企业广告**（corporate advertising）。除非拥有一个善因，否则这种广告并不强调销售某一特定产品。因此，这种广告往往由公关部而不是广告部来做。

塔吉特百货公司（Target）对其服务社区的承诺是企业广告建立信誉的一个例子，

它每周捐赠400多万美元用在购物者的重要善因上。塔吉特在其网站上对感恩和服务做了一番解释，反映了顾客在支持教育、健康、可持续发展、多样性和包容性方面的兴趣。塔吉特的“客人”最关心的社会问题是教育，这对经济和国家安全也很重要。该公司为了设定并实现这一目标，在教育上花费了10亿美元。[21]

为保持或提高在特定受众中的声誉，或为提高公司名称和业务的知晓度，会采用另一种广告形式——**企业形象识别广告**（corporate identity advertising）。“强生为了护理的未来”（The Johnson & Johnson Campaign for Nursing's Future）主题传播活动不仅赞颂这个职业，还在其中一项倡议活动中招聘和雇用护士。一些公司改变其名称后也会使用企业形象识别广告，如埃森哲咨询公司（Accenture，以前叫作Andersen Consulting）、肯德基（以前叫作Kentucky Fried Chicken）在改变公司名称后就做了此类广告。

企业有时会发表一些表明立场的讯息，称为**倡议广告**（advocacy advertising）。例如，之前提到的通用电气公司的“绿色创想”主题传播活动用来表明公司是环境卫士并依照该经营哲学制造产品。另一个例子是宝洁公司的Dawn品牌。自1975年以来，该品牌一直与野生动物和救援康复中心合作，并长期开展活动，将这种针对油脂的强效却温和的洗涤剂与倡导拯救受石油泄漏伤害的鸟类、海洋哺乳动物联系起来。[22]

与2010年在墨西哥湾发生的英国石油公司重大漏油事件相比，Dawn牌洗涤剂与环境有关的善因事件发起得十分及时。宝洁公司向海湾地区捐献12 000多瓶Dawn来拯救海湾的动物，基于其与野生动物救援组织、品牌之间的长期营销关系，提高了声誉，也建立了信誉。[23] dawnsaveswildlife.com网站提供了相关信息，由此可知其一直在帮助拯救受石油污染影响的75 000多种野生动物。

媒体关系

讨论可控讯息之后，看看媒体关系专家代表公司或品牌在新闻媒介上得到公共宣传机会时所采用的各种工具和技巧。以下有几个极端的例子。鞋子制造商Teva公司为一头有足疾的亚洲大象做了一双凉鞋，新闻界对此加以报道并拍摄了照片。红牛用一个平流层气球将菲利克斯·鲍姆加特纳（Felix Bumgartner）带到太空边缘，在以超音速完成自由落体式跳跃后，他返回地球，最终安全到达地面。红牛的特技引发了社交媒体和主流媒介的广泛报道。[24]

在公共关系人员的眼中，媒体关系往往被视为最重要的核心能力。媒体关系专家了解那些对企业事务感兴趣的媒体，也与那些经常报道组织所在行业相关话题的记者、编辑保持个人关系。除个人接触，媒体关系的主要工具有新闻稿、推销信、记者招待会和媒体巡演。

新闻稿 用来向各种外部媒体传递公关讯息的主要媒介有**新闻稿**（news release）。尽管公司可以控制新闻稿初稿的形式和内容，但最终由媒体决定刊发什么和怎样刊发。由于公众最终看到的不一定是企业当初所构想的，因此这种公共宣传方式对发起公司来说是难以掌控的。

编辑是否采用新闻稿取决于他们对新闻价值的判断。**新闻价值**（news value）具有一系列标准，如及时性（是刚发生还是即将发生的事情）、接近性（从当地的视角）、影响力（重要性或意义）、是否符合大众兴趣。

新闻稿必须根据不同媒介的特点来撰写，使之符合时间和空间限制的要求。可以沿用传统的新闻格式，即标准的 5W1H 模式。换句话说，报道应该能够回答以下问题：何人传播、传播何事、为何传播、何时传播、何地传播、传播效果如何。新闻稿的计划和撰写越细致，其被接受和发表的机会就越大。在数字时代，新闻稿伴随相关媒介文件例如短视频，来传播新闻。

尽管新闻稿可采取不同方式发送，但大多数是通过电子邮件发送。有时，企业会聘请专门的公司，如美通社（PR Newswire）、美国新闻专线（U. S. Newswire）或美国商业资讯（Business Wire），有针对性地为有特殊兴趣的媒体提供新闻稿、照片、图像、视频、音频和其他材料。

在互联网上，有效的新闻稿应简明扼要，建议其格式如下[25]：

- 在“收件人”那一行中注明发给一位记者。
- 将主题行标题限制为 4～6 个字，以吸引收件人阅读电子邮件。
- 用 10 个或更少的字为新闻稿写一个强有力的标题，并用大小写来吸引人。
- 新闻稿要短，一般要少于 500 字。
- 观察传统新闻稿的 5W1H 格式，回答谁、说了什么、为什么、时间、地点和方式等关键问题。
- 切勿添加附件。
- 保持邮件清楚易读，使用短小的段落、图表、数字和列表等以使其易于浏览。

视频新闻稿（video news release）包括可能在电视新闻中使用的视频脚本，其有效性在于能为目标受众提供两种不同的观看环境：先是作为新闻报道的一部分，接着在广告中再次使用。当然，视频新闻稿不一定在电视新闻中播出。

推销信　**专题报道**（feature story）是人们感兴趣的新闻故事而非“硬新闻”，需要“卖”给编辑。这就要借助**推销信**（pitch letter），即用生动的方式描述一个主题，鼓励编辑报道这一主题并分发信息。公司运用推销信这种形式凸显一些吸引人的研究突破、员工或企业的慈善之举，希望能够获得正面报道。在线新闻稿的分发如此，投给编辑的推销信也是如此。

记者招待会　企业的发言人通过**记者招待会**（press conference）向媒体的代表发出声明。由于媒体有时并不将声明看作真实的新闻，因此记者招待会是风险最大的公共关系活动之一。企业往往会担心各种问题：记者会出席吗？他们是否会提出恰当的问题？他们是否会提出公司不能或不愿回答的问题？

为鼓励记者对记者招待会进行报道，公司可能设计一个文件夹式的**媒介资料袋**（media kit），装入所有重要的背景信息，在记者招待会之前或记者到场时发放。使用媒介资料袋（或称新闻资料袋）也有风险，由于它提供了所有必要的信息，导致记者招待会本身没有多大意义。

媒体巡演　**媒体巡演**（media tour）是巡回进行的记者招待会。企业的发言人巡游各地发表声明和做演讲，举行记者招待会，解释促销活动，接受采访。

出版物

组织会向其员工和其他公众提供小册子、产品单、年度报告、图书、公告、时事通讯、插页和附件、意见书等。美国证券交易委员会（Securities and Exchange Commission）要求所有的上市公司必须每年发布一份**年度报告**（annual report）。公司的年度报告是为投资者编制的，或许是企业对外发布的最重要的文件。因此，企业每年都会将大量资金用于年度报告的编辑和设计。这些年度报告对于股东和潜在投资者尤为重要。

一些企业通常会在印刷媒介或网络上发布材料，常被称为**附带资料**（collateral material），来支持营销公关活动。在一些特殊活动中，企业的发行部门、营销部门、促销部门及其代理公司都会编写一些培训材料和销售资料袋来给予支持。如去经销商那里看新车时所看到的精美的小册子。另一个例子是欧文斯科宁公司（Owens Corning）为绝缘玻璃纤维产品提供了一种小册子，告诉人们使用家庭绝缘体的常识，并将其作为整合促销活动的一个组成部分。

Zines 公司提供另一种商业发布途径。在 eZineArticles. com 网站上，投稿人自创内容并自行发布，也可在自己的网站上为别人发表自创内容。这个网站的内容看起来不太像促销，其中也包括有关公司业务的服务信息以及咨询信息。假设你有一个做仿真画的客户，若用一篇普通文章介绍仿真画艺术以及如何将其作为一种设计要素加以使用，那么该文章可反映你的个人情况并链接客户网站。

其他公关工具

在公共关系从业人员的职业工具箱里，除了广告、公共宣传、内部出版物，还有其他各种材料和主题传播活动。

视频、CD、播客和书籍 对许多公司来说，视频和书籍已经成为主要的公关工具，其制作成本的高低取决于制作的质量和受众的数量。它们是发布关于公司或项目的深度信息的理想工具。随着电子出版物的简化，企业图书也开始流行。

讲师团 许多公司都有一个**讲师团**（speakers' bureau），其成员是一些善于辞令的人，通常基于公众的要求来谈论某些话题。诸如苹果公司、哈佛大学和得克萨斯州的休斯敦儿童医院等都有讲师团，可以为当地社团和公众做报告。

展示和展览 与特殊事件和巡展一样，展示和展览在销售促进和公共关系主题传播活动中也很重要。展示包括标牌、展亭、货架、促销资料支架等。相对展示而言，展览的规模更大，包括移动物品、音像制品，通常有公司代表为之服务。展亭展览在贸易展览中扮演了重要的角色，一些公司可能由此获得年度销售的大量订单。

诸如销售促进、事件、展览、展示、品牌俱乐部等品牌传播工具，尤其是允许顾客与品牌进行个人互动的工具，本质上更具参与性。

特殊事件和巡展 一些公司举行周年庆典、新产品发布会等活动进行庆祝，以此获得最大的公共宣传，进而使出资人产生积极态度。每年一度的梅西感恩节游行（Macy's Thanksgiving Day parade）是一个经典的特殊事件活动，始于 1924 年。该事件在纽约市吸引了超过 350 万人观看，超过 5 000 万观众在电视上观看。[26] 企业赞助各种体育赛事，如高尔夫锦标赛和汽车比赛，这已成为最受欢迎的公共关系策略之一。

苹果公司已故联合创始人兼首席执行官乔布斯不仅是一位大师级商人，而且是一个没有竞争对手的演员，因为他具有为苹果公司推出的最新产品（从苹果机到 iPhone 和 iPad）创造狂热的能力。公众热切期待他推出最新产品的那一刻。[27] 在乔布斯的接班人蒂姆·库克（Tim Cook）的领导下，这些事件已转变为企业责任的展示、新产品上市的新闻。[28]

在内部传播中，特殊事件也很重要。对于一项新的主题传播活动，为统一目标认识和动员员工参与通常采用以下方式：会议、研讨会、企业赞助的专题研究会，辅之以培训资料和其他出版物等。为了推动内部营销，企业有时会采用**市政厅论坛**（town hall forum）的形式。对管理人员来说，这是就主要课题、倡议活动或重大问题发表演说的机会，也可以邀请员工参与讨论。

除了媒体巡演，公共关系活动还运用各种各样的巡展，如工厂参观会以及团员、代表旅游。你或许对这种形式很熟悉——大学招新的校园巡展。意识到事件的重要性，一些大学开始雇用咨询公司来就志愿者的着装、语言表达和步态开展培训。巡展可以让外界进一步了解学校的特色。

在线公关传播

公共关系实践家、作家西泰尔说：“那些预测互联网将永远改变公共关系思想的人是错误的，它仍然是一种‘关系业务’——寻找互联网渠道是对传统媒介进行公共宣传的重要补充。”[29] 品牌导向型新闻、电子邮件、**内联网**（intranet）（供组织内部联系的网络）、外联网（供企业与其业务伙伴联系）、网络广告、网络促销以及博客、脸书、推特等网站和社交媒体都为公共关系活动开辟了新的途径。

社交媒体公司 Room 214 的共同创始人之一詹森·科米尔（Jason Cormier）指出，社交媒体是公共关系的有用工具，能促进口碑传播，成为营销传播者尤其是公共关系活动中最强大的传播工具之一。社交媒体是放大品牌的口碑传播机会的有力工具。像 Room 214 这样的社交媒体公司提供了一系列在线监控和网络商业智能工具，可帮助企业从博客、推特、在线论坛、主流媒体网站上的在线对话中获得新的洞察。

对外公关传播 企业网站已经成为企业传播的重要部分，可展示企业信息，向利益相关者提供联系方式并接收回复。网站的编辑室将企业新闻稿分发给媒体和其他感兴趣的利益相关者。

对内公关传播 对于身处异地的人来说，电子邮件是很好的沟通方式。如果收信人定期检查他们的邮件，那么对方会得到及时回复。电子邮件是一种经济型对内公关传播方式。公司内部的电子邮件可用在法庭上，因此可能对公共关系产生负面影响。在 1998 年对微软的反托拉斯起诉中，联邦政府出示的最致命的证据就是微软公司对内传播的电子邮件。

企业内联网确实能带来极大的好处。内联网和企业门户网站（含有大量对企业内部工作人员非常重要的数据库和链接）促进了员工之间的交流，允许共享公司数据（如顾客记录和客户信息)。一些企业鼓励员工建立自己的个人主页，并将其视为企业门户的一部分，这样可定制所收到的信息，并与竞争者新闻、产品信息、案例记载等关键信息建立个人链接。

3.4 公共关系的未来趋势

公共关系领域的动态性为那些从事公共关系职业的人提供了令人兴奋的机会。从公共关系出版物中所汇总的报告关注了这些趋势[30]，其中大部分关涉数字媒介对公共关系实践的影响：

1. 随着观众越来越多地通过智能手机获取信息，移动传播将继续增长。

2. 视觉叙事将变得越来越重要，新闻稿将有更多的视觉内容，通过信息图表、视频，品牌倡导者可在社交媒体上分享内容。

3. 基于当前事件讯息的**实时营销**（real-time marketing）将给塑造品牌个性提供机会，特别是在采用社交媒体的情况下。

4. 教育视频内容将变得更加重要，因为研究表明人们不希望通过视频被公然推介。

5. 病毒式传播将继续让更多的人参与进来，从而复制其成功模式。

6. 由于黑客危及通过数字渠道收集的信息，数字安全将继续受到关注。

7. 推特用户（尤其是政治家和名人）需要变得更加成熟，以免在公关方向上失策。

8. 品牌所有者将继续整合他们的公关、广告和营销传播活动，以保持同一个声音。

9. 社会责任日益重要，这将促使越来越多的人通过善因营销来解决具有挑战性的社会问题和环境问题。

10. 衡量公共关系效果的方法在不断提升，传统方法已不适用于数字媒介。

下章预告

本章回顾了作为整合营销传播基础学科的公关实践，如你所见，企业和组织可用很多方法触达公众，建立积极的形象、声誉和品牌关系。第4章将关注直接反应和促销实践。

成功秘诀

像个女孩奔跑，像冠军一样赢得比赛

在章首，你已阅读了关于Always品牌的主题传播活动，它赢得了许多奖项，有美国公共关系协会银砧奖、戛纳公共关系大奖（Cannes Grand Prix in the PR Category）、杰出商业艾美奖（Outstanding Commercial Emmy）以及其他奖项。出色的主题传播活动获得同行的认可是件好事，更重要的是有能力实现客户设定的商业目标。

是什么造就了一场伟大的公关活动？应是执行良好的大创意引发消费者共鸣。如何知道受众与讯息之间建立了连接？尽管有时很难衡量效果，但可参考各种指标。活动之后的研究显示，在16～24岁的女性中，有80%以上的人认为“像个女孩”是一种积极且鼓舞人心的辞令。最初，在全球150个国家，这段视频在YouTube上的浏览量达7 600万，100万以上的人分享了这段视频。截至2017年7月，视频在美国的浏览量已超过6 400万。此外，该主题传播活动在有影响力的媒体网站上赚得1 880多个媒介刊播，产生超过2.9亿社交印象，13.3万人次提及“像个女孩”。在下章中，你将了解更多关于这一切的意义。

戛纳广告节促销活动评审团主席罗伯·赖利（Rob Reilly）总结了Always品牌主题传播活动的成功因素：“它就一个问题亮明了立场，并为年轻女性做了一件非常好的事情。同时，它的营销做得最好，卖出了很多产品。”[31] 这是保持领先的一种方式，可以让品牌和顾客与众不同。

复习题

1. 为什么公共舆论对公共关系的成功很重要？

2. 广告与公共关系实践有何不同？

3. 在分析公共关系工具时，如何比较付费媒介、自有媒介和挣得媒介的用途？这三类媒介有哪些区别？

4. 媒体关系的主要工具有哪些？

5. 数字媒介、社交媒体对公共关系与整合营销传播有什么影响？

讨论题

1. 为什么公共舆论对公共关系的成功如此重要？有哪些不同方式促使Always品牌的“像个女孩”主题传播活动获得成功？

2. 2009年，奥普拉·温弗瑞（Oprah Winfrey）向受众发出建议，只要打印一张网络优惠券，就可在肯德基餐厅免费享用一餐。奥普拉·温弗瑞的背书创造了400万名新顾客，肯德基餐厅无法满足蜂拥的顾客。那么，所有的公共宣传都是利好，还是也会伤害客户？先分成小组，再选择你认为正确的观点，然后向同学们展示。你也可就如何处理这种情况提出建议。

注释

第4章

行动与互动：直接反应与促销

学习目标

- 能识别直接反应传播的功能和关键要素。
- 能解释促销的重要性。
- 能阐述跨界促销以及如何使用跨界促销。
- 能讨论数据库及其对消费者和品牌互动的重要性。

本章讨论直接反应传播和促销的实务与过程：功能和运用、工具和媒介，以及将直接反应和促销整合到整个品牌传播工作中的原则。首先回顾一下直接反应传播。

4.1 直接反应传播的功能及要素

直接反应传播（direct-response communication，DRC）使组织与其顾客或成员之间的人际互动成为可能，这种互动可能会带来行动，比如向某个非营利组织捐款、购买产品或报名参加某个活动。直接反应传播能够获得即时反应，因此很容易快速判断讯息是否达到了目标。换句话说，与大众媒介广告、公共关系的延迟效果不同，直接反应传播的效果更直接，也更易测量。

由于直接反应讯息可用于刺激即时销售反应，因此也称为**直接反应营销**（direct-response marketing）。它是一种多信道的商业实践，使用多种媒介将公司与顾客、潜在顾客联系起来，让他们彼此之间直接打交道，而不通过批发商或零售商等中间商。美国直接营销协会（Direct Marketing Association）成立于 1917 年，是从事这类营销的专业协会。

各类直接反应的共同主旨是行动。企业和非营利组织利用直接反应传播向重要的受众传递讯息，鼓励他们以某种方式做出反应，比如购买。非营利组织利用直接反应传播来开展捐赠活动，招募会员和志愿者。

直接反应传播的另一个重要功能是为互动提供机会。这为什么很重要？因为互动或双向传播被认为是最有说服力的传播形式，能推动接触点建立有吸引力的关系，从而带来品牌忠诚度和重复行动。

直接反应不能触达很多人，有些管理者认为，它比品牌广告或形象广告更有局限性，触达每个人的印象成本更高。支持者指出，采取行动是想实现的目标，也可能是最难实现的目标，尤其是与提高知晓度（通常是广告目标）相比。今天的数字和移动媒介极大地降低了讯息传递成本，使直接反应传播更加高效。

主要参与者

直接反应传播的主要参与者是：（1）利用直接反应来销售产品、服务或邀请顾客参与的企业和非营利组织；（2）提供直接反应传播服务的代理公司；（3）传递讯息的电话、邮件或互联网媒介。当然，有时接收信息的人是交往的发起者，也是主题传播活动的合作伙伴。

传统上，充分利用直接营销的公司有图书和唱片俱乐部、出版商、航空公司、邮轮公司、酒店、保险公司、收藏品销售商、园艺公司以及亚马逊等电子营销公司。从大学校友团体到联合劝募总会，几乎所有的非营利组织都使用直接反应传播来促进会员发展，募集基金，招募志愿者，以及举行特殊事件活动。B2B 企业也在其贸易传播项目中使用直接传播工具。

直接反应行业有四种类型的公司：广告公司、独立的直接营销代理商、服务提供商、履约代理商。

- 广告公司。以大众媒介广告为主业的大多数大型广告公司都设有负责直接反应的专门部门或独立公司。
- 直接营销代理商。独立的直接营销代理商负责创作直接营销传播讯息，安排讯息发送给目标受众，并评估取得的效果。
- 服务提供商。服务提供商专业化提供印刷、邮递、经纪人名单以及数据管理服务。
- 履约代理商。此类企业确保消费者及时收到对其提出的任何请求的回复，如产品目录、附加信息或是产品本身。

在媒介方面，有数千家电话营销公司和网络营销公司处理与消费者的接触活动，以及与更传统的媒介公司的接触活动。美国邮政服务公司便是最活跃的直接邮件媒介机构之一，后面的“直接反应传播的主要媒介”小节将对此加以讨论。

直接反应传播的关键要素

恰如对话一样，直接反应有两个方面。首先，直接反应传播涉及以某种形式直接给预期顾客发送信息；其次，直接将反应（销售、注册、信息咨询、捐赠）反馈给组织。与对话一样，传统的接收者也可发起对话并做出反应。

如图 4－1 所示，直接反应使用市场调查来指导策略和数据库，以更好地识别预期顾客。各种各样的媒介都可向预期顾客交互性地传递讯息。最初的接触希望得到立即反应，并邀请预期顾客与本组织联系。因其互动性，直接反应传播也有助于营销传播计划人员倾听人们回应时说了什么。

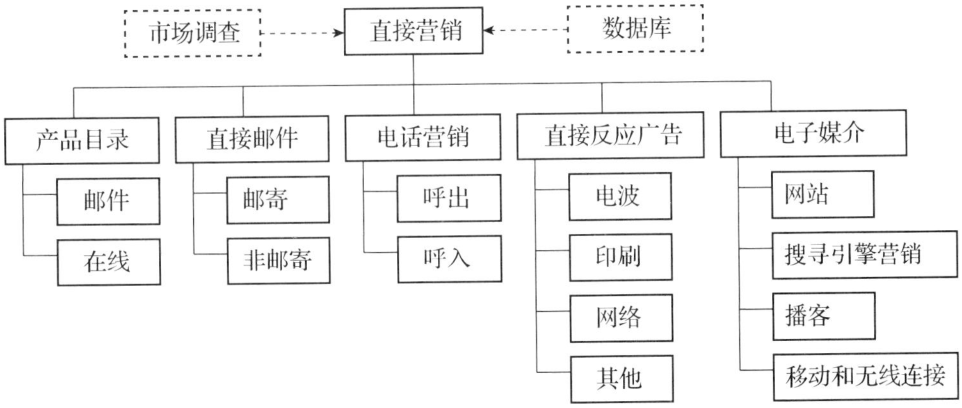

图 4－1　直接反应行业

说明：直接反应以市场调查和数据库开发为起点，其主要传播工具包括：产品目录、直接邮件、电话营销、直接反应广告、互联网以及其他形式的社交媒体。

直接反应传播的关键要素有发盘及其反应、传播包（包括讯息及其传递）、效果测试与分析（传播包中的各种工具）、履约或随之回应。下面对这些要素予以详述。

所有直接营销讯息都可视为一项发盘（offer），一般包括对主张（销售条款、送货、保修信息、会员资格、捐赠请求）的描述和成本。在发盘中，成功的讯息必须回答顾客的一个老问题："它能带给我什么？"很多直接反应传播都鼓励对方迅速做出回应，因为组织通常明白一点：人们对发盘的考虑时间越长，越可能不予回应。

为了获得最多反应，直接反应传播讯息必须使顾客尽可能易于做出回应。方法之一就是提供多种回应方式，如通过在线、邮件、电话和文字做出回应。当顾客做出回应后，重要的是公司要立即知道他们的回应，感谢顾客的订单，并告知产品何时送达。

与销售过程的步骤类似，直接营销传播讯息必须将读者从产生兴趣转移到建立信念和购买。在邮件媒介中，通过一项强有力的发盘来做这一切：通过一个复杂的印刷包装件来传递讯息，里面通常有一个信封、一封信、一本小册子、补充宣传单或文件夹，以及一个带有回复信封的回复卡。这些作品的电子版也可以在网上看到。为了吸引读者和观众的注意力并说服他们打开，一个精心设计的信封（或打开在线屏幕截图）至关重要。

信封内的信件、小册子或宣传单也是一个具有挑战性的因素，因此也是研究的重点。很多技术已证明，让顾客阅读直接反应的文章是有效的。这里提供一个小贴士：用有效的文字和图形吸引注意力或令人产生好奇心，向合适的人发送讯息，保持讯息的相关性和个性化，并加以测试。

产生直接反应效果的秘密在于测试（包括事前测试、事后测试）。可对发盘的吸引力进行测试，也可对材料的吸引力和影响力进行测试。在事后测试中，反应的规模非常重要，因为需要使用各种策略发送足够多的材料，以确定哪些技术或版本（如文案、视觉、发盘）可增加反应，哪些不会产生效果。通过使用印刷跟踪代码之类的测量工具来识别不同发盘获得的反应，组织可清楚地知道哪些发盘对预期顾客最具吸引力。

履约（fulfillment）环节的目标是通过把产品（会员卡等）送给顾客来对其反应做出快速回应。履约包括完成交易或互动后的一切善后工作。

直接反应传播的主要媒介

我们将介绍在直接反应传播中使用的一些工具和媒介，首先从人员销售开始，这是所有直接反应传播工具中最具参与性和说服力的。

人员销售　人员销售是最早、最有效的，也是最昂贵的直接营销形式。销售人员可出现在商店里，可打电话访问潜在顾客。家居派对[①]亦为人员销售的形式，是社交网络销售的最初版本，由玫琳凯（Mary Kay）和特百惠（Tupperware）这样的公司赞助。

例如，成立于 1906 年的富勒刷（Fuller Brush）是一家清洁产品公司，在其全盛时期以少量的人员上门销售而闻名。富勒刷工（Fuller Brush Man）是一个商业偶像，在歌曲中被提及，在电影和电视节目中露面，在流行文化中留下了他的印记。但时代变了，公司现在归 Victory Park Capital 所有，其产品继续通过线上和家得宝（Home

① 家居派对（home party）指流行于美国、加拿大的一种直销产品展销会。——译者

Depot）等精选零售商分销[1]，然而其对企业历史的真正贡献在于个人传播策略，这一点铭记在“询问富勒刷工”（Ask the Fuller Brush Man）口号中。

雅芳是最大的直销公司之一，拥有数百万销售代表和约 60 亿美元收益。[2] 安利（Amway）以 88 亿美元的销售额反映了其在拉丁美洲及亚洲的强势地位，这些地区的个人销售机会对月光族及企业家极具吸引力。[3]

除了人员销售外，直接营销运用五种主要媒介工具来达成目标：（1）直接邮件；（2）产品目录；（3）直接反应广告；（4）电话营销；（5）在线电子营销。所有这些形式都能提供深度信息，并唤起行动。

直接邮件　**直接邮件**（direct mail）是产品、服务或非营利组织开展的可寻址的传播方式，这意味着可通过邮件或电子方式将讯息发送给特定的个人或企业。如果是直接营销或邮购，就允许企业和顾客之间进行业务往来，而不需要零售商这样的中间人。（注：直接邮件是一种传播形式，而邮购是一种商业模式。）

从历史上看，直接邮件的发展是两项创新的产物。一项是古登堡（Gutenberg）在 15 世纪中叶发明的活字印刷，使大量印刷经济可行。另一项是邮政服务的发展。18 世纪，随着威廉·佩恩（William Penn）出版的一本小册子吸引欧洲人移民到宾夕法尼亚州，美国开始开展直接反应传播。本杰明·富兰克林于 1775 年被任命为美国第一任邮政局长。

大多数直接邮件使用三等大宗邮件方式邮递，这种方式要求至少有 200 份相同的邮件。直接邮件的回复率有所不同，但通常在 2%～3%。由于未回复率高，就每千人成本而言，直接邮件也是一种高成本的工具。然而，直接邮件的实际费率计算相对简单，即计算投资回报超过成本的盈亏点。这种方式被认为比其他形式的营销传播更易测量。

直接邮件的材料对获取所阅信息非常重要，无论讯息是打印件还是电子版，讯息之间的协同是取得长期成功的保证。

网络技术也使直接邮件行业发生了巨大的变化。许多网络广告都是电子形式的、简单的直接营销，电子邮件只是另一种“信件”而已。网络电子邮件使传统直接邮件的制作和分发变得容易。可从 Constant Contact（www. constantcontact com）这些提供电子邮件模板的公司获得电子邮件营销软件和广告助理。

直接邮件的另一个要素是邮件名单。顾客、预期顾客、捐赠者、志愿者和组织的其他利益相关者的名单被构建、更新，并用于引发行动和互动。当然，联系方式信息对于直接反应传播活动是必不可少的。如果想传递讯息，就必须知道如何通过邮件、电话或电子邮件触达预期顾客。特殊事件和顾客忠诚计划等促销方式通常用来获取这些信息，并创建参与者名单。名单有三种类型：

- **内部名单**（house list）由营销者自己的顾客或会员组成，是最重要的目标市场和最有价值的名单。这些名字通常来自保修卡。
- **回应名单**（response list）主要由对某种类型的直接反应发盘或促销做出回复的人或家庭组成。他们回复的产品（如狗粮）与营销者的产品（如宠物玩具）越相似，该名单就越具有价值，因为这些人应该与公司的当前顾客相似。

● **合成名单**（compiled list）是一份具体类别的名单，如协会成员、捐助者、赛车车主、新房购买者、应届毕业生、新手妈妈、杂志订阅者、书刊俱乐部或唱片俱乐部成员。

例如，你可能打算制定一份所在城市的有购买精品家具意向的人员名单，你可以购买一份新房购买者的名单，然后与居住在目标区域的人的名单进行合并。这两份名单一起构成了一个合成名单，可以找到已在高档小区购买新房的人。

问题与道德：树木、水、浪费 对直接邮件的批判涉及其对环境造成的影响。直接邮件每年要消耗数百万棵树和数十亿加仑的水[4]，还有不计其数的金钱用于处理和回收废弃物。

有必要对直接邮件采取严格的禁令吗？不妨考虑一下当地的邮件。当地的比萨店、音像店、美发沙龙可能很依赖直接邮件发盘，这样的禁令会对它们产生怎样的影响？垃圾邮件造成浪费并令人厌烦，但这种营销传播形式就应被取缔吗？从另一个角度看，禁止直接邮件是否有违组织的广告言论自由？什么是公平？什么是对错？一个有责任感的组织该怎么做？

产品目录 **产品目录**（catalog）是一种展示各种商品的多页（印刷）的直接邮件出版物。随着数字媒介的爆炸式发展，产品目录已演变成易用的在线出版物。例如，第 1 章章首获奖案例中的 B2B 公司——新猪公司所发布的产品目录邮件和在线产品目录。

艾伦·蒙哥马利·沃德（Aaron Montgomery Ward）是直接邮件领域的一位远见卓识者，在 1872 年用一页产品目录开始了他的邮购业务[5]，人们不必通过当地零售商就可购买产品，因为这些零售商提供的选择通常有限，尤其是在农村地区。紧随其后，理查德·西尔斯（Richard Sears）推出了西尔斯百货（Sears）著名的产品目录。1888 年只涉及手表系列，到 1894 年，商品范围拓展到缝纫机、自行车、马鞍、乐器以及一系列新品。1896 年，产品目录封面增加了“最便宜的供应商”（Cheapest Supply House on Earth）的标语。想要获得这一标志性事件的更多历史讯息，可访问 www. searsarchives. com。

就像新猪公司的产品目录一样，专门化产品目录有所增长，它瞄准利基市场，服务于每个业务类别、爱好和兴趣。其中最有趣的产品目录之一是内曼·马库斯百货（Neiman Marcus）的圣诞图书，书中有极其昂贵而又不可思议的礼物，如价值 25 万美元附带飞行课程的双人座飞机、价值 1 000 万美元的齐柏林硬式飞艇，还有价值 1 000 万美元的赛马场。

许多大型零售商现在使用产品目录、网站和商店跨渠道运营。一些产品零售商有自己的商店，比如威廉皇家精品公司（Williams-Sonoma）和蒂芙尼。里昂·比恩公司也使用了产品邮件来将交易引至网站。里昂·比恩公司的预期是网络销售尽快超过产品邮购业务，但仍会投递产品目录，促进网络销售。

许多营销者使用视频或 CD 产品，因为它们可提供更多的讯息，且具有互动性，以其栩栩如生的插图为特色。

直接营销者很早就看到了互联网的潜力。事实上，直接营销，尤其是产品目录营销，是电子商务的典范。亚马逊是该领域的领导者，其网站就像一个直接邮件产品，但具有互动性、广泛性，比印刷版更有用。

直接反应广告　直接反应广告使用多种印刷、广播和在线媒介来提供服务。即使是大众媒介，报纸和杂志上的广告也可带有优惠券、订购单、在线地址或免费电话号码，使直接反应成为可能。在某些情况下，预期反应是购买，但也可以是查询，成为销售代表的销售线索或其他后续联系方式。

为查尔斯·阿特拉斯（Charles Atlas）的邮件订购健身课程所做的“97 磅的弱者”（97-Pound Weakling）广告是展现直接反应广告威力的经典案例。广告塑造了一个卡通形象来讲述一个瘦骨嶙峋的家伙决意强大起来，因为他受到了一个身强体壮的救生员的羞辱，而且其女友也被救生员抢走。该业务在 1928 年开始运营，与此同时，阿特拉斯和广告人查尔斯·罗曼（Charles Roman）合作推广健身系统及相关课程。这项广告活动创造了数百万美元的业务，而且变身为“威猛大汉”的“97 磅的弱者”成为文化偶像。

广播或电视上的直接反应广告可为顾客提供必要的讯息（通常是简单易记的免费 800 电话号码或网址），以便顾客联系某个组织。电视上的直接反应广告曾经在晚间销售切菜器、螺丝刀等经久耐用的产品。随着更多全国性营销公司进入这一媒介，直接反应广告对服装、健康产品及保险和理财等行业越来越有吸引力。最新的趋势是转向在线或网络广告，常用 YouTube、Pinterest 或 Instagram 等自媒体技术制作。

直接反应电视也能充分利用**电视导购节目**（infomercial），这是伴随着有线电视业（如 Vegematics）的出现而产生，规模达数十亿美元的产业，造就了一个营销巨子——乔治·福尔曼（George Foreman）。如果不打算将演示的产品在零售店销售或者想有非常高的边际利润，营销者就会采用电视导购节目形式。有线电视服务于 QVC 等公司，因为这种媒介更紧密地定位于特定的兴趣。

电话营销　在政府支持的“禁止呼叫名单”极大地限制电话营销以前，更多的直接营销费用花在了**电话营销**（telemarketing）上，这种方式超过了其他任何一种直接反应传播媒介，因为电话营销是人员推销的一种形式，且成本更低。若考虑了时间和运输成本，人员推销也许要花费 50～1 000 美元，而电话营销只花费 2～15 美元。假如将电话费与其他任何一种大众媒介广告（10～50 美元）的千人成本相比，仍然是很昂贵的，但其回报率比那些大众媒介广告要高得多，因为电话营销具有个性化和互动性的特点。

一项电话营销活动通常涉及雇用一家电话营销公司，按照预先准备的台词进行一定数量的电话访问。电话营销者在**呼叫中心**（call center）工作，里面有很多电话和电脑。大多数电话都是打给数据库中的预期顾客，这些人成为预期顾客的资格是根据很多因素确定的，如对相关商品的兴趣或根据人口统计特征、心理特征归类的一个特殊群体。偶尔也会用到**冷不防电话**（cold call），它属于个人销售术语，即电话中心的工作人员随机拨打电话，这种做法的回应率很低。常被鄙视的电话营销工具是**预测拨号**（predictive dialing）。电话营销公司可能会随机拨号给任何人，即使是那些不在其列表中的电话号码。对于许多人来说，这些电话令人厌烦。

电话营销的类型有两种：呼入和呼出。**呼入电话营销**（inbound telemarketing）的电话通常是顾客在看到其他讯息后发起的，而**呼出电话营销**（outbound telemarketing）

的电话来自该公司。这些电话常会引起很多顾客的反感而挂断，因为是不请自来的、入侵性的和意外的。

电话营销讯息必须足够简单、简短，以便通过电话能传递。大部分人不会为了一个推销电话而耽搁两三分钟以上。如果产品需要视觉展示或较复杂的解释，那么通过直接邮件或在线方式发送讯息效果也许会更好。讯息也必须有吸引力，人们通常反感电话营销，因此必须具有很强说服力才能使那些预期顾客继续听下去。

问题与道德：强制性与欺骗性 电话营销的声誉因欺诈行为而受损，比如使顾客确信自己需要一些实际上并不需要的理财产品和信誉保险，或为了诱使顾客购买产品而承诺派送一些随后发现毫无价值的奖品。为了避免这些弊端，美国联邦贸易委员会颁布了一项法规来保护消费者利益，对信息披露要求严格，禁止虚假陈述或误导性陈述。

消费者最喜爱的最严格的电话营销限制，是在不同州和全美范围内执行的禁止呼叫名单。该名单的生效时间是2003年6月27日，根据联邦贸易委员会的数据，截至2010年7月27日，已有2亿人被列入该名单。[6] 电话营销公司在法庭上对禁止呼叫名单进行了反驳，因为根据商业言论自由，它们认为这样的限制不合法。当美国最高法院在2004年末宣布中级法院规定的商业言论自由与国内禁止呼叫名单的限制并不冲突时，电话营销公司感到很不爽。

禁止呼叫名单不限制公司对自有顾客的呼叫，允许非营利组织继续呼叫，允许市场调查公司继续开展电话调查工作。电话营销者订阅数据库资料并至少每月核对一次名单，以便删除不必要的号码。

互联网直接反应 互联网直接反应中最激动人心的进展是在移动营销和社交媒体领域。通过移动电话，营销者也可“在原地”与人见面。

社交销售也称为网络营销，它利用了社交媒体的覆盖面和说服力及无休止的持续对话。网络营销一直被用于招募交友群体的口碑活动中。不同的是，通过社交媒体，这个网络可纳入数百名脸书和推特的粉丝。随着信息在网络空间的传播，网络呈指数级增长。

问题与道德：垃圾邮件 虽然电子邮件营销不断取得成功，但这种做法招致强烈批评，因为发送了大量人们不想要的邮件，即**垃圾邮件**（spam）。美国联邦贸易委员会调查发现，所有垃圾邮件中有90%涉及商业和投资机会、健康产品、旅游，其中含有错误或误导信息。这也是美国国会2003年通过《反垃圾邮件法》（CAN-SPAM Act）的原因。

邮件群发有利可图吗？邮件群发者发送10万封电子邮件也许只能触达2～5个顾客，这看起来似乎是一个完全不能接受的反应数字。如果邮件群发者花300美元发出10万条讯息或花900美元发送100万条讯息，虽然只有少数人有所反应，但为邮件群发者赚取了14 000～15 000美元，其成本只有电脑和网线，难道这样的回报还不可观吗？

对于那些合法的邮件营销者来说，垃圾邮件是一个严重的问题，因此，现在的直接营销者采取的是**许可营销**（permission marketing），即先向预期顾客征得发送电子邮件的许可。消费者可以使用两种许可营销策略来控制自己是否在电子邮件名单中。一种是**选择性加入**（opt in），即所有未经许可的邮件发送者必须经过接收者允许才能发送邮件。这种形式被合法的直接营销者采用，可抑制邮件群发泛滥，也可敏感地察觉消费者的愤怒情绪。许可营销的核心是选择性加入一项活动的每位顾客都是有资格的潜在顾客。另一种是**选择性退出**（opt out），指的是电子邮件发送者可发送第一封电子邮件，但必须提供选项，使接收者可以拒收之后的邮件。

直接反应营销传播是整合营销传播的重要工具之一，因为它设计独特，可引发行动，实现互动。直接营销传播的重要性还在于能跟踪效果。接下来讨论促销中获得品牌体验的多种方式，这是整合营销传播的另一个领域，也可激发行动，获得互动，并能产生可测量的效果。

4.2 促销的重要性

促销是促销行业为了引发行动和建立强势品牌关系而进行的有趣的、有创意的、吸引眼球的构想。促销为诸如“粉红丝带”之类的慈善、营销事件带来激情。再比如，在底特律的一个经典汽车主题传播活动中，利用广告牌来塑造雪佛兰的品牌形象。

类似于直接反应传播，促销在个人层面上吸引顾客和预期顾客，鼓励他们采取行动。促销用于营销活动，以满足需求和刺激立即采取行动。在公共关系活动中，用于提高兴奋度和参与度。一个组织可以通过提供一些特别的东西来增加品牌价值，如吸引人的减价、对购买或加入组织进行额外激励。

据估计，销售促进行业年收入约为120亿美元，大约有8 000家专门从事销售促进的广告和营销公司。作为一个专业组织，美国促销协会的成员有专业公司，也有开展销售促进的营销者。该组织成立于1911年，旨在鼓励优秀的促销策略，并通过雷芝促销奖展示最佳促销实践。

销售促进（sales promotion）的一个简单定义是在有限的时间内在市场上激发兴趣的活动和传播计划，以刺激试用、增加消费者需求或改善产品的可获得性。该定义指出促销是一整套技术，旨在激励消费者、销售代表和贸易商（如分销商、零售商和经销商）采取行动。简而言之，通过使品牌变得更有吸引力或更有趣的方式来影响需求。

另一种传统的方法是提供引发行动的诱因——奖励，有时以降价的方式提供，但是激励也可能是提供产品、现金、奖金、礼物、优惠券、回扣、赠品等额外的东西。例如网飞公司为那些给电影推荐软件提出改进意见的消费者提供的促销刺激是100万美元的奖励。

市场的变化

20世纪80年代以前，广告在营销传播领域中占主导地位，但在整个80年代，越来越多的营销者发现，促销能带来那些影响公司盈亏的即时反应。

受托责任是其中的一个原因。与直接反应传播类似，促销能带来快速的效果，且效果便于衡量。在负责促销计划的营销顾问艾琳娜·格温（Arlene Gerwin）看来，因为促销是在一定时间内实施的，通常产生某种即时的可测的反应，所以可更容易、更快速地评估某一促销活动的成败。[7]

促销兴起的其他原因与市场的变化相契合。例如，消费者对品牌的忠诚度更低，更愿意转换品牌，特别是对于平价（基本上没有差别）产品。此外，沃尔玛等占主导地位的零售商要求对所销售的产品提供促销支持，并要求采取激励措施以使货架空间可用。因此，组织正在探索成本较低的营销传播形式，并产生即时、切实的效果。数字媒介和其他新媒介的普及也使这一目标更易实现。

促销的大创意

促销计划与设计是一个极富创意的领域。促销计划是从创意开始的。事实上，大创意对促销计划的重要性就像其对广告一样。在众多案例中，促销是整合营销传播计划的一部分，其中一个要求是促销能支持主题传播活动的创意。例如，边疆航空公司（Frontier Airlines）长期定位于"与众不同的动物"，反映在短期促销活动中就是从飞机尾翼上的代言动物中选出他们最喜爱的动物。

挑战在于如何产生令人兴奋、有趣的促销创意，从而使目标市场参与，吸引其注意力，同时又要忠于品牌战略。既要吸引顾客参与，又要取得有效的商业成果，可考虑消费者促销和贸易促销。

促销的作用

作为整合营销传播计划的一部分，销售促进①的作用不同于其他营销传播工具。

促销通常用于新产品的上市以及引发消费者试用。促销活动可以提高品牌知晓度，促进产品试用，并说服消费者试用产品后购买。通过在渠道和购买接触点令地方经销商与购买者之间产生积极的品牌体验，就可通过分销渠道来销售产品。促销活动也能为零售商引流。例如，杰西潘尼（J. C. Penney）把为孩子们提供免费返校理发作为其返校促销的一部分，而这是家庭零售商的关键销售时期。[8]

促销不能有效地实现所有营销目标，例如，促销在改变消费者对产品的消极态度、克服产品缺陷或在消费者心智中对品牌重新定位方面作用不大。不过，品牌建设是一个有趣的挑战，需要设计促销方案来补充品牌的整体传播策略。最普通的促销策略旨在激励三类受众的行动，即消费者、贸易商和销售人员。前两种促销类型，即对消费者促销和贸易商支持与营销传播有着直接的联系，因为许多活动针对消费者或贸易伙伴有单独的讯息策略。

第三种促销即对销售人员的促销在建立贸易支持方面也很重要，包括两种一般性促销活动，旨在激励公司的销售人员提高销量。第一种促销活动是为了帮助销售人员做好

---

① 销售促进与广义促销是不同的概念。狭义上的促销才是销售促进，而广义上的促销就是营销传播，包括广告、公关、人员推销等。本章没有严格区分这两个概念。——译者

工作准备，如提供销售手册、培训、销售展示以及辅助资料（培训影片、录像、视觉教具）。第二种促销活动是提供激励措施，供零售商店内促销和其他活动使用，如通过比赛来刺激销售人员更加努力地工作。

测量促销效果的一个重要维度是**支出计划**（payout planning），即计算其投资回报率，意味着促销效果可被估计并与预计成本进行比较。如果促销所带来的收益低于成本，那就不是个好创意，至少在经济上如此。

商业报刊上充斥着关于设计拙劣或效果不佳的促销报道，这样的失败损害了公司的声誉，浪费了金钱，有时甚至会伤害消费者。例如，由于有报道称孩子们容易被从玩具船上掉下来的金属别针刺伤，汉堡王不得不召回 40 万只随儿童餐赠送的玩具船。

消费者促销 虽然贸易促销在促销预算中占比最大，但本书还是从消费者促销讲起，因为对大多数人而言，消费者促销是最熟悉的促销方式。消费者促销直接指向产品或服务的最终用户和普通大众，如对非营利组织的会员资格的诉求等。这些促销活动旨在提供诱因，促使消费者在进入商店后寻找某一特定品牌。消费者促销的主要优势在于其多样性、灵活性和有效性。

为了维持一个品牌的知晓度，增加其市场份额或应对竞争，营销者使用的促销工具有优惠券、赠品、特殊事件、比赛和抽奖。以下是消费者促销的最常见类型。

- 削价。**削价**（price deal）是一种临时降价或贱卖，甚至是一种创造刺激和驱动需求的赠品定价策略。2015 年，塔吉特百货为高端设计师莉莉·普利策（Lily Pulitzer）的一系列作品做了特卖广告。其需求太大，以至于零售商不得不将其网站离线。[9]

消费者促销有四种常见的削价类型：

1. 降价出售。下调某一产品或服务的标准定价，如“原价 1 000 美元，现价 500 美元”或“降价 50%”这些标语经常出现在售点，或通过大众媒介广告和直接反应广告进行告知。

2. 奖品特价包装。通过包装本身给消费者提供额外的东西，例如谷类食品包装盒中的奖品。

3. 加量包装。当消费者以正常价格购买标准规格的产品时，这种包装内包括一些免费赠送的额外产品。例如普瑞纳公司（Purina）可能提供一袋加量 25%的狗粮。

4. 捆绑包装。该促销方式是指消费者购买较多单位的产品时，价格比单独购买要低得多。有时这些产品被捆绑在一起销售，如条状肥皂和六瓶装的软饮料。

- 返款和返现。**返款**（refund）和**返现**（rebate）是指营销者返还一定金额给购买其产品的消费者。返款有时可能是一定数额的支票，也可能是鼓励消费者重复购买的优惠券。

- 派样。允许消费者试用产品和服务叫作**派样**（sampling）。广告主能以多种方式将样品分发给消费者，例如食品分发的派样台。产品的小样品可以随着报纸分发或粘在房门把手上，或在医生办公室发放，最普遍的形式是邮寄。

- 附赠礼品。**附赠礼品**（premium）是对特定行为（如尝试新产品）的一种物质奖励。两种常见的附赠礼品形式是直接附赠和邮寄附赠。直接附赠能够在购买时立即对消费者产生激励作用，例如店内附赠、包装内附赠、包装外附赠以及包装容器附赠。邮寄附赠要求顾客在获得附赠之前必须付诸行动。

● 优惠券。即使在金融危机时期，优惠券也很受欢迎。研究表明，优惠券的使用率上升了 10%。[10] 能提供产品价格折扣的两种基本的**优惠券**（coupon）类型是零售商优惠券和制造商优惠券。零售商发放的优惠券只能在零售商指定的零售点使用；制造商发放的优惠券可以在分销该产品的任何产品分销点使用。像 Groupon 这样的电子优惠券很受欢迎，不仅是因为它的回应率水平，还因为它有可跟踪用户的购买模式，并且可以建立品牌忠诚度。[11]

● 有奖竞赛和抽奖。有奖竞赛和抽奖促销以承诺"免费获取"以及提供心仪的奖品来引起消费者的兴趣。**有奖竞赛**（contest）是参与者通过展示某些技能来赢取奖品。**抽奖**（sweepstake）仅需要参与者提交自己的姓名就可获得抽签或其他机会。**抽奖游戏**（game）是一种抽奖形式，要求顾客经过多次努力才能赢得额外的奖励，如宾果游戏（bingo-type game）。

● 特制品广告。**特制品广告**（specialty advertising）是把品牌名称印在物品上，作为品牌提示物发放，如日历、笔、T 恤、鼠标垫、手提包、杯子等。理想的特制品是在公共场合中能引起其他人注意的物品，例如一个咖啡杯。

另一种赠品类型是给参加活动的人提供**免费赠品**（swag）。带有低成本促销小物品的礼品袋经常被送给参加会议和贸易展览的人。奥斯卡金像奖（Academy Award）的颁奖典礼以其赠送的高端礼品袋而闻名，礼品袋里面装满了昂贵且令人垂涎的名牌商品。

消费者促销可以通过多种媒介传播，其中包括印刷媒介、电波媒介和网络媒介。使用海报、货架插卡、展示和其他类型的标识进行店内促销对正在做出购买决定的人特别有效。许多广告传播活动都涉及专门从事传播活动的网站，其中"微型网站"就是捆绑销售平台。例如，奇多（Cheetos）主题传播活动就得到了 Orangeunderground 网站的支持，在社交网站上充分展示奇多的各种吃法。

如何利用消费者促销　为了说明新产品上市过程中如何采用这些促销工具，我们假设公司现在正推出一种名为"玉米王"（King Corn）的玉米脆饼。促销对玉米脆饼的上市尤其有效，因为有大量促销工具可刺激消费者试用。此外，促销也可在以后的品牌生命周期中维持或增加该品牌的市场份额，还可提示和奖励那些忠实的消费者。

● 品牌知晓度。树立新品牌的知晓度是广告的优势所在。当广告与某种适当的促销方式相结合，引起消费者对品牌名称的注意和试用产品时，品牌知晓度能够得到提高。为建立这种新玉米脆饼的品牌知晓度，可以采用以下促销方式：丰富的售点展示、利用能吸引目标市场的特殊事件。

● 试用。提高品牌知晓度只是推出产品的第一步。与竞争对手相比，还必须让消费者把"玉米王"看成能带来一些明显好处的产品。尽管试用是最重要的促销目标之一，但让合适的人（目标受众）涉入产品是非常必要的。让人们试用"玉米王"的有效促销方式是派样，在现场配合发放产品优惠券时，派样最有效。若想取得成功，必须通过少许的试用体验来推销产品。

另外一种激发消费者试用新产品的促销方式是削价：给试用新产品的消费者提供比一般价格更低的价格。削价通常以产品优惠券、返现、返款和附赠礼品的形式体现。返现和返款最有效，因为它鼓励消费者在优惠期限截止之前购买产品。此外，用返现刺激销售，成本不高且不会浪费优惠券。

- 市场份额。为了鼓励试用新产品，削价的另一个目的是使预期消费者从使用竞争对手品牌转向使用自己旗下的品牌，在“玉米王”品牌建立之后，削价用来奖励那些忠诚用户，以鼓励他们重复购买。当价格在选择品牌时是一个重要因素或消费者不是品牌忠诚者的时候，削价就是一种特别有效的方法。

- 品牌提示和忠诚度。除了应用于新产品上市阶段，促销也应用于品牌提示阶段。在初次购买之后，你希望顾客能够记住你的品牌并能重复购买，以建立品牌忠诚，所以诸如“玉米王”快餐盒等一些特制品能作为一种品牌提示物。特制品广告可以作为一种提示物，使消费者想起产品。特制品也用来建立关系，比如作为新年礼物或答谢礼物（悬挂在厨房里的挂历）。组织用特制品来感谢顾客的惠顾，强化已被认可的产品或服务，吸引潜在顾客，并通过重复购买建立品牌忠诚。

这些促销类型可以通过多种媒介传播，其中包括印刷媒介、电波媒介和网络媒介。传统上，直接邮件曾主导促销活动，然而现在大多数已被网络促销取代。店内促销通常使用海报、货架插卡、展示和其他类型的标识。

贸易促销 如果“玉米王”不是在消费者认为应该售卖的地方出现，那么知晓它并有购买欲望是毫无意义的。要达成交易，必须确保产品能从货架上拿到。在这样的促销活动中，贸易商是指所有与分销渠道有关的人：采购员、经纪人、分销商、批发商、经销商、特许经销商、零售商等。贸易促销有时称为**渠道营销**（channel marketing）。

例如，小型汽车经销商 Kuni Automotive（简称 Kuni 公司）想从 Smart 汽车公司那里获得在波特兰、西雅图和丹佛的特许经销权。波特兰的 Coates Kokes 广告公司的文案人员卡尔·施罗德（Karl Schroeder）解释说，销售展示工具背后的大创意帮助他的团队为 Kuni 公司争取到了经销权。

Kuni 公司希望为其成功的汽车经销商提高再认度和关注度。广告公司设计了一套促销工具，其中包括智能车、经销商的建筑物和有趣的预期顾客。在帮助 Kuni 公司设计在竞争中脱颖而出的提案之前，先向 Smart 汽车公司展示了这套促销工具。Kuni 公司通过这一促销方式成功地从 Smart 汽车公司获得了波特兰和丹佛两市的经销权。

一般来说，公司要将促销预算总额的 50%用在直接针对贸易商的促销上。也就是说，虽然消费者促销的效果显而易见，但贸易促销作为一种营销传播策略也同样重要。下面分析一下贸易促销的类型。

针对批发商和零售商的贸易广告为贸易成员提供了有关新产品及其卖点的讯息。此外，另一些贸易促销技术，特别是价格折扣、售点展示和广告津贴等，能刺激零售商为产品和消费者促销提供更多的货架空间。如果中间商乐意接受、购买和推销“玉米王”，那么“玉米王”的制造商将会受到很大的鼓舞。下面是贸易促销工具的最常见类型。

- 针对零售商（经销商）的促销工具。支持零售商开展推销活动或帮助销售代表向预期零售顾客拨打销售电话的材料常用作销售工具，这些工具包含辅助讯息，比如详细的产品说明书、如何展示的讯息、广告模板（这是一种印刷广告，一旦零售商或经销商附上名称、位置、促销价格或其他讯息，就被送至地方性印刷媒介）。

● 贸易激励和贸易折扣。与针对消费者的削价类似，若中间商购买一定量的产品或支持促销活动，制造商就可能给予中间商经济上的奖励。作为回报，零售商能从制造商那里得到特殊补助，比如折扣、免费产品、礼品或制造商的现金返款等。

● 有奖竞赛。正如消费者促销那样，广告主能够通过有奖竞赛和抽奖的形式来激励贸易商，特别是销售人员。抽奖是随机的，参赛者只需提供姓名和联系方式即可参加。有奖竞赛比抽奖更加常见，主要是因为中间商发现通过销售赞助商的产品更容易获得有奖竞赛的奖励。比如说，在销售配额设定的情况下，超过这个定额最多的零售商或个人就赢得了有奖竞赛。

● 售点促销。根据国际售点广告协会（Point-of-Purchase Advertising International，POPAI）的定义，售点促销包括由制造商设计的、分发给零售商用于销售其产品的展示。**购点物料**（point-of-purchase material）包括专架展示、包装盒展示、横幅、招牌、价目表以及自动售货机展示等形式，当然还有其他展示形式。

● 商展和展览。**商展**（trade show）是指同一行业的公司聚集在一起介绍、出售、演示它们的产品。展览则用于展示产品。

如何利用贸易促销 贸易促销的成功与否最终取决于销量是否增加。贸易促销的主要作用有两点：

1. 贸易支持。用来刺激店内推销或提供其他贸易支持（如特价、陈列位置优先或货架优先）。

2. 提高积极性。提高贸易商对产品销售的积极性。

此外，贸易促销同样用来实现其他营销目标，如控制批发商和零售商的存货水平，将产品分销扩大到国内新地区或新市场与贸易商。

需求：推拉策略

为了理解贸易促销所扮演的角色，可思考促销是如何在推拉策略中起作用的。如果消费者真的想试用“玉米王”，他们会根据广告和其他传播材料所提供的讯息向地方零售商询问这种产品，这种策略就叫拉式策略，也就是说消费者需求会通过分销渠道拉动产品销售。此外，也可使用推式策略，通过说服（激励或奖励）分销渠道伙伴并利用其分销网络将“玉米王”推销给消费者，从而推动产品的销售。

以下是零售商在使用推式策略时最常见的几种激励类型和贸易折扣：对销售人员进行现金奖励；在零售商购买一定数量的产品后给予附赠礼品；制造商采用广告津贴或合作广告的形式向零售商支付部分或者全部的广告费用；因零售商进行售点展示而得到展示津贴。

除了通过推拉策略影响需求，贸易促销还旨在吸引注意力，激励贸易商并提供信息。

● 注意力。售点展示的目的在于吸引店内购物者的注意力并刺激其进行冲动购买。售点广告展示由零售商使用，但由制造商提供。零售商喜欢售点广告的原因在于能营造店内氛围。地中海俱乐部（Club Med）专门为旅游代理商设计了一种地面展示，地上印有沙滩躺椅，它的一边是一块冲浪板，另一边是一副滑雪橇，向消费者传递了这样一种讯息：地中海俱乐部能为消费者提供滑雪和沙滩冲浪两种旅行目的地。那些极为重视商店空间的中间商只有在确信能够带来大量销售的情况下才会使用这种售点展示。

● 动机。从某种程度上说，大多数贸易促销的目的在于激发贸易商与制造商开展合作促销，贸易促销能增加中间商的采购数量，且能提高贸易商参与促销活动的积极性。

● 信息。商展是一个信息丰富的环境，能展示产品，能提供派样的机会，并为贸易采购员（商店采购人员）演示产品。“玉米王”的制造商肯定想在合适的食品展上展示新产品。商展也能帮助公司搜集竞争对手的信息。在商展中，所有公司都试图向潜在顾客提供一个清晰的产品图景，因此竞争对手之间就容易比较彼此产品的质量、特征、价格和技术。

4.3 跨界促销

目前为止，我们已介绍了消费者促销和贸易促销。本节将讨论赞助、事件营销、忠诚计划、合作营销或合作促销。其中赞助和事件营销等多种促销形式已跨越到传播的其他领域，使促销、广告、公关之间的界限日渐模糊。

赞助

公司提供资金或免费提供产品、服务来支持一个事件（如一场运动会、音乐会或慈善活动）就是**赞助**（sponsorship）。赞助会花费一大笔钱，但仍被使用，因为这种形式能为消费者和贸易商带来积极性。以赞助大型高尔夫巡回赛为例，要花费 600 万～800 万美元。

赞助包括赞助体育（赞助赛事、运动员、体育队），赞助休闲旅游和观光景点，赞助节日、博览会及其他年度大事，善因营销（与支持一个社会善因事件有关），以及支持艺术的促销活动。善因营销赞助是一个正在增长的领域，芝加哥的一家调查公司发现，它比体育赞助活动增长要快。[12] 这种影响使得科曼基金会（Susan G. Komen Foundation）的“粉红丝带”成为品牌赞助商的一个强有力的象征。

事件

事件被用于品牌和营销计划当中，同时公共关系计划也会将事件用于某些活动，如开放参观、剪彩和新闻发布会。**事件营销**（event marketing）是指通过赞助或发生的事件将一个品牌与某一事件联系起来的实践。营销者使用相关促销事件，如巡展、产品展览或品牌代言人在大型购物中心或体育赛事上露面，来吸引参加事件的目标受众的注意力，并提高他们的参与度。事件营销通常用派样、优惠券及其他刺激方式和吸引眼球的特技来展示品牌。事件营销要想取得成功，必须将品牌与目标市场的生活方式匹配起来。

事件营销和特殊事件

事件营销是整合营销传播中越来越重要的组成部分，它将赞助商与音乐会、艺术展、城市和民族节日以及体育活动的参与者联系起来。美国每年都会花费超过 250 亿美元用于事件营销。策略包括与参与者积极接触，如分发免费样品或印有徽标的商品，为忠诚顾客或员工提供门票和现场招待帐篷，以及其他更多的被动型活动，如现场标牌、门票或活动广告上的徽标、媒介报道。

事件营销的目标包括建立品牌并将其做到最好，提高品牌认知度，从而在某些情况下促进销售。劳氏公司在“疯狂三月”（March Madness）期间使用了一些特别促销手段，通过“扔砖头”“在篮板上获得优势”“投中”等体育术语触达大量男性顾客。[13]

在公共关系计划中，术语可能是特殊事件而非事件营销。雅虎也利用特殊事件作为节假日促销来提高信誉。这家网络公司将员工派至各大机场为旅客支付行李费。这一行为虽被称为“小小的善举”，但是强化了雅虎的品牌承诺。除了获得信誉，科曼基金会通过举办“为治愈而赛跑”（Race for the Cure）活动让乳腺癌患者、幸存者的朋友和家人积极参与，其他支持者通过捐款和公司赞助来参与“粉红丝带”事业。

企业对企业促销也利用事件营销来触达贸易商，并将邀请这些利益相关者参加事件营销活动作为对其支持的回报，这也是各大品牌参与超级碗大赛的重要原因之一。

事件营销始于超级碗大赛，该赛事的广告收入与比赛收入相当，超级碗因此被称为广告碗（Ad Bowl）。此类广告的电视媒介费用最高（30 秒广告的最高价格为 400 万美元），但这仅是播出时间的成本。由于受众较广，这种高额成本是值得的。通常，高度专业化的广告制作需要巨额资金预算的支持。

然而，使营销者感兴趣的不仅仅是广告，品牌会购买超级碗大赛的一个位置来参与同赛事有关的所有狂潮，无论是赛前前导广告还是赛后报道。电视是开展广泛的促销活动的机会，包括公共宣传、售点展示、视频剪辑、网站和社交媒体、搜索引擎广告以及与重要合作伙伴（如零售商和股东）的关系计划。例如，YouTube 赞助了超级碗大赛广告闪电战（Super Bowl Ad Blitz）频道，观众可以在其中投票选出自己喜欢的广告。受众可在 YouTube、美国在线（AOL）、雅虎和其他网站上重复观看广告，也可将自己最喜欢的广告与朋友、家人分享。

更多信息可查询 www. superbowl-ads. com 和 www. youtube. com。微软全国广播公司（MSNBC）也分别在 www. msnbc. msn. com/id/16691199 和 www. msnbc. msn. com/id/16790823 上收录了 10 则最好和最差的广告。

计划人员会使用充气飞艇（如固特异和史努比飞艇）、气球、广告气模和飞机来吸引注意力和创造事件营销的激动场面。广告气模是由产品、品牌象征角色、包装组成的巨大模型，用于各种事件营销，包括开放日、体育事件、展览、商展、海滩活动、在购物中心以及其他能为新产品首次上市留下深刻印象的地方开展的活动。巨大的广告气模十分引人注意，如建筑物上的蜘蛛侠，可令人感到愉悦并带来令人印象深刻的产品展示。

顾客忠诚计划

另一种综合使用广告、公共关系、直接反应和促销手段的跨界活动是**顾客忠诚计划**（loyalty program），也称为**连续购买计划**（continuity program）、**常购计划**（frequency program）。这一促销的目的在于增加回头客和留住顾客。

如果有效果的话，无论是直接反应还是促销计划，这种一对一的传播最终都能提高品牌忠诚度，留住顾客。直接反应可以是一种具有高度针对性的营销传播形式，让计划人员专注于他们的最佳顾客，以独特的方式为他们对品牌忠诚提供信息、鼓励或奖励。常旅客和频繁买家计划是数据驱动奖励计划的例子，这些奖励计划有助于保持顾客的忠诚度。

如今，顾客忠诚计划的意义与“频繁”一词相近。美国联合航空公司和美国航空公司（American Airlines）于 1981 年率先建立的常旅客俱乐部是现代顾客忠诚计划的样板。它们给顾客提供各种奖励：座位升级、免费机票、旅行里程积累到一定数量后的附赠礼品。旅客若以信用卡购买机票就可获得额外航程作为奖励。

在竞争激烈的市场上，连续购买计划尤为有效，因为消费者很难分清市场上品牌之间的差异。营销者喜欢实施会员制计划，因为能更加了解顾客，并从顾客数据库中获取讯息。问题在于购物者对顾客忠诚计划感到不知所措，eMarketer 的一项研究发现，只有 50%的成员是活跃用户。结论是，最好的顾客忠诚计划是向顾客提供与其业务直接相关的奖励，例如亚马逊的免费送货。[14]

一种效果指标是**顾客终身价值**（lifetime customer value），它建立了一个公司随着时间的推移从不同市场获得购买量的估计值。正式地说，就是一定时间内个体消费者或细分市场销售额的财务贡献。通过了解顾客过去的行动，可决定需要花费多少让他们购买和复购产品，也可通过测量他们的反应来跟踪投资。

合作计划

行业内另一种综合使用的促销工具是合作计划。制造商与其主要零售商一起制定营销传播计划，而不是为零售商制定营销传播计划，这就是**合作营销**（comarketing）。对于双方而言，合作计划意味着广告与促销能够使制造商和零售商双方受益。例如宝洁与沃尔玛可能共同开展一项针对沃尔玛购物者的春季清洁产品的促销活动，购物者会被宝洁清洁产品的低廉价格和赠品所吸引。

当两家公司共同提供一种产品时，这一活动叫作**品牌联合**（cobranding）。这一做法被健康组织科曼基金会所采用，让优诺牌酸奶参与募集基金、卫生保健。两家公司都参与了产品设计和促销，并以对方公司的品牌资产为基础。另一种合作计划的类型是利用互补品牌之间的联系进行**捆绑促销**（tie-in promotion）或**交叉促销**（cross promotion）。例如，多力多滋可能会与佩斯公司（Pace）开展捆绑促销，将佩斯公司的几瓶辣味番茄酱放在多力多滋薯片旁边。这样做的目的是刺激冲动型购买。广告也可将两种产品捆绑起来，相关各方共同承担广告费用。

交叉促销不仅被产品营销者使用。例如，蒙大拿州的比林斯市与百事公司在共同发起的“起跑线”（Trail-head）品牌重塑活动中使用了捆绑促销。有近50万只瓶身印有活动徽标与广告口号的百事可乐罐在市场销售，倘若消费者将可乐罐拿至比林斯商会，在购买“起跑线”主题传播活动的制服帽时就可少支付5美元。这一促销活动在出售百事可乐的商店有售点海报来支持。

整合传播和促销

从历史上看，直接营销是第一个采用整合营销方法的营销传播领域。事实上，有些人更喜欢把直接反应传播称为整合直接营销。随着科技提供了更多、更好的与顾客互动的方式，直接营销者面临的挑战是整合所有不同的媒介平台，并以反映品牌完整性的一致的品牌声音来整合。

直接反应传播计划不是分别对待每一种媒介，而是寻求在合适的时间里精确、同步地使用合适的媒介，进而获得可衡量的投资回报。例如，假设你做一个直接邮件活动，平均产生2%的回复率，但如果在邮件中放入一个免费的电话号码，作为标准邮件回复的替代方案（由受过良好培训、知识渊博的人用经过深思熟虑的脚本来处理这些来电），你可实现3%～4%的回复率。如果在预期顾客收到邮件后24～72小时内处理这些来电，你可使回复率高至基本回复率2%的2～8倍。因此，通过添加免费电话号码，可将回复率从2%提高到3%或4%。通过跟进电话和激励，可使总回复率高达10%～18%。

与本书讨论的直接反应和其他营销传播工具类似，促销在战略上的目的是将品牌讯息与体验混合使用，以便凸显品牌优势和展现品牌。

一个常见的问题是直接营销讯息、促销讯息和广告讯息往往不能像它们应该的那样相互加强，因为这三个功能通常由不同机构处理，它们互不沟通。科曼基金会的“粉红丝带”主题传播活动是广告和直接传播如何呈现一致性品牌讯息的很好例子。关键在于当推进战略计划时，直接营销和促销对整合营销传播活动产生影响，并优化其效果。

4.4 数据库及其对互动的重要性

直接反应传播、其他支持与消费者互动的促销类型的核心是数量庞大的名单，我们称之为**数据库**（database），用于跟踪顾客和预期顾客，包括获取联系方式、预测反应意愿。对跟踪反应行动的组织来说，一个好处就是能更好地制定个性化讯息。许多促销活动的目标之一是获取讯息并将其归入数据库。

使用**行为定向**（behavioral targeting）意味着讯息是基于人们过去的行为来设计的，如购买的产品、观看过的节目、访问过的网站。行为定向的广告效果是一般广告效果的两倍多。[15]

数据库往往是巨大的数据文件，可以进行搜索、编译、合并和清除，从而创建一个与理想的预期顾客最匹配的列表。根据 Forrester Research 公司一个名为“个人身份管理”（Personal Identity Management）的计划，组织收集的数据被分为四类：个人身份数据、行为数据、编录讯息（通常来自信用评分等其他来源）和自我识别数据（如喜好）。[16]

大数据是在 2013 年流行起来的一个术语，是指利用庞大的计算机数据存储能力，结合分析软件，对预期顾客进行高度战略性识别。这是微笑列车基金会（Smile Train）的一个特点，该组织为发展中国家的腭裂手术提供资金。凭借非常先进的研究和分析方法，它筹集了数百万美元。[17] 微笑列车基金会使用直接邮件、直接反应广告和其他促销策略，包括举办家庭聚会，使约 100 万人获得此类手术的帮助。

循环的数据库管理过程以数据收集开始和结束，如图 4－2 所示。最初，数据被收集并输入数据库，在每次活动或传播结束时，反应讯息会返回至列表，以更新和扩展数据库。

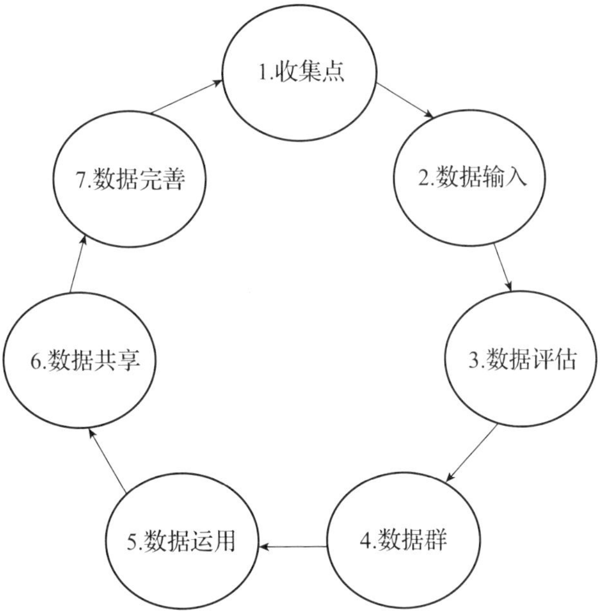

图 4－2　数据库营销过程

说明：数据库营销者能不断优化其营销传播活动的效果，并将结果反馈到计划中，以便持续改进。

数据挖掘　对公司数据库里的信息进行筛选和归类，以便维护顾客关系的实务活动称为**数据挖掘**（data mining）。这里的信息包括基于人口统计特征、生活方式、行为和基本联络信息方面的全方位描述。

如何运用数据挖掘从而寻找真正感兴趣的预期顾客？组织并不给名单上的所有人群发邮件（垃圾邮件），而是基于现有顾客或成员的关键特征描述，将讯息发送至对产品、服务和善因真正感兴趣的人。如果杂货店通过使用顾客忠诚卡追踪顾客购买情况，发现顾客池中的年轻家庭居住在某些特定区域，就可将家庭导向型促销活动定位于这些特定区域，而非分散到整个地域性市场。数据挖掘还可用于识别趋势和顾客画像，比如，航空常客可能也是国际电话卡的购买者。

问题与道德：隐私 社交媒体生活中一个意想不到的事实是，你的朋友和同事可以在他们所有的在线社交网络上分享你的讯息。假设你举办了一个聚会，参加聚会的人在网上发帖子、照片和推文，然后你开始收到未邀请的人的来信。智能手机也能跟踪你的位置、应用、通话以及访问过的网站，讲述你的经历。这是“无隐私可言”的宇宙中的新生活。

这些行为引起了美国和国际范围内隐私权倡导者、营销和广告协会、监管机构的激烈争论。公司正在增加它们收集的有关顾客的数据量，这种行为有时获得了顾客的许可，但顾客通常一无所知。

社交媒体缺乏隐私是一个问题，特别是当它与营销讯息的收集相结合的时候。甲骨文公司（Oracle）总裁拉里·埃利森（Larry Ellison）的观点表明，当一家公司推出一款产品时，通过推特或脸书很容易发现你和其他用户对该产品的看法。[18] 这听起来像是一项用于收集有用见解的好的调查，但隐私维权者看到了这些做法的巨大隐患。

这种未知的跟踪是“cookies”的问题，这些文件在用户不知情的情况下保存在其计算机中，用于跟踪他们的在线行为。加州大学伯克利分校的研究发现，100 个最受欢迎的网站中共有 6 485 个 cookies。其中大多数是由第三方追踪工具，而不是网站本身安装的。谷歌旗下的 DoubleClick 是当下最流行的追踪工具。[19] 2011 年的一项研究发现，平均访问一个网页将会触发 56 个数据收集实例。

隐私问题在数据挖掘中尤其突出。贾尔斯（Giles）和约瑟夫（Joseph）称之为“隐私悖论”[20]，即如果不进行私人讯息收集就无法进行精准定位。精准定位可以使直接反应的定位更有效，顾客则会接收到更少的不必要的联系，但是定位的有效性和隐私问题如何才能达到折中？

下章预告

本书的第 1 篇回顾了广告、公共关系、直接反应和促销的关键战略传播领域。现在将继续讨论第 2 篇，即营销传播有效性背后的心理和调查，以及这些知识如何推动基本的战略计划决策。

复习题

1. 直接反应营销传播的优点和缺点是什么？
2. 直接反应传播媒介的五个主要工具是什么？如何利用它们？
3. 界定促销并解释它与其他营销传播方式的不同。
4. 说明促销的三大受众以及如何触达这些受众。
5. 为什么营销者要使用赞助和事件？
6. 界定顾客忠诚计划并解释其用途。顾客终身价值是如何进入忠诚计划的？
7. 什么是数据库，如何、为何使用数据库？

8. 如果正使用数据挖掘来为顾客开发寻找预期顾客，你会怎样做？

9. 解释直接反应传播所涉及的隐私问题。

10. 讨论可以解决垃圾邮件问题的许可营销策略。

讨论题

1. 凯利·约翰松（Kali Johnson）是一名刚毕业的大学生，正在一家大型园艺产品公司面试，这家公司通过电视发布直接反应广告。“你的资料看上去很好，我确信你的文笔一定不错，”面试官说道，“但请允许我问你一个问题，如何撰写我们的文案，才能比福特、百事或帮宝适的文案更好？”凯利·约翰松应该怎样回答才有助于面试官明白其真正懂得直接反应文案写作的特殊要求呢？

2. 一家小型私人校园书店正在考虑采用一种直接反应的服务，以便缓解每个学期开学时书店拥挤的状况。你有什么办法建立一套直接反应类型的系统来降低这种拥挤程度？

3. 美国食品药品管理局批准了一种能减少饥饿感的减肥药，假设你被任命为产品经理，为了介绍这种新药，你应采取拉式策略还是推式策略？准备一篇简短的论文来解释你的观点。

4. 近期围绕个人隐私的热潮如何影响直接营销和促销——特别是电子邮件广告和在事件中收集信息？你正为当地的一家书店策划一项活动，该书店准备使用电子邮件广告和本地促销，但顾客因为隐私问题对此有所担心。请提出观点，表明你支持还是反对在这种情况下使用这些工具。

注释

第 2 篇

原理：品牌与消费者的真实性

| 第5章 |

品牌传播是如何奏效的

学习目标

» 能解释既有大众传播又有互动传播的传播形态是如何发挥作用的。

» 能讨论有关广告效果的思想是如何发展的，以及广告效果的传统方法存在哪些问题。

» 能阐释效果多面模型及其如何诠释品牌传播的奏效机理，并能阐释品牌传播效果的主要层面。

“拯救生命”（Save a Life）主题传播活动是一个屡获殊荣的产品和促销创意的例子，它吸引了人们的注意力，提高了品牌知晓度，解释了一个比较复杂的过程，并讲述了一个涉及情感的故事。本章首先解释传播在创建和支持品牌方面是如何奏效的，然后探究不同类型的消费者对诸如“拯救生命”故事等讯息的反应，以透视有效性概念背后的主要效果。我们将讯息影响的不同方面组织起来并展现出来，就成为效果多面模型（Facet Model of Effect）。品牌体验的传播作用是后面各章讨论消费者行为、消费者调查和战略性计划的基础。我们认为，除非你了解品牌传播是如何奏效的，否则无法在此领域做出明智的决策。

获奖案例

兄弟情和敏捷思维的故事

我们从第 2 章获悉了营销 4P 理论（产品、价格、地点和促销），现在转换话题，告诉你对创意很重要的一些 P：解决问题（problem solving）、激情（passion）、感知（perception）和强效创意（powerful idea）。

正如本章所论及的，创意不限于广告，还可促进产品开发，创造性解决问题也有助于品牌传播。我们发现一个问题后，可通过制定一个创造性的解决方案来加以解决。

在“拯救生命”的案例中，你会看到产品、讯息以及传播解决方案的媒介，以此展示广告行家格雷厄姆·道格拉斯（Graham Douglas）的创意思维。他在得克萨斯州沃思堡长大，有一个双胞胎兄弟布里顿（Britton）和一只名叫 Sam 的小猎犬。

问题：每年有 10 000 多名美国人需要骨髓移植，以便战胜白血病。对于白血病患者来说，骨髓移植是最后的手段，然而没有足够多的捐献志愿者，只有 3/5 的患者能得到治疗。那么，如何说服人们献血呢?

激情：格雷厄姆·道格拉斯的双胞胎兄弟布里顿患了白血病，而且化疗失败了。布里顿生还的希望就在于找到一位骨髓与其匹配的捐献者。该过程安全且相对无创，因骨髓会再生，捐献者的风险很小。然而格雷厄姆·道格拉斯不能为其兄弟捐献骨髓。受兄弟的困境和其他处于类似处境的人的启发，格雷厄姆·道格拉斯在近 10 年的时间里痴迷于工作，试图找到一个创造性的解决方案来吸引更多的捐献者。

感知：格雷厄姆·道格拉斯设想了一个简单的概念，一个从来没有人做过的事情：开发和出售一个说服人们成为捐献者的产品。他苦苦寻觅，最终找到 Help Remedies 公司与他合作。这款独具匠心的产品有着不同寻常的名称：“帮我割伤自己，去拯救一条生命”（Help I've cut myself & I want to save a life）。其内涵是：希望消费者从伤口上提取血液样本，送到世界上最大的骨髓捐献中心 DKMS，这样就有了献血者的信息资料。

强效创意：格雷厄姆·道格拉斯曾在广告公司负责文案，并屡获殊荣。他现在必须想办法吸引潜在捐献者的注意，拯救像他兄弟布里顿一样的生命。

由此，就有了一则以“感谢锋利的物体”（Thank You Sharp Objects）为主题的在线视频，向观众展示如下幸运之事：被一只猫抓伤了；被奶酪刨丝器划伤了手指；被从天上掉下来的仙人掌划伤了手臂。为什么？因为伤者可将样本送至 DKMS 登记中心，而不让血液浪费掉。

格雷厄姆・道格拉斯本人则饰演一把血刃。奇怪吧？是的。有效果吗？当然有。创意有多强大？翻到章末“成功秘诀”专栏，可知该主题传播活动的结局。更重要的是，可了解布里顿后来怎样了。

资料来源：Graham Douglas，one of this book's Ad Stars，shared this story about his award-winning “Save a Life” campaign. His work was nominated to be featured here by Professor Sheri Broyles.

5.1 一切始于传播

你会聘用一个不了解机体器官工作机制的医生吗？难道不期望一个称职的医生诊断疾病并了解保健措施吗？解剖学、化学和生物学是医学的基础，难道不希望品牌传播专业人士了解所在领域的基础理论（懂得传播与消费者心理的运作机理、如何诊断问题、保持健康的品牌关系）吗？这就是威顿肯尼迪广告公司在扭转克莱斯勒品牌形象和销量下滑时面临的挑战。

一切始于传播。在某种意义上，品牌传播是向消费者传递有关品牌的讯息，它引人**注意**（attention），提供信息，甚至有时提供娱乐，目的在于引起某些反应，如查询、销售、访问网站或试驾。

传奇人物大卫・奥格威认为广告与人际对话相关，所以他想象自己在某次晚宴上，身边的一位女士向他征询一些建议。然而事实上，广告不是人与人之间的或交互的一种对话，因为它依赖于大众传播。虽然人员推销和电话营销等其他营销传播方式都能够提供一个对话似的人际交往，但奥格威的比拟忽略了广告在利用大众传播获取大量冷漠的受众注意力时所面临的难题。

由此，让我们首先了解一下传播的一般运作，然后基于此来分析大众媒介广告，最后进一步分析品牌传播的广义范畴，包括与品牌相关的更新的互动形式。

大众传播的基础

大众传播是一个过程，如图 5－1 中 **SMCR 模型**（SCMR model）所示。该模型可以追溯到 20 世纪 40 年代香农（Shannon）和韦弗（Weaver）在信息传输方面的早期工作。[1]

这个模型有七个关键部分，大众传播的过程如下：**信源**（source）/发送者进行**编码**（encode）或用文字和图片表达**讯息**（message）；报纸、广播或电视等**传播信道**（channel of communication）或媒介传递讯息；读者、观众或听众等**信宿**（receiver）对讯息予以**解码**（decoded）或译码；信源在监视信宿反应的过程中获得**反馈**（feedback）。整个传

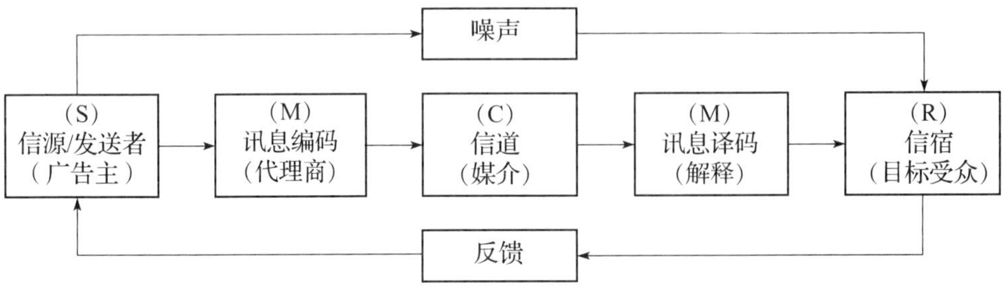

图 5-1　大众传播的基本模型

播过程被**噪声**（noise）搞复杂了，即那些干扰发送和接收讯息的东西，如糟糕的通信线路和意义不明的用语，等等。这个模型有时被称为 SMCR（source→message→channel→receiver）模型。

根据章首的"拯救生命"故事，可将这一 SMCR 模型转换成一个品牌传播模型（见图 5-2），其中，最具代表性的信源是营销者（格雷厄姆·道格拉斯及新的献血者）或在其广告代理公司（格雷厄姆·道格拉斯）辅助下的组织，他们将讯息编码为各种类型的营销传播。换言之，广告专业人士将营销者的信息和目标（挽救白血病患者和骨髓捐献者生命的主题传播活动）转化为一条有趣且引人注意的讯息（"帮我割伤自己，去拯救一条生命"）。当然，讯息可以是广告或其他营销传播内容，例如广告、新闻稿、商店横幅、小册子、视频或网页等。

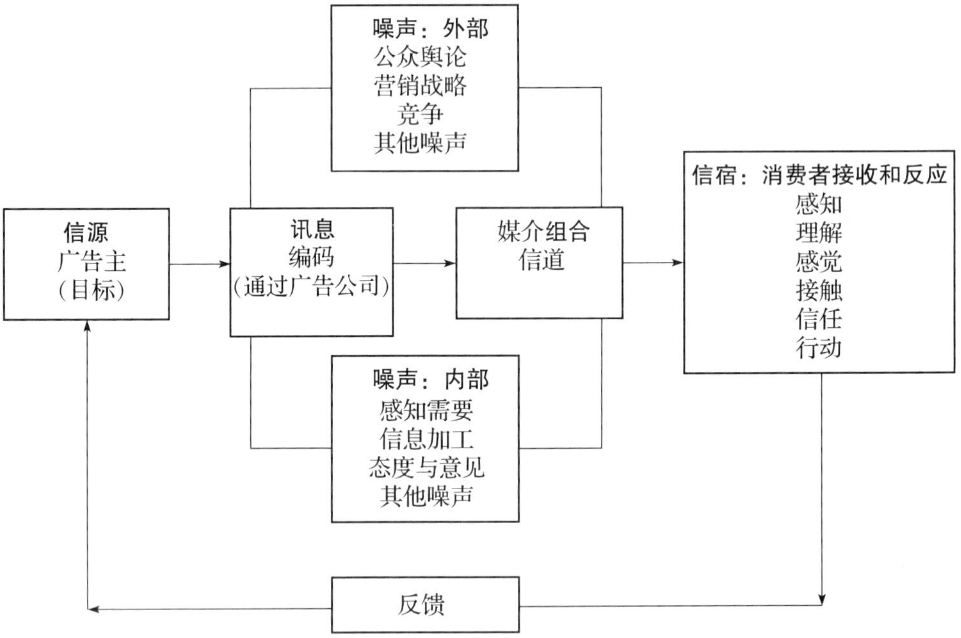

图 5-2　品牌传播模型

总之，营销者及其广告代理公司根据它们希望讯息对信宿（受众）产生的效果来共同决定主题传播活动的目的与目标。它们还选择媒介（信道），即传递讯息的载体。在广告中，采用的媒介往往是印刷媒介中的报纸和杂志；电波媒介中的广播和电视；互联网、手机和其他形式的户外媒介，如户外广告牌和海报。其他媒介包括特制品（杯子和T 恤）、店内标记、小册子、产品、购物袋、广告充气膜，甚至是人行道和厕所门。在“拯救生命”主题传播活动中，道格拉斯使用了一个在线视频“感谢锋利的物体”来表明向骨髓捐献中心提供血样很容易。

传播过程的终点是信宿，即构成目标受众的消费者。消费者对讯息的反应（解码和译码）决定了品牌传播的有效性。倘若传播过程无法生效，消费者也未按照广告主的预期来接收讯息，那么主题传播活动是无效的。

阻碍消费者接收讯息的外部噪声包括技术与社会经济动向，例如，保健意识的增强通常会不利于快餐讯息的接收。外部噪声也与媒介有关，比如糟糕的电波或手机接收器。噪声产生的主要原因是讯息**拥堵**（clutter），即许多讯息竞相争夺消费者的注意力。在每天的生活环境中，你甚至可以看到 3 000 条左右的商业讯息。

内部噪声包括影响广告接收的个人因素，如信宿的需要与欲望、语言技巧、购买经历、信息加工能力以及其他个人因素。如果受众因疲劳而不能接收讯息或者注意力集中在别处，那么疲劳或冷淡就成了阻碍讯息接收的噪声。例如，《夜生活领航员》（The Nightlife Navigators）的海报试图阻止大学生酒后驾车。

反馈是受众对讯息做出的反应，可通过调查或顾客主动联系公司而获取，这是测试营销传播讯息效果的重要途径。需要记住的一件非常重要的事情是，该传播过程不是万无一失或相当可靠的，而是复杂的。

增强品牌传播的互动性

如前所述，传统的大众传播是一种单向传播，如图 5－1 与图 5－2 所示，讯息从信源到信宿，即从公司到目标受众。然而，**互动传播**（interactive communication）是一种双向传播，是一种对话与交流，且随着社交媒体和口碑传播策略的涌现，品牌传播已转至这个方向。推特擅长开展对话，这一功能引起了传播经理的注意，他们希望有影响力的用户发布品牌讯息，这些被称为“对话式广告”的推文包含一个关于品牌的井号标签按钮，可向受众传递品牌讯息。[2]

单向与双向传播的差异在于双向传播是互动的，信源与信宿的角色会来回发生转换（像打乒乓球一样）。信源变成了听者，而信宿变成了发送者。不同于简单获取反馈，在互动传播中，不仅仅是公司联系消费者，实际上消费者可能发起联系，他们在朋友圈中交流，提及某个产品或品牌讯息。如果广告主想克服大众传播的非人际性，就要学会接纳（比如倾听）顾客，同时发送讯息给他们。图 5－3 是双向传播的运作过程。

另一种描述互动传播的方式是将企业对消费者的传播描述为 B2C，而将企业对企业的传播描述为 B2B。消费者发起的传播发生了逆转（C2B），意味着消费者是信源，企业是信宿。

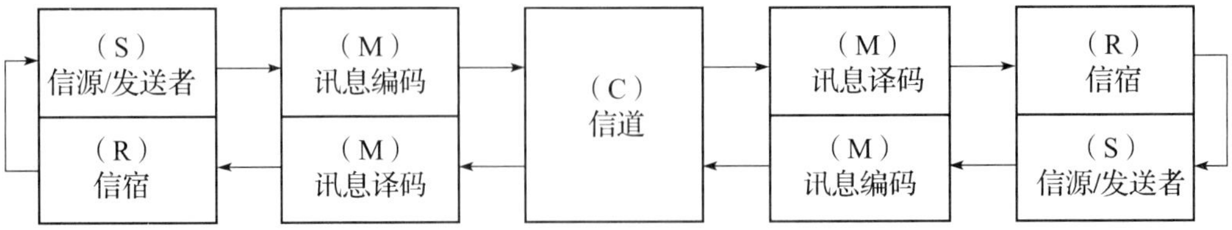

图 5-3 互动传播模型

说明：基本模型在此经过修正后，显示了交谈或对话等互动传播的运作方式，包括分享传播。注意，当讯息在信源和信宿间来回传递时，信源和信宿的位置可互换。

由于社交媒体和口碑（称为 $B2C^2$）的使用日益增加，传播愈加复杂。C^2 是指一个讯息网络，能在朋友网络中分享传播。然而，分享传播也可以驱动传播，如 $C^2 \to B$。在此情景下，人们谈论一个品牌，然后向企业发送讯息。群发是在明确的群体内分享文本讯息的形式，用于与最亲密的朋友分享讯息，如品牌粉丝俱乐部。关键是随着传播更具互动性，传播环境变得更加复杂。以下是对单向传播和互动传播的比较：

	以企业为信源	以消费者为信源
靶向的（单向）	$B \to C$	$C \to B$
分享的（交互）	$B \to C^2$	$C^2 \to B$

营销者对口碑营销、蜂鸣传播和在线社交媒体的使用，表明了其在讯息整合上的需求。重要的区别在于，消费者在评论区中交谈产品和品牌。无论采用哪种形式和媒介，这都提高了对公司品牌传播一致性的要求。

互动传播也使得经典的两步或多步传播流程模型更具相关性。伊莱休·卡茨（Elihu Katz）和保罗·拉扎斯菲尔德（Paul Lazarsfeld）在 20 世纪 40 年代将其发展为一种基于社会影响的说服机制理论。[3] 在他们看来，意见领袖与他人交谈会影响态度和行为的形成。正如丹尼斯·迪帕斯奈尔（Dennis DiPasquale）教授所指出的，这个模型有助于解释口碑在品牌传播中是怎样与公共关系、新媒介存在交叉关系的。[4] 例如，博雅公关公司在一份社交媒体调查报告中指出，2012 年《财富》世界 100 强公司线上被提及的总数在一个月内达到 1 040 万次，大部分聊天发生在推特上。[5]

最后一点是，互动传播是顾客品牌体验的基石，决定了业务稳定和品牌忠诚的可能性。本书咨询委员会成员哈雷·曼宁（Harley Manning）问道："什么才有资格互动？"哈雷·曼宁是 Forrester Research 公司的副总裁兼研发总监，他与同事凯丽·博丁（Kerry Bodine）写了一本书：《由外向内：以顾客为中心的商业影响力》（*Outside In: The Power of Putting Customers at the Center of Your Business*）。

其他方面的传播

到目前为止，我们一直在讨论基于文字和对话的传统传播，然而更重要的是能认识到非语言传播可与文字形式媲美。正如前文论及的，许多商业广告是非语言的，依赖于引人注目的视觉效果。大多数广告牌、包装、海报和广告都依赖于视觉形象的影响力。对平面广告来说，大多数人通过看图片再决定是否停下来看广告。

品牌标志包括标语，但以徽标、图像和颜色为主，想想可口可乐罐便知。你首先想到的是什么？品牌识别通过线索系统运行，可识别并传递品牌个性与优势。信号传递在互联网讯息拥堵与混乱中尤为重要，人们的注意力集中时间被缩短，而再认也会在瞬间发生。

在商业传播中，线索和信号可用来帮助消费者构建意义。通过正式传播（广告或朋友间的交谈）、品牌体验创造个人的品牌意义。活动事件是一种明显的基于体验的传播形式，但体验还包括诸如在商店中寻找品牌、与销售员打交道（或不打交道）、使用产品、电话技术支持和寻求客服帮助等。在很大程度上，零售业涉及管理购物体验，并使之尽可能无痛点，最好使之有趣和难忘。麦当劳在其快餐业务中增加了餐桌服务，希望改善互动和整体的个人体验。[6] 浏览网站是另一种可能具有挑战性或有益的体验，能为品牌印象增色。

所有类型的品牌讯息都包含不同层面的意义。在大多数情况下，尤其是广告，存在明显的浅表或表层意义，但也可能存在深层的意义，需要消费者进一步译码（解码）。例如，“1984”广告显然是针对新苹果机开展的产品发布宣传活动，其中一个更深层的含义是通过“老大哥”（Big Brother）所暗示的产品比较，老大哥可以被解码为 IBM。**符号学**（semiotics）是一种研究工具，可用于揭示这些意义的层次。

有效性背后的效果

品牌传播最重要的特征在于目的性，例如，广告的创作是为了对阅读或看到其讯息的人产生某种影响。这种影响被称为**效果**（effect），其理念是有效的品牌传播将实现营销者的预期效果，而目标受众将按照营销者的预期做出反应。这种预期效果被正式地表述为一组**目标**（objective），即对讯息旨在实现的可衡量目的或结果的陈述。换句话说，如果品牌讯息达到了目标，则传播奏效了。

有效品牌传播达到的效果是什么？想想你喜欢的广告，你的情感被其触动了吗？它们有一条令人信服的讯息吗（“1984”）？你学到了什么？你想起的某事是你曾在一则广告中听到或看到的吗（“拯救生命”）？一则广告需要娱乐化才有效吗（想想苹果公司的“1984”或第 1 章的新猪公司）？

本书的主旨是优秀的广告和品牌传播必须有效，能获得广告主所预期的反应。因此，理解营销传播讯息达到何种效果对于从事营销传播计划的每个人来说都非常重要。例如，克莱斯勒公司发起的一场主题传播活动旨在为底特律制造的克莱斯勒汽车赢得自豪感。该主题传播活动是在经济衰退期间克莱斯勒公司遭受破产之后开始的。当时，不仅克莱斯勒公司处于危机之中，底特律和整个美国企业也都陷入困境。从那时起，克莱斯勒公司开展了一项主题传播活动，包括超级碗广告，为其转型和人们对汽车城的看法做出了贡献。超级碗广告以说唱歌手埃米纳姆（Eminem）为特色，他之所以可信，是因为他的故事与克莱斯勒公司的故事有关。埃米纳姆以汽车城场景来讲述广告，“汽车城是一个从地狱归来的小镇”，与克莱斯勒 200 车型的美女镜头交织在一起。

当询问如何起作用的问题时，就是在讨论传播对信宿产生的**效果**（impact），即信宿对讯息做出何种反应。决定一则广告是否发挥作用的是什么？以下是从业者用来概述广告效果的两种传统方法。[7]

● AIDA 模型。最常用来解释广告效果的模型称为 AIDA，即代表注意（attention）、兴趣（interest）、欲望（desire）和行动（action）。这一思想由广告先驱埃尔莫·刘易斯（Elmo Lewis）于 1900 年前后提出。由于该模型假设了一系列可测性步骤，因此也被视为**效果层级模型**（hierarchy of effects model）。

● 思考/感觉/行动模型。另一个相对简单地回答广告是如何奏效的模型是于 20 世纪 70 年代提出的思考/感觉/行动模型（think/feel/do），也称为 FCB 模型，以向将其发展成为战略性计划工具的广告公司表示敬意①。该模型认为，广告激发人们对讯息进行思考，感受品牌的某些东西，然后付诸行动，如试用和购买。[8] 这一观点被盖尔盖伊·尼洛希（Gergely Nyilasy）和伦纳德·里德（Leonard Reid）的最近研究所证实。

这些方法存在的一个问题是从消费者暴露于品牌讯息开始，整个决策过程是可预测的。其假设是消费者在购买之前就会对信息进行系统加工。实际上，消费者有时会出于习惯购买，例如，那些喝可口可乐或百事可乐的忠实消费者。在其他情况下，消费者会冲动购买，例如，当你在收银台排队时拿起了一块糖果。在这两种情况下，即使你有任何想法，也属于先有行动（购买了产品）再思考。

桑德拉·莫里亚提所提出的版图模型是一个试图消除可预测线性步骤的不同模型，其观点是讯息对消费者反应的影响不是依次产生，而是同时产生。该模型区分了三个主要效果或版图：（1）知晓；（2）学习；（3）劝服。意思就是讯息能引起消费者的感知（注意、兴趣），吸引他们思考（学习），并劝服他们（改变态度和行为）。在某种程度上，所有这些都是同时发生的。[9]

斯科特·阿姆斯特朗（Scott Armstrong）的《劝服性广告》（*Persuasive Advertising*）提出了一种不同的方法，用于分析什么东西在品牌传播中能起作用，并根据多年研究成果确定了 194 条原则。斯科特·阿姆斯特朗已将这些原则简化为四种驱动策略：信息、影响、情感和展露。其他类别描述了策略和媒介使用。[10]

如何理解品牌传播奏效的所有观点？本书的一个目标是对设定广告目标且最终能评估有效性的所有效果加以汇总。但如何着手呢？这是本章的核心问题。我们将用自己的模型来解释广告与营销传播是如何奏效的，你会发现该模型在解释品牌讯息效果方面比较简单且易于操作。

5.2 效果的多面性

本章的目标是提出效果多面模型，就不同类型的消费者反应而言，在揭示广告效果产生方面这一模型比以往的模型要完善得多。我们会得到以下启示：消费者忠于那些传

---

① 这家广告公司就是博达大桥广告公司（Foote Cone & Belding，FCB）。FCB 的前身是成立于 1873 年的洛德暨托马斯广告公司（Lord&Thomas）。1909 年，广告科学派的代表霍普金斯加盟。1943 年，洛德暨托马斯广告公司改名为博达大桥广告公司，现隶属美国 IPG 集团。——译者

递了人性的品牌；有效的营销传播用我们喜欢的方式告诉我们想知道的事情。

我们寻找新模型的解决方案是以思考/感觉/行动模型所区分的效果为基础，并把其中缺失的感知、联想和劝服之类予以添加。有趣的是，这些缺失的效果类型还与 Ameritest 调查公司用于评估有效广告的三个方面有关：注意、品牌连接和动机（见 www.ameritest.net）。

因此，我们提出的六个因素的模型在设定广告目标和评估品牌传播效果上十分有用。品牌传播如何奏效的答案是有效的品牌讯息引起了消费者的六种反应：(1) 知晓；(2) 感觉；(3) 思考/理解；(4) 关联；(5) 相信；(6) 行动。所有这些因素共同引起对品牌讯息的反应，这六种消费者反应及其所属的效果类别如图 5-4 所示。

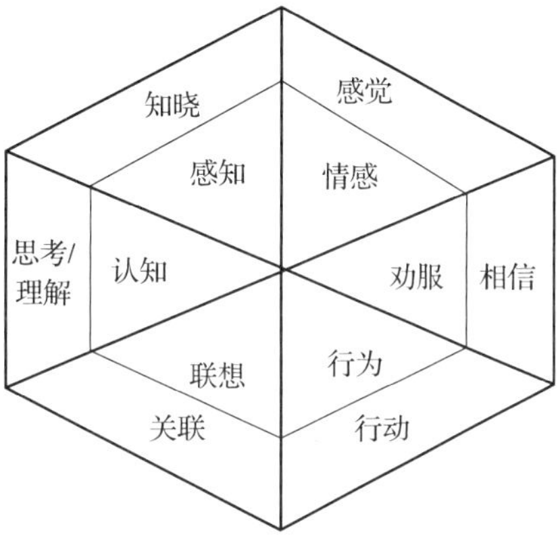

图 5-4 效果多面模型

如果把六个效果视作不同棱面——正如雕琢过的钻石棱面一样，多个平面结合起来形成消费者对品牌讯息的独特反应。这些效果是整体的，产生了一种印象或伊凡·普雷斯顿（Ivan Preston）所说的一种“感知整合”的东西。[11] 因此，有效的讯息拥有钻石般的品质，正如讯息被整合起来协同发挥作用，以便引起消费者的预期反应。效果的重要性因传播活动强调一个或几个棱面而有所不同。

根据讯息试图达到的目标以及消费者对讯息反应的明显程度，这里提供一个表格，有助于分析讯息的效果。最后一栏列出的是决定预期效果类型是否实现的可测因子。

传播目标	消费者反应	驱动反应的因子
感知	知晓	展露、选择与注意、兴趣、相关性、好奇心、再认
情感	感觉	欲望与渴望、兴奋、感情、好感、共鸣
认知	思考/理解	需要、认知学习、理解、区隔、回忆
联想	关联	象征、条件学习、品牌转型
劝服	相信	动机、影响、涉入、切合、信服、偏好与意图、忠诚、能信度与可信度
行为	行动	心理预演、试用、购买、接触、倡议与推荐、预防

现在我们来具体探究这六种效果，先分析感知，它是消费者对广告做出反应的起点。

感知层面：知晓

我们每天都被各种刺激轰炸——面容、谈话、香气、声音、广告、新闻公告，可实际上我们只能注意其中的一部分，为什么？

答案就是感知。**感知**（perception）是我们通过自己的五官接收信息的过程。如果一则广告是有效的，它首先必须能获取注意。纵然感知很弱且多半在意识水平之下，广告也能被看到或听到。即使我们快速浏览出版物而没有停下来阅读广告，但还是“看”了杂志上的广告。当我们快进一档录制的节目，在电视上也“看”了广告。问题是要制作有抢占性（吸引注意）和有黏性（印入心智）的突破性讯息。

感知是一个创造意义的过程，涉及两种方法，正如 Ameritest 调查公司总裁兼本书咨询委员会成员查尔斯·扬（Charles Young）所解释的。其一是格式塔（Gsetalt）观点，这意味着讯息被理解为一个统一体，正是这种将事物组合在一起成为印象的方式创造了品牌的意义。另一种方法是对广告或一系列战略性讯息中相互关联的字串和图像进行的历时分析，这一过程被活跃的观众使用，他们在构建意义的过程中试图理解一条或多条讯息。[12]

在这两种方法中，任意一种或两种都会在记忆中留下品牌印象。我们的头脑里充满了在没有太多积极思考或注意力的情况下所收集到的印象。当然，有时会停下来阅读广告或者一路看广告，因此有不同程度和层次的感知。

有时你知道自己曾经看到或听到过一条讯息，换句话说，当品牌讯息给人留下了印象（记录）时，就会产生**知晓度**（awareness）。例如，新产品主题传播活动旨在创建高的品牌知晓度；广告牌和网页上的品牌提醒广告旨在保持人们对熟悉品牌的高知晓度；服装上的标志也是如此。

歌手埃米纳姆代言的“从底特律进口”（Imported from Detroit）的广告在突破注意力不集中和建立知晓度方面尤为有效。因此，突破性广告是一种品牌传播，突破感知过滤器，吸引了人们的注意力，留下持久的印象。

驱动感知反应的因素 消费者选择引起他们注意的讯息，这个过程叫作**选择性感知**（selective perception）。感知所起的作用是：由于人们不关注某些类型的产品广告（如个人卫生用品等），这些产品便需要努力获取注意力。如果讯息突破了心不在焉而被选择与注意，且有关联性，消费者就会根据自己的兴趣做出反应。举个例子，媒介行业中一项名为 A1 Yenta 的新服务使用基于海量信息数据库的算法，将营销者的新闻稿只发送给真正关心该主题的媒体机构，而不是“地毯式轰炸”尽可能多的媒体机构。[13] 由此产生的相关性是对存储在记忆中的广告或品牌的高度了解。

因此，驱动感知的因素有展露、选择与注意、兴趣、相关性、好奇、知晓和再认。简要回顾一下这些术语，看看它们是怎样与效果关联的。

- 展露。就感知而言，第一个需要测试的是一条营销传播讯息是否被看到或听到，广告界称之为**展露**（exposure），它是媒介计划人员的一个重要目标，试图找到使消费者接触讯息的最好方法。

● 选择与注意。驱动感知的第二个因素是**选择性注意**（selective attention），讯息接收者凭借该过程选择一条讯息。由于媒介环境中存在讯息拥堵，选择是一个大问题。吸引注意力、提高品牌知名度是广告最大的优势。广告，尤其是电视广告，常具**强迫性**（intrusive），这意味着广告通过强加于人们的感知来获取注意力。

● 兴趣。阻碍选择的另一个因素是**兴趣**（interest），是指讯息接收者在心理上已经在某种程度上关注广告和产品。设计广告讯息不仅是为了吸引注意力，而且为了保持受众的长期兴趣，促使受众记住广告要点。兴趣与注意水平有时叫作**黏性**（stickiness），特别是对于网站来说。[14]

● 相关性。人们对某事感兴趣的一个原因是**相关性**（relevance），是指讯息与个人层面的一些东西产生联系。

● 好奇。产生注意的一个原因是好奇，它来自质疑、想知道更多、被某事激发的兴趣。对某类主题传播活动（如禁毒与禁烟广告）来说，好奇也会带来问题。

● 再认。广告主对两种记忆感兴趣：一个是**再认**（recognition），即人们记得曾看过某广告；另一个是**回忆**（recall），即人们记得该广告说了些什么。再认是感知的一个衡量指标，用于确定知晓度。回忆是理解的一个衡量指标，后文有关认知效果的内容将再次谈及。再认依赖于存储于记忆中的简单视觉，如标识（耐克的对勾）、颜色（IBM的蓝色）、广告歌与声音（格什温（Gershwin）为联合航空所作的《蓝色狂想曲》）、品牌象征角色（劲量兔）、字符和主视觉效果（如圣大保罗的马球、美国家庭人寿保险公司的外表难以置信的“鸭子男”）、广告口号（欧托滋（Altoids）的“超强奇异薄荷口味”）。记忆严重依靠重复来加强在心智中的印象。

协同增效　先前提到伊凡·普雷斯顿的一个观点：有效广告与营销传播的最后结果是感知整合，我们称之为品牌。在利用整合营销传播的活动中，营销者必须协调所有的营销传播讯息去创造**协同增效**（synergy），这意味着将每一条讯息结合使用比单独利用对产品促销的影响力更大。[15] 原因在于人们自动整合品牌有关讯息与体验，从而形成个人自身的品牌感知。该情况的发生取决于营销者是否制定整合传播计划。这就是感知的作用，高级经理知道它并试图管理其传播计划，以便引起如伊凡·普雷斯顿所说的一致性的品牌感知。

潜意识问题　在讲述完感知类型之前，先看看潜意识这一具有争议的领域。**潜意识**（subliminal）效果就是在认知阈限之下获得讯息线索。换言之，讯息线索没有被注意到。假如你能想到某事，那就不是潜意识。潜意识讯息通过与你的潜意识直接对话从而越过你的感知过滤。与大多数专业人士甚至广告学教授的观点不同，相信潜意识广告的批评者认为潜意识讯息强大到足以影响行动，并认为潜意识讯息对没有察觉的观众是一种不公平的操纵。

情感层面：感觉

你能记住你喜欢的广告吗？为什么喜欢？**情感反应**（affective response）映射出我们对某些事物的感情：气愤、爱、害怕、憎恨。“情感”一词是指能够刺激欲望、触动情绪、建立感情、引发好感和激起情感之类的事（affective 指情感反应；effective 指的是某件事的效果如何）。查尔斯·扬指出，感觉是进入我们意识的情感[16]，换句话说，我们能意识到它。

品牌具有“人”的品质，因此与消费者内心最深处的情感连接是很重要的。情感和情绪可能是积极的，也可能是消极的。总的来说，品牌传播的目的在于为品牌和购买决策营造一个正面的环境。盛世长城国际广告公司（Saatchi & Saatchi）的首席执行官凯文·罗伯茨（Kevin Roberts）在著作《主爱品牌》（*Lovemarks*）和《致爱品牌效果》（*Lovemarks Effect*）中描述了忠诚顾客对其所喜爱品牌的热情。现任雪城大学广告学教授的盛世长城广告公司高管布赖恩·希恩（Brian Sheehan）在著作《致爱品牌：世界顶级营销者如何通过情感连接赢得市场》（*Loveworks：How the World's Top Marketers Make Emotional Connections to Win in the Marketplace*）中以案例方式扩展了这一观点。

脸书通过其著名的“Like”按钮将积极反应的重要性制度化。零售商通过展示来获得成功，这些展示允许顾客在决定购买之前试用化妆品或试玩游戏。娱乐对于商业信息总是有积极的价值，许多广告都有很高的娱乐价值，能带动观众的积极反应。

然而，有时一条品牌讯息可以唤起不同的情感，如不喜欢或愤怒。

一些广告的目的在于让你对某事或某人产生消极的反应。负面讯息常用来警示消费者需要解决的问题，通常是通过使用广告中的产品。

对于令人恼火的广告，你甚至以厌恶品牌或广告的方式做出回应，这或许意味着主题传播活动的失败。研究人员发现，吓唬人们采取行动并不总是奏效，过多的负面情绪会让人们感到害怕，转而反对该品牌。[17] 你看过一则令你十分厌恶的广告吗？它是如何影响你对该品牌的态度的？

回顾图 5－4 中的效果多面模型，注意感知和情感肩并肩地位于模型顶端两边。尽管这不是线性模型，但如果讯息被完全注意到，实际的过程就从感知开始，这意味着情感是一个动力因素，因为情感与感知紧密相关。一家全球广告研究公司的首席执行官埃里克·杜·普莱西斯（Erik Du Plessis）在其《广告新思维》（*The Advertised Mind*）一书中主张注意被情感驱动。[18] 他说，我们对讯息的情感反应决定我们是否注意，如此，一则广告的主要任务就是要在一开始激发情感反应。一般认为，人们对积极的传播做出反应是因为他们更有可能喜欢讯息的主题。

驱动情感反应的因素 情感反应之所以强大，不仅因为其驱动感知，也因为广告从厌恶中突围。此外，积极的情感反应有利于记忆。

情感反应的驱动因素有欲望、兴奋、感情、好感和共鸣。情感促使我们去“感受”事物。引发 40 多年的积极反应的一则经典广告是可口可乐的名为“巅峰”（Hilltop）或“我想教世界齐声歌唱”（I want to teach the world sing）的广告，广告中多个民族的一群年轻人放声歌唱。这是反战、和平运动的产物，1972 年的这则广告触动了人们的神经与内心，目前还在继续播放，尤其是在假期。（查看 YouTube 上可口可乐的“巅峰”广告。）2016 年，该品牌通过“品味感情”（Taste the Feeling）主题传播活动重归“感情”，展示了一首新的歌曲，有人称之为该品牌的情感之声。[19]

● 欲望与渴望。“我想要某东西”必然包含着渴望。**欲望**（want）受情感支配，其基础是希望、盼望和渴望。例如，“我想教世界齐声歌唱”是对和平的隐喻。冲动性购买就是说明欲望动力的一个很好的例子。当你在商店排队时，看到摆放在那里的棒棒糖，你可能想买一个，但这并不意味着你需要。这是严格意义的渴望，渴望受情感驱动。艾科（Axe）是 2002 年开发的一种男士体用喷雾香水的新品类，它迅速占领了市场。难道在 2002 年以前，男士知道想要体用香水吗？

● 兴奋。根据反应的强度，兴趣的上一步是兴奋（请参看有关感知的论述），意味着我们的情感或理性被唤醒。如果对某事表现兴奋，就会被煽动或感到激动，而且更愿意做出承诺。

● 情感。我们的热情或感情在品牌讯息中以各种各样的形式表现，例如幽默、爱、恐惧或憎恨。依赖唤起感情的广告被称为**感性诉求**（emotional appeal）。感性诉求在态度和行为方面的影响大于理性诉求。佛罗里达大学分析了 23 000 个消费者的反应，发现在预测行为方面情绪反应比认知反应更加强烈。[20]

● 好感。对讯息的情感反应有两个重要方面，就是对品牌有好感和对广告有好感，与之相反的就是对品牌的厌恶和对广告的厌恶。好感意味着拥有积极的感情，如温暖、快乐、享受和爱。在品牌传播中，好感可以反映品牌个性或讯息表现出的娱乐性力量。该假设是：如果你喜欢广告，那么这种积极情感将会迁移到品牌上，进而如果对品牌有积极的感受，就很有可能去购买。由广告研究基金会（Advertising Research Foundation）对广告测试方法进行的一项经典研究发现，对品牌和广告的好感是预测消费者行为的最佳指标。[21]

另外，不喜欢可能导致厌恶，这意味着人们会因为他们不喜欢广告或与品牌相关的东西而避免购买一个品牌的产品。回避也是讯息和媒介遇到的一个问题，例如，快进电视广告。我们不喜欢看到避孕套的广告，所以它们不常出现在大众媒介上。研究发现，75%的“千禧一代”普遍不喜欢广告，这表明与该群体沟通时需要采用其他形式的营销传播。[22]

● 共鸣。有效广告有时会引起**共鸣**（resonance）或讯息听起来可信的感觉。与相关性类似，共鸣的讯息可以帮助消费者在个人层面上建立对某品牌的认同。共鸣比好感更有效，因为它包含自我认同的成分。这些赞同性的感应通过消费者与品牌的个人连接增强了情感反应。

正如广告文案撰写者尼克·西弗恩所描述的那样，李岱艾广告公司为佳得乐公司制作的向纽约扬基队巨星德里克·杰特（Derek Jeter）告别的收尾广告大获成功。这是一次感人的致敬，90 秒的黑白广告题为“My Way”，展示了游击手的传奇故事，感谢扬基队球迷们为弗兰克·西纳特拉（Frank Sinatra）的这首著名歌曲所作的曲调。弗兰克·西纳特拉的 My Way 成为德里克·杰特退役时的一首赞歌。作为纽约市的传奇艺术家，弗兰克·西纳特拉的歌曲在许多扬基队比赛结束时都会播放。My Way 的歌词似乎谱写了德里克·杰特的职业生涯。在那则广告播出后，My Way 与德里克·杰特紧密相连，他最后一次穿着球衣上场时，扬基体育场播放的就是这首歌。

当他步行走进扬基体育场时，现场还向他展示了令人惊讶的孩子们和当地一家体育酒吧的顾客。这则广告是李岱艾广告公司和德里克·杰特之间一次真正的合作，德里克·杰特也在《纽约每日新闻》（*New York Daily News*）和《体育画报》（*Sports Illustrated*）的整版广告上向粉丝发了一封公开信。

现场非常成功，产生了 846 个故事，印象数达 7.7 亿多次。据估计，其广告价值超过 1 600 万美元。同时，在线观看次数达到 1 050 万，成为有史以来佳得乐公司在脸书上分享次数最多的帖子。[23]

认知层面：思考/理解

有多少你曾在电视上看过或在印刷媒介上留意过的广告让你驻留与思考该品牌？你能够回忆起一些让你从一则广告中学习有关产品新知识的例子吗？你曾看过一则你喜欢却不能记住广告主的名称的广告吗？虽然感知及其伙伴（情感）是广告讯息的首要效果，但几乎在同时，讯息可能引发其他一些反应：认知、联想、劝服和行为。为了解这些，首先从认知的影响力开始论述。[24]

认知（cognition）是指消费者如何搜寻信息以及如何弄懂信息的意义，也涉及学习和理解某事。认知是对讯息的理性反应，源于深度思考。从对大脑半球的研究可知，存在左脑、右脑思维方式。有人将认知称为“左脑思维方式”。右脑思维被认为比左脑思维更具有感性、创造性和整体性。认知神经科学家继续研究人类大脑半球的差异，以便更好地理解大脑是如何以及为什么运作的。

传统上，研究人员将信息加工当作理解消费者如何思考和了解产品的一种方式。前文描述了克莱斯勒的“保持底特律的美丽”（Keep Detroit Beautiful）主题传播活动，在推进活动时，通用汽车报告称其品牌传播没有奏效。原因是：尽管在营销和沟通上花了约 40 亿美元，却未能削弱顾客认为其他品牌（尤其是进口品牌）更好的看法。[25] 相比之下，克莱斯勒将其品牌与进口汽车质量更好的观念联系起来，“从底特律进口”主题传播活动就是围绕该观念展开的，这一观念需要深思才能理解。与此同时，通用汽车使用了“雪佛兰大智若愚”（Chevy Runs Deep）之类的口号。

与理解相对的是困惑和误解，这对于品牌传播者来说同样重要。比如“雪佛兰大智若愚”的信息不明确或者过于复杂，药品广告需要考虑法律规定。儿童广告的批评者担心儿童不能对广告做出理性决策。有时过多的营销传播传递了彼此不一致的讯息，导致品牌混淆。

驱动认知反应的因素 信息加工——深思——产生认知反应，即一个消费者可能需要知道一些事情才能做出决定，为回应这种需要而收集信息就会有助于理解。信息必须被感知并在记忆里归档，在需要时可以被回忆起来。广告与其他营销传播经常提供有关产品的信息，通常是有关产品性能与特征的事实，如规格、价格、结构和设计。在某些情况下，比如购买一件高价商品（如电脑或汽车），消费者会搜索这类信息，并将其用于一种产品与另一种产品的比较。

对复杂产品（如电器、汽车、保险、电脑、软件等）、高价和高风险产品（如汽艇、休假、手术等）来说，广告的信息性尤为重要。对于出于习惯而购买的东西，如喜欢的软饮料品牌，或在商店冲动购买的东西，这就不那么重要了。消费者认知反应的主要驱动因素有：需要、认知学习、理解、区隔和回忆。

● 需要。品牌管理者谈论了很多关于消费者需要和欲望的内容。总体而言，**需要**（need）几乎是生物性动机，也是你想要的东西。而欲望的基础更多的是情感和渴望。换言之，当我们谈及需要时，通常会谈及消费者生活中缺乏的东西并刺激认知反应。一则信息性广告会阐释产品的功用及能为使用者做什么——为使用者提供的利益，这是广告主满足消费者需要的手段。例如，消费者需要为其个人电脑安装一个防毒程序，可能也需要如何使用该程序的说明书。

重大事件（比如2007年开始的经济衰退）的影响使我们对需要和欲望的理解更复杂。这必须考虑欲望（在通用汽车网站上，凯迪拉克凯雷德是根据顾客的订单专门设计的）与需要（基于里程和价格提供价值最大的二手车）之间的拉锯战，或者是欲望和延迟需要之间的拉锯战，因为与其他更具吸引力的需要相比，该需要不甚重要。

● 认知学习。消费者主要通过两种途径认识产品和品牌：认知学习和条件学习。（在介绍联想时讨论条件学习。）当把事实、信息展示出来并予以解释，就有了理解，**认知学习**（cognitive learning）也就发生了。消费者在购买产品之前试图了解有关产品的一切信息，运用的是认知学习路径，这在汽车、电脑、大型电器等大型购买中尤为常见。学习是新产品导入的一部分，因此我们学会了使用电脑、上网和使用iPod。品牌传播是营销者就这些产品和革新产品向潜在顾客进行教育的主要工具。

● 理解。人们明白、弄清事情并获取知识的过程叫作**理解**（comprehension）。另外，混淆是缺乏理解（通常是逻辑出问题）导致的结果。例如，消费者难以理解为什么耗油的悍马车（Hummer）在户外广告牌上使用绿色营销策略。广告标题“渴望冒险，不是汽油！”（Thirst for adventure. Not gas）让人想起了悍马车耗油，其逻辑并非遵循人们平时对该汽车的了解。

● 区隔。消费者能在一个品类中将一个品牌与另一品牌区别开来，就叫作**区隔**（differentiation）。当消费者理解了比较优势时，竞争品牌之间的区隔就出现了。在一项经典的有效电视广告研究中，研究者得出的结论是：最重要的效果因素之一就是运用品牌区隔的讯息。[26]

● 回忆。前文提到，再认是感知的一个测量指标，回忆是学习或理解的测量指标。你能回忆起某广告讯息，不仅是指你记得曾看过该广告和品牌，而且指你记得文案要点或是所提供的品牌信息。然而，为了回忆起广告中出现的信息，你必须集中精力并在广告播出之时或播出之后记住该信息。回忆信息类似于心理上默诵要点，是一种有助于强化信息记忆和易于回忆的信息加工方式。

思考和情感 尽管本节涉及认知加工，值得注意的是，情感与思考是一起发挥作用的。心理学家和广告学教授埃斯特·索尔森（Esther Thorson）及其同事开发了一个广告记忆模型来解释广告如何存储于记忆之中，从而追索所包含的广告讯息碎片，其中包括讯息引发的情感。对这些因素（特别是情感方面）的回忆，能作为一个线索来激活对广告的记忆。[27]

研究人员经常问的一个问题是："在品牌传播中，思考和情感哪个更重要？"美国最大的研究公司的创始人扬（Young）强调，情感在引导感知方面的重要作用可以构造我们对品牌讯息的反应，尤其是那些在个人层面吸引我们的信息。当然，这完全违背了传统的基于信息处理的有效性模型。

这种关于情感重要性的观点得到了神经科学研究的支持。根据广告学教授安・玛丽・巴里（Ann Marie Barry）的说法，情感和思考是协同工作的。

实际上，我们使用的每一个品牌都在我们穿着或使用时传播着我们是谁，告诉人们关于我们的信息，或者只是加强我们对自己的感觉（或想要的感觉）。然而，如果失去了感性诉求，我们就失去了与产品或服务的个人连接。如果缺少了理性诉求，我们可能找不到足够的理由去购买一个由价格、易用性或技术优势等因素发挥主要作用的产品。一则广告要想真正有效，它所隐含的视觉故事必须将消费者形象和品牌形象无缝地结合在一起，实现思想和情感的完美融合。

尽管研究人员已认识到情感在有效的品牌传播中的重要性，但值得注意的是，思考和情感这两种反应是共同作用的。

关键是品牌活在用户的头脑和心中。一个品牌的定价可能处于中等水平，但如果消费者认为定价过高，这种令人困惑的错误信息（头脑）就会扰乱品牌印象，可能会产生一种消极的情感（内心）。传播要么通过更好地解释相对于竞争对手的价格来改变头脑，要么通过让顾客认为品牌更有价值来改变内心。

联想层面：关联

看到耐克或激浪的广告后，你想到了什么？如果脑子里出现耐克与运动员、嬉闹的青少年与激浪，这就是品牌联想。**联想**（association）是一种通过象征进行传播的技术，进而我们可以认为，联想的过程传递了符号意义。意义转换将个人意义与商品、其他符号（如名人）联系起来。[28]

联想是品牌传播的重要工具，在品牌与期望特征之间，以及在人、情景与生活方式之间建立了象征性连接，这些都是品牌形象和品牌个性的线索。

在连接品牌与积极体验、想法、个性类型或生活方式的实务中，你可明白联想在品牌传播中发挥了作用。例如，艾科品牌与酷酷的年轻男士、可乐与山顶体验，这就把品牌与能让顾客产生积极共鸣的事情联想在一起。这里存在一个过程：（1）品牌与（2）顾客重视的东西（3）建立了关联。品牌通过联想过程承载了象征意义。伊凡・普雷斯顿教授在其广告联想模型中提出，理解联想就理解了广告发挥作用的机制。[29]

有时候因为不可预料，联想可能很强烈。奇布勒（Keebler）饼干通过为献过血的人提供急需的甜食，与美国红十字会在鼓励消费者献血的主题传播活动中找到了一个绝佳的机会。

驱动联想反应的因素 联想的目标是利用象征性连接来界定品牌并使品牌与众不

同。**品牌连接**（brand linkage）反映了讯息引发的联想、想法以及消费者兴趣与品牌关联的程度，并将一个产品转变为可识别和令人难忘的品牌形象。例如，在 Bisquick Heart Smart 的混合配料所做的一则广告中，用心形表示烙饼，通过品牌名称就容易联想到产品的使用：心与健康烙饼。

将一个品牌与一个想法联系起来从而建立一个品牌形象在某种程度上是困难的，因为这涉及认知。例如，达思·韦德（Darth Vader）的广告只有在观众理解并将《星球大战》（Star Wars）中"原力与你同在"（the force is with you）的概念与大众帕萨特的引擎联系起来的情况下才会有效。

联想的驱动因素有象征、条件学习和品牌转化。

- 象征。通过联想，一个品牌就有了象征意义，即指品牌代表了一定的品质，所代表的事物常常是抽象的。心形 Bisquick 牌烙饼可象征性地传递心脏健康的意思；温哥华港口的企业间广告利用象征来引人注意并讲故事。
- 条件学习。虽然广告作品有时使用认知策略，但也通过**条件学习**（conditioned learning）来引发非认知性的联想。条件学习是通过讯息的重复让思想、情感与品牌产生关联。例如，定位于年轻男性的啤酒广告经常使用体育赛事、海滩聚会和年轻漂亮女士的形象。人们也通过观察他人来学习，这叫**社会学习**（social learning）。我们通过观察他人的着装而了解时装；通过观察他人的交往而获知行为方式；我们把外貌、行为方式与广告所反映出来的一定情景相联系。
- 品牌转化。品牌联想的结果是品牌转化。正如恒美广告公司（DDB）前研究总监比尔·韦尔斯（Bill Wells）的最初解释：品牌转化是指一个产品有了意义，即一个纯粹的产品变成一个具有特殊意义的东西，转变成一个依靠其品牌形象象征手法和个性线索而与其他同类产品相区隔的东西。Bisquick Heart Smart 不仅是面粉，它超越一般产品，脱颖而出成为独特和健康的东西。在消费者心里，这种转化是一种感知的改变，是由营销传播讯息发出的联想信号而创造的。

联想网络 联想过程是建立在**联想网络**（network of association）的基础上的，也叫作**知识结构**（knowledge structure）。在联想网络中，一种思想引发另一种思想。有关某个品牌的思想与情感，是你以自己的个人联想所联系起来的集合。你也许认为这些联想网络可以解释记忆的工作原理。研究人员试图找到一个品牌的意义，为了知道品牌意义作为人们心智的一种印象如何汇聚而来，就要让人们讨论对品牌的联想，并重新创造这些联想网络。

劝服层面：相信

当你从"Got Milk?"主题传播活动中看到代言人炫耀牛奶，你想到的是广告目标吗？该广告是否提供了有关牛奶的信息？该广告试图用感觉来与你建立情感层面的关联吗？该广告想让你跑到商店大口喝牛奶吗？这些广告的真正目标是想改变你对牛奶的态度，目的是让你相信牛奶不仅是孩子喝的，有吸引力和兴趣的成人都能喝。换句话说，它的目标是劝服。

信源有意识、有目的地影响或刺激讯息接收者相信某事或做某事就是**劝服**（persuasion）。劝服传播引发或改变态度并建立信服是大多数营销传播的重要目标。**态度**（attitude）作为一种心理状态是在某一情形下以特定方式做出反应的一种倾向、意向或心理准备。因为广告很少引起即时行为，例如改变导致行为的态度，因此广告的目标往往是产生替代性效果。态度是劝服的最核心的因素。

态度可以是肯定的、否定的或者中立的。肯定和否定的态度，尤其是那些包含强烈情感的态度都能刺激人们行动或不行动。例如，对吸烟的否定态度能够使青少年不吸烟，“真相”主题传播活动的目标就是引发否定态度。

态度是理性的，也是感性的。广告专业公司奥美证实了这一理性因素。

对于某些类型的广告来说，理性的信息处理是很重要的。以加拿大政府的《公民法》（Citizenship Act）为例，它旨在恢复成千上万可信任的外国人的公民身份，其中许多是美国人，当他们成为另一个国家的公民时，被迫放弃了他们的加拿大公民身份。加拿大在 YouTube 上发布了名为“唤醒加拿大人”（Waking Up Canadian）的广告，告知这一情况。

当人们因某事而折服，会用**信念**（belief）来表达其态度。有时，态度策略试图与信念区分开来。例如，饮酒象征男子气概，吃得过饱可以接受，或者种族歧视者和大男子主义者的谈话是滑稽的。态度改变策略常常使用逻辑和推理工具以及通过论证与反证来强化信念所建立起来的情感。一个信念的成功改变被称为转化。

换句话说，认知与情感因素在劝服中相互关联。劝服既通过理性论证，又通过触发行为冲动的情感打动奏效。消极广告或攻击性广告很好地说明了人们是如何在一定的情感框架下在加工信息的同时形成意见的。

驱动劝服反应的因素 劝服有很多维度，广告主区分出以下几个因素用来解释劝服是如何影响消费者的：动机、影响、涉入、切合、信服、偏好与意图、忠诚、能信度与可信度。

- 动机。影响制作劝服性讯息的一个因素是**动机**（motivation），它是指诸如饥饿、渴望美丽或富有等某种心理，以此来促使消费者以某种方式行动。人们渴望得到某物或者采取某种行动，例如，申请毕业。动机制造了紧张感，产品成为实现该目标并由此减少紧张感的一种工具。一个例子可以说明动机的威力，环保组织**胡萝卜族**（carrot mobs）鼓励环保主义者支持绿色营销的公司，用积极行动来开展反抵制活动：让更多人去生态友好型商店买东西。

- 影响。如果你想减肥或戒烟，决心的大小取决于你自己的动机及从他人那里获知的讯息所产生的结果。**舆论领袖**（opinion leader）或许能影响他人的态度并使其相信这是“正确”的决定。一些有影响力的人（朋友、家庭、老师和专家）能影响你的决策。来自普通人、名人（如“Got Milk?”广告）和专家的证言常用于态度的形成与改变。例如，家乐氏成立了一个由营养师和营养专家组成的“早餐委员会”，就谷类食品提出建议。（批评者发现，唯一的问题是该委员会的推特和其他公开评论并没有被认定是付费顾问发布的。）[30]

有一个名为“Klout”的社交媒体网站在寻求影响力的测量方法，它根据用户的脸书、推特、Foursquare、谷歌＋和领英活动来评估用户的在线影响力。一个“＋K”按钮可以让用户投票决定Klout认为有影响力的人是否真的在某个话题上具有影响力。在促销传播方面，**诉诸众意**（bandwagon appeal），即倡导人们正在做的事情的讯息，也用于影响人们的决策。口碑传播一直被认为是最有力的劝服方式，这就是雇用影响者策略之所以重要的原因。

● 涉入。广告主能够根据购买者的涉入度来区分产品、讯息和媒介。早些时候，当我们描述人们不经常经过严谨的信息处理而进行习惯购买和冲动购买等的原因时，指的是产品决策的涉入度。**涉入**（involvement）指的是被讯息吸引的程度、与产品互动（包括对一条讯息立即回应并进行产品决策）的过程。化妆品等产品比牙膏等其他产品要求更高的涉入度。对于**高涉入**（high involvement）的产品，消费者花很长时间才会购买，在做出购买决策之前要努力搜集信息与参考资料。**深思熟虑型购买**（considered purchase）涉及汽车、电脑和你较为关注的衣服和化妆品这类商品。**低涉入**（low involvement）产品有阿司匹林、纸巾、信封、回形针和莴苣等。你想到一些产品并根据你看到的广告做出反应，即使附带其他产品，你在购买前不会花很多时间来考虑。你不太关注其广告，甚至会不假思索地剔除或忽略它。

除了产品类别，一些讯息策略比其他讯息需要高的涉入度，如戏剧和幽默。各类媒介在本质上都或多或少地需要涉入。例如，电视比印刷媒介的涉入度低，因为印刷媒介的读者需要比电视观众付出更多的注意力——尽管电视剧因故事情节引人入胜。

● 切合。一个消费者恰好对某事感兴趣，这是**切合**（engagement）的本意。用曾对切合开展调查的广告研究基金会的话说，他感觉“正中下怀”。[31] 参与和切合能培养消费者的感情，令其更加关注品牌。

对品牌或讯息感兴趣通常是件好事，但麦当劳有一个社交媒体项目在网络上引起众怒。计划是麦当劳以“与农民见面”（Meet The Famers）的标签出现在推特主页的趋势列表上，引出一系列关于坚忍不拔的农民谈论真正的食物源于土壤的广告。但当受众被引导到“麦当劳故事”（McDstories）这个鼓励他们继续交流的网站时，发现网站上充斥着各种评论，从健康忧患到“给我超大号”（supersize me）的辩论。推特上反麦当劳的风暴引起了所有媒体的关注。对于新的在线媒体来说，切合是一个非常重要的概念，如今已经有sitecore.net这样的公司专门测量它。

● 信服。有效劝服带来的结果就是**信服**（conviction），信服意味着消费者认可讯息并对品牌达到确定的状态——信念。信服的一个因素是**论证**（argument）的力量，论证使用逻辑、推理和论据来立论和建立信服。这是一个复杂的过程，因此要求受众“遵循”推理过程来理解论点并得出结论。

● 偏好与意向。当消费者的信念与其**偏好**（preference）相结合，或具有试用、购买产品的**意向**（intention）时，他们是受到信服的诱发。可使用奖励策略来强化意图，如大量交易、促销定价、礼品。良好的意图是善因营销和社会责任营销的动机。例如，惠普公司通过实施回收计划来提高消费者对其产品的偏好。惠普的回收计划之所以能把消费者吸引到产品上来，大概是因为公司承担了回收旧产品的责任。换句话说，这是消费者的一种利益，带来较高的消费者满意度，并因此带来品牌忠诚。

● 忠诚。你有经常购买、使用或访问的一个品牌吗？你有喜爱的洗发水、餐馆或饮料吗？为什么是这些品牌呢？当我们谈及一个“中意”的品牌时涉及的是偏好，也是**品牌忠诚**（brand loyalty），第 2 章已提过。忠诚是一种态度（仰慕、偏好）、一种情感（好感）和一种行为（重复购买）。当品牌通过可穿戴设备和奖励系统连接到互联网上，就会有更多机会培养忠诚。例如，Humana 卫生保健保险公司使用健身品牌来跟踪其旗下 Humana Vitality 会员的活动水平，以奖励他们的健身活动。[32]

忠诚是对品牌传播思考、情感和行动的综合反应，是建立在**顾客满意**（customer satisfaction）基础上的反应。如果你试用了某产品并喜欢它，你就极有可能再次购买。你第一次购买某东西，如果发现不喜欢，有没有退货政策或保证让你的风险减小？对于技术性产品，提供质量保证、顾客服务和技术支持的信息是品牌忠诚策略的重要组成部分，可减少风险和让顾客放心。忠诚计划也可采用诱因，例如常旅客计划或频繁买家计划。此外，社会责任和善因营销计划能够建立可带来忠诚的信任、仰慕和偏好。

● 能信度与可信度。劝服的一个重要问题是**能信度**（believability），指的是讯息论证的可信性。夸大广告或无法证实的广告说辞损害了能信度，如“10 个医生中有 9 个推荐”的常见说法。与能信度相关的是**可信度**（credibility），它是信源信赖度的一个指标。**信源可信度**（source credibility）是指发出讯息的人（如一位专家）受人尊敬和信任。能信度和可信度是信任的两个关键因素，对于品牌好感和忠诚至关重要。信任在经济衰退期间会遭受重创，正如民意调查显示的，人们不太可能信任商业领袖，也不相信企业会做“正确的事情”。[33]

可信度是公共关系的一个巨大优势，因为宣传报道是通过新闻媒介传播的，新闻媒介常被认为不带偏见，比广告具有更高的可信度，而广告被认为更具功利性。例如，使用数据来支持或证明广告说辞，让消费者对广告有**相信的理由**（reason to believe）。广告可以运用可信度策略来提高讯息的能信度。在 2010 年墨西哥湾深水地平线的石油泄漏事件后，英国石油公司利用广告说明公司致力于治理污染。该策略取决于公司的可信度。

行为层面：行动

我们在劝服一节中介绍了忠诚，请注意，忠诚与行为是交互作用的。除了试用或购买产品，行为涉及不同的行动，例如，试用或购买品牌商品、拜访某商店、回复调查卡、拨打免费号码、加入一个组织、捐赠善因或点击网站等。

情绪也与行为密切相关。例如，转化营销经常让人们做出驱动行为的情感品牌承诺。[34] 在智能手机或平板电脑上的视频中看到新的服装系列可能会让人兴奋，并可能导致立即购买，然后向朋友发送推文，进而可能会影响他们去查看。所有这些都可以在瞬间通过敲击几次键盘完成。

前面提到的蒙大拿州比林斯市的品牌主题传播活动使用了赠品来助力新的社区品牌识别。像这样的特别促销活动旨在切合和吸引受众。

我们必须区分**直接行动**（direct action）和**间接行动**（indirect action）。直接行动表示及时反应（剪下订单并邮寄回去），而间接行动是延迟反应（在商店选择品牌的时候才回忆起讯息）。根据定义，广告的特点是间接行动，因为当我们听到、看到产品的广告时，很少是在商店里。移动广告是一种更好地将讯息和行动联系起来的方式，因为它可以通过智能手机给附近的人发送定向讯息。

第一次世界大战时由艺术家詹姆斯·蒙哥马利·弗拉格（James Montgomery Flagg）创作的“我需要你”（I Want You）海报就是广告讯息引发行动的一个经典案例。尽管访问征兵网站的行为必然是间接或滞后行动。

也有无目的性行动曾成为 21 世纪初的一时狂热，此时病毒邮件讯息引发突然和明显的人群聚集，称为**快闪族**（flash mobs）。这类现象包括音乐会、求婚，甚至还有国际枕头大战。快闪族证实了网络与蜂鸣传播的力量，迎合人们并促使其行动——即使其行为毫无意义。例如，YouTube 上的在莫斯科的“Puttin's On the Ritz”。

在媒介使用方面，营销者担心的一种行为是人们倾向于回避品牌讯息。广告跳过功能允许观众在观看录制好的电视节目时跳过广告，它可以通过多种技术实现，如碟线网络公司（Dish Network）的自动跳过。数以百万计的电视观众会这样做，业界认识到需要开发更好或不同的节目来留住观众。

驱动行为反应的因素　涉及某种行动的行为反应通常是营销传播最重要的目标，尤其对于销售促进和直接营销而言。驱动行为反应的因素包括心理预演、试用、购买、接触、倡议与推荐、预防。

- 心理预演。行为上的**心理预演**（mental rehearsal）很可能来自人们做事情的视觉展示。正如查尔斯·扬所言，广告功能之一是创制虚拟内存器，即我们能够想象自己的体验。[35] 心理预演是一种预想行为的视觉化，是广告主希望消费者感到舒适和熟悉的行为前奏。
- 试用。购买的第一步往往是试用产品。对于新产品和昂贵的产品而言，**试用**（trial）非常重要，因为它能使消费者在没有购买的条件下也能使用产品，换言之，试用降低了消费风险。销售促进尤其擅长通过特价销售、样品赠送和奖励计划（如当你到经销商处试驾新车时获赠免费礼物）来鼓励试用。
- 购买。大多数营销活动的目的在于销售。在广告中，有时通过广告结尾的**唤起行动语**（call to action）来刺激销售，结尾处同时还附有购买产品的地点的信息。从消费者的角度看，销售意味着购买。顾客导向的营销活动目标是激发试用或购买品牌产品，但在一些营销活动，如非营利组织的活动中，目的在于鼓励受众报名、自愿效劳和捐赠。不过，对很多管理者而言，销售额是评价有效广告的绝对指标。他们认为，如果广告没有给品牌带来销售，即使广告是有趣、难忘和令人愉悦的，也是失败的。问题在于很难证明营销传播讯息是营销组合（带来销售）的一个影响因素，也许是价格、分销、产品设计和性能或者营销组合因素的一些组合问题。如伦敦的从业者奖学金奖（Institute of Practitioners Adward）等奖项鼓励广告主利用调查来证明广告实际上带来了销售。
- 接触。试用和购买产品可能是营销者梦想的反应，但其他行为也是衡量广告行为效果的重要测量指标，与广告主的接触可以看作效果的一个重要标志。引起接触也是有价值的，尤其是在为顾客加入对话创造机会以维持品牌关系的互动营销传播中。例如，让消费者可以通过投诉、赞美、提建议等方式来与公司接触。

● 倡议与推荐。品牌忠诚的一个行为维度是**倡议**（advocacy），或者说是品牌粉丝代表一个品牌说话，当有人寻求推荐时能提到该品牌。与其他人交往是有价值的反应，特别是一个满意的顾客向朋友、家人和同事提供证言而为品牌带来更多的生意时。就顾客**推荐**（referral）的效果而言，当一个满意的顾客介绍其喜爱的品牌时，这种口碑传播比看上去有些功利的广告更具说服力。苹果电脑的成功可归因于热情的顾客，他们像品牌的福音传道者一样在朋友和同事中传播。社交媒体强化了粉丝代表品牌向朋友推荐的重要性。

理查德·克罗斯（Richard Cross）与珍妮特·史密斯（Janet Smith）在《顾客绑定》（*Customer Bonding*）[36] 一书中阐释了倡议这一代表顾客关系的最高形式。推荐购买一个特定品牌是测试顾客与喜欢的品牌之间绑定的主要标准。反之，如果不满意的顾客向他人分享其对品牌的厌恶，品牌反感就会带来灾难。

● 预防。在很多社会行动情境中，品牌讯息是用来阻拦行为的，如净化空气主题传播活动旨在减少汽车使用。这是一个涉及驳论的复杂过程：提供有害行为的负面讯息，而提供适当的诱因来激发渴望得到的行为。因为效果太复杂，这种主题传播活动的影响力不总是那么清晰。前面讨论感知的时候，提到了全国性“说不”（Just Say No）主题传播活动，其声称在青少年禁毒方面产生了效果，不过，有时禁毒广告会有逆反反应，因为禁毒广告关注了有害行为。

5.3 品牌传播威力

我们阐述的六个因素效果多面模型用来回答品牌传播如何奏效这一问题，当这六个因素一起发挥作用的时候，就能创造一致的品牌感知。应记住这个模型工作机制的两个方面：（1）效果之间是交互作用的；（2）产生效果所需的营销传播情境是不完全相同的。就影响力而言，我们认为不同的产品适用不同的策略。有时，讯息策略更多重视情感或塑造形象，而不是购买理由与事实。

就效果的交互作用而言，前文主张认知与情感反应是协同作用。记忆是注意（感知层面）和情感（情感层面）的一个功能。情感依恋越强烈，注意和记住讯息的可能性就越大。如果告知性讯息以情感故事的方式讲述，会更加令人难忘。此外，有关记忆的新观点认为，有效的品牌讯息用产品帮助消费者记住了美好的瞬间，因此也带来饱含情感与思想的品牌体验。

强效果与弱效果

一些专业人士认为，讯息效果的唯一真实指标是销售，例如，广告的影响力取决于广告激发消费者购买一个品牌的能力。还有一些专业人士认为，广告如此有威力，可以激发人们去购买他们本不需要的东西。

包括本书作者在内的一些人认为，传播效果囊括消费者对讯息反应的广泛领域，这些反应可能与销量同等重要，因为它们带来了诸如品牌好感与长期品牌关系。这场关于品牌传播威力的争论可根据“强”与“弱”效果加以分析。

这场论战的根源在于对“何为讯息效果”的分歧。销量导向观念认为，广告可以唤起大众的行动。相信广告强理论的人的推理如下：

> 广告扩充人们的知识并改变人们的态度，因此能够劝服那些以前没有购买某品牌的人来购买。有了第一次，就有了今后的重复购买。

与此相反，主张广告“弱”效果理论的人认为，广告对消费者的影响是有限的，最好用于强化已有品牌的感知而不是改变态度：

> 消费者对广告没有太浓厚的兴趣，广告传播的信息量有限。广告没有足够的威力来改变那些持有不同于广告中的信念的人，不能克服他们的抵抗或改变他们的态度。大多数广告的效果在于保留顾客，而不是招徕新顾客。

这些差异解释了一些专家为何相信传播效果如情感、知识和劝服等只是“替代”效果，即比销量更易测量的传播效果，但对营销经理不重要。另一些专家则认为，因对建立品牌优势有贡献，传播效果本身也很重要。

因为传统广告很少产生即时效果，因此再认效果使问题趋于复杂。换言之，广告体现的是**延时效果**（delayed effect）：从前（在家看电视、在汽车里听广播、在医生办公室看一则杂志广告）看到或听到的讯息，后来在购物情境（在商店、开车寻找吃饭的地方）下可能进入或没有进入你的心智。如果依赖注意、兴趣、动机和记忆等替代效果在以后几天或几周时间让讯息进入消费者心智，广告主必须把延时效果问题牢记于心。

雪城大学的退休教授约翰·菲利普·琼斯（John Philip Jones）曾在智威汤逊广告公司工作多年，他在长期研究中使用了广泛的产业资料，证明广告与消费者行为之间存在相关性，并证明广告能够促进销售。然而，他也得出结论，只有41%的广告能真正促进销售。[37]

一直以来的问题是理解广告如何奏效，以及很多情况下又为何不奏效。有关品牌讯息如何奏效这一重大问题的主要结论是：精心策划并实施广告（和其他营销传播），就会有效，且以各种方式起作用；广告也许无法在每种情况下都发挥作用，每个广告的效果也不尽相同；如果正确执行了，那么品牌传播能对消费者反应产生影响。这就是艾菲奖和其他奖项珍视效果的原因所在。

若想解答上述问题且有兴趣学习更多有关广告和其他营销传播如何奏效的知识，可登录 www. pearsonhighered. com/moriaity 浏览谢里·布罗伊尔斯（Sheri Broyles）教授撰稿的“实用技巧”（Practial Tips）专栏，参阅该行业的一些好书，如加菲尔德的新书《混沌情景》。这是本有争议的书，其摘录放在 www. npr. org/templates/story/story. php? storyid=111623614 上，置于访谈记录的末尾。

下章预告

本章聚焦品牌传播的效果，即消费者如何与品牌关联，如何对品牌讯息做出反应。在多数情况下，由于品牌或讯息与特定消费者无关，因此消费者与品牌几乎没有或根本没有连接。例如，女性对剃须膏讯息的兴趣小于男性，专门为女性设计产品可能是剃须膏制造商用来连接女性的策略。

很多消费者，特别是年轻人，在不断创造和调整自我形象。如果一个品牌讯息连接了消费者，其原因很可能是与个人身份探寻相连了。品牌传播只是个人身份困惑的一小部分。第 6 章将介绍消费者洞察和消费者行为，这是掌握品牌讯息的受众定向与细分的必由之路。

成功秘诀

能坚守的创意——我想拯救生命

格雷厄姆·道格拉斯处于拯救生命的前沿阵地，他提出了一个创意：通过媒介去说服足够多的人成为骨髓献血者，从而每年挽救 10 000 人的生命。

扩散创意已足具挑战性，说服人们献血就是否定他们的传统行为，所以这项工作似乎不可能实现。然而格雷厄姆·道格拉斯开发了一种产品，也找到了一家愿意出售该产品的制药公司，并制作了一个不寻常的在线视频来售卖敷料/献血者组合套件。

这个创新产品与一个引人入胜的故事（一个兄弟拼命地帮助血亲和无关人员获得重生）有关。哥伦比亚广播公司新闻网、美国广播公司新闻网、微软全国广播公司和美国有线电视新闻网的电视记者了解到这一故事，通过深度报道人们渴望骨髓匹配来增大影响力。一些印刷和在线媒体，如《华尔街日报》、《彭博商业周刊》（*Bloomberg Businessweek*）、《快公司》（*Fast Company*）和《好杂志》（*Good Magazine*）也给予支持。此外，《创意》、《广告周刊》、《广告时代》、《创意评论》（*Creative Review*）、《主题传播活动纲要》（*Campaign Brief*）等大型行业刊物也向公众普及有关骨髓捐献的知识。媒介印象数已超过 7 500 万，还在继续增长。

作为一个优秀的创意问题解决者，格雷厄姆·道格拉斯在 27 岁就赢得了戛纳优秀奖和两个金狮奖等荣誉。他还获得《福布斯》（*Forbes*）的 30 Under 30 营销与传播奖。更可喜的是，由于得到一个陌生人捐献的骨髓，他的双胞胎兄弟布里顿恢复了健康，并成为达拉斯一名成功的律师。

复习题

1. 传播模型的关键部分是什么，它们与品牌传播有何联系？

2. 为什么在传统传播模型中加入互动很重要？

3. 效果多面模型所区分的六种效果是什么？就消费者对广告讯息的反应而言，每种效果代表了什么？

4. 解释回忆与再认的区别，二者分别处于什么效果层面？

5. 解释那些关涉思考与情感的品牌反应之间的区别。

………| 讨论题 |………

1. 本章区分了六种主要效果或消费者反应。找一个你认为达到了全部效果的案例，解释它为何有效，分析获得这六种反应的途径。

2. 伊娃·普罗克特（Eva Proctor）是一家广告公司的策划员，她负责策划一个洗涤剂品牌，该品牌与联合利华威斯克（Wisk）洗涤剂存在竞争。伊娃查看了威斯克的广告主题是“领口周围的暗线”（Ring Around the Collar）的历史，发现该主题是在电视上投放时间最长的，而威斯克的销售份额表明其广告是成功的。令伊娃困惑的是，威斯克历史上的大量调查显示，消费者认为“领口周围的暗线”是令人厌烦、荒唐、令人不愉快的广告主题。你能解释为什么威斯克的广告遭人厌恶，而它却是一个受欢迎的品牌吗？

3. 你被邀请参加办公室有关广告效果的三种不同观点的讨论，你们办公室的任务是介绍一种新电动车。一位文案人员认为，要创作有效的广告，最重要的是向消费者告知产品功能。艺术总监认为与消费者的情感连接更重要。客户经理说唯一能测算广告绩效的是销量，因此讯息应该关注这个方面。客户希望选择其中一种观点来指导这一新的营销传播。请选择一个角度发表你的看法。

4. 你的小广告公司正代理策划一种名为 Wikicells 的新产品，该产品是可食用的壳状包装系统。例如，牛奶可以包装在草莓或巧克力味的袋子里，这个袋子就像苹果皮一样可以洗涤和食用。即使你决定扔掉它，它也是可生物降解的。使用这种新的包装系统推出的首批产品将是酸奶和冰激凌。你的任务是提出一个品牌名称，并就新产品上市写一页简报。在准备提案时，考虑相关效果层面。（此包装系统摘自《纽约时报》上以“改变未来的创新”（Innovations That Will Change Your Tomorrow）为标题所公布的新产品清单，刊发于 2012 年 6 月 1 日。参见 www.nytimes.com。）

注释

| 第6章 |

营销传播战略性调查

学习目标

» 能理解营销传播战略性调查的过程以及为何用于品牌传播。

» 能说出营销传播战略性调查的主要因素。

» 能指导如何选择恰当的调查方法并用来收集数据。

» 能阐述最近的调查趋势及挑战。

前几章讲述如何计划对消费者产生真正影响的营销传播，其中论及营销者需要对品牌、市场和消费者进行调查。这一调查工作成为制定目标、细分市场、定向受众、拟定品牌传播计划的基础。本章介绍调查的一些主要概念，以促进消费者洞察，包括调查过程的主要阶段、调查如何有助于广告活动、调查设计的基本类别，以及营销传播计划最常用的调查方法。此外，还将讨论广告调查人员面临的挑战。

获奖案例

Lean Cuisine 品牌为顾客提供确实珍视的东西

这个故事与倾听顾客意见、诚信、冒险的重要性有关，同时介绍了调查在创建积极的品牌传播中的作用。Lean Cuisine 品牌在帮助人们减肥方面享有盛誉，但当“diet”(节食）变成一个词之后，很快失去了“瘦身”的含义，结果导致销售额连续五年下滑。该品牌核心消费群的购买数量下降了70%，零售商减少了12%的货架空间，表明冷冻节食食品类陷入困境，也表明品牌需要快速转向。

第一步应该做什么？当然是倾听顾客意见。在过去的一年里，Lean Cuisine 品牌及其广告代理商 360i 广告公司花了几个月的时间在现场和网上聆听“节食与健康”方面的言论。他们发现，有关 Lean Cuisine 品牌的讨论大多是负面的，即使是正面的，聊天的重点也是围绕产品功能而展开——一种节食方法。这款产品成了笑料，其消费者被认为是孤独的单身女性。但当他们仔细倾听时，发现目标受众是那些被外界认为依靠外表而非实绩取得成功的女性，如高收入人士、大学毕业生、为服务他人而努力工作的人。

于是 Lean Cuisine 品牌更新了产品线和包装，给消费者一个合理的理由相信产品已经做出了改进。它也知道需要给人信赖感，要变得更有抱负、更积极。公司还调查了“千禧一代”的讨论，发现这类人真正需要的是一个以目标为导向的品牌。“千禧一代”认为这款产品是妈妈辈的品牌，因此公司开始把这款产品纳入健康生活方式的一部分，让它更贴近“千禧一代”。简而言之，调查表明，有必要将 Lean Cuisine 的品牌定位从传统的减肥饮食转为现代健康饮食，并为顾客提供真正重要的东西。

在听取了消费者的意见后，Lean Cuisine 品牌开始挖掘女性成功生活方式的情感驱动力及成果。他们通过一项名为“应珍视这些”（#WeighThis）的移动社交媒体主题传播活动实现了这一点，其核心是一系列在情感上具有强大感染力的视频特写，展示真正的女性重视个人成就——成为一名母亲，环游世界，而不是看重自己的身段。他们采用整合营销传播策略重新设计了产品包装，以切合更现代的形象，并在脸书、推特和 YouTube 上发布视频，利用付费媒介、公关和影响力营销来围绕讯息制造和扩大蜂鸣传播，其主题传播活动的品牌主张是“在这里实现你真正所重视的”（Here to feed what really matters to you)。

在整个主题传播活动过程中，女性被鼓励在 Lean Cuisine 品牌的社交频道上用“应珍视这些”这个标签来分享她们想要被如何评价。回答包括“我跑了××英里”“为有需要的人提供食物”“成为一名牙医”“我55岁回到了大学”。该品牌还与艺术家安妮卡·莱登伯格（Annica Lydenberg）在纽约举行了为期两天的互动艺术活动。安妮卡·莱登伯格女士通过“应珍视这些”主题传播活动从女性那里得到了令人鼓舞的回应，并把她们的想法贴在200多个浴室磅秤上，作为装置艺术在中央车站展出。

这一大胆的举动是否得到了回报？可以在章末的“成功秘诀”中寻找答案。

资料来源：“Winners-The Advertising Research Foundation David Ogilvie Awards,” https://thearf.org/2016-arf-davidogilvy-awards/finalists/；“360i & Lean Cuisine Awarded Grand Ogilvy in The ARF David Ogilvy Awards,” 360ion, March 21, 2016, http://blog.360i.com/360i-news/360i-lean-cuisine-awarded-grand-ogilvy-arf-david-ogilvy-awards；“Lean Cuisine Mutes the ‘Diet’ Conversation to ‘Weigh What Matters,’ ” 360ion, January 14, 2016, http://blog.360i.com/wp-content/uploads/2016/01/Lean-Cuisine-Weigh-This.png；“Lean Cuisine Celebrates Women's Accomplishments in NYC Art Installation,” 360ion, October 29, 2015, http://blog.360i.com/social-marketing/lean-cuisine-celebrates-womens-accomplishmentswith-art-installation；“Beyond dieting: Lean Cuisine shifts its messaging,” by Tanya Dua, October 27, 2015, https://digiday.com/marketing/lean-cuisine-not-about-dieting/；“Lean Cuisine Eliminates the Word ‘Diet’ —Literally: Frozen-food company treats ‘diet’ as a four-letter word, offers software blocker,” www.wsj.com/articles/lean-cuisine-eliminates-the-word-diet-literally-1452186000；“Nestlé Lean Cuisine wins Grand Ogilvy,” Warc News, 16 March 2016, www.warc.com/NewsAndOpinion/news/Nestl%C3%A9_Lean_Cuisine_wins_Grand_Ogilvy/2c3c8069-1fe2-41e1-982b-4c817fbc7a60；“Lean Cuisine's Package Redseign Drives $58 Million Sales Increase in One Year,” May 4, 2017, by Patty Odell, http://www.chiefmarketer.com/lean-cuisines-package-redesign-drives-58-million-sales-increase-in-one-year/, www.prnewswire.com/news-releases/more-than-a-pretty-package-nielsen-honors-package-redesigns-that-helped-to-remake-brandsbottom-lines-300449362.html；Jeff Hamilton, “Lean Cuisine's Double-Digit Turnaround,” posted on April 6, 2016 by Patty Odell, www.chiefmarketer.com/lean-cuisines-double-digit-digital-turnaround/.

6.1 营销传播调查过程

不管是否意识到，当你在寻找最好的大学时，你进行了**战略性调查**（strategic research），这意味着你积极寻求可靠的信息来帮助你做出重要的决定。首先，你意识到需要更多关于大学的信息，然后你可能开始搜索、筛选一些大学网站和小册子，以及和朋友聊天，也许还亲自访问了一些学校。你试图收集足够多的客观信息来对择校进行公正的比较与分析。此后，你做出了决定，且每学期都在评估你的选择。品牌传播计划的调查也经历了类似的过程。

一个有效的品牌传播计划完全取决于消费者洞察，所以倾听是了解和理解顾客的第一步。这意味着品牌战略始于**消费者调查**（consumer research）——倾听的工具。通过更好地了解消费者的态度、动机、感知和行为，消费者调查有助于有效细分和市场定向，这些调查结果将用于分析和洞察人们为什么如此思考和行动。但我们首先必须了解传播调查的原理与实务，以及如何有效倾听消费者的心声。

在计划过程中的所有阶段，其目标都在于回答如下问题：为了对消费者行为有深入的了解，我们需要知道什么？在品牌传播中，这类调查涵盖制定讯息策略和媒介计划的所有因素和步骤（如图 6－1 所示）。运用战略性调查来收集信息，以便在广告和营销传播策略上做出正确的决策。

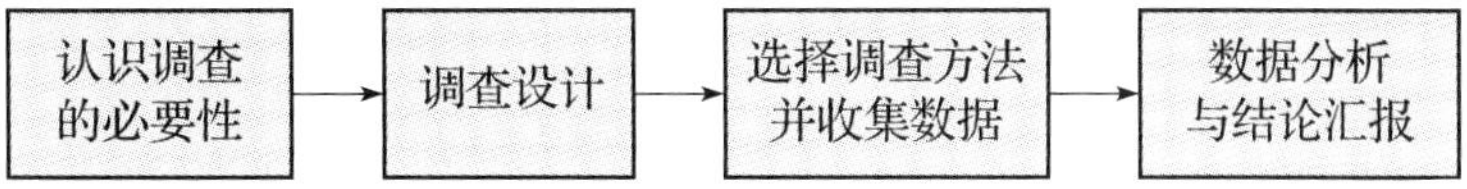

图 6－1　调查过程

6.2　为何需要调查

如前所述，广告公司及其客户运用调查来进行战略决策，但广告公司很少开展调查活动。绝大多数调查活动非常专业，往往由独立调查公司以及客户的内部调查部门去开展市场与消费者调查。这些公司和部门收集与公布**第二手资料调查**（secondary research）的数据，并开展最终有利于品牌传播活动的**第一手资料调查**（primary research）。恒美广告公司是少数几个仍然设有内部调查部门的大型广告代理公司，它每年开展的生活方式调查（将在第 7 章讨论）成为消费者信息的一个主要来源。

对于广告和营销专业人士来说，无论你是否进行实地调查，熟悉调查过程、理解数据如何获得以及如何用其改进决策都是非常重要的。随着市场日趋碎片化、饱和化以及消费者的要求越来越多，广告计划对通过调查获取信息的需要也日益增强。图 6－2 总结了调查运用于营销传播计划的六种方式：市场信息；消费者内在需要调查；品牌信息；媒介调查；讯息开发调查；调查评估。

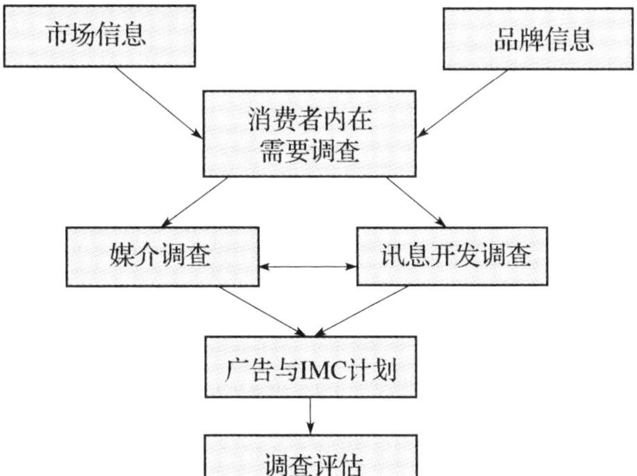

图 6－2　调查在营销传播计划中的运用

市场信息

营销部门因战略计划而使用的正式调查叫作**营销调查**（marketing research），包括问卷调查法、深度访谈法、观察法、小组访谈法（类似于深度访谈，但面对的是一个小组而不是个人）以及用来制定营销计划的各种一手和二手数据，最终为品牌传播计划提供信息。**市场调查**（market research）是营销调查的一种，是用来收集一个特定市场或消费者群体信息的调查法。

这里引用一则来自冰岛的例子。多年前，受到全球经济衰退的影响，世界上大多数经济体都陷入了困境。冰岛的银行业因过度扩张而遭受重创，对冰岛公众造成了沉重打击，摧毁了该国的购买力。一家广告公司的所有者英格维·洛加松（Ingvi Logason）的客户之一 Icelandic Lamb 公司不得不对市场的变化做出快速反应。羔羊肉作为一种奢侈品，在艰难时期可能从消费者的菜单上消失。这个行业如何才能向那些转向廉价肉制品的消费者推销减价的羔羊肉？公司运用小组访谈法来探索潜在问题，调查发现，消费者的主要问题是不知道如何烹饪这些降价的羔羊肉。解决办法是通过烹饪节目和菜谱来教育消费者，并使之成为病毒式广告。

市场信息包括计划人员发掘的有关消费者对品牌、产品品类、竞争者品牌的所有感知内容。计划人员有时会观察销售人员，聆听商品推销员的推销说辞，为了解产品生产过程而参观生产车间，或为评价员工和顾客之间的互动情况而到某个商店或餐馆工作。在营销传播方面，计划人员会考察品牌及其竞争者的广告、促销活动、售点陈列、包装以及其他营销传播活动。

品牌信息包括评估品牌在市场上的地位与表现——是领先者、跟随者、挑战者，还是某个更大更知名品牌的子品牌？这方面的调查也包括对人们如何感知品牌个性和品牌形象的调查。收集一个品牌及其市场信息的通用方法有：

- 品牌体验。当广告公司接受一个新客户的委托后，要做的第一件事便是通过品牌调查熟悉品牌。恰如奇多主题传播活动那样，要根据市场、消费者、竞争者的情况来了解品牌的发展历史。重要的是找到公司关于产品线的定位、公司目标、品牌计划的看法。品牌调查的另一关键是品牌与顾客的关系。例如，调查人员可能要体验一个典型消费者购买与使用产品的所有感受。举例来说，如果比萨店是你正在服务的客户，你可能会尝试去比萨店工作，或以一个消费者的身份到店。品牌购买也是接受客户委托的方式：汽车公司的广告代理商的停车场通常停满了其客户所生产的汽车。

- 竞争分析。竞争分析也很重要，例如，当你接受了一个肥皂制造商的委托，就会使用该品牌的肥皂，购买竞争者的肥皂，亲自做对比实验，以增强你对品牌分析的个人体验。

- 营销传播审计。大多数计划人员开始执行某项任务时必须正式或非正式地收集该品牌的广告以及其他营销传播活动的每一个细节，也包括给这个品牌提供启示的竞争者信息以及其他相关细节。这些信息张贴在“作战室”的墙上，以便队员沉浸在这些讯息之中，产生新的创意。此外，还包括对史实的收集。没有比这个更令人尴尬的事情：当你提出一个极好的新的广告创意后，却发现几年前竞争者已使用了该创意，更糟糕的是，你的客户也使用了该创意。

● 内容分析。营销传播审计可能仅包括对经常使用的口号、诉求和形象的非正式的总结，也可能包括对竞争者采取的方式和战略的正式、系统的制表统计，后者被称作**内容分析**（content analysis）。通过揭示竞争者的战略、战术，分析竞争广告的内容，会启发有关竞争者的思考，也为给我们设计新的、更有效的广告提供好的建议。计划人员也试图了解竞争者所提出的心理图式或定位，且明确对品牌仍然有用、有关的东西。

恒美广告公司定期进行“购买障碍”调查[1]，并意识到这些障碍常常为广告和促销讯息创造机会，以呈现讯息或改变感知。例如，美国乳制品协会（American Dairy Association）要求恒美广告公司找出奶酪消费量下降的原因，与 Icelandic Lamb 公司的故事类似。该调查发现了一个最容易通过营销传播纠正的障碍：家庭厨师缺少简单的奶酪食谱。作为乳制品行业的姐妹贸易组织，DairyGood 通过在其网站（https://dairygood.org/Recipes）上大力推广这类食谱消除了消费者的这一障碍。

消费者内在需要

本书的基本原理是：有效的营销传播取决于对消费者的真正理解。创意团队（负责讯息设计）和媒介计划人员（负责决定怎样和何时传递讯息）都需要尽可能多、尽可能深入地了解他们试图触达的人群。为了扭转销售情况，广告代理公司必须真正了解目标市场正在如何适应新的经济形势。

调查者常常试图揭露购买的原因，消费者内在需要调查揭示了人们不想尝试或不想购买一个产品的原因。本书顾问委员会成员雷吉娜·刘易斯解释说，当她在唐恩都乐快餐连锁店担任消费者和品牌洞察的副总裁期间，在消费者调查中发现了顾客不喜欢点高档咖啡饮料的几个原因。大多数情况下，他们被“咖啡师”所要做的步骤和花哨的咖啡名吓着了。

● 收集反馈信息。之前提到，可将从消费者那里获得的反馈作为与消费者的部分互动：系统地收集来自消费者服务、技术服务、呼入式电话营销和网站等系统的记录信息。一些企业通过使用网络上的线上问卷、博客、在线社区或其他社交媒体，让消费者参与产品设计、销售、定价和企业运营方面的决策。举例来说，旅游服务营销者已发现，通过社交媒体可大规模地收集有意义的消费者反馈。不过他们也发现，有交谈意愿的消费者想要成为对话的发起者。[2]

你可能听过这样的话：“为保证服务质量，本次通话将被录音。”这些录音有可能用于培训，也可能用于营销情报分析。[3] 如果顾客说他们被搞糊涂了，或要求销售代表重复某句话，就说明报价或技术解释没有发挥应有的作用。这样的通话可及时反馈一个品牌及其竞争对手的报价优势。“你是从哪里听说我们的”这类具体问题被用于监控品牌接触点、口碑传播和媒介绩效。

● 口碑监测和行为追踪。互联网技术使得追踪一个品牌的评论更加容易。IBM 和微软等很多营销者会通过监控聊天、博客对关键词进行全面扫描，以发掘或回应消费者关于品牌和产品的评论。可将这些发现用于焦点小组访谈等其他调查方法中，来核实和解释网上表达的感想。[4]

监测口碑也可以用来监测态度，比如说，在 Hostess 公司宣布其银行破产后，《华尔街日报》跟踪了社交网络上关于公司品牌 Twinkies 的评论。调查发现，其中有 25%的评论关注健康议题（如超重），33%的评论表达了悲伤（一个美国品牌正在消失），35%的评论与工会有关（破产会解除劳工合同），7%的评论只是玩笑话。[5] 从脸书等社交媒体也可以获得消费者的反馈。

Pinterest 是人们用来展示照片、文章和视频的一个网站，允许使用者保存图像并将其分类，是一个不显眼的、允许监控消费者想法的在线工具。就像凯拉·斯特朗（Kaila Strong）诠释的那样，Pinterest 的分类是在一个利基市场上发现受欢迎内容的途径，其中"热门"类可以让用户、营销者看到网站上什么最受欢迎。[6]

● 神经营销。为了进入消费者的内心并了解他们到底在想什么，营销者求助于神经科学。神经科学能够使用高度专业的设备来扫描正在处理信息和进行决策的大脑，可将这种调查方法应用在消费者行为上。例如，加州大学洛杉矶分校一位研究者的调查显示，可以绘制观众在意识水平之下对超级碗广告的反应，这引发了关于隐私的道德问题。[7]

金宝汤公司就运用了神经营销学和生物测定学来分析消费者对品牌传播的反应。在为期两年的研究和对其红白金宝汤罐头的品牌图符进行重新设计的过程中，公司运用神经营销技术去寻找消费者对碗的图片、勺子的用法以及其他图片线索的反应，目的在于发现消费者与品牌之间的更深层的情感连接。这些变化包括：颜色编码多样化；描绘蒸汽，使图片中的汤看起来温暖；移开汤勺，消费者觉得没有必要存在；更新碗的外观；为了更好辨认这些元素，将公司徽标移到底部。[8]

媒介调查

媒介计划始于消费者调查和有关媒介行为的问题，这些问题有助于做出媒介选择决策。媒介决策者经常与客户策划人员一起工作来决定使用什么媒介形式（如印刷媒介、广播电视、有线电视、户外媒介、网站）去最大限度地完成目标，旨在通过最能吸引消费者注意的媒介触达消费者，进而培养消费者的兴趣。

接下来，**媒介调查**（media research）收集在主题传播活动中用于传递讯息的媒介和营销传播工具的信息，然后媒介调查员将这些信息与已知的目标受众匹配起来。

讯息开发和诊断

当计划人员、客户经理、创意成员开始制定讯息策略时，就需要置身于各种正式或者非正式的讯息调查中去。他们阅读由客户和计划人员提供的所有相关的第二手调查资料，从中得到有关品牌、公司、竞争、媒介和品类的蛛丝马迹。

文案人员和艺术总监会进行非正式调查，他们的调查可能是个人观察：拜访零售店、与销售员聊天，并观察顾客的购买行为。除了阅读，他们会观看先前的广告，尤其是竞争者的，借此来分析其他人之前做了些什么。这种以个体为背景的调查是消费者内在需要的来源，并对之后的讯息开发过程有重要影响。

在个人调查之后，下一步可能是在团队中进行非正式的调查或通过更正式的结构化调查来产生、测试大创意。大创意具有能与目标受众产生强烈共鸣的品牌讯息。创意发展调查经常使用定性调查手段来预测创意的效果，这种做法称为**概念测试**（concept testing），有利于评估不同创意手法的比较效果，属于事中评估。该方法用于测试大创意，有助于明确讯息背后的传播策略，也可测试大创意的执行效果。为了解消费者对创意草案的看法及可能的反应，调查者通常需要实施在线调查或在很多目标受众聚集的商业街进行访谈。

大创意被认可后，创意团队就要为正在使用的整合营销传播工具（如销售促进、电视广告、事件）草拟讯息，并测试执行过程中是否存在不可预料的问题。比如说，销售促进真的能引人注意吗？广告是否花了太长时间去解决问题？事件能强化关键的品牌讯息和利益吗？在一则商业广告中，品牌是娱乐故事的主角吗？这种诊断式调查需要尽早在创意过程中开展，以便及时发现问题、修改大创意，使品牌和传播更加清晰明了，且在执行过程中通过修正来优化效果。

另一种分析传播意义的技术是**符号分析**（semiotic analysis），是通过剖析讯息中的符号、象征来揭示意义的层次和类型，在符号体系中找到与不同消费群有关的深层意义。它的重点是确定意义，即使意义不明朗或不具高度象征性，它也可能与特定消费者的动机相关。

举例来说，在通用汽车的 OnStar 全球定位系统上市之时，其广告使用了蝙蝠侠主题，从符号、象征方面看这则广告，就可明确策略中是否有着或明或暗的讯息意义。再比如说，用连环画中的英雄作为 OnStar 系统的明星，可引发英雄主义联想。尽管如此，蝙蝠侠并不是一个超人，而是一个具有一系列高科技的、很酷的小配件的普通人。不过，蝙蝠侠也是永恒不衰的，他对读过该连环画、看过该电影的年轻人以及能回忆起年轻时代的蝙蝠侠的中老年人来说仍有很大的吸引力。这个 OnStar 主题传播活动十分成功，赢得了大卫·奥格威调查奖（David Ogilvy Research Award）。

评估

当一则广告或其他类型的营销传播讯息被设计并制作之后，要对其投入市场前后的效果进行评估，这是主题传播活动的组成部分。**事前测试**（pretesting）是对完稿之后但未投放的表现予以调查，属于对讯息进行诊断并做出更改的最后一步。创意开发调查在于检测广告创意的影响力，但事前测试在于审视创意被展示与被接收的途径。创意即便很具吸引力，也可能被目标受众厌恶。这类测试决定是否继续采用某一具体广告作品。有时，事前测试也可用于对广告创意的效果提出质疑，促使创意团队重新进行战略思考。

对其他整合营销传播工具的评估来说，事前测试也很重要。如果公司无法确定优惠的效果，就需要对诸如折扣、有奖竞赛、事件、返现等特殊促销予以测试。优惠有时太小（没有或几乎没有反应），有时太大（造成消费者需求过旺）。一个经典的例子是胡佛（Hoover）电动吸尘器公司在英国开展的促销活动。如果消费者愿意花 100 英镑购买它的真空吸尘器（当时大概值 150 美元），公司就提供两张去美国的免费机票。这类优惠被认为是“附赠礼品”（可回顾第 4 章）。消费者有何反应呢？没错，胡佛完全被消费者汹涌而来的需求给淹没了，以至于无法兑现承诺的所有机票，之后消费者开始控告公司，导致高管被“解雇”。胡佛的确卖出了很多真空吸尘器，但失去了商誉，最终也损失很多钱，全球媒体的负面报道铺天盖地。[9] 为了避免此类问题发生，一个公司可模拟这类促销优惠，在不同的消费者中进行事前测试，从而评估吸引力、感知价值、消费者购买意愿，在正式实施活动前对优惠进行调整。

Ameritest 是一家调查公司，专门对印刷媒介、电视和线上品牌讯息的效果进行事前测试，其总裁和本书顾问委员会成员查尔斯·扬解释了该公司的事前测试方法，以便诊断品牌讯息的执行效果，其中包括确定注意力水平的高低、讯息的情感结构。

如何知道广告在起作用？为了回答这个问题，有必要在主题传播活动的事中和事后实施**评估性调查**（evaluative research）。在一场主题传播活动中，其目标具有诊断性，以此调整品牌讯息，使之更有影响力。这一步有时称为**文案测试**（copytesting）。在广告或是主题传播活动启动之后，**事后测试**（postesting）的调查有助于评估实现目标的总体效果。

很多整合营销传播工具也用于跨时评估，比如说，一个公司可以追踪：优惠券的回收数量、计划参与特殊事件的人数、参与有奖竞赛或抽奖的人数、商展或贸易促销带来销售拜访的人数、直接营销活动的转换率、公司新产品得到正面新闻报道的数量。

调查设计

新的广告任务总是始于对市场形势进行各种正式的或非正式的背景调查，即二手资料调查。我们将其与第一手资料调查做比较，第一手资料调查是公司和品牌开展的原始资料调查。

二手资料调查 利用某一主题可以得到的、已公开发表的信息开展背景调查叫作二手资料调查。当广告人接到一个新项目或新任务时，会首先阅读能找到所有有关产品、公司、行业和竞争者的资料：销售报告、年度报告、投诉信、和行业有关的贸易条款。他们要查询重要的事实与关键的内在需要。这些调查之所以被称作二手资料调查，并非因为不重要，而是因为这些资料是由他人收集、出版的。

典型的广告传播活动受到来自多个信源的信息的直接或间接影响，包括内部代理机构和外部调查服务提供商。对于 Lean Cuisine 品牌案例而言，使用二手资料——寻找有关减肥行业的信息——就是强调广泛阅读的重要性。下面是获得二手资料的一些传统渠道，广告主开展背景调查时可以利用这些渠道。

● 政府机构。政府各个部门提供的大量统计资料都可用于提高广告和营销决策水平。很多统计资料是关于人口规模、地理分布、年龄、收入、职业、受教育程度和种族等方面的调查统计数据。美国人口普查局（US Census Bureau）的此类人口统计信息对于广告定向和市场细分方面的营销决策十分重要。倘若不知受众规模及其主要维度，广告主就无法对目标受众做广告。除了人口普查信息，其他政府机构提供的信息也有助于广告主做出更好的决策，如来自美国商务部（www.bea.gov/scb）的《最新商业调查》（*Survey of Current Business*）。

● 行业协会。许多行业都有行业协会，它们收集、分发成员感兴趣的信息。比如，美国冷冻食品协会（American Frozen Food Institute）或游戏制作理事会（Game Manufacturers Council）是帮助成员开展业务的组织。对于营销传播，包括美国广告代理商协会等在内的行业协会所公布的调查报告可帮助广告公司审查自己的行为和监测竞争者；广播广告局（Radio Advertising Bureau）出版的《广播实情》（*Radio Facts*）可帮助了解美国商业广播业的情况；客户策划团（Account Planning Group，APG）为客户策划人员开设了讲习会和培训课程；美国舆论研究学会（American Association for Public Opinion Research，AAPOR）可满足社会舆论研究者的专业需要。

● 二手资料调查供应商。由二手资料调查得来的信息过于庞大，于是其供应商便为其他有兴趣的公司收集与组编专题信息。主要的二手资料调查供应商有 FIND/SVP 公司、Off-the-Shelf 出版公司、Dialog 信息服务社（Dialog Information Services）、美国律商联讯公司（Lexis-Nexis）、道琼斯新闻/检索服务公司（Dow Jones's Factiva）。

● 网上二手信息。对于任一给定的公司，你一定可以找到其网站，了解公司的历史和企业哲学，查找公司的全部产品线和管理层信息。这些网站为客户策划人员和其他市场调查人员提供了可靠的信息，其他网络信息来源还有博客网站、聊天室，在此可看到人们对产品或品牌的反应。许多与行业有关的网站出售研究、论文、最佳实践等报告：

《广告时代》杂志（http://adage.com）是市场营销和媒体界的全球新闻、情报和对话的来源。

BrandEra（www.brandera.com）按产品类别汇集信息。

Cluetrain（www.cluetrain.com）发布了寻找和分享创新营销信息和想法的新方法。

Forrester Research（www.forrester.com）提供技术市场的行业调查。

Greenbook.org（www.greenbook.org）提供营销调查焦点小组供应商的全球目录。

MarketPerceptions（http://marketperceptions.com）专门从事医疗保健调查，尤其擅长使用焦点小组法。

第一手资料调查　如果所需信息没有二手资料来源，公司及其代理商可收集自己的数据，第一次从原始来源收集信息的过程称为**第一手资料调查**（primary research）。

恒美广告公司是一个全球性的营销传播机构，负责每年的恒美生活方式调查（DDB Life Style Study），这是第一手资料调查。

普渡农场股份公司（Perdue Farms）自己开展消费者调查，推出了经典的“硬汉”（tough man）主题传播活动。

第一手资料调查供应商（由公司客户聘请）是专门从事访谈、观察、记录和分析特定产品或服务的购买者及其影响者的行为的公司。其涉及的行业众多，从在美国拥有 45 000 多名员工的尼尔森公司——电视收视习惯的大型国际跟踪者，到为个别客户开展小组访谈、个人访谈、编制报告以及为个体客户提供广告和营销咨询的数千家公司。

很多广告公司会资助西蒙斯市场调查局（Simmons Market Research Bureau，SMRB）或 MRI 调查公司（Mediamark Research & Intelligence）开展大规模调查。这两家组织对美国消费者进行了大样本（每次调查都在 30 000 人左右）调查，询问其消费量、财产或产品、服务与媒介的使用范围情况。MRI 调查公司对产品和服务的调查涵盖了从牙刷、牙缝刷到健怡可乐、宿营设备、主题公园等范围。

西蒙斯市场调查局和 MRI 调查公司开展第一手资料调查，并向客户公布其可利用的调查资料。这些研究报告本来是用于媒介计划方面，但由于资料的综合性，也可作为特殊消费者信息的第一手资料。例如，通过一个叫掘金者（Golddigger）的电脑软件，MRI 调查公司的订阅者就能够挑选出一个目标消费者，然后命令电脑去搜寻目标市场成员使用的所有产品、服务和媒介。这一画像提供了有关目标市场的逼真且详细的描述，然后信息创意团队只需要去帮助客户想象受众的样子就可以了。

调查设计基础

第一手资料调查可以同时收集定量和定性数据，还可通过实验研究设计来收集定量数据，这是另一种第一手资料调查方法。

定量调查设计　定量调查（quantitative research）提供描述性的、数字性的数据，如使用者数量和购买数量、态度和知识、广告展露数，以及其他市场相关信息。定量调查也提供广告反应信息，有时叫作购买意向。调查大量群体反应的定量调查方法对于检测市场是否足够大或大部分人是否真的按照设定方式言行是非常有用的。

定量调查常用于准确计算销售水平等指标，或用来预测态度等指标。尽管如此，为了具有预测性，这类调查必须严格遵守科学的步骤。定量调查的两个主要特征是：(1) 大样本（代表性样本数从 100 到 1 000 人）；(2) 随机抽样。最常用的定量调查有问卷调查和针对购买行为、舆论的跟踪调查。

使用定量调查方法研究消费者决策过程的一个最大问题是消费者通常不能清楚地表达这样做的原因，因为这些原因不适合用问卷来回答。此外，大部分人意识不到自己的想法及思考过程，以至于他们没办法轻松地说出或在量表上填写“是”与“否”。受访者在回答问题时也有一种倾向，即他们回答的是其认为的研究者想要的答案。这就是近来定性研究在创建品牌传播领域变得越发重要的原因所在——能测试和解决某些肤浅的问卷问题。

定性调查　定性调查的目的是摆脱消费者回答题项的限制。**定性调查**（qualitative research）具有探索性，可洞察消费者如何行为及其根本原因。

举个例子，当百事公司/菲多利公司考虑将奇多食品的目标受众从儿童转变为成人时，这一巨大的策略变化要求对新目标市场的态度、行为进行深入研究。调查人员听取了奇多粉丝对吃这种脆脆的橙色零食的感受，发现这些成年人喜欢吃奇多，吃完后会舔手指。他们喜欢有趣的食物，这可以避免他们暴露实际年龄。[10]

常用的定性调查方法有观察法、民族志调查法、深度访谈法和案例分析法，这些方法使用较大样本量，并对消费者内在需要进行科学预测，这对探查、解释与理解下列问题非常有帮助：

- 顾客希望自己是什么样子的？
- 顾客购买某一产品的动机是什么？
- 顾客怎样看待我们的广告？
- 消费者是怎样与品牌关联起来的？他们与品牌的情感联系是什么？

在早期，定性调查法常用于制定品牌传播计划或引发内在需要的讯息策略，并用于设定后续调查的问题和假设。定性调查法也擅长证实直觉，排除不好的方法、有问题或含糊不清的思想，并给讯息策略指明方向。但定性调查是以小样本为代表调查，所以调查者不能把结论推广到总体。尽管不能用于下结论，但定性调查适合回答“为什么”这类问题，有助于提出能够用定量方法求证的假设。

盛世长城广告公司的国际市场计划人员萨利·莱曼（Sally Reinman）围绕丰田运动汽车即休闲运动四轮车（RAV4）所做的一项调查表明，所有国家的目标市场的消费者都有三个共同欲望：希望丰田运动汽车时髦、安全和省钱，这使开展有效的国际传播活动变得容易。

实验调查设计 严密控制的科学研究有时用于推测人们是如何想的，以及是如何对不同讯息、刺激物做出反应的。**实验调查**（experimental research）试图在变量之间建立因果关系，并使用正规的假设检验技术，比如比较消费者对不同的信息加工的反应。把被测试因素以外的所有因素都控制住，如果结果变量有变化，那么调查者就可以得出结论：被测变量导致结果存在差异。实验调查用于测试各种市场因素：广告诉求与表现、产品特征、设计、价格以及各种创意。

教师给你们讲过他们做过的调查吗？这里有一个教授开展的香烟广告的调查案例，对于烟草业以及政策制定者都有实际意义。当然，广告能驱动或阻止吸烟。他测试的问题是：禁烟广告可能无意促使（或准备让）青少年认为吸烟很酷。

在实验调查中，有时使用测量仪器如核磁共振检测仪、脑电波追踪仪或眼动监测仪测量反应。电极可用于监测心律、脉搏、体温，从而确定人们对讯息的生理反应（不能言说的反应）。

特别是情感反应不能用语言表述，但可通过此类传感器来观察。例如，惠普公司通过让一群志愿者绑上电极来分析他们对笑脸图片的反应。研究发现，在看人们微笑的照片，尤其是孩子微笑的照片时，志愿者大脑活动有明显的差异。安装在高分辨率相机上的新型电脑视觉软件试图读取人脸表情，以确定观众在观看电影预告片或进行网上购物等活动时的反应。[11] 眼动追踪技术将视网膜追踪相机连接在电脑屏幕上投射图像，一直用来观察读者和观众如何浏览印刷品和视频，现在用来测试购物者对货架设计、商店陈列的注意力。[12]

在实践中，经常同时使用定量和定性调查方法，二者以互补的方式帮助调查人员描述和理解消费者的需求。前文中 Lean Cuisine 品牌的例子表明定性调查可用于解释定量调查的内容。同样，由于定性调查通常是探索性的，可首先用于开发定量工具，如问卷调查或实验调查。

6.3 选择调查方法和收集数据

本节重点介绍讯息开发中使用的调查类型及其典型适用情景。消费者调查方法通常是根据所产生的数据类型来描述的：数字的（定量的）或语言的/行为的（定性的）。这两种方法的数据收集可以通过个人、电话、邮件、互联网、有线电视，或商场、商店的电脑展示台来实现。

定量调查方法

如前所述，营销传播中最主要的定量调查方法是问卷调查，也可在商场邀请顾客参与实验调查。

问卷调查法 在问卷调查中，问卷可用来获取人们的态度、知识、媒介使用、对特定讯息的接触等方面的信息。**问卷调查法**（survey research）是一种定量调查，以结构式采访形式询问多人相同的问题，涉及年龄、收入、行为或态度等方面的个人信息。问卷调查可以面对面做，还可通过电话、邮件或在线上开展。

公司自己做调查的一个例子是丰田，为了改善其高档的雷克萨斯品牌的市场状况，公司对美国超级富豪进行了为期两年的调查。由来自不同部门的九个员工组成的雷克萨斯团队被称为“超级富豪团队”，采访富裕的轿车买主，问他们为什么住在现在这个地方，他们为了乐趣会做些什么，他们购买的品牌是什么，以及他们对轿车制造有何感受。一个令人吃惊的发现是这些消费者拥有不止一辆车，他们买的车就像一个车队，因为他们有多个住所和办公室。[13]

做问卷调查时奖励很重要。卡尔·韦斯（Karl Weiss）是本书顾问委员会的成员，也是一家营销调查公司的总裁，他说应选择一个适合受众的奖励，比如 5 美元或 10 美元现金。不同的受众有不同的爱好，因此应该选择能吸引他们的奖励。不过要注意的是，在调查过程中不要对你的结论有偏见。假如你调查受众的航空旅行情况，那么奖励可以是一台索尼 PS 机。当你发现完成问卷的大多数人都是 35 岁以下的男士时，不要大惊小怪。意见者（opinionator）是以付费专家的身份登录消费者市场调查网站的人，他们会被问及对产品设计、电视广告、销售促进等很多方面的看法。[14]

在设计问卷时，有两个问题至关重要：如何选取一个有代表性的样本作为受访者，以及选择什么方法收集数据。

抽样和数据收集 在大多数情况下，对总体或目标市场进行普查的成本过高，因此通常进行抽样调查。在抽样调查中，受访者是更大群体的代表性**样本**（sample），是整个群体的一个子集。为了使问卷调查的结果能够准确反映总体的人口统计情况，样本应该是随机抽取的，这意味着总体中的每个个体都有相同的概率被选中参与调查。**随机抽样**（random sampling）还能够使调查者对调查获得的数据资料进行统计分析，并将结果推论到更大的总体中。随机抽样是民意调查和投票的基本要求的主要原因就在于此。

电话簿中的号码列表曾是调查人员选择的抽样框，他们从中随机抽取样本。但是，近年来电话簿已经不可靠了，因为很多住户不再使用固定电话，而使用手机。

一些市场调查公司专门从事样本选择，特别是线上调查，它们会根据目标客户的决策（如一些特定的人口统计数据或使用率）来识别并确认合适的样本，然后界定地点、人口规模、提供触达这些人群的方法。Ameritest 调查公司用此法对广告进行线上测试。

线上问卷调查　自从有了问卷调查，调查人员从受访者那里收集数据的方式一直在变，因为新技术使这类调查更具成本效益。自 20 世纪 50 年代以来，以个人为调查对象的调查方法已经从面对面访问变成了电话访问、线上问卷。在 33 亿美元的市场调查支出中，在线问卷调查占了一半。[15]

除了能进行问卷调查，网络也能监控在线行为。社交媒体公司 Room214 的合伙创始人詹森·科米尔说，营销传播调查所需数据可从脸书等社交网站的互动中获取。在第 5 章中，你读到的关于蒙大拿州比林斯市的重塑品牌传播活动是一项超过 1 000 人参与的在线调查活动。

定性调查方法

问卷调查是最常见的定量研究方法，但某些类型的个体和群体问卷调查也可用于探测与收集直觉反应。此外，定性调查方法允许调查人员进入家庭、商店去观察消费者的行为。

深度访谈法　用于消费者问卷调查的一种定性调查方法是**深度访谈法**（in-depth interview），它是一种一对一进行的访谈方法，运用了**开放性问题**（open-ended question），要求受访者给出自己的答案。在个人访谈中，调查人员直接向消费者提问。访谈法和问卷调查法的根本区别在于访谈法采用更为灵活的非结构化问卷。前面讨论的雷克萨斯的“超级富豪团队”就使用的该方法。访谈法使用一个讨论提纲来界定讨论过程中涉及的范围。

讨论提纲比问卷调查的问题更长，而且常常很宽泛。例如：“你是否喜欢这个产品?”“你喜欢看哪一类电视节目?”访谈者通过受访者对“你为什么这么说”或“你能更详细地解释一下吗”此类问题的回应来确定受访者的想法。因为这种方法常常比问卷调查方法使用的样本小，而且结论不易归纳成统计表，所以深度访谈法属于一种定性调查。

焦点小组访谈法　另一种定性调查方法是**焦点小组访谈法**（focus group），6～10 个产品使用者与潜在使用者聚集在一起，讨论一些话题，如品牌、产品类别或营销传播等。其目的是让人们以会话的方式进行交谈，调查者观察参与者的对话和互动情况。这是一种引导式的小组访谈，一个主持人通过一组精心设计的问题来控制小组的话题方向，鼓励交谈，并使参与者用自己的语言表达思想和情感。其他定性调查方法也使用小组来进行，如让参与者画海报、记日记，或是对一天的行为进行描述、作诗和记忆联想（当你想到某事，如一个品牌、一个情景或位置，你会立即联想到什么）。

焦点小组访谈法可用于计划过程的每一个阶段，不过常常先在信息收集阶段用来探查消费者的思考和行为方式，然后再用问卷调查等定量调查法进行测试。在了解批判性想法、探索顾客需求和在众多讯息战略中进行选择时，焦点小组访谈法是非常有用的。

友好小组访谈法（friendship focus group）是在一种舒适环境中（通常是在家里）进行的，参与者由主人邀请而来，能消除隔阂，更快获得深层次的反应。例如，调查发现，针对黑人妇女的广告中采用了敏感和不敏感的视觉感受，一个自我组织的友好小组比调查公司招募受试者而组成的传统小组更易组织起来，且能得到更诚实、更坦率的回答。[16]

互联网不仅是线上问卷调查的工具，而且是线上焦点小组访谈的工具，它能在一个有进入门槛的线上社区中聚集一批品牌忠诚者。一个名为 Communispace 的线上调查公司已为营销者创建了 225 个线上社区，包括卡夫食品公司（Kraft Foods）、联合利华的艾科（Axe）品牌和嘉信理财集团（Charles Schwab）。

线上小组访谈有时也考虑**众包**（crowdsourcing），指的是用数字头脑风暴形式汇集网络用户的智慧。在搜集集体智慧方面，众包从数字媒介社区中汇集意见与创意。

顾客建议与反馈 对话带来了倾听顾客意见的新途径，在第 5 章阐述的传统传播模型中，顾客反应或反馈主要是从调查中收集的。然而在新的传播方式中，获得反馈的方式有：监控互动式营销传播形式（人员推销、顾客服务、在线营销、社交媒体）及其反应；监控顾客通过免费通话设备、电子邮箱地址等发起的对话。

通过意见箱、顾客满意卡和问卷调查，商店总是可以获得非正式的反馈。塔吉特百货公司通过在《华尔街日报》上刊登一则广告来询问顾客的建议与需求，让目标受众表达其观点，627 名受试者通过电子邮件提出了建议。然后，塔吉特用两页广告把这些建议和公司的回复公开刊发。这是一种引发评论、倾听及回应的新奇方法。星巴克和很多公司使用网上意见箱使众包实践具体化。“我对星巴克的看法”（MyStarbucks Idea）是星巴克顾客表达思想、参与讨论和投票的一个网站，可登录 https://starbucks.com/查看。

固定小组调查 **专家小组**（expert panel）聚集了来自各领域的专家，形成了焦点小组访谈的情景。该调查工具能激发看待品牌、产品或顾客行为的新视角。不过，一个最常用的营销固定小组或**消费者调查固定小组**（consumer research panel）由精心挑选出来的人组成，他们对某个主题或品类很感兴趣。营销者长期保持固定小组，视其为一种固定的信息来源，或调查公司的客户为固定小组成员提供主题供其思考。固定小组可以会面，也可以通过电话、邮件或网络来联系。猎酷者和趋势观察员会采用固定小组调查来跟踪时尚与风尚。

观察法 像人类学家一样，运用观察法的调查人员在生活、工作、购物和娱乐等自然环境中调查消费者的实际行为。直接**观察法**（observation research）比其他大多数调查方法涉及更多的私人问题。调查人员使用视频设备、录音设备、一次性照相机记录消费者在家里（需经消费者同意）、商店或其他购买和使用产品的地方的行为。

露露乐檬（Lululemon）是一家女性运动服装连锁店，采用了一种新奇的策略：它不囤积大量货物，却培养了一种稀缺感。它是如何运作的呢？这家公司没有采用焦点小组等标准化营销调查技术，但高管每周花几个小时观察消费者的购物行为，倾听消费者的意见和抱怨，从而优化和调整商店的提供物和陈列。[17]

营销者也许会在杂货店、折扣店和药店的过道里观察人们的购物选择过程。在杂货店购物看起来是一项单调的机械活动，下次你去商店时，可以仔细观察你的同伴是如何选择产品的。

猎酷者是关注新兴趋势的调查人员，在观察目标市场聚集的地方和事件时，他们也会使用观察法。率先在营销史上运用观察法的一个经典项目是“消费者行为的漫长旅程”（Consumer Behavior Odyssey），该项目派出了一个调查队从洛杉矶到波士顿旅行，调查队利用各种技术观察和记录人们在途中的消费行为。[18]

观察法的一个变体是**参与式观察法**（participant observation），在该方法中，调查人员是研究群体中的一个成员。例如，对电视节目收视行为的研究有时会采用友好小组访谈法，在看电视时，调查人员会悄悄地记录其朋友的行为。调查人员通过自己置身于活动之中从而对群体体验有了一个内部视野——或许是情感移入。

民族志调查法　与观察法有联系的**民族志调查法**（ethnographic research），要求调查者亲身体验被研究者的生活。人种史调查者把对人类的观察提到科学的高度。在混合了人类学与营销学的民族志调查法中，观察者会使自己融入当地的文化，从而调查这一群体的文化含义、语言、相互关系和行为。[19] 也就是说，人们的行为本身超过了你在访谈或焦点小组所获知的信息。该方式尤其善于刻画一个典型消费者一天生活中的情景。例如，沃尔格林药店（Walgreen）的副总裁戴着眼镜却仍视力不佳，他的拇指蜷缩在手掌里，鞋子上还沾着一粒未炸开的爆米花，这些都被录制下来。这次体验的目的是帮助他和其他零售经理理解老人购物面临的困难，如商店布局混乱、视力问题、关节炎以至于无法触及产品或弯腰去拿产品。[20]

哈雷戴维森和可口可乐等大公司聘请在社会科学研究方面训练有素的营销专家来观察和解释顾客行为，然后这些观察者与公司经理、计划人员和营销者会面，讨论他们的印象。举例来说，八点钟咖啡（Eight O'Clock）使用的是录制型民族志调查法，其品牌的广告代理商是总部位于纽约的凯普兰萨勒集团（Kaplan Thaler），为了解咖啡在早晨活动中发挥的各种作用，公司在匹兹堡和芝加哥选取了 14 个家庭，用摄像机记录了他们典型的早晨活动。

直接观察法和民族志调查法都有一个优点：通过人们描述自己做过的事情，揭示他们真正做过的事情。当残缺的记忆、希望给访谈者留下印象或细节上的疏忽导致访谈结果出现错误时，使用直接观察法和民族志调查法能获得正确的答案。对于直接观察法来说，最大的缺点是只表明正在发生的事情，却不问其中原因。因此，把直接观察法的结论与个人访谈的结论结合起来，就可提供一幅更趋完美、易于理解的有关态度、动机和行为的画面。

麦肯广告公司正投资一个 250 万美元的研究项目，调查从墨西哥到智利的低收入拉丁美洲人的生活状况。[21] 一个名为“巴里奥”（Barrio）的部门调查其客户（如雀巢和达能）的营销活动，把会议室改装成“酒店”（街角的杂货店），并派员工及其家人在此生活，从而有了累计达 700 个小时的录像记录。调查的原因是低收入群体的内在需要很难被发现，不过他们也是消费者，因此当新经济给这些贫困人口带来新的生活方式时，营销者需要理解低收入群体的需要。

日记法 有时要求消费者使用日记法来记录他们的活动。**日记法**（diary）在媒介调查中非常有用，因为能把消费者看了什么节目和广告都确切地告诉媒介计划人员。如果带有评论栏，消费者就可加上自己在行为时的思考过程。蜂鸣日记法用来对受众行为进行随机记录，换句话说，参与调查的消费者先拿到蜂鸣日记本，当蜂鸣日记本响起的时候，消费者记录自己正在做的事情。与依赖消费者准确回忆自己行为的问卷调查法和访谈法相比，日记法能够从一个更现实、更正常的生活方式层面捕捉消费者信息。该方法还可使消费者改变自己一天的生活。

看看唐恩都乐快餐连锁店的例子。负责消费者和品牌内在需要的前副总裁雷吉娜·刘易斯解释说，她采用青少年日记法来明确目标受众何时开始喝咖啡，她在五个城市招募了 20 个人。从日记记录分析，雷吉娜·刘易斯及其团队有数百个观测点。在调查中心，受试者被要求解释他们想喝咖啡的时候发生了什么——哪天、何时、为什么想喝咖啡，等等。小组从调查中了解到，许多青少年想要刺激性的咖啡，尤其是他们想立即获得咖啡因刺激。因此，他们喝冰咖啡是因为热咖啡太烫，无法迅速让他们感受足够的咖啡因刺激。唐恩都乐快餐连锁店用蒸汽加压煮出了浓咖啡，来满足市场需求。[22]

其他定性调查法 营销传播计划人员总是探究人们行为和语言背后的原因、情感和动机。为了找到有用的消费者内在需要，他们会使用各种有意思、新奇的调查方法，尤其是使用故事和图画。认知心理学家的研究发现，人类在思考时，使用图像比使用语言要多。尽管大多数调查不得不使用语言去提问和得到答案，但最近以视觉资料来调查对象的方法打开了新的表达方式的大门，更能透视消费者的内心深处。

调查人员使用图片以及其他工具来揭示心理过程能指引消费者行为，拉里·索利（Larry Soley）教授把这种方法称为**投射技术**（projective technique），这意味着要求受访者产生印象，而不是对严格控制的定量调查和量表做出反应，他把投射技术描述为心理分析。[23]

哈佛大学商学院的杰拉尔德·萨尔特曼（Gerald Zaltman）教授认为，传统的消费者调查方法只对获得一些可预测的答案有帮助。例如，采用访谈法和小组访谈法依赖与他人的谈话，并询问他们的品味和购买习惯。当你询问他人对可乐的感受时，可能得到的答案就是：可乐是一种“高能量、解渴、像在海滩上玩耍一样快乐的”饮品，但对于人们如何真正地感受该饮料，此描述并不充分。[24]

下面是一些非常具有创造性的调查方法，定性调查的研究者正使用这些方法来调查消费者与所购买的品牌之间的联系。

- 词语联想法。这是一种投射技术，当给受试者特定词语的刺激时，要求人们用自己的想法或其他来自内心的词语予以回答，以探明他们思维方式的**联想网络**（network of association）。这些方法用于测试品牌个性以及其他支配消费者行为的思想。例如，当你想到塔可钟、温迪或 Arby's 快餐店时，你会怎么想？这些餐厅有一些共同点（快餐和廉价食品），也有基于食物类型（墨西哥餐、汉堡包、烤牛排）、餐厅设计、标志和颜色、品牌特征、健康等不同的联想网络。因此，每家餐厅都有一个独特的形象，可以通过其联想网络来确定。

以下是定性调查人员使用更具想象力的投射技术游戏来收集人们与购买品牌之间的联系的方法。

- 填空法。这是一种态度调查方法，要求受试者将故事的空白处或漫画的球形对话框填充完整。此时，他们的感知就可从他们对视觉资料的场景或情节的描述中表现出来。
- 完成句子法。测试时给被试者一个句子的句首，要求他们完成句子。该方法能够引导受试者就类型、原因、结果、个人体验意义做出回答。
- 目的驱策游戏法。这是调查者观察人们怎样解决问题和收集信息的一种方法。[25]游戏可使调查活动有趣，参与者更投入。同时，该方法也揭示参与者解决问题的策略，可反映他们搜寻信息的方法，或在某情形下处理问题的方法。
- 剧场技术。通过在影院环境中使用游戏，调查人员让人们体验各种各样的练习，以便了解他们对品牌的看法。其中一些游戏要求人们讲述产品故事，或模拟让他们说服其他人使用该品牌的场景。
- 雕塑和运动技术。如人体雕像定位是头脑风暴中寻求创意和新产品概念的一种来源。雕塑涉及将产品使用者置于静态，反映其如何看待和使用品牌。增添诸如舞蹈动作和武术等肢体动作可扩展洞察视野。
- 故事启发法。要求消费者讲述他们生活中的人工制品，如家里的照片或生活中所珍爱的东西。这些故事能帮助我们洞察人们是怎样和为什么使用或制作东西的。
- 造物生成法。这种技术使用生活写真、一日生活描绘（追溯一个人一天的活动状况）和指导书编写，来启发人们讨论品牌和品牌在日常生活中的作用。该方法用于解释后面涉及的其他人——客户、创意小组、其他广告公司，他们是隐藏在消费者内在需要背后的触发器。[26]
- 照片启发法。除了用图像来引出消费者的思想和意见，它同造物生成法很相似。它是一种基于照片的访问形式，要求消费者看一组图像或指导他们用相机来真实地记录某事，如逛商店，然后当回顾这些照片时，询问他们当时的所想或所做。
- 照片分类法。这属于另外一种视觉技术，要求消费者对一组照片进行分类，挑选能代表某事物的照片，如产品的典型用户、产品使用的可能情境。在确定典型用户的过程中，要求受试者把照片分成具体的类别，如快乐的、沮丧的、生气的、兴奋的或勇于创新的。
- 隐喻法。一些调查者认为，隐喻法能够丰富消费者谈论品牌所使用的语言。**隐喻法**（metaphor）不会用“像”“正如”之类的词语将某一事物与其他事物做比照。例如，依云矿泉水广告利用隐喻法来界定其产品。隐喻法通过探测隐喻中两个概念之间的联系，洞察人们是怎样感知品牌的。隐喻法一般用于获取新鲜、奇特的创意思想，也可用来分析人们思考中的认知方式。

上述方法能够合并在一起使用。哈佛大学的萨尔特曼教授创立了萨尔特曼隐喻诱引技术（Zaltman Metaphor Elicitation Technique，ZMET），该方法利用隐喻法和视觉图像来揭示人们的思考模式。典型的过程是先让受试者拿出他们认为与被研究的产品类别或品牌有关的图片，然后他们表达对产品或品牌的感受，并编成故事。[27] 为可口可乐欧洲公司做调查时，萨尔特曼要求志愿者至少收集一打可口可乐能触动他们情感的图片。然后，以个人访谈形式让志愿者讨论这些收集来的图片。最后，志愿者设计一张略图（一张他们自认为最重要的数字拼图），并记录他们对该图片的意义所做出的解释。萨尔特曼隐喻诱引技术的研究小组发现，可乐不仅仅是给人高能量、好时光这样的感觉，还蕴涵平静、孤独和放松的元素。[28]

调查方法的选择

决定采用哪种恰当的调查方法是一项重要的决策，这有助于理解两个基本的调查准则：效度和信度（源于调查者所说的“科学方法”）。**效度**（validity）意味着调查所测量的结果真正反映所要考察的内容。调查所揭示的任何差异，如不同的态度和购买模式，都确切地反映了个人、群体或情境之间的区别。**信度**（reliability）意味着你可以进行相同的测试并得到相同的结果。

定量调查，特别是做实验和问卷调查，都非常注意忠于科学原理。例如，选择一个能准确代表总体的样本，就能够提高调查的信度。表达含糊不清的问题以及与错误的对象进行谈话都会降低问卷调查和小组访谈的效度。研究的问题由两个部分组成：（1）受到实验群体样本小的限制；（2）在人为设定的条件下进行。

从总体横断面的大规模的问卷调查中得来的信息，限制了设计每个人能理解和回答问题的能力。这些严格的限制使询问有关研究主题的问题变得困难，也排除了意料之外的或不寻常的回答。另外，能深入发掘思想的小组访谈法和深度访谈法也同样受限于小样本和样本的代表性问题。

一般说来，定量调查法对于收集数据更有用（有多少人这么做了或有多少人相信），定性调查法则更擅长揭示原因和动机（他们为什么要这么做或他们为什么要相信）。基于上述原因，大多数调查者会同时采用多种调查方法，有定性的，也有定量的，偶尔还尝试实验设计。当你进行调查的时候，你选择哪种方法？答案取决于你需要解决的问题。

这里需要注意的是，有时候，大型消费者调查项目可能不会给出可靠的结果。一个经典的例子是：1985 年，约 20 万名消费者参加了盲品测试，之后可口可乐推出了新的配方。基于这项耗资 400 万美元的研究成果，可口可乐公司的管理者决定放弃从 1886 年开始使用的旧可口可乐配方，因为调查者得出结论喝可口可乐的人更喜欢一种新的、更甜的口味。而事实上，忠实的可口可乐饮用者对此反应强烈，因为他们想要“真正的可乐”，这是消费者调查中无法揭示的情感纽带。

分析数据和汇报结论

所有类型的数据都需要额外的步骤来总结，以便解释与应用。如前所述，一个有效的定量研究可用一系列广泛的统计方法来总结，这些方法可以使调查人员将结论推广到更大的兴趣总体。定性调查以观察、口头汇报，甚至图像或拼贴的形式产生数据。访谈法或焦点小组法的口头数据常常被转成文件，以便更仔细地分析和检查。定性数据通常通过分类或“编码”来分析反应，以便调查人员能够考虑数据中消费者的语言、行为模式和突发主题。这些类型的分析不允许调查人员使用统计工具将调查结论推广到总体，但它们通常为调查过程提供了洞察和理解。最后，以一种容易理解和对决策者有用的方式客观地报告所有发现也很重要。有关消费者购买、社交媒体、智能手机的大数据现在唾手可得，为了获取主要的消费者内在需要和趋势从而帮助公司更好地参与吸引消费者注意力、保持消费者忠诚的竞争，这些“大数据”需要更加精密的分析，而且需要数据可视化等创新型汇报工具。

6.4　调查趋势与挑战

营销传播调查人员面临诸多挑战：全球化和新媒介技术正在重构本行业。随着本行业为了获得有见地的分析和转向整合营销传播计划而寻求新方法，实践也发生改变。下面简要介绍一些趋势和挑战。

线上调查趋势

《2015 年调查业趋势报告绿皮书》（2015 Greenbook Research Industry Trends Report）显示，移动问卷调查和在线社区是供应商最常用的两种新兴的市场调查方法。[29]社交媒体也发展成为调查数据的一种来源。例如，推特开发了一个由 1.2 万名用户组成的小组，为营销者提供快速调查小组。各大品牌可以利用推特的“内部人士”专门小组，在广告投放前或投放时对广告活动进行评估。Snapchat 网站可能很快就会为其“千禧一代”的粉丝推出新计划，因为在 2016 年，Snapchat 网站的用户数量超过了推特和 Pinterest 社交网站，其中大多数用户的年龄为 18～24 岁。[30]

抽样的挑战

本章前文已提到抽样的挑战，随着新媒介和互联网的日益普及，调查专家正努力寻找有代表性的抽样方法。在线样本的问题在于其代表性。恰如韦斯所说，“如果你在使用一个在线小组，没有人会知道你的选择是否与总体兴趣有关系”。他推荐用三角划分来提高调查设计的效度和取样质量，使用更多样的方法而不只是依赖问卷调查。他总结道：“这就是为什么未来的调查不能依赖于问卷调查数据，未来的调查人员一部分是数学家，一部分是哲学家。这将是一个美好的时刻。”

全球调查问题

全球调查人员面临的关键问题包括如何在相距遥远的地点经营品牌和开展品牌传播活动，以及如何在世界各地的调查中求同存异。最大的问题是跨文化传播以及如何获得一条避免文化失真或不敏感的讯息。调查人员正想方设法寻找文化的意义以及测试营销传播讯息对不同文化的敏感性。他们竭力探明文化是如何解释一个营销传播活动的要素的，以便在跨文化条件下传播相同的品牌讯息。文化差异使计划变得复杂，正如客户策划人员、本书顾问委员会成员苏姗·门德尔松（Susan Mendelsohn）在一个含有咖啡因的新型镇痛剂的计划中发现的那样，在测试市场上，广告代理商发现不同文化对咖啡因的感知差异很大。

IMC 调查面临的挑战

海量数据导致整合营销传播计划复杂化，因为此计划需要调查许多利益相关者群体和接触点。在传播活动计划中，并不是把讯息稍加调整以适应不同的媒介，整合营销传播计划的战略一致性理论认为，不同的受众和媒介需要不同的讯息。门德尔松认为这是计划调查的激进趋势，她指出，公司需要对品牌目标有一个清晰的认识，应意识到多重目标的存在——这是一套整合过的目标，而不是一个大的模糊目标，这决定了效果测量方法的多样性。

下章预告

第 7 章将探讨受众细分与受众定向。洞察消费者思考与行为的调查与分析为品牌传播计划和战略决策开辟了通道是第 8 章的主题。调查结论也决定了讯息策略与媒介策略，这将在第 3 篇和第 4 篇中分别介绍。

成功秘诀

Lean Cuisine 品牌支持顾客真正珍视的东西

采用大甩卖并使顾客与品牌之间建立新颖的、有意义的联系是艰难的、有风险的。公众会接受 Lean Cuisine 品牌关于“珍视重要的东西”这样的新讯息吗？品牌会被过时的“节食”标签永远阻碍吗？

“应珍视这些”视频获得了即时的、病毒式传播的成功，其正面的品牌感知提高了 33%。在其推出的第一周，他们的努力使 Lean Cuisine 品牌在《广告时代》病毒式视频排行榜上排名第九，有 650 万人次的触达。该主题传播活动在情感上引起了消费者的共鸣，他们描述了自己想要如何被评价，“应珍视这些”和 Lean Cuisine 品牌的社交频道上出现了大量帖子。调查结果还显示，社交媒体上分享 Lean Cuisine 品牌的负面聊天比例降至 4%，大大低于上一年的 25%。今天，Lean Cuisine 品牌不再被认为是一种孤独的单身女性的速成晚餐，而成为女性赋权、保健、健康的倡议者。

"应珍视这些"是 Lean Cuisine 品牌整体战略转型的一部分，在很大程度上帮助该品牌实现了六年来的首次销售增长，尽管媒介支出同比下降。设计的改头换面和"应珍视这些"主题传播活动使一年后的销售额增加了 5 800 万美元。很明显，倾听消费者的心声有了回报。"应珍视这些"主题传播活动产生了重大影响，以一种有意义的方式与顾客建立了联系，Lean Cuisine 品牌也因此得到了回报。

资料来源：Catherine Scola/Contributor/Getty Images.

复习题

1. 区分营销调查和市场调查的差异，并理解它们的差异为何是重要的。

2. 讨论第一手资料调查和二手资料调查之间的区别。

3. 定性调查、定量调查和实验研究设计分别可获得什么类型的信息？这三个类型的调查有何不同？

4. 什么是问卷调查？如何进行问卷调查？深度访谈法和问卷调查法有何不同？

5. 讨论下面每一种可能用到的调查方法：焦点小组访谈法、深度访谈法、观察法、民族志调查法、固定小组调查、日记法。

6. 解释信度与效度的差异，并说明这两个概念是如何影响品牌传播调查的。

讨论题

1. 如果你正想为拼装车做广告，在什么时间档该市场的收视率最高？现在分析一下各类人群的数量，确定哪类人群中观众最多。

2. 你要为一家新的高档餐饮连锁店进入你的社区设计和开展一个调查项目。客户想知道该社区的人是怎样看待竞争以及本连锁店提供的服务的。客户在家禽菜谱上使用了一个不同寻常的概念——野鸭、雏鸟、野鸡和其他美味的家禽肉食。这一专业类别有点像海鲜餐厅。你的一个同学说做这项调查的最佳途径是拥有精心设计的问卷和代表性样本。另一位同学则持反对意见，她认为客户真正需要的是对市场的洞察。她认为帮助客户制定广告策略的最好方式是采用定性调查。复习不同调查方法的优势，并将其用于这一新产品上市活动。在班级讨论时展示你的观点。

注释

第7章

受众细分与受众定向

学习目标

» 能解释消费者决策过程的机理。

» 能阐述文化、社会、心理和行为因素如何影响消费者对广告的反应。

» 能说出受众定向与受众细分的区别。

» 能列举几个用于受众细分和受众定向的特征。

品牌传播的成功，比如多芬（Dove）的“真美”（Real Beauty）主题传播活动，取决于对消费者的准确洞察，这为广告活动指明了方向。多芬认识到当前对理想化的纤瘦模特身材的痴迷已影响到女性对自我形象的认知，从而提出“真实的女性一样美丽”，并通过“我的美丽我做主”（# MyBeautyMySay）、“谈美”（# SpeakBeautiful）等主题传播活动以及反对媒体对女性运动员形象的肤浅描述持续地向受众传递这一观点。[1]

本章将探讨驱动消费者对营销讯息做出反应的因素、影响消费者行为的要素、消费者做出购买决策时的动机，以及这些因素如何帮助营销传播或广告讯息确定目标群体。

获奖案例

多芬受众重新界定美丽

目前，你已了解到很多使品牌传播变得有效的因素。正如本书开篇所强调的，指导营销传播实践的最基础和最重要的原则就是对品牌的理解。你已在每章的开篇案例中见到许多企业对这一原则的最佳实践，比如佳得乐公司、宝洁的“像个女孩”主题传播活动，以及本章的多芬“真美”主题传播活动。正如这些案例所显示的，成功开展营销传播活动的第二条基本原则就是能够理解如何最好地与消费者建立联系。

联合利华旗下的多芬品牌开展的“真美”主题传播活动向我们展现了一则确定消费者心中所想并在个人层面上与消费者产生联系的优秀广告。“真美”主题传播活动凭借“标榜勇敢”获得了艾菲奖和媒介盛典大奖（Festival of Media Award）。“真美”主题传播活动直戳痛处，抨击了过于迷恋纤瘦身材和芭比娃娃般样貌的文化。多芬的“真美”主题传播活动试图通过广告真正地重新定义美丽且改变女性看待自己的方式，是十分冒险的。它原本有可能成为一颗炸弹，却最终取得了成功，因为它不承诺也不强调那些不切实际的美丽标准，道出了女性更好看待自己和感受最美自我的需求。

联合利华的委托调查最终促成了这次营销传播活动。本次调查发现两项惊人的统计数据：

- 只有4%的调查对象相信她们是美丽的。
- 尽管有80%的女性承认每个女人都有美丽的一面，但通常没有人能欣赏到自己的美。

多芬的“真美”主题传播活动是这样展开的：

多芬意识到需要影响每一位女性，为了从战略上实现这一点，它通过多种不同的媒介发布讯息。多芬“真美”主题传播活动传递的讯息与选美竞赛以及《魅力》(*Glamour*)、《诱惑力》(*Allure*)、《时尚》(*Vogue*) 等女性杂志传播的理念形成了鲜明对比。

多芬没有忽视广播媒介，甚至在超级碗大赛期间播放广告。多芬通过建立网站（http://www.dove.com）进行社交媒体对话来展开“真美”主题传播活动，挑战那些把美丽定义为完美和苗条的刻板印象，增强女性的自信心。作为该传播活动的一部分，一个名为“进化”（Evolution）的网络视频引发了病毒式传播，获得了超过1 800万次浏览量。广告牌和公交车上的广告引发了公众的热议。

相似的策略也被运用于多芬抗衰老系列产品的上市，多芬一反常理，赞赏起年长女性的白发、皱纹和老年斑。多芬在 2013 年开展的“真美画像”（Real Beauty Sketches）主题传播活动中，通过一位素描艺术家，显示女性在陌生人眼中的美要远超过其在自己眼中的美，这次活动又一次成功地获得了病毒式传播。

为了宣传全新的营养护发精油系列产品上市，加拿大多芬在同期的“雨中歌唱”（Singin' in the Rain）主题传播活动中继续对真实女性进行赞颂。在一个拍摄于雨中的短视频中，女性边唱边跳，展示她们美丽而顺滑的秀发，并在博客上记录下这一美好时刻。在付费媒介以及气象网络的联合支持下，多芬在社交媒体上得以向观众展示在“雨天”或者“潮湿天气”下，这一产品可以让你的头发保持柔顺。

美国文化似乎推崇身体上的完美，而多芬却勇敢地试图拓宽美丽的定义，但美的定义是全球通用的吗？这一讯息是否能够有效地传递给所有女性？在本章结尾，你将看到多芬的努力所取得的成效。

资料来源：“Singin' in the Rain” Effie Awards published case study，July 2012，www. effie. org；Effie brief supplied by Ogilvy & Mather；“Dove Campaign for Real Beauty Case Study：Innovative Marketing Strategies in the Beauty Industry，” June 2005，www. datamonitor. com；Molly Prior，“Most Innovative Ad Campaign：Dove Campaign for Real Beauty，” Women's Wear Daily 190，no. 122（December 9，2005）：36-39；Ann-Christine Diaz，“Book of Tens：Best Non-TV Campaigns of the Decade，” www. adage. com，December 14，2009；Michael Bush，“Unilever Wins Two Awards for Axe，Dove Media Campaigns，” April 20，2009，www. adage. com. www. unilever. com. www. dove. com，accessed November 22，2016；“Let's Change the Way We Talk about Beauty on Social，” http://www. dove. com，accessed November 22，2016.

7.1 开启对话

尽管美国人口超过了 3.25 亿，但没有一个人处于每种产品和服务的市场中。对于每个品牌，都会有一些人比另一些人更感兴趣。如何找到这些人，然后与他们发起对话？讯息的发送和接收都会产生成本，所以理想状态是与现有顾客及预期顾客就品牌开展对话，而不是把钱浪费在那些非优质潜在顾客身上。如何找到这些顾客呢？

成功的品牌化始于与顾客的优先权、价值观建立联系，所以，优秀的营销传播需要尽可能了解品牌消费者的每一个方面，然后用能产生情感共鸣的语气、讯息与他们交谈——就像你坐在长椅上向邻座推荐糖果一样。为了定向最佳的预期顾客，首先要对市场进行适当细分，然后与最有可能对品牌利益点和讯息做出反馈的细分市场进行交流。下面从一些消费者决策概念开始讨论，这些概念是第 5 章主题的基础。

消费者如何做出品牌决策

消费者决策的传统观点是基于线性的信息处理方式，类似于第 5 章讨论的讯息效果模型中的经典 AIDA 模型。这表明，对于重要决策，大多数人遵循具有可预测性的一个决策过程：（1）确定需要——这一阶段的品牌传播目标是激活或刺激需要；（2）信息搜索——营销传播讯息通过提供易于查找和记忆的信息来助力这一搜索过程；（3）方案评估——品牌传播帮助购买者通过有形和无形特征区分不同的商品；（4）购买决策——包装、售点陈列、降价、横幅和标牌、优惠券等店内促销都会帮助消费者做出购买决策；（5）购后评价——满足顾客的产品期望，同时提供保证、保修和轻松退货服务，以减轻消费者对于购买失误的恐惧。

这组步骤是分层进行的，受到第 5 章中论及的要素的限制。然而，这些步骤在分析消费者如何做出重大购买决策时很有用。涉入的概念在此大有帮助，其最简单的定义是“个人相关性”，如第 5 章中所述，当购买决策涉及社会风险或财务风险时，涉入度更高，消费者可能会经历这五个阶段中的每一个阶段，以期做出最佳决策。同样，很少或没有风险的购买，涉入度较低，消费者会跳过一些决策步骤，更多受到情绪、形象和包装的影响。

品牌决策的路径

消费者对讯息反应的思考/感觉/行动模型也可用来分析消费者做出决策的各种方式。例如，在低涉入与高涉入以及不同产品之间，消费者需要的信息量都存在差异（如图 7－1 所示）。

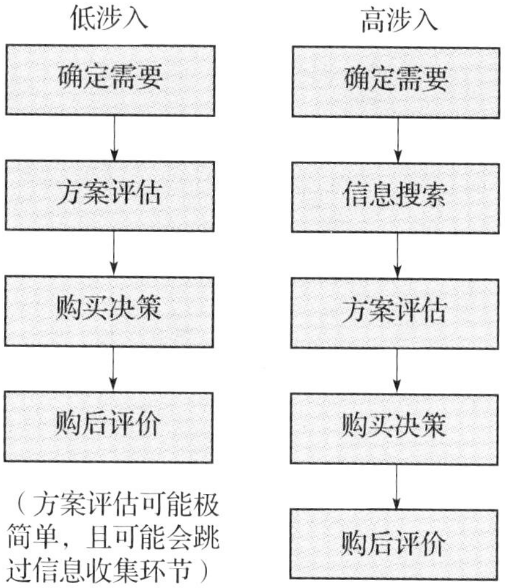

图 7－1　低涉入和高涉入决策

说明：高涉入决策过程包含全部五个阶段，但低涉入决策过程只包含其中几个阶段。你最近购买的哪些产品可以被认为是低涉入或高涉入的？你的决策过程与这些模型相比如何？

下表总结了消费者根据他们对信息的需要做出决策的六种方式。请注意，第一步意味着消费者是否思考（更高涉入度），是否基于情感（感觉）做出决策，抑或不假思索就购买（行动）。

路径	目标	举例	传播目标
思考-感觉-行动	学习、兴趣	电子游戏、数字多功能光碟	提供信息与情感
思考-行动-感觉	学习、理解	学院搜索、电脑、度假	提供信息，加以论证
感觉-思考-行动	需要	新套装、摩托车	创造欲望
感觉-行动-思考	欲望	化妆品、时尚品	建立情感诉求
行动-感觉-思考	冲动	棒棒糖、软饮料	创造品牌熟悉度
行动-思考-感觉	习惯	谷物、洗发水	强化满意度

在 B2B 营销中，购买决策几乎都是高涉入的，这是因为企业基于两个原因购买产品和服务：（1）它们生产的产品需要原材料；（2）它们的业务运营需要商品（如电脑、桌子和椅子）和服务（如法律、会计和维修）。B2B 购买决策通常由委员会做出，其中包括决策制定者、影响者（通常是产品的用户）和商议最终购买安排的采购者。例如，百货商店有一个采购团队，负责为不同的部门选择商品。由于 B2B 购买涉及更多的资金，因此决策过程类似于前面描述的完整的五阶段消费者模型。

7.2 消费者决策的影响因素

回忆你上周买过的东西。其购买过程是怎样的？买的东西是你需要的还是你想要的？这些就是营销者和广告主询问其顾客的问题。**消费者行为**（consumer behavior）描述个人或群体如何选择、购买、使用商品，以及激发这些行为的需要和欲望。在学习本章时，要不断问自己有关你本人、朋友和家人消费行为的问题。

在细分市场和受众定向之前，要考虑影响消费者及其决策的各种因素：消费者的文化相似性、家人和朋友、个人需要和品牌体验。图 7－2 是一个一般模型，显示了影响消费者行为的各种因素。

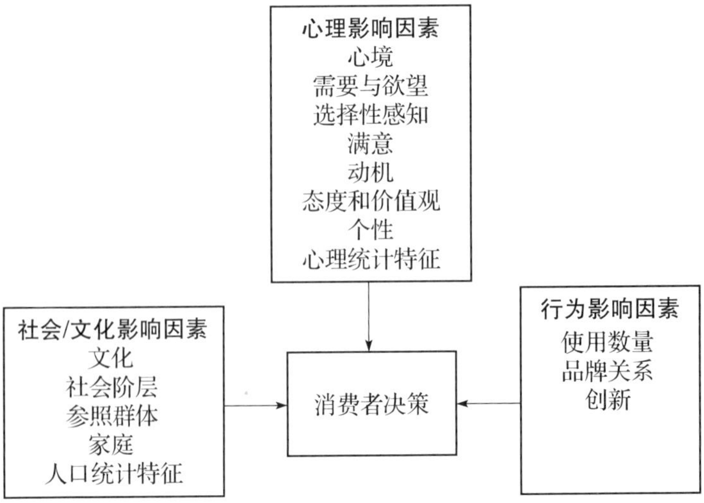

图 7－2　消费者决策的影响因素

文化影响因素

能够吸引消费者注意、深入其脑海且促进行动的营销传播往往建立在深层文化价值观的基础上，或需要面对这些价值观。**文化**（culture）由有形的事物（如艺术、文学、建筑、家具、服饰和音乐等）和无形观念（如历史、知识、法律、道德和习俗甚至审美标准等）构成，这些因素共同定义了一个群体或一种生活方式。所有人不得不学习文化价值观，且一代传一代。通常认为，文化为营销传播提供了深层的情境，但在电视、体育比赛、时尚界、音乐以及其他领域中接触的流行文化更多是动态的。

规范和价值观 为每一类文化划定"恰当"行为界限的是**规范**（norm），是从社交互动中学到的、能够确定或禁止特定行为的简单规则。在文化上，规范源于**价值观**（value），代表有关行为和结果的基础指导原则。比如，几十年来，美国崇尚自由、独立和个人主义；在其他国家，特别是亚洲和拉丁语系的国家，在价值观的优先序列中，人们更加注重家庭关系和群体连接，而不是个人主义。

一个文化中最重要的价值观为数不多，即使经历很长时间，其相对重要性也不会发生太大变化。这些潜在的**核心价值观**（core value）支配着人们的态度，指导着人们的行为。促销讯息的主要吸引力在于将品牌的核心价值观与受众的核心价值观（如同情心、爱国主义、社群观念）匹配起来。米尔顿·罗克奇（Milton Rokeach）提出了一种文化价值观分类法，被许多国家的研究人员用于创建与文化相吻合的品牌讯息。[2] 下面是罗克奇总结的 18 个终极价值观的列表。在你成长的国家，近年来这些价值观是被接受的更多还是更少？不同世代会对这些价值观进行不同的排序吗？在你自己的生活中，你最看重或最不看重的价值观是什么？

1. 真正的友谊
2. 成熟的爱
3. 自尊
4. 幸福
5. 内在和谐
6. 平等
7. 自由
8. 快乐
9. 社会认可
10. 智慧
11. 救世
12. 家庭安全
13. 国家安全
14. 成就感
15. 美好的世界
16. 和平的世界
17. 舒适的生活
18. 激情的生活

以上所有的价值观都是可取的，而那些更受重视的价值观揭示了文化优先级和独特概貌。虽然价值观排序不会随着时间发生太大变化，但重大事件或危机可能会使其发生改变。一项研究显示，在民权运动期间，"平等"在美国的排序变得靠前许多。[3] 近年来，对恐怖主义和经济疲软的担忧增强了人们对国家安全和家庭安全的重视。哈里斯民意调查（Harris Poll）发现，在经济困难时期，美国人储蓄更多，消费更少，为了家庭安全牺牲了舒适、快乐和激情。同样，在经济疲软和预算紧缩的压力下，消费呈萎缩态势，欧洲出现了一种挥霍无度的心态。[4]

跨文化因素 国际或全球营销计划必须考虑不同文化之间的差异，因为这种差异可能会破坏营销传播活动。荷兰学者吉尔特·霍夫斯泰德（Geert Hofstede）认为，民族文化对消费模式的影响是巨大的，应该纳入营销和广告策略。他对 IBM 全球 11.6 万名员工的研究发现，主动性、个人能力和强烈个人主义的美国价值观并非世界性的价值观，一些文化更看重集体思维和群体规范。

玛丽克·德莫伊（Marieke de Mooij）是一名跨文化传播研究顾问，她结合霍夫斯泰德的研究和理论提出了一套跨国营销传播原则。[5] 一个结论是并不存在信息处理的通用模型。例如，在欧洲南部的集体主义文化中，人们不像北欧人那样有意识地搜索信息。相反，信息是通过与朋友、家人的社交来收集的。她的研究否定了情绪具有普遍性的观点，发现不同文化对情绪的表达和认知不尽相同。同样，发掘个性线索也很困难。不同国家的人把不同的个性特征归因于成功的全球品牌，并倾向于把个性归因于符合自己文化价值观的品牌，而不是生产商的价值观。

企业文化 文化的概念适用于 B2B 和 B2C 营销。**企业文化**（corporate culture）是用来描述不同企业如何运作的术语。一些企业很正规、正式，程序繁多，有严格的工作时间，对着装有明确的要求，而另一些企业在运作、办公制度和传播上较为随意。企业做购买决策时也存在类似的模式：有些对采购进行严格控制和监管，而日本等国的企业比较宽松随意，对采购没有太多控制，或更多依靠友好的交情，而不是通过制度监管。然而，霍夫斯泰德在基于 IBM 的跨文化研究中发现，文化差异会产生比传说中的 IBM 企业文化更强烈的影响，他将其假定为一种标准化影响。

社会影响因素

除了之前提到的文化，你同时也是社会环境的产物，它决定你所属的社会阶层或群体。参照群体、家庭和朋友都是个人观点和消费行为的重要作用因素，也影响了习惯和偏好。

社会阶层 家庭在社会中所处的位置即**社会阶层**（social class），它由以下几个因素决定：收入、财富、教育背景、职业、家庭声望、住房价值、邻里关系。在等级森严的社会里，如印度，人们很难从其出生的阶层中摆脱出来。在美国，尽管人们可以进入与自己原生家庭不同的社会阶层，但社会仍然存在由上层、中层、下层构成的阶层。品牌传播可以通过社会阶层对消费者进行细分，假设不同阶层的人会购买不同的产品。

参照群体 在特定情况下作为行为示范的群体，如老师、家庭成员、宗教领袖、政党成员、业余爱好俱乐部以及非正式团体（如同事、同学等同辈）都是**参照群体**（reference group）。

热衷于某一特定品牌的人群被称为**品牌社区**（brand community），比如哈雷车友会（Harley Owners Group）。想要知道哈雷车友会是怎样运作的，可以登录网站 www.hog.com 查看。苹果也是一个有品牌社区的公司。一位作家将苹果公司的“果粉男”和“果粉女”称为“苹果公司的狂热信徒”，他们在公文包和汽车上贴有苹果贴纸，穿着与产品 Mac 或 iPod 相关的衣服，炫耀 Mac 的文身。他说：“苹果已经不是一个品牌了，而是一种生活方式。”[6] 你可以登录网站 www.CultofMac.com 了解相关详情。

互联网很大程度上影响了参照群体的形成，这些参照群体围绕广泛的兴趣、爱好和品牌以在线虚拟社区的形式建立起来。

对消费者来说，参照群体有三个功能：（1）提供信息；（2）作为个人比较的手段；（3）提供指导。**典型用户**（typical user）在有趣的或愉快的环境中使用产品的广告，利用的就是参照群体策略。多芬的主题传播活动反驳时尚杂志和广告中骨瘦如柴的刻板女性形象，认为那并不能代表普通女性。

社会学家大卫·理斯曼（David Reisman）根据个人与他人的关系，把人分为内向/个人主义（inner directed/individualistic）和外向/同辈群体和社会（outer directed/peer group and society）两种。同辈对其外向型朋友的需求和欲望产生的影响是广告主尤为感兴趣的。像 BzzAgent（www. bzzagent. com）这样的企业已帮助品牌从消费者最看重的参照群体那里获得推荐。“尝试全新产品，向你的朋友炫耀”（Try new products. Brag about them to your friends），你怎样看待他们的宣言？

家庭　由于家庭对个人成长的塑造作用、家庭规模的有限性和家人之间关系的密切性，对许多人而言，家庭是最重要的参照群体。根据美国人口普查局的定义，**家庭**（family）是由两个或以上因血缘、婚姻或领养等关系而居住在一起的人构成的。**住户**（household）有别于家庭，因为住户只是指居住在一起的人，而不管他们之间是否有关系。

21 世纪一个引人注目的人口结构和人口变化趋向是单人住户的兴起。在美国历史上，单人住户的数量首次超过夫妇和有孩子的住户。[7] 单身人士每年超过 2.3 万亿美元的消费能力使其成为对许多企业而言颇具吸引力的细分市场，这些企业包括科威国际不动产（Coldwell Banker）、劳氏、雪佛兰（Chevrolet）、Keurig 咖啡机等。卡夫食品推出了“单人份”，戴比尔斯（De Beers）甚至推出了“右手戒指”。[8]

心理影响因素

个人特征同样会通过需要、欲望和动机影响一个独立个体对品牌的反应。

需要和欲望　第 4 章把需要和欲望看作两种不同形式的反应，致使个体对同一广告讯息产生不同的反应。激发我们做那些反映基本生存诉求之事的基本驱动力叫作基本需要，如旅游时选择汽车旅馆是为了栖身，找饭店是为了获得食物。在心理学家亚伯拉罕·马斯洛（Abraham Maslow）创建的“需要金字塔”理论中（见图 7－3），这些需要被称为生理需要和安全需要。

我们从文化和环境中获悉的是**习得需要**（acquired need），包括对自尊、声望、情感、权力、学习和美的需要。因为习得需要并非肉体生存所必需，因此也被视为次级需要。马斯洛称这些为归属（社会）需要、自尊需要和自我实现需要。多芬的主题传播活动一直致力于自尊和自我实现。

当我们渴望或希望得到某件东西（当然，即便没有得到也不至于想死）时，欲望就产生了，它会为试用或购买新的东西提供强烈的动机，研究已证明了新奇事物的魔力。

施瓦兹（Schwartz）在著作《突破性广告》（*Breakthrough Advertising*）中阐述了“大众欲望”（mass desire）的力量。他说，“大众欲望”是个体欲望的大众化传播，不

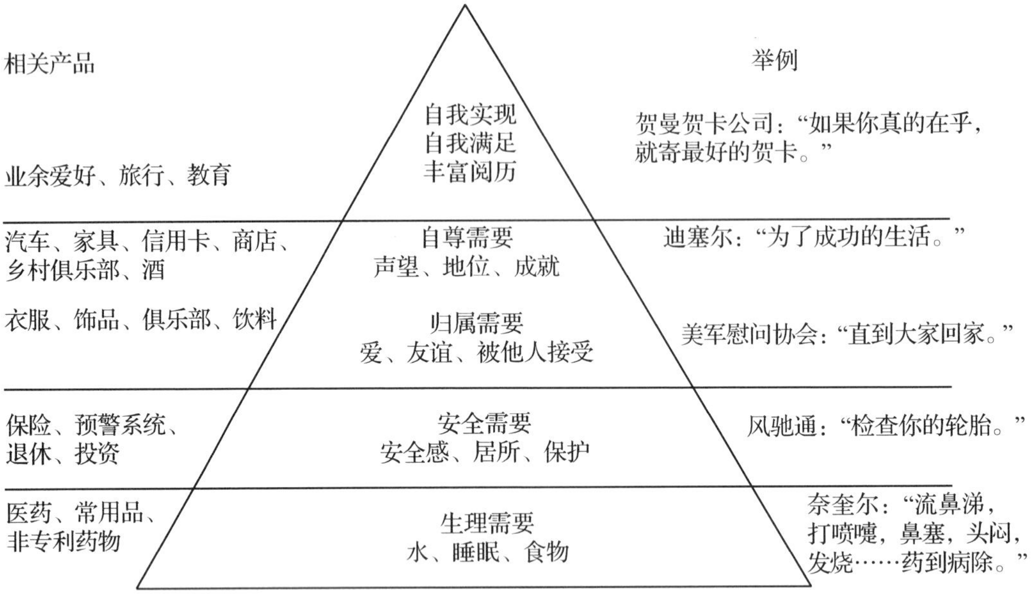

图 7－3　马斯洛需要层次理论

能够被广告创造，但广告可以阐述它，并提供渠道使之与某一品牌产生联系。[9] 消费者更倾向购买节能省油的汽车，产生对混合动力车型的欲望，如丰田普锐斯汽车。如果没有对这类交通工具的"大众欲望"，像普锐斯这样的产品就不会有市场。凯迪拉克凯雷德汽车也同样拥有自己的市场。

需要和欲望可被描述为理想状态和实际状态之间的差距，人们感受到的差距越大，就越有动机去采取行动来缩小差距。营销传播活动可以通过描绘某个产品能够帮我们达到的理想状态（例如，爱尔兰城堡之旅；成为健康俱乐部会员来获得更好的身体状态）或者强调某个产品可以帮助我们避免现状变得更糟（例如，人寿保险保单、一氧化碳探测器、一种预防普通感冒的方法）来加强人们对这种差距的感知。

动机　促使人们按特定方式行事的内在动力是**动机**（motive），是由未实现的欲望或需要产生的压力引起的。在任何时间，你都可能被许多不同的动机影响。例如，如果你下周安排了好几场面试，那么你购买新套装的动机会更强烈。

对动机的研究揭示了几个有关"为什么"的问题：为什么你会购买这个品牌而不是其他品牌？是什么驱使你去那家商店购物？有趣的是，许多动机在潜意识层面起作用。一些原因可能显而易见：因为饿了，所以去餐馆。但什么因素支配着你对餐厅的选择？是位置、内部装潢、最喜欢的一道餐点、餐厅形象、一段特殊回忆或是朋友的推荐？

消费者决策过程的最后阶段——购后评价会对消费者的回购行为产生巨大影响。这一阶段包括满意和认知失调。

● 满意。**满意**（satisfaction）通常被视为我们对产品的期望与我们对产品的实际体验之间的差距。营销传播有助于在顾客心中创造期望，计划者必须小心，既不能创造不切实际的、产品无法满足的高期望，也不能设定一个太低的期望，以至于消费者无法对产品产生兴趣。例如，当人们听到有关新电影的宣传时，会形成一系列期望，希望电影能够达到甚至超过这些期望。人们可能会关注产品广告，而在购买产品后却表示失望。一个原因就是广告承诺有时会超出产品可以达到的效果。因此最好是创造有吸引力的期望，且产品可以达到或超过这一期望。

- 认知失调。**认知失调**（cognitive dissonance）指两种不同思想的冲突：比如你想要买车却没有钱，这会制造一种紧张的状态。营销者在对汽车进行营销时必须解决这个问题。在汽车营销中，通过提供无息或低息方案以减少这种冲突，使消费者购买决策更合理。买家后悔（buyer's remorse）是另一种形式的紧张。在我们以为会得到的与实际得到的东西存在差距时，后悔就产生了。在现实与期望存在差距时，人们会付诸行动来减少认知失调。最为显著的是人们会寻找信息去支持自己的决策，这就是为什么我们会关注之前购买过的产品的广告，而忽略甚至曲解不利的信息。

部分消费者的许多决策是常规的，或是习惯性的，且缺乏有意识的思考，这点对由情绪和感受驱动的决策同样适用。**神经营销**（neuromarketing）是一种研究人们如何思考的新的大脑科学方法，它深入研究在低注意力水平下大脑的处理过程是怎样的，是如何刺激人们做出无意识的直觉性决策的。神经学研究在描述情感驱动动机方面十分有益，因为很大程度上动机会带来无意识品牌决策和行为。

B2B 决策的影响因素

影响消费者购买的许多因素也反映在 B2B 营销中。我们知道，B2B 决策通常遵循相同的信息路径。贸易展览是 B2B 营销中的大事件，买家和卖家在此会集，了解新产品，进行产品演示，甚至达成交易。情绪在某些情况下依然可以发挥重要作用（例如，买方想要给老板留下深刻的印象），但最终这些决策中的理性成分要多于情绪化成分，原因如下：

- 在组织购买中，许多人都参与选项审查，通常由购买委员会做出最终决定。
- 虽然买家可能同时受到理性和情感因素的影响，但在大多数决策中，理性和量化的标准主导着决策。
- 决策有时是基于一套规范做出的，这套规范针对会对合同进行投标的潜在供应商。在这些购买行为中，通常是出价最低者胜出。
- 质量是极其重要的，重复购买取决于产品质量和性能。

7.3 如何细分市场和受众定向

成本效率和效果要求营销者必须：（1）细分市场；（2）对最有可能对品牌传播做出反应的市场予以定向。在此首先探讨**细分市场**（segmenting），即指将市场划分为在核心产品的相关领域具有相似特征的几个人群。细分有两个作用：一是找到目标市场人群；二是剔除不属于这个市场的人。

有多种方法可以细分市场。一种是根据它们所代表的市场类型（企业或消费者）来划分，这就产生了 B2B（企业对企业）或 B2C（企业对消费者）的营销策略。另一种方式是将市场划分为：（1）购买产品的人（购买者或顾客）；（2）实际使用产品的人（用户）；（3）影响者——帮助市场中的买家做出品牌选择的人（儿童、潮流达人、家人和朋友）。购买者和用户可以有不同的需要和欲望。在儿童谷物产品上，父母（购买者）经常寻找营养价值高、价格合适的产品，相比之下，儿童（影响者和用户）会寻找味道可口、包装内部有奖品的产品。

市场细分策略

在历史上的某一时期，可口可乐曾把美国市场看作同质的，即所有消费者拥有同一诉求（如“这就是可乐”），并采取了**无差异策略**（undifferentiated strategy）。然而，可乐在不同的地方销售，人们通过不同类型的媒介了解可乐，特别是在国际市场中。现在的可口可乐根据顾客的口味、顾客与产品的接触点把顾客分成不同的群体。当然，还必须考虑顾客年龄的差异，长期喝可乐的成年饮用者与青少年饮用者之间就存在很大差异。

消费者的差异以及品类不同决定了营销者应该如何进行营销传播，以及如何使用媒介来覆盖消费者。换言之，同质市场几乎不存在，因而**市场细分**（market segmentation）策略是大多数营销策略的基石。

一个公司利用市场细分策略可以使自身的产品更加切合消费者的需要与欲望，这就是可口可乐和百事可乐推出不同产品以吸引不同消费群体的原因。其中，细分的产品包括健怡可乐、无咖啡因可乐、无咖啡因健怡可乐以及其他在基本产品的基础上添加风味的可乐。

营销者不是向一个巨大的无差别市场进行营销，而是针对更狭窄的细分市场。例如，对国际旅行者中的单身女性进行营销。虽然营销已全球化，进入了大市场，但与此同时，许多营销者已转向更紧凑、更紧缩的**利基市场**（niche market），这是更广泛的细分市场的子市场。利基市场中的个体，如不使用婴幼儿纸尿裤、具有环保意识的母亲是以独特的兴趣或态度来定义的。尽管大公司也会采用利基营销策略，但利基市场营销者大都是中小公司，该细分市场的规模虽大到有利可图，但还不足以得到大企业的青睐。例如，Road Scholar 针对那些对教育导向的旅行体验感兴趣的老年人进行营销。

市场细分的种类

通常，营销者根据消费者的核心特点，使用六种基本方法来细分市场（见图 7－4）。采用哪种方法或方法组合因市场情况和产品类别而异。

- 人口统计特征细分。使用年龄、性别、种族和收入等特征来划分市场。
- 生命阶段细分。依据消费者所处的生命周期阶段对市场进行划分，包括居住在家中的儿童或青少年、大学生、独居的单身人群、夫妻、有孩子的家庭、空巢老人和独居的单身老人等类别。
- 地理细分。使用地理位置作为定义的变量，因为有时顾客的需要因居住地不同（如城市、农村、城郊、北部、南部等）而有差别。定义变量通常是地区、国家、州、城市或邮政编码。地理位置影响产品分销和营销传播。

● 心理细分。主要基于对人们如何花费时间和金钱、人们的工作和休闲方式、兴趣和观念、自我认知的研究进行划分。这种策略被认为比人口统计特征细分更丰富，因为它将心理信息与生活方式洞察相结合。

● 行为细分。根据对产品和品牌的使用水平将人们分组。重度用户对大多数产品来说都是非常重要的细分市场。

● 价值观和利益细分。基于有形和无形的因素来细分群体。价值观细分反映了消费者的潜在价值观：高尚的、享乐主义的、节制的、生态的，等等。利益细分基于消费者的需要或面临的问题进行细分，主张人们为其希望获得的各种利益购买产品。例如，消费者购买谷物可能是出于口味的考虑，也有可能是出于有益于健康的考虑。

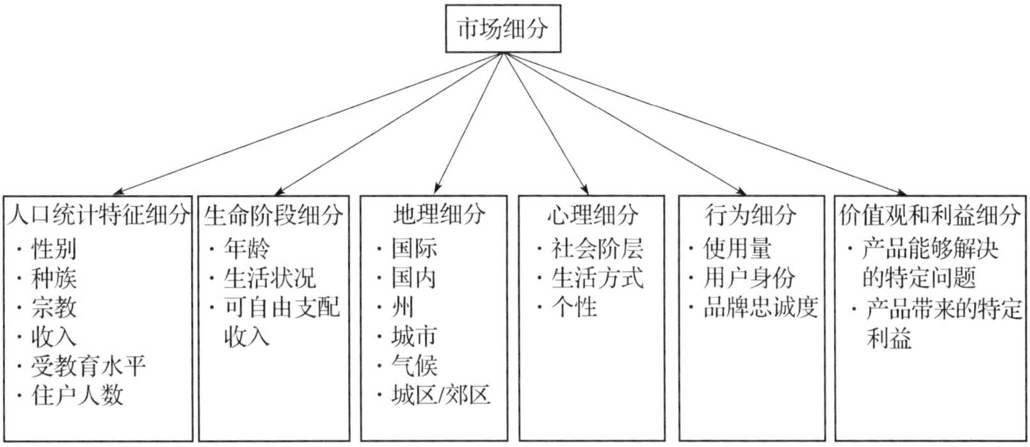

图 7 - 4　市场细分方法

当公司考虑国际市场时，需要回答三个基本的市场细分问题。

● 什么国家。这个问题可以通过市场调查来回答，有助于确定各国消费者的偏好是否与公司产品匹配。

● 市场发展水平。不同国家，特别是发展中国家，在产品市场的基础设施、教育水平、可支配收入和媒介发展水平方面有很大差异。例如，一些国家的生活水平不足以让奢侈品牌找到足够多的人口来分摊那些建立分销渠道、支持品牌营销传播和组建销售队伍的成本。

● 文化群组。文化群组是来自多个国家的市场细分顾客，他们具有共同的特征，并且可以转化为共同的需要和欲望。新手妈妈就是一个例子：无论国籍，新手妈妈都希望自己的孩子快乐健康。青少年是另一个文化群组。东京青少年和纽约青少年可能比其他国家的青少年和父辈拥有的共同点要多。

最佳受众定向

无论营销传播是使用单向传播策略还是双向传播策略，计划者都需要了解他们是在与谁交谈。一个组织通过**定向**（targeting）设计出具体的传播策略，以便切合受众的需要和欲望，并且使用最合适的方式对产品进行定位，以迎合受众的兴趣。

下面看看加利福尼亚州波利纳斯的尼曼农场（Niman Ranch）是如何为其通过人性化饲养获得的牛肉和猪肉建立一个奢侈品牌的。显而易见，尼曼农场应该聚焦高端消费者，他们喜爱天然食物并愿意为最优质的商品支付更多金钱。但这不是尼曼农场所采取的思路，它绕开消费者，将营销目标直接转向名厨，在他们所在餐厅的菜单上标注其品牌。通过使用这一创新的定向策略，尼曼农场从一个普通品牌一跃成为名优品牌，这家小公司因此获得了巨大的发展。最近，随着人们对有机食物和当地农业的兴趣日益浓厚，尼曼农场将数百家小规模的有机农场主整合在一起，构建了能够形成规模效应的网络，与此同时，让农场主负责当地的运营事宜。[10]

首先要使用细分特征对目标市场进行定义，将潜在消费群体从其他不大可能购买其品牌的人群中分离出来，然后添加额外的描述性变量，直到识别出理想的消费群体。假设你正在推广一种新型纸尿裤，首先要考虑的是识别目标市场中的父母的共同特征。你的品牌的特点是什么，它们对父母的重要性如何：价格、原料、生态敏感性，等等。在婴幼儿父母的大市场中，谁最想拥有本品牌特有的功能？母亲是婴幼儿的主要看护人，但所有母亲并不一样。为了缩小目标，是什么让众多母亲之间产生差异呢？有些人富裕，有些人只能勉强度日。廉价或昂贵是品牌的重要因素吗？还是需要考虑收入以外的其他因素（如时间紧张）？

你可通过预测的潜在顾客的最重要特征开始进行定向，将关键品牌特质与市场的利益和关注点相匹配。在纸尿裤示例中，最重要的特征首先是性别（主要是母亲），其次是年龄（如 18～35 岁的女性）。你还可以添加其他因素，如收入、城市/农村居民、受教育水平，或其他你在调查中发现的对你的品牌很重要的预测变量。

如图 7－5 所示，每添加一次变量，就会进一步缩小市场范围，你的品牌会更接近理想的目标受众。你的目标就是找到能定义的最大群体，以便用特定的媒介传播讯息与该群体的顾客产生共鸣。这些预测变量确定之后，就可估算目标市场的规模了。

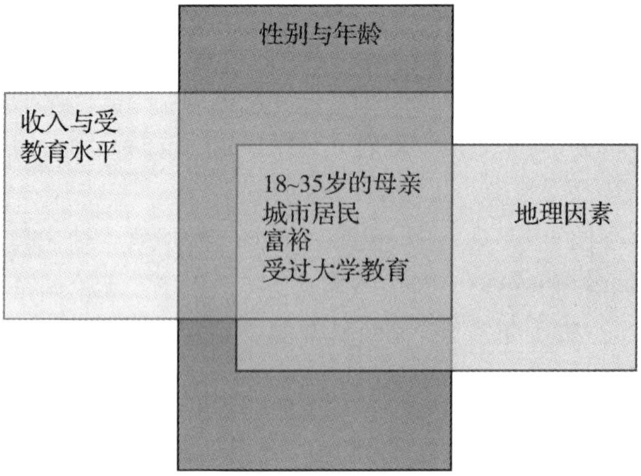

图 7－5　缩小目标市场

说明：随着用于识别目标市场的描述性变量的增加，目标市场中间的数字变小。当目标市场确定时，可以预测目标市场的规模。

从政治竞选中产生的定向实践称为**微定向**（microtargeting），是指使用拥有大量个人信息的计算机数据库来将高度定制的讯息传递给细分市场的特定人群。营销者还可以通过仔细分析常规顾客的数据来为预期顾客画像，使用这些信息来识别一组潜在顾客中存在的相关趋势和特征。[11] 使用包含个人信息集的数据库的做法存在争议。

基于位置进行微定向的另一个例子来自零售商，它们使用“地理围栏”——一种围绕某个位置定义周边的方法，通过位于商店附近的手机触达顾客。例如，在风暴即将来临时，向特定区域的顾客发送强调雨伞重要性的促销短信；与音乐会的观众接触，为第 3 排的观众提供产品的优惠券。[12]

7.4　市场画像与受众定向

正如章首的多芬案例强调的那样，营销传播计划人员需要描绘预期顾客，要善于利用可帮助其预测预期顾客对品牌讯息做出反应并最终购买品牌的可能性的特征。通过这些描述，就可为典型顾客或预期顾客进行画像，从而使品牌传播更加个性化，更具相关性。**画像**（profile）是对目标受众进行的描绘，类似于对你认识的某个人进行描述。分析伊卡璐（Clairol）是如何在其经典的“是她，不是她?”（Does She or Doesn't She）主题传播活动中对其目标受众进行画像的。

利用人口统计特征定向与画像

人口统计学的、社会的和经济的特征，包括年龄、受教育水平、职业、性别、性取向、收入、家庭状况、种族、宗教和地理位置等因素，被称为**人口统计特征**（demographics）。了解这些特征有助于为**目标受众**（target audience）进行讯息设计和媒介选择，目标受众是最有可能对产品感兴趣的细分市场。分析和收集人口统计数据时，首先要考虑的是该国的人口普查数据。在美国，人口普查局每 10 年进行一次大规模的人口统计信息的收集。

年龄　营销传播计划人员使用的最重要的人口统计特征是年龄。不同年龄的人有不同的需要和欲望。年龄通常决定产品选择。你的年龄是多大？哪些产品你在 5 年或 10 年前使用而现在不用了？展望未来 10 年，你有兴趣购买而现在不买的产品有哪些？以下列表描述了营销者使用的其他更常见的与年龄相关的人口类别：

- “最伟大的一代”（Greatest Generation）。汤姆・布罗考（Tom Brokaw）在他的书中提到这一代人，他们出生于 20 世纪 10 年代至 20 年代后期，经历了大萧条以及第二次世界大战。一小群出生于这一时期的年长老人已处于晚年，他们在战后向中产阶级开放了大学教育，过着朴素但经济上富足的生活。
- “沉默的一代”（Silent Generation）。出生于 20 世纪 20 年代后期到第二次世界大战期间的人被称为“沉默的一代”或传统主义者，他们现在是活跃的老人，在全国民意调查中被描述为对美国经济产生最“积极影响”的一代人，因为他们为推动战后繁荣发挥了重要作用。

● “婴儿潮一代”（Baby boomers）。1946—1964 年出生的人被称为“婴儿潮一代”，是美国人口按年龄分类中的第二大类别。7 900 万“婴儿潮一代”的消费者正进入退休阶段，他们在生命周期中经历了巨大的人口膨胀。在他们成长的过程中，人口数量影响了学校、就业市场、现有退休计划和医疗保健。这一代受到重大社会运动和科学突破的影响，从民权运动到反越战抗议，再到将人类送上月球。

● “琼斯一代”（Generation Jones）。出生于 20 世纪 50 年代中后期至 60 年代中期，他们隶属于“婴儿潮一代”。“琼斯”的称呼来自他们需要不断通过“跟上与自己社会地位相等的人”来追逐富裕的梦想。

● “X 一代”（Generation X/Gen X）。也被称为“婴儿潮克星”，指在 1962—1981 年出生的 4 900 万人。“X 一代”被认为具有独立思想、有点愤世嫉俗，是在离婚家庭中长大的、最具特色的一代人。他们关心身体健康（他们在艾滋病爆发期间长大）和未来财务（在他们到达人生黄金时期时就业变得更加困难）。

● “自我一代”（Me Generation）。出生于 20 世纪 70 年代到 90 年代初的人，他们年轻富裕，比父母更加关注自己和自恋，尽管这种情况在面对 20 世纪 90 年代末的互联网泡沫破灭以及随后的 21 世纪经济问题时改变了。

● “Y 一代”（Generation Y）。出生于 1980—1996 年，也被称为“回声潮一代”（echo boomers），因为他们是“婴儿潮一代”的孩子。他们对营销者很重要，因为其规模接近“婴儿潮一代”，有超过 7 400 万人。这一代人也被称为“数字一代”（Digital Generation）或“网络一代”（Net Generation），因为他们比哥哥姐姐或父母更精通技术。他们是伴随电子邮件和手机长大的第一代人，具有环保意识，与“X 一代”对巨型豪宅感兴趣相比，他们对“大小合适”的房屋更感兴趣。

● “千禧一代”（Millennials）。包括从 20 世纪 80 年代后期到 21 世纪前 10 年出生的儿童和年轻人。“千禧一代”也被称为“当前一代”（iGeneration），都是数字原生代，与旧“网络一代”相比，他们花费更多的时间发短信和使用社交媒体。“千禧一代”最近取代“婴儿潮一代”成为美国最大的年龄群体。大多数营销者都在拼命理解他们，他们在传播、接收和解释信息的方式上与老一代人最不同。[13] 可以肯定，公司已试图了解这一年龄群体，他们也被暂时命名为“Z 一代”（Generation Z）。

年龄是媒介计划的关键因素，因为年龄通常会决定你观看、收听或阅读的媒介。年龄越大，每天或每周使用传统媒介的可能性越大，阅读报纸的可能性就越大。8～18 岁的孩子每天花费超过 7 个半小时的时间使用电子设备，包括智能手机、电脑、电视和电子游戏机。[14]

年龄正在推动美国营销策略的根本转变。自 20 世纪 60 年代以来，营销者一直致力于吸引年轻人，不仅因为他们正处于选择品牌的成长期，还因为青年人市场巨大。随着“婴儿潮一代”进入退休阶段，营销者也意识到财富和资源属于这个活跃的老年人市场。

年龄的另一个有趣方面在于如何看待个体。**认知年龄**（cognitive age）是自认为的年龄，通常与实际年龄完全不同。一般来说，对于年龄较大的消费者，其认知年龄比实际年龄小 10～15 岁，而青少年的认知年龄比实际年龄大 3～5 岁。营销者试图以消费者看待自己的方式看待消费者，通常针对不同年龄的人使用符合其认知年龄的模式和讯息来做广告。

性别和性取向　营销和广告存在差异的根源是性别。许多品牌在用途和品牌个性方面都是男性化或女性化的。男性不太可能使用一种名为“玉肩香水”（White Shoulders）的古龙水。在美国，女性的购买量占所有消费者购买量的 85%，这使得她们成为许多营销者的重要目标。有迹象表明，美国正在进化为母系社会。[15] 其他研究表明，在大学中女性的比例越来越大[16]，这也可能意味着收入和职业模式的最终改变。

几十年来，性别刻板印象一直是广告中的一个问题，有些人认为，这可能是因为大部分由男性创作的广告作品是为女性制作的。

根据美国人口普查局的美国社区调查，同性家庭往往集中在西部、西南部和东北部。华盛顿特区的同性家庭比例最大，每 1 000 个家庭中有 21.3 个家庭由同性伴侣主导。调查还发现，与异性夫妻相比，同性伴侣更有可能获得大学学位，在一定程度上赚的钱更多。[17]

本书顾问委员会成员、华盛顿特区的卫特康通信公司（www.witeck.com）的总裁鲍勃·威克（Bob Witeck）解释说，凭借近 20 年的市场专业知识，他估计 LGBTQ 消费者的购买力为 7 900 亿美元，他是基于所有成年人的 6.7%左右估计的，即大约 1 500 万人。[18]

受教育水平、职业和收入　一般来说，美国白人消费者的受教育水平高于非洲裔和拉美裔。在更高水平的教育上，美国男性要落后于女性。受教育水平与媒介使用相关——受教育程度较低的消费者比受教育程度较高的消费者更多使用电视，特别是有线电视。受过高等教育的消费者偏好印刷媒介、互联网以及无线电广播和有线电视。

同样，教育决定了促销讯息的编写方式和难度。《财富》或《福布斯》杂志拥有与《人物》（*People*）杂志不同的广告语、广告艺术和广告产品。广告主不会对这些统计数据做出价值判断，它们的目标是将广告讯息与目标受众的特征相匹配。

大多数人通过谋生方式来定义自己。在美国产生了一种由蓝领职业（例如制造业）向白领职业（例如管理部门和信息业）转变的趋势。白领工作也从销售转向其他领域，如专业的、技术性的和行政的职位。与服务相关的工作岗位数量正在持续增加，特别是在医疗保健、教育、法律和商业服务部门。

许多广告主的另一个关键人口统计指标是收入，这与受教育水平和职业有关。如果你有资源购买其产品、服务或为其主题传播活动做出贡献，那么你对营销者更具意义。2011 年的人口收入普查数据[19] 显示，收入水平前 1/3（占 6%，约 7 000 户家庭）的人数减少，收入水平后 1/3（占 72%，约 94 000 户家庭）的人数增加，反映出从 2007 年开始的经济衰退产生的影响。其余 21%的人口（约 30 000 户家庭）构成了萎缩的中产阶层。但对于营销者来说，不仅仅是中产阶层的人口规模令人不安。美联储（Federal Reserve）的统计数据显示，中产阶层的经济危机往往不成比例地增加。[20]

由于顶端收入人群财富的增加，其对奢侈品的需求仍保持旺盛，而针对其余人群的零售赢家则是沃尔玛等零售商。可用一个词描述经济衰退时期的消费者，那就是“谨慎”，特别是在抵押贷款、汽车贷款以及学生贷款等项目上，人们更加在意债务，因为担心入不敷出。[21]

欧洲消费者更加节俭，因为许多欧洲国家陷入经济困境，且受政府紧缩计划的影响，失业率上升，收入水平降低。相比之下，中国的中产群体在 21 世纪发展迅猛，他们对主要产品的需求仍然火爆。这一代人正迅速获取代表现代**生活方式**（lifestyle）的家具，学习如何使用父辈从未有过的产品。[22]

广告主追踪收入趋势，尤其是**可自由支配收入**（discretionary income），这是在扣除税款和基本必需品（如食品和住所）之后的可用金额。如果没有可自由支配收入，电影院、旅游、珠宝和时尚等一些行业将会破产。尽管可自由支配收入在经济衰退时期最容易受到影响，但它是比全部收入更可靠的支出预测指标。

种族、民族和移民身份 在美国，种族是细分市场的另一个主要因素。根据 2011 年人口普查的结果，拉美裔（或西班牙裔）占人口的 16.3%（2000 年为 12.5%）[23]，超过 13%的非洲裔成为最大的种族群体。亚裔占 5%，但增长迅速。自 2000 年以来，非洲裔的购买力急剧增加超过 55%。[24] 美国比以往任何时候都更加多元化。

拉美裔是一个基于语言而不是种族的人口类别，是一个重要的少数群体。由于这个市场规模巨大，特殊的品牌传播计划通常是为西班牙裔和非洲裔消费者设计的。营销者明智地指出，拉美裔不是一个同质的群体，而是具有不同背景的群体，他们来自墨西哥、中美洲、南美洲或古巴，甚至可以追溯到西班牙。例如，2013 年，可口可乐开始强调其标志性的弧形瓶包装是专为拉美裔市场设计的，具有墨西哥背景，因为传统的墨西哥软饮料是用玻璃瓶而不是易拉罐包装出售的。

根据人口普查局 2012 年的数据，拉美裔和非洲裔占美国出生人口的一半以上，白人只占所有出生人口的 49.6%。[25] 人口普查局还透露，在 2000—2010 年 10 年间，少数族裔占该国人口增长的 92%。[26]

人口普查局还发现，大约 1/5 的美国居民（主要是加利福尼亚州、新墨西哥州和得克萨斯州）在家说英语以外的语言。在迈阿密、圣何塞和洛杉矶，超过 1/3 的居民是外国人的后代。研究发现，在西班牙裔中，大多数（56%）出生在美国。[27]

媒介使用的差异可能源于种族。例如，拉美裔观众比非西班牙裔观众更有可能完整地观看广告。此外，拉美裔观众比其他美国消费者更容易受广告的影响，更有可能将购买决策建立在广告上，对营销不那么愤世嫉俗。

许多营销者正在采取多元文化策略来更好地为顾客服务。麦当劳首席营销官说，40%的快餐连锁店的顾客来自拉美裔、亚裔和非洲裔，而 13 岁以下的顾客中有 50%来自这些细分市场。他观察到的这些民族细分市场也是麦当劳最忠实的顾客。[28]

自我认同也受种族和民族的影响，这也是多样性在广告中如此重要的另一个原因，无论是对广告本身还是对创作广告的专业人士来说。

地理位置 在消费者定向和画像时，零售商的第一个策略关注点是地理位置。顾客住在哪里？他们开车到商店需要多久？在大的市场区域，只拥有一两家商店的个体零售商试图找到这样的媒介：只触达那些在本商店购物区内（通常半径为 2～5 英里）的消费者。

地理细分是一种基本策略，因为营销者通常与销售其产品的地点相关联。除了分销因素，营销者还会研究该国不同地区的销售模式，因为居住在不同地区的人需要不同的产品。例如，生活在中西部或东北部的人比佛罗里达人更有可能需要购买除雪和除冰的产品。

城市与郊区或农村之间也存在差异。在郊区住宅附近畅销的游泳池在公寓楼林立的城市街区却没有需求。地理因素的另一个重要作用是媒介计划，其中**指定市场区域**（designated market area，DMA）用于描述媒介市场。指定市场区域由该区域中主要城市的名称来定义，通常与本地电视信号的范围一致。例如，华盛顿的西雅图-塔科马这一指定市场区域覆盖了该州西北角的约 13 个县。

宗教　将文化与人口统计特征联系起来的一个因素是宗教。就人口统计而言，基督教仍然是世界上最大的宗教团体。伊斯兰教信徒的增长速度很快。[29]

穆斯林增长的一个例证就是，穆罕默德（Mohammad）已经成为世界上使用最多的男性名字之一。[30] 在世界范围内，还有很大一部分人不信仰宗教。

宗教会影响人们的饮食以及对衣服和饰品的选择。虽然取决于产品类别，但宗教可成为识别消费者是否接受某些商品、服务的关键因素。

利用心理统计特征定向与画像

正如人口统计特征与社会特质相关，心理统计特征概括了个人因素。**心理统计特征**（psychographics）是指生活方式和心理特征，比如活力、价值观、爱好、态度和意见。在解释消费者行为时，有时这些复杂的心理因素比人口统计特征更有价值。举例来说，两个比邻而居、拥有相同的总收入和受教育程度及职业的家庭在购买模式上可能截然不同。一个家庭可能注重回收利用，而邻居几乎从不这么做，即使只是把报纸从垃圾里分拣出来。一个家庭热衷于远足和其他户外运动，而另一个只是在电视上观看体育比赛。一个家庭在为欧洲度假存钱，而另一个负债累累，入不敷出。这些差异并非来源于人口统计因素，而是与他们的性格、爱好和生活方式有关。

广告主利用心理统计特征了解复杂的消费者行为类型，既可从调查公司购买有关心理统计特征测量的相关资料，也可由公司及其代理公司自行制定一套心理统计特征测量方法，以适应特定的产品和市场。这些心理统计特征测量方法可以用来描述顾客（如精致咖啡的重度消费者），描述他们对广告讯息策略（如将口味做比较的广告）的反应或媒介选择（如网络的重度使用者）。

态度　**态度**（attitude）指针对某事、某人或某个想法所反映出的观点、情感或精神状态的一种倾向。广告主对态度因素感兴趣，是因为态度影响动机。由于态度可以习得，且通常基于我们的经历，因此可以建立、改变与强化态度，或用新态度替代原有态度。然而大多数态度都是根深蒂固的且不易改变，它反映了基本的价值观，可以保持数年不变。另外，态度存在方向和强度方面的差异，可以是积极的、消极的或中立的。态度影响消费者如何评价产品、机构、零售店、品牌传播，对广告主而言十分重要。

有一种被《时代周刊》杂志编辑理查德·施滕格尔（Richard Stengel）称作“道德消费主义”的趋势描述了正在发生变化的态度，即消费者按照自己的道德良知进行购买，不论是出于对当地企业、生态环境和节能的支持，还是对滥用包装和血汗工厂的抵制。“LOHAS”这几个字母代表了一种健康可持续的生活方式（Lifestyles of Health and Sustainability），是应对绿色营销策略而界定的细分市场。

生活方式 心理统计特征分析从消费模式、人际关系、兴趣、业余活动的角度审视生活方式。图 7-6 显示了人、产品及其使用情境的相互关系，说明了这三个因素如何创造出一种生活方式。

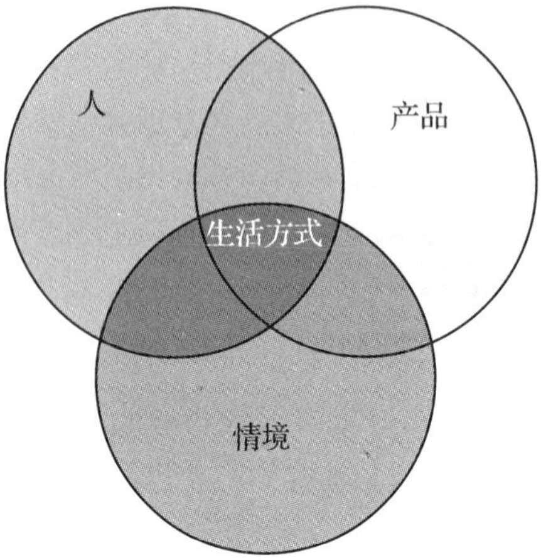

图 7-6 生活方式的构成

说明：产品以反映人们的利益及其使用情境的方式与生活方式相关联。

自 1975 年以来，恒美广告公司就在美国开展年度生活方式调查，对 5 000 名男士和女士开展问卷调查，有近 1 000 个问题，主题甚广，涉及健康、经济前景、育儿、购物、宗教、业余爱好、休闲活动、家庭琐事、政见，甚至他们所期望的个人形象，也问及人们所使用的产品（从汤类到坚果）及媒介使用习惯。丰富的信息量几乎可为客户感兴趣的任何消费者细分市场勾勒逼真的、详细的、多维度的画像，还可帮助代理商认清人们生活方式的变化和发展趋势。

使用生活方式调查数据对受众细分的一个例子是威斯康星州血液中心（Blood Center of Wisconsin）。当时，该中心发现自己的捐款很少。恒美广告公司的调查组依据数据将频繁的捐赠人描述为善于交际的、宠爱子女的、勤奋工作的信息追随者和社区领袖。基于此，传播策略得以改进，面向职业工作人群发出诉求，该中心的捐款出现转机。

一些调查公司对能共同反映整体文化的生活方式予以画像，作为服务的一部分提供给客户。这里讨论三种专有工具：现更名为未来公司（Futures Company）的扬科洛维奇公司（Yankelovich）的 MONITOR 心智库（MindBase）、PRIZM 生命阶段群体（PRIZM Lifestage Groups）、价值观与生活方式调查（Values and Lifestyle Survey，VALS）。

自 1971 年以来，MONITOR 就一直对消费者价值观和生活方式进行跟踪，这一工具通过使用 MONITOR 数据库来识别态度、价值观、动机和生活方式显著的人群。（可登录 www.thefuturescompany.com 了解该公司。）虽然该数据库可为单个客户定制细分市场，但心智库界定了八种一般消费者群体：

- 善于表达。过着最充实的生活；不害怕表现自己的个性；积极主动又全身心投入；拥有“活在当下”的态度；相信未来有无限可能，可以做想到的任何事情。
- 脚踏实地。以自己的节奏走过人生历程；随处寻找满足感；希望改善自己的生活；喜欢尝试新事物；让自己享受新奇的事物。
- 鞭策自己。渴望成功；冷静而又足智多谋；决意向世人展示自己是所处领域的王者。
- 精明老练。有才能，追求更为完美的事物；高期望值；致力于出色地完成工作；会在事业和获得丰富经历之间取舍平衡。
- 全力以赴。忙碌的同时追求控制感和简单化；要求苛刻且直言不讳；寻求便利、尊重和帮助；想要将时间更多地投入到生命中重要的事情上。
- 慎重权衡。成熟；处在自我实现之路上；过着健康而积极的生活；致力于拥有安全、有价值的未来。
- 坚如磐石。有积极的态度；从家人和家庭获得能量和动力；争取获得良好的生活条件；听从自己的内心来做生活和市场中的决策。
- 全心全意。很传统；依赖于家人的安慰；拥有传统的信仰；精神上易于满足；喜欢事物按照其常态存在；不需要为了新奇而新奇，不需要新型科技。

第二种心理统计特征因素的细分工具叫作“PRIZM”，使用了美国邮政ZIP编码，把消费者分为68种基于生活方式的细分市场，向营销者提供全美范围内的细分市场。PRIZM系统于2017年被Carlyle和印度Hill集团收购，使用了有创意的名称为其生活方式细分市场命名：“孩子和死胡同”（kids&Cul de Sace）、“新熔炉”（New Melting Pot）、“连接的波希米亚人”（Connected Bohemians）、“工具带传统主义者”（Toolbelt Traditionalists）。[31]

利用心理统计特征因素进行市场细分的第三种方法是VALS。该方法根据个人回答有关消费者行为的态度问题和一个专有算法将美国和加拿大18岁及以上的成年人分为不同的消费者群体。最常见的是，广告主使用VALS来确认目标市场、计划策略，为产品和服务制定传播方案。“思想者”和“信奉者”细分市场的驱动力源于观念，如传统、质量、正直这些抽象准则。“成就者”和“奋斗者”以成功为驱动力，寻求一个重要社会团体的赞赏。“体验者”和“制造者”由自我表现所驱动，进行价值购买，以使他们脱颖而出，或在物质世界中给人留下印象。除了美国框架，VALS框架还可用于日本、英国、委内瑞拉、多米尼加、尼日利亚和中国。你可自行参与调查，在网站www.strategicbusinessinsights.com/vals/presurvey.shtml上找到适合自己的VALS类型。

基于社会人口统计特征的细分市场

年龄分组也与生活方式相联系。前文言及“婴儿潮一代”作为一个年龄群体所产生的令人难以置信的影响，因此不难理解其作为市场细分的重要性，但精明的营销者认识到这一巨大群体在生活方式和态度上的诸多差异性。“X一代”“Y一代”都是基于人口统计特征的重要细分市场，但其社会人口统计特征可能表现出更为一致的生活方式差异。

一些最常见的生活方式由耳熟能详的词语加以刻画，如“雅皮士”（年轻的都市专业工作者）、“雅皮士之子”。这些词语属于人群标识，同时也代表了一系列产品及其使用的情境。例如，“雅皮士”的特征是追求上流社会的生活方式，与这种生活方式相联系的产品可能有可汗（Cole Haan）鞋、爱马仕（Hermes）丝巾、宝马车。

老年人有时也被称为“灰色市场”，可分为两类：年轻的老年人（60～74岁，也称作“婴儿潮附属群体”）、年长的老年人（75岁及以上）。这两类老年人构成了美国另一个巨大而相当富有的市场。随着“婴儿潮一代”进入退休年龄，即使经济衰退已损害了其财富状况，这个老年人市场相对于其他人口也将变得更大。如下术语也是用来描述基于人口统计特征和生活方式的细分市场的：

- “丁克一族”（Dinkies）：有双份收入而没有孩子的年轻夫妇。
- “基皮士一族”（Guppies）：有同性恋倾向、走向上层社会的职业人士。
- “蹦跳一族”（Skippies）：有购买力的在校少儿。
- “都市退休族”（Ruppies）：在城市中已退休的职业人士；品位复杂、生活方式丰富的年长消费者。
- “迷你我族”（Mini-Me）：婴儿和幼童，其父母和祖父母非常富裕，在奢侈品上花销巨大，希望他们的孩子能够体现他们自己的品位和生活方式。[32]

趋势与流行 趋势、流行现象与生活方式、心理统计特征因素相关，也与消费文化中的选择偏好有关。我们看到“英亩大院”、豪华浴室已过时，低碳水化合物饮食、健康食品（燕麦麸、抗氧化剂）、天然产品、健身时尚、私人教练、混合动力车、碳排放权交易、简约生活（不购物）、本地产品（不购买消耗大量燃料运输至本地商店的商品）为人们所接受。可持续发展及绿色营销触达对环境充满热情的人群。

年轻人特别容易受趋势影响，例如，青少年穿衣、说话的方式以及购买的产品都被一种追寻“酷”的持续性驱动力驱使。**趋势观察员**（trend spotter）就是广告公司聘请的专业调查人员，用来识别那些影响消费者行为的趋势。猎酷者属于趋势观察员，专门发掘吸引年轻人的流行趋势，他们通常在引领潮流的主要地区与由年轻人组成的专门调查小组一起工作。例如，卢瓦克·比泽尔（Loic Bizel）作为许多西方公司和设计师的顾问，就专门搜寻日本的顶级流行时尚。通过他的网站 www.fashioninjapan.com，可领略日本街头和生活中那些有关“酷”的概念和时尚。

基于行为方式的定向与画像

行为定向被网络营销者用来追踪消费者活动（如访问网站和购买产品），以预测消费者对产品的兴趣所在，从而制定个性化的品牌传播方案。比如，谷歌使用追踪技术来识别哪些广告能投放给观众。[33] 另外一个行为定向的例子是 Orbitz 网站，其 Mac 用户被引导要比 PC 用户支付更贵的住宿费。《华尔街日报》报道过 Orbitz 网站的追踪数据，发现 Mac 用户比 PC 用户在住宿上多花费近 30%。[34]

行为与情感（冲动）或思索有关，对此进行研究的一个领域是杂货店购物。一项由佛罗里达大学学生凯特·施泰因（Kate Stein）开展的观察研究发现：杂货店购物者经常会冲动性或非理性地购买食物。(凯特·施泰因曾与康奈尔大学食品与品牌研究室负责人布莱恩·文森克(Brian Wansink)教授一起工作)。在《纽约时报》发表的文章中,施泰因称:慢速浏览不一定帮你找到最优产品。“我研究的购物费时最长、检查包装、为所有吸引他们注意力的东西而停留的购物者总会花更多的钱。”此外,她还注意到那些慢条斯理而又深思熟虑的购物者的购物车里往往装满了不健康的食物。问他们为什么会购买这些东西,他们却说不出原因。换句话说,最好的购物者会使用购物清单来控制他们的本能,并快速选择产品。访问 www.mindlesseating.org,可了解更多让自己的杂货购买行为条理化的建议。[35]

品牌使用和体验 可用两种方法对**使用**(usage)进行分类:使用率和品牌关系。使用率用来衡量购买的数量:轻度、中度、重度。重度使用者通常会购买市场上一个品类或品牌份额的大部分产品。有一个著名的经验法则叫作帕累托法则,指的是市场上20%的人通常购买了80%的产品。该法则解释了为何重度使用者对营销者如此重要,也解释了计划人员为何不遗余力地去了解这一关键顾客群体。重度使用者和品牌忠实购买者通常是一个品牌最重要的顾客,也是竞争对手最难抢走的顾客。品牌**转换者**(switcher)是品牌忠诚度低的人,他们宁愿尝试另一个新品牌。下表显示的是通过产品使用来对消费者分类。

数量	品牌关系	创新
轻度使用者 中度使用者 重度使用者	未使用者 曾使用者 定期使用者 首次使用者 忠诚使用者 品牌转换者	创新者 早期采纳者 早期大众 晚期大众 落伍者

创新与采纳 另一种行为分析方法是研究人们在多大程度上敢于尝试新事物。埃弗里特·罗杰斯(Everett Rogers)开发了一个分类系统,称为创新扩散曲线,用来识别对新观念的采纳行为。这一**采纳过程**(adoption process)是根据人们愿意尝试新事物的速度而确定的,有创新者、早期采纳者、早期大众、晚期大众和落后者。[36] 这一系统反映了新思想的**扩散**(diffusion)速度。图7-7是对罗杰斯创新扩散模型的说明。

创新者是愿意尝试新事物的勇敢者,仅占总体的2.5%。显然,早期采纳者是营销者推出新产品的重要对象,因为他们会成为朋友的意见领袖。冒险是一种个性特征,会驱动试用新产品的行为。**感知风险**(perceived risk)是你对尝试新事物的所得与若不奏效而造成的所失二者之间关系的权衡——决策失败的后果有多重要?价格是高涉入产品的一个巨大障碍,对时尚产品来说,个人地位和自我形象可能成为风险障碍。

这些人是谁?斯坦福国际咨询研究所(SRI)的研究发现,与流行观点相反,创新者或早期采纳者群体并不固定,采纳模式因品类而异。早期采纳者在社会中处于不同的阶层,拥有不同的角色,仅靠人口统计特征无法识别。

定向拉美裔创新者的一个主题传播活动是节能型福特福克斯和锐界(Edge)汽车

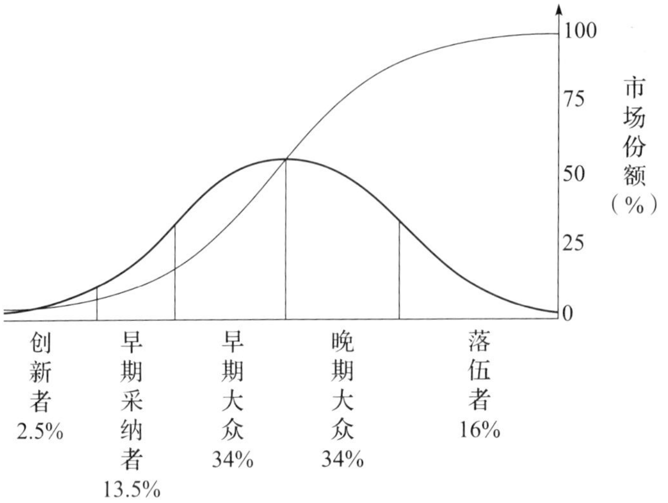

图 7-7　创新扩散

说明：罗杰斯的创新扩散模型通过数据来估计各种基本采纳类别的人数所占的百分比，其分布一般表现为钟形曲线。该模型还描绘了一条百分比线，为各阶段消费者群体采纳新观念直至最终达到饱和状态的累积效应。

资料来源：Tungsten，http://en.wikipedia.org/wiki/Everett_Rogers. Based on E. Rogers，Diffusion of Innovations. London：Free Press，1962.

的 Sync 同步技术上市。Sync 允许驾驶者通过触摸键或声音来控制手机和 MP3 播放器。这项技术的一个重要特征是能理解西班牙语的多种方言。调查发现，许多拉美裔是“技术控”，在长途驾驶中喜欢使用 MP3 播放器，因此，对于这个新技术而言，拉美裔是理想的目标市场。[37]

寻找搜索者

随着社交媒体和互联网技术的发展，市场细分和定向策略在近些年不断演化。这种全新的、更复杂的传播系统认为，在消费者之间讨论品牌口碑（C→C）日益重要。此外，公司更多地参与倾听和回应消费者的声音（C→B→C），而并不只是将其定向。因而，我们需要重新考虑定向策略以及消费者与品牌互动的方式。

我们将在第 13 章、第 14 章看到技术发展令企业能够使用更加复杂的定向策略。例如，脸书允许广告主根据用户的位置、性别和兴趣为传播方案定向；推特不仅提供了这些选项，还根据用户使用的关键字进行定向。个体层面广告定向的理念在脸书、推特和 YouTube 中得以实现，可根据个体的网络在线行为进行定向。[38] 可寻址电视是另一种技术，允许为每个住户定制和选择广告讯息。

西北大学整合营销传播项目的创始人、品牌传播变革的主要思想家唐·舒尔茨（Don Schultz）指出，消费者已经从缺乏发言权、对营销讯息的控制很少转变到一种新模式，即顾客更具控制力。他解释说，随着顾客越来越多地通过互联网获得信息，他们能找到、整理、评估信息并做出决策，与世界各地志同道合的顾客一起分享思想。[39]

正如舒尔茨所主张的，市场传播的这种扩张已改变了市场力量的原动力，导致营销者对营销、营销传播系统失去了控制。更重要的是，随着代理商利用新媒介搜索相关的重要的事物，消费者变得更加重要，我们将他们称为搜索者——搜索、分享、发起营销传播并建立品牌关系的人（如图 7－8 所示）。

在某种程度上，搜索者利用强大的互联网搜索工具去寻找传统产品、服务和观念，以找到他们感兴趣的信息，找到与其自尊相关的品牌意义和体验。他们也在寻求快乐、个人安慰、伙伴关系和积极体验。因此，当搜索者上网时，他们寻找信息和答案，也寻找感官刺激、惊喜、挑战、朋友、喜欢的事物、快乐、归属感、尊重、欣赏、奖励、信仰、可供交流和分享的东西、最新的东西，以及变得更聪明或更具吸引力的方法。消费者中的搜索者在个体层面上是独立的，同时又依赖社会：他们经常与其他人、网站保持联系和接触，这是个人搜索和共享的奇妙融合。

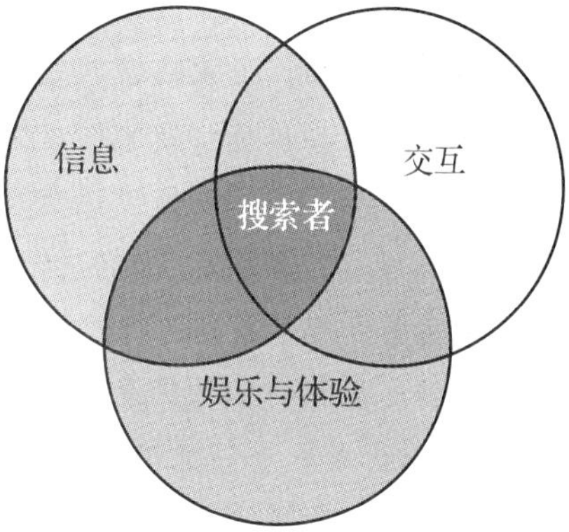

图 7－8 搜索者模型

品牌计划人员面临的挑战是弄清品牌在搜索者生活中的位置，品牌如何带来意义、如何创造体验、如何作为一个平台在朋友圈分享思想。更重要的是，品牌计划人员如何利用这些洞察来开展更有效的品牌传播？对于搜索者来说，营销传播就像一款电子游戏，成功的营销者将提供令人兴奋、引人入胜，甚至令人着迷的品牌体验。

下章预告

随着消费者越来越多地使用在线工具和移动应用程序，新技术使营销者能够为顾客创造更个性化的线上和线下体验。即将出现的一个令人兴奋的发展是“程序化创意”，不仅能在合适的时间针对一个人投放数字广告，还能让营销者实时为个人定制广告。[40] 例如，田纳西州旅游局在网站上投放前置式广告视频（在主要内容播放前播放促销视频），他们根据一系列标准（如地理位置以及是不是美食家、高尔夫球手、户外运动爱好者、摇滚乐爱好者）向人们投放定制化广告。这个过程制作了超过 2 000 种可能的视频广告。Snap 公司最近收购了广告技术公司 Flite，作为在这一领域站稳脚跟的手段。

洞察消费者的要素包括需要、欲望、思想、知识、态度和反应，都是通过各种调查揭示出来的。这些结论最终决定了品牌传播策略和计划。在阐述策略制定之前，先讨论满足消费者内在需要的方法。

成功秘诀

有关美的一次主题传播活动

本章强调了理解那些影响消费者对广告做出反应的因素的重要性。以顾客为中心的有效广告关键在于对消费者保持敏感，理解他们的思考、行动和感受，知道消费者将在哪里与品牌讯息建立联系。

在多芬的“真美”主题传播活动中，颇具煽动性的文案向观众提出了挑战，让他们重新思考对美的界定，以及如何珍惜自己的身体，这无关年龄或体形。这个传播活动引起了巨大的口碑，但真的对产品销售起作用了吗？根据联合利华公司的说法，这一主题传播活动在广告投放初期使多芬的销售额增长了24%。

该品牌在全球一些地方颇受欢迎。据报道，当多芬在英国上市的时候，在海报出现的头7个月里，多芬紧肤水的销量增长了700%。它引起大量媒介的兴趣，该主题传播活动在英国发起后的前4个月里出现了大约170篇评论。

然而，多芬的讯息并没有引起所有受众的共鸣。当发现某地区的女性不接受多芬“真美”理念时，多芬受美剧《丑女贝蒂》(Ugly Betty)的启发，在该市场发起了一场本土化的主题传播活动。

这场主题传播活动以与文化相关的讯息彻底改变了多芬在美国的品牌形象。总体而言，迄今为止，多芬“自尊”项目已经覆盖全球138个国家的1 900多万年轻人，多芬承诺到2020年将触达2 000万人。[41]

广告中美丽的定义似乎正在改变。当被问及多芬广告中模特的形象时，76%的人说广告中的女性很漂亮，68%的人说：“让你对这个品牌刮目相看。”

《广告时代》杂志将多芬的“进化”(Evolution)网络视频提名为10年来最好的非电视广告之一，该视频获得了超过600万点击量，并在全国媒介上被多次提及。除此之外，“雨中歌唱”主题传播活动帮助多芬成为加拿大排名前五的洗发水品牌之一。

复习题

1. 你成长的文化环境如何影响了你的消费行为？描述并解释一次能够反映你文化背景的近期购买活动。

2. 什么是参照群体？列出你所属的或与你相关的参照群体。

3. 需要与欲望的区别是什么？结合你上周购买的物品中代表需要和欲望的例子。

4. 你的主要人口统计特征和心理统计特征有哪些？请给自己画像，并说明如何使用每个特征来拟定一个针对某个与你相似的人的广告传播活动计划。

5. 产品采纳过程的关键步骤是什么？这些步骤与购买产品有何关联？哪些人可能是早期采纳者？哪些人可能是落伍者？为这两类人画像，并识别使他们对新观念或新产品表现出不同态度的主要特征。

讨论题

1. 分析不同广告公司及其客户的企业文化。首先登录www.ogilvy.com/About/Our-His tory/Corporate-Culture.aspx，阅览其陈述，了解这家公司是如何表达自己的企业文化的。然后找一家提及企业文化的其他代理公司或客户网站，并将其陈述与奥美广告公司的陈述进行比较。（首先找本章或先前章节提及的公司。）你更希望到哪家公司工作？为什么？

2. 本章讨论了内向和外向个性。查找理斯曼的理论，阅读网站上的文章或书籍《孤独的人群》（*The Lonely Crowd*），然后为自己和闺蜜画像。比较你们对同龄人的态度。也可查看网站：https://susannabarlow.com/on-relationships/are-you-inner-focused-or-outer-focused/。

3. 思考影响消费者决策的社会因素，指出你认为对下列产品营销情境最为重要的两个人口统计特征因素或心理统计特征因素。

a. 乳制品公司（牛奶、奶酪、冰激凌），该公司专有包装设计使用的是可充分降解的容器。

b. 一款新型 SUV（运动型多用途汽车）更轻便，以乙醇为燃料，比普通运动汽车耗油更少。

c. 一家运动服装公司，该公司将赞助下一届 Pogopalooza 比赛（极限弹簧单高跷世界锦标赛）。

4. 你和你的朋友属于哪个年龄段？“Y 一代”还是“千禧一代”？关于这些群体的性格特征一直存在争议，但一些共同的特征有助于确定消费者的兴趣、态度和行为。为你自己和你的朋友（在相同的年龄段）画像。试着找出通常能代表这个群体的特征。

5. 分析你选择大学时的决策。

a. 采访两位同学，确定是什么影响他们做出选择这所学校的决定的。

b. 你和你所采访的人是如何做出这个决定的？是否可以描述出一个普遍的决策制定过程？共同点在哪里？你和你的同学完成决策的差异是什么？

c. 为你所在大学的学生画像。这一画像与同一市场区域其他学校的画像有何区别？

6. 你在为一个使用了健康抗氧化剂配方的 Leafs Alive 瓶装茶的新客户服务。瓶装茶和健康产品的销量都在迅猛增长。就下列问题分析你的市场。

a. 哪些消费趋势驱动这一产品的增长？

b. 哪些文化、社会、心理和行为因素影响了该市场？

c. 设想消费者的决策过程，尽可能准确地描述消费者是如何选择此类产品的。

d. 选择一个你认为能够最准确地描述这一产品目标市场的 VALS 群体（www.sricbi.com/vals/）或 MONITOR 心智库的群体，并给出解释。

注释

第8章

战略性营销传播计划

学习目标

» 能解释战略计划的目标、战略、战术之间的区别，以及三个层面上的战略计划及其联系。

» 能识别主要战略决策并解释它们为何是品牌传播计划的核心。

» 能阐释客户策划的目的、作用及其如何在广告与整合营销传播中运用。

大多数情况下，广告或品牌传播没有一种完全正确的方法，但若通晓了传播的运作，就能找到有效达成目标的最佳战略。本章阐述应用于企业传播、营销传播或品牌传播的战略计划的概念。除了找到合适的目标受众（第 7 章已讨论），主要的计划决策还有识别关键问题与机会、品牌定位或对竞争者的再定位、执行（战术）决策、客户策划的运用及其在讯息战略和媒介战略中对消费者内在需要的关键作用。本章旨在帮助理解整合营销传播和广告活动背后更广泛的战略原理，以及它们是如何推动组织朝着既定方向和使命发展的。

获奖案例

福来鸡公司依靠叛逆的奶牛赢得了消费者的喜爱

想“不吃汉堡包”而“吃更多鸡肉”，那就交给奶牛来完成，因为奶牛对福来鸡公司（Chick-fil-A）充满热情。

虽然叛逆的奶牛不会拼写鸡肉三明治，但肯定知道如何为福来鸡公司出售鸡肉三明治。理查兹集团（Richards Group）自 1995 年发起“吃更多鸡肉”（Eat Mor Chikin）主题传播活动以来屡获殊荣。这些奶牛有讨人喜欢的个性，让人们相信福来鸡公司的三明治中有鸡肉。

福来鸡公司拥有很多忠诚的粉丝，他们犹如这些奶牛一样热爱这个品牌。那么，奶牛是如何激发这种热爱的？

福来鸡公司面临一个重大挑战：说服人们享用鸡肉三明治而非汉堡包。特鲁特·卡蒂（Truett Cathy）创建福来鸡公司的愿景是将这家提供鸡肉三明治的公司发展成为快餐业的领导者。福来鸡公司做到了，原因之一是它懂得如何利用广告来吸引消费者的注意力和胃口。

并非大品牌才花得起钱做优秀的广告，“吃更多鸡肉”主题传播活动就是一个很好的例子。福来鸡公司在快餐业参与竞争，而快餐业是规模最大、竞争最激烈的行业之一。为了解公司面临的问题，来看看下面的数据。福来鸡公司只有 1 600 家门店，而麦当劳有 33 000 家；麦当劳、汉堡王和温迪等公司的店面数量和媒介花费都超过了福来鸡公司。

面对市场上的不利因素，福来鸡公司的广告代理公司开始发起品牌传播活动，以提高第一提及率、知晓度、销售额，并在消费者购买快餐品牌的考虑名单中获得一个位置。为能如愿，主题传播活动把福来鸡公司的鸡肉三明治定位为汉堡包的一种优质替代品。

每一则令人难忘的广告需要一个伟大的概念。像福来鸡公司“叛逆的奶牛”这样的创意之所以具有强大的影响力，是因为能在情感上与观众连接。

广告代理公司的创始人斯坦·理查兹（Stan Richards）说：“奶牛具有全国性的吸引力，每个人与奶牛有同理心，通过奶牛告诉人们去吃鸡肉，引发人们关注自身的兴趣。这一简单创意能引起共鸣。”

由于公司的媒介花费无法超过竞争者，甚至负担不起全国性电视广告（大多数竞争者在此投放了广告），公司决定在没有竞争者的地方做广告——广告牌。文案人员要让创意简单有趣（毕竟是在卖鸡肉三明治），文案尽量短小。

随着主题传播活动不断发展，广告代理公司利用社交媒体、直邮、广告、促销、事件、电视、广播、互联网、服装和商品开展了一场整合营销传播活动，以建立这些喜欢玩乐的奶牛所带来的公司声誉。日历牌非常受欢迎，生产数量已经超过240万。在一年一度的“奶牛鉴赏日”，任何有勇气装扮成奶牛出现在这家连锁餐厅的人都可免费得到一份福来鸡套餐。

福来鸡公司“吃更多鸡肉”主题传播活动打破了汉堡快餐的传播模式。妙趣横生地利用荷斯坦奶牛来鼓励目标受众“吃更多鸡肉”而不是牛肉，塑造了勇敢的品牌个性，突破了行业的讯息拥堵。讯息及其表现很简单，奶牛是有趣的，创意是出人意料的，且有力地唤起了行动。

本章将学习计划人员在创造令人难忘的品牌传播活动的过程中所做的战略决策，也将学习有助于实现客户目的之目标①、战略和战术。

你还将了解像福来鸡这样的公司是如何建立消费者所喜爱的品牌的。此外，你会了解到，无论品牌传播计划做得多么仔细，效果总是无法控制的。例如，福来鸡公司的所有者声称其连锁店支持传统婚姻，让其陷入争议中左右为难，最终在2012年出现了一场危机。

这些迷人的奶牛成功说服消费者吃更多鸡肉了吗？本章末尾可以看到结果。（2016年，与理查兹集团合作22年后，福来鸡公司更换了广告代理公司，聘用了纽约的麦肯广告公司和Erich & Kallman广告公司。[1]）

资料来源：www. chick-fil-a. com；information courtesy of Mike Buerno，the Richards Group；“Winners Showcase，” www. effie. org；“Chick-fil-A's Famous ‘Eat Mor Chikin’ Cows Moove into Popular Culture Promoting Chicken over Beef，” press release，www. chick-fil-a. com/pressroom；www. mcdonalds. com；“Chick-fil-A Fast Losing Ground in Marriage Debate，” July 26，2012，www. adage. com.

8.1 什么是战略计划

福来鸡公司的主题传播活动成功的原因什么？能为其找出一个与众不同的战略原因吗？第7章的多芬主题传播活动做得如何？你如何看待这些品牌脱颖而出的战略？

① 这里，作者严格区分了目的与目标。一般来说，目标是阶段性的，而目的是终极性的。在英文中，“goal”是目的，而目标是“objective”。本章后面将专门阐述。——译者

什么是战略与战略计划？在整合营销传播中，**战略计划**（strategy planning）是指采取传播手段并以优秀的创意解决问题。计划任务有：识别问题、制定讯息所要实现的**目标**（objective）、明确实现目标的**战略**（strategy）及落实计划的具体做法——**战术**（tactics）。这一过程需在特定时间内完成。

本书讨论了很多创意，并认为战略思想也需要创意，就如为某品牌主题传播活动提出大创意一样，不管是营销形势还是营销传播方面的问题，创意皆为解决问题而来。法隆全球广告公司（Fallon Worldwide）创始人帕特·法伦（Pat Fallon）和弗瑞德·森（Fred Senn）在其著作《鲜橙汁：出奇制胜的广告创意》（*Juicing the Orange：How to Turn Creativity into a Powerful Business Advantage*）中解释了该原理，并提出了创意思考、战略计划与业绩之间关系的七大原理[2]：

1. 从头开始。你懂得太多，以致不知如何运用创新的方法去解决问题，所以要简化问题。

2. 对企业问题进行最简单的界定。聪明人喜欢将事情过于复杂化。做一个极简主义者就可以了。

3. 找到专有化的情感。任何传播计划的核心部分都是有效发现消费者内在需要，产生一个通过所有平台有效贯彻执行的战略。一切都始于消费者内在需要，这是说什么和如何做的重点。一旦发现情感真相，就可通过执行使其专有化。

4. 重视创意的好坏而不是预算的多少。我们的信条是：智胜胜于烧钱。

5. 敢于战略冒险。懂得谨慎冒险的好处。早期的大创意通常令人胆战心惊，达尔文提出适者生存，并不是说只有最强者才能生存。他的意思是敏捷者（可快速适应变化的环境）能在自然环境与经济环境中强盛起来。

6. 不合作则死亡。我们应更好地和睦相处，要看到契约规则在改变。我们生活的年代是合作制胜，这意味着来自不同学科和不同企业的团队成员应一道工作，目标一致的联盟团队可以创造历史。

7. 认真倾听消费者的心声。倾听常常是通向理解顾客之路的第一步，倾听经常能发现给你带来竞争优势的珍贵的内在需要，这是竞争者无法超越的东西。

雷吉娜·刘易斯找到了唐恩都乐品牌和假日酒店消费者内在需要的关键创意。人们喜欢唐恩都乐的形象和咖啡，它使人们能记住这个品牌。而对假日酒店来说，挑战在于让旅客有家的感觉，从而留住旅客。二者都创造了真实意义，满足了情感需求。本章将讨论计划人员是如何进行战略决策的。

整合营销传播的战略计划是组织计划的一部分，从组织的整体角度出发考虑了更广泛、更复杂的企业环境。为简化阐述，将其分为三个层面的计划：企业计划、营销计划、品牌传播/整合营销传播计划（包括广告和公共关系等营销传播的具体领域），如图 8-1 所示。

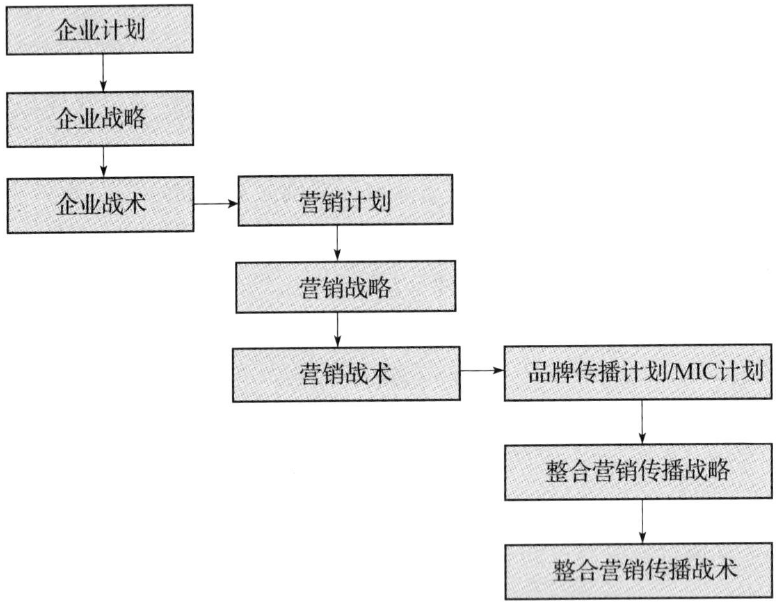

图 8-1　自上而下的战略计划

说明：计划涉及一系列目标和战略的协调，企业目标和战略是通过不同层面的营销（含其他营销组合）计划取得成功的，它们是品牌传播/整合营销传播计划的指南。

企业计划

战略计划是一个过程，为整个组织指明了发展方向。战略计划始于企业计划，进而涉足营销等职能领域。营销计划涵盖营销目标、营销战略以及营销组合领域的营销战术，企业计划则涉及公司简介及其在运行环境中如何取得成功。

科技进步等外部条件让一些公司消亡，如柯达（Kodak）破产源于胶片市场的萎缩。柯达在进军打印机和在线相册市场后没有革新品牌符号，于2012年破产。2007年出现在美国的经济危机逐步扩散到欧洲，再到亚洲，影响了各个领域。外部因素制约着公司的企业计划，是面对重大挑战进行战略决策的重点。在外部环境变化之下，要么受到威胁，要么寻找机会。

大公司的企业计划也是**战略业务单元**（strategy business unit，SBU）运营的指南，这些战略业务单元是具有完整功能的组织，有竞争对手、营销计划、整合营销传播或广告活动。企业计划以正式的文件形式提供给潜在的投资者，图8-2描述了制定企业计划的过程。

使命陈述和经营哲学　企业计划从企业自我介绍开始，包括历史、产品、提供物的范围、优势、组织结构和管理团队。**愿景陈述**（vision statement）是对企业迈向何处的描述，通常是一句鼓舞人心的话，指明组织的理想未来。一个组织的**使命陈述**（mission statement）来自愿景，是对企业更为实际的目标、目的、政策的简要表述。使命陈述应该是独一无二的、集中的、有差异的。星巴克在公司总部和零售点都展示了其使命。

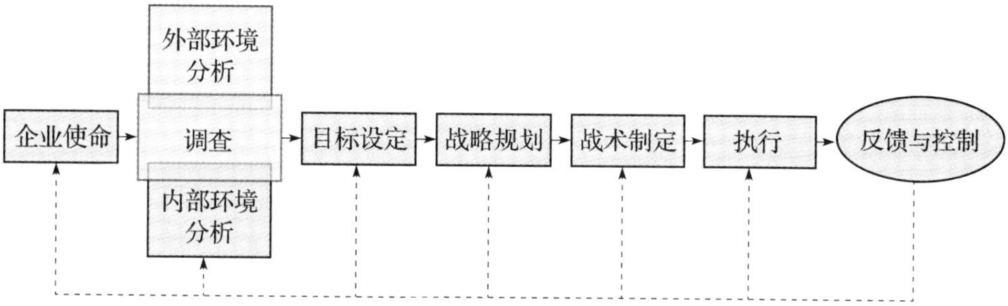

图 8-2 制定企业计划的步骤

说明：企业计划过程始于使命陈述，然后是调查、目标设定、战略规划、战术制定、执行与控制（如符合预算与质量标准）。完整的过程通过反馈得以控制。

资料来源：Philip Kotler and Kevin Lane Keller，Marketing Management，13th ed.，Upper Saddle River，NJ：Prentice Hall，© 2009：48. Reproduced by permission of Pearson Education，Inc.，Upper Saddle River，NJ.

星巴克的使命陈述也表述了其公司的**经营哲学**（business philosophy），即指导业务运作的基本原则。对很多公司来说，最重要的经营哲学是盈利，但越来越多地蕴含**三重底线**（triple bottom line）的**社会营销**（societal marketing）揭示了公司在改善利润、人类社会和地球环境上的担当。该理念源于一种信念：对企业有益的东西应对社区、雇员、环境和社会也有利。社会责任深深嵌入企业使命、企业计划和运营，不仅指引企业决策，还赋予品牌形象完整性。

调查 第 6 章论述了在企业计划决策、营销传播、品牌传播活动中使用的许多调查工具。在企业计划中，无论是企业还是品牌，找到内部和外部的优缺点是十分重要的。能否预测市场变化、商业机会和科技创新决定了一个企业是否能获得长期成功。例如，苹果公司之所以获得持续增长，是因为它所生产的创新产品 iPod、iPad、iPhone 和 iTunes 商店都聚焦于比竞争对手更好地满足消费者的需要。

目的和目标 企业**目的**（goal）为企业计划指明了方向，具有长期性和总体性（如全球战略或节约成本）。通常，这些计划的时间跨度是五年。企业目的也在财务方面提出了要求。

在企业层面上，目标侧重于利润最大化和投资回报率。投资回报率是企业所付出的成本（投资）与回报的比较，超过或高于成本的收益就是**利润**（profit）。注意，目的和目标都描述了想要实现的事，但目的是公司更为宽泛的指向（如在巴西成为领导品牌），目标则更加具体和可测量（如一年内获得巴西 20%的市场份额）。

战略、战术和控制 在企业计划层面，决策重在调查、开发、运营、销售和营销。战略是实现组织目的和目标的计划。如果目的是成为国内自行车制造商的领导者，那么战略会涉及收购其他工厂、增加自行车生产线，或鼓励区域销售人员。战术是实现战略的具体活动。例如，为某一利基市场设计一款新式自行车，或为销售人员设计一种新的奖励措施。执行上的决策包括这款新车的实际设计、人员（设计师和工程师）安排、时间安排和预算。

大多数公司需要处理具体预算、审计、时间表和质量控制过程，这些工具有助于加强管控，通过跟踪战略决策和计划实施的结果使计划具有战略性。当信息反馈到计划过程并用于调整未来的战略时，控制是最有效的。

营销计划

营销计划（marketing plan）是为战略业务单元、品牌和产品线制定的。例如，麦当劳的营销计划涉及企业层面的品牌，也涉及早餐菜单、麦当劳咖啡等单个产品线。营销计划以年度来衡量。很大程度来说，尽管营销计划反映了企业计划，但战略集中于战略业务单元或具体品牌，而不是大范围的企业或组织层面。图 8－3 描述了营销计划的战略决策。

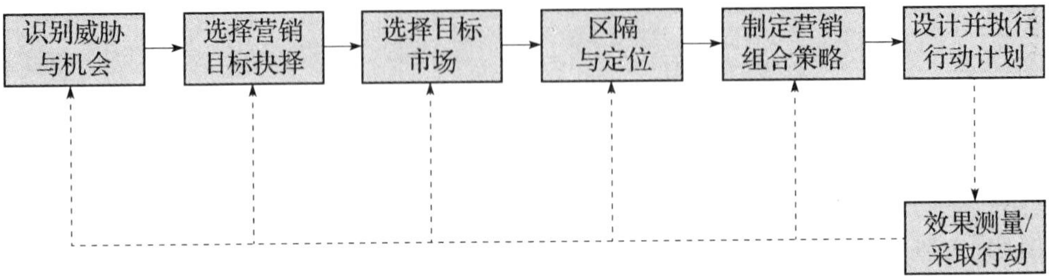

图 8－3　开发营销计划的步骤

说明：营销计划始于对营销环境的 SWOT 分析，第二步是设定目标，然后是目标市场选择、营销战略制定，以及创意与传播活动的具体执行、计划评估，并将信息反馈给下次计划。

第一步：识别威胁和机会。**形势分析**（situation analysis）是在广泛市场调查的基础上评估影响营销计划的内外部环境，通常采用 **SWOT 分析**（SWTO analysis）。优势、劣势是针对公司内部来说的，而机会、威胁是相对外部来说的。战略决策企图扬长避短，从而利用机会，规避对公司不利的威胁和劣势。

第二步：选择营销目标。营销层面上的目标关注销售额与**市场份额**（share of market）。市场份额是购买某一品牌的顾客占品类总体市场的比例。销售目标以年度计算，也可以是季度甚至是周。其他目标涉及营销组合的具体内容。例如，分销目标详细说明一个公司如何去打开一个新市场，或让渠道成员支持促销；品牌关系计划的目标涉及提高忠诚度和重复购买的常客飞行计划。

斯科特·阿姆斯特朗在《劝服性广告》一书中写道，目标应是在品牌传播投资上得到很好的回报。换句话说，目标是销量和利润（或非利润的类似指标），且不应指向竞争（如增加市场份额）。他认为，许多营销和营销传播专业人员在制定目标时都会犯此类错误。[3]

第三步：选择目标市场。估算消费者对产品的需要和需求，将市场予以细分，选择具体的目标受众，并与洞悉其思想和行为。

第四步：区隔与定位。相对于竞争者进行品牌定位，找到品牌在消费者利益方面的最重要的特色并传播这些特色，让顾客知道品牌相对竞争品牌的利益所在。

第五步：制定营销组合策略。基于第四步的定位战略制定包括产品设计、性能标准、定价、分销、营销传播等的营销组合策略。

第六步：设计并执行行动计划。营销组合的执行包括产品测试、整合营销传播方面的设计人员合作、媒介购买、协商分销协议、将定价和促销计划付诸实践。

营销分析和从中衍生出来的营销组合策略将整体战略性的企业计划与特定营销计划（包括广告和其他整合营销传播领域）联系起来。对于营销传播经理而言，营销计划中最重要的部分是讨论品牌战略，为所有品牌传播计划提供方向。此外，营销组合策略包括目标市场选择、品牌定位、产品设计及其性能、定价、分销、营销传播等决策，其对品牌传播活动计划非常重要。有时，产品设计和方案会对消费者趋势做出反应。例如，包装食品增加高纤维含量。

品牌传播计划（整合营销传播计划）

品牌传播计划的运作与企业计划及营销计划中的目标、战略和战术相同，它概括了所有传播活动根据企业目标、营销目标传递信息，从而有了传播目标、传播战略、传播战术、传播时间、传播成本和评估等。简而言之，营销传播计划人员的目的有：

- 向谁传播。试图触达哪些人？他们在当前的思考、感觉和行为上有何内在需要？他们对品牌讯息会有什么反应？
- 说什么。对他们说什么？从消费者调查中获得的对创意团队有用的导向是什么？
- 在何地触达。怎样以及在何处触达他们，从消费者调查中获得的对创意团队有用的导向是什么？

一般来说，传播计划旨在将合适的受众与合适的讯息匹配起来，并在合适的媒介上呈现讯息，以触达受众。如果营销的目的是提高忠诚度，那么品牌传播计划会涉及是否使用会员俱乐部、广告活动和销售促销策略。此计划一般包括在不同媒介上传递各种营销传播讯息，并定向不同目标人群。

之前提到，战略、达到目的的计划、战术、计划执行之间存在区别，这也适用于品牌传播计划、企业计划和营销计划。在第 5 章讨论讯息效果时，我们介绍了阿姆斯特朗的作品，涉及基于证据的原理和四种战略：信息、影响、情感和展露，其大纲还包括另外两组有助于制定品牌传播计划的战术。他将一般战术分为阻力、接受、讯息或注意力。换句话说，战术常用于减小阻力，提高接受度，传递讯息或引人注意。[4]

要注意如何为不同层面的计划设立一系列的目的、目标。如前所述，营销计划反映了企业计划并具有相同的要素，然而企业层面上的一般目的最终会转化成营销层面上的目标，因为营销的一个任务就是制定战略来传递企业层面上的目的。营销传播和品牌传播之间有相同之处，战略决策与传播目标都在于落实营销战略。

如图 8－1 所示，企业计划和营销计划为品牌传播计划以及专门领域中的广告、其他营销传播工具等具体计划提供了方向。本节内容简述了品牌传播计划，第 15 章将更详尽地讨论整合营销传播计划。

营销传播职能之计划

广告、公关、销售促进和其他营销传播工具都有各自的计划、传播活动以及截止日期，均是从前述品牌传播计划或整合营销传播计划演绎出来的。它们都始于营销传播或品牌传播（整合营销传播）计划中的相同战略决策：传播形势分析、经 SWOT 分析得出的关键（传播）问题、传播目标、目标受众识别、消费者在传播方面的内在需要、品牌定位的传播维度分析。

这些计划的战术部分需要确定所开展的具体活动，比如一系列广告在主要媒体黄金时间（放学时间和假期）的排期。三个关键要素——通过找到受众的内在需要而获得大创意、讯息策略和媒介策略是传播计划的核心，也是各职能计划的关键部分。

8.2 主要的战略决策

指导营销传播计划的主要战略决策包括分析和陈述以下四个方面：传播目标、目标受众、品牌定位和消费者内在需要。我们将讨论品牌传播策略，即主题传播活动的总体方向——传播聚焦点和方法。

传播目标

计划人员在考察内外部环境并确定需重点关注的领域之后，就可制定特定时间段应完成的具体传播目标。这些目标是对广告最终目的或其他营销传播目的的正式陈述，并概括了何种讯息能获取长期成功及其测评方法。

第 5 章的效果多面模型有六个分类：感知、情感、认知、劝服、联想和行为。这些效果可用来识别消费者最普遍关注的目标。以下目标是针对不同效果类型的例子：

● 感知目标：吸引注意力；提高知晓度；激发兴趣；提高对品牌和讯息的再认度；提高品牌回忆度。

案例：苹果机的“1984”广告；温蒂汉堡的“BBQ 4’Merica”主题传播活动。

● 情感目标：触发情绪；唤起心理需求；提高品牌或讯息的好感度；强化品牌忠诚；刺激欲望。

案例：麦当劳的“我就喜欢”（I’m Lovin’ It）主题传播活动；“My SPAR”主题传播活动。

● 认知目标：传递信息；理解特色、利益和品牌差异；解释如何做某事或使用某物；抗辩；建立品牌识别或品牌定位；激发对品牌讯息的回忆；提高品牌忠诚度。

案例：反吸烟的“无糖真相”（Unsweetened Truth）主题传播活动；雀巢的 Lean Cuisine 品牌“应珍视这些”主题传播活动。

● 联想目标：建立品牌个性或形象；创建象征和联想；与积极的品牌体验关联起来。

案例：欧仕派“如何成为男人”（What It Takes to Be a Man）主题传播活动；福来鸡公司的奶牛。

● 劝服目标：激发观点或态度的形成；改变或强化观点或态度；提出论点与推理；抗辩；确信或培养信念；培养品牌偏好或增强购买意向、购买；对积极反应或预期反应予以奖励；倡议和推荐。

案例："无糖真相"主题传播活动；多芬"追求真美"(Campaign for Real Beauty) 主题传播活动。

● 行为目标：刺激试验、使用样品或购买；引发其他类型的反应（使用优惠券、参与、试驾、访问商店或经销商、提供志愿服务、注册、访问网站、点击、出席、加入）；创造口碑；倡议和推荐。

案例：红十字会的"献血，挽救生命"(Give blood. Give life) 主题传播活动；别克的"24 小时快乐试驾"(24 Hours of Happiness Test Drive) 主题传播活动。

此外，由于管理者需要为其整合营销传播预算担责，尽可能使目标量化越发重要（如品牌知晓度在 6 个月内从 20%提高到 30%）。这种做法要求传播活动效果能明确且能证明。

目标受众

如第 7 章所讨论的，市场细分和受众定向都极其重要，因为营销传播战略取决于精确定向受众，这样才能对特定讯息做出反应。市场细分在营销计划中早已确定，但目标受众是在品牌传播计划中确定的。

只有深度理解消费者，才能确定目标受众或作出相关决策。特别是经调查获取的知识可将特定群体的消费者与其他群体区分开来。这些特色也可确定消费者在特定观点或生活方式上的相似性。

多元化和共情　目标受众选择不只是识别可能的受众画像，还要考虑目标受众是如何与品牌建立连接的、营销传播者是如何与目标受众建立连接的。尤其是在多元文化传播中，需要欣赏多元化及其共情效果。为了达到目的，广告公司正在增加多元文化方面的专家，并创建或收购那些擅长多元文化营销的公司。[5] 大多数品牌需要与其主要顾客建立更好的联系。比如，通用磨坊称，其广告代理公司希望创意部门的员工有 50%的女性和 20%的少数族裔。[6]

在广告中，多元化的讨论主要涉及广告内容中的性别、人种、种族。正如佩吉·克雷谢尔（Peggy Kreshel）教授所言，多元化远不止广告中的形象：

> 谁创作出我们所见的广告？行业在人种、民族多元化上的焦虑与碌碌无为已告诉了我们一部分答案。少数族裔开办的广告公司为多元化提供了机会，但常被视为只能为少数族裔说话的公司。大多数广告人员是女性，然而《广告周刊》几年前的研究发现，排名前 33 的广告公司只有四名女性创意总监。我们只能猜想其后果，知道创意总监主要负责一个广告公司的产出。

信息内容能反映出谁是内容的作者及其对受众的感知。广告主坚持强调 18～34 岁易受影响的潮人，他们还没有形成品牌忠诚，这在很大程度上是由于其他人群的排斥。这一成见影响了企业（有朝气的、叛逆的、高科技的）、媒介（真人秀节目、新闻娱乐化、18～34 岁的科技玩家目标市场）、文化（颂扬年轻、美丽与白人）。

与此类似，营销者通常将西班牙裔市场主要界定为"说西班牙语的人的市场"，这些人（从波多黎各到墨西哥城，到中美和南美）所处文化的丰富性和多元化都被遗忘在构建一个经济上切实可行、足够大的同质市场的欲望之中。最近，一场关于拉美裔市场的复杂性问题（不只涉及语言和道德取向）的对话开始出现在行业报刊上。[7]

近年来，一些媒介公司因为性别歧视问题而被起诉，有许多顶尖公司的高层因此被辞退。[8]

鉴于认可多元化的重要性，美国联邦广告协会（American Advertising Federation，AAF）资助了一些多元文化研究项目，如“最有前途的少数族裔学生”（Most Promising Minority Students）和“马赛克奖”（AAF Mosaic Award）。

8.3 品牌识别战略

品牌识别必须别具一格。换句话说，品牌识别仅代表品类中的一种独特产品，必须易于辨认、难以忘怀。辨认品牌意味着消费者知道这个品牌的识别标记——名称、徽标、颜色、字体、设计和广告口号，且能将这些标记与之前的品牌体验或讯息联系起来。

为了更好地理解一个品牌是如何成为一种整合感知的，根据第 5 章提出的效果多面模型的六种效果，在此提供品牌传播维度的一个提纲，可从品牌识别的不同方面解释这些效果。

广告主的品牌目标	消费者反应
建立品牌识别	看/听
形成品牌个性与品牌好感	感觉
形成品牌定位与品牌领导者	思考/理解
塑造品牌形象	连接
建立品牌承诺、品牌偏好	信任
激发品牌忠诚	行动/做

● 品牌个性与好感。品牌个性是指一个品牌具有日常的人类特性，诸如友善（如贺曼贺卡公司、柯达）、能干（如 IBM）、信赖（如沃尔沃、米其林）、精致（如梅赛德斯-奔驰、爱马仕、劳力士）——为品牌意义赋予情感维度。例如，绿巨人（Green Giant）品牌塑造了一个性格友好的巨人形象，它照料自己的峡谷并保证绿巨人牌蔬菜新鲜、美味、有营养，倍受孩子喜欢。温暖和有能力是建立顾客忠诚的核心。[9] 描述品牌的样子，宛如为喜欢或尊重的一个人画像。

● 品牌定位和品牌领导者。品牌意味着什么？柯达是一个拥有品牌灵魂的经典例子，其深深嵌入个人照片与记忆中；贺曼贺卡公司的品牌核心是情感表达；星巴克创建了高端咖啡屋；eBay 掌控全球的线上拍卖交易。当品牌支配或规定其品类的时候，品牌精髓也显而易见。品类领导者通常是市场上的第一品牌，占据主导地位。正如体育信息领域的领导者是娱乐与体育节目电视网（Entertainment and Sports Programs Network，ESPN），豆奶领域的领导者是丝乐克（Silk）。我们将在接下来的部分详细介绍定位策略。

● 品牌形象。理解品牌意义就必然要理解品牌形象所创造的象征与联想，并理解消费者构建起来的关于产品的心理印象。品牌形象的丰富性决定了一个消费者与一个品牌的关系质量、联想强度，以及顾客与品牌的情感联系强度，广告研究者将其称为品牌连接。

● 品牌承诺与品牌偏好。之所以有时把品牌界定为一种承诺，是因为品牌以其熟悉性、连贯性和预见性为基础建立了一种期望值。对品牌承诺的信任会带来品牌偏好与购买意图，这就是促使麦当劳成为全球快餐食品领导者的原因。在世界任何地方，当你走进麦当劳餐厅时，你知道想要什么——定价合理、质量有保证的快餐食品。

● 品牌忠诚。品牌的个人体验可发展成为一种品牌关系，这是一种能产生品牌偏好的跨越时间的关系，进而有了品牌忠诚和重复购买。人们与经常购买和使用的品牌有着独特的关系，使得他们能够对品牌保持忠诚。公司对顾客的态度是品牌忠诚的另一个影响因素。

总而言之，对一个品牌的感知受到品牌的信息、情感、体验等多个因素的影响。品牌是一种感知整合[10]，换言之，不同方面的品牌传播共同创造了品牌意义。如果发挥最佳，意义从一个顾客到另一个顾客也是一致的。不过，由于个人体验千差万别，不同的人对品牌有不同的印象。

品牌情感化是固化品牌感知的一个手段，如前所述，情感化是品牌传播的有力工具，品牌好感会带来品牌信任与忠诚。品牌好感是强有力的区分者。广告主的任务是将传播工具的碎片整合成统一的品牌印象。

品牌定位战略

定位（position）是指消费者如何相对竞争者来界定一个产品或品牌。七喜（7-Up）的传播活动是典型案例之一，它使用“非可乐”（UnCola）一词作为与市场领导者可口可乐和百事可乐开展竞争的手段。

计划人员也许发现新产品上市需要制定定位战略，但在大多数情况下，计划人员面对的是已经在市场上销售一段时间的品牌。情况已发生改变，当前的品牌定位仍有效吗？是否清晰、聚焦？是否需要继续打磨、明晰化或调整？

定位有两个前提。首先，定位建立在某一特色或属性之上。例如，零度可乐（Coke Zero）的卡路里很低，但它与普通可乐的口感相差无几。特色也是心理方面的，如特权感和领导者。其次，特色必须是消费者所重视的。

定位也是通过比较后产生的一个概念。品牌是更贵的还是更便宜的？是高端的还是亲民的？是体育型、功能型、安全型还是冒险型？沃尔玛通过广告口号“天天平价”（Always Low Prices）来表现定位。定位根据品牌持有的与消费者相关的一些品质来锁定消费者的心智。

许多传播活动通过提供一套适当的购买决策信息线索就可为品牌进行定位，从而将品牌植入消费者心智中区别于竞争者的一个位置。如果定位是在消费者心智中占据的一个位置，那么计划人员就可以把它绘制出来。这实际上就是应用**感知图**（perceptual map）技术，即根据消费者决策的两个最重要因素在一个矩阵中绘制所有的竞争对手。感知图将品牌、顾客、竞争因素结合起来，成为战略思考的有力且简单的工具。图 8-4 举例说明了如何绘制汽车行业的感知图。

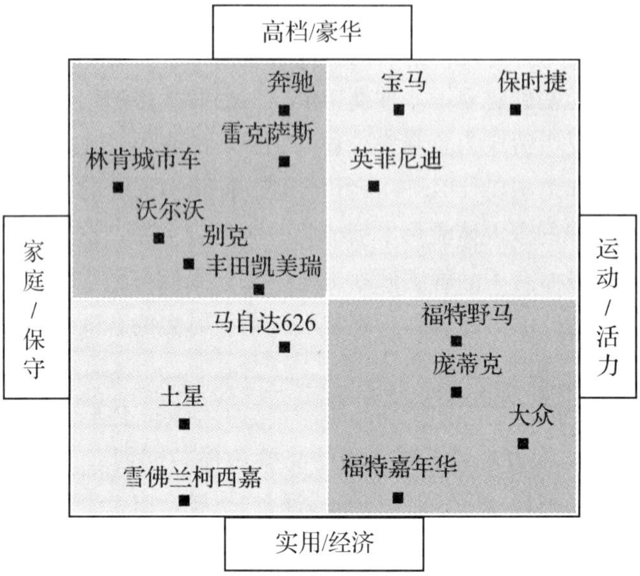

图 8-4 感知图

说明：感知图是根据消费者感觉重要的决策因素来确定竞争者占据的位置，这些定位取决于对目标市场感知的调查。

产品特征和属性 定位的第一步是弄清品牌**特征**（feature）以及竞争状况，这些因素决定品牌超越竞争对手的优势。这意味着营销者应仔细评估产品的有形特征（诸如大小、颜色、设计、价格和使用的便捷性）和其他无形属性（如质量、档次、价值、时尚性、安全性），弄明白产品的相关参数，使之不同于竞争对手。

当混合动力轿车进入市场时，通用汽车公司的沃蓝达（Volt）在产品特色设计上有一个有趣的做法。表示燃油效率的每加仑汽油可行驶英里数评估标准被沃蓝达每加仑汽油可行驶 230 英里和日产聆风（Leaf）每加仑汽油可行驶 367 英里颠覆了。当然，只要这些汽车使用电池，它们的汽油用量就很少——当电用完了才使用汽油。如果你只是开车在城镇周围转悠，理论上你可节省相当多的汽油。[11] 那么，这一标准的变化对传统汽车的消费市场和决策会产生什么影响呢?

差异化和竞争优势 大多数市场都处在激烈竞争之中，企业如何应对呢？这涉及一种叫作**产品差异化**（product differentiation）的策略——专注消费者重视的但与竞争产品不同的产品，如牛奶、无铅汽油、非处方药等**同质化产品**（parity product）。营销者通常可为这些产品制造无形的、心理上的差异，尤其可通过品牌化获得差异。

为一个产品（如斯沃琪手表）塑造独特的品牌形象是将一个产品与另一产品相区隔的最显见的方法。基于网络的谋智（Mozilla）和克雷格列表网（Craigslist）都是小公司，但其品牌很强势，因为它们有忠诚用户鼎力支持。顾客与品牌之间的强关系反映了一个品牌在市场上的领先地位，即一个品牌界定或创立了某个品类。不过，绝不只是当红的互联网公司才能成为品牌领导者。塔巴斯哥辣酱是麦基埃尼公司（McIlhenney）于 1868 年上市的，至今仍在酱料品类中遥遥领先。

一种叫作**特征分析**（feature analysis）的方法对品牌特征进行评估，可帮助我们与竞争产品相比较，找出品牌的优势，它通常与**菲什宾多重属性模型**（Fishbein multiattribute model）等其他工具一起使用，可根据特征感知对消费者偏好进行数字化估计。[12] 该工具的使用步骤是：首先，识别产品所在竞争领域的品类（是箱包、汽车还是手机）；其次，根据在消费者看来很重要的相关特征（如下表）列出自己的品牌和竞争者品牌。基于对目标市场的舆论调查，获得顾客对每个品牌的某一特征的评分（1 分表示很差，5 分表示很好），以及为每个特征赋予的权重（区间为 100 以内，表示相对权重）。总之，这个模型考虑了顾客对不同属性的重视程度，以及不同品牌在这些属性上的差异。

菲什宾多重属性模型

特征	对消费者的重要程度（总计 100）	消费者对品牌的评分（1～5）			
		你的品牌	X 品牌	Y 品牌	Z 品牌
价格	10	5	3	1	1
质量	30	3	5	3	4
款式	20	4	2	5	2
实用性	10	4	4	2	1
耐用性	30	3	4	4	5

最后，将每个品牌特征的权重得分乘以特征得分，汇总起来就得到一个“加权和”。

例如，你的品牌的总分计算如下：(10×5)+(30×3)+(20×4)+(10×4)+(30×3)=350。用同样的方法可知道 X 品牌的总分为 380，Y 品牌的总分为 340，Z 品牌的总分为 330。该模型预测出消费者会更偏爱 X 品牌，因为该品牌的总分最高。

利用权重和评分两个因子，就可找到竞争优势：（1）产品在某一特征上获得了高分；（2）该特征对目标受众十分重要；（3）竞争者在该特征上处于相对劣势地位。上表中“你的品牌”在价格和款式上都比 X 品牌有优势，在价格上比 Y 品牌有优势，在款式上比 Z 品牌有优势。竞争者 X 似乎在价格和款式两个特征上最为不利，而这些是消费者所认同的最重要的决策因素。通过上表可得出你的品牌在价格和款式方面胜过 X 品牌，在价格和实用性方面胜过 Y 品牌，在价格、款式和实用性上胜过 Z 品牌。虽然 X 品牌在价格和款式上存在劣势，但消费者对这两个特征的重视程度不如质量和耐用性，因此 X 品牌的评分非常高。

根据菲什宾多重属性模型，有四种战略可帮助你在市场上更好地参与竞争。假定上述例子中的品类是箱包，那么：

1. 提高你在某个关键特征上的得分。你可改善顾客在质量和耐用性上对于你的品牌的感知，因为这两点是箱包顾客最重视的特色。

2. 改变顾客对于某个特征的相对权重。可考虑举办一次传播活动，强调箱包价格的重要性（因为是你的品牌的优势特征），告诉顾客购买箱包省下了多少钱，可让整个旅程更快乐。

3. 证实你的品牌在某个关键属性上的竞争优势。将你与竞争对手的产品的属性一一比较，秀出你的品牌在质量或耐用性方面表现得比 X 品牌好，从而引导顾客调整他们对两个品牌的评分。重要的是，指出具体的竞争者并对你的优越之处进行声明时，必须有外部的、独立客观的产品测评结果来支持。

4. 为品牌增添一个有吸引力的、竞争对手不具备的新特征。可为箱包提供终身保修服务，也可在箱包上安装定位器作为标准特征。选择顾客十分关心、纳入其决策的新特色，你会获得高分，而竞争者在这一属性上是 0 分。

因竞争优劣势、消费者偏好而让产品逆袭的一个例子是李施德林（Listerine）薄荷味除菌漱口水的上市。其主要竞争对手 Scope 漱口水在味道上表现更好，在顾客偏好中排名第一。为了更好地与 Scope 漱口水竞争，李施德林推出了一种在颜色上类似于 Scope 漱口水的薄荷味除菌漱口水，以强化口味感知。

品牌定位 现在回到定位概念上来。除了具体的产品属性，如下许多因素都可以在消费者心智中进行品牌定位：

- 优势定位。杰克·特劳特认为，如果一个东西相对快捷、独特、安全、新颖，定位是件容易的事情。
- 抢先定位。品类抢先通常能创造品牌领导者。
- 价值定位。沃尔玛的“天天平价”在金钱上提供了价值，是一个典范。韩国现代依靠其定位挺过了金融危机，比竞争者更快恢复了市场份额，超过本田、福特变成世界第四大汽车制造商。[13]
- 心理定位。品牌经常围绕非产品差异设计。就心理定位而言，可思考如下案例：沃尔沃定位于安全；可口可乐定位于真实的可乐饮料（真东西）；贺曼贺卡公司定位于品质（“如果你真的在乎，就寄最好的贺卡”）。
- 利益定位。产品是怎样帮助消费者的？
- 用法定位。如何、何时、何地使用产品？谁在使用产品？
- 竞争者策略。产品如何与竞争者展开激烈的竞争或完全远离竞争？
- 品类因素。若竞争源于品类以外的因素，如何将品牌与其他品类进行比较？如何改变其优势与劣势？

前面提及品牌差异应是显著的，对消费者是重要的，这是强势品牌成为知名品牌的第一要务。当你提到谷歌和 eBay 的时候，你脑海的第一反应是什么？（谷歌＝搜寻引擎；eBay＝线上拍卖。）

宝洁公司前全球营销主席詹姆斯·施滕格尔（James Stengel）发展了一种他称为“目的营销”的新的定位方法，他指出，宝洁从仅仅让宝宝屁股保持干爽提升到更高目的——帮助妈妈养育健康、快乐的宝宝。公司制定了提供养育建议的新计划，并开展有关幼儿问题的研究，如促使产品重新设计的睡眠问题。[14]

重新定位 定位难以建立，且需要随时间创新。一旦定位建立，就很难改变。例如，柯达在市场转向数码照片时仍专注于胶片。正如定位概念的创始人之一艾·里斯所说，有时品类会发生变化，品牌必须为之改变，否则就会落伍。艾·里斯和劳拉·里斯（Laura Ries）两位专家建议，在市场变化或新目标市场机会出现时，**重新定位**（repositioning）是一项艰巨的挑战。

零度可乐发起了一场改变其品牌感知的传播活动，说明定位在用户心智中是如何界定的。在节食者中，有多少人会承认他们还在喝零度可乐？但是可口可乐知道，18～34岁的男性占据很大的可乐市场，大多数人更喜欢喝普通含糖汽水。可口可乐公司想让这些人相信零度可乐喝起来像可口可乐，以此扩大市场。其代理商 CP＋B 广告公司用一种自嘲式幽默克服了人们对低热量饮料的负面感知。大创意就是可口可乐公司的法律部门试图起诉零度可乐侵犯了它的味道。这一反常讯息不仅改变了人们对可口可乐的感知，也因其效果获得了艾菲奖银奖。

之前提到柯达，这是关于定位和重新定位的有趣研究。柯达总是代表着照片，多年来树立了一个形象："就在柯达一刻"（the kodak moment）。但柯达也代表胶卷（黄色盒子），当相机产业引入数码技术时，柯达就出现了市场问题。柯达的广告代理公司奥美集团采取了一个重新定位策略，"就在柯达一刻"调整为"就在柯达图库"——照片的定位依然存在。

在艾·里斯和劳拉·里斯看来，新定位只有与品牌的核心概念相关，重新定位才生效。他们担心柯达的变化，并且怀疑柯达与胶片之间的联系是否过于紧密而无法延伸到数码产品上。事实上，图库的定位没有奏效，难以战胜不确定的环境变化和公众感知。

重新定位的原则是在前进的同时保留品牌精髓。艾·里斯和劳拉·里斯谈到，IBM 从电脑制造商到服务提供商是重新定位的成功范例。尽管电脑主机市场在缩减，但他们观察到，IBM 的品牌精髓依然存在于新定位（全球电脑服务商）之中。例如，IBM 正在中国市场上出售一种叫作智慧城市（Smart City）的城市规划工具，这是一种通过信息技术来提供公共服务和进行基础设施建设的工具。IBM 把拥有庞大公共部门和基础设施项目的中国视为其服务的一个巨大市场。

在重新定位中，品牌传播的作用在于把产品定位与目标市场的生活体验、联想关联起来。一个成功的案例是七喜在重新定位中保留了品牌精髓，并在消费者心智中获得新的位置。

8.4 消费者内在需要与客户策划

主要战略决策的最后一步是满足消费者内在需要，这可能是需要计划人员做出的最困难的决策，因为它需要扎实的调查和深思熟虑的分析，且在很多情况下会导致关于品牌传播方向的预料之外的结论。

消费者内在需要（consumer insight）意味着什么？帕特·法伦和弗瑞德·森总结了一个原理：有效品牌传播的关键是找到顾客与品牌关系中的核心情感真相。八点钟咖啡的品牌计划人员想更多地了解受众，以便有的放矢地传递讯息。八点钟咖啡采取了录像观察法来获知人们与咖啡之间的关系。录像显示的不是旭日东升，而是行动起来遇到的困难：大人们踱来踱去，想把孩子从床上哄起来穿衣、吃饭，然后出门，而咖啡是让孩子们行动起来的动力。在另一录像中，咖啡是孩子出门后对妈妈的奖赏。你注意到有多少情绪真相从这个分析中暴露出来？

客户策划

客户策划在于揭示消费者内在需要。内在需要就是灯泡坏了时，计划人员以新的方式看待事物所发生的一切。正如八点钟咖啡的案例一样，计划人员在淘金：发现咖啡是成人（尤其是家庭主妇）支撑忙碌早晨的动力源泉，也是对忙碌的日常工作的回馈。从此类内在需要中可知信息何时、如何触达受众以及应对其说什么。

客户策划（account planning）是获取消费者知识的调查与分析过程，从而将消费者的关键内在需要表达出来——人们怎样与某个品牌或产品相关联。**客户策划人员**（account planner）是广告公司中使用严格体系研究品牌与消费者关系的人，负责设计能有效表达消费者需要和需求的广告（或其他营销传播）讯息战略。客户策划的代理公司以调查为依据，重视有关消费者的意义来源。例如，Hall & Partners 公司意识到，在新的社交媒体中，私生活与公共生活之间的藩篱已被打破。（欢迎浏览该公司网站 www.hall-and-partners.com。）

如果你对客户策划这一职业感兴趣，可看看大型服装公司全球消费者内在需要副总裁的真实职位描述：

> 全球消费者内在需要副总裁这个角色通过实事求是地理解和洞察消费者或顾客，促进组织所有重要部门快速、准确地做出战略、战术决策，从而创造竞争优势。简而言之，将数据转换成消费者内在需要，然后付诸行动。策划人员要完成这些任务必须优先考虑消费者，然后把他们的“声音”融入计划过程，并在企业和品牌层面创造顾客保留的价值。

正如上述职位描述所提出的，客户策划职能与客户、代理公司的其他成员一起制定营销传播战略，并指导创意工作和媒介计划的落实。客户策划人员不单为一条品牌讯息制定创意策略，通常是有创意人员参与的团队合作过程。客户策划人员要评估消费者与品牌的关系，判断消费者会对什么讯息做出反应，最终目标是要帮助创意团队提出更好的创意，使创意过程更容易、更快捷。

发现消费者内在需要的过程

通过战略思考和批判性思考，客户策划人员可根据消费者研究来揭示相关因素、消费者关心品牌的原因。消费者内在需要揭示了消费者思维的内在本质——包括触发消费者态度和行为的心态、情绪、动机、欲望、抱负及目的。

调查：品牌情报　获知内在需要始于调查，其目标是找出关键的内在需要，帮助目标受众对讯息做出反应。换句话说，**内在需要调查**（insight research）基本上是询问和倾听，然后提出更多的问题以便深入探究思想、观点、态度、欲望和动机。

策划人员使用各种各样的调查工具来发现消费者内在需要，从而做出明智的战略决策。从某种意义上说，他们是社会人类学家，要了解文化和社会趋势，了解这些趋势如何与人们的生活相关联。就这一点而言，客户策划人员恰似集成商（把所有的信息汇集在一起）和合成器（用一个简单语句表达所有的意思）。

盛世长城广告公司的全球市场计划人员萨利・莱曼在这本书的早期版本写道，调查不仅仅是数字，用于发现消费者内在需要的调查过程比以往任何时候更加多样化。

发现消费者内在需要：大创意之动力　广告有时被当作创意的加工厂，但是在客户策划人员看来广告是消费者内在需要的加工厂。消费者内在需要是点燃创意之火的燃料。有研究者将这方面的价值界定为"生活质量洞察"（Kelley and Jugenheimer）。他们解释说，消费者内在需要"明确了品牌利益及其带给消费者的生活品质"。[15]

从众多的调查报告、数据和记录中发现"令人惊奇的事情"，就是**发掘内在需要**（insight mining），这对客户策划人员来说是具有挑战性的工作。策划人员应去发现目标受众与品牌或产品的关系，以及品牌在目标受众生活中所起的作用。因客户策划人员扮演着代理公司品牌管家的角色，因此理解品牌与消费者的关系十分重要。

如何寻找难以捉摸的内在需要呢？客户策划工具是由一系列从调查中精选出来的能够有效帮助我们获得消费者内在需要的问题组成的。有研究者推荐了你在寻找内在需要时可能会询问的七个主题或问题[16]：

- 产品存在的理由是什么？
- 产品的历史是什么？
- 消费者如何使用这个产品？
- 品牌消费者怎么看待他们自己？
- 关于产品的未开发的信念是什么？
- 使用该产品的障碍是什么？
- 产品的类别和品牌广告中出现了什么？

下面是另外一些能够帮助我们有效探寻消费者内在需要的问题：

- 目标群体切实的反应目标是什么（包括感知、知识、情感、态度、象征意义、行为）？
- 目标群体没有做出反应的原因是什么？
- 获得预期反应的障碍是什么？
- 什么东西能够促使目标群体按预期方式做出反应？
- 为刺激目标群体或扫除障碍，营销传播组合中的要素应各自发挥什么作用？

下面是一个如何分析数据的实例：假设你正设法说服一家甜饼客户，下面是品牌市场份额的信息：

	2017 年市场份额（%）	2018 年市场份额（%）
巧蔻牌果仁饼（你的品牌）	50	40
代糖牌脆饼（你的主要竞争对手）	25	30

从该表可发现什么问题？显然，主要竞争对手正在抢夺你的市场份额，所以你的一个目标就可能是选择一个能够增加销售额的营销传播组合，但是这个目标太大，以至于很难判断所选择的营销传播组合能否有效解决这一问题。因此需要继续对问题进行探索，并考虑另一组关于家庭年度购买量的数据：

	2017 年家庭购买量	2018 年家庭购买量
巧蔻牌果仁饼	4	3
代糖牌脆饼	2.5	3

由此能看出什么问题呢？你的品牌忠诚使用者正在减少购买量，同时代糖牌脆饼顾客的购买量却在增加，尽管这种增加量很小。如果进一步研究表明你的一些顾客正转向代糖牌脆饼，你可使用一个策略来优化你的产品，让你的顾客相信你的产品味道更好，同时还要告知你的忠实顾客他们更偏好你的品牌。

当你综合这两组信息并思考之后，或许会发现另一种消费者内在需要可用以解释这种状况：可能只是人们吃甜饼比以前吃得更少。如果此理由成立的话，那么营销传播机会就在于说服人们重新回到爱吃甜饼上来。这更多是一个“品类销售”问题（卖甜饼），而并不是竞争性销售（吸引人们选择你的品牌而不是竞争对手的品牌）问题。在巧蔻牌果仁饼案例中，应该做更多调查来了解具体情况。下面是两种不同策略的概要。

	竞争性销售	品类销售
什么品牌？	挑战者品牌	领导者品牌
谁购买？	忠诚购买者	中度/轻度/偶尔购买者
效果怎样？	与其他甜饼品牌比较	与其他点心比较
目的何在？	增加销售额	增加整个类别的销售额
讯息如何表达？	“我们的甜饼比其他的更好”	“甜饼比糖果、咸食更好”

在制定品牌战略计划时，客户策划人员要着重理解的概念有：品牌关系、感知、承诺、差异点。对策划人员来说，最重要的是品牌意义的信息线索，通常可根据品牌精髓（核心、灵魂）、品牌个性、品牌形象以及品牌形象如何与消费者的生活方式相联系组织措辞。

下章预告

战略一致性是仔细研究营销传播计划的结果，而用于战略落地的实际讯息是战略计划和创意思考的结果。第 3 篇第 9 章将讲述营销传播的创意，继续讨论讯息策略。

成功秘诀

奶牛为福来鸡公司带来了“哞哞声”

福来鸡公司及其广告代理公司理查兹集团发起了一场快餐业最成功的整合品牌传播活动，多年来在所有媒介上开展。这一策略在一些古怪的奶牛身上得到了体现，即它们要求我们“吃更多鸡肉”而不是汉堡包。

在最初推出一个三维广告牌后，公司的长期传播活动不断演变，并拓展到每一个顾客接触点上。这展现了当做出关于品牌传播的战略选择时可以达到的效果。

在《广告周刊》上发起的一项公众投票中，这些奶牛符号及其怪异动作已成为福来鸡公司营销传播的重要标志，被认为是美国最受欢迎的广告形象之一。它们在纽约“麦迪逊大街广告名人堂”（Madison Avenue Advertising Walk of Fame）上赢得了一席之地。

福来鸡公司轻松愉快、标新立异的传播活动每年都为其增加销售额。自 1995 年该传播活动启动以来，销售额从略高于 5 亿美元增加到 2015 年的 60 多亿美元（其销售增长率击败了竞争对手）。

该传播活动还赢得了一系列奖项：进入美国户外广告协会（Outdoor Advertising Association）的奥比名人堂（Obie Hall of Fame）；获得戛纳国际广告节的银狮奖（Silver Lion）以及两个艾菲奖，其中一个是因其持续成功而斩获。这是尽其所能挤牛奶的一种方法，不是胡说八道。

复习题

1. 定义目标、战略和战术，并解释它们之间的区别。
2. 品牌传播计划从企业计划或营销计划中得到了什么信息？
3. 什么是形势分析，它与 SWOT 分析有什么不同？
4. 讨论计划和设定目标的相关概念。
5. 建立一个品牌和品牌战略计划的关键决策是什么？
6. 什么是定位？定位是如何建立的？
7. 什么是消费者内在需要，它是如何被发现的？什么是挖掘消费者内在需要？
8. 什么是客户策划？客户策划人员给营销传播计划带来了什么？

讨论题

1. Vico 是一个有机椰汁品牌，它可能是瓶装水品类的下一个大趋势。它使用的是新鲜的、绿色椰子里的透明液体（不是椰子汁，椰子汁是压榨椰子果肉得来的）。该产品健康、天然，在南美很受欢迎，并在纽约和其他南美移民城市建立了一个利基市场。

拟定一个初步的形势分析、目标、定向、定位和品牌化战略。在每个部分，解释你需要哪些其他信息来完善整个计划。

2. 你正在参加为一位客户（汽车公司）制定战略的会议，客户提出推出一款新型高档豪华电动汽车的想法。你们团队的一位成员说，这个定位是陈旧的，对现代产品而言不再有用，因为市场很复杂，变化也很快。另一个人很坚决地认为，在开始制定广告策略之前，需要了解产品在消费者心智中的定位。为了推出这款新产品，你选择其中一个方面，在课堂讨论中发表你的观点。

注释

第3篇

原理：优秀创意用于传播品牌真相

| 第9章 |

创　意

学习目标

» 能描述创意在整合营销传播中的作用。
» 能解释创意思维及如何获得大创意。
» 能鉴别主要的讯息策略方法。
» 能界定影响创意策略及其执行的问题。

有效的营销传播之所以能成功，是因为能在正确的时间使用正确的媒介向正确的目标受众传递讯息。第 2 篇解释了营销传播的工作原理和计划，第 4 篇将考虑媒介和讯息是如何传递的。本章和第 10 章将集中讨论如何创作讯息。然而重要的是，媒介和讯息只有结合起来才能获得有效传播。事实上，讯息计划通常与媒介计划同时进行。在许多情况下，利用多种整合营销传播工具来强化讯息，如广告、公共关系、直接反应和促销。

获奖案例

REI 公司建议顾客去远足

去远足吧。真的吗？谁会想到一家零售公司会在感恩节后的一天（一年中最繁忙的黑色星期五）故意关闭 143 家店，让其 12 000 万名员工带薪翘班呢？这正是 REI 公司所做的一个大胆举动，这让它要么成为创意的天才，要么只是纯粹的疯狂。REI 公司关闭商店大门，让顾客到外面去徒步旅行，或者远离购物中心参加户外活动。让我们更深入地看看是什么促使 REI 做出这个决定的。

REl 公司总裁兼首席执行官杰瑞·施特里茨克（Jerry Stritzke）表示，REl 公司的使命是基于“户外让我们的生活更美好”的理念。最核心的是，建议顾客外出，跳出实质性的购物范围，与公司的宗旨是一致的。这是真实可信的讯息。毫无疑问，REl 公司希望消费者购买其设备，但不要以牺牲户外活动这一最终目标为代价。杰瑞·施特里茨克说，REl 公司“邀请美国人与我们一起参加‘OptOutside’户外活动，因为我们喜欢很棒的装备，对它带来的体验更有激情”。你听到了吗？REI 公司发现了这一基本事实。这是一条鼓舞人心的讯息，引起了消费者的共鸣。多个州立和国家公园通过提供免费门票进一步扩大了这一讯息的传播范围。

这一做法吸引了顾客的注意，并成为媒体关注的焦点之一，其原因是 REI 公司在做同样的事情时用不同的方式超越他人。也就是说，它的所有竞争对手都做了一件事（维持商店的正常营业），而 REI 公司走的是另一条令人难忘的道路。为了实现这一创意，REI 公司提供了一个专门的网站 optoutside. rei. com，该网站推荐徒步旅行路径，并敦促用户使用。

REI 公司的大胆举措引人注目，因为它表明成功的公司与其顾客的联系发生了重大变化。奥姆尼康的云创空间（C Space）的首席执行官查尔斯·特瑞威尔（Charles Tre-vail）观察到：

> REI 公司的举动标志着企业自身经营和营销方式的巨大转变。随着顾客在管理他们的许多品牌关系方面更加熟练，拥有更好的技术，他们将淘汰或忽视那些未能充分理解他们的需求、无法为他们带来价值的公司。这就是新的消费主义：赋权、自我发起和有活力。REI 公司的决定反映了该公司对顾客的基本共情：消费者根本不想在一个美丽的秋季的周五排队抢购最划算的商品，他们可能更想在穆西劳克山进行徒步旅行。

REI公司的结果如何？人们认为它会获得更高的品牌知晓度和可信性。在本章结尾处的“成功秘诀”专栏中，看看这次冒险是否能为REI公司带来回报。

资料来源：REI Staff，“Thank You for Choosing to ＃Optoutside with Us，” www. optoutside. rei. com，retrieved August 12，2017；Charles Trevail，“Why REI's ＃OptOutside Is a Model for the Future of Marketing，” November 3，2015，www. adage. com；Judann Pollack，“REI's ＃OptOutside Takes Titan Grand Prix，Netflix ‘House of Cards’ Wins Integrated Grand Prix，” June 25，2016，www. adage. com；Micah Solomon，“REI Shocks Retail World by Closing for Black Friday，Paying 12，000 Employees to ‘Opt Outside，’ ” October 27，2015，www. adage. com；“Promo Jury at Cannes Gives Grand Prix to the Greatest Anti-Promotion of All Time，” June 20，2016，www. adage. com；Jack Neff，“REI and Swedish Tourism Win Promo and Direct Grand Prix for Taking Unusual Risks，” June 20，2016，www. adage. com；Paul Vercammen，“REI to Workers：Shun Black Friday and Instead Enjoy Blue Skies—With Pay!，” November 30，2015，www. cnn. com.

本章讲述整合营销传播中的创意和大创意的作用，讨论创意思考的过程，旨在促使你成为一个创意思考者。有效的营销传播在创意上是一种艺术，在战略上也是一种科学。本章向你表明，这两个维度合起来是如何成为创意战略的——有创意的讯息幕后的逻辑。你将学到一个叫作“创意简报”的计划工具，它能为大创意的执行提供指导，也能为有效传播讯息战略和实现预定目标指明方向。

9.1 创意在整合营销传播中的作用

为应对当前问题或挑战产生的新想法和解决方案就是**创意**（creativity）的简单定义。[1] 这个定义听起来很简洁，但创意是复杂和多方面的，特别是在数字时代。创意就在我们身边，比如音乐、艺术、文学和戏剧，但并非艺术家才有创意。考虑一下新产品的发明，比如满足特定需要的电动汽车或带有轮子的行李箱。像一个问题解决者那样思考的能力，以及勇于冒险和尝试新事物，都是创意所必需的技能。

传统上，创意与广告联系在一起，所以本章将重点放在广告上。我们把独创性产品称为“创意品”。事实上，我们经常把“创意人员”说成是广告设计人员。所有的广告公司都有文案人员和艺术总监，他们负责构思创意并精心设计创意的执行方案，且经常以团队的形式工作，有时作为一个团队被雇用，可能在一起成功合作数年。客户策划人员最初以创意简报的形式将创意策略组合在一起，以便向创意团队提供背景和指导。因为广告创意是团队合作的产物，所以文案人员、艺术总监、社交媒体和内容总监一起工作，为的就是构思概念、文字和图片创意。视频制作人员也可以成为广告和在线内容团队的一员。每个团队成员的写作或设计专长在创意执行过程中都会发挥作用。

创意总监（creative director）负责管理创意过程，在强调广告策略、确保创意构思聚焦于战略目标等方面发挥着重要作用。创意总监需要的技能不只是制作静态印刷广告或电视广告，还需要了解如何让消费者参与进来，而不只是在广告中唤起消费者行动。创意总监的角色也在迅速演变，因为这些团队领导者需要熟悉**用户体验设计**（user experience design），这涉及有关品牌的交互式对话。例如，如何通过跨平台的社交媒体吸引广告观众，最终整合营销和创意方向。[2]

创意团队正在扩展，不再局限于文案人员、艺术总监或创意总监，所以创意不只是"广告"。正如REI公司的案例所表明的那样，在IMC环境中没有人可以独占"创意"。REI公司最终的反促销的成功在于其大创意，而不是使用巧妙的措辞和引人入胜的形象制作广告。

在整合营销传播过程中，任何人都可产生新的创意和解决方案。那些跨平台开展的传播活动还展示了将内容与受众联系起来的创意方法。在互动媒介的世界里，消费者也常被邀请去参与创意开发活动。随着新的众包实践的发展，营销者正在寻找方法来收集成千上万的集体创意，从而产生优秀的创意。多力多滋举办"冲击超级碗"（Crash the Super Bowl）比赛，邀请消费者在比赛期间制作广告去刊播。即使消费者不是团队的直接成员，他们的博客和其他社交媒体评论也会提供实时反馈，并经常在拟定与提炼讯息方面发挥作用。

产生新创意和解决方案的能力有时也会导致新业务和新产品的出现。

整合营销传播的艺术性与科学性

在创意策略这一阶段，营销传播的艺术性与科学性融为一体。一个成功的营销传播观念必须具有创意性（独创的、与众不同的、新颖的、出乎意料的）和战略性（有合适的产品和目标市场，并切合目标）。讯息计划是对问题以及解决该问题所需的东西的理性分析。这一逻辑是建立在一种全新的顿悟之上的，而顿悟来自研究。讯息本身将计划决策的逻辑转化为一个具有独创性、能吸引注意力、令人难忘的创意观念。有创意的讯息能够将传播策略付诸实施，就如REI公司建议顾客在黑色星期五这一天外出远足，这吸引了人们的注意力，并留在了他们的记忆中。

马克·施图尔福特（Mark Stuhlfaut）教授指出了广告创意的重要元素，这些元素包括新颖性，也包括恰当性、真实性和相关性。马克·施图尔福特补充说，如果有创意，通常也应该是生成性的，换言之，就是能带来思考的新方式。[3] 创意策略不只是提出一个新颖的想法，而是要产生一个以原创方式解决传播问题的创意。马克·施图尔福特和马戈·伯曼（Margo Berman）教授提醒我们，创意是为了实现目标。创意策略是为了解决问题[4]，为此需要创意思考，即以创造性思维解决问题。21世纪给品牌传播创意人员带来了巨大的挑战，他们必须开发突破性讯息，而这些讯息不能在今天的媒介爆炸中消失。

下一节的重点是培养创意思考能力，从而能提出大创意和革新性的、自我发起的、与特定受众相关的创意策略、有效帮助受众以预期的方式看到品牌和产品。

9.2 创意思考：怎么做

整合营销传播的所有方面——广告、公共关系、直接反应和促销——都是创意产业。不过，我们所说的创意是什么意思？**创意**（idea）是心中的一个思想与概念，是将思想碎片与传递意义的事物进行精神融合的产物。广告创意有时采用**“概念化”**（concepting）一词来指涉提出新思想的过程，比如REI公司在黑色星期五关闭商店的创意。大创意也称为**创意概念**（creative concept）。

我们曾试图给创意下定义，但要理解它是什么，或许思考一下它不是什么会有所帮助。创意的对立面是什么？在广告中，最明显的例子是**陈词滥调**（clichés），指一般的、非独创的、非新奇的创意。一个陷于陈词滥调之中的例子是医院，其广告一般描述的是技术超群的医生和护理人员一起在新高科技大楼工作，那里有新设备。相比之下，阿克伦儿童医院（Akron Children's Hospital）一场标新立异的活动展示了新方法。这家医院的即兴广告是让病人及其家属谈论所受的待遇。纽约DeVito/Verdi广告公司受雇于芒特西奈（Mount Sinai）医院后，就摒弃了陈词滥调。广告公司列出了戒条：没有医生图片、没有微笑的人、没有昂贵的器械、没有医疗保健方面的过多承诺、没有复杂的医学术语。[5]

什么是大创意

一个**大创意**（big idea）或一个创意概念是讯息传播策略的焦点。“万宝路牛仔”是一个大创意，展示了独立、自立的形象，多年来其品牌资产价值几百万乃至几十亿美元。其在《广告时代》杂志的20世纪前100名广告传播活动中位居第3名。

不过，因为不同寻常，且未经界定与测试，大创意也是有风险的。如在CP+B广告公司的“华堡不见了”（Whopper Freakout）主题传播活动中，顾客点了一份“华堡”，结果却被告知“华堡”已从菜单上撤下（事实并非如此），视频记录下顾客的反应。这是一个冒险的策略，因为它太出乎意料了。CP+B广告公司遇到了其他创意上的一些问题，如令人不寒而栗的汉堡王餐厅的广告创意。因此，冒险对前卫的大创意有好处，但难以界定冒险的边界。创意测试对于减少不必要的风险是一个好主意。

大创意从何而来？电扬广告公司的创始人、广告业传奇人物詹姆斯·韦伯·扬（James Webb Young）在其关于创意思考的经典著作《创意的生成》（*A Technique for Producing Ideas*）中解释说，创意是各种思想的新的或意料不到的组合。因而，创意是将两个先前毫无关系的观点组合而成的一种思想，就像经典的米其林广告活动所展示的那样，用一个婴儿来传达米其林轮胎的安全是最令人意想不到和最有效的组合。

创意 ROI

大创意不仅仅是一种新思想，还必须在广告中完成一定的事项，即具备一定的功能维度。恒美广告公司认为，有效广告具有相关性、原创性和震撼性，这称为**创意ROI**

(ROI of creativity)。这一准则听起来有点像商人根据“投资回报率”来比喻创意[6]，但创意在此有不同的含义。恒美广告公司的信条是：创意必须具有**相关性**（relevant），对目标受众意味着某事。**原创性**（original）意味着独一无二，当一个广告创意是新奇的、以前未见到的、出人意料的和非同寻常的，才能认为该广告具有创意，因为新奇才会令人惊奇、引人注意。为了使广告有效，创意还应具有**震撼性**（impact），给受众留下深刻的印象。

但你怎么知道你的主意是否具有创意？如果之前从未想到，任何主意看起来都具有创意性，但创意的实质是其他任何人都未曾想到过。因此，第一个规则就是避免从事别人做过的事情。在以创意而自豪的行业，值得关注的是**模仿广告**（copycat advertising），即创意利用了他人的原创。

原创的重要性是显而易见的，不过，为什么相关性对广告的大创意也如此重要？思考一下加利福尼亚州牛奶协会（California Milk Board）的获奖广告“Got Milk”，消费者的内在需要是在吃甜饼等东西时喝一些牛奶。如果在吃东西时喝不到牛奶，他们会有点不爽。因此，把这些产品与牛奶联系起来就是具有高度相关性的创意。

震撼性为什么也同样重要？我们知道，很多广告作品没有引起受众的注意，具有震撼性的创意只有从讯息拥堵中突围，才能获得注意力并被记住。突破性广告具有驻足力，这种力量源于新奇的创意，即对消费者很重要、有趣且相关的大创意。

创意飞跃

在不同情境下，所有的人都使用不同的思考方式。例如，**发散思维**（divergent thinking）表示一种思维方式，即探究多种可能性，而不是利用理性思维得出“正确的”或符合逻辑的结论。发散思维是创意思考的核心，是运用探测法（游戏法）去寻找所有可能的结果。另一个表达发散思维的词语是**右脑思维**（right-brain thinking），它是一种直觉的、整体的、艺术的和感性的表达思维，与逻辑的、线性的（归纳与演绎）和依次进行的**左脑思维**（left-brain thinking）截然不同。你怎样才能成为一名更好的创意思考者（一个用右脑进行发散性思考的人）？

首先，看待一个问题需要转换思路。创意不是以显而易见的方式看待某事物，而是以不同的方式、从不同的角度看待某事物，这被称为“跳出框框”去思考。尽管产品看起来有些乏味，但没关系，总有机会通过具有创造性的一个大创意将它从品类局限中凸显出来。

其次，不必考虑策略性语言。本书谈论了很多关于策略的话题（并将在本章后面详述），目的是帮助你更全面地了解营销传播的复杂性和可能性。一旦你了解了许多有效传播的方法，就可少关注学术描述，多关注需要传递的内容。换句话说，用好常识和创意的天赋。广告巨头奥托·格勒纳（Otto Kleppner）称，要找到这一绝妙的创意，就需要进行“创意飞跃”，即从战略陈述中有点商业味的语言跳到原创性创意。[7] 大创意把战略转化成意外的、原创的、有趣的事情。因为创意飞跃意味着从可预见的战略陈述这一安全区域转向以前从未尝试过的非同寻常的创意，所以这种创意飞跃也意味着创意风险。

米其林的轮胎广告是“跳出框框”去思考的经典案例。若是用语言表达米其林轮胎的耐用性、可靠性这一战略创意导向，可能会是一则相当令人厌恶的广告，但是让一个婴儿坐在轮胎之中，创意就给传播活动注入了活力。其广告口号增强了广告图片的效果，该创意概念从轮胎的耐用性“跳跃”到用可靠的米其林轮胎保护家人安全上，特别是家庭成员中像婴儿这样的宝贝。

创意开发

你是有创意的人吗？你可能认识天生滑稽的人，他们提出了异乎寻常的创意。有创意的广告人员可能不可思议，但不能把他们视为古怪之人。他们仍受目标驱动，致力于创造出有效的广告而没有偏离战略。

没有偏离战略的优秀创意是具有情感高度的。在商业领域，广告创意把这种情感高度描述成刺激的过山车。一名文案人员解释说，当创意没有产生时，你感觉好像在远离这片土地；当创意来临时，没有什么比这更好的了。

好奇心是创意最重要的特征[8]，还有什么是重要的呢？纽约州布法罗的创意研究中心研究表明，大部分人能提高他们的技能并能挖掘其创意潜力。研究显示，创意人员更倾向于有主见、果断、自信、百折不挠、自律，同时对多种释义有很强的耐受力，他们也是内驱型的强烈自我的风险承担者。他们不太介意团体的标准和看法，一般生性多疑，有强烈的好奇心。下面是广告业中优秀创意人员的几个主要特征：

- 解决问题的能力。创意性解决问题的人是敏捷的、观察力强、敏锐的，通过直觉而不是逻辑推导得出结论。
- 嬉戏的。创意人员喜欢拿创意寻开心；他们充满激情，能提出新奇的想法。
- 视觉化的能力。我们收集的大量讯息主要是通过视觉得来的，所以驾驭视觉图像的能力对于优秀的文案撰稿人和设计人员至关重要。他们用心灵的眼睛去看产品、人物、场景，即使广告仍处于讨论或构思阶段，最终的广告已在大脑中视觉化成为一幅图景。
- 对新经验的开放性。如前所述，能辨别创意人员的一个特征是对新经验的开放性。在人生旅途中，经验可带给你许多机会。相应地，这些经验让一个小说家有更多的角色去写，让一个画家有更多的景色去画，让一个创意团队有更多的角度去处理广告问题。[9]
- 概念化思考。不难发现，经验开放的人很有可能开发出有新意的平面广告作品和广播电视广告片，因为他们都更富有想象力。[10]

9.3 创意过程：怎样获得创意

这是卡通片才会出现的场景：灯泡从我们头顶上亮了起来，这时，一个好的创意恰好就突然出现了。事实上，很多善于想出新点子的人会告诉你这是个苦差事。他们阅读、研究、反复测试、流汗、咒骂、担心，有时会绝望。一个非同寻常、出人意料、新奇的创意几乎不可能轻易获得，在科学、医学领域与广告界都一样。

通常可用一系列步骤来描述开发创意的过程。英国社会学家格雷厄姆·沃拉斯（Graham Wallas）第一次总结了创意产生的过程，并为其他人采纳，包括天联广告公司和美国创意教育基金会（Creative Education Foundation）的创始人之一亚历克斯·奥斯本（Alex Osborn）。[11] 我们将这些经典的方法的步骤总结如下：

第一步：钻研（immersion）。尽你所能地阅读、研究和学习有关该问题的一切内容。

第二步：构思（ideation）。从各种角度看问题；开发点子；提出尽可能多的备选方案。

第三步：困顿（brainfag）。当你碰壁时，不要放弃。

第四步：酝酿（incubation）。让有意识的心智休眠，让潜意识取而代之。

第五步：顿悟（illumination）。点子在无法预料的时刻爆发出来，通常是在你的大脑处于放松状态和做别的事情的时候。

第六步：验证（evaluation）。它奏效吗？它符合战略吗？

琳达·科雷尔（Linda Correll）教授设计了一项结构化创意练习，是一种创意有氧运动法[12]，提供了一种帮助释放创意潜能的方法。这个产生创意的过程为创意进入你的头脑打开了新的大门。为了说明这一点，可以考虑为新品牌的橘子寻找一个创意，下面是创意有氧运动法的工作原理：

1. 列出事实。用左脑想出有关一个产品的一系列事实（橘子有种子、有汁，富含维生素 C）。

2. 取新的名称。为产品创造“新的名称”——维生素补充剂、阳光之吻。

3. 寻找相似点。寻找不同对象之间的相似点。（譬如佛罗里达的阳光与橘子都暗示着温暖、新鲜、令人快乐的人、青春之源。）

4. 下新定义。用双关语为与产品相关联的名词下新的定义，如果皮（脸皮、离开）、种子（种子基金、鸟食）、果脐/海军（海军学院、凝视某人的肚脐眼）、果肉（低俗小说）、维生素 C/看/流入/海洋（维生素 C 热量低）。

根据琳达·科雷尔教授的说法，从这些创意出发的标题可能是：“种子基金”（用于购买橘子的钱）、离开（杂货店的橘子缺货）、情报机构（有关橘子的信息）、维生素 C 热量低（橘子是低热量的维生素 C 的源泉）。

创意性解决问题的另一个专门方法是**设计思维**（design thinking），它通过协作激发创意并解决复杂的问题。这种方法从更广泛的角度来看待创意性解决问题，既利用人类学的观察，也利用创意和团队合作的环境。[13] 鼓励参与者组成不同技能和背景的团队。这个过程要求团队与用户共情、界定问题、构思、创建解决问题的原型，并测试创意。斯坦福大学创建了完整的设计学院，以激发创意和合作，为创意者和企业家解决问题（www. dschool. stanford. edu）。设计思维可以应用到 IMC 情境中，比如帮助营销者了解顾客的本性行为，在结账时提供有关购物者的宝贵见解并激发创意。

头脑风暴法

一些广告公司在创意过程中采用一种叫作**头脑风暴**（brainstorming）的思考方法。在头脑风暴法中，6～10 人组成一个小组共同来想出点子，一个人的点子激发其他人的点子，而小组联想的合力激发出的点子比任何一个人独自想出的点子要多得多。这个群体就成了创意加工厂。

获奖的 Droga5 广告公司的董事长大卫·德罗加（David Droga）就是一个例子，他解释了其团队是如何为运动服装品牌彪马设计宣传语的。[14] 经过数周在笔记本上写满不成熟的创意，这个痛苦的过程终于以一句妙语而告终。你看，彪马是“社交”活动的冠军，也是参与者，从桌上足球到飞镖、从卡拉 OK 到保龄球——你可以拿着饮料玩的各种运动。那么，你如何称呼在“社交”活动中具有很强竞争力的人呢？团队中有人想出了“业余运动员”这个词，并为这个类别确定了口号、定位和名称。

头脑风暴法是由天联广告公司创始人亚历克斯·奥斯本提出，并在其《创造性想象》（*Applied Imagination*）一书中做了解释。头脑风暴法的秘诀在于允许肯定和尊重他人的意见。在头脑风暴会议中，否定思维可能会破坏不拘礼节的氛围，而友好随便的氛围是获得新点子的必要条件。想了解更多有关头脑风暴法的内容，推荐参阅 www. ideachampions. com。

为了让小组的创意不受限制，一些广告公司对头脑风暴法进行了特殊处理或使用特殊场所，保证他们不因电话、电子邮件等分心或被打扰，而且墙上贴有一些用来记录点子的纸张。一些广告公司在位置偏远的旅店租下一个套间，将创意团队安排在那里，使之全神贯注地解决问题。当 GSDM 广告公司为令其自豪的顾客西南航空公司（Southwest Airlines）工作时，其总裁下达了一个 28 天的“作战”命令：所有员工穿着兰博式迷彩服持续工作，将所有垃圾处理后堆在楼道里，以防外人从废弃物中搜寻到他们的任何线索。

下列清单是在前面对创意思考讨论的基础上建立的，可用作头脑风暴会议的大纲。

- 如果……将会怎么样。围绕寻常的事情，询问一个离奇的“如果……将会怎么样”的问题。例如，如果野生动物会说话，将会怎么样？这一问题是边疆航空公司会说话的动物活动的起源。

- 出人意料的联想。在**自由联想**（free association）中，当你想到一个词，然后想象该词，并把你脑海中出现的任何事情表述出来。如果产生了一连串的联想，你可能提出了一个与原词或概念相并列的创意。康柏电脑公司（Compaq）的一则广告运用被铁链锁住的蝴蝶的图像来象征竞争对手的计算机工作站缺乏自由。

- 让平淡戏剧化。有时最具创意的想法也是最显而易见的。万事达卡的“有情无价”（Priceless）主题传播活动于 1997 年首次开展，已扩展到 200 多个国家，通过证明“金钱买不到无价之宝”这一普遍真理而取得成功。结束语“万事皆可达，唯有情无价”（For everything else，there's Mastercard）[15] 为这个品牌创造了积极的情感。

- 易记的词语。五十铃汽车（Isuzu）将“205 马力主流”（The 205 Horsepower

Primal Scream）作为其竞技者车系的主标题。

● 出人意料的曲解。丝乐克牌豆奶提出了一条意想不到的新闻标题："如果你想知道更多的植物如何融入你的生活，答案就在一个玻璃杯里。"（If you Wonder How more plants fit into you Life，it's in a glass.）

● 双关诙谐语。一则奶酪广告运用了"快乐的野营车"（Happy Camper）这一标题，它展现的场景是装满一车奶酪的运动型汽车冲上了屋顶。

● 隐喻和类比。隐喻和类比通过并置性解释，分析新模式或关系。哈雷将其摩托车的传奇声音比作一块油腻多汁的牛排的味道。

● 熟悉与陌生。将熟悉的东西置于不可预料的情景之中：联合包裹服务公司（UPS）的广告中熟悉的褐色小卡车模型在电脑线上跑。

● 对陈词滥调曲解。一些词第一次用，可能有创意，用得多了，就像"成功之路"和"快道"等词一样毫无新意。但如果曲解成新语境，就会重获力量。"快乐的野营车"就是把奶酪曲解成运动型汽车。

● 对平淡曲解。为避免可预测性，不使用一辆凯迪拉克车行驶在华尔街上或停在宅邸前的照片，而使用 SUV 行驶在华尔街上（"快速追踪系统"）或停在篮球架前（"灌篮高手"）的照片。

● 夸张。设置一个普通的情形和商品，然后予以夸张，直到变得很有趣（试图让热吻的恋人分开是徒劳）。

为防止非原创的创意，应避免以下情况：

● 雷同。避免模仿广告（使用别人的杰出创意）。为许多产品（名胜、旅游、烈性酒、食品）做的广告采用的标题是"找到乐园"。如果过度使用的话，就成为"丢失的乐园"。它们第一次被用到时，可能称得上大创意，一旦过度使用，就会变得老套。

● 乏味。为了吸引人，斯巴鲁汽车的一则广告使用的标题是："把它放在太阳照不到的地方。"（Put it Where the Sun don't Shine.）这是对陈词滥调的曲解，但并没有奏效。

9.4 讯息战略的主要方法

创意思考可形成有助于工作的一个计划。这一节从创意简报开始来制定实现组织、产品、创意目标的最恰当策略，旨在将思想转化为行动。

创意简报

创意简报（creative brief）亦称创意平台、创意工作单、创意大纲，是客户策划人员准备用来总结基本的营销和广告策略的文件（第 8 章已简要介绍），用于指导创意小组寻找创意概念或大创意。请记住，创意策略和创意执行是有区别的。**创意策略**（creative strategy）或**讯息策略**（message strategy）是指广告作品说了什么，而**创意执行**（execution）是指广告作品怎么说。本章主要关注创意策略。

典型的创意简报的要点可概括如下：

- 通过传播能解决的问题。
- 目标受众及其态度和行为上的主要内在需要。
- 品牌定位及其他品牌决策，如品牌个性和品牌形象。
- 将传播目标进行细化，让目标受众对讯息做出反应。
- 能够激励目标受众反应的销售主张或卖点。
- 何地何时传递讯息的媒介选择。
- 创意方向能就如何刺激消费者的预期反应提供建议。

创意简报是与广告相关的术语，但公共关系有一个对应的术语，叫**公共关系计划**（public relations plan）。公共关系计划通常基于一个被称为**公共关系管理过程**（public relations management process）的四步过程，其中涉及界定公关问题或机会、公关策划（应对有组织的关键公众、战略、战术和目的）、公关行动和公关评估。[16]

公共关系计划与创意简报相似：

- 执行摘要；
- 传播过程；
- 背景；
- 形势分析；
- 讯息表达；
- 受众；
- 关键受众讯息；
- 绩效；
- 预算；
- 监测和评价。

创意简报和公共关系计划解释了上述因子分析所产生的创意背后的思想，它们并不是有创意的想法，但可能涉及执行或风格如**语调**（tone of voice）。

不同的广告公司的创意简报有不同的格式，但大多数广告公司都综合考虑了这些基本的广告策略。就此而言，即使是创意计划这样的广告计划也需要进行结构化的逻辑分析。还有的广告公司或许更关注直观的、情感上的讯息效果。例如，CP+B广告公司通过寻找一个叫张力点的东西来设计广告，其创意简报要求计划人员去思考这个问题："和本创意有关的心理、社会或文化的张力是什么?"

"公路司乘人员"（Road Crew）这一主题传播活动就是一个创意性解决善因问题的好案例。当时出现的问题是如何让威斯康星小镇上那些喝酒的年轻人选择乘车服务，目标是酒驾事故减少5%。这个突破性创意概念是将一个公路司乘人员的想法变成为一群夜出晚归的年轻人提供乘车服务。

公路司乘人员计划从一则有创意的简报开始：

- 究竟为何要做广告？为夜间搭乘服务提高知晓度。
- 讯息目标是什么？让新的搭乘服务吸引男性，从而减少酒驾事故。

● 目标受众目前的态度和感知是怎样的？“我的车就在这，为什么还要等？反正也没有什么选择了，我想开心地度过这个晚上。”

● 需要传播的主要承诺是什么？当你不担心驾车问题时，会得到更多乐趣。

● 想到这则讯息的关键时刻是什么时候？“想着是去另一酒吧还是回家，乐趣就没了。”

● 应该使用什么样的语调？品牌象征角色是结实的、酷的、真诚的。在酒吧高脚凳上，我们是直言不讳的人。我们不想被说教或被告诉如何做。我们应该用可以产生共鸣的文风来交流。（像“安排”之类的语言会令受众反感。）

创意简报总结了第 8 章确定的关键战略决策，如讯息目标、讯息触达的受众和品牌定位。不过，这些是根据创意策略进行诠释的。因其适用于“公路司乘人员”主题传播活动，所以在此温习了一下。

讯息目标 你希望讯息达到什么目标？为了达到减少 5%的酒驾交通事故这一目标，你为“公路司乘人员”主题传播活动制定什么讯息目标？第 5 章介绍了效果多面模型（见图 5－4），下面阐释一些与多面效果相关的常见讯息目标。它们是否与“公路司乘人员”减少酒驾事故的目标相关呢？

● 看/听。目标是引起注意，提高知晓度、兴趣和再认。

● 感觉。目标是触动情绪和情感。

● 思考/理解。目标是传递讯息，帮助理解，引起回忆。

● 连接。目标是建立品牌识别和联想，将一个产品转化成一个具有与众不同的个性和形象的品牌。

● 信任。目标是改变态度，建立信念和品牌偏好，激发信任。

● 行动/做。目标是刺激试用、购买、重复购买或者拜访商店或访问网站等其他行为方式。

我们提到，“公路司乘人员”主题传播活动的首要目标是减少酒驾引发的交通事故数量，其他目标包括：提高搭乘服务的知晓度以及对它的正面态度；确定第一年运营的成本效益水平，包括融资、招募志愿者和其他社团的支持。不过，“公路司乘人员”主题传播活动未揭示的核心问题是知晓度（请勿酒后驾车）与态度（冒险的、可怕的、有潜在危险的）及行为（让另外一个人来开车）存在差距。传播活动的目的是宣传这个差距，并鼓励目标受众改变行为以与其态度、知晓度相一致。

创意团队利用创意简报来指导传播活动的执行。“公路司乘人员”这一名称是这次主题传播活动大创意的决定性因素，并用“比自己驾车好”（Beats driving）的广告口号加以支持，借用目标受众的语言传播活动的好处。其徽标类似哈雷戴维森徽标的风格。“公路司乘人员”的计划人员意识到，一个大创意以吸引人的语言和语调反映目标受众的生活方式可以改变态度，引发行为。此外，哈雷也想与本次传播活动要触达的年轻男性受众的态度关联起来。

定向 在制定讯息策略计划中，定向尤其重要。“公路司乘人员”主题传播活动针对 21～34 岁、拥有高中学历的单身蓝领男性工人，他们是搭乘服务的主要目标受众。

因为研究发现这群人在酒驾事故中所占比例较大，相比其他人，他们导致更多人在交通事故中死亡，他们自己也可能在事故中丧生。是什么影响这群人？研究发现，天黑后，这群人中的大多数担心酒后驾车回家，这种焦虑感随着夜生活愉快结束而减弱。搭乘服务减少了他们的焦虑，让其夜生活更有趣。

品牌化和定位 品牌的需求也是一个非常重要的考虑因素。品牌定位和品牌形象由讯息策略创造，而广告执行赋予其活力。正确定位非常困难，如何用吸引人的、在各种执行活动和不同媒介中都保持一致的讯息去传播这个定位更难。大众甲壳虫上市时的经典广告“想想小的好处”是创造强势品牌同时在混乱的汽车市场中进行独特定位的例子。

品牌传播创造了独特的品牌符号与线索，如象征角色、颜色、口号、结束语或品牌个性线索。政府雇员保险公司（Geico）的蜥蜴格科（Gecko）和边疆航空公司会说话的动物都是品牌的象征角色，热心的清洁先生、面团宝宝和绿巨人乔利（Jolly）看上去很真诚。新时代的与众不同的品牌象征角色有自我意识，甚至有一些自我嘲讽，它们带着讽刺和内心的冲突与抵制广告的消费者进行对话。

“公路司乘人员”主题传播活动的哈雷式徽标反映了哈雷车手非常关心的态度，与哈雷形象的联系使该传播活动的善因讯息更容易被目标受众接受。

广告和其他形式的营销传播对创造强势或凯文·凯勒（Kevin Keller）所说的品牌显著性非常重要。[17] 品牌显著性是指品牌能够被注意到，在市场中有一席之地，能够被消费者知道品牌对其很重要。除了品牌的显著性（以第一提及率的知晓度来衡量），品牌和定位活动的另一个目标是建立信任。我们购买熟悉的品牌，因为我们曾经用过，且相信它们会兑现承诺。如果目标受众中那些热衷派对的年轻人不考虑给豪车服务公司打电话，不相信它会在他们想要离开的时候来接他们，那么公路司乘人员计划就是在浪费时间。

将传播目标转化成讯息策略

有了指导广告讯息策略的目标之后，如何将目标转变成策略呢？记住，做广告不存在唯一的正确方法，在大多数情况下，有很多方法能够实现传播目标。例如，为一家酒店做广告，你会强调什么？是办理登记入住的时间、房间大小、吹风机，还是枕头上的薄荷香味？喜来登酒店（Sheraton）不是选择上述有形特征，而是强调旅途中的情感，向人们展现相互的问候。因为这是一家国际性公司，问候方式就包括拥抱、鞠躬、亲吻两颊。公司相信世界各地的顾客都会喜欢自己受到欢迎、被欣赏，并有回家的感觉。

计划人员寻求最佳创意设计，就要深刻理解既定品牌营销形势以及目标受众需要、兴趣。注意此处对“设计”一词的使用。在**讯息设计**（message design）中，“设计”之意并非绘图，而是解决问题。本杰瑞冰激凌的讯息设计是一个有趣的例子，说明我们需要读懂消费者，该品牌的母公司联合利华认为，人们会在晴天吃更多的冰激凌，直到该公司发现社交网络上的聊天表明事实并非如此。公司发现，人们提到他们会在下雨的周末待在家边看电影边吃本杰瑞冰激凌。这种内在需要帮助联合利华设计其讯息。[18]

选择合适的策略

你想表达的内容是讯息设计的基础，而你如何表达是策略。设计讯息的方法有很多，如何找到策略呢？首先了解表达策略取向的一些简单方法——头脑和心灵策略以及软销售、硬销售，然后审视能深入剖析讯息策略复杂性的其他模型。

头脑和心灵 在效果多面模型中，认知目标通常是针对大脑诉求，而情感目标更多的是针对心灵诉求。不过，当一个策略触及情感时，是在向心智传递讯息。例如，宝洁公司与 2016 年里约热内卢夏季奥运会在 21 个国家联合举办“谢谢你，妈妈”（Thank you，Mom）主题传播活动，其情感视频也提到了产品。每一位运动员身后都有一位伟大的母亲，该情感视频表达了运动员对母亲所给予的力量的感谢之情。[19] 当然，其中日常生活部分连接了宝洁公司的产品，比如帮宝适和汰渍。

涉及头脑和心灵策略的另一方法是软销售或硬销售。**硬销售**（hard sell）提供那些触动心智并引起推理反应的信息性讯息，其前提假设是目标受众想获得讯息并会做出理性的产品决策。思考一下汽车租赁公司的硬销售策略的例子：你能以比任意一家租车公司都要低的价格租到这辆车，但必须在有限的时间内，所以请抓紧时间。这会引起消费者对于省钱这一需求的共鸣。

软销售（soft sell）使用感情诉求或能引起态度、情绪和情感反应的形象，其假设前提是目标受众对讯息搜寻几乎不感兴趣，更乐意对触动其情感的讯息或有吸引力的品牌形象做出反应。软销售策略也能应用于硬质制品。

不过，也有一些想要唤起情感的广告没有成功，因为操控性太强或者引起了不安的情绪。有些广告让观众和听众讨厌。例如，全国保险公司（Nationwide）遭到强烈的反对，因其在超级碗大赛期间播放一名男童遇害的商业广告。商业广告的本意是提升公众的保护意识从而减少儿童遇害事故，但观众觉得这则广告过于悲伤，在社交媒体上讨伐了全国保险公司。这一争议的余波导致该公司首席营销官离职。[20]

但是，有时高度情感化也能奏效。儿童戒毒伙伴（Partnership for Drug-free Kids）的前身是美国人戒毒伙伴（Partnership for a Drug-free Amercia），它的一则公益广告首次刊播于 1987 年。该广告基于使用非法毒品既危险又土里土气的观念来激发观众的情感。在 30 秒的广告中，用煎锅和鸡蛋分别代表毒品和大脑，并用煎鸡蛋来模拟吸食毒品后的大脑。这则讯息通过其自身的方式进入流行文化，被一些研究证实减少了毒品的使用。[21]

战略体系 无论是头脑和心灵策略还是硬销售或软销售策略，都只是一些简单的基本概念，而创意策略更为复杂。我们将探讨广告策略的其他两种方法：查尔斯·弗雷泽（Charles Frazer）的六个创意策略和罗纳德·泰勒（Ronald Taylor）的策略轮。

华盛顿大学名誉退休教授查尔斯·弗雷泽提出了适应不同讯息情景类型的六个创意策略[22]，虽然这些术语不够全面，但有助于确定一些常用的讯息策略方法。

弗雷泽的六个创意策略

策略	描述	用途
预先占有	使用共同的属性或利益点，但品牌讯息首先到达那里，迫使竞争对手跟风定位。	用于差异程度低的品类或新品类。
独特销售主张	在产品属性上有显著的区别，为消费者带来有意义的利益。	用于高层次的技术进步、创新的品类。
品牌形象	基于消费者心智中的心理差异等产品的外在因素而获得优势或区隔。	用于同质化高、技术含量低、差异小的产品。
定位	相对竞争者，在消费者的心智中获得自己的位置。	用于新进入者或试图挑战市场领导者的小品牌。
共鸣	使用目标受众认可的情形、生活方式和情感。	用于竞争激烈且无差别的品类。
情感/异常的（或含糊不清的）	使用情感的，甚至是模棱两可的讯息来消除消费者的冷淡。	适用于竞争对手直截了当且具有信息性。

根据需要传播的内容，讯息创作者可能希望使用一种或另一种策略来适应特定情景。产品的独特销售主张这一概念在当代有一个观念转向：品牌传播者能提出一个独特的故事主张，而故事主张要能将品牌是什么表达出来。换言之，就是品牌故事。[23]

预先占有策略出现在竞争性广告中，其中一个竞争者试图在其他竞争者进入市场之前建立自己的地位或发表广告说辞。星巴克和麦当劳的咖啡之战就是一个例子。在麦当劳宣布以低价上市麦咖啡（McCafé）后，星巴克预料到麦当劳咖啡的广告闪电攻势，开始了其有史以来的第一次品牌传播活动。在设计上，以让人联想到烘制咖啡的麻袋作为背景，广告采取言辞强硬的标题，如“要么喝星巴克，要么什么都不喝，因为妥协只能留下糟糕的余味”“如果你的咖啡不是最佳的，我们将改进。如果仍然不是最佳的，你一定不是在星巴克喝咖啡”。该传播活动的目的是将星巴克的体验与大众市场上麦当劳和唐恩都乐快餐连锁的体验区别开来。

田纳西州大学教授罗恩·泰勒开发了一个模型，将策略分为传递观和仪式观，前者类似于更加理性的头脑策略，后者类似于以情感为基础的心灵策略。然后，他将每一策略分为三个部分：理性、迫切需要和惯例；将仪式策略分为自我的、社会的和感官的。[24]

讯息策略的形式

虽然广告（广义上指所有品牌传播活动）不断寻找新的、不同寻常的方式去表达基本真相，但也有一些使用多年的可靠、正确的形式。我们将从文学的、心理的和销售的角度来探讨这些可选的形式。

演讲和戏剧　大多数促销讯息通过融合两种基本的文学技法来触达消费者的头脑或

心灵：演讲和戏剧。[25] 演讲是庄重的口头讲授，演讲者提出论据（从广义上讲）并使用论证技巧来说服受众。演讲有很多优点：制作成本低、内容简洁、效率高。一场演讲能在很短的时间传递十几个卖点，因为它开门见山，观点明确。在广告中，我们用“传声头像”一词来称谓发表产品演讲的宣讲者，可能是名人代言人或权威人士，如医生或科学家。

戏剧依赖于观众自己做出推论。有时，戏剧让观众置身于根据广告提供的线索所构建的故事之中。通过戏剧，广告主能讲述一个产品故事；剧中角色相互交流（如边疆航空公司的会说话的动物），而不与观众交流。与童话、电影、小说、寓言、神话等一样，广告戏剧作品在本质上也是关于现实的故事，可以是娱乐性的，也可以是严肃的。观众通过这些广告戏剧作品得到一些启示，并将这些启示运用于日常生活中，受益良多。当戏剧性广告很逼真时，观众就会涉入其中，得出结论，再把结论应用到产品购买决策中。李奥贝纳广告公司建立了一个“与生俱来的戏剧性”的创意哲学，把故事情节嵌入原型的品牌象征角色，例如万宝路男人、金枪鱼查理（Charlie the Tuna）、绿巨人乔利以及老虎托尼（Tony the Tiger）。

政治广告的信息性、戏剧性程度是需要面对的一个特殊挑战，尤其是负面广告引起的情感和抗辩问题成为研究、争论和批评的话题。因研究政治广告而被大家熟知的凯瑟琳·霍尔·贾米森（Kathleen Hall Jamieson）教授认为，负面广告的危险在于与欺骗相关。[26] 玛丽莲·罗伯茨（Marilyn Roberts）回顾了学者在这一问题上的研究后表示，“竞选中的负面影响会损害民主进程吗?”尽管学者持有广泛且不同的观点，罗伯茨指出：“一个人是否把负面当作好的、坏的，或兼而有之，政见存在分歧。”她总结道：“当互动政治广告与博客在当今的竞选活动中所起的作用更大时，人们对负面问题的关注将不会减少。”[27]

尽管负面政治广告的影响存在争议，但在新闻信道、脱口秀评论员、候选人代理人泛滥的背景下，不仅仅是政治广告，甚至是整个媒介环境都充满了不信任与负面因素。值得思考的是，这种消极事物对社会和我们作为传播者的责任有何影响。

心理诉求 产品对消费者的心理诉求用来形容一种力图激发感情的讯息。**诉求**（appeal）关系到一些让产品特别有吸引力或有趣的情感，比如安全感、尊重、恐惧和感官愉悦。虽然感情是大多数诉求的基础，但在一些情况下，诉求也有逻辑的维度，比如存钱养老（是基于理解后的一种宽慰）。一般来说，诉求能够确定目标受众对产品和讯息的预期反应。例如，如果广告强调价格，那么诉求即是价值、节约或储蓄。如果产品能节省时间或精力，那么诉求即是便利性。广告主用身份诉求来打造高质高价的产品。

销售主张 广告业已开发了许多用销售讯息对大脑进行诉求的策略方法。**销售主张**（selling premise）说明了销售提供物背后的逻辑。销售主张是建立在论证基础上的主张或得出的一个结论，这种讯息策略大多数是理性方法，即诉诸大脑。为了对顾客有实际的效果，经理必须识别出对目标受众来说最重要的产品**特征**（feature），也叫产品**属性**（attribute）。**说辞**（claim）是以产品性能预告为基础、以产品为中心的策略。例如，像燕麦片等食品有关健康的说辞声称该食品对你有好处。在蓝钻石杏仁（Blue Diamond Almond）的一个标题中，该坚果被称为“超级食物”。随后的文案支持这一说辞：

> 每盎司蓝钻石杏仁比蓝莓含有更多的维生素E，比菠菜含有更多的铁，其纤维含量是西蓝花的四倍。这让它成为超级食物中的超级零食。

换句话说，一个理性的、以预期顾客为中心的销售主张与对潜在顾客进行诉求和刺激他们做出反应的原因有所不同。下面概括了以消费者为中心的理性销售主张。

● 利益点。**利益点**（benefit）通过把产品特征或属性转化为对消费者有利的东西强调产品能为使用者做些什么。例如，通用汽车公司的广告以产品特征（汽车不用汽油）为中心，并将其转化为一个利益点：没有噪声（没有活塞、阀门、废气）。

● 销售承诺。**承诺**（promise）是对未来利益的声明以及使用产品的好处的预期。例如，Dial牌肥皂几十年来一直承诺：如果使用Dial牌肥皂，你就会感觉更自信。

● 购买理由。尽管**购买理由**（reason why）有时是隐含的或假设的，但强调你购买某物的原因。“因为”“理由”等词是陈述购买理由的关键词。例如，多种维生素产品的广告标题是“服用多种维生素的理由是多样的”，接着列出它有五个卖点：免疫系统的健康、心脏健康、骨骼和牙齿健康、眼睛健康、有能量。

● 独特销售主张。**独特销售主张**（unique selling proposition，USP）是一种利益陈述，道出了产品无与伦比的且对使用者重要的东西。独特销售主张是一种承诺，即消费者只有通过使用该产品才会获得某一独特利益。例如，一则照相机广告说：“这款照相机是唯一能根据拍摄对象自动调焦的照相机。”独特的利益也适用于品牌：Arla牌奶油奶酪的味道更好，因为“我们的配料单比其他的配料单更短”。

大多数销售主张需要事实、证据或说明去支持销售讯息。证据陈述提供了说辞背后的理论依据、推理和调查，用来支持销售主张。让说辞具有可靠性的证据或**证实**（substantiation）叫作**支持**（support）。在很多情况下，支持需要调查结果。沃尔沃在过去几十年里建立了安全的口碑，其依据是，在美国注册的10辆沃尔沃中，有9辆仍在路上行驶。[28] 说辞，尤其是比较性说辞，其论据要接受竞争者和业界评价委员会的检验。

其他讯息形式 除了基本的销售主张，一些常见的讯息形式侧重于不同的效果。计划人员用这些方法为创意团队提供方向，影响计划的执行。以下是一些常见的形式：

● 直截了当式讯息。一则事实性的或信息性的**直截了当式讯息**（straightforward message）在传递讯息时不带有任何噱头、情感或主观感受。

● 演示式讯息。**演示式讯息**（demonstration）关注你怎样使用产品或产品能为你做什么。例如，清洁先生已经为宝洁公司的产品证实了这一品牌象征角色所代表的东西。

● 比较式讯息。**比较式讯息**（comparison）比较两个或多个产品，以找出广告主的品牌优越性。比较中也许直接提到竞争者，也可间接泛指“其他领导品牌”。演示式讯息的目标是眼见为实，比较式讯息的目标是令人信服。当人们看到两个产品在做比较时，他们更可能相信一个比另一个好。

“百事可乐挑战”（Pepsi Challenge）传播活动包括让陌生人对碳酸饮料（百事可乐、可口可乐）进行盲品测试，这些陌生人在不知道品牌名称的情况下尝试了该产品。结果显示品尝者更喜欢百事可乐[29]，也说明了该品牌名称的影响力。

● 解决问题式讯息。**解决问题式讯息**（problem solution message）也称为**产品是主角**（product-as-hero），在讯息的开头先提出问题，然后指出产品是解决问题的办法。许多制药公司的讯息都属于这一类。拜耳（Bayer）的阿司匹林可以消除头痛和其他轻微疼痛，它的消食片能缓解消化不良。

● 幽默式讯息。**幽默式讯息**（humor）可以是一种很有用的创意策略，因为能引人注意并令人难忘。例如，美国前进保险公司（Progressive Insurance）启用 Flo 作为代言人。计划人员希望人们将娱乐中的热情转移到产品上去。然而，最近的研究发现，滑稽的广告并不比不滑稽的广告效果好，而且效果最好的滑稽广告用信息性与相关性抵消了幽默性。[30]

● 生活片断式讯息。**生活片断式讯息**（slice-of-life message）是解决问题式讯息的精细版，以戏剧的方式表现“典型消费者”谈论一个常见的问题，并解决了该问题。

● 代言人式讯息。**代言人**（spokesperson），也叫**角色代言人**（spokes-character）、**品牌图符**（brand icon）或**背书人**（endorser）。广告使用我们喜欢的名人（如勒布朗·詹姆斯）、采用所设计的象征角色（如面团宝宝、政府雇员保险公司的蜥蜴格科）、尊崇的专家（如美泰克（Maytag）的修理工、医生）或某个“恰似我们”的人，我们可能会参考其意见。有效的代言人代表产品说话，将人们对他的好感和信任转移到产品上，从而提高可信度。（美国联邦贸易委员会的规制变化使得现在的背书人、广告主容易陷入错误或未经证实的广告说辞，因此，代言人不得不对其所言和所做广告非常谨慎。）

● 含蓄式广告。**含蓄式广告**（teasers）是具有神秘感的广告，它不显示产品或不传递足够清晰的讯息，是为了唤起好奇心，常用于新产品上市。广告投放一段时间却无产品识别标记，当好奇心被充分调动起来时将产品正式上市，即广告结束时才出现产品标志。想象一下在电影院正片之前放映的或者在网络上看到的电影预告片，其目的是在电影上映之前累积你对电影的关注。通过利用社交媒体工具（YouTube、脸书、Instagram 和 Snapchat 网站等）以及消费者想把信息碎片拼凑起来的心理激发人际传播，增强人们对产品的好奇心。

将名人作为代言人、背书人或品牌象征是一个重要的策略，因为可将品牌与名人及令其出名的品质联系起来。1984 年，迈克尔·杰克逊与百事公司签订了破纪录的 500 万美元的广告合同，开启了名人做广告的先河。之前，名人都不愿意为品牌做广告，因为他们害怕自己的形象受损。

奢侈品公司路易威登（Louis Vuitton）成为一种偶像，其产品上“LV”的徽标可轻易被识别。它的品牌传播也因为一系列不拘一格的名人代言而受到追捧。在它的一则广告中，安吉丽娜·朱莉（Angelina Jolie）乘坐在柬埔寨的船上，手边放着一个 LV 包。它的另一项传播活动与拳王阿里（Muhammad Ali）以及他的孙子进行了合作。其他的名人包括足球球王贝利（Pele）、音乐家基斯·理查兹（Keith Richards）等。所有的偶像都踏上非凡的旅程。[31] 流行巨星赛琳娜·戈麦斯（Selena Gomez）和泰勒·斯威夫特（Taylor Swift）进入了法国服装公司的代言人名单。[32]

广告主常常担心签约的代言人会玷污品牌形象。例如，2013 年宝拉·迪恩（Paula Deen）被指控发表种族主义言论后被杰西潘尼、西尔斯百货、家得宝等品牌解约。大明星因为失误也会失去品牌赞助，如兰斯·阿姆斯特朗和泰格·伍兹。其中兰斯·阿姆斯特朗是一个有名的自行车赛车手，同时也是非营利组织 LiveStrong 的创始人，他得到日产和安海斯-布希等大公司赞助，但当他在 2012 年遭到兴奋剂指控并剥夺奖牌后，这些公司心都凉了。另外一个例子是高尔夫明星泰格·伍兹由于与埃森哲咨询公司、美国电话电报公司等解除代言合约损失了 2 300 万～3 000 万美元。[33] 对营销者来说，明星不靠谱、吸毒和失言是一场噩梦。瑞安·罗切特（Ryan Lochte）是一个获得 12 枚奥林匹克奖牌的游泳运动员，他承认在 2016 年里约热内卢夏季奥运会期间“夸大”被持枪抢劫的事实后，他的所有赞助商终止了合作。[34] 一个有趣的转折是当肾上腺素自动注射器的制造商迈兰公司（Mylan N. V.）被指不必要地夸大紧急过敏治疗的成本后，代言人萨拉·杰西卡·帕克（Sarah Jessica Parker）主动与其解除合约[35]，以维护自身形象。

名人代言效果的另一方面是其吸引力或影响力可用很多方法加以衡量。E Score 是一个评价名人、运动员和其他新闻人物的吸引力等级的系统。Q Score 可以评价代言人、公司或品牌的熟悉度。戴维布朗指数（Davie Brown Index，DBI）用来测量名人的知晓度、吸引力及其与品牌形象的相关性，也可衡量名人对购买行为的影响力。

这些分数不仅与传统名人有关。在社交媒体上，任何人都可以成为名人，或者至少可以吸引一定量的粉丝。如果你有很多追随者，你可能已经在你的影响力方面得分了，并被认定为“影响者”。Klout 网站是主要的记分员，但 Peerlndex 是社交网站的另一个评级服务，分数范围从 1 到 100，平均分数在 10～20。40 分表明有大批追随者[36]，而得分高的人是营销者想要培养的品牌倡导者。

讯息与目标的匹配

前面论及讯息计划（包括讯息目标），讨论了各种类型的讯息策略。现在一起讨论这两个方面。各类讯息分别传递了什么目标？例如，倘若这是一个可信度高的问题，你可能想到证言、论据论证、购买原因，甚至是新闻稿（利用新闻故事固有的能信度）。在全盘考虑目标及其相关策略时，效果多面模型是一个有用的工具。

● 吸引注意的讯息。广告若想奏效，就需要通过媒介购买进行展露和通过讯息吸引注意力。而想吸引消费者的注意力，广告需要驻足力。创意性的广告能突破老一套的看与说的方式——出人意料的新创意能产生驻足力。这类信息能让人停止到处浏览并突破讯息拥堵，与消费者的关联性也很强。例如，Always 品牌的“像个女孩”在线视频就是如此。强制性对讯息拥堵的市场十分重要。许多突破拥堵的广告跨平台投放，具有强制性，并运用高音量、粗体的效果来吸引受众的注意，这些广告通过叫嚣发挥作用。其他广告则用吸引人的创意、好奇心、模糊性或诱人的视觉来达到目的。好奇心对于含蓄式讯息策略尤为重要。

● 引起兴趣的讯息。能吸引注意力是广告驻足力的体现；保持注意力则是广告拉力的体现。一个有趣的创意能维持读者或观众的注意力，让他们看完这条讯息。诱发人的好奇心是增强兴趣的一种方法，比如使用含蓄式广告来逐步表露讯息。以问题或含糊的陈述开头的广告就是用来诱发好奇心的。

● 引起共鸣的讯息。如果消费者与品牌建立了个人联系，广告就可提高讯息的情感效果，实现广告与目标受众产生共鸣的目的。

● 提高能信度的讯息。有时广告利用可信度策略来提高讯息的能信度。使用数据来支持或证明广告说辞至关重要。使用品牌象征角色，如肯德基的山德士（Colonel Sanders）——他是一个真实的人，且是著名的炸鸡配方（11 款香草和香料）的创始人，这一设计是通过对信服的强化而使消费者相信品牌。

● 让人记住的讯息。广告不仅要留住受众（引起注意）、拉住受众（引发兴趣），还要嵌入受众（留在记忆中），这是认知过程中的另一重要因素。诸如斯莫基熊（Smokey Bear）等大多数广告作品精心设计的目的在于确保记忆容易被激活。第 5 章提到，很多广告的影响在于延时效果，因此，记忆是产生效果的重要因素。广告通常使用容易记住的标题、好奇心和迷人的视觉来使回忆过程变得容易，并在记忆中锁定该讯息。

为确保讯息被记住，重复在媒介策略和讯息策略中得到应用。广告歌曲是有助于记忆的广告形式，因为音乐可以使广告主在不惹烦受众的前提下重复一个短句或产品名称。营销传播可以为品牌和传播活动使用一个**口号**（slogan），如“获得大都会人寿保险，划得来！”（Get Met，It Pays）。**结束语**（tagline）用在广告的结尾，以十分容易记住的方式总结该广告讯息的要点。除了语言记忆方法，许多印刷、互动讯息和大部分电视广告都有一个主视觉，这一主视觉是广告主希望留在观众记忆中的一个生动形象。颜色也是记忆的线索，例如，美国箭牌糖果公司（Wrigley）的绿箭口香糖用绿色，而黄箭口香糖用黄色。

● 触动情感的讯息。情感诉求激发爱、恐惧、紧张、羡慕、性吸引、幸福与快乐、悲痛、安全、自豪、愉快、难堪、怀旧等情感反应。食欲诉求运用令人“垂涎三尺”的图片来刺激饥饿与渴望的情感。为了提高品牌的好感度，传递人们喜欢的讯息是一个更加普通的情感目标。

● 用于告知的讯息。公司常常运用新闻发布会提供有关新产品的信息，推介改良产品，甚至让消费者知道老产品的新用途。通过新闻稿传递信息的新闻视角是聚焦信息本身。集中于特征与属性的讯息性广告和宣传册试图引发对产品优势的理解。比较广告也通常重视讯息，并用来解释产品的区隔点与竞争优势。属性可以是有形的，也可以是无形的（见图 9-1）。新奇士（Sunkist）柑橘和蒂芙尼都重视有形与无形特征。

● 用于教育的讯息。人们从授课中学习知识，因此一些广告设计成具有教育性的，如演示表明某物如何运作和如何解决一个问题。教育性讯息有时旨在对事情做出解释，如刷牙为什么重要或参与地方政治为何重要。这就是重复对媒介目标之所以重要的原因。

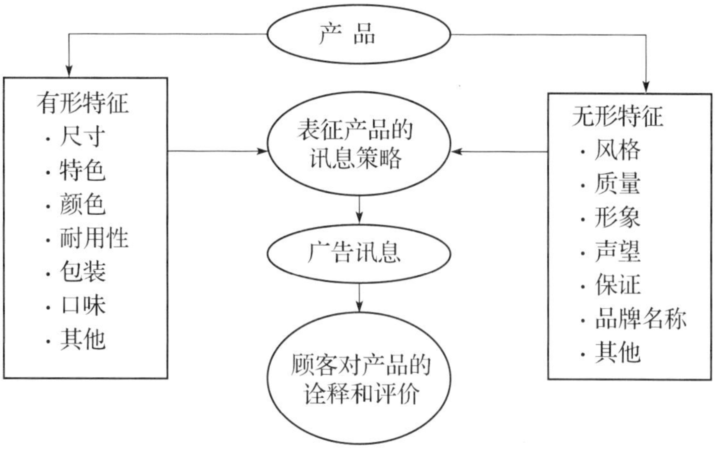

图9-1 产品的有形属性和无形属性

说明：该图举例说明了产品的有形特征与无形特征。新奇士广告将柑橘与糖果进行对比，对比中明确了有形产品特征，如香料与色彩。蒂芙尼广告使用的是无形特征，把蒂芙尼的品牌形象与奢华、美丽、完美无瑕的手工联系起来。

● 用于劝服的讯息。劝服性讯息旨在影响态度和培养信念。证言和能引起产品口碑传播的讯息是两种特别优秀的策略。通过名人或专家代言，也可使目标受众更加信服。销售主张重视产品给消费者带来的利益、陈述购买理由或解释独特销售主张是一种劝服性讯息，尤其当销售主张提供论据与支持的时候。拷问测验、比较、前后演示都用于证明一个广告说辞的真实性。信服往往建立在强有力的、合理论证的基础上，使用诸如实验结论、前后画面对比、用户和专家的证言以及证明某物的产品演示等方法。名人、植入式广告以及其他提高可信度的技术使消费者对说辞或销售依据建立**可信度**（permission to believe）。

● 引发品牌联想的讯息。品牌化的转换力是营销传播最重要的功能之一，在品牌化中，品牌具有了与众不同的性格和意义。尤其是形象广告通过象征手法为品牌创造一个所指，在消费者心智中形成形象。广告的作用就是提供线索，促使这些意义和体验整合成一致的品牌形象。新奇士广告将柑橘与糖果联系起来，从而传递出“甜蜜”之意。联想讯息策略通过将一个品牌与某类人或生活方式联系起来，象征性地传递讯息与情感，这种联系往往是通过视觉创建的。一些广告策略希望你认同产品的使用者，或者在如此情形中找到自我。

● 引发行动的讯息。比令人信服更难做到的是行为改变。经常发生这样的事情：人们相信一事却做了另一事。“公路司乘人员”主题传播活动就在于消除态度与行为之间的差距。有时广告讯息通过提供某些免费产品或折价销售可引发人们的行动。例如，销售促进中把样品赠送、优惠券和免费礼品作为行动的奖励，并结合广告，能激发立即行动。大多数广告以某种形式的署名结尾，用以识别公司或品牌，但它也能**唤起行动**（call to action），并指导消费者如何反应，如提供一个免费的电话号码、网站站点或电子邮件地址。与“公路司乘人员”主题传播活动类似，行动的另一形式是劝阻或消除某些行为，如吸烟、吸毒或酒驾。

营销者最终希望忠诚顾客将购买和再次购买该产品作为一种习惯和偏好。**提示广告**（reminder advertising）以及发放优惠券或介绍一个连续性计划（如常客飞行计划）旨在让品牌名称出现在顾客面前，从而鼓励其重复购买。

9.5 创意战略及其执行管理的影响因素

我们已讨论了创意策略及其制定，以及表述这些目标的讯息策略。接下来简要讨论影响创意策略的三个管理问题：延伸、适应和评估。

延伸：创意的基础

大创意的特点之一是：必须为一项传播活动提供支持。只有这样，创意才有足够的说服力，以作为一个总概念出现在不同的媒介上向不同的受众进行传播，且能够无限延伸。可扩展性是福来鸡公司的奶牛、政府雇员保险公司的蜥蜴格科、边疆航空公司会说话的动物活动的力量所在。万事达卡的“有情无价”是大创意的杰出代表。随着时间的推移，这个创意在许多平台上得到应用。施图尔福特在解释创意思考是生成性的时候，指的就是延伸性。

适应：全球创意

只有在目标与策略定位大体相同时，才可能在多个市场上开展标准化活动。否则，如果存在很大的文化与市场差异，创意策略可能需要对当地市场的讯息进行微调甚至做出重大修改。

如果在不同市场上的核心目标和定位策略保持不变，核心创意就可能成为各市场的模板。尽管创意执行从一个市场到另一市场有所不同，但创意概念适用于各类消费者。即使传播活动主题、口号或视觉元素在所有市场上是一致的，通常也期望创意执行能适应当地市场，正如第 7 章在讨论文化差异时所解释的。

苹果公司的“苹果机与个人电脑”系列广告中展示了傻瓜个人电脑不如苹果机简单。该广告使用了微妙的幽默和肢体语言去表达苹果机的优势。当该广告在日本发布时，苹果公司的广告代理商李岱艾广告公司试图用日本文化来诠释，因为直接的比较广告在日本被认为是无礼的。日本版的广告做了修改，苹果机更像家用电脑，而 PC 机更像工作工具，因此，差异集中体现在使用场所而不是人。[37] 如果其他国家可以接受，可以根据文化差异对广告进行微调。

评估：决策执行与否

如果创意足以证明发起一次传播活动的花费是合理的，你将决定怎么做？无论是本土化还是全球化，管理创意工作的一个重要内容就是评估，即明确在创意过程的各阶段发生了什么。稍后我们将集中讨论效果评估问题，在此介绍一些基础知识，以便帮助你理解创意过程最重要的也是最后的一个步骤。

多丽丝·威伦斯（Doris Willens）在新书《没有十全十美的人》（*Nobody's Perfect*）[38] 中分析了恒美广告公司的创意团队在20世纪60年代所创作的优秀广告。在书评中，定位专家艾·里斯发现，比尔·伯恩巴克是一个真正的创意天才，因为他有能力把一个好创意从一堆糟糕的创意中挑选出来。

因此，没有人一开始就能够成为伯恩巴克，但每个人可以通过学习成为品牌讯息的重要人物。第一个问题是：创意符合战略吗？无论创意人员、客户或客户经理多么喜欢一个创意，如果不能在正确的时间向正确的受众传播正确的讯息或正确的产品个性，就不会有效果。这就是广告的科学性。

结构性分析 李奥贝纳广告公司已经开发出一种分析创意策略的逻辑的方法，它不只是评估的方法，创意团队用它来保证发挥讯息策略与创意概念的协同作用。此方法叫作**结构性分析**（structural analysis），主要有以下三个步骤：

1. 评估故事或故事情节的效果（心灵）。
2. 评估产品说辞的优势（大脑）。
3. 考虑如何很好地整合以上两个方面，即故事情节如何让产品说辞更逼真。

李奥贝纳广告公司的创意小组审核讲故事的水平是否太高而盖过了产品说辞，或者产品说辞太有力而没有可记住的故事。理想的情况是，两个方面天衣无缝地结合，以至于很难说清广告效果的产生是故事的力量还是说辞的力量。这样，结构性分析使得理性和感性两个方面能共同发挥作用。测试创意是很重要的事情，你将在第16章学习评估和预测创意效果的工具。

大创意面临的一个特殊难题是讯息太有创意了，以至于人们有时记住了广告而没有记住品牌，这叫作**吸血鬼创意**（vampire creativity），这也是一些广告主对很新颖或娱乐性的创意策略敬而远之的原因之一。在创意阶段想确定是否有品牌联系和品牌记忆，也是测试广告创意效果的原因。

下章预告

本章简要回顾了创意思考和讯息策略，第10章讨论视觉传播。

成功秘诀

抓住户外活动机会获得成功

当REI公司关闭其商店并建议顾客外出远足而不是在黑色星期五购物时，表现出对顾客的超凡共情和承诺。这个大胆的创意赢得了金铅笔广告奖的最佳展示奖和戛纳国际广告节的大奖。更重要的是，它为品牌赢得了胜利。大约有140万人注意到这个讯息并外出游玩，而不是去购物。这项活动的公共关系印象达27亿个（后面章节将对此进行更多介绍）。

这个创意的效果越来越猛。第二年，6 033 922人选择在户外度过一天，包括斯巴鲁在内的 500 多个组织与 REI 公司、公园和环保团体进行了合作。

百比赫广告公司（Bartle Bogle Hegarty）创始人兼比赛评委约翰·赫加蒂（John Hegarty）对这一获奖作品表示赞赏。根据另一位评委的说法，该活动开辟了新天地，部分原因是 REI 公司“将零售网站转移到了一个可以发现公园的地方。它在情感上抓住了你”。

我们可以从 REI 公司的案例中学到很多东西：

1. 他人转变时也随之转变。要有创意。
2. 有勇气执行大胆的创意。敢于冒险。
3. 为你的品牌寻找真实的声音。坚守使命。
4. 理解你的顾客。与其共情。
5. 产品不仅仅是要买的东西。要为顾客的生活增添意义。

复习题

1. 本章认为有效的品牌传播既是科学又是艺术，用案例解释这意味着什么。
2. 各种战略方法是如何实现效果多面模型中的目标的?
3. 解释四种销售主张。
4. 什么是大创意，它的特点是什么?
5. 当创意总监说需要实现“创意飞跃”时，意味着什么?
6. 描述创意过程中的五个步骤。
7. 解释如何在 IMC 中使用头脑风暴法。
8. 列出创意人员的五个特征，并据此说说你是如何评价自己的。

讨论题

1. 将班级分成由 6～10 人组成的小组，讨论这一问题：你们社区想鼓励人们停止使用汽车，而改用替代交通工具。一个组进行 15 分钟的头脑风暴，汇集每个可能的创意。总共产生了多少创意?

下面是小组开展头脑风暴的要求：

- 指定一个成员当记录员，记下所有的创意；
- 指定一个成员当主持人，并选择本章讲述的一些技术作为创意触发器。
- 设一个啦啦队，让讨论热烈一些，并找出文雅的方法来劝阻那些批评性的或负面的评论。
- 在 15 分钟的头脑风暴中，小组要提出许多不同的创意概念，无论这些概念听起来多么离奇或令人咂然。
- 回顾小组的创意清单，在 5～10 个最佳承诺的创意前面标上星号。

当所有小组集中起来后，每个记录员在黑板上写下该组的最佳创意，然后全班选出三个最佳创意。交流头脑风暴的体验并对每组的体验予以比较。

2. 以下是来自实际的品牌传播活动。如果你参与决策，你会选择什么？对于每个创意，解释你的分析。

Zappos 是一家网络服装零售商，拥有古怪、傲慢的文化，已经收到了广告代理公司的建议。你是 Zappos 管理团队的成员。这个创意是展示裸体模特做日常事务，比如慢跑、玩飞盘、打车，以及骑着韦士柏（Vespa）踏板车，所有传播活动都需要进行战略审视。虽然使用裸体模特来销售服装缺乏创意，但广告公司认为能很好地吸引注意力。对此你怎么看?

注释

第 10 章

视觉传播

学习目标

- 能界定视觉传播的作用。
- 能阐释设计的基础理论。
- 能说出印刷媒介制作的要点。
- 能区别视频制作的要点。
- 能表述网页设计的注意事项。

有吸引力的“无畏女孩”（Fearless Girl）形象地传递了性别平等与“道富”（State Street）品牌的文化讯息，引起了公司的利益相关者与公众的共鸣。本章阐述促销传播中使用的视觉工具，既涉及如何设计视觉，又涉及如何促进品牌意义的形成。首先，本章回顾印刷与影像媒介视觉效果的一些基本观点、艺术总监的作用，然后论述印刷作品制作和视频制作，最后讨论网络广告设计。

获奖案例

“无畏女孩”的容貌

目前尚不清楚“一张图片胜过千言万语”这句话出自何处，其实也无关紧要，重要的是这句话似乎是正确的，且已存在好几个世纪了。想想“无畏女孩”的影响力，你也会认为千言万语是一种理解方式。

“无畏女孩”独自一人，双手放在臀部，扎着马尾辫，身高只有 4 英尺多，体重约为 250 磅。这人听起来似乎有点矮胖，但她是一尊青铜雕像，所以别逼她了。她引起了巨大轰动，吸引了美国参议员伊丽莎白·沃伦（Elizabeth Warren）、歌手/词曲作者辛迪·劳帕（Cyndi Lauper）、亿万富翁兼 Spanx 品牌创始人萨拉·布莱克利（Sara Blakely）与她合影。你会问，为什么？

这个女孩要传递的是性别平等的强效讯息，雕像是道富环球投资顾问公司（State Street Global Advisors）和位于波士顿的道富集团（State Street Corporation）的投资部门委托雕塑家克里斯汀·比斯瓦尔（Kristen Visbal）创作的，创意来自麦肯广告公司高级艺术总监里兹·威尔逊（Lizzie Wilson）和资深文案人员塔利·冈比纳（Tali Gumbiner）。他们将“无畏女孩”概念化为一场公共关系活动，以激发关于工作场所性别多样性的对话，鼓励公司招聘女性进入董事会。雕像底部的一块牌匾写着：“了解女性的领导力量，SHE 在改变世界。”（Know the power of women in leadership. SHE makes a difference.）（SHE 既是指雕像的主题，也指道富指数基金的纳斯达克股票代码。）

雕像于 2017 年 3 月国际妇女节前夕被放在纽约市华尔街标志性的铜牛雕塑的附近，为道富公司成功吸引关注做出了贡献。最初“无畏女孩”获得了市政厅为期一周的街头许可，该雕像很快就在社交媒体走红，并引起了病毒式轰动。许可延长了一年，这座雕像有可能永久放在这里。美国众议员卡洛琳·马洛尼（Carolyn Maloney）就是要求延长该雕像在现址的停留时间的倡导者之一，她认识到该雕像象征着女性的韧性。

想想这尊雕像在视觉上的吸引力。“无畏女孩”勇敢、自豪、坚强，改变了性别文化的对话，毕竟“无畏女孩”阻止了“铜牛”前进的轨迹。顺便说一句，创作“铜牛”的雕塑家阿图罗·迪·莫迪卡（Arturo Di Modica）反对“无畏女孩”的雕像，希望将她从当前位置移走而不再出现在“铜牛”面前，因为她“正在攻击铜牛”。好吧，至少她改变了“铜牛”在艺术上的内涵。“铜牛”雕塑家的律师说，这个不足 50 英寸高的女孩颠覆了“铜牛”雕塑的内涵，阿图罗·迪·莫迪卡将“铜牛”定义为“世界的自由、和平、力量、权力和爱”，而“无畏女孩”让“铜牛”看起来更像是一个欺凌者。

公关巨头爱德曼集团（Edelman）的首席执行官理查德·爱德曼（Richard Edelman）解释了为什么在文化对话中将受众与公众相联系非常重要：“现在通过常规广告很难吸引人，所以品牌必须成为‘正在社交媒体上进行文化讨论’的一部分。”

在著名的戛纳广告节上，“无畏女孩”获得了梦寐以求的钛狮大奖（Titanium Grand Prix），该奖项颁发给任何具有颠覆性和不惧权威的作品，另外还获得了玻璃（解决性别不平等问题）、公关和户外类三项大奖。评委们指出，“无畏女孩”展示了“超越地理、语言和文化”的“文化闪避创意”，象征着“世界上每个小女孩的希望和抱负”。另一个值得注意的是，SHE 基金增长了 374%，表明具有大胆视觉效果的大创意有能力改变对话，建立品牌。SS+K 公司高级副总裁兼客户服务总监埃莉莎·席尔瓦（Elisa Silva）总结：“最好的创意会直击我们的内心深处，‘无畏女孩’真正动摇了人们的某些东西。这座雕像的作用远远超出了预期，带来了欢乐和愤怒，引起了远远超过性别不平等范畴的激烈争论。”

要了解这种视觉效果有多大的影响，请提前阅读本章结尾的“成功秘诀”专栏。

资料来源：Jeff Green, “The Fearless Girl Is Worth ＄7.4 Million in Free Publicity for State Street,” April 28, 2017, www.bloomberg.com; Tanya Dua, “‘Fearless Girl Really Shook Something Loose’: Why People Are Still Talking about the Wall Street Statue from a ＄2.5 Trillion Fund Manager,” June 20, 2017, www.businessinsider.com; “Fearless Girl,” https://en.wikipedia.org/wiki/Fearless_Girl, last edited on August 15, 2017; E. J. Schultz, “McCann's ‘Fearless Girl’ Is Monday's Big Winner at Cannes,” June 19, 2017, www.adage.com; Suzanne Vranica, “‘Fearless Girl’ Steals the Conversation,” *Wall Street Journal*, June 20, 2017, R6; James Barron, “Wounded by ‘Fearless Girl,’ Creator of ‘Charging Bull’ Wants Her to Move,” April 12, 2017, www.nytimes.com.

10.1 视觉传播的作用

是什么让“无畏女孩”在视觉上如此令人瞩目？它是否吸引了你的注意力？这一视觉是如何建立品牌个性的？有趣吗？你能记住吗？如此强大的视觉效果给一个无形的物体——一家银行的指数基金带来生命力，这难道不令人惊讶吗？如果考虑一个有形产品，比如为斯巴鲁汽车做广告，同样的问题也适用。其形象是否吸引人、让人感兴趣、令人难忘呢？

视觉震撼

意大利女装制造商 No-l-ita 公司的一块煽动性户外广告牌曾吸引人们的注意，但该广告牌在意大利激起了抗议，因为展示的是患有厌食症的裸体女人图像。这些图像由贝纳通公司（Benetton）前任摄影师、艺术总监奥利维耶罗·托斯卡尼（Oliviero Toscani）设计。

No-l-ita公司的户外广告传递了反厌食症的讯息。你怎么看？它应该存在吗？还是应该拆除呢？

不论是印刷广告还是电视广告，有效广告不仅指用来传播讯息的文字，也指传播讯息的视觉。而正如No-l-ita公司的户外广告牌所示，图像可能是强有力的，甚至是令人震惊的，还可能会在不经意间给整个品牌带来负面反应。

事实上，图像比文字更能表达事物，如演示某物。比如，你将如何展示发现一个新地方时的冒险感？“访问内布拉斯加州”（Visit Nebraska）主题传播活动通过强大的插图与文案展现了这种冒险感。

广播也可以通过暗示性或描述性的语言、音响效果来唤起人们脑海中的形象。广告视觉的使用效果与效果多面模型中的许多效果有关：

1. 吸引注意力。一般来说，视觉在引起和保持人们的注意力方面比文字技高一筹。

2. 强化记忆。视觉能嵌入心智，因为人们通常是以视觉碎片或容易记住的主要形象来记忆信息的，如“无畏女孩”所展示的那样。

3. 增强信念。眼见为实，视觉提高了讯息的可信度。

4. 讲述有趣的故事。以视觉形式讲故事更吸引人，并能保持兴趣。比如，用在奇特的欧托滋广告中，以“奇妙超强的薄荷糖”（Curiously Strong Mints）为结束语。

5. 快速传播。在讲故事方面，图像比文字要快，正如“无畏女孩”的视觉所显示的那样。图片传播更加迅捷，而对于通过口头/书面传递的信息，消费者却不得不逐字逐句进行解读。

6. 产生联想。正如“无畏女孩”案例所示，为了少用实质性利益来区分同质化产品，品牌传播者经常把产品与代表生活方式、使用者类型的视觉联想联系起来。

总体而言，设计人员发现印刷媒介中的图片所吸引的读者人数能比标题多一倍。进一步说，插图越大，就越能吸引消费者的注意力；插入几张图片能促使更多的读者进入正文。初始的注意力更可能转化为强烈的视觉兴趣。人们不仅仅关注视觉，相对于大部分由文字构成的设计，他们更容易记住由图像构成的版面。提高可信度以及通过视觉故事让人产生兴趣都能强化记忆。

能捕获注意力的大创意可让人疑惑、震撼或感到有趣，图像也被用来帮助人们记住品牌。可口可乐罐展示了一致的设计元素，突出了统一的主题。注意力、兴趣、记忆性、可信度——这些因素都有助于阐释广告讯息视觉的震撼力。

品牌形象与定位

标志性可口可乐罐的包装设计反映了营销传播在品牌形象塑造和品牌识别中的重要作用，大部分功劳归于视觉元素，即与品牌联想相关的象征性形象，以及商标和徽标等界定品牌的相关要素。塔吉特百货商店采用目标受众的图像就是经典案例。人们对品牌名称的联想清晰，品牌的意义（塔吉特商店是你能够找到你所要之物的地方）强化了对该零售商的识别。

用于直接识别品牌或公司的版权标记是徽标。由于使用凸版印刷术、插图或布局来为品牌识别创造一个独特易记的形象，因此徽标是非常有趣的设计工程。再想一下如下案例：可口可乐使用的草写字体、IBM 使用的印刷体字母、苹果公司使用的有色条纹的苹果图案，以及国家广播公司的孔雀图案。

品牌图符是与品牌联想有关的品牌象征角色，如花生先生（Mr. Peanut）、本大叔（Uncle Ben）和麦当劳叔叔。如果这些品牌图符能起作用，将成为品牌永久的象征。最初设计品牌象征角色就是为了反映预想中的品牌个性。绿巨人乔利是一个虚幻的、友好的朋友，它鼓励小孩多吃蔬菜。另一个长效图符的例子是米其林男人（Michelin Man），它代表着以轮胎和旅行指南而闻名的一家法国公司。

然而，贝蒂·克罗克（Betty Crocker）的形象已经出现许多次，徽标和品牌图符可能需要更新。行业杂志《广告周刊》为了展示品牌图符，每年秋季邀请获奖者出席麦迪逊大街广告名人堂活动。

包装设计是以品牌形象作为脸面和焦点的另一个领域，正如我们提到的新设计的可口可乐罐。有时品牌与包装形状相联系，如独特的、慈祥的巴特沃斯夫人（Mrs. Butterworth）糖浆瓶，或是诱人的熊猫快餐（Panda Express）的包装与广告。

包装设计也包含定位陈述，以及当前传播活动、食谱、定价、流行文化事件的标杆等战略元素。麦片品牌与体育人物之间的经典联系赋予知名的品牌口号“冠军的早餐”（Breakfast of Champoons）以生命力。参见 www. wheaties. com。

品牌定位通常与文字相关联，例如安飞士出租车公司的口号“我们更加努力”（We Try Harder）。传奇人物艾·里斯的女儿劳拉·里斯是定位概念的创造者之一，她认为定位的最佳方法之一就是借助视觉。她指出，人们普遍认可科曼基金会的粉红丝带、可口可乐的轮廓瓶，以及啤酒之王百威啤酒（Budweiser）的克莱兹马（Clydesdales）。她关于营销中视觉如何比文字发挥更重要的作用的观点反映在她的电子书《视觉锤》（*Visual Hammer*）中。

讲述视觉故事

在视觉故事的讲述中，图像形成了一个由读者或观众构思的故事。在长期的传播活动中，讲述视觉故事帮助观众将福尔杰牌（Folgers）咖啡与温馨时刻相联系。一则广告的“拆包”（Unpacked）篇讲述了一对夫妇的故事：他们刚刚搬家，早上开始整理，想知道从何开始将行李“拆包”，结果发现咖啡是一个很好的切入点。该广告以一首广告歌曲结束。在视觉讲述的故事中，可能“产品是主角”，如 Bounty 纸巾如何有效地吸收溢出物。关键是艺术总监设计的图像可以讲述故事并创造品牌印象。

本书的道德讨论通常关注图像的恰当性及其讲述的品牌故事。例如，特效润肤露凡士林（Vaseline）的广告场景选在一个会议室，里面有一名演讲者和一群商人，有男有女，都在聚精会神地听报告。在广告最显著的位置，是一位背对演讲者和同事、穿着职业装的黑人女性，她把腿放在桌上，双手环抱。广告标题为：“没有什么能阻碍你处理业务。”（Nothing keeps you from handling your business.）难道该产品是想让我们知道如果一个黑人女性使用凡士林特效润肤露，就会在商务会议上表现得如此愚蠢吗？这个案例说明，即使创意团队认为视觉效果极好，经过再三推敲，也有可能传递许多相反的讯息含义。

情感与视觉劝服

我们已论述了视觉震撼力和讲视觉故事的影响力，但二者都汇集在劝服性讯息中，这些讯息旨在触动消费者的情感，驱动消费者对品牌做出积极反应。从第 5 章知悉，情感是决定品牌传播的说服效果的有力因素，我们从中也知道，情感反应可与动态的视觉图像相关联——就像触动情感一样。

万事达卡的“有情无价”主题传播活动一直是经典之作，展示了一个讲得很好的故事具有与品牌建立起情感连接的力量，即便是像信用卡这样抽象的东西也是如此。三部曲讲述了狗狗 Badger 的故事，它在家庭度假时被落下了，观众跟随它一路回家。在 YouTube 上找到它，看看视觉和音乐是如何结合从而在观众和品牌之间建立情感连接的。

幽默可以用来将消费者与品牌联系在一起。例如，在大众新途观的“纵声大笑”（Horses Laugh）广告中，马匹并列一排大笑，在此背景下，一个沮丧的家伙试图把他的拖车倒进停车场。当他开着一辆带拖车辅助系统的大众新途观出现时，这些马匹不再大笑，这个辅助系统展示了这辆车的关键功能之一。（可访问 https://www.youtube.com/watch? v=U91Zp9wWS30。）

在许多情况下，情感是预期顾客“开启”讯息的关键驱动因素。情感是一个“钩子”，有助于吸引观众的注意力，加深品牌讯息留下的记忆痕迹。讯息激起的情感越强烈，观众就越有可能在讯息中找到意义，并将这种有意义的体验与品牌联系在一起。

Ameritest 调查公司的方法旨在识别品牌讯息中那些令观众产生情感共鸣的时刻，无论情感是消极的还是积极的。多年来，Ameritest 调查公司的研究已确定了一种放大镜效果，可以让视觉更具情感上的吸引力，从而提高好感度。通过视觉内容传递的情感共鸣尤其具有影响力。正如 Ameritest 调查公司的研究人员在研究中得出的结论一样，当通过与周围环境的情感互动来增强广告效果时，预期顾客将更加强烈地转向一个品牌。[1]

10.2 设计基础

负责创造视觉震撼力和品牌识别要素的人就是艺术总监和设计师。艺术总监负责印刷和电视媒介上品牌讯息的视觉外观，还要负责氛围营造、产品质量和心理诉求。尽管艺术总监与文案人员常常一起共事，以便提出大创意，但艺术总监负责的是创意的视觉方面。

具体说，艺术总监决定是否要在印刷广告、电影或电视动画中使用艺术表现形式或照片以及艺术风格的类型，他们在图形设计方面受过严格的训练，包括美术、摄影、排版、色彩运用和计算机设计软件的使用等。艺术总监一般要设计广告，但很少创作最终的成品，如果需要插图，他们会聘请一名美工。报纸和网络广告通常使用**剪贴画**（clip art）或**免费图片**（click art），一般源自版权免费的插图总集，购买了剪贴图片服务的任何人都可使用。

除了广告，艺术总监也会参与品牌或公司徽标、包装、广宣资料的设计，商店或公司办公室内的布景，以及品牌视觉展示的其他方面，如购物袋、送货卡车以及制服等。

设计人员的工具箱

艺术总监及其他从事广告创意的人面临的最大困难之一是如何把概念化的东西转化为文字和图像。创意工具箱包括设计、文案、视觉和声音，有时还有更多的体验要素——味道、气味和感觉。

在头脑风暴期间，文案人员和艺术总监都致力于**视觉化**（visualization），即他们想象最终的广告看上去是什么样子，只不过艺术总监把广告大创意转化成视觉故事。为此，艺术总监要利用插图或动画、图片或影片镜头、颜色、字体、设计原理、布局（印刷媒介）和构图（摄影、视频或电影）等工具以及其他视觉要素。

对于设计师来说，视觉符号是很有趣的，也富有挑战性。

插图与照片　当艺术总监使用“艺术”一词时通常指的是照片和插图，二者在广告中有着不同的用途。例如，照片较插图更加真实，大多数人觉得图片不会说谎（即使图片有时被修饰过）。但就可信度而言，照片是一种好的媒介。

在广告中使用照片或插图通常取决于广告策略及其对真实或虚拟形象的需要。大体说来，虽然照片在真实性方面优于插图（或电视上的动画），但在虚幻性方面远不及插图。插图省却了我们能在照片中见到的很多细枝末节，更易理解其含义，因为所保留的只是形象的“关键部分”。由于只关注形象的内核，这一感知上的缩减可简化视觉讯息。插图也使用艺术手法来强化意义和氛围，从而具有高度理想的虚幻性（可想想你所看的漫画书和动画片）。照片能传递“眼见为实”的可信度，当然也能够唤起人们的情感反应。例如，巴塔哥尼亚（Patagonia）品牌展示了户外服装和运动装备，激发了读者的冒险精神；“访问内布拉斯加州”邀请游客游览内布拉斯加州的美景。

对照片进行处理并转化为艺术作品也是可能的，这种技术让安迪·沃霍尔（Andy Warhol）得到了认可。这一实践随着网络的出现和数字图像的可利用性、便利性而变得流行，其中一些数字图像拥有版权。2008 年，该技术用来制作政治海报，对于艺术家谢帕德·费尔雷（Shepard Fairey）来说，这是一个噩梦。谢帕德·费尔雷使用谷歌的图片搜索引擎工具搜索到了原始的奥巴马照片，据此创作了写实主义风格的肖像画。照片是曼尼·加西亚（Mannie Garcia）为美联社（Associated Press，AP）拍摄的且受到版权保护。美联社宣布了该图片的所有权，并要求索回版权和赔偿金。曼尼·加西亚也坚信自己拥有该图片的版权并且同意谢帕德·费尔雷使用。同时，谢帕德·费尔雷认为自己是依照法律规定来使用图片的，并未侵犯美联社的版权。[2] 最终，他承认使用美联社的图片作为参考，被判处两年缓刑和300小时的社区服务。[3] 每个在网上找到图片并想在营销传播工作中加以重新利用的人都面临这样的困境。

有关全球环境下数字图像的另一个问题涉及处理照片中具体内容的软件程序的运用。例如Photoshop可以对一幅图片进行特定的处理。2009年，微软公司在波兰的网站拙劣地使用Photoshop将一个黑人照片变成白人，陷入一场危机。原图曾出现在微软美国官方网站上，描绘了不同性别和不同肤色的人种。然而在波兰某网站，大概因为当地不同肤色人种较少，艺术家决定将一个白人的头像粘贴在黑人的身体上。当然，微软公司就该事件道了歉，但是负面讯息迅速流传于各大新闻网站和博客。[4]

时装模特照片的数字处理被批评为通过让女性看起来太瘦而延续了不切实际的美丽标准。正如在第7章中提到的，多芬品牌的主题传播活动的一个目的是揭示女性的许多“美丽”形象实际上多么不自然。

色彩 除了照片和插图外，色彩是艺术总监需要处理的另一重要的视觉元素。色彩能吸引注意力、提供真实性、制造情绪和建立品牌识别。艺术总监知道，在印刷广告尤其是报纸广告中使用彩色比没有任何颜色的广告更能吸引注意力。许多广告（含印刷广告、电视广告和网络广告）使用全彩，特别是当艺术总监使用照片时。

色彩在品牌化过程中尤其重要。这里有一些令人信服的证据：联合包裹服务公司使用一种名为Pullman Brown的颜色来帮助识别与区分美国邮政、联邦快递等竞争对手的快递服务。塔吉特、纳贝斯克公司（Nabisco）、可口可乐都与红色有关；约翰迪尔公司（John Deere）、全食超市（Whole Foods）和英国石油公司都与绿色有关；IBM、劳氏公司和辉瑞制药公司都与蓝色有关。麦当劳的金色拱门、百思买、赫兹（Hertz）和赛百味（Subway）都使用黄色。尼克国际儿童频道（Nickelodeon）、Crush公司和哈雷戴维森的特色是橙色和黑色。始终如一地使用一种颜色有助于人们记住品牌。当你想到学校的运动服的色彩时，你被唤起了什么。

在印刷广告中，设计人员也使用**专色**（spot color），就是使用除了黑色（一张黑白照片或深颜色的插图）以外的第二种颜色来突出一些重要的元素。使用专色，特别是在报纸广告中，非常能够吸引注意力。

颜色还能帮助广告表达一种情绪，比如红、黄和橙等暖色代表快乐；淡色因柔和而经常在印刷广告中营造一种友好的氛围；土色自然、稳重。蓝色和绿色等冷色则代表着冷淡、平静、安详、沉思和睿智。黄色和红色最具吸引力，红色可象征警告、危险，也可象征热情。黑色意味着高度戏剧性，并能体现能力和高雅。值得注意的是，颜色引发的联想是由文化因素决定的，上述色彩在西方国家的联想效果是相同的，但在其他文化中可能并非如此，比如白色在很多亚洲国家代表着死亡。

黑白色也是一个重要的设计选择，因为它在视觉上体现出了尊严和成熟，正如耐克广告所展示的。通过使用黑白或棕褐色调来创造历史效果，可以使图像看起来像被时间风化的老照片。当广告需要传递现实主义时，全彩照片可能很必要。有些产品和广告插图看起来并不适合黑白颜色，比如比萨、花园和指甲油。

排版 艺术总监不仅需要仔细地挑选色彩，还要考虑广告的**排版**（typography），即广告印制效果的外观。在多数情况下，把字体运用好并不会引起人们对文字本身的注意，因为文字的作用主要是功能性的：传递讯息。但字体也有审美作用，字体选择能对讯息的震撼力和情绪产生微妙或不甚微妙的影响。

广告设计人员要从成千上万种字体中找出最适合传递广告讯息的字体。设计人员十分熟悉字体的分类，但为了理解设计人员想表达的意思，并对印刷广告做出评价和提出一些合理化建议，主管及创意小组的其他成员懂得印刷版式的操作知识也很重要。艺术总监在设计类型时做出的决定包括：

- 特定的字体或**字库**（font）。
- 大小写方式，如全部大写或小写。
- 由调整字体形状而产生的字形变化。
- 字块边缘及列宽。
- 设置文字的大小（垂直高度）。
- **易读性**（legibility）或字体辨认的难易程度。

总体而言，徽标的使用时间很长，但有时品牌为了让外观有现代感，也会改变设计和排版。

设计原理、布局和风格

印刷广告或视频镜头的安排叫作布局，取决于设计的基本原理。设计师在布局中使用的原则包括方位、显性度、统一、留白、对比度、平衡和比例。设计有功能性和审美性两方面的要求，其中功能性要求视觉讯息便于感知，审美性要求设计令人赏心悦目。

通过设计一个能帮助观众浏览广告要素的视觉路径，这些设计原则可以引导观众的视线。例如，色彩艳丽或者对比强烈（大与小、明与暗）的重要元素首先能吸引观众注意力。设计的统一性和协调性使得这些元素组合在一起。可以通过元素的布局引导视线。简洁性也是设计原则之一，该原则与视觉拥堵相反。一般来说，广告元素越少，视觉震撼力就越强，用一句话表达此观点就是“少就是多”。另一个说法是“KISS”，表示“尽量简单”（Keep It Simple，Stupid）之意。

我们来看看这些设计原则是如何在印刷广告布局以及图片或照片的构图中得以应用的。艺术总监一旦选定了形象和其他排版内容，就会在纸张上仔细安排视觉要素，也就是进行布局。**布局**（layout）就是按照人们的审美习惯去安排这些视觉要素的位置以及顺序。

不同的布局能够传递对产品的完全不同的情感。以两则工作靴的广告为例。全天候装备牌户外鞋 ACG 的“Air Krakato”广告上的文字“防水”（Waterproof）非常醒目，表明这种靴子能适应最恶劣的天气状况。相反，为 Dunham 靴子做的广告看上去就像是一件精美的艺术品。这两则广告之间的差别源于各自不同的布局和意象带来的视觉效果。

以下是艺术总监常用的几种布局方式，它们适用于小册子、杂志以及广告。

● 画窗式布局。这是最常见的一种布局方式，通常是单个的主导视觉占据 60%～70%的广告版面，其正下方是一个标题和文本区，在底部以徽标或签名作为讯息的结尾。

● 全插图式布局。插图占据了整个广告区域，且把正文嵌入图片之中。“访问内布拉斯加州”广告就采用了这一布局形式。

● 分格或格式布局。这一布局采用许多尺寸相匹配或相称的图片。如果所有图片的尺寸都相同，整个布局看上去就像窗格或连环漫画。

● 文字为主式或全文字式布局。偶尔你会看到这样一种布局方式：强调文字信息而不是图片，即使是全文本的广告，其标题也当作文字艺术。一个以文字为主的广告可能也有插图，但插图一般嵌入文字之中，或者放在一个次要的位置上，如整个布局的底部。

● 熙熙攘攘式布局。这是一种把插图、字体、色彩等许多要素混合为一体的布局方式，故意制作一种拥挤、混杂的画面。这通常是折扣商店或轮胎公司等地方零售商采用的广告布局形式。

● 非线性布局。这是一种比较现代的布局方式，看这种布局的广告可以从图像的任何一个地方开始。换句话说，观看的方向是不确定的。

这些布局类别是功能性的，但也有一些风格类别会被设计师用来指涉其方法。例如，设计人员在处理需要历史感的布局问题时可能会使用新艺术时期、装饰艺术时期、现代或摩登艺术时期的设计美学。所有这些都是 19 世纪末到 20 世纪初至中期流行的国际风格。新艺术风格采用流畅的曲线，让人联想起藤蔓和花朵。其次是装饰艺术风格，它更加线性化、对称。现代设计风格则在装饰艺术风格的典雅感之上增添了工业化、流线型和建筑质感。

其他风格包括后现代主义，这是一种兼收并蓄的建筑设计风格，融合了以往时期的元素。从那时起，我们就看到了 20 世纪 60 年代的迷幻艺术和嬉皮士形象。紧随其后是波普艺术，它将日常物品变成了艺术品，如安迪·沃霍尔的金宝汤汤罐。

20 世纪 90 年代，垃圾设计出现了，它拒绝传统设计的精细。其最新典范是由设计师尼基·阿内尔（Nikki Arnell）研究的现代风格，阿内尔为这种巧妙的手绘设计风格创造了“美丽的凌乱”（Beautiful Messy）一词，似乎反映了“千禧一代”的个性。理解这些历史风格的关键在于艺术总监经常使用它们来传播某些类型的讯息。没有什么能说明反主流文化，例如，迷幻风格的设计。

构图

我们已论及布局，这一术语用于表述印刷广告的各个元素（标题、图片、结束语等）的安排方式。**构图**（composition）指图片中各元素的排列方式（思考一下静物油画）或相机镜头的设计方式（风景照片或电影场景）。摄影师和**摄像师**（videographer）按照两种方式处理构图：（1）把拍摄物放置或调整到摄像机镜头的前面；（2）若无法移动景物，则改变拍摄角度。换句话说，为了找到一个最符合审美标准的拍摄角度去拍摄不能移动之物（如景色）的画面，并切合不同的灯光条件（如日光明亮、阴暗等），摄影师需不断调整自身位置。

与利用草图布局类似，视频图像也通过**故事板**（storyboard）——商业广告中的视频草图和主要镜头——来绘制和呈现。艺术总监想象演员和场地以及各个演员在屏幕上的表演和移动；然后他们草拟出一些主画面，其中包括场景的视觉创意、拍摄方式、每幕之间的衔接等。另外，故事板草图也反映了摄像机拍摄景物的位置与移动过程，包括在脚本中和故事板上必须阐明的说明性文字。

环境设计

回想你最近一次到由侍者送上餐食的餐馆与快餐店的体验，这些地方的店内、店外设计有什么不同？再想想家具的颜色、外观和款式有什么不同？这些设计是如何展示餐厅的个性的？餐馆与快餐店在设计上有何不同？

环境设计与一般的营销传播作品完全不同。我们曾说过凡事皆传播，当然包括销售产品或服务的环境设计。有关空间、颜色和质地的物理环境决策也可像海报和标志一样快速传播。

建筑设计和店内环境都促成品牌个性的形成。如果你去过苹果商店，你也许还记得一些不同于西尔斯百货商店的环境细节，更不用提巴塔哥尼亚专卖店或特斯拉展厅了。

10.3 印刷作品制作要点

艺术总监必须了解印刷媒介的要求和制作方面的技术，因为这些因素不仅会影响印刷作品的外观，而且会影响成本。营销传播经理也需要了解这些基础知识，以便发表看法、评估成本与可行性。

印刷媒介的制作要求

不同媒介对广告设计、制作的要求不一样。例如，报纸和电话簿的内容被快速地印刷在一种廉价、粗糙、能吸水的纸张上，这被称为**新闻纸**（newsprint）——能够快速吸收表面的水渍。新闻纸的表面不适合处理精细的细节，特别是彩色照片和精美的字体。大多数报纸都为广告主提供彩色印刷，但由于这种印刷工序的限制，颜色不能十分完美地**对花**（registration）。例如，彩色油墨可能未完全对齐，造成有点模糊的形象。

一般来说，杂志的高光纸优于新闻纸，因此杂志在图像印刷制作上更胜一筹。精美的图像和色彩还原是杂志广告与报纸广告的主要差别。杂志广告也能充分利用更富创意、更具吸引力的工具，诸如弹出视窗、带香味的连载漫画、打开时能发出美妙音乐的电子芯片。例如，欧托滋口香糖上市时在杂志上刊登的广告采用了新奇的印刷制作技术：将一盒欧托滋口香糖放在一个页面上，而徽标单独放在对页的漫画之上。

户外广告有多种形式，从公共汽车长椅到售货亭，从飞艇到投影。最主要的形式是海报和户外广告牌，有效设计很关键的一点就是有一个主要的视觉形象以及最少的文案内容。因为广告牌从远处开始产生一个快速、持续的视觉印象，所以其布局应该以一种简单的视觉路线汇集在一起。这里有一些设计技巧：

● 图像。使用插图抓住眼球。

● 尺寸。广告牌中图像的尺寸是非常大的——一支 25 英寸长的铅笔或一根 43 英寸长的手指。产品或品牌标识可能比实际的要大几百倍。

● 颜色。使用醒目、明亮的颜色。使用两种对比最大的色彩来创造最强烈的视觉效果，比如黑白和黑黄的对比。通过使用纹理和新油墨可以创建特殊效果，例如半透明、夜光、闪光、安全或黑光以及金属色。

● 影子/背景。使前景与背景之间的联系尽可能显而易见。以丛林为背景的软饮料广告图片，从行驶的交通工具上远远看去很难辨认出前景和背景。一般来讲，背景不要与主体色相冲突。

● 排版。选择简明、清楚、工整的字体，以便让移动中的受众在很远的地方就能看到。排版的易读性研究表明，要避免使用全大写的字母、花哨的修饰字母、手写体和草体。

● 产品识别。通过生产大尺寸的标签或包装物，将受众的注意力集中到产品本身上来。

● 延长空位。扩展广告牌的框架，以放大比例和打破长方形的限制。

● 外形。为了产生视觉效果，可以使用水平线、消失线和标注尺寸的方块来制造三维效果的影像。与大多数广告牌相比，气模能制造更好的三维效果，甚至能创造更好的视觉效果。

● 转动。将发动机用到广告牌上可以使它的部件动起来。盘状转盘和在风中闪闪发光的物体能制造出动感、颜色的不断变化，并能产生波浪、倾泻的效果。使用一种叫作活动广告牌的可旋转画板，其讯息可随时改变。

印刷艺术复制

一般来讲，印刷图像包括两大类：线条艺术和中间色调。一幅画或插图之所以叫作**线条艺术**（line art），是因为图像由线构成。**连续色调**（continuous tone）或**中间色调**（halftone）的照片就更加复杂，因为在黑与白之间还有大量灰色调。

通过将连续色调的插图和照片转换为中间色调，印刷人员制造了灰色影像，而这个转换过程是通过将原始的照片不断地投射向一个精密的**网屏**（screen）完成的。使用网屏后的图像被转换成灰度影像的点状模式：黑色区域是很多能填充网屏的大点，浅色区域是被**留白**（white space）包围的小点。图像的品质取决于网屏有多精细：一个精制的网屏通常是每英寸 65 线（称为一个 65 线的网屏），用于报纸，杂志使用的网屏更精细，可能是每英寸 120～200 线或 300 线。

网屏也用于制造各种**淡调色板**（tint block），可以是深浅不同的灰色或深浅不同的彩色。一个色彩块能够印刷成实心的而产生阴影效果，这些阴影的深浅变化用不同的百分比来表示，从100%（特别深）到10%（很淡）。计算机图像也采用了类似的过程，以像素呈现并以每厘米像素或每英寸像素（分别为PPCM或PPI）为单位进行测量。例如，高质量的照片通常以每英寸300像素呈现。

由一个单独的墨辊装配一台印刷机来印刷一幅彩色照片中的每一种颜色以及每一种明暗搭配是不可能的，那么如何印刷这些色彩呢？

全彩图像的印刷使用四种深浅不同的色彩，即由**套印色**（process colors）复制而成，这个过程被称为**四色印刷**（four-color printing）。这四种颜色分别是品红（带粉红色的紫）、青色（淡蓝）、黄色和黑色。印刷油墨是透明的，所以当一种油墨层叠在另一种油墨上时就有了第三种颜色。例如，红色与蓝色混合就变成了紫色；黄色与蓝色混合就变成了绿色；黄色与红色混合就变成了橙色。黑色用于文字印刷，在四色印刷中，它可以增加图像的暗度。印刷人员将原始彩色图像减少至四个半色调的过程称为**色彩分离**（color separation）。

数字化传输 如果一则广告打算投放到很多出版物上，就不得不制作一则分发给所有出版物的可加工的、可复制的广告。用于**胶印**（offset printing）的复制材料是原手工制品的一个可灵活加工的校样。如今，图像**数字化**（digitization）已用于分发可加工的图像，这就是电脑处理色彩翻印的过程。这些数字化图像可用电子方式传递给全国性报纸地方版所在城市的所有印刷商，或通过卫星传输到各杂志或像《今日美国》（*USA Today*）等报纸的区域版。广告商还使用此方法在公司内部网络和向客户传输广告校样。

数字化为户外广告产生巨大效果提供了可能性，有些户外广告牌已经变成充斥着动态图像的数字屏幕。一种新的广告传送方式在亚特兰大产生，亚特兰大的城市公交车身安装了所谓的"炫彩皮肤"，这种广告采用电子照明技术，使广告在夜间发光，出现于车身两侧。

装订和精加工

艺术总监可通过使用一些特殊的印刷效果来提升广告和其他印刷品的质量。

- 模切。一个边缘锋利的压印机或印模可削出不规则的形状。你所熟悉的普通**模切**（diecut）就是文件夹的插页。
- 凸纹或凹纹。用压力在纸上制造出一个抬高的表面，即**凸纹**（embossing），或制造出一个下陷的图像，即**凹纹**（debossing）。
- 烫金。使用金属涂层薄片（银或金）印模成图像表面，这个过程叫作**烫金**（foilstamping）。
- 插页。**插页**（tip-ins）是广告主预先印刷好的广告，当出版物装订时将插页插入。例如香水厂商会将样品插入，香味刮刮卡和条状的样品可在拉出时发出香味。

3D打印

最新的印刷技术创新是3D打印，它于2013年起成为头条新闻，这并不意味着图像看起来跳出页面；相反，三维成像过程用于制造物体，例如iPad支架、珠宝、机器零件等。3D 打印机看起来就像台式计算机，它将材料（塑料甚至金属）挤压成特定的尺寸和形状。一些公司，如可口可乐、大众汽车和诺基亚，已经将它作为品牌的营销工具。诺基亚发布了一款 3D 打印套件，可让用户定制手机壳。[5] 专家预测，这项发展中的技术将带来一场新的工业革命。

10.4 视频制作要点

当艺术总监需要把广告、视频新闻稿以及其他形式的企业影片或视频结合在一起时，他应从何处切入？制作电视广告首要考虑的因素显然是图像的性质。艺术总监可以安排在一个已搭建好的场景或真实场景中拍摄。图像是通过摄像机的镜头合成的，就像静止的图像一样，但是差异和挑战在于动态图像成形的方式。电影以及用于各种促销目的的广告和商业视频都是如此。

在深入讨论这个问题之前，我们要提到的是“影片”，这个词并不限于指通过电影放映机胶片。这个术语已经被广泛使用，甚至可以指视频或数字化制作。

除了自己拍摄场景，另一个可节省成本的选择是使用**原始素材**（stock footage）——以前录制的图像、视频、剧照或动态影片。典型的素材文件包括诸如第二次世界大战的历史性场景。动画、定格和 3D 是其他电影制作技术，可以用来代替原始素材或现场拍摄。

在遵循创意策略框架的前提下，艺术总监会创造视频或广告的形象。在 YouTube 上观看最新的超级碗大赛广告，看看广告在风格和外观方面的差异。

艺术总监要制作诸如文字、产品徽标和直接传输到电脑屏幕上的静态图片等图形元素。**字幕**（crawl）是由电脑制作的在屏幕下方滚动的一串文字。

最大的变化是从胶片到数字图像的转变。有些电影，如《星球大战：原力觉醒》（Star Wars：The Force Awakens）和《星球大战：第九集》（Star Wars：Episode 9）都是用胶片拍摄的，但 21 世纪电影广告和制作的趋势是使用数字技术。精密的电脑制图系统用于早期的数字拍摄，如制作《星球大战》和《黑客帝国》（Matrix）中的特技效果，从而拓展了影片和视频的制作。在纪录片《追踪电影未来》（Side by Side）中，影星基努·里维斯（Keanu Reeves）与导演马丁·塞科塞斯（Martin Scorsese）、史蒂文·索德伯格（Steven Soderbergh）带你参观了这项令人惊叹的技术。[6]

电脑制图专家甚至夸耀他们能用图像创造一切。他们可以从任何角度，甚至由内而外地观看任何物体。电脑制图专家使用计算机软件来创建、复制和操作视频图像。最有创意的影视技术称为**图像变形**（morphing），它可以将一个物体逐渐转变成另一个物体。真实物体的照片可以变成插图或动画片，然后再还原成它本身的真实面貌。

拍摄和编辑

大部分地方零售广告制作简单且成本低廉，地方电视台制作的广告也是如此。电视台的销售代表可能与广告主一起合作撰写广告脚本，而电视台的导演也会负责广告录音。

创作全国性电视广告就复杂得多，它需要大量具有专业技能的人。广告公司的人员通常包括文案人员、艺术总监和制片人。广告制片人代表公司和委托人监督制作过程，也负责其他事项的预算。通常，负责广告拍摄的导演是从广告公司外部聘请的，他接手艺术总监的故事板，将它生动地展现在屏幕上。

制片人和导演是制作小组的核心。广告效果取决于他们对最终广告的共同看法以及导演按艺术总监的设想生动展现这则广告的能力。在“牧猫人”（Cat Herders）广告案例中，公司之所以选中导演，是因为他擅长耐心地引导非职业演员进行幽默的表演。在这则广告中，他与真正的放牧者一起工作，由此确定了他们在牧猫时的草案脚本。

制作与预算不同，相关工作人员的职责也会有所不同。一些地方性作品要求一个人在制作中承担多项工作。而预算多的制作可以负担得起更多的专业人员。下表总结了典型的制作人员的职责：

制作中谁负责何事

文案人员	写脚本，确定其中是否包括对白、叙事、歌词、产品预告、说明书，或者没有任何文字。
艺术总监	在电视媒介中制作故事板和确定广告的外观，并判断是否现实、程式化或富于幻想。
制片人	负责制作和制作安排的所有事情，找专家、选角、保证价格合理，并在预算范围内确保中标。
导演	负责实际的电影拍摄和录制，包括每个场景的长度、谁做什么、台词怎么说、演员如何演；决定在电视媒介中摄像机怎样架设并记录动作的流程。
电影摄影师	指导摄影工作，负责摄制组和拍摄影片。
作曲家	创作原创音乐，有时也负责填词。
音效师	为不同乐器编排音乐，找到能切合场景或文案的声音。文案人员通常写歌词或至少给音效师带来灵感。
剪辑师	在拍摄或录制的后期将所有镜头组合在一起，考虑如何安排场景，如何使声音元素与对话、素材有机配合。

视频与广告的制作过程

数字技术已经取代了模拟过程。在现代广告制作中，影片最终被制作成硬盘，替代胶片或录像带。艺术总监与剪辑师密切协作，剪辑师能合成录制好的数字图像，以确定在故事板里各个图像的合适节拍以及次序。

拍摄技法 动画是经常在广告中使用的一种拍摄技术。传统的动画技术是用醋酸人造丝描摹图像，然后在影片中逐帧录制。例如，先画出卡通人物，然后再画出带有微小变化的下一帧来表示胳膊、腿或面部表情的细微变化。预算少的动画片使用很少的图片，所以其动作看起来很不连贯。电脑技术的运用加速了动画的制作过程，也消除了许多乏味棘手的手工工作。

在印刷媒介中，动画与插图类似的地方在于抽取图片并为此增添一点想象和（或）心境。正如曾在俄勒冈州波特兰的 Coates Kokes 公司工作、现就职于耐克公司的文案人员卡尔·施罗德（Karl Schroeder）在为回收中心代理一个项目时所言，"当你考虑向该地区回收利用的每个人表达诉求时，动画是一个好的选择，动画让我们不会选取易产生歧视、年龄难以确定的演员"。[7]

动画特技也能用来将政府雇员保险公司的蜥蜴格科这样的已创作出来的角色与现实生活中的人物，甚至其他的动画角色组合起来。美国家庭人寿保险公司的著名的鸭子就是由华纳兄弟公司（Warner Brothers）和美国家庭人寿保险公司在纽约的广告代理商凯普兰萨勒集团（Kaplan Thaler Group）联合制作的。更先进的技巧与在电影《阿凡达》(Avatar)、《飞屋环游记》（Up）和《怪物史瑞克》（Shrek）系列中使用过的技法相似，创造了逼真生动的形象和动作。一些动画软件非常好，不仅能创作栩栩如生的形象，还可以添加逼真的细节，如在动物身上添上毛发。当前的技术不仅允许动画软件对角色进行编程，还能对行为进行编程，使角色之间可以互动。广告游戏（在视频游戏中被品牌化了的产品的广告）提供了令人惊叹的动画示例。

一种独特类型的动画是**静帧采集**（stop motion），这种技法是通过拍摄无生命的微小移动来制造出动态效果，如面团宝宝是通过胶片逐格拍摄细微变化的。关于使用动画技术或者其他特效的关键决定是基于这样一个问题，即它是否能更好地讲述品牌故事。在面团宝宝的案例中，投资似乎在品牌识别方面获得了可观的回报。

同样的技法也可以运用于**泥塑动画**（claymation），即逐帧拍摄泥塑的形象。在创作希望可以达到戏剧化效果的广告时，这两种技法都很受艺术总监的欢迎。虽然新的电脑特技将简化这些技巧，但成本很高。

三维拍摄是一种影片制作方法，通过利用一种特殊的移动摄像机和程序硬件，制造一种深度的幻觉，如电影《疯狂动物城》（Zootopia）、《海底总动员2：多莉去哪儿》(Finding Dory)、《蝙蝠侠大战超人：正义黎明》（Batman v. Superman：Dawn of Justice)。观众在观看时也必须佩戴专用眼镜。三维技术已经出现很多年，电影《阿凡达》的巨大成功让这项技术广泛流行。三维拍摄正慢慢转向电视和广告。

音乐和动作 指定音乐通常是文案写作的一部分，但给剧情配乐是艺术总监或制片人的职责。在某些情况下，如有大量的歌舞音乐，音乐就是广告。在其他情况下，音乐用来吸引注意力、营造氛围以及使广告深入人心。本章开头提到的有关 Badger 狗的万事达广告三部曲就很出色地运用音乐来增强故事讲述的效果。

制作过程

更大的全国性广告在制作中有很多步骤，可以分为四步：讯息设计、前期制作、拍摄阶段、后期制作。图10-1显示了制作过程的各个阶段。

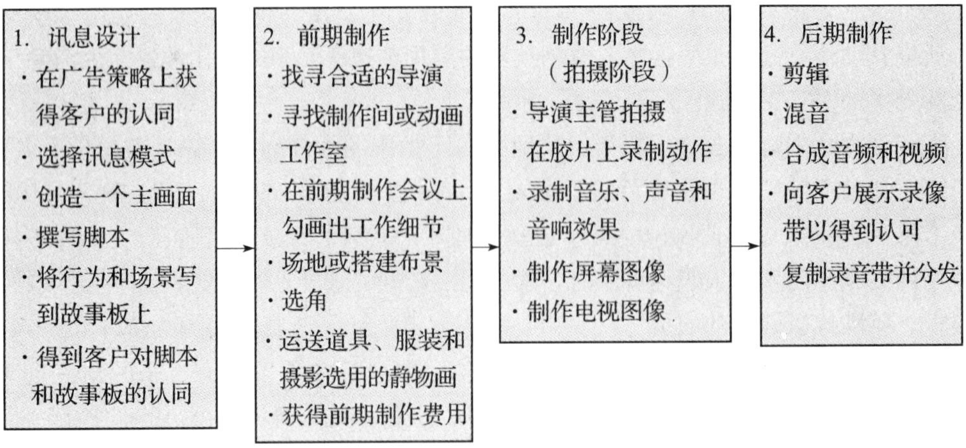

图 10-1　视频制作过程

说明：一般来说，讯息策略获得认可之后，一个视频的制作过程有四个步骤。

前期制作　制片人和工作人员首先要建立一套**制作笔记**（production note），详细描述制作过程中的各方面细节。这些制作笔记很重要，有利于找到演员、场地、布景、预算和获得专家评估。在“牧猫人”广告中，选角是非常关键的。差不多 50 只猫及其训练者都投入到拍摄中，因为不同的猫有不同的本领，有些能根据提示表演睡觉，有些会停止动作，还有些擅长奔跑或者在水中嬉戏。

一旦制作获得经费，创意小组、制作人、导演以及其他的核心成员就会召开**前期制作**（preproduction）筹划会议来规划制作过程的每一步，并预测将会出现的各种问题，然后开始正式工作。演员经纪公司开始选角，制作小组找到合适的场地，并与场地的业主、警察及当地的官员协商场地的使用问题。如果需要布景，就不得不搭建。寻找道具是对天资的考验。负责道具的人可能需要光顾五金店、二手货商店，甚至是当地的废品回收站。除此以外，也需要定做、寻找或购买服装。

拍摄　导演拍摄广告是一个场景接一个场景进行的，但并不一定要按照脚本编排的顺序。每拍一个场景，叫作一个**镜头**（take），故事板上的所有场景拍摄完之后再通过剪辑进行合成。导演录制广告通常要立即回放某一镜头来决定是否需要修改。胶片在导演复查前就得显影，这些显影的场景叫作**毛片**（dailies）。随着数字拍摄技术的进步，现在毛片可立即获得。**样片**（rushes）是从原始胶片素材中**剪切**（cuts）下来经整合而成的较粗糙的版本。导演和代理商的创意小组及客户代表在拍摄之后需要立即观看，以确保一切拍摄都在计划之中。

电影拍摄成员中包括许多技术人员，他们都需要向导演汇报工作。对于电影和视频录制来说，摄影师是核心的技术人员。其他技术工人包括**灯光师**（gaffer）和**场务人员**（grip）等，你可能在电影的演职员表上见过这些专业术语。灯光师主要负责照明工作，场务人员帮助撤换道具、布景，还负责为安置摄像机的小推车铺设轨道。**场记**（script clerk）要审查对白的流畅性，以及其他脚本细节、时间和场景。拍摄的现场是十分繁忙和拥挤的。

音效师可以在拍摄时录音，但为了保证良好的声音效果，音效师需要在录音棚录音。如果音效是在拍摄过程中录制的，由**混音师**（mixer）（控制录音设备的人）和音响师（掌握麦克风的人）处理现场的录音。一般来说，声音是影片拍摄完之后再在录音室里录制的，所以音频与镜头是同步的。导演在记录和录音前经常等着看动作是如何准时出现的。然而，如果艺术总监已决定在广告中插入音乐，就会在拍摄前将音乐录制在音轨上，拍摄随着音乐进行。

在少数情形下，一则完整的广告是连贯动作而不是单个动作的拍摄，便于后期制作时一起编辑。使用这种方式拍摄的最有趣的作品是为本田创作的名为“齿轮”（Cog）的获奖广告，它展现了一辆车是如何由零件启动的。这一长串镜头从一个滚动运输轴开始，然后镜头移动至阀门、刹车板、轮胎、车盖等，直到汽车缓缓驶出。广告很容易让人感觉是通过电脑动画制作的，但这是没有使用任何特效拍摄而成的真实场景。整个广告使用了606个镜头并按顺序有条不紊地进行。作为一则过去制作的最受热议的广告，其获得的公共宣传机会可能比广告更有价值。这则广告赢得了克里奥广告大奖（Grond Clio，一个创意大奖），同时在戛纳电影节上获得金狮奖，总计获得了不少于20个英国和国际组织颁发的奖项。可在 www. ebaumsworld. com/flash/play/734 上观看该广告。[8]

后期制作 对于影片和视频而言，许多工作在拍摄之后的**后期制作**（postproduction）过程发生，这时，广告才在编辑脑海和手中开始浮现。剪辑的目的就是遵循故事板的顺序来整合各种拍摄片段，剪辑师处理音频和视频图像以创造真实的三维图像，并将真实的图片和电脑生成图像进行合成。视频的后期创作过程很重要，因为能在拍摄之后把许多数字特效添入原始影片/视频之中。在“牧猫人”广告中，根据美国国家慈善协会（National Humane Society）的规定，法隆全球广告公司不能同时拍摄猫和马，所以导演不得不分开拍摄猫、背景和马。剪辑师在后期制作中将这些场景结合起来，剪辑得天衣无缝，制作了出精心设计的猫被驱赶的幻象。

控制时间是**视频剪辑**（video editing）的另一目的，是广告的故事叙述中经常运用的一个技巧。剪辑师可以压缩时间，如镜头先表现一个人下班，然后切换到洗澡，最后切换到那个人在酒吧。剪辑师也可以延伸时间，如一列火车马上就要撞到铁轨上抛锚的汽车了，通过切换不同角度的镜头，可使那列火车看起来永远不会撞到那辆汽车，这是一种制造悬念的方法。为了达到混淆时间的效果，剪辑师可能会这样进行剪切：画面从现在切换到记忆中的情景或迅速切换到对未来的憧憬。一般来说，艺术总监已经在故事板上具体确定了所有这些效果。

剪辑师的初步工作的结果是**粗剪**（rough cut），它是指剪辑师选择最好的镜头并将它们整合为一个故事，由此制作故事的初版。然后，剪辑师会将场景连接起来，在修正和重新剪辑完成之后将声音和视频整合在一起，这样就制作出了终版。最后版本通常通过互联网发布，在本地或全国播放。

10.5 网页设计注意事项

视觉在网站和网络广告中的重要性与其在印刷广告和户外广告牌中是一样的。公司网站上的照片对企业或品牌形象的评价尤为重要。由于网站通常是低成本创建的，因此观众可能会发现自己正在查看模糊或令人困惑的产品图片。

例如，《华尔街日报》上的一篇文章展示了一家烘焙公司令人倒胃口的照片，照片上一个布朗尼烘焙烤盘被用作烤肉的烤盘，上面有大块的肉。这张照片促使一位顾客写信询问布朗尼和血淋淋的肉之间有什么联系。这样的照片不仅会降低销售，还会损害公司的形象。

网页设计不仅包括对网页上所登载广告的设计，还包括网页本身的设计。相对于传统印刷广告而言，旗帜广告设计得更像广告牌。那小小的空间对设计者提出了严格的要求，既要使广告传播更简洁快速，又要吸引受众的注意和好奇心，获取受众反应的点击率。旗帜广告可在 http://thelongestlistofthelongeststuffatthelongestdomainnameatlonglast. com/banner. html 查看。

设计人员认为，网页（尤其是首页）应该遵循与海报一样的构图原则。图像要醒目且不需要过长的下载时间，字体应该很简单，尽量使用一两种字体，并避免所有的字母全部大写和混淆单词意义的字间距。由于网上信息泛滥，信息的组织十分关键。就易读性而言，为了形成文字与背景的强烈对比最好使用黑体字，字体和图像都要足够大，便于在屏幕最小化时也可以看得很清楚。

网页设计与印刷讯息设计的不同之处在于动作、动画和交互式导航的利用机会。尽管极具吸引力，但这些策略也可能令人不快。即使是在高度视觉化的网络世界，为了吸引注意力和激发兴趣，艺术与文案配合也是非常重要的。

艺术家经常创作插图，为了降低成本，也可通过剪贴画服务或免费图库获得，例如 www. dreamstime. com 或者 www. 1StopPictures. net 网站都能提供这种服务。实际上，任何能搜索到的图片加以处理后都能用于创建网页，但是这会引发版权问题。数字化的魔力不可思议，它能从不同媒介中综合各种要素和设计风格，譬如印刷字体、静态摄影、影片、动画、声音和游戏。交互式导航、直播流视频、在线广播与 360 度摄像机全角度拍摄的结合使网页比你在电视上看到的任何视频都复杂，所以“易用”便成了网站设计的重要原则之一。

网页设计师与其他艺术总监的不同之处在于二者使用的工具大相径庭。动画特技和复杂的搜索路径是用一些软件程序设计的，如微软银光、Director、Blender、Squeak，以及一些非线性编辑工具如 Premier、FinalCut 和 Avid。在瞬息万变的设计界，要掌握网页设计软件最新成果是非常困难的。动画特技和流媒介的使用使网站看起来更像电视和电影。

想浏览更多优秀的网页设计和对顶级网站的评论，你可以登录如下网站：

www. webaward. org

www. worldbestwebsites. com

www. 100bestwebsites. org
www. topsiteslinks. com
www. webbyawards. com
www. clioawards. com
www. oneclub. com

行动与互动

网络广告主不断尝试各种方法让小屏幕更具戏剧性，使页面更具吸引力。例如，福特在雅虎主页上刊登的旗帜广告：主页上出现了福特公司的椭圆形标识和站在电线上的一群小鸟，其中三只小鸟飞到了网页中间开始啄食类似鸟饵的东西，随之展开了新浏览器的画面。这个链接写着："点击打开下一页。"（Click to uncover the next territory.）浏览者估计点击后可能会弹出图片，不料网页开始摇晃起来，鸟儿也飞散了，一辆巨大的红色福特探索者出现在屏幕前方，取代了屏幕原来的大部分内容。这是一种高度互动、出人意料的和非常有效的载具传播形式。

由于用户能通过网站自己设计浏览路径，因此设计者必须确保网站具有清晰的**网络导航**（navigation），使用户能够很容易地通览这个网站，找到他们想要的信息并做出反应。有问题的导航真能让浏览者失去浏览的兴趣。视线追踪研究（在用户浏览网页或屏幕时，使用摄像机追踪视线移动）的结果表明，如果导航杂乱或模糊不清，浏览者会放弃并转移到其他网站。[9] 最理想的情形是经常登录某个网站的用户能够定制满足个人需求和网络导航方式的网站。

网络视频也为受众在迷你电脑、掌上电脑和手机这些小屏幕上操作拓展了路径。网络视频为想利用视频来展示其产品的企业提供了新的商机。奥秘在于专门为小屏幕制作视频，而不是使用常规的电视或电影形象，以避免缺少很多图像细节。[10]

如果一个网站设计得好，人们就想和赞助这个网站的公司进行互动。例如，Texture/Media 是科罗拉多州博尔德县的一家网页设计公司，用五个月时间给客户"土拨鼠山峰工作室"（Marmot Mountain Works）制作了七集情景节目，详细记录了两个人试图攀登印度 Meru Sharsfin 山峰的过程。名为 ClimbMeru. com 的网站记录了这支团队的训练情况和旅途见闻，还举办了有奖竞猜节目来帮助收集"土拨鼠"的顾客信息。Texture/Media 公司及其获奖网站让顾客成为其品牌故事的参与者。

下章预告

本章重点讨论了视觉效果的影响，以及如何在品牌传播中有效地使用视觉效果。在大多数营销传播媒介中，视觉都是获得注意力的主要力量。理想情况下，视觉效果与文字配合来呈现创意概念。电视广告中的刺激和戏剧性是通过动态图像创造出来的，这是一个有趣的想法，能够吸引人们的注意力并留在人们的记忆中，尤其是对于海报和户外广告牌等更具影响力的形式。

本章是第 3 篇关于讯息设计的最后一章，本章简单介绍了艺术指导与设计。接下来我们将要讨论的是如何向目标受众或其他利益相关者进行讯息传播。

成功秘诀

“无畏女孩”坚信女性平等

你可能已预料到本章将围绕针对开篇案例的研究介绍一些令人惊叹的视觉广告活动，诸如政府雇员保险公司、好事达保险公司或苹果公司制作的广告。有吸引力的形象不仅仅是广告主使用的工具。这个公共关系活动表明，视觉元素对品牌传播的许多方面都至关重要。如果以其他的方式描绘“无畏女孩”，还会同样有效吗？这笔投资还会给赞助商道富银行带来回报吗？一张图像是否与千言万语等值？或是价值更大？

最后一个问题的答案是肯定的。根据彭博社（Bloomberg）网站的数据，2017年3月7日，这座雕像以一种反叛的形象在华尔街亮相，在前51天里，营销展露数的投入相当于公司2016年广告支出的28%。麦凯恩在3月的报告中称“无畏女孩”引来了大量免费媒介：近100万条推文、4 122个电视片段、2 400篇新闻文章和15 163个Instagram帖子。这意味着该品牌在传统和社交媒体上产生的展露价值在2 700万～3 800万美元。此次公共宣传提高了道富品牌和SHE基金的知晓度。安装“无畏女孩”之后，SHE基金的日均交易量增加了385%，基金资产在3月6日至5月22日期间上涨了8%。这对于大约25万美元的投资来说并不差，对于一个身高只有4英尺多一点的女孩来说也不错。

复习题

1. 视觉效果在哪些方面增加了品牌传播的冲击力？
2. 解释艺术总监的职责。
3. 比较黑白色、专色和全色的视觉效果。
4. 列举设计原理，并一一解释。
5. 线条艺术和中间色调有什么差异？
6. 专有名词“四色印刷”是什么意思，有哪四种套印色？专有名词“色彩分离”是什么意思，如何进行色彩分离？
7. 解释下列视频术语：原始素材、图像变形、动画短片、静帧采集、泥塑动画。
8. 解释视频制作的四个步骤。
9. 列出网站设计的几个指导原则。

讨论题

1. 设计人员面临的一个挑战是向消费者展示产品中看不见的主要特征。假设你是一名艺术总监，正在考虑销售一种拥有专利的淋浴喷头和洗浴垫，这种专利能保证防滑

(垫子下面布满了能轻轻吸附在浴盆表面的小吸盘)。进行头脑风暴,想出一些方法,在电视广告中展示产品的这一特性。寻找具有原创性、关联性和震撼性的方法。

2. 选择一种设计回答问题:

a. 印刷广告设计。杂志广告设计的主流原理是什么?收集两个广告案例,其中一则广告的设计你认为有效果,另一则广告的设计你认为没有效果。对两则广告进行评论,并根据广告布局中的设计原理解释你的评价。对没有效果的广告提出你的改进意见。

b. 电视广告设计。以团队形式找一则有创意、有娱乐性的电视广告,然后找一则没有创意、没有娱乐性的电视广告。分析两则电视广告是如何吸引和保持你的注意力的。视觉效果怎么样?为了让第二则没有创意和没有娱乐性的电视广告获得更多注意力,要怎么做?对比两则广告中的讯息。你也可利用 www.adcritic.com 的在线资源去找一些电视广告。

3. 你受邀为一家本地企业或组织(从当地社区中选择一个)设计一个网页。登录 www.flickr.com,选出一个画面来描述这家网站,描述时尽量使该组织的个性与视觉形象相匹配。然后找出该网页必要的各种基本信息类型。绘制一张流程图或地图,明确一个典型用户将如何浏览网站。你能找出可用于网页的其他图像以便该企业的网络形象更具视觉吸引力吗?现在考虑互动性:这个网站如何增强公司与其顾客的互动?为这个网站拟定一份包括视觉元素和导航流程图的方案。

4. 假设你的一个新客户开发了一种新的男士护手霜,这是专门为在工作中手受伤的男士设计的。一个摄影师认为唯一可行的方法是让产品视觉化,并在广告中用照片进行视觉化。一个美术师主张,许多时候,图片比照片更能展示一个产品,而这个产品就是很好的例子。分析使用插图和照片的区别,它们分别起到什么作用?是怎样产生不同效果的?哪些品类你想看到图片而不想看到照片?反之亦然。对于这一新产品,使用哪种方法比较好?在班里做一个简单的展示,解释你将采取的方法。

注释

第 4 篇

原理：动态世界中的媒介

第11章

媒介基础

学习目标

- 能解释营销传播中的各种媒介如何运作以及媒介业是如何组织起来的。
- 能描述主要的战略性媒介概念。
- 能阐述媒介格局为何正发生变化以及如何变化。

艾科品牌的主题传播活动带给媒介的经验是聪明的营销需要创意思考如下内容：如何在复杂的媒介环境中与受众连接，同时需要真正了解主流文化趋势、受众的态度及其对媒介的使用。本章到第 14 章将解释营销传播中的媒介——你没有听过的故事，即如何选择传递讯息的不同方式的背景故事。

获奖案例

艾科对现代男子气概的宣言

艾科是一个知名品牌，试图帮助人们在约会活动中获得成功。这被公司的一项新主题传播活动改变了——它向男人宣称："魔力不在罐子里，而在你身上。"艾科之所以选择了这则讯息，是因为它反映了新兴文化对男性气概、约会的界定，以及魅力所带来的价值。

传播活动整合了电视、电影、户外、印刷和展示广告等几种媒介，还有新的 Instagroom 系列，"旨在激励人们并为之提供工具，使他们获得独特的魔力"。15 秒的视频回答了男性在网上搜索最多的风格和修饰问题，涉及如何恰到好处地设计风格、佩戴领带。

对于"发现你的魔力"（Find Your Magic）主题传播活动的灵感，72andSunny 广告代理公司阿姆斯特丹分公司的创意执行总监卡洛·卡瓦洛内（Carlo Cavallone）是这么说的："艾科一直走在文化的最前沿。通过'发现你的魔力'主题传播活动，我们令人们释放自己……使他们成为最有吸引力的男人。"其传递的讯息是我们都有各自的"事"——行走、谈话、笑容、风格，你总有一些能对世界产生吸引力的特殊东西，这就是你的魔力所在。72andSunny 广告代理公司还制作了一个短片，是现代男性气概的宣言。它也将艾科与联合利华旗下的品牌多芬联系起来，因为后者多年来一直拒绝刻板印象并强化女性的个性美。

作为一场完全整合的传播活动，艾科和约翰·莱金德（John Legend）继续推进，以鼓舞音乐家和电影制作人，并帮助他们展现魔力。有抱负的创作者可以访问艾科官网（Axe. com），获得更多受约翰·莱金德指导的机会，并可出席 SXSW 音乐盛典或多伦多国际电影节。

传播活动旨在更好地与千禧一代相处，这与先前的艾科广告有所不同。这有效吗？你可在章末的"成功秘诀"专栏中找到更多有关营销效果的讯息。

资料来源：www. forbes. com/sites/brandindex/2016/03/27/men-are-finding-the-magic-in-axes-new-campaign/＃ 7b053a4f11b7； www. adweek. com/news/advertising-branding/ad-day-axe-gets-inclusive-remarkable-adthats-really-pretty-magical-168996；http://clios. com/awards/winner/13202； http://winners. epica-awards. com/2016/winners? medal = Silver；www. dandad. org/awards/professional/2016/film-advertising/…/axe-find-yourmagic/；www. 72andsunny. com/work/axe/find-your-magic； www. unileverusa. com/news/press-releases/2016/AXE-find-your-magic. html；Nat Ives,"Super Bowl Ad Review：Super Bowl Commercials Are Fun Again," February 7，2016，http://adage. com/article/special-report-super-bowl/super-bowl-ad-review-super-bowl-commercials-fun/302579/.

11.1 何为媒介

除了面对面对话，所有营销传播讯息都是通过某种形式的媒介进行传播的。这里所论及的**媒介**（media），指的是向目标受众传递讯息的方式，以及讯息反馈给公司以及受众成员的方式。在传播模型（第 5 章）中，媒介是信道，能将讯息从公司或品牌传给顾客。

历史上大多数媒介的目的是向公众提供新闻，而广告使新闻成为可能，因为它支持印制和刊播印刷或广播媒介的成本。媒介的一些收入来自订阅费，但美国的大部分媒介收入来自广告。因此，多年来“媒介”一词与广告相关，导致许多人认为媒介仅用于或主要用于广告。事实并非如此。

从第 5 章介绍的传播模型可知，讯息通过信道传播，因此，从这个意义上讲，媒介传递讯息，传统的大众媒介是从信源（广告主）到接收者（消费者）的单向传播。从另一个意义上说，媒介是互动的，因为它们提供了相互对话的机会。营销传播媒介与顾客之间通过信道来回传递讯息，这种双向传播过程把传递的概念扩展至包括接收和收听。互动传播是互动营销传播活动的特征之一，旨在建立品牌关系，这就是扩展的媒介观对 IMC 计划人员如此重要的原因。

例如，第 6 章介绍了冰岛羔羊肉案例，其中英格维·洛加松及其广告公司 Reykjavík 重新定义了“广告媒介”。他说：“我们以一系列传统烹饪节目的形式制作‘广告’，旨在传授新旧食谱，但节目只有 40～90 秒。该传播活动以 10 个烹饪节目做‘广告’，战略性地投放于各个电台，随后通过脸书病毒式传播相同的微型烹饪节目。”

融入是媒介的一个流行语，媒介也提供了融入的机会，即受众能在媒介上找到令人着魔的东西。当然，这个术语也能用于电视广告和影院广告，还可用于印刷广告和网络广告，甚至是读者在一段时间关注的任何东西。媒介专家将融入描述为观众兴趣与相关媒介内容之间的契合度[1]，因而媒介能打开第 5 章介绍的效果多面模型中主要“感知”过程的大门。融入原理体现于体育营销中，如围绕超级碗大赛、世界杯和奥运会的广告和其他事件。

整合营销传播与媒介

在 IMC 活动中，媒介也是接触点，因为它将品牌与受众连接起来了，最终触动其情绪并让其心智能够融入。传递和连接之间的区别很大。传递意味着“将某物带给某人或带到某地”，而连接意味着“结合起来”。传递是连接的第一步：以有意义的方式打开通过品牌讯息触动顾客的大门。数字革命使得连接更为重要。“连接”这一措辞不只是语义问题，重在改变了媒介计划的视角。“传递”是一种单向传播概念，而“连接”是一种伙伴关系。

所有营销传播领域，如广告、促销、公共关系、直接营销、事件营销和赞助，都使用各种媒介向顾客传递讯息。IMC 计划涉及多平台（使用各种营销传播工具）、多信道（使用各种媒介）和多目标受众（涉及各种利益相关者）。

有效性取决于围绕某些核心概念去协调所有营销努力，比如品牌定位、传播活动、大创意。

要了解媒介格局，可参考下表[2]：

网络广告	广告牌	交通广告
数字媒介	报纸	直邮
电视	户外广告	在线广播
社交网络	品牌娱乐化	在线有线电视
电报	数字广告牌	数字交通
非主流媒介	移动广告	数字商店
游击营销	电视辛迪加	影院广告
搜索引擎广告	在线报纸	卫星广播
电波/有线植入广告	在线电视	环境媒介
广播	店内/售点广告	音乐植入广告
	原生广告	

除了上表列出的传统的大众媒介，整合营销传播的连接媒介还包括对事件营销、销售人员、顾客服务的直接个人体验，以及影响我们的口碑讯息。所有这些都可充满情感，进而对品牌产生强烈的个人情感。

媒介产业的变化

2015 年的媒介支出终于超过经济衰退前的峰值，在大众媒介和整合营销传播工具上的花费超过 4 000 亿美元。[3] 此外，媒介支出继续从传统信道转向能提供更多反馈和效果的媒介载具。其中，互联网广告增长了 8%，是所有媒介中增长最快的。预计到 21 世纪 20 年代初，电视广告支出将增长 3%左右，从广告媒介载具排名靠前的位置淡出。总体预计，电视广告和网络广告将占全球广告总收入的近 60%。根据德勤（Deloitte）对 2017 年媒介业和娱乐业的展望，点播内容（如网飞公司、Hulu 网站）正挑战传统的广告模式，推动广告主探索其他的产品促销路径。[4]

消费者对物联网和虚拟现实装备的热情已引起许多广告主的注意。事实上，必应搜索（Bing）2016 年最热门的营销词语与个人助理、智能代理相关。“虚拟现实”和“增强现实”排在第二位，“人工智能”排名第四。[5]

被称为“可穿戴设备”的新产品包括智能手表、健身追踪器和虚拟现实耳机，对消费者而言越来越重要，因为它们可与其他设备、屏幕无缝交互，为用户提供更个性化的体验。2019 年，可穿戴设备的市场规模增加两倍，达到 2.45 亿台，反映出向“万物体验”转型的趋势。[6] 据旺蒂尔·贝亚特（Venture Beat）称，有 234 家公司在虚拟现实方面已筹集总计 38 亿美元的资本，具有 130 亿美元的综合市场价值。[7]

物联网和虚拟现实如何用于营销传播？可考虑以下早期活动，来与消费者建立身临其境的情感连接：

- 激浪与谷歌、Tilt Brush 合作创造了一种体验：国家篮球协会的明星和多伦多的艺术家在虚拟现实中绘画。百事公司的营销和文化连接副总裁亚当·哈特（Adam Harter）说，体验获得了 1.5 亿观看量。[8]
- 航空和房地产行业的奢侈品服务也在进行试验。VR 可以让潜在顾客体验商务舱，或在支付前体验豪华公寓里国王一般的生活。
- 奥迪、捷豹和沃尔沃发布了虚拟现实广告，模拟驾车的体验。可口可乐让消费者可以乘坐圣诞老人的雪橇，耐克获得了巴西足球运动员内马尔（Neymar）的国家队得分，奶酪品牌 Boursin 带着观众坐着冰箱去旅游。[9]

《纽约时报》、Vice 媒介公司和福克斯体育网的虚拟现实项目的成功为赞助、植入式广告、沉浸式广告铺平了道路。VR 的强劲增长领域之一是实况内容，通常专注于体育。特纳体育（Turner Sports）与 Oculus 的 VR 合作为三星的 Gear 虚拟现实用户直播全国大学体育协会（NCAA）篮球等体育赛事。这些内容不是真正的广告，而是由一个品牌所支持，可能会进一步模糊传统广告和消费者媒介之间的界限。[10] 最后，语音激活数字助理（如亚马逊的 Alexa）的准确性得到提升，语音取代屏幕成为消费者与网络连接的主要界面之一。这种变化导致了一波并购浪潮，促使大公司迅速将人工智能专业知识添加到它们的战略和运营中。[11]

图 11－1 比较了主要媒介类别的“广告支出”规模。哪些领域正在增长或萎缩？电视继续在媒介预算中占据重要地位，原因很简单，因为电视能触达大量受众。尽管如此，2017 年的网络广告支出超过了电视。新形式的不可测媒介（如搜索、移动、展示、在线视频等数字媒介信道）是一个令人兴奋的增长领域，但很难跟踪或用这样的图表表示。

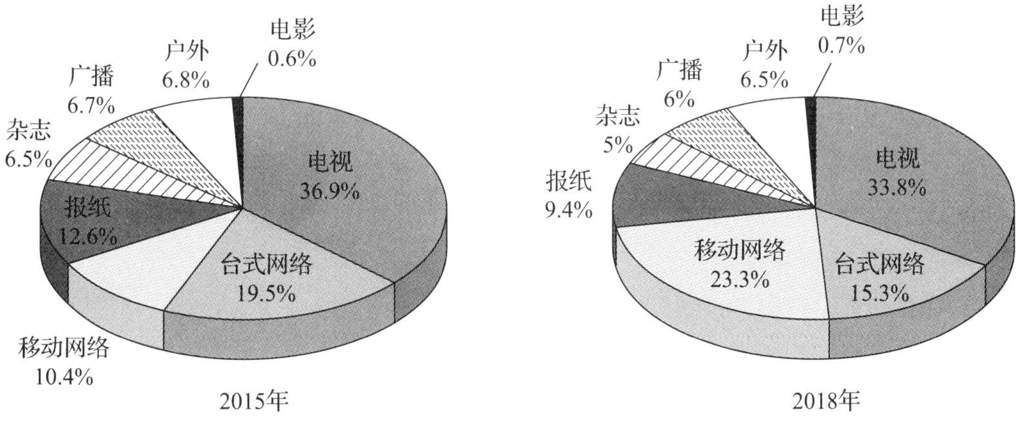

图 11－1　媒介格局的变化

资料来源：Based on Publicis ZenithOptimedia, Advertising Expenditure Forecasts September 2016, http://www.performics.com/executive-summary-advertising-expenditure-forecasts-september-2016/.

媒介类型及术语

复数名词“media”是对各类印刷、电波、户外和网络传播的总称。单数名词“medium”是指每一种特定的媒介类型（如电视是一种媒介）。**媒介载具**（media vehicle）是一个具体的电视节目（如《60 分钟》《辛普森一家》），报纸（《华盛顿邮报》、《芝加哥论坛报》(*Chicago Tribune*)、《新先驱报》），杂志（《健康之友》、《绅士季刊》(GQ)）或广播节目（全国公共广播电台的《面面俱到》(All Things Considered)、拉什·林博（Rush Limbaugh）的谈话节目）。

当一家公司“购买媒介”时，实际是在购买媒介载具的受众。“购买”的形式是“空间”（印刷、户外广告牌、互联网）和“时间”（广播和电视）。除了这种基本的媒介语言，也用其他方法对媒介格局予以分类。

受众规模与画像　媒介，特别是用于做广告的媒介，称为**大众媒介**（mass media），即向大量的、不同的受众发送讯息的传播信道。一种大众媒介可同时触达许多人，并使用一些技术手段和装置来触达（与人际传播相反）。相比之下，数字革命带来的新的基于计算机的媒介必然是个性化的，其讯息可一对一传送。

受众规模是我们把广播和电视称为**电波媒介**（broadcast media）的原因——它传递声音信号和视觉信号，以便广泛地触达大量受众。相反，**利基媒介**（niche media）是向细分人群发送讯息的传播渠道，细分人群是与其他人群有着不同的共同兴趣的一个同质人群，如西语市场。举例来说，《广告时代》和《广告周刊》是更为一般性的商业杂志中的一个亚类，触达专业性广告产业的利基市场。受众规模大小并不是区分大众媒介和利基媒介的必要条件，比如，《美国退休者协会杂志》（AARP）面向 50 岁以上的目标受众，它是一个利基出版物，然而是世界上发行量最大的杂志，其读者超过 380 万。[12]

媒介计划中的另一术语是**可测媒介**（measured media），指的是媒介计划人员分析媒介的购买成本与媒介的受众规模的关系的能力。Kantar/TNS 提供媒介报告服务，可跟踪媒介消费、性能和价值。以下划分了可测媒介的主要类型：

- 电视媒介：电视网、有线电视、电视辛迪加、插播电视（地方）、西语电视。
- 杂志媒介：消费者杂志、B2B 杂志、杂志周日版、地方杂志、西语杂志。
- 广播媒介：广播网、全国广播、地方广播。
- 报纸媒介：全国性报纸、地方报纸、西语报纸。
- 户外媒介：广告牌。
- 独立插页：主要随报纸发行。

传统媒介可从媒介本身或外部审计机构获得度量标准，但对于新媒介和非传统媒介来说，要找到这些数据很困难，因为新媒介审计程序还未建立起来。

注意，看待消费者的传统方式是建立在把他们视为媒介受众的基础上的。第 7 章以消费者的个人特征和行为基础对消费者进行了其他方面的阐述。媒介计划人员也摆脱了目标受众的心理定式，进而把受众看作人。例如，劳拉·布赖特（Laura Bright）根据品牌关系描述受众：陌生人、预期顾客、顾客和粉丝。[13]

针对性和互动性的渠道　另一类媒介与传递讯息的方式有关。当用于品牌传播时，多数大众媒介是由其受众定义的，因为其允许将讯息传递给符合特定人口统计特征或心理特征的人。例如，如果你想触达那些喜欢运动的年轻男性，你可以在《体育画报》或娱乐与体育节目电视网上做广告，因为受众与目标受众画像相匹配。拉里·凯利（Larry Kelley）将这些媒介描述为渠道，因为它们针对特定目标受众传递讯息。

讯息刊播是针对性媒介计划中的一个重要因素。例如，由佛罗里达大学的学生开办的 Adwerks 广告公司发起了一项针对大学生旅游计划的传播活动，其设计的海报和传单能触达学生受众，可见，这是通过专业化的地方性媒介来切中目标受众。Adwerks 团队的目标是增加签约人数，以获取所需的参与者数量。如果要求满员的旅程没有达到一定的签约数量，就可能有参与者感到不愉快，对旅游计划造成负面形象。

网络、邮件、电话可将品牌讯息传递到具体的地理位置或电子地址，所以叫作**寻址媒介**（addressable media），它们在与现有顾客或品牌社区保持联络方面尤为有用。

在线社交媒体和移动媒介属于**互动媒介**（interactive media），可在公司与顾客之间、顾客与顾客之间进行对话。这些讯息是双向的，往返于公司与消费者之间，要求对话双方既要听也要说。

企业与消费者的媒介使用　到目前为止，主要从公司及其品牌的角度来讨论媒介。消费者和公司都使用媒介，且是为了特定目的而用。例如，公司希望触达某一目标受众，以提高品牌知晓度、展示品牌信息、说服目标市场上的人们改变态度等。但同样重要的是，消费者利用媒介达到自己的目的。第 7 章通过描述搜索者来结束对消费者的讨论，搜索者寻找信息、娱乐和互动，这是他们使用媒介的方式，影响了公司如何使用媒介与他们沟通。

换句话说，大众媒介可能有利于传递品牌讯息，但如果互动媒介的对话与消费者的兴趣相关，它更有助于消费者融入与品牌相关的对话。

付费媒介、自有媒介和挣得媒介　最近，媒介业开始将媒介分为三种信道：**付费媒介**（paid media）、**自有媒介**（owned media）和**挣得媒介**（earned media）。我们将使用这些类别来简述品牌传播计划者可使用的各种媒介。本章、第 12 章、第 13 章将详细讨论，以下是这些类别及其媒介的概要。

- 付费媒介。指印刷、电波这些传统的可测媒介，由公司或组织购买其广告位（包括时间和空间）。这些“老牌的”或“遗留的”媒介信道的独特之处在于其广告支出、受众规模都由媒介调查服务公司进行跟踪。

◎印刷媒介：报纸、杂志、插页、名录。

◎电波媒介：广播、电视、电影预告片。

◎地点媒介：广告牌、交通、报亭、彩绘建筑物和汽车、电影预告片、事件和赞助广告、站台和空中广告。

◎在线媒介：横幅广告和展示广告、搜索广告。

● 自有媒介。指由组织所控制的信道，包含网站、直接邮件和电子邮件地址列表、脸书网站、博客、公共关系出版物、公司标牌和产品目录等品牌化内容。此外，还有个人销售或顾客服务等一对一传播平台。

◎企业媒介：文具、标牌、环境设计、送货卡车、员工形象、纸袋。

◎品牌媒介：电影（视频或在线）、韦氏大辞典、视频游戏、书籍、事件、应用程序、特许权和冠名权。

◎零售媒介：包装、促销材料。

◎促销和公共关系媒介：文献和出版物、年度报告、附赠礼品和礼品、销售工具包、培训材料。具体包括：

视频：公司和促销视频——数字多功能光碟和流媒体；

出版物：杂志、通讯、年度报告、小册子；

公共宣传品：印刷品、视频和在线新闻稿、实况资料袋、照片和其他图形；

事件：展示和展览、演讲者、讯息包；

品牌提示物：附赠礼品、礼品；

户外：标牌旋钮、快闪等。

如下一些自有媒介也提供了互动的机会：

◎企业互动媒介：店铺设计、数字装置。

◎直接反应：邮件、电话、在线、产品目录。

◎人员交往：个人销售、顾客服务、顾客服务卡和顾客调查。

◎互动公关和促销媒介：派样、事件、电视购物频道和媒介巡演、新闻招待会、演讲、商展、游击营销。

◎数字营销：电子邮件、网站、电子商务、在线产品目录、博客、付费帖子、社交媒体账户。

◎移动营销：发送到手机和其他设备上的促销讯息。

● 挣得媒介。指由外界进行品牌传播的信道，如社交媒体用户或新闻媒介。在外界进行公共宣传之时，品牌可能被提及。

◎公众宣传：点击、在新闻媒介上提及。

◎口碑：电子邮件、短信、蜂鸣传播和病毒式传播、B2C2C 影响。

◎社交媒体：脸书、推特、领英。

◎兴趣分享：YouTube、Pinterest、Tumblr、Instagram、Snapchat、社交游戏。

在此使用的三种类型也会在第 12 章、第 13 章用来讨论媒介。下表概括了这三种媒介，媒介从业人员用其理清媒介格局的变迁——媒介形式正在融合，边界日益模糊，形态正在变化。付费媒介、自有媒介和挣得媒介都取决于媒介功能，而不是形式。

付费媒介、自有媒介和挣得媒介的评估

信道	例证	目标	优势	局限性
付费媒介：品牌出钱购买空间或时间	展示和分类广告；户外媒介广告；搜索网站上的广告	触达预期顾客	讯息可控；规模上可获得广泛触达；良好的品牌提醒；可测	易产生讯息拥堵；缺乏可信度；反应率低；间接行动
自有媒介：由品牌创建和控制信道	网站；博客；脸书页面；推特账户；赞助活动与事件；品牌出版物；文献	触达顾客；触达利基市场；建立品牌关系	讯息可控；成本效益高	可信度低；难以规模化；难以衡量
挣得媒介：消费者和大众媒介控制有关该品牌的提及和评论	口碑；病毒式传播；社交媒体；公共宣传热议和提及；顾客服务	让顾客主动联系；融入对话；品牌倾听并回应	可信；最能融入；最具说服力	难控制；有时是消极的；难以衡量

媒介形式与功能的演变

如今人们生活在一个由媒介传播新闻、信息和娱乐的世界中，这些在传统上都是靠广告来支撑的。媒介从印刷媒介发展到广播媒介，再发展到电视媒介，现在又发展到互联网媒介。报纸、杂志和海报提供了视觉传播，广播带来了声音，电视促使讯息以动态的画面呈现。

今天我们有了互联网，基本上将电视和个人计算机结合在一起，提供了更多的交互性，更重要的是，互联网开辟了无法想象的、新的社交传播形式，也为品牌传播创造了新的通路。可根据这些技术上的变化划分为不同的时代：

- 印刷媒介时代。油墨和图像印制技术使报纸、杂志和海报得以出现。
- 电波媒介时代。广播和电视节目中的视频和音频信息最初在空气中传播，现在也可通过电缆和卫星来进行。
- 数字媒介时代。电子信息通过互联网传播，现在也像电波传输一样可通过电缆和卫星来进行。从企业网站与电子商务的诞生就可明白。
- 社交媒体时代。社交网络连接朋友和接触点。此外，用户还可以成为出版商并生成自己的内容，其中一些内容可能与品牌有关。

2012 年出现的“江南 Style”是 YouTube 视频有史以来最受关注的视频之一。这一奇妙的歌舞不仅被韩国人分享，而且在全球获得成功，每天有 700 万～1 000 万受众观看。[14]

记住，数字时代有非常惊人的发展速度。第一个网站于 1991 年上线：MySpace 和脸书的社交网站分别于 2003 年和 2004 年上线；推特于 2006 年上线。照片和视频共享应用程序，如 Snapchat 和 Instagram，几乎完全存储于手机上，Instagram 自 2010 年 10 月推出以来已获得了 200 亿张图片。[15] 相比之下，第一则报纸广告出现在 17 世纪初，第一个广播电台在 1897 年开始广播，电视在 20 世纪四五十年代才在美国流行起来。

问题是媒介在形式和功能上一直发生变化，且变化越来越快，以至于很难跟上，更不用说预测五年甚至一年后的发展了。媒介场景可能永远不会固定下来，而且肯定是非常活跃的。

媒介适应 每项技术进步都是对旧媒介的威胁，管理者担心他们的媒介濒临消亡。事实上，媒介已经通过强调自己最擅长的事情来适应新的环境：报纸和杂志提供深度讯息；广播电台播放适合听众口味的音乐和其他节目；电视为家庭带来欢笑。新媒介既具有旧媒介的某些特征和作用，同时又增加了丰富的传播体验。例如，电视新闻节目和广告听起来很像广播新闻；广播和电视也借用印刷媒介的新闻格式和广告。

更戏剧性的转变在 21 世纪发生，计算机和互联网使媒介个性化，并带来了前所未有的变化。网络传播可以做传统媒介所能做的一切，并提供了比传统媒介更多的传播维度，增加了互动的维度。

比网络具有更多维度和交互性的"媒介"只有一个——人员销售，但对商业传播来说成本高昂。销售人员不仅可以展示、讲述和互动，最重要的是还可以即时创建定制内容。通过汇集顾客在线行为信息，数据能够计算，行为可以验证，由此网站能够生成内容。如此之下，网站可切合顾客偏好（如亚马逊推荐的书籍），或针对经常问的问题提前准备答案。

一个有趣的转折是，印刷故事和广告现在可以携带**二维码**（quick-response code，QR）和快照码，读者扫描后可通过智能手机访问更多信息和网站。媒介正在相互学习。二维码由基于地理坐标和其他数据表示唯一位置的复杂模式表示。就像条形码一样，二维码也可以进行电子扫描。然而，它不需要一个特殊的阅读器来扫描，可被智能手机扫描。对公司来说，适应这些快速变化是否值得？调查显示，13～34 岁的美国智能手机用户中有 60%使用 Snapchat 应用程序。[16]

媒介融合 新媒介通过改进旧媒介的形式来武装自己，旧媒介也通过学习新媒介的一些优势来适应。例如，几乎每一种媒介载具都有一个或多个网站，形成了融合趋势。

融合使得对媒介进行分类非常困难。《纽约时报》的网站是报纸吗？《纽约时报》和《华尔街日报》都以在线报纸和在线视频的形式出现，它们不是"印刷品"，但这些新形式确实带来了新闻。那你怎么称呼它们？媒介学者朱根海默（Jugenheimer）指出："报纸有网站，电子邮件可以做广告，电视节目可以下载到 iPod 中。"[17] 此外，产品目录和广播都上线了，视频可在电脑和手机上播放，书籍有电子版。

如图 11－2 所示，随着印刷媒介和电波媒介演变为新的数字形式，功能有了重叠。问题是旧的传统形式如报纸、杂志和电视节目仍为受众喜欢，且继续获得很大的广告支出份额。同时，新的数字形式可做一些传统媒介所做的事情，也可能为新用途和拓展的用途打开大门。例如，可点击在线新闻报道中的链接，然后查找其他背景或相关故事。

虽然我们讨论的融合主要是传统媒介具有新电子媒介特征的形态转型，但实际上不只是如此。凯利（Kelley）观察到，广告和公共关系等促销领域在整合品牌计划中正发生变化。公司及其代理公司的品牌管理者和计划人员共同努力扩大品牌关系的传播维

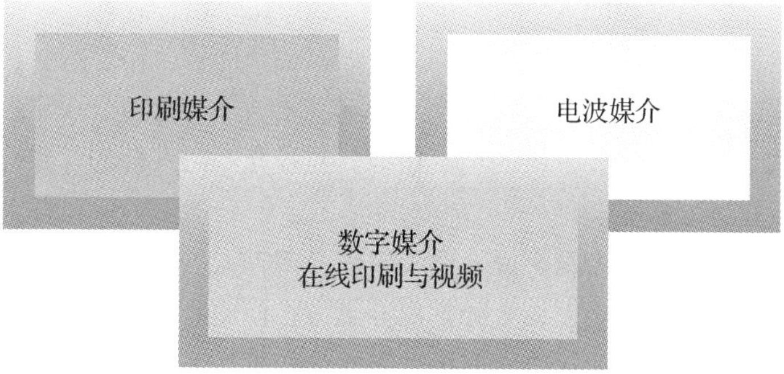

图 11－2　数字重叠

说明：随着印刷、电波等传统媒介增加了在线形式，传统媒介与数字媒介之间的差异比过去小得多，相同的促销故事能够刊播在印刷媒介、电视媒介、在线报纸及流视频上。

度，而品牌管理者可以选择通过公司的脸书和推特账户在公司内部进行对话。同时，代理公司的计划人员开展传播活动，欲将对话推向这些站点。最后，凯利说："媒介融合不只是以各种形式提供内容，而是关于内容、品牌化和消费者融入的融合。"[18] 品牌、讯息和媒介在当代媒介策略中交织在一起。

当代媒介格局　媒介的形态和形式一直在演化，随着变化速度的加快，可用于品牌传播的媒介数量增加了，这就产生了更多协调和整合方面的压力。正如凯利所言，"一切都是跨平台的"。信息传递系统也发生了变化（从硬件计算机、硬盘驱动器和游戏机等专用机器到"云营销"），所有的营销活动、程序，甚至是产品，都移至互联网，并可下载到智能手机和平板电脑等个人设备上。电子游戏正朝着这个方向发展，游戏机都显得落后了。

在现代媒介格局中，一些市场有多达 200 个电视频道、大量专业出版物、数以百万计的网站和新颖的媒介形式，这些都是几年前无法想象的。比如，在机场的传送带上做广告，或者在海滩上印上商标。2005 年之前，美国商业电视台的总数稳步增长，此后稳定在约 1 750 家。[19] 尼尔森报告称，尽管有各种各样的选择，但消费者平均只收看 17 个频道。[20]

主要的媒介参与者

就媒介的工作和职业机会而言，有些专业人士既卖媒介，又买媒介。重要的是你要明白其中的不同之处。我们先来看看出售空间或时间的专业人士。

● 媒介销售人员。**媒介销售人员**（media salespeople）也称为**媒介代表**（media reps），为某一特定载具，如杂志或地方电视台工作，其目标是找到最好的理由来说服媒介计划人员使用他们所代理的媒介。目前，媒介集团主导着媒介销售。例如，哥伦比亚广播公司创建了一个负责广告销售协调的部门，名为"哥伦比亚广播公司 RIOT"，RIOT 意为"广播、互联网、户外和电视"。这个新部门主要为当地市场服务，提供**跨媒介**（cross-media）或称为**多信道**（multichannel）的综合交易。迪士尼对其广告销售部门进行了重组，为其儿童媒介资产提供类似的跨媒介广告销售计划。

● 媒介经纪人。媒介**经纪人**（broker）是为各种媒介出售版面（印刷媒介、在线媒介）和时间（电波媒介）的人或公司。例如，如果一个广告公司想购买美国西部的所有大报的广告版面，那么这家广告公司的购买者就需要与媒介代理公司签约，而它们的销售代理或经纪人负责所有这些报纸的全国销售。与媒介经纪人合作，媒介购买者可以通过一个订单完成复杂的购买。

从买方来说，媒介计划人员、媒介购买者以及调查人员主要为广告公司工作，但他们也在自己的内部代理机构为营销者处理媒介事务。他们的挑战在于确定讯息传播的最佳方法，亦称**媒介计划**（media planning），其工作职责如下：

● 媒介调查人员。**媒介调查人员**（media researcher）汇编有关受众测量的数据、媒介价格以及各种可选媒介的有效数据，供媒介计划人员参考。

● 媒介计划人员。**媒介计划人员**（media planner）主要进行媒介计划中的战略决策，如在何处投放广告，何时做广告，以及使用哪种媒介触达特定受众。

● 媒介购买人员。**媒介购买人员**（media buyer）通过签订合同得到具体的时间或空间来执行媒介计划。他们根据媒介计划人员制定的计划来分配媒介预算。媒介购买人员需要与媒介供应商保持良好的关系，以便在快速变化的媒介市场中获得媒介市场动向方面的信息。这意味着媒介计划人员、购买人员、媒介代理之间必须建立密切的工作关系，这样媒介计划人员才能利用媒介信息资源更好地预测媒介变化，包括价格、覆盖方式等。

● 媒介购买服务公司。第 2 章简要提到**媒介购买服务公司**（media-buying company）是一种专门从事媒介调查、制定媒介计划和媒介购买的独立公司。这些公司可能是从广告公司的媒介部门分离出来的，它们现在是独立的公司，可为各种客户服务。为了从媒介代理公司那里争取到最大的折扣，它们集中批量采购媒介，然后把一些折扣转让给客户。

11.2 媒介策略的基本原理

在营销传播预算中，媒介投放往往是其中最大的一笔开支，特别是对消费品和服务来说。例如，宝洁公司 2014 年的全球广告费用为 101 亿美元，其总促销费用为 180 亿美元。[21]（总促销费用包括抽样、直接邮寄、事件、销售辅助工具和展示以及其他营销传播活动的开支。）

媒介计划

营销传播面临的挑战在于如何选择媒介机会以使预算的效果最大化。如果预算太小，就不能实现公司所希望的事情——触达每个现有顾客和潜在顾客。**媒介计划**（media plan）必须做出所有这些决策，以便使用最好的媒介将品牌讯息高效地传递给目标受众。有时它被称为**连接计划**（connection planning），因为品牌管理人员与媒介计划人员一起努力寻找方法，将品牌与消费者兴趣、生活联系起来，特别是与顾客联系起来。如果对品牌体验感到满意，顾客可能会成为品牌忠诚者和倡议者。媒介计划的目标是在建立持久品牌关系的约束下去平衡讯息效果和成本——效果最大化与成本最小化。

媒介计划是营销传播计划的一部分，有其自身的目标、战略与战术，也需要与讯息计划（第 9 章的主题）一起协作。图 11－3 显示了这些关系，在此关注的是媒介计划。本章将介绍媒介计划的一些基本概念，第 14 章将再次详述这些传播活动。

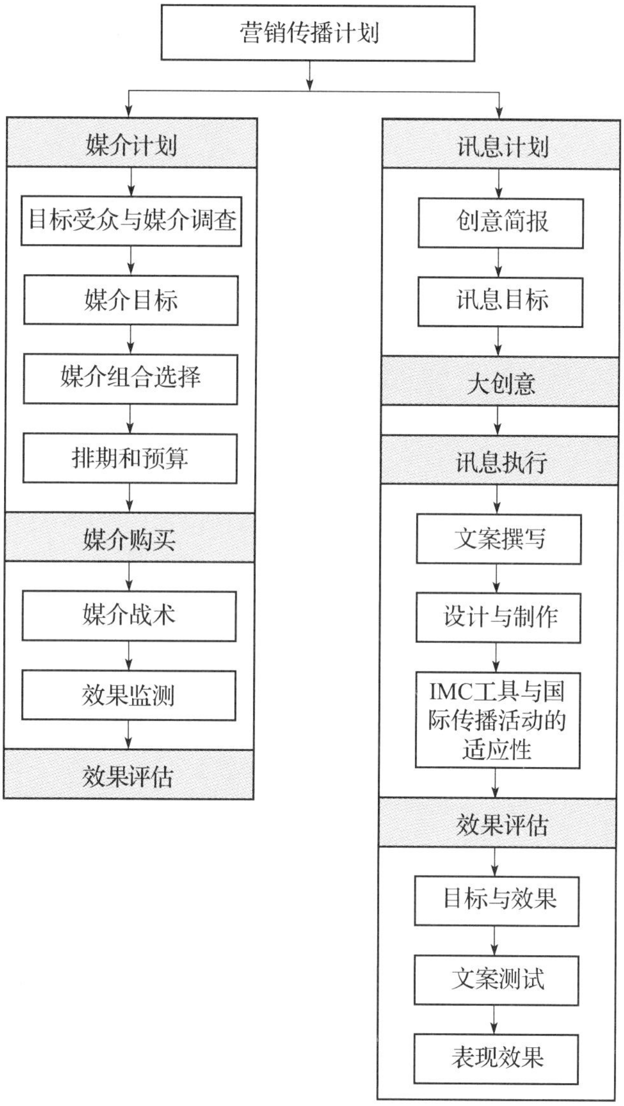

图 11－3 品牌传播计划

说明：媒介计划和讯息计划联系紧密且协同合作。

战略性媒介的主要概念

这一节涉及媒介的语言，需要在媒介策略和计划中熟悉这些基本要素，以了解本章、第 12 章至 14 章讨论的媒介形式。

媒介组合 在大多数情况下，一个媒介计划将涉及多个媒介，因此称为**媒介组合**（media mix），即将各种类型的媒介战略性地结合起来，从而产生某种效果。例如，大多数消费者都知晓“iPhone 上的快照”（Shot on iPhone）传播活动，看到了苹果在 25 个国家和地区展示的一万多个广告牌中的一个。这些令人惊讶的照片是人们用 iPhone 拍摄的。这些照片还出现在报纸、杂志、网络和一组 15 秒的电视广告中。[22]

由于整合营销传播计划内容的广泛性，**跨平台**（multiplatform）便成为描述跨界渠道、跨界营销传播的流行术语。换言之，在整合营销传播计划中可发现除了传统可测媒介广告，还有其他传播工具可运用，如事件、赞助、社交媒体（如脸色、推特）、品牌娱乐活动（如以品牌为主角的电影和电子游戏）、植入式广告、游击营销、人员销售、渠道促销、培训计划、公共宣传、顾客服务等。

目标和受众 制定媒介计划的一个重要问题是广告主的目标受众与特定媒介受众的匹配。第 7 章描述目标受众的术语可以用来描述媒介受众。

例如，美国报业协会（Newspaper Association of America）的一项重要研究将媒介受众分为四个有用的世代类型：“传统主义者”（1946 年之前出生的人）、“婴儿潮一代”（1946—1964 年出生）、“X 一代”（1965—1976 年出生）以及“Y 一代”（1977—1994 年出生）。[23] 自该研究之后，“千禧一代”（出生于 1990 年代后期至 2010 年）被普遍列入根据世代划分的媒介受众分类清单之中。可从这些受众群体的媒介体验中发现其主要差异：

- “传统主义者”。成长在报纸、杂志、广播媒介的年代。（注：很少或根本没有电视、手机、电脑、互联网。）
- “婴儿潮一代”。仍然拥有上述三种媒介，但同时伴随电视长大（仍没有手机、电脑或网络等）。
- “X 一代”。不仅伴随前一代所使用的媒介成长，而且有了磁带录音机、随身听、电子游戏、录像机以及有线电视（仍没有手机、电脑或网络）。
- “Y 一代”。使用上述所有媒介，并且开始使用电脑和卫星电视、互联网、CD 和手机。（注：现在终于有了伴随电脑和手机长大的一代）。
- “千禧一代”。成长中有数字化视频光盘、硬盘数字录像机、卫星广播、iPod、智能手机，还见证了 iPad、脸书、推特的引入。营销与广告业仍然在关注下一类消费者，即“Z 一代”。

媒介计划人员面临的一个挑战是要知道哪种媒介能最好地触达哪种受众（无论受众处于哪个年龄段）。例如，在经典案例中，iPod 上市选择的目标受众是技术精湛的年轻成人。同时，该目标市场需要有足够的可自由支配的收入购买该产品。受众画像最初选择的是创新者，他们喜欢很酷的小玩意和音乐。到哪里找到这些人？起初是向地铁站和城市的其他地点投放海报，传播活动也利用了能引起蜂鸣传播的户外广告牌、印刷媒介以及电视广告。一个关键性策略是让人们谈论这个新的小玩意。最终，产品上市之初价格降低了，市场也拓展到大学生和高中生。

媒介购买基础知识

媒介使用决策取决于阅读、观看、收听或访问一个媒介的受众画像。媒介销售代理提供自己的数据，不过客户策划人员的调查也可揭示媒介使用方式，以便做出决策。

媒介计划人员利用很多术语来识别和测量受众。由于这些术语容易混淆，因此在第 12 章和第 13 章讨论传统媒介形式的具体特征之前，先对这些术语进行一番解释。

- 展露数。媒介效果始于展露数。由第 5 章可知，获得展露数的第一步是感知：在产生任何可能的效果之前，讯息必须展露于受众。粗略估计收看某一节目的住户数量，电视展露数类似于发行量。然而，开着电视并不意味着你在关注节目，更不用说节目之中插播的广告。

媒介展露与企业、消费者控制媒介的想法有关。换句话说，公司可能会控制媒介购买，但不能控制目标受众观看什么。在讯息拥堵的媒介环境中，消费者控制阅读和观看的内容，媒介分析人士认识到，由于有数百种甚至数千种媒介选择，媒介展露的控制权掌握在消费者手中。换句话说，展露数并不等同于读者人数或受众人数。然而，在媒介计划的最基本层面上，媒介计划人员仍然必须估计媒介计划中媒介组合备选方案所提供的展露数。

- 印象数。一个**印象数**（impression）是指特定媒介载具上的一则广告有机会向一个人展露一次。印象数加起来就可测量一种媒介（如印刷品的插页）和媒介组合中的媒介载具的受众规模。
- 发行量。印象数与**发行量**（circulation）不同，因为印象数（至少对印刷媒介来说）只估计读者人数或展露的机会，而不仅仅是发行量（指的是卖出的数量）。
- 毛印象数。从发行量不能得知一则印刷广告的实际展露数。例如，某杂志的发行量可能有 100 万册，但是平均每期有 2.5 人阅读，这意味着该刊物的印象数将达到 250 万。如果同一广告连续刊登 3 期，那么总的印象数就叫作**毛印象数**（gross impression），将达到 750 万。与之相似，每个家庭可能不止一个人观看电视节目，广告在一个电视节目中重复若干次，因此观看电视节目的观众数可能多于节目触达的住户数。媒介计划人员会加总这些观看数量，并与刊播次数相乘，得到一个媒介计划的毛印象数。
- 收视率。毛印象数的数据变得非常庞大，难以处理，这也正是广播电视行业使用**收视率**（rating）（展露数的百分比）作为指标的原因。收视率容易处理，因为收视率将未经处理的数据转化为住户数的百分比。当你获知一个电视节目的收视率为 20 时，意味着 20%或 1/5 的有电视机的住户收看该节目。注意，美国的一个收视率点相当于估计的全国 1.2 亿个有电视机的家庭的 1%，这就是计划人员称该节目有 20 个**收视率点**（rating point）或百分点的原因。实际上 20 个收视率点已是一个很大的数字，因为有线电视的分化已使电视观众碎片化了，要使 20%的住户打开电视机收看任何一档节目都是相当困难的。
- 份额。测量印象数的更好办法是测量节目的**受众份额**（share of audience），即观众占开机人数的百分比。因为基数比较小，所以受众份额的数值通常比收视率要大。例如，2015 年超级碗大赛在宣布“最受关注的电视节目”这一刻时，其收视率是 47（占所有拥有电视机的住户的 47%），但是其受众份额可能为 71，意思是所有美国开机住户中有 71%在收看超级碗大赛。高峰期的受众总数达 1.207 亿。[24]

触达率和频次 如果预算允许，大多数媒介计划的目标是更频繁地触达更多目标受众。**触达率**（reach）是指在某一特定时期，广告讯息至少一次展露于媒介受众的百分比。当我们说某一特定的媒介载具，如超级碗大赛拥有很高的触达率，意味着很多人在收看该节目。而当我们说《新先驱报》（*El Nuevo Herald*）触达率有限，意味着正在阅读该报纸的读者比例很小。iPod 上市不仅要触达每一位音乐爱好者，而且瞄准作为意见领袖的技术精湛者（他们对 iPod 等新产品的看法可能会影响许多其他人）。

与触达率同样重要的是**频次**（frequency），指的是一个人展露于一则广告的次数。有这样一个法则：某一事物必须被听到或被看到三次，才能产生影响。这正是重复的频次对于许多广告传播活动而言十分重要的原因。不同的媒介有不同的频次。以广播广告为例，通常可以获得高频次，因为为了产生效果会不断重复。对于月刊来说，频次是相对难以实现的，因为其广告出现的频次比无线电波媒介要低。

大多数媒介计划都规定了触达率和频次目标，且媒介组合也正是为了实现上述两个目标而设计的。回忆第 6 章讨论过的冰岛羔羊肉市场可知，其目标是将羔羊肉重新定位，使其切合经济不景气时期有压力的消费者的预算要求。这一传播活动的媒介计划说明如何根据消费者的媒介使用情况和不同媒介的触达率和频次来选择不同的媒介。

H：N 营销传播代理公司使用焦点小组访谈方式来揭示核心消费者对羔羊肉的内在需要——大部分消费者不愿意购买价格昂贵的羔羊肉块，而且不知道如何烹饪价格适中的羔羊肉块。此外，英格维·洛加松的研究发现了如下几点：

- 目标群体成员是美国最大的电视消费者。
- 接近 100%的目标群体可以接入高速互联网，并且在工作和家庭中都频繁使用互联网。
- 冰岛很可能是世界上脸书用户渗透率最高的国家之一：在 25～40 岁年龄段（羔羊肉行业的目标群体）的人群中，94%的人拥有脸书账户。

电视等传统媒介也同样被运用，不过，互动媒介“使我们关注电视媒介的触达率，通过病毒媒介获得高频次”。其他传播活动包括赞助电视烹饪节目，在电视节目中植入广告，在线收集已有的各种羔羊肉食谱并将食谱链接到脸书网站。据英格维·洛加松报告，媒介效果测量结果显示，不同寻常的媒介组合同时实现了触达率（主要通过电视）和频次（主要通过病毒式传播活动）的目标。

强制性 因为商业讯息的拥堵程度很高，所以公司以往会重视那些使讯息受到关注的创新手段。**强制性**（intrusiveness）是媒介通过打断或出乎意料的方式获得注意力的能力，是一种抵制讯息拥堵的主要策略。凯利指出，在新的媒介世界里，融入将取代干扰，但是大多数媒介仍然在某种程度上将强制性当作能够吸引漫不经心的消费者的注意力的一种手段。

各个媒介与讯息的强制性的程度不同。最具强制性的媒介当属人员推销，因为销售代表的出现要求对方给予关注。同样，打电话也需要对方的关注，声音太大会让人恼火。最缺乏强制性的媒介是印刷媒介，因为用户会选择何时以及多大程度上利用和参与这些媒介。通常来讲，媒介的强制性越大，其个性化程度就越高，其使用成本也就越高，这便是人员推销的成本比大众传播媒介更高的原因。不可否认的是，“强制性”一词具有负面意义，如果一则讯息过分打搅或刺激用户，无助于建立积极的品牌关系。

有一些方法可以将强制性的刺激程度降到最低。其中一种方法是所选媒介的目标受众对该品类有内在兴趣。研究表明，专业杂志的一种好处便是读者乐于从杂志上的广告中了解新产品。在不具强制性的情况下受人关注是植入式广告和事件营销如此盛行的原因之一。对于数字化品牌讯息，给顾客提供选择性进入或选择性退出意味着当讯息被发送出去的时候顾客不会觉得意外，因此不太可能将之视为强制性侵入。

11.3　媒介使用模式的变化

营销传播媒介处在一个令人难以置信的不稳定状态，除了因为计算机和互联网的引入，更是因为人们选择消磨时间的方式的变化。劳拉·布赖特指出了驱动变化的三个因素：（1）分众和窄播的趋势；（2）媒介消费的变化，尤其是多任务处理；（3）媒介模式趋向于以消费者为中心。[25]

消费者的媒介使用

消费者使用媒介方式的变化与技术变化一样快。大部分美国受众过去通常只看三个电视网的节目、一份报纸和一两种杂志。在某些市场中，现代媒介形态增加到几百个电视频道、大量专题出版物、几百万个网站和新的电子媒介（通过互联网提供实时内容，使对话、连接和社区成为可能）。另外一些趋势包括：

● 消费者控制媒介使用。相比控制媒介的选择，消费者更倾向于控制自己的媒介并且设计自己的媒介形式——从电子游戏到推特。以前所谓的“受众”正在自创内容，这种实践被称为消费者自创内容，例如在 YouTube 上随处可见的自制视频、商业广告以及个性化的音频。正如新闻对于传统媒介，娱乐对于现代数字媒介的推动力很大。

● 媒介驱动消费者生活。消费者媒介使用的一个主要变化是媒介日益驱动生活。“传统一代”和“婴儿潮一代”的年少生活被劳动和家庭活动占据。最近一代人将更多时间花在了各种媒介上，这些媒介渠道与家庭、工作以及闲暇时间交织在一起。

● 消费者使用媒介完成多任务。人们不仅花更多的时间在媒介上，而且一次同时使用多种媒介。尼尔森调查显示，多达 86%的美国智能手机用户表示他们在看电视时把手机当作第二屏幕，近一半的人每天都这么做。[26] 媒介用户可以坐在电脑前搜索讯息，也可以一边玩视频游戏一边听 iPod，并用手机发短信。

● 社交媒体。传统上，大多数媒介都提供独特的体验，比如读报或听广播，但真正的社交媒体创造了另一次转型。首先是博客，然后是 MySpace 和脸书，再是推特、Instagram 和 Snapchat，所有这些都将私人空间公之于众。通过推特和其他社交媒体，电话沟通的即时性和亲近感已爆发为数百万的互动。（想想看：如果向 100 万粉丝发送推文，那么你是在广播吗？你可能不认识这 100 万收件人，那么推特已变成一种大众媒介形式了吗?）

也许最大的变化是互动媒介的增加。我们一直通过电话在个人推销和直接营销中进行互动，但技术变化迫使传统媒介改变了形式。电子游戏机不断赋予电视屏幕新的用途，电子游戏中的人物形象也出现在各种广告中，而电视显示电子游戏的能力现在是购买电视的一个关键因素。新技术为读者和受众带来了方法和设备，让他们参与讯息创作，发起品牌连接，并对广告主予以回应。社交媒体（脸书和推特）等新的主要互动媒介形式创造了全新的互动维度，要求品牌管理者跟上。第 13 章将讨论这个令人兴奋的新的互动世界。

非主流的媒介形式

如果想要一个有趣和令人兴奋的职业，可考虑非主流或非传统媒介。我们使用“非传统媒介”这一术语来指传统广告媒介以外的其他媒介平台和接触方式。例如，奥运选手尼克·西蒙兹（Nick Symmonds）在 eBay 上拍卖了在肩上文推特地址标签的权利。竞标获胜者是威斯康星州密尔沃基市的汉森道奇创意广告公司（Hanson Dodge Creative）。纽约市出现了一种新的交通广告形式：地铁卡是地铁和公交车的常客用来支付车费的，其表面经过重新设计，为微型提醒式品牌广告留出了空间。[27] 此外，二维码也是非传统媒介。

重点是，除了传统的营销传播，还有其他方式来展示促销讯息。我们将简述少数媒介平台，如植入式广告、品牌化娱乐、口碑营销和游击营销等。

青少年通常是体验新媒介形式的先锋，所以寻找非传统媒介即触达目标受众的新方式，对广告主试图进入难以捉摸的年轻人市场十分重要。在某种意义上，追求讯息传播新方式的革新与广告创意上的讯息开发一样具有创意性。因此，本书有这样一个原理——媒介需要创意，如同广告需要创意。

植入式广告 技术发展趋势和消费媒介使用模式的变化也影响了媒介计划。例如，由于电视等传统媒介难以触达目标受众，品牌越来越多地出现在电影、电子游戏和电视节目中，这被称为植入式广告。

多年来，我们一直暴露在**植入式广告**（product placement）之中，一个品牌出现在不可跳过的时刻，此时观众以高度融入的方式看到非商业广告形式的品牌信息。利用植入式广告，公司花钱就可让品牌的言语或视觉元素出现在一些娱乐媒介中。例如，2015 年，梅赛德斯-奔驰向电影制片人支付了费用，让其汽车出现在 9 部最热门的电影中。在《速度与激情》系列中，两个最重要的仪式涉及道奇肌肉车和 Corona 啤酒。[28] 在电影《火星救援》(Martian) 中，vivo 智能手机出现在美国宇航局（NASA）公共关系总监安妮·蒙特罗斯（Annie Montrose）的手中。“巴斯金-罗宾斯总能火眼金睛”出现在电影《蚁人》(Ant Man) 中最有趣的场景。据报道，在《007：大破天幕杀机》中，喜力（Heineken）以 4 500 万美元的价格换掉了看起来不可替代的角色——007 没有喝平时喝的伏特加马提尼，而改喝荷兰啤酒。[29]

植入式广告变得如此重要的原因在于它不像传统广告那样带有强制性，而且观众也不能像对电视广告那样使用遥控器或数字录像机来避开广告。同时，它也让产品变成了明星，或至少和明星产生了联系。植入式广告有时不易察觉，比如药盒上出现阿司匹林的牌子或一个演员喝特定品牌的饮料。在其他情况下，品牌出现在画面的前部以及中央的位置。在电影《007 之黑日危机》中，宝马 Z28 被放到一个重要的地位，成为一个主角。实际上，这部电影的植入式广告成为汽车上市的载具。

电视节目也实施了植入式广告策略。可口可乐和福特汽车品牌都被成功嵌入才艺秀节目《美国偶像》（American Idol）中。塔吉特百货公司的标识“牛眼”作为剧情和道具的一部分频繁出现在电影《幸存者》（Survivor）中。

植入式广告的一个最大优势是它通过名人在一个自然的情境中演示产品（是否“自然”取决于电影本身）。植入式广告是不期而至的，如果使用很明显，可能在观众对广告讯息的抵抗情绪变弱时吸引观众。植入式广告还符合其他利益相关者的情感，比如员工和经销商，尤其是以自己的传播活动配合植入式广告时。

植入式广告最大的问题在于受众可能没有注意到它。电影中的画面是动态的，除非你蓄意唤起观众对产品的注意力，否则产品的出现可能难以给人留下印象。

丹尼尔·克雷格（Daniel Craig）在电影《007：大破天幕杀机》中饰演詹姆斯·邦德。电影中出现的手表品牌欧米茄（Omega）采用了一种反向植入式广告策略。为了扩展电影与手表之间的联想，丹尼尔·克雷格看了看自己的手表，但观众还是有点看不清。在高档杂志上刊登的一则两页的欧米茄广告中，使用了电影中的一个画面——丹尼尔·克雷格站在伦敦一栋建筑的顶部，俯瞰整个城市。

一个更严重的问题是有的产品与电影或观众不匹配。另一受关注的问题是广告主在谈判签约植入式广告时，电影的成败是个未知数，如果这部电影票房不好，那么植入式广告对品牌形象宣传还有用吗？

另外一个问题则是道德问题——广告什么时候植入是不恰当的？例如，一些医药行业的营销者发现植入产品广告可以规避美国食品药品监督管理局关于披露副作用的要求。公共政策评论员警告，不仅在药品领域，问题也存在于军火、酒精饮料、烟草和赌博等备受社会关注的品类中。植入式广告曾经被美国编剧协会（Writers Guild of America）称为“隐性广告”，该协会主张“数百万观众有时是在不知情的情况下被出卖了……并且是在违背政府监管的情况下”。[30] 你是怎么看待这个问题的？是否应该加强对植入式广告的监管？

品牌化娱乐　媒介被更多地用于娱乐，营销者正加大**品牌化娱乐**（brand entertainment）。与植入式广告类似，利用娱乐媒介吸引消费者与品牌互动也被称为**广告娱乐**（advertainment）或**品牌植入式媒介**（branded media），我们将在第 13 章更深入地探讨这一话题。

品牌娱乐的一个例子是艾科品牌制作的动画节目《城市猎人》（City Hunters）。这个项目花了近三年的时间，由来自四个洲的 100 多人参与制作。在加德满都品牌娱乐公司（Catmandu Branded Entertainment）的指导下，创意团队由众多获奖的编剧、小说家和创意人员组成。其整合推广活动是一个 360 度的宣传活动，包括以下内容：

- 举办派对。明星和模特描绘剧中的角色。
- 网站。一个以所有展览信息为专题的网站。
- 发短信。剧中的主要角色发送有关约会游戏的短信提示。
- 互动广告牌。消费者可以通过短信改变广告牌上的形象。
- 店内视频预告片。用特殊陈列和平面屏幕对节目进行促销。
- 抽奖。《城市猎人》全部播出之际，送出 iPod 之类的奖品以及其他附带商品。

搜索和移动营销　第 7 章介绍了搜索者模型，消费者不仅控制着讯息搜索，还控制着想要如何与一个组织或品牌建立联系。约 97%的消费者使用电脑搜索产品和商店信息，营销策略旨在协助这一过程。大部分（90%）的搜索是通过谷歌、雅虎和必应等搜索引擎完成的。然而，消费者也使用互联网产品列表，并在像 Angie's List 这样的评论网站上进行比较购物。使用手机的移动搜索是增长最快的媒介形式之一。[31] 根据谷歌的数据，包括美、日在内的 10 个国家中，移动设备上的谷歌搜索量超过台式电脑。[32]

对许多公司来说，品牌传播策略的传播计划已增加了响应和定向。应对消费者增加对接触点的控制的另一新做法是**搜索营销**（search marketing），即在人们用电脑、平板电脑或智能手机搜索的感兴趣的话题附近放置在线广告。这些搜索为与用户兴趣相关的定向广告提供了机会。搜索引擎广告的驱动力是消费者在搜索信息或娱乐时使用的关键词。

在 2016 年末，移动搜索几乎占据美国搜索引擎访问量的一半，这一比例大于 2013 年第四季度的 33%。移动搜索对本地企业尤其重要，因为消费者使用移动网站获取信息，比如产品列表和本地企业的营业时间。消费者表示，商家的价目表和电话号码也是手机网站的重要特色。在美国，移动搜索广告支出在 2015 年超过了台式电脑广告支出，预计未来几年将大幅增长。2016 年，谷歌付费搜索点击量约有 62%来自移动端，移动端点击量占总点击量的近 40%。[33]

消费者或营销者使用手机的方式也有一些创新之处。随着媒介功能的融合，手机是媒介转型的典型。当然，电话最初是通过电话线连接到家里和办公室的一种固定设备。随着卫星技术和宽带通信的发展，手机已成为个人通信工具，这意味着它已成为有吸引力的品牌传播媒介。

移动营销（mobile marketing）是一个令人兴奋的基于位置讯息的新平台，消费者在商店附近时，可以通过促销讯息触达。搜索和移动营销都将在第 13 章进行详细讨论。

口碑营销　认识到个人传播在决策中的力量，创意人员面临一大挑战：必须想出令人兴奋的新方法来制造蜂鸣传播，通过**口碑营销**（word of mouth）传递品牌讯息。蜂鸣传播很重要，因为它意味着人们在谈论一个品牌，当通过朋友圈迅速传播时，我们称之为**病毒式传播**（viral communication）。这种蜂鸣传播可能是消费者决策中最重要的因素，因为其他人的建议比任何广告都更具说服力。

汉堡王餐厅鉴于其代理公司 CP+B 广告公司的出色工作，经常被冠以“蜂鸣传播之王”的称号。汉堡王互动总监说：“社交媒体在今天的环境中非常重要，我们认为蜂鸣传播本身就是一个积极的结果。”她解释说：“我们进行了一些创新传播活动，帮助实现了连续 20 个季度的积极销售。”[34] 第 13 章还将讨论口碑及其对品牌传播的重要性。

游击营销　非主流营销传播的一个热点是**游击营销**（guerilla marketing），即通过令人兴奋的、高涉入度的个人体验去触达那些在街上和公共场所的人。它的基本做法是雇人在人流量大的街道、商场和广场分发优惠券、样品或其他传单等销售材料。这种基于地点的策略创造了个人与品牌不期而遇的机会。有效的游击营销使用惊喜、好奇心来吸引注意力，并创造兴奋和对品牌的蜂鸣传播。

游击营销的思路是使用创造性的方法触达人们居住、工作和路过的地方，以产生个性化连接并产生深刻的影响。如果这招有效，相遇的人们就会谈论它，引发蜂鸣传播。西尔斯曾在芝加哥的密歇根大街使用带电脑配置的赛格威（Segway）来宣传其分期付款计划。为了宣传 Windows 上市，微软在大楼一侧的巨型广告牌上启用一组“走钢丝演员”。

游击营销非常有趣，能激发人想出伟大的创意。比起预算竞争，游击营销更注重智慧竞争。游击营销的触达率有限，但影响很大。有时，游击营销传播活动会引起扩大影响力的公共宣传。

下章预告

本章指出媒介环境正经历许多变化，这是商业媒介历史上最具创意的时代。我们论及新的、融合的、方兴未艾的媒介，知道新旧媒介融合的速度比我们学习使用的速度还要快。本章还介绍了媒介计划的基本原理、主要概念以及媒介计划人员的战略性决策。在简要介绍营销传播媒介的基础知识以及新的、非传统的、不断变化的媒介形式之后，我们将进入第 12 章，进而回顾印刷、电波、户外等传统媒介，以及它们与其他媒介形式的差别。

成功秘诀

无瑕疵的艾科

由于演示了另外一种清洗方法，多年来艾科获得了很多广告奖。“发现你的魔力”主题传播活动也不例外，它获得一项克里奥大奖、一项艾匹卡银奖（Silver Epica Award）、一项 D&AD 木铅笔奖（Wooden Pencil Award）。这些闪亮的成果表明创意适用于各种媒介和情景，这一切都获得了相同的效果——卖产品。

自 2016 年传播活动开展以来，YouGov BrandIndex 调查机构显示，艾科品牌的购买意向和广告知晓度得到提升。在男性中，广告知晓度在 2016 年 2 月下旬达到 25%的峰值，购买意向提升到 20%。删减版广告在超级碗大赛期间播放，讯息触达 1 亿人。

联合利华首席营销与传播官基斯·威德（Keith Weed）指出，艾科“发现你的魔力”数字广告和超级碗广告获得 7 600 万在线浏览量，是对传播活动取得成功的佐证。那销量怎样呢？他说：“还处于早期，但必然会成功。”

基斯·威德更广泛地说，在性别问题上取得进步的广告一定会有效。与传统刻板印象的广告相比，参与测试的观众多 12%。

复习题

1. 追溯媒介形式的演变，并解释新的数字时代与以往媒介环境的不同之处。
2. 解释媒介销售人员、媒介计划人员、媒介采购员和媒介调查人员的作用。
3. 什么是媒介组合，IMC 中的媒介组合有什么不同？
4. 触达率和频次有什么区别？
5. 解释为何 IMC 是跨平台、跨媒介和多目标的。
6. 消费者媒介使用模式正在发生何种变化，这将如何影响营销传播？

讨论题

1. 企业和消费者使用媒介的角度有什么不同？根据你自己的体验举个例子来说明这两种角度是一致的还是不一致的。

2. 本章根据付费媒介、自有媒介和挣得媒介这三种类型建立了一种划分媒介的方法。定义它们并解释其差异。为每种媒介举一个例子，以解释使用这种媒介的原因和时间。

3. 你要帮助家人开办的餐馆重新考虑媒介计划，其中包括两家高档意大利餐厅和一家拥有五个帕尼尼三明治店的小型连锁店。它们在使用传统广告和新的在线品牌传播形式方面有什么不同？你会为每种类型的餐厅推荐哪种媒介组合？解释你的建议背后的思考。

注释

第 12 章

付费媒介

学习目标

» 能描述营销者如何就投放报纸、杂志等出版媒介广告进行有效决策。

» 能解释媒介计划人员就地点（家外）媒介广告进行决策时所考虑的因素。

» 能解释在线广告的运行机制。

美国家庭人寿保险公司的主题传播活动之所以取得了成功，是因为其利用电视媒介戏剧性地表现了一个有趣的情景：用鸭子吸引那些需要附加险的人的注意。尽管就广告讯息而言电视是一种传统媒介，但就预算而言，它事实上是主流媒介。媒介是多种多样的，为了把握复杂的媒介环境，我们仍然使用第 11 章所述的付费媒介、自有媒介和挣得媒介这种分类，讨论从信道延伸到媒介功能，其中许多信道正在改变其形态且不再是原始形态。

获奖案例

让鸭子产金蛋的艺术

《广告时代》记者、美国职业橄榄球大联盟球员达尼·琼（Dhani Jone）、埃尔维斯（Elvis）的模仿者、穿着鸭子服装的土木工程师、一位 90 岁以上的女性、演员埃迪·狄森（Eddie Deezen）和三只鹦鹉，他们之间有何共同之处？请细读下文找出答案。

1999 年，没有多少人知道美国家庭人寿保险公司，也不太熟悉其提供的主要服务：职业医疗附加险——用于弥补基本保险责任范围内的漏洞和免赔额。事实上，在包括政府雇员保险公司、好事达保险公司、全国保险公司、美国大都会人寿保险公司（Met Life）等众多竞争对手的保险业中，该公司只有 10%的品牌知晓度。

美国家庭人寿保险公司在 2000 年推出了一只鸭子，此后其事业就开始出现转机。以一只嘎嘎叫的鸭子为特色的传播活动是纽约凯普兰萨勒集团的一个创意。几乎所有的广告上都有一只白色的鸭子冲着毫无防备、可能需要附加险的人拼命尖叫："Aflac!"①，但受众似乎没有听到它的声音。大多数电视广告非常滑稽，通常以牺牲鸭子为代价，其令人难忘且使人恼怒的声音源于《周六夜现场》（Saturday Night Live）的演员吉尔伯特·戈特弗雷德（Gilbert Gottfried）。

该传播活动取得了巨大的成功，品牌知晓度在短短三年内飙升至 94%。《广告时代》将这则以鸭子为特色的广告评为全国最有回忆度的广告之一，网上的投票者甚至把这只鸭子奉为麦迪逊大街广告名人堂的偶像。

然而，这只鸭子也并非没有问题。事实上，当 2011 年日本发生地震和海啸后，吉尔伯特·戈特弗雷德在推特上发表了一些麻木不仁的评论，正是这只鸭子背后的声音成为美国家庭人寿保险公司的营销灾难。由于日本占据其业务的 75%，美国家庭人寿保险公司立刻解雇了吉尔伯特·戈特弗雷德。

美国家庭人寿保险公司不想让这一图符失语，于是为鸭子寻找新的配音。在推特事件发生后的 24 小时内，公司制定了一项计划，邀请公众为《美国偶像》节目中的广告试镜。参赛者蜂拥而至，争相为鸭子配音。来自美国 6 个城市的超过 12 500 只备选"鸭子"在线上面试，这让我们回到本案例一开始提出的问题：所有这些人有什么共同之处？他们参加了配音的试镜。

---

① Alfac 是美国家庭人寿保险公司名称的英文首字母缩写。——译者

这项传播活动是在一次意外事件的基础上发展起来的，为我们提供了一个机会来研究传统媒介和互动媒介是如何势不可挡地交织在一起的，这对品牌的成功至关重要。想要让美国家庭人寿保险公司被认可和识别，就必须在视频中看到这只鸭子并听到其声音。一旦个性形成，鸭子就会因“形象转化”（image transfer）而转移到印刷品、广播和网络上，当然，这一点已经做到了。此外，这一传播活动还表明品牌经理必须迅速反应，保护其品牌声誉。美国家庭人寿保险公司还将触角伸向社交媒体，在脸书上推出了360度传播活动——在一个漫画书风格的视频中，将该品牌代言动物塑造成一个勇敢的超级英雄。该传播活动向消费者强化了公司“一日赔付”的营销讯息，美国家庭人寿保险公司为这场传播活动在其他各种媒介上投入1.16亿美元。

浏览章末的“成功秘诀”专栏，更多了解这场有效传播活动是如何让消费者深入认识美国家庭人寿保险公司的。

资料来源：Rupal Parekh，“Hear the Voice of the New Aflac Spokesduck，” April 26，2011，www. adage. com；Maureen Morrison，“Aflac Goes on Duck Hunt to Find New SpokesQuacker，” March 27，2011，www. adage. com；Rupal Parekh，“Quacksmack：Ad Age's Rupal Parekh Tries Out to Be the Aflac Duck，” April 10，2011，www. adage. com；“The Search for the New Aflac Duck Voice，” Effie Awards published case study（2012），www. effie. org；“Aflac Case Study，” September 10，2012，www. kaplanthaler. com；Adrianne Pasquarelli，“It's Aflac's Duck to the Rescue in New Facebook 360 Campaign：Animated Spot Will Be Supported by Instagram and Twitter Outreach，” March 22，2016，http://adage. com/article/digital/aflac-quacks-facebook-360-campaign/303223/.

付费媒介、自有媒介和挣得媒介这一分类方式表明，媒介是互动的，而不仅仅是靶向性的，它们具有包容性，为讨论所有营销传播媒介，而不只是广告打开了大门。要理解整合营销传播活动中的媒介计划，需要对品牌传播中使用的各种媒介有所了解。

本章将介绍付费媒介，第13章将介绍自有媒介和挣得媒介，特别是互动媒介。下面先介绍传统广告媒介行业（有时也称为遗留媒介），这是付费媒介的主流。

12.1 传统付费媒介

所谓传统广告媒介，包括印刷媒介、电波媒介、户外媒介和在线媒介，是品牌传播使用的主要的付费类媒介，通常在品牌传播预算中占有很大份额，也在创造品牌可视化方面发挥着巨大作用。

在公共关系、促销、销售和展销等营销传播领域，它是传统意义上的特殊媒介工具，长期以来被广泛使用，本章将重点介绍。

付费媒介主要用于广告，广告主向媒介支付一定的费用，以便在各种媒介载具上展示品牌讯息——通常利用印刷媒介、电波媒介、户外媒介或在线媒介的时空。付费媒介可以触达广泛受众（如电视观众），或像户外广告牌或杂志针对利基受众一样精准。

虽然广告主能控制讯息投放的规模和时间，但无法控制读者或观众对广告的注意。唯一能保证的是受众有机会以某种方式接触讯息。也有很多讯息拥堵现象，杂志或电视节目中出现的广告就如此。讯息拥堵导致媒介用户避开广告——翻页、当电视广告出现时离开房间、换频道或快进电视广告。

出版的印刷媒介

第 11 章讲述了印刷媒介载具，包括报纸、杂志、小册子、海报和户外广告牌等其他平面印刷品。尽管报纸和杂志已经把其讯息拓展到线上，但仍有数十亿美元花在传统印刷媒介上。

就效果而言，印刷媒介比电波媒介提供了更多的讯息、更丰富的图像，并且有更长的讯息寿命。图 12－1 具体列出了每种媒介形式的优缺点。印刷媒介具有丰富的讯息，通常能引发效果多面模型中的认知反应。如果希望某人去阅读并理解新事物，那么杂志广告或小册子是十分有用的，因为读者可以根据自己的时间进行阅读。

媒介	优点	缺点
报纸	制作时间短	寿命短
	针对本地受众	读者数量有限（印刷）
	及时	低分辨率图像
杂志	高分辨率图像	制作时间长
	寿命长	读者数量有限（印刷）
	富有创意	拥堵的广告环境
	有针对性	
广播	便宜	寿命短
	形象转化	无反馈
	有针对性	讯息经常被跳过
电视	可以演示	成本高
	能广泛触达	讯息经常被跳过
户外广告	有针对性	随时间推移产生广告疲劳
	高可见性	讯息长度有限
在线广告	提供反馈	触达率低
	及时	拥堵的广告环境
	可互动	骚扰人

图 12－1　每种媒介形式的优缺点

消费者也会发现阅读一份印刷出版物比收听或收看电波媒介更加灵活，因为可以停止阅读和重新阅读，可以颠倒次序阅读或按照自己的速度和时间通读，也可以先保存起来以后再阅读。因为印刷媒介的讯息格式不像电波媒介那样转瞬即逝，内容也更具体，所以人们宁可花更多时间阅读印刷品，更彻底地理解讯息的含义。当印刷媒介选择那些对出版物内容有特定兴趣的受众时，其吸引力就很大，如女性杂志对女性的吸引力较大。

出版媒介：报纸

报纸的首要功能是传递新闻，这意味着当营销者有新闻（如特卖或新产品）要发布时，会发现报纸是合适的媒介。研究一致发现，人们也会把许多广告（即商业信息）当作新闻，而且他们看报纸上的广告与看新闻一样多。事实上，就像马萨鲁·阿里加（Masaru Ariga）所发现的那样，日本自然灾害之后，报纸及其广告变得更有价值。

美国有6 400多家全国性和地方性报纸，报纸仍然是一种重要的媒介，但主要是地方性媒介。然而，500个大型市场上大型日报只占1 300种，这意味着大多数报纸都是小报，其中许多是农村和郊区的周报。读者正逐渐远离印刷版转向在线阅读，但印刷版仍然很重要。尼尔森士嘉堡公司（Nielsen Scarborough）2015年报纸渗透率报告上的全国读者人数数据显示，51%的人只阅读纸质报纸，5%的人只在台式电脑上阅读，5%的人只在手机上阅读，7%的人同时在手机和台式电脑上阅读。[1]

另一个好消息是消费者仍然认为报纸是值得信赖的、可靠的信息来源。尼尔森士嘉堡公司还发现，美国有1.69亿多成年人在一个月内阅读报纸——无论是纸质的、在线的，还是通过移动应用程序。总的来说，报纸在一个月内能触达69%的美国人口。[2]

除广告收入外，报纸的其他收入来源还包括读者订阅和报摊的单本销售。与其他媒介触达率比较，发行量是衡量报纸触达率的主要方式，因为一份报纸通常不止一个人阅读，报纸的读者数量总是大于发行量。

随着受众转向网络获取新闻，各大报纸纷纷推出设计精良的新闻网站，以应对留住和吸引读者的挑战。目前，主流报纸的网络流量远远超过了发行量，在排名前50的报纸中，有一半的报纸的网站访问量和平均每次访问时间都在上升。作为回应，报纸增加了数字广告产品。据估计，25%～30%的报纸广告收入来自数字广告。2016年，全球报纸印刷广告支出预计下降8.7%，只有526亿美元，这是自2009年全球消费暴跌以来的最大降幅。[3]

无论出版物是全国性的、区域性的还是地方性的，发行量的主要特征是地理因素。《华尔街日报》和《今日美国》是全国性报纸，发行量最大。这两家公司都经历了重大的重新定位，以更新自己的形象，吸引更多的年轻观众。《今日美国》自出版以来一直是设计领域的领导者，现正挑战着这个行业，以便跟上丰富多彩的设计和格式，更好地为广告主提供印刷赞助的机会。[4]《今日美国》在线主页也被重新设计，使其在手机和平板电脑上更易读。

当地媒介包括大型报纸，如《纽约时报》、《洛杉矶时报》（*Los Angeles Times*）、《圣何塞信使报》（*San Jose Mercury News*）和《华盛顿邮报》（*The Washington Post*）。

除了《今日美国》和《华尔街日报》，大多数报纸都是根据所在城市或地区的地理因素来定位的，因此试图触达当地市场的广告主会充分利用报纸。《纽约时报》服务于纽约地区，但也有全国性的发行量，尤其是周日版。地方报纸正在挣扎着生存，由于提供了当地政治、教育、体育故事、当地事件、教会新闻和当地人物专栏，读者仍然珍视它们。

然而，订阅量的减少一直是个问题，因为读者已经转移到在线版本并放弃了纸质订阅。据估计，到 2020 年，发行量收入（121 亿美元）将低于广告收入（149 亿美元）。[5]

我们不能忽视数字革命对报纸的影响，忠实的读者想知道他们边喝咖啡边看早报的习惯是否即将结束。已经陨落的报纸主要包括《落基山新闻报》（*Rocky Mountain News*）、《辛辛那提邮报》（*The Cincinnati Post*）、《阿尔伯克基论坛报》（*Albuquerque Tribune*）和《奥克兰论坛报》（*Oakland Tribune*）。2009 年，《西雅图邮讯报》（*The Seattle Post-Intelligencer*）转型为全数字报纸。新奥尔良的《皮卡尤恩日报》（*Times-Picayune*）在 2012 年成为头条新闻，因为自从 2005 年以来，其广告收入下降了 50%以上，而出版成本却在急剧上升。该报的解决方案是尝试每周出版三天，其余几天的报道放在网上。如果这种情况发生，报纸的消亡也会影响新闻业以及对地方政治和社区问题的报道。

报纸行业结构 报纸可以根据出版频率进行分类，如日报、周报和周日版。零售商喜欢在日报上刊登广告和新闻稿，因为其**前置时间**（lead time）（制作出版物所需的提前时间）很短，只有几天。例如，食品商店可根据产品的有效期快速更改价格。地方政府也可快速发布社区公告。

尽管报纸面向大量受众，但提供了一定的市场选择，因而能够针对特定的消费群体。**市场选择**（market selectivity）的例子有：特殊兴趣类报纸（如面向硬币收集者的报纸）；民族版（如西班牙语报纸）；特殊兴趣类专栏（商业、体育和生活方式）；发行到特定区域的特版。报纸的特殊利益集团还包括宗教派别、政治团体、工会、行业组织和共济会。例如，因专注财经新闻，《华尔街日报》和《金融时报》（*Financial Times*）被认为是专业报纸。

报纸广告 报纸的版面有两种典型的尺寸。大报通常是 11～12 英寸宽，20 英寸长，《纽约时报》和《今日美国》等大城市或全国性报纸就是如此。小报比较小，尺寸一般在 11×17 英寸左右。小报在城市很受欢迎，读者可在公共汽车或地铁上阅读。

报纸广告是根据广告空间的大小和报纸发行量来定价的，费用公布在一张**价目表**（rate card）上，上面还列出了广告版面的成本以及本地广告主和大量购买的广告主所获折扣。全国性广告主需要支付更高的价格。

大部分广告销售由报纸销售人员在当地负责，有些连锁店在报纸上集中销售全国性广告，也有报纸代表（也称为“代理”）为许多不同的报纸出售版面，使广告主及其代理商省去因开展全国性或区域性营销传播活动而需要多次购买版面的麻烦，这个制度被称为**“一张订单，一张账单”**（one-order，one-bill）。全国报纸网络（www. nnnlp. com）由美国报业公司组成，可在全国各地的报纸上刊登广告。谷歌也涉足这一业务，允许广告主通过谷歌网站购买日报的广告版面。

20世纪80年代以前，全国性广告主都不会选择报纸，不仅因为购买麻烦，而且因为每一种报纸都有自己特殊的一套广告规格要求，广告主不能准备一个适合所有报纸的广告。20世纪80年代初，美国报纸出版商协会（American Newspaper Publishers Association）、报纸广告局（Newspaper Advertising Bureau）引入了一套**标准广告单位**（standard advertising unit，SAU）来解决这个问题。最新版本的标准广告单位使报纸能为广告主提供很多选择，一个广告主可在标准广告规格中选择一种版式，用于全国每一份报纸。大报广告有56个标准尺寸，小报广告有32个标准尺寸。

另一种允许全国广告主按当地价格付费的方法是与当地零售商合作广告。**合作广告**（co-op advertising）是广告主和零售商之间的一种制度安排，零售商购买广告，制造商支付一半费用（或一部分，取决于制造商品牌所占的空间大小）。这一安排在美国产生了一笔钱，一些人估计这笔资金每年超过500亿美元，其中大部分在每年年底仍未动用，因为许多个体零售商无法或不愿动用这笔资金。合作广告也以约17亿美元的可用资金渗透到了数字媒介领域。合作广告对小型企业来说是一个扩大广告预算的好机会，但Borrell Associates估计，目前只有15%的本土广告主参与合作广告项目。[6]

报纸广告的种类 地方报纸有三种广告类型：零售/展示广告、分类广告和两种插页（杂志增刊和预印本）。这些类型的大多数广告已有在线版，也有报纸的印刷版。

- 展示广告。报纸广告的主要形式是**展示广告**（display advertising），能以任意大小出现在除社论版以外的任何位置，甚至可以放置在分类广告板块中。展示广告可以进一步细分为两种：地方性（零售）广告和全国性（品牌）广告。例如，美国家庭人寿保险公司的展示广告刊登在《纽约时报》上。如果广告主刊登广告时不在意报纸版位，那么可支付**任意版位费**（run-of-paper rate）；如果它们要选择刊登位置，就需要支付**自选版位费**（preferred-position rate），这样才可以将广告刊登在自选的版位上。

- 分类广告。有两种**分类广告**（classified ads）：个人出售私人物品的广告和地方企业的广告。这些广告可依据读者的兴趣分为若干类，如“求助”和“待售房产”等。过去，分类广告收入大约占报纸广告总收入的40%，但是克雷格列表网等地方在线服务公司基本上消灭了报纸的分类广告，为地方报纸带来了巨大盈亏问题。

- 副刊。报纸**副刊**（supplement）是插入报纸的杂志式出版物，特别是周日版，在全国联合发行或在当地制作。像《游行》（*Parade*）和《美国周末》（*USA Weekend*）这样的联合副刊是由一家独立出版商提供的，出版商向报纸出售自己的出版物，其副刊也有全国性的广告。

- 预印本。**预印本**（preprint）是副刊中的一种。**独立插页**（freestanding insert，FSI）是预先印刷好的广告，如插入报纸的杂货店或百货商店广告。独立插页也称为**传单**（circular），其大小从单页到30多页不等，通常在其他地方印刷，然后投递给报纸。报纸向广告主收取插入副刊的费用。除了本地广告，预印版是第二大收入来源。据估计，周日报纸70%的收入来自预印本。然而，预印本不仅受到在线数字格式转变的威胁，而且受到美国邮政服务公司最近下调费率的威胁，因为这使得邮寄某类全国零售预印本变得更便宜。[7]

自我推销或**内部广告**（house ads）是报纸和其他媒介用于推销自己的一类广告。报纸上的内部广告通常是提前安排好的，以填补新闻报道和其他广告刊登后留下的空间，但报纸也可使用其他媒介形式来推销自己。例如，伦敦的《卫报》（*Guardian*）投放了一则由其代理商百比赫广告公司创作的两分钟广告，该广告由三只小猪复述现代新闻故事。这则极富创意的电视插播广告从“大坏狼”的死亡开始讲起，然后以快节奏的大量事实和推断引导观众了解新闻报道的基本知识。除了推销《卫报》，这则插播广告还引发了关于专业新闻报道与民众记者的广泛讨论。[8]

出版媒介：杂志

大多数美国成年人每月至少看一本杂志，而且花在杂志上的时间比花在其他印刷媒介上的时间要多。与其他大众媒介一样，杂志也受到经济衰退的冲击，但似乎正在缓慢反弹。据估计，到 2020 年，杂志广告支出将稳定在每年 168 亿美元，数字广告收入有望超过杂志的平面广告收入（分别为 92 亿美元和 77 亿美元）。行业杂志市场也出现了类似的趋势：数字广告收入将达到 24 亿美元，超过平面广告收入的 23 亿美元。[9]

美国出版的 7 000 多本杂志吸引了可能感兴趣的读者。2015 年，各种杂志的读者总人数增加到 17.5 亿，增长了 6.2%。大多数杂志的目标是利基市场，侧重于一个特定的业余爱好、体育、年龄组、业务类别或职业。这些特殊爱好的出版物一般发行量较小，但也有例外。在发行量上排名第一的杂志是《美国退休人员协会杂志》，它被发送给美国退休人员协会的所有成员。

色彩和印刷质量是杂志的最大优势，使广告主的产品和品牌形象以高于报纸质量的形式呈现。一般来说，媒介计划人员知道人们往往更关注杂志广告和故事，而不是电视，因为人们更关注媒介，而讯息通常与其兴趣更相关。读者阅读杂志的时间也比阅读报纸的时间长，所以有更好的机会提供深度信息。

杂志业　尽管和大多数印刷媒介一样，杂志行业受到了数字革命和经济衰退的威胁，但在经济衰退和媒介环境变化的影响下，杂志行业并没有像报纸行业那样受到大的影响。许多备受尊敬的杂志已经消失，最令人惊讶的是，2012 年《新闻周刊》（*Newsweek*）宣布将不再出版，只在网上发行。[10] 尽管与杂志相关的业务风险很大，但新的出版物不断涌现，尤其是那些针对商业市场和不断增长的市场利基的出版物。

杂志的收入来自广告、订阅和单本销售。据杂志出版商协会（Magazine Publishers Association）统计，广告收入占杂志总收入的 55%，发行收入占 45%（订阅收入占 32%，单本销售收入占 13%）。[11]《人物》等出版物更依赖冲动性购买的单本销售。在经济衰退期间，对单本销售的依赖是一个问题。

传统发行叫作**受控发行**（controlled circulation），是通过报摊购买或邮递上门，都是可测媒介，其发行量或销量可以明确。**非传统发行**（nontraditional delivery）即**不受控发行**（uncontrolled circulation），意味着杂志免费分发给特定受众。除邮寄之外，其他非传统投递方法有：门把手上的挂袋册、把杂志夹进报纸一起递送（如《旅行》杂志）、通过专业人士发放（医生和牙医办公室）、直接递送（企业杂志或飞机上的杂志）、电子推送（被组织和会员出版物采用，如大学校友杂志）。

梅瑞迪斯出版集团（Meredith）是拥有《美好家园》和《妇女家庭杂志》的杂志出版巨头，正向主要营销者（也是其广告主）提供定向出版、跨平台提供物等业务来寻找新的收入来源。梅瑞迪斯出版集团为卡夫食品公司出版了西班牙语杂志，设计了卡夫食品公司的网站，且每周大量发出关于食谱的电子邮件。梅瑞迪斯出版集团还为卡夫食品公司创建了“吃饭助手”（iFood Assistant）这样的手机应用程序，其中包括食谱、视频指导以及购物清单。[12]

先进的数据库管理允许出版商将订阅者列表中的有用信息与其他公共、私有清单结合起来，为广告主创建完整的消费者画像。这些数据库与新技术相结合使个性化出版成为现实。例如，**个性化装订**（selective binding）将数据库中的订阅者信息与计算机程序结合起来，制作具有特殊内容的杂志，其中包含基于订阅者人口统计画像的特定内容。**喷墨成像技术**（ink-jet imaging）使得《美国新闻与世界报道》（*U.S. News & World Report*）等杂志将续订方式个性化，每期杂志都包含一张印有订阅者姓名、地址等信息的续订卡。个人信息可以直接印刷在广告或插页广告中（例如，“琼斯先生，请查看今天最新的互惠基金”）。

随着电脑编程技术的发展，**卫星传输**（satellite transmission）技术使得杂志能够出版刊登地方性广告的地方版。这一技术同样可使杂志在出版前几小时（过去需要几天或几个星期）定稿（停止接受新材料），由此，广告主就可以把最新的信息添加到广告中。

杂志类型 对杂志进行分类时，受众的兴趣点是最主要的考虑因素。杂志的目标市场主要有两种：消费者和企业受众。消费者杂志广告针对那些购买产品用于个人消费的人，如《体育画报》、《时代周刊》和《人物》都是针对大众兴趣的出版物。

行业杂志的目标受众是行业读者，包括以下几种类型：

- 贸易杂志。主要以零售商、批发商和其他分销商为目标市场，如《连锁商店时代》(*Chain Store Age*)。
- 工业杂志。面向制造商，如《混凝土建筑》(*Concrete Construction*)。
- 职业杂志。针对医生、律师以及其他从业人员，如《全国法学评论》（*National Law Review*）就是以律师为目标市场的杂志，《媒体周刊》(*Media Week*）的目标市场是媒介计划人员和购买人员。
- 农业杂志。针对农业从业者，如《农业期刊》（*Farm Journal*）和《饲料与粮食》(*Feed and Grain*)。
- 公司出版物。这是公司针对其顾客和其他利益相关者的杂志，如《航线》（*Airline*)。

行业杂志也可以分为纵向出版物和水平出版物。**纵向出版物**（vertical publication）提供整个行业的事件和信息，如《女装日刊》(*Women's Wear Daily*）主要讨论女性时尚产品的生产、营销及分销问题。**水平出版物**（horizontal publication）是针对横跨行业的一个企业职能而编辑的行业刊物，如《直销》(*Direct Marketing*)。

就媒介载具的选择而言，影响媒介计划人员把杂志匹配到媒介组合之中的因素有：

● 地理因素。许多杂志拥有全国性受众，但一些杂志只满足全国某一片区、区域的需求，或者拥有地方版。覆盖的区域可能小到一个城市（如《洛杉矶杂志》和《波士顿杂志》），也可能大到许多相邻的州（如《南方生活杂志》（*Southern Living Magazine*）的西南地区版）。地方版通过在广告中列出地方分销商的名单而促进地方零售。大部分全国性杂志也提供地区版，这样便可根据各地的实际情况刊登不同的广告和不同的内容。

● 人口统计因素。杂志的人口统计版依据年龄、收入、职业及其他标准将订阅者进行分类。例如，有些杂志为高收入家庭出版不同邮政区的特别版，订阅者住在特定编码的邮政区并具有共同的人口统计特征。《时代周刊》面向学生、企业主管、医生和企业经理发行特刊。

● 编辑内容。每家杂志都会凸显某类编辑内容，最常用的类型有：《读者文摘》等综合性杂志、《家庭圈》（*Family Circle*）等女性服务杂志、《美丽住宅》（*House Beautiful*）等家居杂志、《福布斯》等商业杂志，以及《滑雪》（*Ski*）等特殊爱好杂志。《妇女之家》（*Ladies Home Journal*）从杂志网站、脸书页面和其他数字频道上获取大部分内容，正在尝试用户生成内容。[13]

● 外形特征。媒介计划人员和购买人员需要了解一份杂志的外形特征，因为广告包括各种文字和图片元素，需要不同大小的版面。最常用的杂志页面规格是 8.5 英寸×11 英寸、6 英寸×9 英寸（如《读者文摘》）。

媒介计划人员寻找与目标受众、定位策略相匹配的读者。妇女服务类的六大杂志除了《妇女之家》之外，还包括《好管家》（*Good Housekeeping*）、《妇女节》（*Woman's Day*）、《红皮书》（*Redbook*）、《美好家园》。其定位根据读者的不同而定。例如，《妇女之家》触达的都是成人，平均年龄为 56 岁。相比之下，《妇女节》触达稍微年轻一点的妈妈受众（平均年龄为 51 岁）。与竞争对手《大都会》（*Cosmopolitan*）截然相反，《魅力》杂志试图将受众重新定位为年轻女性（平均 34 岁），即“千禧一代”或“Y 一代”。[14]

男性杂志同样竞争激烈，从男性杂志《箴言》（*Maxim*）到时尚杂志《智族》（*GQ*）。《君子》（*Esquire*）保持了“有格局的男人”的定位，并融合了文笔优美、兴趣广泛的文章，其复兴的一个原因是网页式设计，带有旁注、小幽默和笑话。[15]

杂志广告 杂志广告通常具有很强的针对性，因为大多数杂志旨在通过特殊兴趣去触达消费者。杂志广告得益于比报纸更优良的制作质量，适宜做品牌形象广告。由于读者花在杂志上的时间比报纸更多，它也适用于长广告。

与报纸类似，杂志的广告费取决于广告尺寸和发行量。尽管杂志与杂志之间的版式不同，但所有杂志的版式都具有一些共同特征，比如，封二和封底的广告价格对于广告主来说是最贵的，因为这两个页面与杂志的其他页面相比展露数最高。封三也是一个昂贵的广告位。

杂志出售版面的最大广告单位通常是**跨页广告**（double-page spread），即一则广告跨越两个相对的页面，有时也叫双页广告。跨页广告必须跨过**中缝**（gutter），即两个内边框之间的空白处，这意味着标题文字不能越过中缝，并且所有正文只能在中缝的一边。页面没有外边框，广告色块可延伸到页面边缘，这叫**出血区**（bleed）。有时杂志还提供两个以上的相连版面（最常见的是四联页），可以被折叠起来，此广告叫作**折页式广告**（gatefold），是能提供图片故事的多页广告。

另一种流行的广告版式是一种特殊的广告页面，看起来像常见的社论板块，不过在页面的顶部标有“广告”字样。**社论式广告**（advertorial）一般是企业公共宣传部门撰写的关于公司、产品或品牌的文章，其目的是通过模拟社论提高文章的可信度。多页图片故事广告在《财富》和《商业周刊》（*BusinessWeek*）等杂志上很常见，例如，这些杂志可为在国外的企业提供20页的特版。

此外，单页或双页广告可分割成多个单元，这称为小幅广告空间，比如纵向型半页、横向型半页、双页型半页、广告放置在双页的左上方及右下方的棋盘式页面。

出版媒介：电话簿

电话簿是一种类似于黄页的书籍，它将人名、公司名及其电话号码、地址都列出来。除这些信息外，很多电话簿还为营销者发布广告，希望以此触达使用该电话簿的人。公司、协会以及非营利组织等其他组织也向会员、其他利益相关者发行纸质或线上电话簿，通常是作为组织传播计划的一部分向其成员提供的一种服务。电话簿广告旨在吸引注意力、传播组织的重要信息、强化公司的品牌形象和定位，并激发行为。

根据《华尔街日报》的一篇文章，印刷电话簿是一个价值30亿美元的行业，40%的美国人每年至少查阅一次电话簿。尽管许多人认为它们已经过时，但老年消费者和农村地区仍在普遍使用。然而，该行业面临重大的变革和生存危机。Dex Media公司在美国42个州出版了1 600多份印刷电话簿，该公司在最近七年内五次宣布破产。[16]

Thrive Analytics公司的一份分析报告和本地搜索协会（以前称为黄页协会）发现，62%的人使用搜索引擎获取当地企业的第一信息来源，27%的人通过在线或印刷黄页，而29岁以下的人只占14%。尽管搜索引擎在酒店、餐馆和房地产等服务领域占据主导地位，但许多消费者仍然会求助于纸质黄页来寻找水管工、电工和屋顶修理工，他们认为这些广告主比出现在在线搜索结果中的公司更可信。

电波媒介：广播

广告主喜欢广播媒介的原因在于它是我们能接近的广泛适用的媒介。大多数美国人通过电波或通过潘多拉（Pandora）、声田（Spotify）等流媒体网络服务平台以某种形式收听广播。事实上，美国几乎每个家庭（99%）至少有一台收音机，且大多数家庭有多台，几乎每个人会在白天收听广播。

整个广播广告市场在美国预计将保持相对平稳，从2016年的178亿美元略微增加到2020年的184亿美元。[17] 广播的最大优势在于能根据音乐风格（摇滚、乡村、古典）和特殊兴趣（宗教、西班牙语、脱口秀）精准投放广告。

电波媒介讯息（无论是广播还是电视）转瞬即逝，意味着需要在几秒钟引起注意。相反，印刷媒介讯息可重复浏览和阅读。广播是一种以谈话、新闻或音乐为主导的媒介，其广告可激发想象力，在头脑中生成故事。根据效果多面模型，电波媒介往往更具娱乐性，使用戏剧艺术和声音渲染来吸引注意力并激发受众的感情。如果处理得当，广播比其他媒介更能激发想象力，因为它依赖于听众的思维来填充视觉元素。克里斯·斯里（Chris Thile）主持的《大草原家庭伴侣》（Prairie Home Companion）节目就是广播故事的一个例子。

广播的收听体验不同于其他媒介，这给广播广告主带来了挑战和机遇。这可能是一种更亲密的体验，因为人们倾向于独自收听，尤其是那些戴着耳机的人。很多人在车上收听广播，给广告主提供了一个强制听众收听的空间。制作广播广告和购买广播时间都相对便宜。查看 Radio Ranch 网站 www.radio-ranch.com，了解广播广告制作的幕后情况。

广播行业 美国有 1 万多家商业广播电台，除了新兴的网播，大多数广播电台是地域性的。近些年来，广播行业的成长放缓了。

广播电台紧紧瞄准特殊兴趣（宗教、西班牙语、脱口秀）和音乐风格。也就是说，广播是一个高度细分的广告媒介。大约 85%的广播是音乐类的。基于音乐风格和特殊兴趣的典型市场的节目形式包括：重金属摇滚、福音音乐、乡村音乐与西方音乐、金曲 40 首、慢摇滚、经典老歌，以及其他非音乐类节目（如脱口秀类和咨询类广播节目）。广播的新趋势包括更多的地方电视台、广播完全数字化、对广播的更广泛的定义，包括所有的音频（传统广播、数字广播、卫星广播、播客），以及强调广播是一种移动媒介，它很好地适应了这个移动的社会。[18]

传统的广播电台使用 AM/FM 拨号，大多数服务于当地市场。广播听众的其他选择包括公共电台、有线和卫星电台、低功率电台和网络电台。覆盖范围约 25 英里的电台被认为是地方电台。区域电台可以覆盖整个州或几个州。除了在第 13 章中讨论的数字形式，美国无线电台还有以下几种广播形态：

- 有线广播。**有线广播**（cable radio）于 1990 年推出，使用有线电视接收器，通过连接到有线电视用户立体音响的电线传送不受静电干扰的声音。有线广播产生的原因在于有线电视需要新的收入来源，况且消费者厌烦无线广播中的商业广告。有线广播服务一般没有商业广告，听众要每月交纳一定订阅费。
- 卫星广播。无论你身处美国的哪个地方，**卫星广播**（satellite radio）都可以向你传送最喜欢的广播节目。天狼星卫星广播公司（Sirius）和 XM 卫星广播公司于 2002 年引进了该系统。两个公司于 2007 年合并成天狼星 XM 广播（Sirius XM Radio），拥有约 3 100 万订阅用户。交纳月费后，可以收听超过 150 个频道。
- 小功率调频广播。如果你是一名在校大学生，那么校园里可能有一个**小功率调频广播**（low-power FM）。这些非营利性、非商业性的电台服务于小市场，只能到达 3～5 英里的距离。
- 网络广播。网络广播通过**网播**（netcasting）提供音频文件下载或流媒介的在线播放，这使得在线广播（和电视）成为可能。如果接收器是 iPod、智能手机或其他类型的便携式音乐播放器，这种接收就称为**播客**（podcasting）。播客之所以成为可能，是因为它融合了三种技术：音频源（广播电台或音乐信源，如潘多拉、声田）、网络连接和便携式媒介播放器或手机。

● 公共广播电台。**公共广播**（public radio）通常是国家公共广播电台（NPR）的附属机构，它们必须购买或订阅国家公共广播电台的服务，节目基本相同。一些地方公共电台可能会播放全国公共广播电台的全部节目，而其他资金较少的电台可能只播放全国公共广播电台的部分节目。公共广播电台是非商业性的，因为大部分资金依赖于听众的支持。近年来，它们逐渐扩大了企业赞助讯息或**节目承销**（underwriting）业务，这一业务随着受众规模的扩大而增长，因为公共广播是为数不多的能够为受过良好教育的富裕消费者提供讯息的媒介之一。

广播广告　第一则广播广告是 1922 年出现在纽约的房地产公司做的广告。早期的广告获得了巨大的成功，与今天电台在广告主中广受欢迎的原因大致是一样的。媒介计划人员使用广播增加频次，因为广播广告，尤其是配乐的**广告歌**（jingle），可以重复播放。

广播购买可分为三类：联网广播、插播广播和辛迪加广播。地方广播广告的收入约占 75%，到目前为止，联网广播广告的收入只占最小的一部分，约占全部广播广告总收入的 5%。全国插播广告占余下份额。广播网由会员台组成。网络系统生成程序并将其分发给与系统签约的**会员台**（affiliate）。广播网络包括美国广播公司的广播电台、清晰频道通信公司（Clear Channel Communications）、美国有线电视新闻网的广播网络、福克斯体育频道（Fox Sports）和福克斯新闻频道（Fox News networks），以及其他提供特别节目的网络，如谈话广播。让我们回顾一下全国广播购买的类别。

● 联网广播广告。可以从全国联网广播购买，全国联网广播将节目和广告分配给附属会员电台。一个**广播网**（radio network）是通过电话线或卫星与一个或多个全国联网广播连接的一组地方附属会员电台。美国主要有五个大型的广播网：西木第一广播网（Westwood One）、哥伦比亚广播公司、美国广播公司、联合之星（Unistar）、清晰频道通信公司。到目前为止，美国清晰频道是最大的广播网，它拥有 1 200 个电台。对于许多广告主，尤其是食品、饮料、汽车、非处方药品的广告主来说，联网广播是一种可使用的全国性广告媒介。

● 全国性或地方性插播广播广告。插播广告是广告主通过单台而不是一个联网来投放的广告。**插播广播广告**（spot radio advertising）向广告主提供了灵活性，几乎占所有广播广告的 80%。在大城市，至少有 40 家可利用的广播电台。地方台也提供了诸多灵活性，可按意愿投放与众不同的广告，允许做临时改动，费率可商讨等。然而，购买插播广播广告和处理非标准化的费率体系非常麻烦。联网提供了预先设定的全国性广告，也允许地方附属会员台拿出一定时间出售地方性插播广告。（注意：全国性媒介计划有时会通过地方会员台而不是联网购买插播广告，所以有可能进行全国性插播广播购买，从而只触达某个市场。）

● 辛迪加广播广告。这是一种在大量附属电台投放广播节目的原创形式，如 TED 电台时间（TED Radio Hour）、福克斯体育广播、现在美国（America Now）、美国生活（This American Life），每周有220万听众，由580家公共电台联合播出。节目**辛迪加**（syndication）有利于联网广播，因为它向广告主提供了许多高质量的、专业化的、通常是原创的节目。联网广播和私人公司都提供辛迪加广播广告。一个地方脱口秀有可能非常流行，足以“成为辛迪加广播节目”。广告主非常重视辛迪加广播节目，因为其受众非常忠诚。

广告主考虑广播媒介的时候最关心的是在特定时间内收听某电台的人数。假设不同的人群在不同的时间收听广播，可以根据听众一天中最可能收听广播的时间进行分类。尼尔森音频（Nielsen Audio）前身是知名的阿比创市场研究公司（Arbitron），将周日细分为五个部分，称为**时段**（daypart），如下所示：

午前行车时间：上午6点至10点；

中午：上午10点至下午3点；

晚上行车时间：下午3点至7点；

晚上：下午7点至半夜；

深夜：半夜至上午6点。

收听广播人数最多的时段是**午前行车时间**（morning drive time），此时段的受众正准备上班或正在上班的途中，触达他们的最好媒介是广播。

好事达保险公司曾在下午5点至7点的消费者高峰时段，对全国各地的广播电台进行“恶意收购”，以其品牌象征角色“Mayhem”作为DJ，回忆历史上的“大骚乱时刻”。该传播活动让好事达赢得了“广播水星奖”（Radio Mercury Award），并入围艾菲奖的决赛，最重要的是它帮助该品牌在饱和的保险市场类别中脱颖而出。[19]

电波媒介：电视

电视已成为社会的支柱，美国有1.2亿个电视家庭。由于98%的美国住户拥有一台或多台电视机，因此电视普及程度接近广播。在超过一半的美国住户中，电视占据了绝大多数时间。然而，美国电视观众高度碎片化，能收看100多个不同的频道，还使用在线媒介和诸如游戏机等另类媒介。尼尔森媒体调查公司（Nielsen Media Research）估计，美国住户平均每天收看电视的时长超过5小时。[20]

可口可乐首席营销官马科斯·德金托（Marcos de Quinto）十分认可电视的作用，因为它为可口可乐公司的市场营销提供了最大的帮助。因电视节目的戏剧性、情感渲染、动态画面，电视主要是娱乐性媒介。配有大屏幕电视的家庭影院受到各种收入水平的观众的欢迎。

随着视频流的发展，电视节目也可在个人电脑、平板电脑和智能手机上收看。随着Wii游戏的推出，电视的使用范围不断扩展，家庭电视屏幕成了运动节目和游戏的促进者。据估计，到2019年，美国63%的住户将配备连接互联网的电视设备。伴随计算机开始使用电视屏幕来展示内容，这种跨渠道融合将为家庭电视开辟全新的用途。音乐电视制作人正在尝试使用各种方式将观众置于导演的位置，让他们控制摄像机并将歌手送入各种奇妙的场景。[21]

广播电视的经济模式通常在于其广告收入，至少对于传统网络而言如此。该模式依赖于制作出能够吸引广告主想要触达的大量观众的节目。广告收入加上从辛迪加节目所得的收入为网络电视的发展提供了支持，但是这种模式在有线电视的发展和观众细分等方面遇到了严重的麻烦。

在这个观众碎片化的时代，电视很大程度上受益于像美国职业橄榄球大联盟这样的组织，这些组织向电视节目提供了大笔资金。橄榄球是为数不多的能够吸引大量观众观看的节目之一。这也解释了为什么福克斯、哥伦比亚广播公司和国家广播公司会与美国职业橄榄球大联盟达成280亿美元的交易。华尔街日报称美国职业橄榄球大联盟为“投放电视的同盟”。[22]

电视广告已植入到节目中，所以媒介购买和测量电视广告效果的关注点就集中在各种节目的表现以及如何吸引受众上。在20世纪五六十年代这个电视的黄金时代，三大电视网实际上控制了观众晚上的收看体验，随着有线频道数量的激增，这种垄断有所改变。

电视行业结构 为了更好地了解电视的运作方式，首先看其结构和节目挑选，电视传输系统的主要方式包括联网、收费电视（有线电视和卫星电视）、付费节目、地方电视、公共电视以及辛迪加。

与无线广播类似，**广播电视网**（broadcast network）是一种向会员台提供电视内容的分发系统。目前，美国有四个全国性的无线电视网：美国广播公司、哥伦比亚广播公司、国家广播公司和福克斯广播公司。三家最大公司所拥有的观众比例已由1987年的75％降至30％以下，即使算上福克斯广播公司，因上百家有线电视台的出现，受众碎片化了，无线电视网仍然只占有不到一半的观众。

联网电视 **联网电视**（network television）拥有约150家会员台，它将一部分广告时间卖给全国性广告主，在整个电视网播放的节目中投放广告，一些时间留给会员台去做地方性广告，会员台将各自从地方广告主获得的广告收入的30％交给电视网。作为回报，会员台能得到全国联网电视台的广告收入的一定比例（12％～25％）。广告是会员台的主要收入来源。除了地方会员台，在当地市场上还可以找到与电视网无关的**独立电视台**（independent station）。

地方性广告的费用因市场规模和所承载节目的需求而各不相同。绝大多数广告主是本地零售商，包括百货商店或折扣商店、金融机构、汽车经销商、餐馆和超市等。全国性的广告主有时会通过**现用现买**（spot buys）的方式，逐个城市或逐个电视台购买地方性广告。它们这样做是为了使广告与其产品分销保持一致，为了满足竞争活动而提升全国性广告排期，或者在选定的城市推出新产品。

其他形式的电视服务包括：

- 收费电视。**收费电视**（subscription television）是一种传送系统，通过有线或卫星向用户传送电视信号。人们每月支付一定的费用订阅电视服务。
- 有线电视。网络所有者正面临越来越大的压力，因为用户被网飞公司这样的在线服务商抢走了。**有线电视**（cable television）行业在2016年损失了大约100万用户，几乎没有频道可以幸免。即使像美国职业橄榄球大联盟这样受欢迎的运动节目也失去了些观众。[23] 根据莱齐曼研究集团（Leichtman Research Group）的数据，在 2015 年，包括有线、卫星和电信公司在内的前 13 家付费电视提供商一共损失了 385 000 名用户，当然用户是逐步减少的。截至 2015 年年底，付费电视仍有超过 9 000 万客户。[24]

● 公共电视。尽管许多人仍然认为**公共电视**（public television）是免费的，但美国联邦通信委员会（Federal Communications Commission，FCC）允许大约 900 个公共广播系统（Public Broadcasting System，PBS）的电台有播放商业广告讯息的自由，这称为节目承销。不过，由于公共广播系统触达富裕、受过良好教育的住户，它对于广告主来说是一个很有吸引力的媒介。公共广播系统拥有良好的形象，其广告主因为支持非商业电视而被视为优秀的企业公民。然而，联邦通信委员会表示，这些讯息不应要求购买或者进行价格或质量比较，这就是许多刊播位置都是**节目赞助**（program sponsorship）的原因。一些公共广播系统接受在付费节目上播放相同的广告，但大部分传播广告都是专门为公共电视制作的。另外一些公共广播系统的电视台不接受任何商业性的企业广告，只接收“价值中立”的非商业广告，换言之，只接收不企图销售产品或服务的广告。

● 卫星电视。类似于有线电视，**卫星电视**（satellite television）是竞争性的输送系统。20 世纪 90 年代美国有了直播电视服务，碟线网络公司和直播电视集团（Direct TV）提供卫星接收天线等设备，可以收到 250 个全国性和地方性频道。除有线电视频道之外，卫星电视还配有**特大功率电视台**（superstation），如 WTBS-Atlanta、WGN-Chicago 和 WWOR-New York。卫星电视对于无须本地或无线服务、居住在农村地区的人们来说特别有用，有可能成为一个高度定向的媒介，因为它能控制节目传输，并用可寻址广告定向单个家庭。

● 电视辛迪加。对于家庭影院频道等电视网和有线电视频道而言，制作原创节目的一个很重要的收入来自电视辛迪加。就像广播节目一样，电视辛迪加指的是内容提供商，它将节目卖给一些独立公司和其他有线电视频道作为重播节目。

● 随选定制节目。**随选定制节目**（on-demand programming）需要订阅者每月支付额外的费用才能收看，诸如家庭影院频道、娱乐时间电视网（Showtime）和电影频道（Movie Channel）所安排的此类节目，可以播放电影、特殊节目和体育赛事。付费联网电视目前不出售广告时间。

电视广告　第一则电视广告出现于 1941 年，当时宝路华公司（Bulova）在纽约电视台购买了美国职业棒球大联盟（Major League Baseball）费城队对阵洛杉矶道奇队之前的时间。[25] 电视用作广告媒介在于它有电影的效果：讲故事，触动情感，引发幻想，有很强的视觉冲击力。因为电视是有动作的媒介，所以也适合演示产品的工作原理。电视赋予品牌形象以生命，可强化品牌个性。“铁眼科迪”（Iron Eyes Cody）这则广告可说明电视广告具有戏剧化与情感的力量。广告理事会的这一公共服务广告是作为环保传播活动的一部分而创作的，展现的是一个美国土著人在一条被垃圾污染的河里划独木舟的情景，特写镜头聚焦人的眼睛里流出的一串泪珠。

电视广告的第一个决策是确定广告的长度，一般为10秒、15秒、30秒或60秒。最普遍的长度是30秒，因为对于大多数广告主来说，60秒的广告太贵了。10秒和15秒的广告像一块广告牌，只能简单告知：广告主“给你带来了”一个节目。

长广告有各种长度，在深夜电视节目上可以看到，且费用远远低于一天中的其他时间。例如，高端珠宝商卡地亚（Cartier）曾在**拦路广告**（roadblock）中播放了一个3分钟的电影广告——这则广告在美国广播公司、哥伦比亚广播公司和国家广播公司三大传统电视网上的同一时间播放。《广告时代》推测拦路广告策略会引发潮流并增加对这些长广告的需求。[26]

深夜**电视导购节目**（infomercial）可以和电视节目拥有同样的时长，一直是直接反应电视的收入，这些节目的售卖内容包括自制工具、蔬菜切割器、健身设备、致富投资等。健身教练托尼·霍恩斯（Tony Horton）的P90X极限健身计划有雪儿·克罗（Sheryl Crow）、前美国职业橄榄球大联盟的四分卫库尔特·华纳（Kurt Warner）和众议员保罗·瑞安（Paul Ryan）这样的粉丝，电视导购节目和相关的光碟带来4亿美元的收入。[27]

第二个决策是可用的时段。与广播时段类似，电视节目也划分了时间类别。电视广告的价格取决于周边节目的收视率（收视率针对节目而不是广告）。价格也取决于电视广告的时段。下面显示的是电视标准时段，其中最昂贵的是黄金时间。

电视标准时段

早晨	周一到周五	上午5：00～上午9：00
白天	周一到周五	上午9：00～下午4：00
傍晚	周一到周五	下午4：00～下午7：00
黄金时间前	周一到周五	下午7：00～下午8：00
	周一到周六	下午8：00～下午11：00
	周日	下午7：00～下午11：00
晚间新闻	周一到周日	下午11：00～下午11：30
深夜	周一到周日	下午11：30～上午1：00
周六上午	周六	上午5：00～下午1：00
周末下午	周六到周日	下午1：00～下午5：00

虽然这些时段很重要，但媒介计划很容易受到消费者观看行为的影响，消费者不仅可以切换频道，还可以使用离时收视、快进、换台等功能来改变收看时间。通过使用功能便捷的遥控器可以轻松地回避广告，如下所示：

- 使用**数字视频录像机**（DVR）进行**离时收视**（time-shifting），TiVo或碟线网络公司推出的Hopper等数字视频录像机允许用户录制喜爱的电视节目并随时观看。该技术可记录节目，让用户暂停，进行即时回放，甚至在录制完成之前开始观看节目。TiVo的“Bolt”产品允许观众跳过整个电视广告时段。[28] 当然，随选定制服务（例如网飞公司）进一步加强了消费者对电视广告内容的观看控制。
- 通过数字视频录像机录制节目，消费者可以**快进**（zip）或**换台**（zap）来完全跳过广告。这些做法迫使广告主重新考虑广告设计，认识到要在短暂的时间内吸引观众的注意力。

广告主和电视主管对离时收视、快进、换台功能的日益普及感到震惊，也引发了对测量数据的疑问：如果20%的观众在周二晚上录下节目《美国偶像》，在周六早上观看，收视率是否准确？据数字视频录像机行业估计，观众快进了约6%的电视广告，浪费了大约50亿美元的广告费用，现在约有16%的电视广告遭受影响。[29] 为了进一步理解这种模式，TiVo宣布正考虑推出一项服务，以便提供订阅者正在观看哪些节目以及他们正在跳过哪些电视广告的数据。

卫星电视网络与带有Auto-Hop跳过广告功能的碟线网络公司对跳过广告仍存争议。不同之处在于，跳过广告是碟线网络公司的一个特征，而这侵犯了版权。[30]

除了选择长度和时段，第三个决策是根据是否允许网络共享、本地插播或赞助等因素来决定电视广告的实际类型。公益广告就是电视广告的另一种类型。

- 共享（网络）。大多数电视广告以**共享**（participation）的形式售卖，其中电视联网广告主在一个或多个节目上为广告时间付费。广告主可以购买任何可利用的时间。该方法已成为联网电视广告中最常用的方式，在市场覆盖面、目标受众、排期、预算方面都拥有极大的灵活性。媒介购买者必须谈判的一个问题是最受欢迎节目的"时间贴现"（有效时间段）经常被大广告主或媒介购买代理商包揽，几乎没有给小广告主留下好时段。

- 插播广告（地方性）。电视广告的第二种形式是**插播广告**（spot announcement），是指在节目之间的间隙播放的广告，地方会员台向那些欲投放地方性广告的广告主出售广告时段。电视台把各自的广告时间卖给地方性、区域性和全国性广告主，不过地方性购买者占多数。

- 赞助。在节目**赞助**（sponsorship）中，广告主负担节目制作和相应广告的总费用。《贺轩名人殿堂》（Hallmark Hall of Fame）就是一个节目赞助的例子。赞助占联网广告的比例不到10%，赞助可以对受众产生强大的影响，一个重要的原因是广告主不但可以控制节目的内容和质量，而且可以控制广告的位置和长度。然而，对大多数广告主而言，制作和赞助一个30分钟或60分钟节目的成本非常昂贵，所以几个广告主可以联合制作节目。对于单个赞助来说，这也是一种可选方案。该计划常见于体育事件，每个赞助商可得到15分钟的节目时间。

- 公益广告。这是广告公司以善因形式捐赠时间和服务而制作的，根据电视台的可用时间分配到地方性电视台播放的广告。如果时间允许，公益广告可在电视台免费播放。通过查看广告理事会的网站（www.adcouncil.org），可以了解这类广告作品。"铁眼科迪"广告是广告理事会做的一则公益广告。

目标受众和观众　通过将节目与其观众人数相关的信息进行匹配来实现定向。例如，知道年轻人如何看待幽默和喜剧对于喜剧中心如何定义自己至关重要。拉夫劳伦公司首次宣布成为公共广播系统电视节目的赞助商，并与当时获奖的《唐顿庄园》（Downton Abbey）签约，《名匠杰作剧场》（Masterpiece Theatre）展示的高档设计及其粗花呢夹克与拉夫劳伦品牌形象完美契合。[31]

有些节目是媒介明星，触达大量受众。超级碗大赛就是一个很好的例子，一直在破纪录。2015年超级碗大赛被认为是有史以来最受关注的节目，有1.207亿观众；2016年有1.119亿电视观众和1 690万条推文，2017年有2 760万条推文。[32] 其他节目虽触达小部分受众，但都经过精挑细选，如公共广播系统的《新闻事件》(NewsHour)。一个被忽视的电视观众群体是50岁以上的人群。随着年轻观众转变为在线观看者，老年人群倾向于忠于电视与遥控器，以及诸如《60分钟》、《海军罪案调查处》(NCIS)和《警察世家》(Blue Bloods)等节目。[33]

拉美裔市场是另一个人口规模增大、日益重要的受众群体。在有线网络（如Univision媒体集团）节目中主要用西班牙语。一个新变化是美国广播公司和Univision媒体集团将建立合作关系，创建一个24小时的新闻频道，以英语作为播放语言。该节目将播送重要新闻和生活方式相关栏目，并配有一个网站。[34]

新的电视技术 新技术对电视节目的选择、分发模式和系统产生了影响。高清电视和互动电视等增加了做广告的机会。

● 高清电视。**高清电视**(HDTV)是一种可提供电影级别的画面质量、高分辨率图像的电视。所有无线电视都以高清格式播放节目。然而，获得足够的高清电视节目以满足消费者需求是有难度的。当电视台在2009年将其设备升级成高清电视时，提高了高清电视节目的可获得性，但需要消费者也将其电视升级为高清电视。

● 互动电视。**互动电视**(interactive television)意味着当你正在观看自己喜欢的节目时，出现一则你感兴趣的产品广告，屏幕上突然出现一个你可用遥控器点击的按钮，询问你是否需要更多的讯息、优惠券或其他服务。该技术需要广告主用硬盘数字录像机将其广告编码，然后分送到各个电视网络和有线网络上。当广告播出时，数字视频录像机会接受广告编码，并与订阅者的交互设备接通。艾科品牌采用该形式向年轻人展示如何使用其旗下的身体喷雾产品。这则广告的特色是一位摩托车越野赛冠军表演摩托车特技。在做后空翻的同时，这位冠军撕下他的衬衫，从一侧腋下喷到另一侧腋下。随后观众被要求去另一个频道学习。其他功能包括可以使用遥控器导航的视频和网页。

● 可寻址电视。**可寻址电视**(addressable television)允许公司根据消费者的兴趣、行为、人口统计特征和购买情况为单个住户设计和投放广告。这些广告通过互联网协议电视（如计算机、电话或Roku）和机顶盒（有线电视、卫星电视）触达受众。例如，维亚康姆与Roku公司合作，利用Roku的数据推送定制讯息给通过Roku设备观看内容的细分受众，并更好地跟踪其观看的内容。可寻址广告在家庭中的占比已达42%，预计2020年占电视家庭的74%。[35]

● 三维电视。因三维电影的普及与创新，**三维电视**(3-D television)走入客厅。日本和韩国的电子产品竞争对手正在开发和测试三维设备、三维机顶盒；索尼、娱乐与体育节目电视网特别关注这一新市场。[36] 英国天空广播公司(British Sky Broadcasting)正在推出一个特殊的3D电视频道，为这些新型电视提供内容。在美国，超级碗大赛的一些广告已经以3D的形式进行拍摄。

● 视频流。**视频流**（streaming video）是将视频节目（电视、电影，YouTube 作品甚至视频游戏）发送到计算机和其他电子设备（如智能手机和平板电脑）的过程。这种做法给电视测量服务带来了噩梦，因为电视测量服务一直在争先恐后地估算这些新媒介节目的收视情况。2013 年，尼尔森宣布开发了这种技术，以测量这些新的宽带设备上的观众人数。

12.2 家外媒介①

虽然许多媒介已削减开支，但家外媒介还在复苏中，这是因为它很好地弥补了其他媒介（如广播）的不足，且合适地触达一个曾经繁忙、现在也繁忙的消费者市场。

电影广告

电影院，尤其是大型连锁影院，售卖电影放映之初的时间做广告，这叫**预告片**（trailer）。大部分预告片都在电影快要开始时播放，有的是为品牌做全国性广告，有的是为地方企业做地方性广告、公益广告或其他赞助。

电影广告理事会（Cinema Advertising Council）在其"电影"广告中指出，根据电影的吸引力进行定向是可能的。有些电影定向儿童及其父母，有的电影主要吸引女性受众，有的动作电影主要吸引男性，如《黑客帝国》系列片。数字多功能光碟、蓝光光碟、网飞公司以及其他视频分发系统也在放映前投放广告。广告必须与电影受众相匹配，这种定向策略与预告片的做法类似。

投放预告片的价格是根据该影片在影院对广告的露出数、预估的月度上座率而定的。一般来说，预告片在电影院首播的价格与黄金时段 30 秒电视广告的花费相当。电影预告片之所以受营销者的青睐，是因为它会播放给一群注意力集中在屏幕上的受众看，而不是给在看书或在与他人聊天的受众看。人们对这种广告的注意力比其他广告形式都要集中。但这些被吸引的观众的承受度是电影广告最大的劣势，因为人们憎恶这种侵扰。他们认为自己花钱买了电影票，就不应该花时间和精力看广告。

电影巨头 Screenvision 公司提供了一个移动应用程序，允许观众观看预告片、搜索放映时间，并赚得免费电影票和特许小吃的积分。观众还可以在预演期间玩视频游戏，所有这些都旨在吸引观众，并为电影促销创造一个更容易接受的环境。[37]

视频游戏广告

营销者和媒介计划人员一直试图通过主流媒介上的传统广告触达年轻人，导致人们

① 本书严格区分了家外媒介（out-of-home media）和户外媒介（outdoor media）这两个概念，而在国内并没有严格区分，都译成了"户外媒介"。家外媒介指在"家庭之外"接触的媒介，包括家外的室内媒介；而户外媒介只是家外媒介的一种。——译者

越来越关注那些显然属于年轻人的特殊媒介，比如电子游戏。现在作为全球数10亿美元的产业，视频游戏正发展成为一个主要的新媒介，为广告主定向12～34岁的男性，但女性也开始加入这一行列。Wii U① 控制台引进了一个年长的成人男性和女性观众的运动和锻炼计划。平板电脑使视频游戏市场更有吸引力。视频游戏为广告和产品植入提供了机会。

既可以通过开发在线游戏又可以通过在游戏中植入产品来开拓营销传播机会。例如，允许彪马运动鞋、诺基亚手机和Skittles糖果等在游戏中进行付费的产品植入。美国大众汽车公司在索尼电脑娱乐公司（Sony Computer Entertainment）的GT3（Gran Turismo 3）赛车游戏中购买了一个广告位。然而，问题仍然存在。例如，游戏玩家在游戏中会对广告做出什么反应？将品牌化的内容纳入游戏是否合理？一些品牌会比其他品牌更容易被接受吗？

有一些游戏经历了发展过程。“吃豆人”（Pac-Man）作为最早的计算机游戏之一于1980年开发，1982年由雅达利（Atari）游戏公司发布。这个游戏改编自街机游戏，通过操纵杆控制圆形黄色大嘴图标的移动使其走过迷宫吞噬饼干。“吃豆人”有一个早餐麦片广告：1983年，7岁的《黑暗骑士》（Dark Knight）主演克里斯蒂安·贝尔（Christian Bale），在“吃豆人”的早餐麦片广告中扮演了角色。你可以在YouTube观看。

地点媒介

我们所称的**家外媒介**（out-of-home media）或地点媒介包括从广告牌到热气球等各种东西。在公共场所做的广告包括公交上的广告、建筑物墙上的海报、电话亭和购物亭的广告等。堪萨斯州的恩波里亚有一些非常引人注目的筒仓，被重新利用后变成了巨大的可口可乐罐；艾奥瓦州的格林岛有一个50英尺的小提琴；科罗拉多州的朗蒙特有一个啤酒罐。不要忘了还有软式小型飞船、在你最喜欢的大型露天运动场拖着广告的飞机，还有在大型开幕式和特殊活动事件中随风飘动和迂回前行的充气物。图12-2描述的是户外媒介和地点媒介的范围。

尽管家外媒介的总体费用很难决定，但由于行业的多样性，在快速成长的营销传播行业，这类媒介仅次于网络媒介。为何能增长？家外广告的明显特征在于它是情境媒介或**地点媒介**（place-based media），能在某一时间和地点用具体讯息定向最有兴趣的特定人群。一个电话亭的标牌可提醒你订购喜欢的餐馆；火车站站台上的标牌建议你乘车时去购买一支棒棒糖；一张公交卡可能提醒你收听某个广播电台的新闻。随着大众媒介影响力的下降，诸如户外广告等地点广告形式对许多试图触达更多“在路上”的顾客群的广告主更具魅力。[38]

户外广告 在2016年用于户外广告的90亿美元中，广告牌广告约占60%；街道设施，如长椅上的标志、交通广告以及其他替代形式（如电影院广告、购物中心广告、墙壁景观广告）占了余下的比例。**户外广告**（outdoor advertising）是指沿街道和高速公

① Wii U是任天堂新推出的高清家用游戏机，是Wii的后继机种。——译者

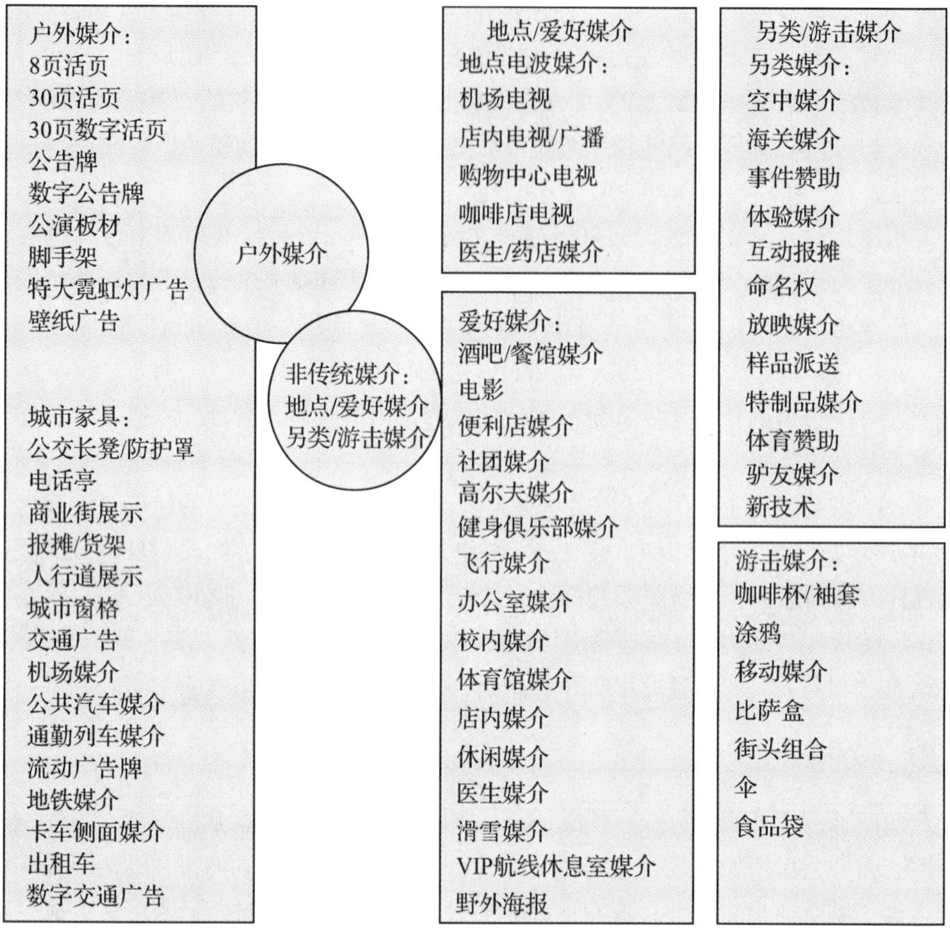

图 12-2　户外和非传统媒介

路的广告牌以及其他公共场所的海报。户外广告协会赞助的奥比奖（OBIE Awards），颁给制作精良的户外广告板，例如夏延山动物园的广告牌。

广告主主要出于两个原因使用户外广告：第一，对全国性的广告主来说，这个媒介可对目标受众起到品牌提示作用；第二，使用广告牌是定向性的，当广告牌靠近公司或提供公司信息时，广告牌充当了重要的媒介。旅游企业是广告牌的主要使用者，广告牌可以引导游客前往旅馆、餐馆、景点、加油站等地。

在尺寸和格式方面，有两种传统的广告牌即公告牌和海报，还有数字广告牌。

- 你在高速公路上看到的广告牌也称为公告牌，例如夏延山动物园的广告牌。**手绘户外广告牌**（painted outdoor bulletin）的大小从 10 英尺乘 30 英尺到 14 英尺乘 48 英尺不等。海报通常大约是公告牌宽度的一半，为 10 英尺乘 22 英尺，也可以小到 5 英尺乘 11 英尺。乙烯基是广告牌和海报的首选材料，因为它具有更亮的外观，使用防紫外线涂料，并且比涂漆板更持久。设计师可以把**延长空位**（extension）加到手绘广告牌上，以便扩大广告牌的尺寸和突破长方形的限制，因为这些装饰呈现不规则的形状，所以有时被称为**剪切块**（cutout）。

● 数字和 LED 板是带有电子讯息的明亮的塑料招牌。这些招牌有各种尺寸、色彩和亮度。**数字显示器**（digital display）使用无线技术，可快速改变以反映广告情景（在多雪天气，轮胎公司可以为其适应各种气候的轮胎做广告）或目标受众成员的参与。Posterscope 公司副总裁梅丽莎·勒纳（Melissa Lerner）表示，“非常值得在数字媒介上投资”。

广告主可以购买任何数量的单位（常用露出数是每日 75、50 或 25）。广告牌一般出租 30 天或者更长的时间。广告牌可根据个人的需要租用，时间通常是 1～3 年。

户外广告成本取决于一天中广告展露于某一特定地区的人口百分比，主要取决于交通流量，即在特定时段通过某一特定位置的车辆数，我们称之为**露出数**（showing）。如果一个广告主购买了“100 露出数”，基本标准单位就是每个市场的海报广告牌每天将广告展露给市场中 100%的人。如果三个海报在一个 10 万人的社区内每天完成 7.5 万展露数，那么露出数就是 75。相反，如果在一个 1 200 人的小镇的一条主干道上设一块广告牌，就可能产生 100 露出数。由此可知，达到 100 露出数所需广告牌的数量因城市不同而不同。

由于传统广告牌讯息正常展露于消费者面前的时间非常短（一般是 3～5 秒），因此广告讯息必须简短，视觉效果必须十分引人注意。文字不超过 8～10 个字。

创新形式　创新对于家外广告行业来说非常重要，现在有些电路板可以播放微电影和电子广告。视频与家外媒介融合的另一个例子是求职网站 Monster.com，该公司成功地将预告片作为电子招牌讯息在公共场所播放。一些数字增强的户外广告牌可以连接到网络。梅丽莎·勒纳解释说：“在家外传播机构，我们经常计划新媒介，并产生令人兴奋的公关和口碑。创意思维是头脑风暴和计划‘从未做过’的传播活动的必要条件。”

在菲律宾，人们制作了一个正在生长的绿色植物的广告牌来号召保护环境，它展示了简单的品牌形象，比如可乐瓶的标志性形状。[39] 纽约先驱广场的另一项实践使用了电磁点显示器，这种旧火车站标志的现代版本可以翻转。这种实时显示根据行人的位移而变化。如果你跳跃，你的点矩阵反射也会跳跃。[40]

另一个吸引人们注意的广告牌的例子是两名真正的运动员在阿迪达斯的“足球挑战赛”（Football Challenge）户外广告牌前进行一场空中足球比赛，吸引了许多日本观众。

广告牌和海报的独特用途　海报运用于建筑物侧面、建筑工地，甚至交通工具上。在伦敦，每日的手写海报几个世纪以来一直用来预告报纸的头条；伦敦地道或地铁的墙上都是成排的海报，为各种各样的产品做广告，特别是为电影院放映的影片做广告。iPod 随身听在伦敦上市时就在地铁乘客上上下下的电梯口墙壁上贴了海报。海报以霓虹灯为背景，墙上是与众不同的剪影图像。这一海报的不断重复产生了强烈的宣传效果。

主要闹市区的空的店面和大道已成为最新的海报集合地。因为有着较大的玻璃窗，在经济衰退时期这些废弃的零售店变成了传递重要讯息的廉价之地。房东可能每月只收 500 美元，相较之下，在类似广告牌上登广告可能要花 5 万美元。[41]

移动广告牌出现在目标观众可能会出现的地方，例如在大型户外活动事件中。因为不太常见，往往更令人难忘。3D 广告牌往往包含不寻常的艺术性，有助于吸引路人的注意力和兴趣。福来鸡公司在广告牌上使用 3D 奶牛就是这种策略的一个很好的例子。有一种叫作**广告亭**（kiosk）的特别建筑常用于发布告示。广告亭一般设在人们路过的地方，如购物中心里、公共人行道附近以及人们等候之地。具体的位置与讯息内容有很大关系。一些家外媒介提供的服务与广告亭的作用相似，比如候车亭的广告。

交通广告 交通广告主要是在交通工具上投放广告，这种城市大众化广告形式把往返社区的公共汽车、出租车当作移动广告牌。交通广告也包括公共汽车候车亭、火车、机场、地铁站台上的海报，其中大部分海报都是为了给受众快速留下印象而设计的。尽管正在地铁站台或公共汽车候车亭等待的人经常细读这些海报，但这里的海报比广告牌提供的讯息更需涉入度或更复杂。最近，墙壁已成为大规模互动数字广告的场所，如在纽约的哥伦布圆环站的 60 英尺走廊上的展示广告牌。

另一类交通广告是命名权，这意味着收费的车站可以冠上附近商家的名称，比如纽约第 42 街的时代广场站，《纽约时报》获得命名权。最近，布鲁克林的大西洋大道站的名称中加入了巴克莱中心，该站同时为新体育馆、大型国际金融服务公司做广告。[42]

交通广告有两种类型：室内的和室外的。乘坐公共汽车、地铁和出租车的人可以看到**室内交通广告**（interior transit advertising），其主要形式是海报或公交卡，有时是优惠券或其他可撕下拿走的东西。室内交通广告像户外广告牌一样，讯息简洁，但由于乘客基本上都是忠实的观众，内部海报通常会传递更复杂的讯息。

室外交通广告（exterior transit advertising）放置在交通工具的侧面、后面以及外顶，甚至窗户上也可印制带有商业讯息的透明图像，使行人和相邻车辆内的人都能看见。包绕广告（wraps）始于 1993 年，当时，百事公司向西雅图支付费用，被许可在六个城市的公共汽车上喷绘徽标。

室外交通广告是一种提示广告，是一种高频次的媒介，能使当地受众在交通高峰期等关键时刻沿固定路线驾车时看到广告主的名称。另一种交通广告形式是喷绘交通广告。最近，司机们一直试图将他们的汽车和卡车用广告包裹起来，其中一些人使用引人注目的图像，例如将品牌形象画在卡车侧面。

活动事件广告和赞助 活动赞助广告是另一种类型的家外媒介。想想大多数体育场馆中的画板：有些是电子的，但更多的是印刷的海报。广告也会出现在比赛车辆及其司机的装备上。公司作为赞助商要支付巨额费用才能让它们的徽标出现在显眼的位置。第 4 章已详细讨论过活动事件和赞助。

12.3 在线广告

互联网广告可以像你在杂志上看到的那样以传统的展示广告形式投放到网站上，也可以多种其他形式呈现，例如网页顶部或底部的旗帜广告。在线广告支出（750 亿美元）已超过电视广告支出。预计移动广告收入将占在线广告收入的一半以上，移动视频广告将成为增长最快的类别。[43]

互联网广告大部分投放在大型的、成熟的电子出版商网站上，如 www. nytimes. com、www. wsj. com 和 www. espn. com，以及付费搜索网站上，如谷歌关键词广告和必应搜索。这些媒介和搜索组织已经建立了声誉，它们知道如何销售广告，因此一直是付费搜索发展的先驱。

手机已成为全球消费者日常生活中不可或缺的一部分，没有哪种设备能够像它一样深深地根植于消费者的行为之中。美国人平均每天在移动设备上花费 3 个小时。[44] 脸书拥有广告主想要接触的超过 10 亿观众。然而，脸书的理念是寻求保护朋友对话的用户体验。为了忠实于它的使命，它重视微妙的广告，并倡导使用类似于脸书帖子的赞助故事这种广告形式。这种理念易与大广告主之间产生紧张关系。

像通用汽车这样的广告主希望在脸书上拥有更大的影响力，渴望证明广告的有效性。这些问题一直是营销者和投资者不愿将脸书作为广告平台的一个重要因素。针对有效性问题，脸书建议其测量不应该只关注“点击量”，而应关注品牌的广告形象和品牌关系建设。[45]

为了获得更多流向移动平台的广告收入，脸书一直在加强其“受众网络”，从而让营销者可以使用脸书的数据在互联网上购买广告。2016 年，该公司在受众网络上实现 10 亿美元的销售额（脸书 2015 年的广告收入总额超过 170 亿美元）。[46]

即使在经济衰退时期，谷歌仍然是最吸引广告的搜索引擎，在搜索引擎广告、展示广告和移动广告领域处于领先地位。[47] 谷歌主导着搜索广告行业，并为数千个网站销售展示广告和搜索广告。谷歌和雅虎为它们的搜索引擎用户带来约 88 美元的人均收入，而脸书用户的人均收入只有约 15 美元，这有助于解释为何脸书难以将自己作为广告媒介推销。[48]

数字媒介得益于互动创新，我们称之为**富媒体**（rich media），这意味着观众可以通过点击或滚动图像的某些部分来参与广告或操纵广告。观众还可以下载视频流或与品牌相关的应用程序。平板电脑，尤其是 iPad，充分利用了富媒体技术。

在线广告仍然是行业研讨会的热门话题，但也有一些批评者质疑其有效性。在《技术评论》（*Technology Review*）上发表文章的迈克尔·沃尔夫（Michael Wolff）表示，人们在网络上的行为及其与广告的互动方式不同于传统媒介。

网站广告

在其他网页上能吸引访问者打开所推荐的网页的小广告叫作**旗帜广告**（banner ad），访问者点击此广告就可进入被推介的网站。旗帜广告很容易制作，通常投放在具有互补产品或相关话题特征的网站上。

就如在印刷媒介上一样，展示广告比旗帜广告大一些，其设计包括文字与图像。其他网络展示广告的设计随着产业进步而不断变化，以下是一些常见的新形式。

- 擎天柱广告。**擎天柱广告**（skyscraper）是在网站的左右两边垂下来的超长而瘦小的广告形式，比如，财经网站 CBSMarketWatch. com 就定期发布此类广告。自 21 世纪初擎天柱广告出现以来，很多公司积极采用这种广告形式，其反应率比常规的旗帜广告高 10 倍。

● 弹出式广告与弹底式广告。**弹出式广告**（pop-up）与**弹底式广告**（pop-behind）分别是指在打开网页之前或之后弹到电脑屏幕上的广告。沃尔沃公司和葛兰素史克制药公司（GlaxoSmith-Kline）就采用此形式的广告来介绍竞赛和产品讯息。然而，这些强制性的广告可能会打扰网民，所以很多网络广告主取消了这种形式，有些计算机软件程序也会屏蔽这些广告。

● 微型网站或活动网站。**微型网站**（micro-site）或**活动网站**（mini-site）是母网站的子网站，属于小网站，如大众汽车公司官网上的 TDI 柴油车网站。为了到达营销目的，这些微型网站可能包含特定的产品、传播活动、事件或促销。活动网站比其母网站更趋向引人注意，同时可能非常短暂，因为这些网站可能有时间限制和有效期。另一种变体使广告主在其他品牌化网站出售自己的产品，同时浏览者不必离开其浏览的网站。例如，通用汽车曾在壳牌石油公司（Shell Oil）的网站上放了一个活动网站，浏览者可进入网站并放大观看。这种类型的广告通常比旗帜广告或展示广告拥有更高的点击率；门户网站 About.com 预计，在浏览网站的用户中有 5%的人点击了这些广告。

● 超级插播式广告。**超级插播式广告**（superstitial）被视为“互联网广告”，其原理与电视广告一样。当你从一个网页转到另一个网页时，窗口会出现一个 20 秒的动画短片。

● 小插件。**小插件**（widget）是一种微小的电脑程序，人们可以通过这个程序在个人网站甚至是电视屏幕上设计和插入具有专业外观效果的内容，包括新闻便条、计算器、天气预报、股市行情、时钟、书籍、音乐封面或者其他能推广品牌名称的网页小配件。这种方式为品牌在桌面、网站或者博客上发布非强制性的品牌提示性广告提供了一种方法。小插件也指一种将来自互联网的其他内容拉进或添加到自己网站的微型应用程序。除了出现在手机屏幕和社交媒体页面，当使用者点击专栏时，它们也能监控联系人。最近，雅虎发明了一种电视小插件，通过点击远程控制按钮，能够在新型电视设备上进入所要预览的内容。Widgetbox.com 的创始人将小插件做如下分类：（1）自我表达的工具（图片、剪贴画、游戏）；（2）博客上的收入创造者（eBay 网站的分类、亚马逊网站用户喜欢的数字多功能光盘或 CD）；（3）网站升级设备（新闻更新系统、论坛等）；（4）营销传播讯息。

在线广告、移动应用和产品的设计者越来越多地转向用户体验设计（UX）和用户界面设计（UI）的流程和原则，以最大限度提高消费者的可用性和可访问性，并改进产品网站使访问者在该网站停留更长时间。用户体验设计流程起源于人体工程学领域，专注于产品或广告的整体客户体验，通常包括田野调查、功能分析、可用性，以及从顾客测试和反馈中学习。用户界面设计流程侧重于广告或产品界面的外观、感觉和布局，并增强其吸引力、交互性。随着物联网不断扩展到生活的更多领域，我们在产品、应用程序和在线广告上看到的界面正逐渐融合，无论走到哪里，都能提供更加人性化、更具吸引力和更直观的设计。

虽然用户体验设计和用户界面设计可以帮助广告主设计出好的广告和网站界面，但通过使用动画、游戏和竞赛、名人访谈或音乐表演可以进一步增强其吸引力。最初，互联网广告的兴起是因为使用了相对简单的动画技术使元素移动起来。新技术为广告提供了更加活跃的元素。研究普遍发现，在旗帜广告中加入动作和互动元素后，点进率翻了一倍。

点进率 衡量在线广告或旗帜广告成功与否的标准是浏览者点击链接查看广告主或讯息的次数，这些点击通常会把浏览者带到广告主的网站或其他一些特别有趣的专栏。

虽然在线展示广告在首次出现时非常受欢迎，且仍然是在线广告的主要部分，但在所有广告形式和展示位中，其**点进率**（click-through）仅为0.17%，低于每千次印象数点击两次。点进率最高的行业是科技、旅游和酒店业（平均为5%），在这些行业中，智能手机的点进率高于台式电脑。[49]

点进反应的不同之处在于旗帜广告创意、吸引注意的效果以及广告投放的位置。网站与品牌的关联性和相关性越高，就越有可能产生更高的点进率。娱乐性可帮助提高点进率。请登录 www. valleyofthegeeks. com 查看一组有趣的旗帜广告，注意该网站顶部的旗帜广告。

点击付费是一种由消费者搜索驱动的在线广告。当浏览者点击相应广告进入广告主的网站之时，广告主就要为此付费。与搜索广告类似，点击付费依赖于与品牌或产品相关的关键词，并将搜索者带到产品网站。每次有人点击你的广告，你都要支付商定的点击费用。[50]

网络视频广告 网站访问者或浏览者在观看视频时也会遇到各种网络视频广告。可供选择的视频广告形式有30多种，想利用视频的广告主必须为其广告找到最佳投放平台。其中，前置贴片式广告最为常见，它强迫观众在收看视频短片之前先观看广告。另一种则为互动视频广告，出现在屏幕下方，访问者点击后可获得更多信息和视频。同时，受众还可点击视频中的热点或按键来了解更多的产品资讯。

因缺乏一致的标准，广告公司为适应不同传输系统承受了较高的制作成本。在最近的研究中，巴黎的阳狮集团（Publicis）与众多提供电视节目视频流的门户网站（微软、雅虎、哥伦比亚广播公司和 Hulu 网站）一起开展了对上述广告形式的调查。结果显示，视频传输的最佳方式是通过一个广告选择器提供一组广告，然后由受众自己做出选择。调查还表明，消费者在拥有这种选择权之后更可能观看并记住视频广告。[51]

在线分类广告 无论是地方媒介网站还是克雷格列表网，分类广告只是网络广告的一小部分，虽然报纸上的地方性广告主和组织仍然采用这种方式，但其主要用于在线网站。分类广告曾是地方性报纸的摇钱树，现在变为网络招聘广告形式，这也成为地方报纸行业陷入财政危机的一个重要原因。克雷格列表网是人们出售或求购商品的一个交易社区，其经营模式是作为公共服务来运行，不接受广告，但是对房地产清单和公开招聘讯息收取费用。

克雷格列表网有一个问题：垃圾邮件制作者将大量的广告邮件设为自动操作，给顾客带来不便，也导致了诉讼事件。这包括对 RadPad 等公司的诉讼，RadPad 从克雷格列表网收集内容（这种做法称为“抓取”），向克雷格列表网的用户发送未经同意的商业电子邮件。克雷格列表网在2017年赢得了针对 RadPad 的6 000万美元判决。[52] 其他法律案例的焦点是成人系列，其中包含明确的性服务广告。[53]

搜索广告

第7章介绍了搜索者的概念，因上网搜索讯息，他们成为营销中的一股潜在力量。人们每天通过计算机、智能手机、平板电脑和其他电子设备进行数亿次搜索。据估计，搜索广告对网络广告成功吸引网站点击的贡献率为50%～80%，由此可见，搜索功能对消费者和试图触达他们的广告主而言是十分重要的。[54]

消费者搜索功能如此重要的原因在于为营销者提供了一个机会，使其能将品牌讯息与搜索引擎根据**关键字**（key word）编译的站点列表（文章、博客和维基百科条目）相关联。这种做法称为**搜索广告**（search advertising）或**搜索营销**（search marketing）。

谷歌、MSN、必应和雅虎等搜索提供商拍卖广告位，让广告主的广告可以在特定的搜索结果旁边显示。谷歌的关键词广告是搜索广告的领先平台，每年为谷歌提供大部分收入。它以“点击付费”为基础，即广告主只有在其广告被点击后、用户与其网站有联系时才会付费。在线消费者搜索的一个好处是会留下关于产品、功能和广告方法的线索。这种行为可以被挖掘出来，以获得开发新产品的洞察力。要探索这是如何运作的，可搜索“AdWords”一词，你会发现许多专家帮助企业构建了搜索营销传播活动的网站。

使用信用卡，花几分钟时间，小企业主就可在其品牌与一个或多个关键词之间建立起连接，比如，“巧克力泡芙”或“房地产分期”，这是品牌连接和兴趣联想的终极体现。因为由消费者发起搜索，所以相邻的广告不会像其他形式的广告那样具有侵扰性。2013年，美国联邦贸易委员会对搜索引擎经常会弹出一些可能不会被识别为付费广告的内容表示担忧，制定了指南，以帮助访问者更清晰地区分广告与其他类型的讯息。

实时搜索（real-time search）是谷歌开发的，不仅产生了常见的搜索结果，还让谷歌在脸书和推特等社交媒体上每秒更新来补充结果。[55] 这种搜索和社交媒体的混合会提高品牌讯息传播的速度，挑战公司监控其品牌在线形象的能力。

使主题和品牌相关网站之间的链接最大化的做法称为**搜索优化**（search optimization）。公司试图影响它们的搜索引擎排名，以增加其网站流量。为了获得最大的可见度，它们希望其广告尽可能出现在列表顶部。对于营销者而言，创建可行网站的第一步是让它在流行的搜索引擎上注册，这样就能出现在搜索引擎提供的列表中的靠前位置。

另一种使用智能手机的消费者搜索是建立在二维码的基础上。二维码是一种使用可扫描的方块矩阵设计的二维条形码。这是消费者使用手机搜索讯息的另一种方式。

在线广告销售

出售网络广告空间是非常复杂的。微软全国广播公司官网、History. com等主要网站的浏览量比较大，在其页面上销售广告时会收取额外费用。根据广告位置的可视度，每千次浏览量可能收取10～50美元。[56] 广告主和媒介购买者通过诸如谷歌旗下的网络广告服务公司DoubleClick进入互联网站，DoubleClick每月发布超过1 000亿美元的网络广告，同时向出版商和广告主提供有关广告位及其效果的报告，也帮助制作广告、小插件。DoubleClick强调了构建针对移动设备进行优化的网络状态的重要性，报告称，如果移动网站可将加载时间从 19 秒减少到 5 秒以内，那么广告主可以获得翻倍的广告收入，但如果移动网站的加载时间超过 3 秒，那么超过一半的用户会放弃加载该网站。[57]

中介公司充当了在线广告空间的经纪人，这些公司集中所有的不同网站，并为单笔购买打包，实质上创立了一个广告网络。这些广告网络创建者提供少量设计好的网站和位置，也可以低于 1 美元每千次浏览量的价格出售广告空间。有人批评这些公司用便宜的、俗气的广告充斥互联网。像甲骨文公司（Oracle）的 BlueKai 和尼尔森公司的 eXelate 这样的数据挖掘公司会收集关于浏览者在网站中如何移动的讯息，然后出售广告发布权给那些吸引相似浏览者的网站群。这种做法与地方性报纸广告通过组群联系的过程相似，提高了购买效率。[58]

通过建立广告交易平台使广告主直接竞标一些大网站群提供的广告空间，谷歌、微软和美国在线进入广告销售行业。实际上，它们排除了中介。娱乐与体育节目电视网、特纳广播公司和《福布斯》杂志等的大型网站已停止与广告网络进行交易，以便更好地控制网站内容的质量。代表网页内容主要出版商的在线出版商协会（Online Publishers Association）在一项研究报告中说，它们发现门户网站广告比从广告经纪人处购买的广告效果要差得多。门户网站和广告网络工作者提供的广告可能更廉价，但呈现形式对浏览者来说更加无趣，因此不太可能与浏览者建立联系。[59]

传统媒介的数字问题

印刷媒介和广播媒介一直在努力应对来自在线媒介的竞争，同时也在考虑如何支持自己的在线版本，尤其是平板电脑使在线版本更具可读性。一些报纸和杂志已经“捆绑”订阅，包括印刷、数字以及智能手机和平板电脑的应用程序。一些公司则为印刷、数字或应用程序包提供单独的订阅费率。

在电视领域，越来越多的有线电视用户正在“断线”（cord-cutting），即放弃需要固定合同的电视服务，转而购买随选定制服务。这些随需应变的选项称为“超顶内容”（over-the-top content），指在没有有线电视或卫星电视等传统提供商参与的情况下，通过互联网提供音频、视频和其他媒介内容。为了追求更多的选择和更低的成本，仅 2015 年就有 38.5 万人决定取消标准电视套餐。这一变化解释了流媒介服务的稳健增长，如网飞公司（8 000 万用户）、Hulu（1 200 万用户）、哥伦比亚广播公司的 All Access（200 万用户）、Showtime Anytime 频道（200 万用户）和家庭影院 Now 的频道（80 万用户）。[60]

电视机制造商也在这些趋势中发挥了作用。三星推出了一款互联网电视，如果消费者想要使用其智能电视功能，就会在应用程序的菜单屏幕上看到展示广告。如果消费者希望避开广告，必须断开电视与互联网的连接，这意味着他们将无法使用网飞公司、Hulu 网站或亚马逊 Prime 等流媒介提供商。观众对此并不满意。在 Reddit 社交平台上，家庭影院爱好者说：“三星的免费服务加广告，付费服务没有广告。”另一位用户写道：“广告是我放弃有线电视的一个重要原因，1/3 的播出时间都是广告，这样的观看体验不值得我花费这么多钱。”[61]

下章预告

本章概述了传统媒介和新媒介中的付费广告，但事实上，传统媒介几乎不复存在。美国国家公共广播电台的一篇报道的标题为："在一个全天候的世界，什么是杂志?" 其中第一句话是："现在很难知道什么是杂志。"

不仅传统媒介的形态正在改变，其中的广告也是如此。哥伦比亚广播公司利用《娱乐周刊》（*Entertainment Weekly*）为其秋季新节目的视频短片进行广告促销，与音乐贺卡一样，当打开双页广告时，就会激活柔韧的、超薄的塑料屏幕。这个视频还在哥伦比亚广播公司的广告中加入了百事极（Pepsi Max）的广告。

因此，让我们继续进入令人兴奋且快速变化的数字媒介世界，它将为营销传播带来更多新的机会。第 13 章将讲述具有强大传播力的自有媒介、挣得媒介的动向。

成功秘诀

美国家庭人寿保险公司之鸭的灾难

除了最熟悉的单词"Aflac"之外，可能没有别的台词，但这只鸭子的声音对于品牌知晓度至关重要。凯普兰萨勒集团成功开展了一项传播活动，在该活动开始的前三年内，美国家庭人寿保险公司的知晓度提高了 94%，在美国的销售额增长了 55%，随后几年里又实现了两位数的增长。此次传播活动为成功传递品牌个性的鸭子赢得了两个艾菲奖金奖，并被评为最知名的品牌形象之一。

当鸭子不再发声时，该公司和代理机构以闪电般的速度采取行动，通过多平台的传播努力恢复它的声音，要求在 Quackaflac.com 网站或六个城市的试镜网站"回应鸭子的呼声"。

美国家庭人寿保险公司在 Monster.com 上发布了这一消息。当现有的媒介购买计划无法取消时，该公司在 2006 年推出了一个经过修改的电视广告"无声电影"（Silent Movie）。广告中，一只无声的鸭子吸引观众到脸书页面获取更多讯息，并有机会观看"搜索我的声音"（Search for My Voice）视频。

美国有线电视新闻网、哥伦比亚广播公司、《财富》、《新闻周刊》和《纽约时报》，以及深夜娱乐节目发现这是一个机会。搜索产生了 7 万多篇媒介报道和 9 亿次媒介印象。据称，这些努力在六周内使品牌的人气翻了一番。

该传播活动不仅为美国家庭人寿保险公司创造了积极的讯息，似乎也影响了销售。在活动的高峰期，其销售额增长了 80%。用美国有线电视新闻网的沃尔夫·布利策（Wolf Blitzer）的话来说，美国家庭人寿保险公司能够"将失态变成礼物"。

还有一位幸运者丹·麦基格（Dan McKeague）脱颖而出，成了《美国偶像》节目中的赢家，为世界上最著名的鸭子配音。

复习题

1. 解释报纸如何根据出版频率、格式尺寸和发行量而变化。
2. 解释如何确定和衡量报纸的读者群，以及读者群与发行量有何不同。
3. 杂志广告的优点是什么？
4. 户外广告的最大优势是什么？电话簿广告的最大优势又是什么？
5. 如何最有效地利用广播媒介？广播广告的优点和局限性是什么？
6. 如何最有效地利用电视媒介？电视广告的优点和局限性是什么？
7. 什么是预告片？它们是如何作为广告形式使用的？
8. 如何最有效地利用电影广告？它的优势和局限性是什么？
9. 什么是网站？它与其他形式的广告有何不同？
10. 定义和描述旗帜广告。一些专家说旗帜广告的效果正在减弱，为什么？

讨论题

1. 你是一家广告公司的媒介计划人员，现为一家在中等城市的高档家具连锁店策划，该市场的广告主要集中在地方报纸的周日副刊上。客户还希望在日报上为特销投放图片广告。六个月之前，一家都市生活方式杂志找过你，表示愿意为你的客户做广告。你说希望了解其读者的接受程度，所以推迟了决策。如今这本杂志呈现稳步增长。如果你打算将这本杂志纳入广告计划的考虑范围，需要稍微减少报纸广告的投放。因此，你为家具店的客户提出什么建议？

2. 你是一名销售代表，为拥有在线版本的大学报纸工作。你会如何吸引广告主？你的一位同事说这份报纸没有在线广告的市场，但你认为这份报纸错失了机会。在决定报纸的在线广告是否有意义时，请考虑以下问题：你建议联系哪些公司？像你们的在线报纸这样的网站如何吸引公司做广告？如果有竞争优势，网络广告能为你的报纸提供哪些竞争优势？

3. 你是一家广告公司的媒介总监，刚刚为一位潜在客户做了一场关于方便食品营销的演讲，你建议在现货市场中增加当地广播和电视广告的使用。在问答环节，一位客户代表表示："我们知道，网络电视观众的忠诚度与10年甚至5年前的情况完全不同，因为现在有太多的人转向有线电视、数字视频录像机和网络。每年每个节目的观众都在减少，但电视的时间成本持续上升。你是否仍然认为我们应该把商业电视作为公司广告的主要媒介？"客户团队的另一名成员质疑广播是否有效，因为广播和电视上都有很长的商业广告。"为什么我们不减少广播广告的使用呢？"你会怎么回答？为支持增加或减少电波广告的使用提出论据。

注释

| 第13章 |

自有媒介、互动媒介与挣得媒介

学习目标

» 能解释组织所控制和管理的自有媒介的含义。

» 能描述交互式自有媒介，并解释交互性为何很重要。

» 能讨论挣得媒介的含义以及组织如何与其无法控制的品牌讨论联系起来。

» 能解释多平台品牌传播的工作原理及重要性。

本章将阐述各种媒介形式，并将其分为三类：自有的、互动的和挣得的。自有媒介由组织创建和控制；互动媒介包括两种形式：（1）由组织为开启品牌与消费者之间的双向传播而设计的媒介节目；（2）社交媒体，如脸书和推特。

第三种叫作挣得媒介。从历史上看，这一类属于公共关系的概念，指涉新闻媒体的提及。然而，在数字媒介盛行的今天，“挣得的提及”已扩展到社交媒体中的评论。从这个意义上讲，我们将社交媒体作为一种交互式自有的企业媒介加以讨论，因为公司可为了创建一个品牌画像而拥有脸书页面，类似于任何用户的个人界面，以及一个交互式挣得媒介，用户可以参与对话，那么品牌提及就可控。

获奖案例

吸引人的坚韧

为了推广微软 Xbox 发行的“古墓丽影”（Tomb Raider）系列游戏的最新游戏，伦敦的一个广告牌上显示，八名参赛选手声称将在 11 月的极端天气条件下于户外生存 24 小时，并采用实时公众投票。这一活动被命名为“最坚韧的生存”（Survival of the Grittiest），并成为吸引世界各地人们参与的真人秀。劳拉·克罗夫特（Lara Croft）是游戏中的主角，该活动事件旨在测试参赛者是否具有劳拉·克罗夫特一般的坚韧品质和勇气。参赛者面临暴风雪、暴雨、狂风和酷热——通过现场直播，所有这些都受到公众的监督。观众甚至不睡觉去观看广告牌、支持选手和竞猜冠军。获胜者亚当（Adam）在广告牌上展示了 20 小时 45 分钟，赢得了大奖：一个“古墓丽影”风格的假期。一旦幸存者被加冕，官方就制作一个打包视频来展示 24 小时中的亮点。随后，该视频便在付费的主要自有频道中推广。

劳拉·克罗夫特是“古墓丽影”游戏中的一个图符性角色，于 1996 年首次出现在屏幕上。今天，游戏有更好的图像和玩法，但最大的改变是故事的深度。Xbox 深知，要让游戏玩家了解劳拉·克罗夫特现在变得更强硬、更强大、更坚韧，且面临的挑战将更多，这一点非常重要。该游戏与其他游戏竞争激烈，如游戏“辐射 4”（Fallout 4）和“星球大战前线”（Star Wars Battlefront）。伦敦麦肯广告公司和美国电通安吉斯集团（Dentsu Aegis Network）合议后，将标题定为“坟墓袭击者的出现”（Rise of the Tomb Raider），让劳拉从不幸的环境受害者转变为幸存者。该团队希望通过接受现实世界的挑战将此故事情节代入生活：生存广告牌。八名参赛选手被送到伦敦市中心，创造了世界上第一个人体广告牌。从该传播活动的招募阶段开始，“冗长的条款和可怕的环境”试图阻止那些不能在 survivalbillboard. com 上申请成为最终的挑战者。

比赛在生存广告牌网站、Twitch（英国第二大游戏网站）上进行了直播。在一个互动环节中，观众每小时可通过这个微型网站为他们希望出现的任何天气条件进行投票。麦肯广告公司在多家报纸上刊登印刷广告，展示“今日的天气预报”，以确保读者能为参赛选手控制天气条件。在本章末尾，你可查看有关 Vimeo 的完整故事和案例研究，并可通过“成功秘诀”专栏了解该传播活动的效果。

资料来源："*Xbox Survival Billboard: Case Study*," *McCann London*, http://www.mccannlondon.co.uk/#!/case_study/xboxsurvival-billbaord; Omar Oakes, "McCann and Microsoft's 'Survival billboard' wins another six Lions at Cannes," *Campaign*, June 25, 2016, http://www.campaignlive.co.uk/article/mccann-microsofts-survival-billboard-wins-six-lionscannes/1400174; Duncan MacLeod, "Tomb Raider Survival Billboard wins again," *The Inspiration Room*, October 24, 2016, http://theinspirationroom.com/daily/2016/tomb-raider-survival-billboard/; "Xbox Case Study," Newsworks, http://www.newsworks.org.uk/write/MediaUploads/1%20Events%20Training/Awards/2016/Winners%20gallery/Microsoft_XBOX_case_study2.pdf; "Xbox: Survival Billboard," *Flux Broadcast*, http://fluxbroadcast.com/portfolio/xbox-survival-billboard/; "Grand Lia: Billboard," The Lia Awards, https://2016.liaentries.com/winners/index.cfm?id_medium=4&id_submedium=19&view=details&range=gp。

13.1 自有媒介：因自有而能控制

自有的品牌讯息通过公司所控制的信道从公司传递给消费者。这些媒介代表着一系列的接触点，因此可通过战略设计来呈现一致的品牌形象。

自有媒介最大的优势是可控，除此之外，还有其他原因促使我们使用此类媒介。自有媒介具有共性，可为不同受众、接触点和时间框架创建，可以用来实现各种目标，其中最重要的是提高忠诚度和发展消费者与品牌之间的关系。自有媒介的一个局限是即使你拥有出版物或网站，也对消费者展露于此很少或几乎没有控制权。换言之，需要额外的努力来增加流量，使受众主动来找你。由于此种原因，一些在线活动（如网站）都支持线下传统广告的配套使用。

本节以及下一节，我们汇集了各种不同的思想，以激发你能广泛地思考品牌传播的机会。

企业形象媒介

这里所讨论的企业媒介可能是你认为的不算媒介的东西，比如建筑设计或一辆送货卡车，但在整合营销传播计划中，这些是一个组织或者品牌创造可视化形象的重要接触点，为如何展示品牌形象传递了重要的讯息。

环境设计 内外建筑景观可反映出公司的形象并形成一种品牌陈述。设计、装饰和外观能表达出有关品牌风格和个性的讯息。例如，巴塔哥尼亚商店使用视觉刺激（粗糙的木质表面、纺织品、大型户外海报、灯光）来表达它对环境和户外运动的热情。其他建筑物因视觉品牌化而得到认可。例如，纽约市备受推崇的克莱斯勒大厦是一座经典的摩天大楼，有着引人注目、经艺术装饰的皇冠和尖顶，它通常作为纽约形象的代表而出现。

不仅外观能展现企业形象，建筑内部和公共空间也传递着相应的讯息。例如，平面设计师艾米·尼斯旺格（Amy Niswonger）一直在关注麦当劳内部的重新设计及其与品牌形象之间的关系。她认为，麦当劳巨大的品牌资产使其有可能在不影响品牌形象和市场份额的情况下更新室内设计。

标识 标识是户外媒介的一种形式，企业的标识是自有的而不是付费的。有史以来，识别商店的**自建招牌**（on-premise sign）一直存在，如今已成为无所不在的品牌传播形式。在这个复杂的环境中，一个有效的标识可能相对简单，就像麦当劳的金色拱门，或更复杂一些，如拉斯维加斯的标识，像一场流光溢彩的视觉盛宴。一些自建招牌像广告牌一样，如美国鹰牌服装公司（American Eagle Outfitters）在位于纽约市的百老汇商店设有一块1.5万平方英尺的招牌，有12个面板，每天运行18个小时。

另一种**标识**（signage）形式是廉价的，例如庭院标牌、保险杠贴纸和按钮。庭院标牌是临时的，由房地产经纪人和政客使用。尽管它们很俗气，但是作为一种公开声明，起着提醒或激励人们行动的重要作用。

外观 你可能不会将制服或送货卡车列为传播媒介，但是当你想到棕色卡车时，你会想到什么？“棕色能为你做什么？”联合包裹服务公司用这个口号来说明一种独特设计的卡车的影响力，代表了联合包裹服务公司最擅长的：运送包裹。然而，卡车不仅可以运送包裹和产品，还可以传递讯息。这就是许多拥有卡车车队的公司坚持要求司机保持卡车清洁并经常洗车的原因。

员工的外貌、态度和行为都会传递其他类型的讯息，包括正面的和负面的，员工是许多企业接触顾客的前沿阵地。大多数公司有新员工培训计划的原因也在于此。持续的员工关系计划（通常由公共关系或人力资源部门管理）加强了培训，使员工了解正式的和非正式的利益相关者传播战略，并在一定程度上对促销传播活动的成功起着重要作用。

品牌植入媒介

为了利用品牌的增值能力，企业在带有该品牌名称的媒介工具中发现了无限的机会。例如，利用娱乐媒介来吸引消费者与品牌互动，称为**品牌植入式娱乐**（branded entertainment）。其目标是将品牌与有趣性、娱乐性的体验联系起来，为品牌创造积极的情感。

电影、娱乐和游戏 促销视频网络能投放赞助节目和商业广告，如你在杂货店、医生办公室和车站看到的频道，通过视频或店内电视播放广告。

一种令人兴奋的、新兴的新媒介形式是**品牌植入式视频**（branded video），引人入胜的视频片段通常在3～12分钟，并以品牌的名义发布，其唯一目的是加深顾客关系并呼吁顾客采取行动。长品牌视频为品牌提供了与观众建立更深情感连接的机会。你可以在品牌网站或 www.shortoftheweek.com 等网站上查看来自宝马、雷德福来尔（Radio Flyer）等公司的视频短片。品牌植入式视频和直播活动可以展示幕后花絮、预展、产品介绍、名人代言、现场问答、竞赛、幽默或戏剧性的故事讲述。在故事情节发展上，与电视节目有连续情节相类似，这些**网络视频短片**（webisode）开创了网络广告的新形式。

2016 年，脸书上最吸引人的帖子都是视频，其中两个是品牌化视频：壳牌在其音乐视频中召集名人，强调替代能源的重要性；科尔士百货公司（Kohl's）在假期前给家人带来礼物和礼品卡。[1]

Meerkat 和 Periscope 两家公司可通过给粉丝发送的直播视频让品牌与受众实时互动。以下是一些品牌的例子[2]：

● 在西南偏南（SXSW）活动上，20 世纪福克斯（Twentieth Century Fox）与粉丝们玩得很开心，使用了 Meerkat 直播官方发布《辛普森一家》中的 Kwik-E-Mart 食品卡车。

● 2016 年，作为“雄峰活动周”（＃Droneweek）主题传播活动的一部分，通用电气使用配备 Periscope 的无人机在远程设施的引导下进行巡展。

● 汽车制造商日产在纽约国际车展上推出 2016 款 Maxima 车型，帮助公司制造了一场蜂鸣传播，提高了触达率。

● 运动员托尼·霍克（Tony Hawk）在后院的游泳池里向粉丝直播了一场即兴滑板表演。

● 在 Periscope 的第一场直播中，演员伊娃·朗格利亚（Eva Longoria）向粉丝介绍了杰西潘尼最新的床上用品系列，并在洛杉矶举行的独家发布会上回答了粉丝提出的问题。

● 塔可钟快餐店就新的早餐菜单和相关的“早餐叛逃者日”（Breakfast Defector Day）举行了一场模拟新闻发布会。该品牌邀请粉丝在 5 月 5 日享用免费的“塔可钟饼干”。

除了植入式广告和一般广告，品牌植入游戏还可以展示品牌名称，它是围绕品牌体验而设计的实际视频游戏。该游戏由公司开发并拥有。日产创建了 GT 学院，驾驶者可以在真正的日产跑车中参与数字驾驶游戏。这是一个跨平台的体验，获胜者可参加一个真人秀式的比赛，如“饥饿游戏”（Hunger Games）能让司机在驾驶技术上进行实时竞争。[3]

除了电影，其他带有赞助商的品牌名称的媒介还包括系列讲座和展览等活动事件。新秀丽（Samsonite）推出了高品质的逼真台历。雀巢为儿童市场设计了一款名为“Milkybar Kid to the Rescue”的大众平装书。

命名权 品牌植入媒介的另一个高知名度的领域是活动事件和建筑物的**命名权**（naming right）。其目标是品牌的可见度，对组织或市政当局来说，它们得到的好处是企业支付的巨额资金。

命名权主导着橄榄球比赛和体育场馆，前者有“发现橙杯”（Discover Orange Bowl）和“福乐鸡杯”（Chick-fil-A Bowl），后者如纽约大都会球队（Mets）踢过球的地方——纽约花旗球场（Citi Field）；西雅图的世纪互联体育场（CenturyLink Field）的前身是奎斯特球场（Qwest Field），接待了美国职业橄榄球大联盟的西雅图海鹰队（Seattle Seahawks）与超音速队（Seattle Sounders）；匹兹堡的亨氏（Heinz）球场和丹佛的科尔斯（Coors）球场将其所在城镇与当地企业联系起来，在逻辑上与品牌契合。还有一些名称与品牌并不是那么匹配，遭到了强烈反对，如旧金山的 Candlestick 公园改名为 3Com 公园，这让当地的粉丝非常失望，后来魔声线材公司（Monster Cable）买下了命名权，就变成了魔声公园（Monster Park）。

大学以捐赠数额可观的校友和当地领导人的名字命名建筑物、教室、会议室和学术课题。其中一个最具讽刺意味的例子来自哈佛大学法学院，该校沃瑟斯坦厅（Wasserstein Hall）的浴室以捐赠者的名字命名，Falik 男厕是一位具有幽默感的律师兼房地产开发商威廉·法利克（William Falik）捐赠的。[4]

零售媒介

零售店是一个促销的世界，可用包装展示品牌识别，用商品材料吸引注意力并提供激励性的销售讯息。

包装 包装既是商品容器，又是传播载具，它是顾客在做出品牌购买决策之前所看到的最后的广告。

为了在购物点赢得犹豫不决的消费者，许多制造商的包装设计新颖、醒目。即使你负担不起庞大的广告预算，如果你的产品在货架上有引人注目的形象，也有机会吸引购买者的注意力。尽管这个行业并未制定测量货架印象数的统一标准，但广告主意识到风格统一的包装能发挥**广告牌**（billboarding）效应。一旦产品放在家里或办公室里的货架上，包装就在不断地进行品牌提示。

包装还可以带来顾客利益。例如，桂格燕麦（Quaker Oats）著名的燕麦饼干、雀巢的 Tollhouse Cookies、Chex Party Mix 和金宝汤的 Green Bean Bake，都着力打造产品包装上的促销食谱，使之成为家庭主妇的最爱。甚至有一个专门网站（www.backofthebox.com）介绍这些经典食谱，可在包装上发现 1 500 多种食谱。

有时，包装本身就是广告的焦点，尤其是当包装采用新规格或有所创新时，如可口可乐的新瓶子使用的是比塑料更容易降解的草本材料。[5] 一些包装，例如 CD 封面，本身就是艺术品。

促销物料 促销物料是用于商店、产品或活动事件的促销媒介。制造商通常提供与品牌相关的橱窗横幅广告、海报和独立插页。除了海报和横幅之外，零售商使用的其他媒介还包括**货架卡**（shelf talker），即在货架上提供品牌信息的标牌，也可以是顾客能带走的信息卡片，如食谱或优惠券。**售点物料**（point-of-sale（PoS）materials）也称为**购点物料**（point-of-purchase（PoP）materials），能引起消费者对品牌的关注，并为其提供特殊的购买理由。其他基于商店的媒介包括通道尽头陈列、展示盒、横幅、标牌、手工品和派样。

就以商店为基础的促销而言，可考虑一下星巴克或麦当劳中所有带有品牌徽标和其他信息的物料，如托盘衬垫、桌布、咖啡杯和杯套、餐巾纸和杯垫。海报、标牌或其他艺术作品通常被挂在墙上，有时艺术可能是商店环境设计的一部分，标牌也可用于宣传特销活动。袋子（如食品袋、购物袋和其他零售袋）是重要的品牌购点的提示物。甚至当你打开一个送上门的比萨盒时，你会发现盒子也是商品促销计划的一部分。

百货商店有时会有主题或季节性的促销活动，人们把相关的产品汇集在一起，营造出展示这些产品的氛围，比如海滩派对或毕业庆典。所有这些道具和配套标牌都成为商品促销活动事件的主题媒介。

商品促销计划的目标可能是提高品牌可见度，因为同时汇集了所有销售要素（消费者、产品、金钱、削价），所以是有效的。这些购点活动对刺激冲动购买尤为重要。

用于公关和促销的自有媒介

我们提到了与零售营销相关的促销活动，在公共关系和促销活动中有各种各样的促销媒介，以下是其中一些。

视频和出版物 几乎所有出于公共关系目的的公司视频都可以通过公司网站获得，如果数据或视频非常大，有时公司会选择分发数字多功能光碟和闪存驱动器。它们仍然是有关公司或计划深度传播信息的工具。例如，孟山都公司（Monsanto）在公司网站及 YouTube 上发布了农民使用孟山都产品的感言视频，希望以此来吸引顾客、员工和政策制定者。

公司制作了大量的出版物和各种各样的文献。公司出版物包括书籍、杂志、时事通讯、特别报告、年度报告、产品目录和小册子等附带材料。作为企业传播计划的一部分，它们可能会被送给关键的利益相关者。公司通常会为新开通的交通路线、大学和高端房地产开发而制作高质量的小册子。

书籍可作为促销工具和企业声誉的构建者。例如，许多广告和营销传播代理商出版了公司历史书籍，重点关注其创始人的思想和代理商的理念，其中有 CP＋B 广告公司的《嬉戏处见功力》（*Hoopla*）、李奥贝纳广告公司的《李奥》（*Leo*）、恒美广告公司的《比尔·伯恩巴克如是说》（*Bill Bernbach Said*）、奥美广告公司的《奥格威谈广告》（*Ogilvy on Advertising*）等。

但出书不局限于营销传播代理公司。巴西布拉德斯科银行（Banco Bradesco）在书中列出了人们应该成为其客户的 120 个理由（每页都有一个原因），这本书成为该银行赢得顾客的核心。[6] 传统意义上，书籍一般都是印刷版的，但随着电子出版物的出现，电子书可用于手机、平板电脑和电子阅读器。

公共宣传媒介 第 3 章详细讨论了公共宣传，旨在鼓励新闻媒介的报道。新闻稿和视频新闻稿是为印刷和电视媒介准备的新闻报道和专题报道。公共关系办公室收集**新闻资料袋**（press kit），其中包括新闻稿、实况报道、历史记录、地图、照片、艺术品和意见书等，以及为不同受众设计的可能用不同语言编写的其他附带材料。我们通常认为这些资料大都是印刷的，但也有可能以数字多功能光碟、闪存驱动器或在线等形式存在。公共宣传可以用于支持所有类型的品牌传播计划，与此同时，无论何处，大众媒介报道对于把信息传递给公众是非常有效的。

品牌提示和奖励 对特定行为——购买或重复购买产品——的一种物质奖励是**附赠礼品**（premium）。奖励消费行为的常见附赠礼品有会员卡、钢笔和在餐馆自取的薄荷糖。一些活动事件也会使用 T 恤以及免费赠品清单，如杯子、帽子、毛绒玩具和其他纪念品，其中大部分礼品都带有该品牌的徽标。这些奖励也是品牌提示物。

附赠礼品和奖品也可以识别关系。例如，如果你在仁爱之家（Habitat for Humanity）工作站服务，就可收到 T 恤、帽子或能量棒。附赠礼品也可作为产品或活动事件增加价值的激励措施。附赠礼品增值的例子有 Cracker Jacks 的零食包内装有玩具、参加房地产巡展时派发 iPod。

与附赠礼品类似，在企业传播和公共关系计划以及高端销售计划中也可能会使用礼品。例如，将行业数据存入一个印有公司徽标的闪存驱动器，然后送给 B2B 公司的预期顾客。高档礼品通常是高端昂贵的商品，用作对优秀的 B2B 顾客和销售竞赛获奖者的特别认可。销售计划经常通过竞赛来激发销售人员的兴趣，奖品可包括大额奖励，如度假村、海滩和岛屿的旅行。

地点媒介　第 12 章介绍了家外或地点广告。另一种类型是街头媒介，能与品牌产生意想不到的个人接触，例如街道上的手绘讯息。

在第 11 章讨论游击营销时提到了人们在大街上传递品牌讯息，被雇之人在人流量大的地方分发优惠券或样品等销售材料。被当地企业雇用的**标牌持有者**（sign spinner）或称“人肉定向广告”举着宣传商店或特殊营销事件的标牌和横幅站在街角，为了引起人们的注意，他们可能会穿上戏服，或做一些舞蹈动作。对一些人来说，标牌旋转是一种艺术形式，类似于霹雳舞，这需要具备高超技艺，做出引人注目的舞姿。

另一种形式的人体媒介是快闪族，由一群事先排练好的表演者组成，他们会出现在意想不到的地方举办音乐会和舞会。一些快闪族是为了好玩，也有一些是为了商业目的。一个经典的例子是 T-Mobile 公司名曰“舞蹈”（Dance）的视频，在经过伦敦利物浦车站时，400 人按设计好的舞姿自发地跳舞。你可以在 YouTube 上可以查看当时表演的视频及其制作过程。

13.2　自有互动媒介：让我们交谈

互动媒介是邀请用户参与或对讯息做出个人回应的一种形式。其中一些类似于自有媒介，因为组织在很大程度上控制着它们，但是媒介形态（如电子邮件和推特）允许组织与顾客、消费者和其他利益相关者进行沟通。当组织使用互动媒介时，除了展露数之外，融入度也是组织的目标。有一些媒介（如短信）天生就比自有媒介更具互动性，因此更吸引人。

还有一些关于传统媒介的创新，如观众能够通过机顶盒或电脑可访问的电视与电视讯息互动。电视不局限于用来观看节目，已经变成数字客厅的中心，观众可以通过 Wii 游戏和其他视频游戏获得新体验。

企业互动媒介

数字显示器是一种有用的，有时令人兴奋的、自有的互动媒介，观众可以在屏幕前与图形化数据进行互动，这些屏幕装在公共场所的广告亭上和门廊的墙上。

互动电子**广告亭**（kiosk）配有液晶触摸屏计算机、信息数据库、全图形系统、产品照片和在线访问功能，通常设置在商店和购物中心的过道里，其提供的产品信息比商店货架要多。新广告亭的先进之处在于增加了摄像头，通过人脸识别软件可以估计用户的年龄和性别，从而做出更个性化的反应。[7] 观众有时候可以直接从这些广告亭订购商品。

过去由小册子、电话簿和其他出版物提供的信息现在可在建筑物的**电子墙**（electronic wall）或**数字设备**（digital installation）上看到，特别是在大厅里。由大量计算机数据库驱动的触摸屏使这些媒介形式具有互动性，用户可以查看地图和日历，深入了解企业历史和产品线。

直接反应媒介

前文提到直接从广告亭订货实际上是一种直接营销。直接反应营销也叫作**直接广告**（direct advertising），是能认识到互动性在品牌传播中的价值的第一个营销传播领域。传统的直接反应媒介有邮件（信件、宣传单、产品目录）、电话，现在还有在线讯息，所有这些都在讯息传递中内置了某种响应设备。

大多数直接反应活动用于达成交易，目标是激励顾客采取行动并下单。数字技术的进步使得个性化讯息成为可能，并可牢牢锁定那些已知的、感兴趣的预期顾客。甚至一些印刷广告和电视广告也带有报价和回复表单来实现销售。

使个性化传播成为可能的重大技术变革是在线媒介与消费者信息数据库的结合，这使得通过预期顾客的过去行为（购买了什么、访问了哪些网站）来锁定他们成为可能。

技术创新将各种新媒介带入直接反应的品牌传播中。无线连接广告牌可以进行互动，创造一对一的品牌传播机会。平板电脑和智能手机用户可以通过电子海报、二维码与公司互动，比如在公交车站，用户可以免费上网下载应用程序、游戏、视频广告或优惠券，甚至可能带来现场产品销售。“Beneful”牌狗粮正使用一个 64 英尺长的装置，当检测到一个路人时，就会显示一条虚拟狗。它会跑上去玩一个追逐或取物的虚拟游戏，浏览者可以自定义狗。这说明在虚拟生活中，品牌将狗与实时耍狗联系起来了。[8]

个人接触媒介

员工和其他利益相关者可以传递品牌讯息。当你的朋友、家人或尊敬的人告诉你某个品牌的一些事情时，你很可能会相信。包括员工在内的人经常被问及对产品或品牌的建议或意见。

员工传播活动（employee communication program）旨在帮助员工通过一些关键的个人对话传递公司的战略信息。在商业中，个人传播的其他重要途径可以在销售和客服运营中找到。

人员销售 除了与员工对话之外，口碑传播也可以发生在更结构化的销售情景中。例如，零售推销员使用个人传播来传递关于产品的信息，并给出购买的理由。这些原因可以根据个人兴趣予以个性化。对店员进行培训就是为了让他们能回答有关产品的问题和帮助顾客寻找东西。

在 B2B 营销中，销售代表根据模板化的销售讯息开展工作，以确保他们发现合适的卖点，并传递最重要的战略信息。他们也会使用销售宣传册，其中包含产品规格说明书、照片、图表和其他对顾客决策有用的信息。所有这些数据都可以在网上获得，并可以通过数字多功能光碟或闪存驱动器提供给预期顾客。

与新闻资料袋类似，**销售资料袋**（sales kit）是为支持人员销售活动而准备的信息袋。例如，负责一个地区或几个州的销售代表将携带向预期顾客推销所需要的所有信息。与新闻资料袋一样，销售资料袋可以包含多种材料，诸如推销策略、演示材料、顾客信息、顾客市场画像和定价图表等。这些材料也可出现在印刷品、闪存盘或网上。

同理，广告领域的媒介销售代表也会有**媒介资料袋**（media kit），其中包括观看、收听或阅读媒介的所有成员的概况信息，以及与受众规模和地理覆盖范围相关的数据。

培训材料 另一类汇编信息以**培训材料**（training material）的形式体现，用于培训B2B销售代表或其他员工。员工培训材料可能包含新项目、新产品或特殊促销活动的信息，包括演示文稿、练习和背景数据。它们可以是印刷的，但大多数专业培训课程都会使用幻灯片，且以在线或闪存盘的形式分发。

顾客服务 **顾客服务**（customer service）或技术行业的**技术支持**（tech support）对人际传播环境很重视。有效传播可以提高顾客满意度。顾客服务与其他形式的商业媒介的不同之处在于可通过面对面、电话或在线方式发起对话。如果是积极体验，那么会加强品牌与顾客的关系；如果是负面的，可导致或增加顾客对产品、品牌和公司的不满。顾客服务是消费者对品牌体验态度转变的前线。

用于获取顾客反馈的传统媒介是对购物者的问卷调查和评论卡。**神秘顾客**（mystery shopper）是一种主动的顾客服务形式，用来对商店购物体验进行个人分析和报告。社交媒体和手机推动了顾客服务的发展。

客服是一个处理问题和投诉的专门部门，互动过程也代表了公司对顾客的态度。公司解决问题的行为方式、互动方式会向顾客传递一些最具影响力的品牌讯息。

例如，通用汽车就设立了专门的呼叫中心，配备了技术专家，帮助车主操控其MyLink与Cue智联系统。呼叫中心配备了汽车复制品及“信息娱乐化”中心控制台。技术支持人员从他们的小隔间移到控制台，帮助顾客解决问题。梅赛德斯-奔驰使用了一种系统，可以将司机的手机直接连接到客服中心提供实时帮助，或将“视频教程”上传到YouTube。[9]

由于顾客有多种品牌和购物渠道的选择，因此公司对待顾客的态度可能成为影响顾客做出选择的主要因素。为什么当竞争对手濒临破产时，西南航空却能如此成功？主要原因是其顾客服务。

大多数公司的品牌传播计划人员并不会“管理”顾客服务，但可监控这个关键接触点所发出的讯息，并找出可能削弱品牌传播策略的问题。

在线零售商Zappos.com发起了一项主题传播活动，反映了顾客服务作为一个能带来积极（或消极）品牌体验的接触点的重要性。这项活动证实了顾客服务代表如何使订购或退货变得容易。广告中的玩偶角色被称为“zappets”，是基于在职员工设计的，这些员工被称为“顾客忠诚团队”。

互动促销媒介

之前在讨论自有媒介的时候提到过活动事件，这些媒介是互动的，为公共关系和销售促进所使用，可让人们亲自参与到积极的品牌体验中。这些品牌赞助的聚会将顾客、预期顾客、员工、供应商或其他利益相关者联系起来。

互动广告的一个有趣的变异是在电视、广播和（或）报纸广告无法触达的非洲和印度农村地区可为滴灌和踏板泵设备做“现场”广告或介绍性能的广告。旅游表演者还推荐现场导购，让日益增长的关注国际品牌的顾客知道如何从移动平台获得银行服务。[10]

演讲、招待会和巡展 从公共关系的角度看，演讲和导购巡展是一种活动事件，可针对一个组织活动、政策和行动产生问答。导购**巡展**（tour）涉及利益相关者亲身参与。例如，为新机场或音乐厅举行的盛大开幕式，也许包括训练有素的导游讲解建筑功能和设计。

第 3 章详述了媒体关系，此处不再赘述，但一些互动式公共宣传媒介应引起你的注意。例如，**新闻招待会**（news conference）旨在为新闻媒介带来互动体验。新闻代表受邀去听取发言人就一些有新闻价值的话题或事件做介绍并回答媒体提问。**媒介巡展**（media tour）是为媒介代表安排的活动，包括行程安排和发言人。他们可能会参观与新闻主题相关的地点，例如因节能而获奖的办公室或工厂。

除了活动事件，其他类型的促销媒介也让人们参与互动体验。例如，**派样**（sampling）是消费者在购买产品或服务之前进行试用的一种方式。例如，开市客等商店的食品派样台配备了工作人员，负责派发食品样品、提供产品信息、指导如何购买以及回答顾客提问。

商展、展示和展览 同行业的 B2B 公司聚在一起展示、出售、演示产品，并接受订单的一种促销活动事件就是**商展**（trade show）。在这些销售和会议活动事件中，配有产品资料和标牌的展示和展览是其使用的媒介。展位是用来展示产品的空间，允许销售人员与参会者进行人际交谈。

一个组织赞助的招待会也可是一个由品牌参与命名的活动事件。苹果的新产品发布会，尤其是在乔布斯在世时，受到了计算机和新技术市场的高度期待。除了活动事件本身，通常还有用于宣传和支持活动的多种媒介，如名字标签、节目、公共宣传材料、包装袋和赠送的各种小礼品（如样品、小饰品、纪念品），等等。

展示和展览是销售促进、活动事件和公共关系计划的重要组成部分。展示包括标牌、展亭、货架、摆放促销资料的支架等。例如，一个新公寓综合体的模型连同一个提供有关开发情况的小册子的支架就是一个简单展示。相对于展示而言，展览的规模更大，包括移动件、声音或视频，通常由公司代表负责提供人员销售讯息并演示产品。

自有数字媒介

我们讨论了数字和在线传播如何改变直接反应营销，且在品牌传播的所有领域都是真实的。下面讲述这项技术的发展历程及其用于品牌传播的各种形式。

电子邮件　电子邮件是早期在线传播的方式，是从过去频繁地登录并查看突然闯入的讯息的时代演变而来。虽然一些用户仍在使用，但随着新技术的出现，许多用户总是在线，讯息不断地流入个人媒介，改变了网络连接的功能和速度。除了速度，使用电子邮件进行品牌传播的一个诱人的特点是廉价：只需要电子邮件地址列表及接入互联网。Constant Contact 公司是一家电子邮件服务提供商，负责群发电子邮件，并处理与预期顾客的通信后端。

亚马逊的金读之光（Kindle Fire）产品简讯就采用了品牌植入式电子邮件，用户通过竞赛可以赢得这款新设备。亚马逊的用户收到了含有公告、照片、产品说明书、竞赛信息的电子邮件。

当智能手机开始像小型计算机一样工作时，互动能力呈指数级增长。持续不断的信息流意味现在的信箱是一条河流，我们可随时进入，与早期在线媒介的不同之处是持续连接。人们忙于日常生活，可以通过手机获得信息，而不局限于办公桌上的电脑。

网站　虽然你熟悉这个术语，但在此阐释一下互联网是如何塑造品牌传播的。一个公司的**网站**（website）是一种传播工具，它模糊了广告、直接营销和公共关系等营销传播形式之间的区别。它是组织呈现给世界的在线面孔，在某些情况下看起来像一个公司的在线宣传册；也可作为**电子商务**（e-commerce）的在线产品目录或购物网站。亚马逊和 eBay 是互联网电子商务的两个很好的例子。网站也可以支持促销活动，例如“吉他英雄”（Guitar Hero）邀请用户为他们最喜欢的热门歌曲投票。

电子商务企业遍布整个网络，在某些情况下满足了消费者的重要需要。例如，网络触达具有特定兴趣的人。事实上，互联网是一种终极的利基媒介，人们可以通过它找到任何感兴趣的话题。

例如，辛辣的澳大利亚美食 Vegemite 及类似的具有独特风味的英国酱料 Marmite 很难被生活在异国他乡的澳大利亚人和英国人找到。这两款产品都通过网站来吸引念家的粉丝。Marmite 在脸书和推特用“爱它”（love it）和“恨它”（hate it）的页面以及幽默的文字来炫耀其独特的味道。[11]

网站还可以是一个信息来源，拥有可搜索的品牌故事库，其中包含产品、产品品类及相关主题。然而，在所有情况下，网站的主要功能都是创建和维持组织的身份，并强化品牌形象和定位。

Forrester Research 公司开发了一些方法（如社交倾听）来评估网站品牌建设功能，不仅在品牌承诺方面，还在提供易于发现和使用信息方面追踪网站性能的效果。

一个网站是否有效取决于几个因素。一个是**黏性**（stickiness），另一个是**导航**（navigation）的方便性。具有黏性的网站是有吸引力的网站：因有趣且提供有意义的互动，所以能吸引浏览者逗留而不是跳转到另一个网站。用报纸上的一个隐喻来说，兴趣的大小取决于“折痕之上”（above the fold）的东西。对网站的去留和是否考察内容取决于未经下拉所看到的东西。研究表明，大多数“折痕之下”（below the fold）的内容（你必须向下滚动才能看到）很少或没有作用。[12]

为了增加黏性（这种情况下的顾客价值），金宝汤重新设计了烹饪网站，因为消费者调查的结果表明，厨师对经济实惠的饭菜和蒸锅之外的食谱感兴趣。在网站（www.CampbellsKitchen.com）上，访问者可以根据心情或口味选择晚餐，如巧克力或奶酪，以及标准的菜单。该网站还提供了一个为期七天的膳食计划，其中有一部分信息包含替换食谱和健康替代品。

有些人使用搜索引擎后可能会发现某个营销者的网站；有些人可能会在其他一些传播途径中看到网站地址，如通常带有二维码的广告或宣传册，可将手机用户直接链接到该网站。另一种方式是在相关网站上设一个链接，通常是以广告的形式出现，用来吸引访问者离开原来的网站而转移到新网站。互联网战略家敏锐地意识到，要吸引人们点击进入另一个网站是有一定难度的。

博客　世界上有超过 2 亿人创建了网络**博客**（blog）来谈论他们感兴趣的事情。[13] 从历史上看，博主们用博客为一般匿名受众提供创新性表达和观点，其中一些是在线蜂鸣传播的重要来源。博客听起来像是单向的传播工具，但大多数会邀请其他读者分享评论，从而刺激他们之间发生除了辩论之外的对话。博主通常比广告或公司网站有更高的可信度。

企业使用博客来吸引各种利益相关者，如家得宝在脸书上的“围裙博客”（Apron Blog）发布“如何做”的信息和设计理念，并展示当地员工开展的社区服务项目。[14]

企业博客是为员工和其他利益相关者提供信息的一种方式，企业也鼓励员工拥有自己的博客。微软公司的网站上有几百个员工博客。销售人员发现，博客正通过为预期顾客创造更多的产品体验以及让消费者跟进快速变化的技术趋势来改变销售流程。

博客存在的一个问题是有时人们批评博客是“隐形广告主”。博主为了从公司获得报酬或免费赠品而植入产品的**付费帖文**（paid post），引起了美国联邦贸易委员会的注意。例如，在面向父母的一个博客上，博主为了推广一个 135 美元的绣花婴儿背带，要求公司免费邮寄背带。这些背书正被新的广告指南所重视，要求博主“明确且醒目地”公布自己收取的报酬或免费赠品。[15]

社交化　本节一直在讨论由公司或组织拥有或控制的媒介，这些媒介用于与利益相关者进行互动。社交媒体是指将社交营销媒介作为促销工具。我们把这种广告与企业主导下的社交聊天的混合方式称为**社交化**（socialtizing）。

脸书和推特网站允许用户与朋友分享个人信息。脸书网站也可以由公司建立，并像其他公司一样以品牌为特色。脸书上有超过 6 500 万个企业页面。[16]

脸书的营销者希望与有兴趣访问网站的消费者交朋友。沃尔玛有一个超过 3 300 万粉丝的脸书账户，它还鼓励 6 500 家当地商店通过“我的当地沃尔玛”（My Local Walmart）计划建立各自的脸书页面。[17]

同样，营销者也可在推特上创建一个公司账户，该账户使用一种实时跟踪新闻的服务来监控品牌提及，对在推特上每秒钟出现的搜索、过滤和总结的海量信息进行监控。营销者还可以在 YouTube 和 Hulu 等电影和视频分享网站上发布与品牌相关的视频。

社交化提供了信息，更重要的是让人们谈论一个品牌，并在朋友圈分享其想法和体验。**网络效应**（network effect）描述了脸书的成功。通过资源互动，诸如 Resource Interactive 公司的“墙外”（Off-the-Wall）软件的服务，公司可以直接在脸书上销售产品，从而将社交媒体扩展到电子商务领域（详见 www. resource. com）。

要想成功地将一个品牌植入脸书或推特这样的传播环境中，计划人员必须从战略上考虑该品牌独特的声音。例如，《国家地理》拥有大量的粉丝，但它在网上应如何表现？应说什么或不应说什么？《国家地理》的讯息战略是通过聚焦与使命相关并支持使命的讨论话题来保持真实性。[18]

重要的是，每个品牌都有自己的个性——有同情心的、负责的、墙外小丑、惹是生非的，这些都要在网上的帖子中体现出来。有些品牌雇用一个确切知道如何以品牌角色说话的人；还有一些公司选用一群懂得如何将对话与品牌个性匹配的员工。在所有情况下，这些人在社交传播取舍中都需要“坚持品牌”。

盖瑞波旁（Grey Poupon）品牌利用其精英形象对脸书粉丝进行了一项复杂的测试，让他们自己画像，看看自己是否有资格成为盖瑞波旁用户的品位领袖。这项测试考察的因素包括他们在脸书页面上正确使用语法、对艺术和餐馆的品位、挑选的电影和书籍。

专家建议，一家公司应有计划地定期出现在社交媒体网站上（每天一两次），互动要真实，要与品牌及其粉丝相关。不同社交媒体上的帖子应该是独一无二的，因为这些网站被不同兴趣的人以不同的方式使用。可以通过 Hootsuite 和 Tweetdeck 等工具管理排期和发帖计划，这有助于协调管理所有的社交媒体信道。[19]

关于脸书使用情况的调查为如何最好地在社交媒体网站上发帖提供了有趣的见解。例如，周末比工作日更好，上午 8 点以及午餐前后的帖子比其他时间更有可能被分享。[20] 脸书本身就提供了如何在其网站上提高融入度（评论、点赞、分享）的观念。这表明，发布品牌相关话题的帖子比公开的情感交流能带来更强烈的反应。脸书发现，照片和视频被分享的次数最多，这更加有意义，说明利用了粉丝的朋友网络。[21]

营销者使用这些新的社交媒体工具来推广品牌、吸引顾客并建立品牌关系，与其他营销传播形式相比，这些活动大多成本低廉。它们不仅是一个连接点（一个数字触点），还进入了一个“社交网络”，即一个通过社交媒体网站连接起来的网络。社交媒体网站为对话式营销传播开辟了一个新环境，为形式完全不同的、几乎实时的顾客融入品牌创造了机会。[22]

例如，电影《饥饿游戏》通过社交网络大力促销，为狮门影业（Lionsgate）营销公司节省了数百万美元的广告费。电影促销的艺术正日益转向网络。狮门影业的一位高管乔恩·费勒梅（Jon Feltheimer）预测，电影公司将减少电视广告的购买，更多地使用在线促销手段。

既然社交媒体会产生个人帖子，那么通过其触达的用户数量是否值得一个组织去花费时间？在理想的情况下，如果一个品牌在其电子商务网站拥有 10 万粉丝，且假设一个脸书成年用户的平均好友数量为 200 人，那么一个品牌的帖子有可能被 2 000 万用户分享，而这些仅通过一次点击就可做到。[23]

移动营销

手机已经成为许多营销者所选媒介。他们不仅可以在上面投放广告，还可以向目标人群发送讯息。**移动营销**（mobile marketing）使手机成为一种个人售点设备，其目的是与投放广告的目标人群保持联系。

移动通信将继续发展。以计算机为基础的互联网广告的转折点出现在2004年，当时家庭宽带接入率超过了50%。同样的情况也发生在移动设备上。更快的网速便于更好地观看移动视频内容、流电影、电视和广告，并使移动互动更接近现实。但是，更快的速度是有代价的。美国的主要无线运营商都拥有高速宽带网络以及新的大屏幕平板电脑和手机，在改善用户体验的同时也收取了更高的宽带费用。

移动设备未来会以前所未有的方式将用户与产品、服务和媒介连接起来。通过品牌移动网站或应用程序，手机用户可以随时随地获取产品信息并进行交易。移动用户可以将商店里的商品价格与网上的商品价格进行比较，这不仅为消费者创造了一种新的购物体验，也加剧了不同渠道之间的竞争，从而从根本上改变了零售业。移动设备可以作为用户和传统广告媒介之间的桥梁。例如，移动用户扫描杂志或广告牌上的二维码或键入号码，便可以直接在移动设备上访问数字内容。

这些创新的移动应用有助于将移动设备整合到世界各地用户的日常生活中，正如马歇尔·麦克卢汉（Marshall McLuhan）所述，移动设备不可或缺。

例如，**短信**（texting）是营销者联系顾客以及顾客联系公司的一种方式。房地产经纪人可以向顾客发送一条关于新房源的短信，媒介可以即时投票，组织可以向其成员发送通知。**群发短信**（group text messaging）软件将个性化的传播转变为大众传播。

但是移动营销不仅仅包括电话和短信。移动营销协会（Mobile Marketing Association）将移动营销定义为使用无线媒介，主要是手机和个人数字助手（PDA），如RIM公司的黑莓（BlackBerry）。（个人数字助手是从早期用于记录日程安排、联系人列表和个人备忘录的手持数字工具发展而来的。）

随着iPhone和其他智能手机品牌和型号的推出，品牌传播的可能性激增。从营销的角度来看，智能手机可以用来查看评论，比较商店，甚至购买东西。

传播计划人员对智能手机很感兴趣，因为它们可用于非常有针对性的移动营销战略，为忙碌的人提供个人广告。利用移动广告向感兴趣的顾客推广星巴克的绿茶天然能量补充饮料是一个成功的案例。利用短信、信息图片、优惠券，可将广告链接到商店的定位程序，方便查找最近的星巴克位置。[24]

移动营销者已发现了智能手机的几个重要用途，搜索广告占广告支出的49%；横幅广告紧随其后，占33%；其次是短信广告，占12%；视频广告占6%，这一数字在2012年总计为260万美元。[25]

谷歌就是移动广告的一个优秀案例，它凭借在戛纳电影节上为可口可乐在小屏幕市场重新制作的标志性“山顶”广告获得了移动广告大奖（Mobile Grand Prix）。这则手机广告允许观众通过特定的有线可乐自动贩卖机，向世界各地的朋友免费分发可乐。它本质上是一个B2B广告，谷歌销售的是移动广告的创意能力，可以在http://bit.ly/Lz4RAr上查看这则有趣的广告。[26]

移动营销领域的另一款设备是iPad，它为平板电脑市场注入了活力。它是一款无线平板电脑的混合产品，具有智能手机的一些功能，同时也结合了笔记本电脑、电子阅读器（书籍、报纸、杂志）、视频浏览器和视频游戏播放器的一些功能。

营销者正在手机**品牌植入式应用**（branded app）中寻找商机，这些应用通常是免费的，但与某个品牌有显著关联。例如，REI 公司有一个 snow report 应用程序，可帮助旅行者在旅途中导航。

以有趣的方式展示品牌的应用程序尤其受欢迎。芝宝（Zippo）为 iPhone 提供了一款免费的虚拟打火机，无论从外观还是功能上看，它都像一个真正的打火机。你可按动手机来打开或关闭芝宝，只需轻轻按下一个小按钮就能点亮它。其重点是绝对的品牌识别，但在音乐会上需要人们举着灯时，手机上的芝宝应用还是有一点实用价值的。它几乎是一个玩具，与 iPhone 的合作使芝宝应用成为最受欢迎的应用程序之一。

其他应用程序提供了更多的实用功能。例如，银行可以让你查看余额、支付账单、转账记录和寻找分支机构，一些智能手机有 GPS 导航功能，该应用甚至可以绘制路线。卡夫的应用程序 iFood 助手是为数不多的带有价格标签的应用之一，提供了食谱、烹饪教学视频、购物清单和商店定位。大多数新媒体都提供带有新闻推送功能的应用程序，有些还配有视频。即使是小商店，也可以为店内顾客提供应用程序，让他们查看商品或直接用手机购买商品。

手机广告有时被视为侵犯隐私，这令营销者感到困惑。与其他形式的广告一样，减少干扰的方法是使其更具相关性，并为受众提供一个**选择性进入**（opt in）的形式。

移动营销不仅仅是指出商店的位置，还可利用无线通信（如 WiFi）和 GPS 设备等来触达那些拥有地理定位功能的移动用户。作为一种推式营销的形式，这些选择性进入的设备增加了品牌和粉丝之间的互动。

例如，如果一个手机用户在他喜欢的一个商店注册，那么当他在该商店附近时，商店便可以联系到他。商店可发布特殊优惠信息，或邀请顾客来参与口味测试，或体会其他类型的促销。手机还可用来联系商店。例如，必胜客（Pizza Hut）和棒约翰（Papa John's）的顾客可以用智能手机下单，还可在虚拟比萨饼上自助制作比萨。达美乐比萨店（Domino）在其网站上提供了一个可定制的模拟照片版。[27]

移动营销不仅仅利用手机，还包括便携式电脑乃至便携式游戏机，这些平台都传递内容，并鼓励用户在跨媒介传播活动中直接做出反应。移动营销包括移动设备上的即时通信、视频讯息、下载以及旗帜广告。

13.3　挣得互动媒介：让我们倾听

所谓“挣得”，指的是那些通过公共宣传、社交媒体、个人接触或口碑来传播有关品牌提及或故事的媒介。“挣得媒介”（earned media）一词已被用于公共关系中，以区别付费广告讯息和新闻媒介中未付费的品牌提及。直到最近几年，“挣得”（earned）一词才被用来描述社交媒体和口碑传递品牌评论的方式。

各种媒介所传播的有关对话、抱怨、批评、赞扬和问题的内容都可以且应该受到品牌管理者的监督。最重要的是，这些对品牌的看法都会影响**品牌声誉**（brand reputation）（整合营销传播中的一个重要概念），而媒介策略在决定品牌声誉和正面印象的强度方面尤为重要。

挣得公共宣传

在论及某组织为新闻媒介准备的新闻稿和新闻资料袋时，我们提到了该组织在自有媒介的新闻报道。公共宣传也是一种重要的挣得媒介。在此方面，媒介关系专家试图说服媒介编辑去报道一个组织或品牌的故事。这些专家无法控制媒介，只能希望他们的故事具有新闻价值和趣味性，能够被报道。

当一个故事或其中重要的部分出现在媒介上时，就形成了一时的**轰动**（hit）。在另一个层面上，记者可能会在他们正在调查和撰写的报道中**提及**（mention）一家公司或品牌。提及可能是正面的，也可能是负面的，负责监督媒介报道的公共关系专家只能希望这些报道是正面的。如果它们是负面的，可能会（且应该）促使组织做出战略性反应。

轰动和提及不是由品牌决定的，其可信度被认为比广告、其他形式的自有媒介更高，因此公共宣传依赖于一种非公司发起的传播——**隐含第三方背书**（implied third-party endorsement）。媒介及其在可信度方面的声誉决定了感知的客观性，为讯息创造了受到尊重的光环。

口碑

互动始于个人传播，这是口碑能吸引品牌传播计划人员注意的原因。媒体离对话越近，或者用户越能够生成或控制内容，品牌传播就离传统广告主控制的单向传播广告越远。上一节讨论了组织用于发起互动的互动媒介。在本节中，我们将讨论互动的核心——个人传播，以及为什么它在品牌传播中很重要。

在联合调查公司 BIGresearch 对媒介使用的一次调查中，经 1.5 万名消费者投票，发现最具影响力的媒介形式是口碑。这一发现得到了其他研究的支持，口碑对消费者决策的影响比传统媒介广告更为重要。[28]

品牌的口碑传播讯息不是自上而下的，而是创造了一个品牌体验和印象的共享网络，在扩大的个人和专业的传播网络中互相连接。换句话说，朋友（和商业同事）与朋友交谈，每个人都有他自己的联系网络，讯息由此扩散。

蜂鸣传播和病毒式传播　品牌传播计划人员越来越重视那些能产生的媒介，蜂鸣传播即在朋友圈内进行人际或在线的口碑互动，因为这意味着人们在谈论一个品牌。在消费者做出决定时，除了对品牌的个人体验，最重要的因素是来自其他人的意见。

一项调查发现，突破一般的思维模式最能产生蜂鸣传播。换句话说，创意新颖且令人惊奇。[29] 另一项研究发现，信息能否引发蜂鸣传播取决于它是否“有趣”。但是在面对面的传播中，主题更具有会话性，而不是关注“有趣”的思想。这一研究表明，对某些类型的社交媒体来说有趣更重要，但在人际对话中，重点更多地放在个人体验上。[30] 换句话说，营销者应将媒介与口碑营销策略中的讯息匹配起来。

术语“病毒式传播”描述的是一条讯息是通过熟人的互动网络传开的。讯息的传播完全取决于消费者通过自己的电子邮件和在社交媒体上闲聊来引发蜂鸣传播。

什么视频内容会传遍世界？Jukin Media 等公司分析了病毒视频，以帮助公司了解如何最大限度地提高展露数并让消费者融入内容。它们将最成功的片段分为三种类型：“可爱”、“失败”和“胜利”。“可爱”指的是会跳舞的幼儿和小狗，或者十来岁的孩子；“失败”包括出局和计划失误；“胜利”是对人性的肯定。[31]

在一年一度的法兰克福书展（Frankfurt Book Fair）上，一段 YouTube 视频在全球引起了广泛关注并在网上疯传。这段视频可能是游击营销的终极之作。这一大创意来自德国广告公司 Jung von Matt，可在 YouTube 上搜索“神奇的飞行游击营销”（Amazing Fly Guerrilla Marketing），看看这个创意是如何产生的。

企业-消费者-消费者（B2C2C）的影响　一些媒介计划是为了触达那些有影响力的或早期采纳者而制定的，他们的观点受到其他人的重视。这些策略集中在找到合适的人来传递一条讯息。也就是说，在一个扩展的社交网络中心中，人脉最广的人会喜欢一个品牌或品牌讯息，并在他们认识的人中推广。

这些人是谁？要找到他们需要复杂的社会网络地图，但一般来说，他们被描述为社区或时尚领袖、知名专家或可以寻求建议的人。[32] 这种口碑营销策略被称为**品牌倡议**（brand advocacy）或**顾客推荐**（customer referral）。这不仅是为了制造蜂鸣传播，也是为了与有影响力、高质量的联系人建立联系，因为这些人能传播品牌故事。

日本营销传播巨头电通广告公司在其 B2C2C 概念中表达了第 12 章中简要提到的这一理念。从表面上看，它像是一个传统的自上而下的传播模式，实际上并非如此。电通广告公司的 B2C2C 战略是传统的 B2C 营销概念的拓展和修改，该战略指出营销传播讯息首先来自企业，然后传递到关键消费者和与目标市场中的其他消费者进行讨论的影响者。

口碑影响模型的重要组成部分是 C2C。由于网络的交互性，讯息在消费者之间来回流动。这些讯息甚至可能从消费者那里再回流到与企业有联系的、有影响力的关键顾客那里，或直接回流至企业。

这一模型不仅确定了讯息是如何传播的，还确定了网络中的影响者是如何表达观点并扩大影响力的。在第 5 章讨论的劝服过程中，其影响是通过一些步骤实现的。B2C2C 模型说明了**品牌倡议者**（brand advocate）的重要作用，即关键顾客或利益相关者会在朋友圈和关系网中分享品牌的积极讯息。这些挣得的提及是至关重要的，这也就是组织要跟踪社交媒体对话以明确这些重要的互动的原因。

社交媒体的提及

前面介绍的社交媒体是作为一个平台，即一个组织将自己的品牌嵌入朋友传播网络。然而，社交媒体平台的核心是在线口碑，它允许用户表达自己，与朋友互动，在互联网上发布自己的内容，并提及他们喜欢的品牌和产品。脸书、Instagram、Pinterest 和 Tumblr 等社交网络将有共同兴趣的人联系在一起，领英建立的是业务联系。

社交媒体大多是关于朋友的。这就是为什么当你在脸书上被邀请与他人联系时要与他们成为“朋友”。包括品牌和品牌粉丝在内的用户，不仅可在自己的脸书网站上发帖子，还可在脸书的朋友墙上以及其他内容网站上发帖子。

密歇根州立大学教授李海荣（Hairong Li）解释了社交媒体的某些特征（个人内容、用户融入、社会关系和群体动态）以及如何帮助人们（尤其是年轻人）创造社交融入感，从而发展自我意识。李教授说：“在网络社会中，与他人分享经验对于我们如何构建一个连贯但往往又支离破碎的自我意识是不可或缺的。”李教授还表示，社交媒体都是关于人际关系的：

> 想想你在脸书或 MySpace 上的朋友，其中有些人你见过一次面，然后在网上继续保持联系。有些人是你在网上认识的。无论你是否见过他本人，他们中有一些是你的密友，有一些只是普通朋友，其他的可能介于二者之间。你和这些朋友的关系会影响你对社交媒体广告的反应。例如，你的一个好朋友可能会对他刚买的一个新产品发表评论，包括对它的喜爱程度，在看完她的评论后，你会想到这个产品吗？[33]

朋友之间的数字对话为研究人员提供了从消费者那里获得原始、未经过滤的品牌印象的机会，但我们如何监控这些对话呢？博雅公关公司通过追踪《财富》全球 100 强企业在社交媒体上的展露数排名时对挣得媒介进行监控。在一个抽样月份，该公司的社交媒体调查组发现，这 100 家公司被提及超过 1 000 万次。被提及最多的公司是惠普、福特、索尼、美国电话电报公司、三星、丰田、本田、沃尔玛、英国石油公司和威瑞森。调查发现，只有 70%的公司回复了评论和帖子，平均每个品牌有超过 6 000 人在谈论。在推特上，79%的公司有账户，并试图通过转发来吸引用户。[34]

推特或微博 博客发布日志和文章的做法被推特（Twitter）重新发掘，以更加微型的形式呈现（每篇推文不能超过 140 个字）。我们称为**推文**（tweets）的这些小短文让用户与粉丝分享日常活动以及即时感受。这些粉丝一般熟悉推特，且人数众多。例如，演员艾什顿·库奇（Ashton Kutcher）险胜美国有线电视新闻网的爆炸新闻（广泛传播的速度快），成为推特上首个拥有超过百万粉丝的用户。[35]

推特上的帖子可以根据**标签**（hashtag）进行搜索，标签就像关键词一样。通过在推文中的一个单词前插入一个散列符号（＃）来进行**标记**（tagging），该单词成为一个可跟踪的类别或主题。人们在推特上发布关于某个品牌或公司的讯息时，会在标签上加上散列符号和公司名称。品牌管理者和粉丝可以跟随标签，查看相关提及的信息流。

标签也可能产生逆火效应。即使公司有良好的意图，标签也可能不会产生预期的结果。例如，麦当劳围绕“＃McDStories”发起了一场营销传播活动，鼓励顾客分享有趣、积极的体验。然而，不满意的顾客却通过此标签分享他们的负面体验。Gap 和 American Apparel 借助“桑迪”（＃Sandy）这个标签推广，激怒了飓风桑迪的受害者。

在使用标签时要注意，品牌不能假设赞助的标签会产生预期的反应。[36]

推特已经成为人们投诉的媒介。顾客在打电话时需要花很长时间等待与客服人员交谈，或者面对菜单选项不知所措，但推特讯息是快速且简单的。例如，花旗银行（CitiBank）有一个推特地址@askCiti，顾客可以直接通过该行的社交媒体业务获得更多即时关注。公司内部会关注这些推文，并迅速做出回应，虽然也是以电话的形式，但这比在电话队列中等待客服人员的接听要好得多。[37]

广告讯息也能作为用户讯息流的一部分出现在推特上。越来越多在推特上注册的用户允许广告主在其名下发布广告讯息。有时，这些广告是嵌入某个人普通推文中的证言（例如，何处能找到定做的 M&M's 巧克力豆或有顾客标签的酒瓶），另一些用户将自己的数据流移交给广告经纪人，为品牌和组织，例如许愿基金会（Make a Wish Foundation）植入讯息。

一些新成立的公司试图将品牌、主题与一个热门社区中的影响者匹配起来。可以想象，这种做法是有争议的，特别是在商业讯息未得到认可的情况下。

评论和意见　报纸上的影评已经存在多年，随着社交媒体的发展，评论在网络上随处可见。亚马逊网站的特色是有顾客对其图书和其他产品的评论。第二产业十分重视电子商务网站上的付费评论。

Angie's List 通过汇集对当地企业的可信评论使评论制度化。通过本地网站的全国性网络，用户可以订阅访问该列表。但 Angie's List 与众不同的地方是，这些服务提供者是由消费者审查和评分的。评审人员会对评审结果进行检查，然后将其汇编并发布在清单上。Yelp 是另一个社交评论和本地搜索服务网站。在 Angie's List 和 Yelp 上，广告主都可以获得优先搜索位置和额外列表空间。

另一种类型的提及是在线新闻媒介中的故事和博客结尾的评论部分。如果是与商业相关的话题，这些评论必须受到品牌管理者的监督。

媒介分享

有些人可能很难相信人们会在网上谈论品牌，但人们确实会这么做。很多品牌都有**粉丝页面**（fan page），在此品牌社区的通常是忠诚用户，会关注或追随他们喜爱的品牌。百事可乐在脸书上有大约 800 万粉丝，为用户生成的营销资料做出了贡献，如在有趣的环境中拍摄的百事可乐照片。百事可乐的粉丝还可以看到百事可乐的广告和其他视频的幕后剪辑片段。[38]

粉丝们也会在一些粉丝网站上分享负面体验、投诉以及良好的品牌体验，甚至还有一些品牌的仇恨网站，批评者聚集于此抱怨。

宝洁公司在硅谷建立了一个办公室，为其众多品牌开发社交网站，其品客薯片（Pringles）的粉丝页面在全球拥有超过 2 400 万粉丝。[39] 这些广告主利用了视频剪辑、智力竞赛以及诸如铃声、图标等可下载的礼物，当然还有与自己网站的链接。政府雇员保险公司的蜥蜴格科等作为有特色的品牌象征角色在脸书页面上十分有用。

在线社区　粉丝群是在线**虚拟社区**（virtual community）的一个例子，它围绕一个主题、品牌或共同的兴趣组织起来。例如，“智能美国”（smart USA）网站是为“smart USA Insiders”建立的官方社交网站。

品牌社区是培养忠诚的途径，也是与品牌建立紧密合作关系的途径。哈雷车主集团（Harley Owner's Group，HOG）可能是最知名的品牌社区之一，也是最大的品牌社区之一，它拥有超过 100 万会员。除了本地团体外，哈雷社区还有自己的网站 www. hog. com。

社交媒体具有国际性，具有分享性的网站在亚洲文化中尤为重要。例如，宝宝树（Babytree）是一个面向婴儿父母的中文网站，在使用互联网的中国妈妈中有 50%的人会访问该网站。但它并不是一个讯息网站，其功能更像是一个面向父母群体的脸书，妈妈们可在这里互相帮助，这与总部位于美国的婴儿中心（Baby Center）有着有趣的文化差异。[40]

其他拥有社区活动的网站包括：在线图像和视频管理网站 Flickr；视频发布网站 YouTube；博客托管平台 Tumblr，数以百万计的用户在上面发布他们的博客，这些博客被称为“tumblogs”；以照片编辑功能而闻名的照片分享社交网络 Instagram；邀请观众分享游戏和流图像以及照片、聚会和事件的“谷歌+”；脸书的一个应用程序 SoundCloud，允许用户共享声音，比如话语声、音乐或其他形式的音频。

Pinterest 是仅次于脸书和推特的第三大最受欢迎的社交网站[41]，它允许用户将自己感兴趣的图片、视频和其他东西放在自己的钉板上。这是一个共享网站，图片可以被“复制”，并传递给朋友。但 Pinterest 提供的不仅仅是个人在线公告栏。用 Pinterest 表达观点的一个例子来自英国。以价格著称的 Confused. com 网站发布了一段视频，一名女子穿着高跟鞋正拼命开车，结尾为观众提供了网站举办的一次竞赛的讯息：张贴一张荒谬鞋子的照片来赢得一双可折叠轻便帆布鞋。[42]

营销者可以通过购买广告、贴图或博客进入在线社区。例如，阿迪达斯在 Tumblr 上赞助了一个官方足球博客，它也是最早在该网站做广告的公司之一。

社交游戏（social game）是脸书上最受欢迎的共享兴趣类应用，它激发了“谷歌+”进入这个市场。脸书玩家平均花在游戏上的时间约为 45 分钟。由在线游戏营销公司星佳（Zynga）创建的基于脸书的 FarmVille 游戏是第一款真正意义上的社交游戏，它拥有一个专门的玩家社区，这些玩家花钱买游戏币，并用游戏币来购买虚拟产品。他们在买卖东西的同时也从事商业活动。品牌可以通过各种方式参与游戏，但它们通常通过购买可开展业务的位置来参与游戏。

继“FarmVille”之后，“Words with Friends”成为星佳公司另一款休闲游戏，它在手机上很受欢迎。一些在线视频游戏是收取下载费用的，但绝大多数是通过销售广告、赞助或在游戏中销售产品来获取收入。下一个变化将是“云”游戏，这些游戏可以在互联网上直播，并通过流媒介传输到电脑或手持设备上。

社交媒体关系为传播品牌讯息提供了机会，尤其是当人们充当病毒式营销代理商时。李海荣指出，你在朋友页面上看到的电影预告片和专辑海报可被认为是**用户生成广告**（user-generated ads）[43]，它是指在社交媒体的用户页面上创建或发布具有商业性质的内容。

众包　第 6 章提到的众包是调查人员用于扩展焦点小组的工具。在线百科全书维基百科也是这样发展起来的：动员网民提供集体智慧。在市场营销中，消费者可以利用众包来发现和选择产品，并为新产品产生创意。

Slim Jim 是通过众包吸引粉丝的早期用户，它邀请粉丝为品牌的社区经理起一个新名字，由此产生了“the Sultan of Snap”。粉丝还被要求决定实施什么样的在线计划，并就视频、提议的和现有的产品给出反馈。

Fab. com 是众包在线零售领域的先驱，推出了奇思怪想的限量版商品限时抢购活动。该网站的用户推荐并推广了糖果色的打字机、有趣的 T 恤、胡须编织的帽子，以及熊蜂条纹、霓虹橙和各种颜色的波尔卡圆点的袜子。粉丝甚至在 Pinterest 上发布了奇怪的袜子图片，并在 Tumblr 的博客上做了标记。[44]

该网站首先邀请设计爱好者和有影响力者注册（这些人可在与设计相关的脸书网站上找到）。其策略是通过口碑建立一个电子商务设计网站。它跟踪了分享的连锁反应，发现每个加入的人通常都会邀请三个朋友加入。站点管理者致力于度量和持续地绘制顾客共享和订单图表。

对挣得媒介与互动媒介的思考

口碑和社交媒体为品牌传播带来的机遇是可喜的，然而在这些新领域部署媒介策略时需要考虑，如何处理负面讯息和虚假讯息，如何估计数字媒介讯息的真实价格。

处理负面讯息和虚假讯息　因为口碑的力量，不开心绝不是一个人的糟糕体验，尤其是在零售业。人们分享这些体验，对话就会持续下去。研究发现，尽管 6%的不开心的顾客会联系商店投诉，但 31%的人会把自己不开心的体验告诉其他人。此外，研究中有一半的人表示，他们会因为别人的负面体验而避开一家商店。由此得出的结论是，如果 100 个人有过糟糕的体验，零售商将失去 32～36 名现有或潜在顾客。[45]

对营销者来说，以某种方式进行干预并将负面印象转化为正面印象是很重要的。汤姆·邓肯（Tom Duncan）曾是一家肉制品公司的品牌经理，他描述了公司的政策，即将董事长的一封信寄给任何有过投诉的人。这代表了公司高层的极大关心，大多数人对此印象深刻，并表示自己会以品牌顾客的身份回归。[46] 虽然这件事发生在社交媒体出现之前，但确实说明了积极应对顾客的不满的重要性。

另一个问题是虚假网站会损害品牌声誉。大多数西方国家的互联网是完全开放的系统，几乎没有任何监管。这意味着虚假的脸书页面会累计点赞，虚假的推文会累计粉丝，虚假的评论会困扰消费者网站。即使一些品牌支持者在背后大力宣传品牌的正面评价，虚假的点赞和付费评论也会损害消费者的信任，同时它们也损害了网站的可信度，无论是脸书还是克雷格列表网。[47]

便宜但不免费　第 11 章中使用了一张图表，显示了品牌传播媒介预算中用于互联网的相对百分比。如果你还记得，这只是饼状图的一小部分。其原因在于与电视等媒介预算相比，数字媒介的费用相对较低，尤其是自有、互动和挣得媒介的费用。但它们不像电视等大众媒介那样有影响力。

但这并不意味着数字媒介是免费的。绝大多数数字媒介需要一定的资源，例如人员配置、硬件和软件系统、维护和运营支持，也许还有费用。在任何情况下，网络营销者必须对品牌监管系统的花费做预算。这些监管系统也需要有标准，从而能跟踪流量并确定影响力水平。

不过，值得提醒的是，社交媒体为那些有价值的推荐提供了机会。在这些推荐中，一个朋友和另一个朋友谈论一个品牌，但很难知道这种情况发生的概率是多少。例如，IBM试图在2012年的黑色星期五（感恩节后的第一天）追踪来自脸书、推特和YouTube的推荐，结果发现，尽管在线销售额增长了21%，但只有0.34%来自社交媒体的推荐。[48] 然而，许多公司正在设法把消费者的蜂鸣传播转变成积极的行动。为了吸引大量社交媒体粉丝的注意，这些公司推出了新的移动订购应用，塔可钟快餐店采取了一种不同寻常的策略：在72小时内进行“短暂的消失”，关闭所有社交信道，包括推特、Instagram、YouTube、脸书、Tumblr，甚至是塔可钟快餐店网站（TacoBell.com）。粉丝和媒介的调查为公司的讯息赢得了20亿次印象数，通往塔可钟快餐店的新路是“#OnlyInTheApp”。超过250万用户下载了这款应用。[49] 塔可钟快餐店也因此赢得了艾菲奖银奖。

13.4 跨平台的品牌传播

我们一直在讨论一种媒介组合，首先是自有媒介，然后是挣得媒介。你可能注意到，公共关系和促销等平台，尤其是互动平台，都存在于这两大类媒介中。这是因为媒介形式在不断成形，并在过去通常理解的类别之间游历。电视就是电视，印刷就是印刷，数字就是数字。不久以前，我们还计划开展电视传播活动或户外传播活动，其讯息策略以主要媒介的优势为主导，但现在已经不是了。自有媒介和挣得媒介并不好，也不简洁，恰如媒介类别处于媒介计划的更简洁时代一般。这是一个难以解决的事情。

现在谈谈各种媒介的功能，这些功能是如何相互关联的，以及如何用来扩大彼此的影响范围。我们用**“平台”**（platform）一词讨论大的功能（公共关系、促销、直接营销）与媒介的大类（印刷、广播、社交媒体、病毒式媒介、搜索媒介和移动媒介）。它们都是平台。跨平台媒介计划是复杂的，因为有时在这些不同的领域会使用相同类型的POE媒介，即付费媒介、自有媒介和挣得媒介。

21世纪的媒介最大的不同之处在于如今的媒介计划不仅在多种媒介上运作，还跨越多个平台和营销传播领域。多平台的博客、链接性的社交网络、在线社区（体育和名人粉丝、品牌社区）、传统媒介用来吸引顾客和其他利益相关者，旨在让他们亲自参与进来并建立品牌关系。

因此，在本章结束时阐述媒介画卷，尤其是病毒式媒介和社交媒体计划，它们是更全面的POE计划方法的例子。下面我们将讨论多平台营销。

病毒式营销计划

病毒式营销将营销视角与社交媒体结合起来创建以品牌为中心的病毒式传播策略和活动。病毒式营销通过在线传播在家人、朋友和其他联系人之间传播品牌讯息，目的是大量传播对产品的意见、蜂鸣传播或市场需求，是一种强有力的口碑广告。

根据公众在主题上的兴趣，这种做法可将讯息传递到不断扩大的网络，讯息可以像野火一样在互联网上迅速传播。还记得“健怡可乐/曼妥思实验”（The Diet Coke/Mentos Experiment）导致大量的电子邮件在互联网上一次又一次地爆炸吗？这条病毒式讯息被数百万人观看，使得曼妥思的销量增长了15%。可登录 www. youtube. com/watch? v=hKoB0MHVBvM 查看这个故事的 YouTube 版本。

病毒视频（viral video）技术促使来自各种信道（广告、电影、YouTube）的有趣视频在人际交往的巨大网络中分享给一个个朋友。播客 Rhett & Link 是 YouTube 的粉丝，他们创办了微型网站 www. ilovelocalcommercials. com 来推销自己。去网站看看他们的自我促销和一些作品，这些全部都被视为病毒视频。

汉堡王的“Subservient Chicken”是第一批病毒式传播的热门产品之一，助推了 BK Broiler 鸡肉三明治。一只愚蠢的穿制服的鸡会对踢踏舞或锻炼之类的命令做出反应。它吸引了数以百万计的观众，并与数百万朋友分享了这个网站。这家由 CP+B 广告公司创办的网站被誉为当时最受欢迎的营销网站，在前几周内就迅速获得了5亿点击量，汉堡王的新鸡肉三明治的销量也大幅增长。广告公司的策略是创造一个更前卫、更有趣的形象，使看起来无聊的汉堡王广告变得生动。

百事公司开发了一个名叫德鲁叔叔（Uncle Drew）的角色，他为 YouTube 上篮球明星凯里·欧文（Kyrie Irving）的视频带来了百事极度（Pepsi Max）的狂欢。凯里·欧文装扮成一个穿着运动衫、大腹便便的老人，名叫德鲁叔叔，他正在看侄子打篮球。为了替换受伤的球员，德鲁叔叔也加入进来，用其交叉运球、过肩扣篮和三分球震惊了观众。该视频还展示了凯里·欧文如何变成一个老人的幕后故事。你可以在推特和 YouTube 上查看。

病毒式传播也有其负面影响，恰如前述“标签逆火效应”一样，计划人员担心病毒式讯息也会传播负面故事，甚至被用来组织一场抵制某个品牌的活动。负面口碑可能像洪水般在互联网上泛滥，可能比有趣的事物传播得更快，从而对一个品牌的声誉造成巨大损害。

具有讽刺意味的是，从 CP+B 公司退休的传奇人物亚历克斯·博古斯基（Alex Bogusky）成了公众利益科学中心（Center for Science In the Public Interest）反对含糖软饮料运动的支持者。他制作了一部滑稽动画电影，时长4分钟，主角是一个长得很像可口可乐的北极熊家庭。这些熊狂饮苏打水，并遭受摄入过多糖分所带来的不良影响，最终它们扔掉了苏打水。这部电影被设计成一个病毒视频，把观众引入一个网站 www. therealbears. org，在此得到“关于汽水的不幸真相”。

社交媒体营销

与病毒式营销类似，**社交媒体营销**（social media marketing）在战略上将不同种类的媒介组合在一起，以推动消费者互动，建立品牌可见度和知晓度。品牌有时会引发病毒式传播，但无法保证文字会传播，品牌也不一定能控制。

星巴克创造性地利用了自己的脸书页面，被《财富》杂志评为十大社交媒体明星之一。你会发现，近 3 000 万粉丝在网上谈论这家公司，并上传他们最喜欢的照片。除了提及这家公司的帖子，你还会发现有关星巴克社区服务活动的竞赛、讨论。用户可以管理其星巴克账户，并向朋友发送礼物。但真正让这个网站与众不同的是星巴克既愿意展示不满意顾客的投诉，也愿意围绕他们的负面体验创建一个品牌关系计划。可访问 www. facebook. com/Starbucks 查看相关内容。

这些社交网站之所以对营销者如此有吸引力，是因为它们具有基于朋友的影响力。如果网络成员能够有效地成为社交环境的一部分，就更有可能对网站上包括广告的讯息做出回应。社交媒体也很适合地方性传播活动，尤其是小企业；但它也有局限性，社交媒体的帖子和对话可能无法将预期顾客转化为顾客，也无法作为更直接的相关工具，如搜索营销。

社交媒体和病毒式传播的另一个方面是，不管好坏，媒介提及和病毒式视频可以永远存在。一个受欢迎的 YouTube 视频可以被观看数年。同样，一个负面的报道，比如博古斯基制作的视频“不幸的真相”（The Unhappy Truth），也可以永远跟随一个品牌。

平台整合

由于媒介平台、内容、品牌植入和消费者融入之间的融合，人们接触品牌讯息的不同方式有很多。这意味着今天的品牌传播比以往任何时候都更加多元化也更加复杂。品牌讯息不仅从一种媒介传播到另一种媒介，而且以一种形式开始（如印刷或电视），最后成为你可在手机上观看的 YouTube 视频。

欧仕派的“你的男人可能闻起来像的男人”主题传播活动引起了人们对平台转移的关注，这个平台的转移是一个由伊塞亚·穆斯塔法（Isaiah Mustafa）代言的 30 秒商业广告：从 2010 年超级碗大赛的电视广告转移到视频分享网站，不仅收获了 4 100 万观众，还在戛纳电影节上获得了大奖。

跨平台计划的另一个例子来自亨利暨理查德·布洛克报税公司，该公司发起了一个传播活动：通过脸书页面以及专门的数字电视插播广告、博客、YouTube 频道、应用程序和小插件进军在线税务申报领域。一支由 1 000 名推特用户组成的大军对亨利暨理查德·布洛克报税公司网站上的“税务咨询”（Ask a Tax Advisor）按钮做出了反应，并直接回答问题和“聆听”社区论坛上讨论的话题。该公司意识到在线服务日益重要，希望保持其在数字报税系统中的地位并支持其门店，鼓励报税者向在线及门店的专业税务专家及员工进行咨询。[50]

但我们还没有看到任何进展。《纽约时报》的一篇文章描述了联网眼镜和可穿戴电脑等新媒介形式，更不用说 iPhone 的 Siri 等声控助手或微软的手势识别计算机程序了。其理念是计算机可访问的即时讯息将变得无处不在，驱动这些新媒介形式的计算机能够做的远不止命令搜索。[51] 尽管这些技术幻想为品牌传播开辟前所未有的新机遇，但我们不应忽视所拥有的媒介也在改变其形态，这也创造了新的机遇。

下章预告

本章描述了自有媒介、互动媒介和挣得媒介的重要发展。这些新的媒介种类和形式正在改变着品牌传播的面貌。特别是数字媒介将新的媒介形式和传播方式引入品牌讯息战略。成为这个领域的学生是激动人心的，因为这些变化正在年轻人的指尖上发生。

第 14 章将把所有这些媒介渠道和平台结合起来，解释媒介计划和购买是如何管理的，以及通过改变来满足充满活力的行业需求。

成功秘诀

Xbox 的胜利

Xbox 的广告牌“生存”是一个很好的例子，阐述了公司如何利用传统媒介吸引大量消费者参与互动传播活动，并获得媒介的极大关注。随着“生存”成为 2015 年获奖最多的游戏之一，它引起了玩家和非游戏玩家的共鸣，提高了知晓度和融入度。例如，一个好的广告牌的平均停留时间大约是 8 秒，而“生存”的广告时长为 8 分钟（比平均时长高出 6 倍）。

该活动事件在“生存”广告牌网站、Twitch、脸书、YouTube 以及包括 Game 和 IGN 在内的合作伙伴的网站上的点击量达到 380 万次，社交媒体的评论达到 3.2 万条。其总印象数超过 4 600 万，有 50 多篇媒体文章，相当于 600 万美元的媒介收入。最重要的是，赢得头奖的铁路工程师亚当还设法与第三名的选手夏娃约会。这是你无法衡量的。

复习题

1. 解释自有媒介和挣得媒介之间的差异，并分别举例说明。
2. 什么是品牌植入媒介，它为什么很重要？
3. 解释互动式自有媒介与自有媒介的不同之处。举出一个互动式自有媒介的例子，并解释为什么互动要素很重要。
4. 在自有媒介中，个人接触的媒介是什么？
5. 自有的数字媒介的主要类型是什么？如何使用？
6. 什么是移动营销？它为什么重要？

7. 什么是在线社区，如何在品牌传播中使用？

8. 讨论多平台品牌传播及其利用方式。

讨论题

1. 贵校是否有命名权计划？你在校园的哪个地方看到它正在被执行？你知道这个计划产生了多少收入？协会是如何助力或阻碍学校或学术活动形象的？

2. 本章以《国家地理》社交媒体为例阐述了在线品牌个性。找到另一个使用 YouTube 创建品牌个性的品牌，并评论博客的效果。

3. 你的小型广告公司正为本地零售商（从你的社区中选择一家）工作，该零售商希望最有效地使用其自有媒介。这家零售商几乎没有钱做广告。你的代理团队表明，公司可能会采取更多措施来加强其控制的媒介。请进行头脑风暴，并至少列出五个更好地利用这些机会的创意。

4. 你是一家化妆品公司的媒介计划人员，正在为十几岁的女孩推出一系列新的化妆品。你的研究表明，社交媒体可能是一种有效的媒介，可以让人们了解你的新产品线。你该如何制定一个品牌传播策略，以便成功使用自有和挣得形式的社交媒体来触达目标市场？你建议在此次传播活动中使用哪些媒介，为什么？

5. 一家专门经营低脂、低碳水化合物健康食品的新餐馆正在筹划中。你被要求为盛大的开幕式组织一场多平台传播活动。评估各种媒介和平台在这种营销情况下的优缺点。确定每个人与你认为会成为这家餐厅的目标市场的人之间的联系程度。你还需要知道什么才能确定这些媒介创意是否适合这家新餐厅？在你的回答中，首先陈述你的品牌传播目标和假设的目标受众画像，然后提出你对这家餐厅的多平台媒介组合的建议。

注释

第 14 章

媒介计划与谈判

学习目标

- 讨论什么是媒介计划及媒介调查在制定媒介计划中的作用。
- 能详述媒介计划的四个步骤并解释其重要性。
- 能列出媒介购买人员的责任。
- 解释媒介计划和购买的发展趋势。

媒介计划是一个解决问题的过程。如何选择媒介来实现营销和广告目标呢？最终目的是在最佳时机以最有效的方式将正确的讯息传递给目标受众。本章将讲述如何制定媒介计划，即媒介计划人员如何设定媒介目标和制定媒介策略，然后探究媒介购买的功能并阐述媒介购买人员如何执行媒介计划。

14.1 如何制定媒介计划

媒介计划人员的工作就是将品牌讯息与顾客、其他利益相关者联系起来。媒介计划人员找到并激活接触点，以便品牌讯息触动消费者并激发其兴趣。应指出的是，此处言及的媒介计划并非仅涉及广告，这也是第 11 章提出的观点，即所有的营销传播形式都需要使用媒介。

能融入性地创造与受众产生共鸣的连接点是有效营销传播的特征，第 7 章中多芬的"真实女性"（Real Women）传播活动就是如此。但是，如何找到那些吸引人的地方呢？当受众谈论他们的生活并与朋友交谈时，如何找到以个性化方式与他们联系的媒介？

媒介融入调查

有人认为媒介决策是广告活动的轴心，因为媒介成本通常是营销传播预算中最大的一笔开支。不仅媒介决策对媒介计划十分重要，媒介调查对媒介计划也是如此。如果没有利用合适的媒介，就像在黑暗中吹口哨，无论讯息多么优秀，都没有人能看到或听到。

媒介的信息来源 在计划开始之前，媒介调查人员收集所有能在媒介上找到的信息，以用来吸引受众。图 14－1 举例说明了媒介信息来源的广泛性，以及媒介调查在制定整个广告计划过程中的重要作用。

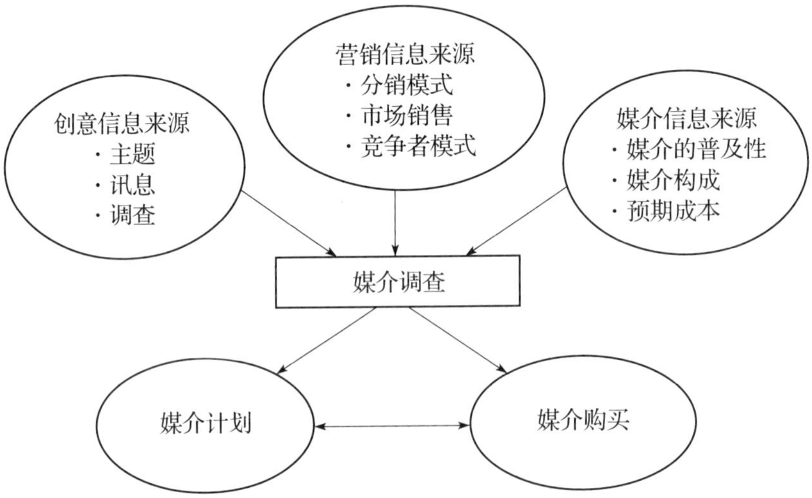

图 14－1 媒介调查的核心作用

说明：媒介计划人员寻找资料的信息渠道有创意、营销、媒介等，所有这些信息将用于媒介计划与购买。

● 客户信息。客户是媒介计划人员在工作过程中使用的各种信息的重要来源，例如，当前顾客（轻度用户和重度用户）的人口统计画像、以往的促销反应、产品销售和分销模式。尤为重要的是预算，即在媒介上花费多少。品牌和品牌销量的地理差异也影响媒介预算的分配，特别是消费品和服务，不同地区的销量大不相同。

● 市场调查。独立收集的市场和品类信息对媒介计划人员相当有价值，比如 MRI 调查公司、士嘉堡公司（Scarborough，主要调查当地市场）、曼德尔森公司（Mendelsohn，主要调查富裕市场）等公司提供的信息。这些信息通常按品类（如清洁剂、谷类食品、快餐等）来分类，并结合受众群体及其消费模式进行交叉列表处理。通过收费的在线数据库可搜寻大量信息，并与成千上万的品类、品牌、受众群体进行比较。尽管这些报告看起来很复杂，实际使用起来并不困难。媒介计划人员使用 MRI 调查公司提供的数据来检验某一群体（根据人口统计和生活方式来划分）的品类使用情况、住所及其使用的媒介。

● 竞争性广告开支。在竞争激烈的品类中，如包装产品和消费者服务，营销者跟踪竞争品牌的媒介费用，并将其与自己在某一品牌上花费的媒介费用做比较，这就叫作**声音份额**（share of voice）。也就是说，营销者想知道哪个竞争品牌比他们有更多的声音份额（即花费更多）。例如，如果上一年航空公司的广告总投入为 2 亿美元，其中 5 000 万美元是美国航空公司所投，那么美国航空公司的声音份额就是 25%。大多数广告公司建议品牌的声音份额至少与其市场份额保持一致。当然，对于新品牌来说，如果想扩大品牌影响力，其声音份额应大于市场份额。

● 媒介工具包。不同的媒介及其媒介载具根据受众规模和构成提供媒介工具包。尽管这些信息有用，但要记住这是“内幕”，即媒介和媒介载具为证明自己是最适合投放广告的地方而收集的信息。因此，还需要利用媒介代理公司、尼尔森公司的调查报告等外部调查信息。如前几章所述，尼尔森媒介研究机构能够监测全国和地方电视媒介，阿比创收听率调查公司能监测广播媒介。此外，美国媒介审计联盟（以前的美国发行量审核署）、赛蒙斯市场调查局（Simmons）和 MRI 调查公司主要监测印刷出版物的受众，Media Metrix 调查公司主要评估互联网受众。上述公司根据观众、听众和读者的规模与构成提供广泛的信息。

● 媒介覆盖范围。与媒介有关的一类市场信息是电视的电波覆盖范围。**指定营销区域**（designated marketing area，DMA）的覆盖区域一般以该区域中最大的城市来命名。指定营销区域是一个全国市场分析系统，美国国内的每个县都可归入指定营销区域系统。归类依据是当地大部分家庭接收到电视信号的范围，大多数是以大城市为中心 50～60 英里的辐射范围。尽管这个系统是根据电波信号来划分的，但仍然广泛用于制定单个市场计划。

● 消费者行为报告。第 7 章讲过，一些消费者调查报告用于市场细分和定向策略，其实对制定媒介计划策略也很有用。例如，媒介计划人员通过使用 PRIZM 系统、尼尔森的 ClusterPlus 系统以及超市扫描数据来确定媒介市场中的目标受众。

媒介调查之所以很重要，不仅是因为要冒着风险花大把的钱，还因为媒介计划人员在制定媒介计划前要收集、筛选和分析大量数据和信息。媒介调查从收集各种媒介的读者、观众的数据开始。下面简要介绍数据的主要概念和一般信息来源。

报纸读者人数 超过 60%的美国成年人每周至少阅读一份纸质报纸。在 18～29 岁的受访者中，只有 5%的人经常从纸质报纸上获取新闻，而在 65 岁及以上的受访者中，这一比例约为一半（48%）。[1]

读者阅读报纸往往是有选择性的，阅读特定部分的比例比阅读整份报纸的比例要大。如《广告时代》等商业和专业报纸拥有特别大的读者量。报纸以两种方式测量受众：发行量和读者人数。读者人数总是比发行量大，因为当一份报纸送到一个家庭或办公室时，往往有不止一个人阅读。这类信息有助于媒介计划人员将某一报纸的读者人数与目标受众相匹配。代理公司通过订阅以下一种或两种监测公司提供的数据来获得报纸发行量和读者人数的客观指标：

- 媒介审计联盟。媒介审计联盟（Alliance for Audited Media）是一个独立的审计组织，代表广告主、代理机构和出版商。这个联盟对各个州的报纸发行量进行核实，并按州、镇和县对报纸进行详细分析。其成员仅包括付费发行的报社和杂志社。
- 士嘉堡公司。士嘉堡公司是尼尔森市场调查公司的一部分，拥有美国 210 个市场的本地测量数据（www. scarborough. com），涉及媒介消费、生活方式、购买行为和态度。

杂志读者人数 2012—2015 年，杂志读者人数下降了近 20%，杂志面临着和报纸行业类似的挑战。[2] 然而，顶级杂志（如《美好家园》《国家地理》《体育画报》）比报纸表现出更强的适应性。部分原因是杂志往往对人们有价值，这种价值在发行后很长一段时间内仍然存在。这一定程度上是因为杂志拥有可以“传递”的读者群，会有额外的人阅读杂志并看到广告。杂志费率取决于出版商所承诺的**基本发行量**（guaranteed circulation）。杂志发行量指的是单期杂志的销售数量，而不是该刊物的读者人数（叫作每册读者）。

有几家公司试图核查杂志的发行量和特定读者的人口统计特征、心理特征。和报纸一样，媒介审计联盟负责核实发行量。1914 年成立的发行量审核局不仅审核预订费和报摊销售额，还要核查欠费的订阅者和续订者的数量。提供一种叫作 MRI 服务的 MRI 调查公司是测量读者人数的行业领导者。MRI 调查公司为许多受欢迎的全国性或区域性杂志（也为其他媒介）测量读者人数。调查报告每年两次寄到订户手中，涉及人口统计、心理特征、产品使用等方面。赛蒙斯市场调查局提供的心理特征资料涉及杂志读者的身份、读者所购买与消费的产品。而斯塔奇调查公司（Starch）、盖洛普调查公司和罗宾逊调查公司（Robinson）等其他调查公司提供的是杂志受众的规模及其行为等信息。

这些测量服务的一个问题在于服务范围有限，比如，MRI 调查公司只为 210 家杂志提供测量服务。媒介购买人员不清楚究竟谁真正看了他们刊登在杂志上的广告，而 MRI 调查公司的调查却没有将此方面的内容囊括进来。由于没有一个客观的（外部的）测量公司，广告主不得不依赖杂志所提供的数据，而这些数据可能有些片面。为了解决这些问题和其他测量问题，杂志媒介协会（Association of Magazine Media）推出了一个新的月刊系统，即杂志媒介 360（Magazine Media 360）。它通过台式电脑、移动设备和社交媒体网络来测量数字读物、视频和印刷品的受众融入度。目前共有 145 家杂志加入，其读者占杂志读者总数的 95%。[3] 当所有形式的读者人数加在一起时，排名就会改变。例如，2016 年 10 月，*ESPN The Magazine* 凭借其强大的网络和手机读者人数，以超过 1 亿的受众排名第一。

在杂志媒介协会的帮助下，杂志读者人数的测量有了一个有趣的变化，就是统计看过杂志的“体验”人数，而不仅仅是杂志的发行量和单册读者数。对这一概念的初步测试发现，看杂志越投入的人受广告的影响也就越大。[4]

广播听众 广播业和独立调查公司为广告主提供了测量受众的几种方法，其中包括与印刷媒介发行量相似的**覆盖面**（coverage），它指一个地理范围内能够清楚地收听到电台节目的家庭数，而不考虑家庭实际上是否在收听。电台节目的**收听率**（rating）是一个更好的测量手段，指的是实际收听某一电台的家庭数。竞争性节目、节目类型和白天或夜晚时段等因素影响着收听率的高低。

尼尔森音频公司为美国超过 270 个市场测量广播听众规模。通过与来自美国 48 个市场的 8 万多同意佩戴**便携式人员收听测量仪**（portable people meter，PPM）的人合作，该公司做到了这一点。便携式人员收听测量仪是一个与寻呼机大小相似的装置，可以查明嵌入音频节目的编码而不管设备（无论是传统广播、电脑还是电话）在何处。即使戴着测量仪的人没有注意到，PPM 接收到的任何电台或信号也都能得到计数。[5] 这个装置在预测听众兴趣方面很有效，甚至促使一些重要的节目改版，如当新的便携式人员收听测量仪的数据发现摇滚音乐在费城的 WRFF 电台的听众中更为流行时，WRFF 电台就把西班牙语脱口秀节目改成摇滚音乐节目。

电视受众 许多广告主把电视作为主要媒介。电视能有效地让广告主知晓目标受众吗？关于受众如何看电视，我们真正了解多少？电视是背景干扰吗？我们会在不看任何节目的情况下从一个频道切换到另一个频道吗？我们会小心而明智地选择在电视上看什么吗？为了估计电视受众数量，尼尔森使用电视记录器，在一个叫作**收视率调查月份**（sweep）的时间段内，同时向 210 个地方电视市场的消费者发送数百万份纸质日记。这通常发生在 11 月、2 月、5 月和 7 月，这些数据被用来设定广告费率和制定节目决策。[6]

电视受众有时会因广告侵扰而恼怒，他们不愿换台，也不愿浏览节目中的广告。讯息拥堵是广告主面临的一个问题，除非广告具有侵犯性或极大吸引力，否则受众会避而不看。超级碗大赛是观众实际观看商业广告的少数节目之一，事实上，研究表明，广告主平均从超级碗大赛广告中获得的品牌再认率比黄金时段高 54%。[7]

尼尔森是一家主导电视测量行业的调查公司。第 11 章介绍了一些测量概念，让我们在电视调查的背景下复习一遍。电视的展露数类似于发行量，用于测量打开电视的户数，称为**住户开机率**（households using television，HUT）。但是，住户开机率并不表明一个人是否正在观看电视。记住，第 11 章将印象数定义为一则广告有机会向一个人展露一次。像印刷媒介一样，电视的印象数亦即看一个电视节目的人数，也许比家庭数要多，因为一个家庭中也许不止一个人在看电视，而且在一个节目或一个时段中，广告会重复播放多次。这些印象加在一起就是毛印象数。

对于电视节目，展露数是依据观众人数估计的。2015 年的超级碗大赛有 1.15 亿受众观看，成为有史以来观看人数最多的电视节目。[8] 第 11 章讨论过的其他形式的电视收视测量包括收视率和份额。毛印象数非常大而且难以测量，这就是广播电视行业用视听率（即展露数的百分比）来代替它的原因。视听率为 10，意味着 10%的家庭（住户开机率）收看了播放品牌广告的节目。因为收视率为 1 相当于美国 1.2 亿家庭的 1%，所以收视率为 10 相当于大约 1 200 万户。

另一种测量电视受众的方法是计算受众所占的比例，这是基于打开电视的数量。由于基数（打开的电视数量）小于住户开机数，所以这一比例大于收视率。例如，周日晚间节目的收视率为 10 点，这可能相当于 20 点受众所占的比例，这意味着在 1 200 万台打开的电视中，有 20%播放了该品牌广告的节目。尼尔森继续增加便携式人员收听测量仪来跟踪本地的收视模式。

所有这些指标都无法测量的是节目的超级粉丝的奉献精神。当国家广播公司提议放弃节目“Chuck”时，粉丝在脸书、推特和博客上发起了一场主题传播活动，为他们喜爱的节目正名。意识到这种喜爱的重要性，赛百味作为一个盟友跳了出来。为了展示 ChuckTV.net 的营销力量，一个由消费者发起的名为“Finale & Footlong”的主题传播活动鼓励粉丝在看本季最后一集时从赛百味买一英尺长的三明治吃。这一努力取得了成功，国家广播公司宣布将续订该剧，尽管“Chunk”最终在 2011—2012 年第九季结束。[9]

户外广告观众 户外广告在人们经过一个标牌时就能触达他们。广告主感兴趣的是在 24 小时内展露于一个或多个承载品牌讯息的广告牌的人占总市场人口的比例（基于汽车或行人数量）。一个名为“Geopath”的系统可为 100 多万户户外媒介生成标准受众测量结果。

传统上，户外广告牌根据露出数进行购买和测量，是对有机会看到这个标牌的人的比例的估计，通常用 25%、50%或 100%来表示。承载品牌讯息的标牌数量由媒介计划人员希望触达受众的百分比决定。例如，露出数为 50，表示 50%的市场人口在一天内展露于一条或多条户外品牌讯息。媒介计划还可能涉及户外媒介购买的露出数，然而，为了更易比较各种媒介购买的权重，计划人员可能会将这个数字转换为与收视率等价的东西。

线上媒介受众 媒介计划人员感兴趣的是估算一个网站的访问量、在网站上花的时间、新访客和回头客的数量，以及增补信息，比如广告购买服务公司和网站本身提供的更复杂的分析。谷歌和雅虎建立了令人印象深刻的模型并制定了广告购买计划，可帮助媒介计划人员。对于广告和旗帜广告，收集的数据是用户从广告转移到广告主站点的点进量。

各种软件程序可融入广告主的信息技术系统中从而得到利用，系统收集使用数据，然后传输给专门提供这些测量系统的公司。尼尔森、comScore、谷歌、微软和脸书都有数字化评级程序，这些系统记录了主题传播活动，但较少涉及人口统计数据，因此这些数据并非计划人员所希望的那样有用。Snapchat 在 2017 年推出了一项程序，允许各品牌根据尼尔森的电视风格收视率购买其广告，并开放其广告平台，让广告购买变得更容易。这些举措助推了 Snapchat 平台的建立，使其广告与数字竞争对手、传统电视相当，并为通过 Snapchat 观看移动电视打开了大门。如果成功了，其他人一定会效仿。[10]

14.2 媒介计划的主要步骤

指导媒介费用开销的目标与策略的总结性书面文件就是**媒介计划**（media plan），主要用于付费广告媒介。媒介计划的目标是寻找最有效的方法向目标受众传递讯息，它旨在回答以下问题：（1）对谁传播（目标受众）；（2）为何传播（传播目标）；（3）使用什么信道传播（媒介载具选择）；（4）在何地传播（地区特征）；（5）何时传播（时间范围）；（6）占多大比重（媒介权重）；（7）费用（成本效率）。前三个问题属于媒介目标，其他是媒介策略。

整合营销传播媒介计划人员制定媒介计划时，要考虑所有营销传播工具使用的媒介、消费者和目标受众的接触点。接触点包括传统大众媒介、口碑、地点媒介、店内品牌展露和新的互动媒介。

媒介计划绝非从诸多可选媒介中选择一个合适的媒介那么简单。传统**可测媒介**（measured media）的选择取决于毛评点和每千人成本等衡量标准（本章后面将会解释）。新媒介缺乏类似的度量标准，主要考虑品牌体验效果、涉入度和人际影响。保守的广告媒介计划人员倾向于购买触达率和频次，但问题是许多顾客正在寻找更为有效的结果，如体验参与和品牌关系建设。因此，媒介计划决策框架因所选媒介不同而不同。

媒介计划有四个主要步骤：目标受众选择、设定传播目标与媒介目标、制定媒介策略、制定媒介计划测量标准。

第 1 步：目标受众选择

识别品牌讯息的目标受众是传播活动计划中的一个关键策略决策。在传统的媒介计划中，目标受众选择面临的挑战是媒介载具的选择问题：（1）必须与创意执行相匹配；（2）受众必须与品牌的目标受众相匹配。换句话说，阅读杂志、看电视节目或海报的人群是广告主理想中的绝大部分目标受众吗？如果是的话，那么这些媒介载具对传播活动来说可能是不错的选择，这取决于其他策略要素，如时机和成本。

在媒介计划中，家庭的组成尤其重要，因为许多决策是基于触达订阅或观看节目的家庭而不是个人。因为媒介载具通常根据家庭来估计数据并测量对读者、用户或观众的影响，因此将人口统计因素与媒介载具的家庭特性相匹配是非常重要的。

例如，媒介计划人员不大可能在 56% 为男性受众的超级碗大赛上投放女性产品广告，而会选择在有更多女性观众的奥斯卡电视节目上购买时间段。[11] 这些决策都使媒介计划既有趣味性又具挑战性。

营销传播计划中确定的目标受众范围决定了媒介计划人员是使用广泛的大众媒介还是精准且高度聚焦的媒介。越集中就越容易找到合适的媒介来传递与受众兴趣相关的集中讯息，并吸引他们亲自参与到品牌对话中来。

每一种媒介载具的受众都不同，因此，受众中品牌的目标受众的比例也不同。例如，生产船体外发动机的美国水星公司（Mercury Marine）以拥有一艘或多艘汽艇的家庭为目标受众，它更偏爱在杂志上做广告，因为杂志的主要特征是可配以产品的精美图片，还有足够的版面来说明其发动机的优点。那么，美国水星公司是应该在《时代周刊》还是在《汽艇》(*Boating*）上做广告呢?《时代周刊》能触达 300 万户家庭，其中 21 万户家庭拥有汽艇，相比之下，《汽艇》只拥有 14 万订阅者。如果说《时代周刊》更好，那很抱歉，其成本效率并不高。这是因为虽然《时代周刊》多触达 7 万户拥有汽艇的家庭，但它还触达 280 万户没有汽艇的家庭，美国水星公司需要为这些不是其目标受众的读者付费。而在《汽艇》上做广告，可以假设订阅者都拥有汽艇或者至少对汽艇感兴趣。

《汽艇》杂志是紧盯利基市场的一个例子。事实上，互联网是最终的利基媒介，人们借此发现任何感兴趣的话题。

除了团队中的媒介调查人员所汇编的信息，也用消费者内在需要调查来识别和分析目标受众的媒介使用模式。行业调查能提供帮助。例如，研究显示，媒介使用发生了重大转变，线上媒介取代传统媒介形式作为搜索过程的起点。一项研究表明，81%的消费者表示他们在购买前进行在线搜索，60%的人会使用搜索引擎，61%的人会在购买之前查看产品评论。[12] 对于大宗购买，人们在网上进行研究，但更愿意亲自去实体店购买。[13] 这对当地零售商来说是个好消息！

即使搜索始于线上（企业对企业、企业对消费者购买都如此），研究人员表示，大多数顾客做出购买决定的过程中仍然混合使用旧媒介、新媒介与传统对话。[14]

一个问题是绝大多数消费者并不真正知道是什么影响了自己。（去问问你的朋友，广告对他们购买什么有多大影响，大多数人可能说“没有影响”或“有一点影响”。）对于奥迪 A3 的上市，Mckinley＋Silver 公司的媒介小组知道需要深刻理解年轻男性目标受众，从而为这一难以触达的群体制定媒介计划。通过研究发现，年轻男性通常不会阅读或观看传统媒介，他们很繁忙且对商业讯息表示怀疑。基于该调查结论，媒介小组为目标受众进行画像，并将其描述为“机智、独立、创新”的和新媒介的重度使用者。该品类的目标受众由影响其同龄人的舆论领袖所组成，他们对适用于初学者的轿车不感兴趣，因为他们正在预测“接下来会发生什么”。[15]

媒介计划的动态变化是有章可循的。我们一直将展露数视为传统媒介的测评方法，但新的方法侧重时刻，整合营销传播视角更是如此，因为讯息已演化成相关的品牌体验。多年来，整合营销传播计划人员一直在讨论消费者的**关键时刻**（moment of truth），现在这个概念被纳入媒介计划。宝洁公司使用“第一关键时刻”（first moments of truth，FMOT）这个术语，是指与品牌的初始接触点，如货架；第二个关键时刻是使用该产品的后期。最近，计划人员关注谷歌的**零关键时刻**（zero moment of truth），即消费者在线搜索信息或与朋友讨论分享品牌体验的时刻。那一刻通常在第一关键时刻之前，因此被称为零关键时刻。

因此，可看到将焦点从传统的家庭目标中转移出来的动态变化。现代的计划观点在消费者形成品牌印象的重要时刻找到了与消费者个人而非家庭成员互动的方式。例如，公司现在可以根据消费者的谷歌搜索历史记录将 YouTube 广告和其他环境中的广告定位到个人。[16]

前面的章节也提到，在互动传播中，目标受众选择的概念扩展到包括消费者向朋友、品牌组织发起讯息。所有这些看待消费者的新方式正在改变目标受众选择的概念，并影响媒介计划人员看待媒介机会的方式。后文在讲解更传统的媒介计划方法时将更多地采用动态视角。

第 2 步：设定传播目标与媒介目标

有时尽管创意决策先于媒介计划决策，但情况正在发生改变。随着可供选择的媒介种类的增多，精明的客户和广告公司都会提前召开跨职能部门计划会议，涉及创意人员、媒介计划人员和客户经理。媒介策略和讯息策略是相互依存的，因此一个领域的决策会影响到其他领域的决策。

营销传播目标是公司希望目标受众想什么、感受什么，更重要的是做什么。**媒介目标**（media objective）是公司希望品牌讯息传播能完成什么及其对目标受众的影响。

传播目标为媒介计划人员提供了重要指导。例如，除非符合品牌传播目标，否则一个品牌不会花费 400 万美元在超级碗大赛上做广告。另外，正在树立形象、推出新产品的品牌或那些想用讯息来大规模影响公众认知的品牌或许将超级碗大赛视为不错的选择，因为超级碗大赛有 1 亿观众。两家广告主阐明了企业做广告的原因，例如，韩国现代希望将其小型廉价汽车的形象改变为高档轿车形象；凯业必达招聘网（Career Builder）认为，随着美国走出经济衰退，招聘搜索服务将会适当地向大众传播资讯。[17]

第 11 章中提到两个主要的媒介目标是触达率和频次，媒介计划人员是如何制定策略来体现这些目标的？

频次目标　第 11 章讲的频次是指讯息展露的次数。应该记住，媒介购买的频次事实上是展露数的平均数。

因为频次是一个平均数，所以容易使人产生误解。频次的范围通常很大：一些人对某讯息只看了一次，另一些人则可能在一定时间内看到过 10 次。那么，**平均频次**（average frequency）可能造成媒介计划人员对媒介计划效果的曲解，因为媒介所触达的所有受众看到一条讯息的展露数是不同的。新产品或复杂讯息需要更高的频次，以帮助消费者理解和学习。

出于这些原因，媒介计划人员往往使用**频次分布**（frequency distribution）模型来表示在每一重复层级所触达受众的百分比。**频次五等分配分析**（frequency quintile distribution analysis）将受众分为五组，每组包含 20%的受众。运用媒介使用模型就可估算下表中每一个五等分配的平均频次。如下表所示，末端 20%受众的平均频次是 1，而顶端 20%的平均频次是 10。在这一假设分布中，平均频次为 6。

五等分配	频次（展露数的平均数）
顶端的 20%	10
20%	7
20%	5
20%	3
末端的 20%	1

如果媒介计划人员觉得触达率是 80%，而平均频次应该是 8，就需要更加密集的媒介计划来提高展露总数。换句话说，平均值应从 6 换到 8。

有效频率 由于信息爆炸和拥堵，因此需要一个临界点或最低频次才能产生某种效果，如需要更多品牌讯息、品牌态度改变或者是最期望的效果——购买品牌。

一般的经验法则是，展露数达到 3～10 次就会对受众产生某种影响。显然，这个频次范围是非常宽泛的。合适的频次数值取决于以下几个因素：品牌知晓度、竞争干扰度、讯息内容和目标受众的素养。许多因素会影响受众反应（即效果），因此受众反应调查显得非常必要。如果尚未达到预期效果或反应，可能需要增加展露频次或对讯息进行修改。跟踪研究法等调查诊断法可供参考。**有效频次**（effective frequency）的原理是：增加触达频次，直到引起受众做出某一反应。

触达率目标 在一定时期内至少一次展露于品牌讯息的人数所占的百分比叫作触达率。一次成功的传播活动部分取决于在规定时间和预算内尽可能多地触达目标受众的能力。因此，许多媒介计划人员认为触达率是最重要的目标，也是制定媒介计划的起点。

通过使用人口统计和生活方式调查数据，媒介计划人员可以重点关注触达特定类型的家庭（如空巢家庭、有两个以上未成年孩子的家庭、单亲家庭、年收入超过 10 万美元的家庭）或个人（25～49 岁的男性、租客）。这有助于媒介计划人员更好地将媒介概貌与传播活动目标受众的特点相匹配。

绝大多数媒介所触达的许多人不是目标市场，大多数营销者对**目标受众触达率**（targeted reach）更感兴趣，目标受众触达率是媒介载具的受众与品牌的目标市场重叠的百分比。如果从媒介载具的受众画像中找出了品牌的目标市场，就可估算出目标受众触达率。为了估算**无效触达率**（wasted reach），计算目标受众的触达率非常重要。无效触达率是指在媒介载具的受众中既不是顾客也不是预期顾客的人数。在网络电视的讨论中提及过这一问题，因为网络电视的受众是大众，其无效触达率特别高。

评估目标受众的媒介接近机会是媒介工作人员的一个主要挑战。例如，电视媒介的晚间新闻可触达广泛的受众，如果目标受众是 25～49 岁的女性，那么应考虑这个新闻节目的有效触达率。显然，男性和女性都看新闻，目标受众很可能只占一半甚至更少，尤其是把一个特定年龄群体作为目标受众时。晚间新闻可能并不是触达这一目标受众的最佳选择，因为其无效触达率太高。正如第 13 章所讨论的，户外广告是一种受地域限制的媒介，尤其擅长定向特定人口。

既然新观点是将消费者作为品牌对话的参与者而非目标，那么媒介计划人员也必须调整有关触达率的观点。与触达率相比，媒介计划人员开始更多地关注那些找到与目标受众的连接的恰当方式。

媒介浪费 目标受众的范围太广，因此在讨论目标受众触达率时提及了无效触达率。事实上，无效触达率包括两个方面——触达率和频次。媒介计划的目标是媒介效率最大化，消除过度重叠或过多频次，因此可通过减少**媒介浪费**（media waste）来提高效率。媒介从业人员凭借其经验、受众调查和计算机模型来确定媒介效率。当媒介比重的增加开始抑制受众反应的增加时，浪费便开始产生。

编写媒介目标 基于对触达率和频次之间关系的讨论可知，媒介目标重点关注触达率和频次两个因素。以下是媒介目标的一些范例：

1. 在每四周时间里，广告投放频次为四次，每次触达率为目标受众的 60%。
2. 在广告投放前期的六个月期间，目标受众的触达率达到最大值，频次最少为五次。
3. 30%的目标受众有机会接触品牌或品牌使用者。
4. 触达那些品类的舆论领袖和影响者，刺激他们进行口碑传播和传播其他正面品牌讯息。

第一个目标是最常见的，该目标认为很少能触达 100%的目标受众，也认为一定的频次是让品牌讯息被看到/听到/读到的必要条件。第二个目标是为讯息复杂的产品设定的，根据研究（和判断），预期顾客看到讯息的有效频次不得少于五次，由此说明频次比触达率更重要。换句话说，五次以上触达小部分受众而获得反应比少于五次触达大部分受众而获得较少的反应或没有反应更有效。

第三个和第四个目标直接涉及媒介效果，为了实现这些目标，媒介购买人员需要找到媒介载具和接触点（如事件和赞助）。在此，品牌及其使用者就可互动，而不要使用太多的被动型媒介（如传统的大众媒介）。注意，第四个目标是无法衡量的。

第 3 步：制定媒介策略

媒介中的战略思维涉及一系列决策要素和工具，这些要素和工具有助于确定传递品牌讯息的最佳方式。无论一个公司是只花了几百美元在一个媒介上还是花了几百万美元在多个不同的媒介上，媒介目标总是相同的：在最佳时机将正确的讯息传递给合适的目标受众。值得记住的是，有多种方法可以实现目标；困难的是决定哪种方式是最好的。选择具体的**媒介策略**（media strategy）需要分析和比较实现媒介目标的各种方式，然后选择最有效的方法。

媒介组合决策 如第 12 章和第 13 章所述，媒介计划人员可选择各种各样的媒介，包括自有媒介和挣得媒介以及付费广告。因此，传统媒介计划是指选择广告媒介以接触特定受众并实现触达率和频次目标的过程，它试图将可用媒介的优势和局限性与广告策略的需求匹配起来。

大多数品牌使用多种媒介载具，以触达当前的或潜在的顾客，这叫作**媒介组合**（media mix）。例如，娱乐与体育节目电视网使用电视、杂志、广播、互联网以及自己频道的原创节目来为其节目促销。使用媒介组合有很多原因。首先，一种媒介载具很难达到可接受的触达率，因此使用混合媒介是为了可触达那些首要的或最重要的媒介无法触达的受众。使用不同的媒介载具能广泛地传递讯息，因为不同媒介的受众构成不同。当然，这些不同的受众群体总体上符合品牌的目标市场的特征。一些人排斥某些特定的媒介，比如电视广告被看作强迫性的，网络广告更是会激怒一些人。媒介计划采用不同媒介的其他原因包括在廉价媒介上可增加展露数，有的媒介能强化创意讯息。

尽管如此，一个特定媒介载具或一组媒介载具的选择取决于与特定媒介的优势相匹配的媒介目标。某种媒介能产生某种最佳效果，但能用媒介组合来强化和扩大这些效果吗？传播活动是否会带来理想的投资回报率？如果媒介目标是受众触达率，那么电视仍然能触达最广泛的受众；如果频次很重要，那么广播可能是最实用的媒介载具。印刷媒介和电视媒介都被认为是更值得信赖的媒介，所以媒介计划人员在传播活动中用来提升品牌的可信度或提高产品广告说辞的能信度。

媒介组合决策依赖于对媒介优势和局限性的分析以及与特定营销情境相关的因素。分析某行业的媒介组合选择可透视其媒介组合逻辑的有趣论证过程。BIG 调查公司和西北大学媒介调查组批评了电信业（美国电话电报公司、威瑞森电信公司、斯普林特公司）。调查小组基于消费者调查和定制分析模型提出一组理想化的媒介组合预算。与实际花费相比，调查小组的研究结论认为电信业把本应花在网络、广播、杂志和户外等其他媒介上的费用过多地用在了电视媒介上。特别是消费者调查导致不恰当地根据时间、购买力影响和低廉的成本利用网络。[18]

部分问题在于过去的媒介计划主要受一种媒介如电视主导。由于媒介的分散和消费者媒介使用的多样性，这些类型的媒介活动很少再出现。几乎所有媒介都与其他媒介相结合，包括社交媒体和其他线上媒介。正如得克萨斯基督教大学的媒介教授劳拉·布赖特（Laura Bright）所解释的那样，这些“筒仓驱动的主题传播活动”（silo-driven campaigns）已经让位于专注于品牌体验的活动，而不是特定类型媒介形式的综合活动。[19]即使大多数媒介计划都是跨平台的，也有少数方法主要关注线上媒介。为了与年轻的市场建立联系，品牌发现通过社交媒体或移动媒介触达这个难以捉摸的群体是最佳途径。例如，弗鲁特（Juicy Fruit）发起了一场名为“甜言蜜语”（Sweet Talk）的主题传播活动，该传播活动作为应用程序推出，在脸书主页上得到了支持。[20]

有时媒介选择策略的目的是通过使用一种媒介将受众引向另一种媒介或营销传播工具。例如，通常运用大众媒介来助力特殊事件或销售促进。大众媒介也被用来推销包装，例如著名的可口可乐玻璃瓶。2013 年，可口可乐发现瓶子的受众有两个截然不同的诉求和媒介使用偏好：一种是年长的受众，他们对怀旧的讯息做出回应，是传统媒介的重度用户；另一种是年轻的受众，玻璃瓶对于他们来说很“酷”，最好通过线上媒介和社交媒体进行传播。

互联网的出现强化了所谓的“两步媒介平台”。印刷媒介和电波媒介基本上属于告知性和提高品牌知晓度的媒介形式，常用来提高具有互动性和体验性的品牌网站的流量。

地理分布策略　媒介计划人员用于分析目标受众的另外一个因素是地理因素。是否能在全国找出潜在顾客（因此被称为全国性传播活动）？客户是否有足够的预算来支持这么大的一个媒介计划？在许多情况下，媒介计划需要确定特定区域或指定营销区域来安排**重点区域排期**（heavy-up schedule），这意味着有更大比例的预算要花在该地区。公司的销售区域（即地理因素）是重点区域排期决策的因素之一，在一个不能提供产品的市场做广告是没有意义的。很多全国性或区域性营销者把市场按地理进行划分。每个地理市场的产品销量是不同的，营销者试图把广告投入与预期销量或销售潜力相匹配。

要确定哪一地理区域对某一品类拥有最高（或最低）消费比率指数，营销者必须为每一市场计算出他们感兴趣的**品类发展指数**（category development index，CDI），然后计算出**品牌发展指数**（brand development index，BDI），即估算出企业品牌在不同地理区域的实力。假如通用磨坊公司开发出一条粗燕麦粉的新生产线，该公司不会在全国性媒介上做广告，因为绝大多数粗燕麦粉消费者在美国南部。

品类发展指数是对品类的计算，这一指数表示某指定营销区域与总体市场（全国性或地区性市场）比较后的相对消费比率。品牌发展指数是某品牌在特定市场上的消费比率，而品类发展指数说明某一品类在不同地区销售的强弱。品类发展指数数据可以在行业和政府数据源中找到，品牌发展指数讯息能从调查公司西蒙斯、士嘉堡所提供的服务以及公司数据中获得。

不同的媒介策略可用来解决上述问题，且影响着媒介组合和媒介排期。除非有明显的市场信号显示该地区有强劲的成长潜力，媒介计划人员一般不会在销售薄弱的地区加大广告预算的支出。相应地，如果没有明显的证据显示加大广告投资会进一步提高公司销量，销量强势的市场也不会获得与销售额同比增长的广告投入。当市场中有很多竞争性活动时，会采取重点区域排期策略来保护品牌市场份额。

地理因素对媒介计划的影响在本地户外广告中体现出来。本地广告是地域性的广告。

数字革命带来的另一个变化是媒介计划不再强调全国性活动，而是关注本地连接点。实际上，我们一直有本地媒介策略，媒介计划人员正在研究本地营销，他们将消费者视为品牌联系的发起者而不仅仅是目标。在一项关于媒介计划人员对自身领域动态变化看法的研究中，布赖特发现搜索广告和移动营销正在推动这一趋势。[21]

排期策略　一个潜在顾客应当何时展露于品牌讯息之下？排期策略旨在确定消费者接触品牌讯息的最佳次数。

对于许多品类来说，预期顾客都会有一个或更多的最乐于接收和注意品牌讯息的理想时间和地点，这种理想的时间/地点叫作**缝隙**（aperture），是媒介排期需要考虑的重要因素。电影院和餐厅在周四和周五做广告，因为这几天是潜在顾客打算前来的日子。体育用品、啤酒和软饮料的广告在体育场馆出现，因为当体育迷观看比赛的时候正想消费这些产品。当考虑到时刻、品牌涉入度和顾客联系时，找到合适的缝隙更重要。

一家公司不论是花费几百美元在单一媒介上，还是花费数百万美元在各种不同的媒介上，目标都是一致的：使适当的讯息在适当的时间触达适当的受众。如果广告预算没有限制，大多数公司可能每天都会做广告。但即使是最大的广告主也不会如此，因此媒介计划人员用不同的方式安排媒介排期，以便在预算范围内能够产生最佳效果。三个排期策略是：时间选择、展露的持续时间、展露的连续性。

● 时间选择：何时做广告？时间选择决策与以下因素相关：季节、节假日、周几、一天的某个时刻、产品购买的频次、产品在某些月份是不是比其他月份使用得更多、消费者最佳缝隙、竞争者的广告时间安排，等等。另一个需要考虑的因素是**前置时间**（lead time），或在销售期来临之前人们开始考虑季节性购买时广告触达他们所需要的时间。比如，针对返校学生做广告，通常是根据学校开学时间（8 月底或 9 月）在 7 月或 8 月初就提前启动。前置时间也指制作广告作品所需要的时间，以方便交付媒介刊播。杂志的前置时间比较长，而报纸、广播等地方媒介的前置时间比较短。

● 持续时间：多长时间。广告在一年内刊播几个月或几个星期？如果广告周期持续时间长，广告分布就可以稀疏一些。如果做广告的时间有限制，广告就可以相对密集。广告排期经常根据消费者的使用周期而变化。对于快餐和电影等全年都能消费的产品来说，广告会在全年分布。总的来说，如果不能全年做广告，那么在产品销售高峰期就应该密集安排广告。例如，电影营销者会在周末刊登大量报纸广告，因为周末会有很多人去看电影。

另一个问题是做多少广告才够呢？也就是说广告讯息多到什么程度时效果最好？如果广告周期太短或者广告重复次数太少，那么讯息效果会很差或没有效果。如果广告周期太长，就容易导致**广告疲劳**（wearout），即受众会对广告感到疲倦而不再注意广告。

● 连续性：间隔多久。**连续性**（continuity）是指整个广告活动期间的广告分布情况。**连续式排期策略**（continuous strategy）是指整个广告活动期间均匀地分布广告。也可以考虑脉冲式和间歇式两种方式，如图 14－2 所示。

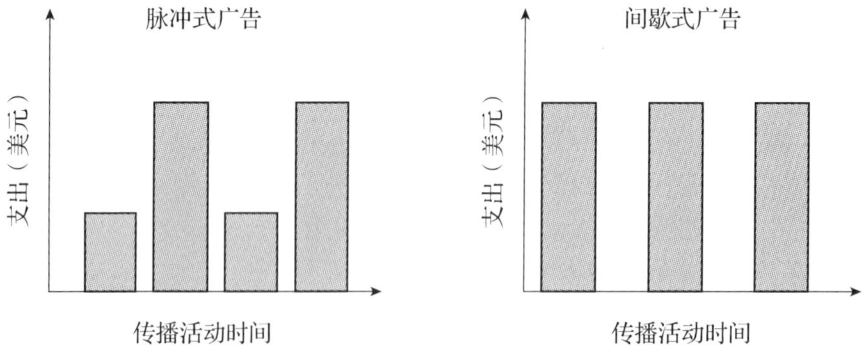

图 14－2　脉冲式排期策略和间歇式排期策略

一般来说，在购买的一次缝隙之前用于加强广告密度，然后逐渐减少到较低水平，直到下一次缝隙重新开始，这是**脉冲式排期策略**（pulsing strategy）。脉冲式排期有高峰和低谷，所以也叫爆发式排期。当公司在特销时期欲提高媒介比重，就常采用脉冲式模式，麦当劳、汉堡王等快餐公司就是如此。尽管为了竞争每天的顾客需要连续式广告，但公司加大广告活动的密度主要是为了配合新菜肴、商品附赠礼品、竞争等特殊事件。尽管脉冲式排期的广告几乎分布在整个年度，但密度仍有周期性。

对广告的连续性调整最大的是**间歇式排期策略**（flighting strategy），其特点是在某段时间广告投放很密集，在另一段时间完全没有做广告（中断）。这种“有”和“无”的排期拉长了广告活动的时间。在某段时间不做广告的原因是消费者在广告暂停的一段时间内仍然能记住品牌及其广告。图 14－2 阐述了这种知晓度的变化。如果间歇式排期策略发挥了作用，广告播放后就会产生一种**延迟效果**（carryover effect），即在下一广告时期开始前的间隔时间，消费者将一直记住产品。这一重要决策涉及衰退水平的分析，即广告记忆的时限。

根据媒介时间和时长把媒介排期表排定后，再把这些决策绘制在**媒介流程图**（media flowchart）上。流程图的上方是传播活动的日程表，侧面是所用媒介的清单。绘制的长条框横贯日程表，表示使用不同媒介的准确时间。当流程图完成后，是采取脉冲式排期策略还是间歇式排期策略就显而易见了。也可看到廉价媒介（店内标牌）上的提示广告可能在昂贵媒介（如电视）上以爆发式和脉冲式策略出现。

规模、位置与媒介权重策略 除了媒介组合决策之外，媒介计划人员还要和创意团队共同为每一种媒介确定适当的投放规模与时长。投放范围和规模问题涉及所有媒介——甚至是交通媒介，如出租车广告说明。

当有一个以上营销区域或受众时，媒介计划人员通常使用**媒介比重**（media weighting）这一决策标准来确定指定营销区域或区域的预算比例和为每一目标受众分配的预算比例。例如，媒介计划人员如果要为一次性隐形眼镜做广告，就有两个目标细分受众要考虑：需要眼镜的消费者、能推荐产品的眼科医生。第 2 章所讨论的推拉策略也与其相关。假如媒介策略是鼓励消费者到医生那里咨询产品讯息，那么媒介计划人员将更加重视通过消费者出版物来实施拉式策略，而不是重点采用向眼科医生发行的专业期刊——这代表着推式策略。因此，媒介比重策略会将预算费用的 60%用于消费者，40%用于眼科医生。

就指定营销区域来说，为了增强品牌在该市场的实力，疲软市场可能会获得更多的媒介费用份额，这一做法叫作投资支出。另外，如果在品牌的强盛市场存在激烈的竞争，那么为了抵御竞争者，强盛市场得到的媒介费用更多。媒介比重策略还依据季节、地理、受众细分、指定营销区域的品牌发展水平等因素而加以运用。

第 4 步：制定媒介计划测量标准

与营销传播其他每个方面一样，媒介计划受效果责任的影响。由于媒介决策取决于可测量因素、可确认的成本和预算限额，因此媒介计划人员十分关心媒介推荐的效果与效率。由于投入了数百万美元的资金，客户需要证实媒介推荐的数据。

效果：毛评点和目标受众视听率 媒介人员用来设计媒介组合的最重要的几种媒介载具是计算媒介排期的毛评点和目标受众视听率。如前所述，触达率和频次是一对相互关联的概念，如果将其合并，就产生了毛评点。**毛评点**（gross rating point，GRP）指媒介计划的权重或效率。媒介计划中的毛评点越大，媒介购买的比重也就越大。

要计算一个计划的毛评点，先用每个媒介载具的视听率乘以指定时间段内插入每个媒介载具的广告数量，然后再加上媒介载具的总数。比如，考虑下表中的数据：如果《幸存者》这一节目的家庭视听率为 6，插入次数为 8，则该计划将达到 48 个毛评点。

A 计划的毛评点计算（触达率＝35；频次＝6.9）

节目	家庭视听率	刊播次数	毛评点
《幸存者》	6	8	48
《海军罪案调查处》	4	8	32
《美国之声》（*The Voice*）	7	8	56
《周日足球夜》（Sunday Might Football）	9	8	72
			总数：208

B 计划的毛评点计算（触达率＝55；频次＝3.2）

节目	家庭视听率	刊播次数	毛评点
《幸存者》	6	8	48
《帝国》（*Empire*）	7	8	56
《生活大爆炸》（*The Big Bang Theory*）	5	8	40
《周四足球夜》（*Thursday Night Football*）	4	8	32
			总数：176

一旦确定了产生毛评点的媒介载具，计算机程序可将毛评点分解为触达率和频次。根据消费者媒介使用的调查数据，这些触达率和频次模型就可生成受众、观众和读者相互重叠程度的数据。

为了说明毛评点是如何确定的以及相同预算下不同媒介计划的触达率和频次有何不同，看看以下两个媒介组合。两个媒介组合都是为比萨品牌制定的简单的电视媒介计划。从第 11 章可知，除非有特殊说明，视听率点是指某一媒介所覆盖的（国家、地区、指定营销区域或其他目标受众类型）家庭数的 1%。刊播次数是特定时段（通常是四周）内投放在每个媒介载具/节目中的广告数量。

两个预算相同的不同媒介组合所产生的毛评点总数是不同的。优秀的媒介计划人员会着眼于几个能触达目标受众的不同节目组合，为每一个组合计算出毛评点，然后将计算结果拆分为每一个媒介计划的预计触达率和频次。因为视听率呈百分数，表中 A 与 B 两个媒介计划的毛评点都高于 100%的触达率。当然，这是不可能的，就像不可能吃到馅饼的 156%一样。这就是这些数值被称为毛视听率点的原因，其中包括重复的展露数。了解不同媒介计划的毛评点有利于选择在规定预算内能传递更多讯息的媒介。

计算机模型如何根据 A 计划中的 208 个毛评点计算触达率和频次？媒介组合模型能较为准确地估量如下数值：触达率 $R=35$，频次 $F=6.9$（尽管触达率是百分比，行业惯例通常不采用百分比符号作为触达率数值）。对于毛评点为 176 的 B 计划，估算出的触达率和频次分别为 $R=55$，$F=3.2$。

如何判断哪一个才是最好的？如果品牌具有较为密集的目标受众并希望通过重复来建立较高的品牌地位，那么 A 计划可能是明智的选择，因为它有更高的频次（6.9 对 3.2）。然而，如果品牌讯息很简单，频次相对不太重要，媒介计划人员很可能会选择 B 计划，因为它有更高的触达率。B 计划的毛评点更低，但触达率更高（55 对 35），原因是 B 计划多样化的节目吸引了比 A 计划更多样化的受众。但因为 B 计划有更高的触达率，所以其频次也就更低。

记住很重要的一点，毛评点是触达率 $R\times$频次 F 的结合。受预算的限制，当触达率 R 上升时，频次 F 会减小，反之亦然。一旦有经验的媒介计划人员获得广告预算，通常对使用多少预算来购买毛评点比较敏感。媒介计划的挑战在于决定使用有更高触达率的媒介组合，还是有更高频次的媒介组合。当然，这取决于媒介目标。

前面所列举的两个媒介组合是以家庭视听率点为基础的。对于有大规模市场诉求的产品，在目标受众选择中会使用家庭视听率点。然而，对于网球拍、跑车和纯天然食品等更专业的产品，应将目标受众界定得更窄。例如，假设纯天然食品的大多数消费者都是 25～49 岁拥有大学学历的女性，而且至少参加一项户外活动，她们将会是这类产品的绝大多数品牌的目标受众。因此，当为纯天然食品制定媒介计划的时候，媒介计划人员将不大关注媒介载具的总受众，而是比较关注传播活动的目标受众在总受众中的百分比。那些不在目标范围之内的被称为无效覆盖。

很明显，由于总受众包含了无效覆盖，对**目标受众视听率点**（targeted rating point，TRP）的计算需要调整计算结果，以排除无效覆盖，以更准确地反映观看节目的目标受众的比例。因消除了无效覆盖，目标受众视听率点比总受众的毛评点要小。像触达率和频次一样，TRP 取决于媒介使用方面的调查数据，数据可从 MRI 调查公司这样的联合调查服务公司那里获得，也可从主要媒介载具那里获得。

为了阐明家庭毛评点和目标受众视听率点的区别，我们将再次使用之前所描述的 A 计划。如下表所示，第一栏是家庭视听率，新出现的第二栏表示目标受众视听率点，或者说触达 25～49 岁、至少与一种户外活动密切相关且拥有大学学历的女性所在家庭的百分比。当把目标受众视听率点和刊播次数相乘时，就会发现刊播次数保持不变，但目标受众视听率点大幅减小。用目标受众视听率点（80）对比家庭毛评点（208），可发现有 128 个（208－80）毛评点在纯天然食品品牌中作用很小或者根本没有发挥作用。无效触达越少，媒介计划效率越高。

A 计划的目标受众视听率点的计算

节目	家庭视听率	目标受众视听率点	刊播次数	毛评点
《幸存者》	6	3	8	24
《海军罪案调查处》	4	3	8	24
《美国之声》	7	3	8	24
《周日足球夜》	9	1	8	8
				总数：80

严格描述目标受众，尤其是根据生活方式来描述目标受众，是为了利用定位于不同生活方式的多种媒介载具——杂志、电视节目和频道、特殊事件等。提供独特兴趣话题的媒介的例子如下：以跑步者的兴趣话题为特点的《跑者世界》（Runners World），讲述房子修缮和改建的电视节目《这栋老房子》（This Old House），聚焦健康和健身的《悦己》（*Self*）杂志，为追求有趣并且实惠的旅行和假期的人打造的《穷游天下》（*Budget Travel*）杂志。

这种计算虽然与传统媒介计划中的视听率一样重要，但是对于社交广告和移动广告使用的个人联系媒介来说可能不那么重要。是参与的性质而不是展露的广度决定了媒介影响的有效性。

新的媒介计划使用一种称为**总受众印象**（total audience impression）的指标替代毛评点，旨在更好地估计整合传播活动的效果，包括数字印象以及可测媒介的印象。总受众印象来自公共关系中的印象管理工作。comScore 等公司的复杂程序可提供经过验证的印象报告以及全面的受众画像。[22] 这些新方法试图更好地估计跨媒介传播活动的效果。

成本效益　如前所述，将预算和竞争者相比较的一个方法是声音份额。它制定与你的品牌和竞争者品牌市场份额相关的预算。例如，你的客户有 40%的市场份额，那么你可能会选择使用 40%的声音份额来维持你品牌的竞争地位。为了计算这一预算水平，你需要算出这一类产品的广告总花费以及你的品牌、主要竞争对手的市场份额。[23] 例如，如果某一品类的广告总费用是 1 000 万美元，你希望你的声音份额达到 40%，就需要花费 400 万美元（1 000 万×0.40）。

在媒介计划过程的结尾，一旦确定了媒介组合，媒介计划人员将会绘制一个饼图来表示媒介配额，这一术语是指在各种所选媒介中分配预算额度。饼图显示总媒介预算的各部分，即在每种媒介上所花费的预算。饼图显现媒介组合和每一媒介载具在媒介组合中的相对重要性。

尽管本书的许多讨论都以可测的广告媒介及其目标为重点，但有必要指出，其他整合营销传播的原则也关注效率验证。例如，公共关系确立了类似于广告媒介评估的标尺。

千人成本、目标受众每千人成本和每视点成本　广告主不只依据目标受众、地理因素和排期等考虑媒介组合决策，有时媒介决策中最重要的问题是资金。广告主想要触达预期顾客，而不仅是读者、受众或听众，因此广告主应该比较每个具有特定功能的媒介载具将讯息传递给目标受众的成本。最廉价的载体可能无法向绝大多数目标受众传递讯息，而最昂贵的载体可以准确地向适当的目标受众传递讯息，所以媒介选择就是权衡成本与触达率的过程。

目标受众规模与触达该受众付出的成本的测量过程取决于效率的计算，常用的测量标准是每千人成本和每视点成本。

每千人成本（cost per thousand，CPM）这一术语是行业的简略表达方式，表示获得 1 000 个印象数的成本。比较同一媒介（杂志之间或电视节目之间）不同载具的成本，每千人成本是最好的方法，这是因为不同的媒介有不同的效果。为了更精确地确定潜在媒介购买的效率，媒介计划人员常常关注**目标受众每千人成本**（targeted cost per thousand，TCPM）。

计算电波广告的每千人成本只需要两个数字：一则广告的费用及媒介载具触达的目标受众人数。用 1 000 乘以广告费用，再用这个数值除以广播电视受众数量，即可算出每千人成本。

就印刷媒介而言，每千人成本是以发行量或读者人数为基础的。《时代周刊》有 400 万发行量，宣称有 1 950 万读者。发行量与读者人数的区别是由于**传阅数**（pass-along readership）引起的。就《时代周刊》而言，这意味着每本杂志大约有 5 人读过。你可能会怀疑，媒介载具更喜欢广告公司使用读者数而非发行量来计算每千人成本，因为采用发行量计算所产生的每千人成本要低得多。计算 CPM 和 TCPM 的步骤如下：

- 每千人成本的计算。在下面的例子中，每千人成本是以《时代周刊》杂志的读者数和一页四色广告价格 24 万美元为基础的。请记住，希望得出触达 1 000 位读者的成本。

　　每千人成本＝广告费×1 000/读者人数

　　每千人成本＝240 000×1 000/19 500 000＝12.31（美元）

- 目标受众每千人成本的计算。要计算目标受众每千人成本，首先需要确定《时代周刊》杂志的读者中有多少是目标受众。为了论述方便，我们假设只有 500 万《时代周刊》杂志读者符合我们的目标受众概貌。从以下计算中可看到，目标受众每千人成本极大地增加了。这是因为尽管只有 1/4 的读者对于你来说是有价值的，但你仍然需要支付触达所有读者的费用。

　　目标受众每千人成本＝广告费×1 000/目标读者人数

　　目标受众每千人成本＝240 000×1 000/5 000 000＝48.00（美元）

- 每视点成本的计算。现在来看如何计算**每视点成本**（cost per point，CPP）。视点成本是基于一个节目视听率点来计算触达 100 万家庭的成本，即一则广告投放的成本除以节目的视听率。如果《海军罪案调查处》中一则 30 秒的插播广告的费用为 320 000 美元，视听率为 8，那么每视点成本为 40 000 美元：

　　每视点成本＝320 000/8＝40 000（美元）

- 目标受众每视点成本的计算。计算**目标受众每视点成本**（targeted cost per point，TCPP），也就是以你想触达的目标受众为基础的视听率点，这一视听率点决定了目标受众的百分比。以《海军罪案调查处》为例，假设一半受众是我们的目标受众。因此总视听率点由 8 减少到 4（50％×8）。现在我们将一次成本 320 000 美元除以 4，得出目标受众每视点成本为 80 000 美元：

　　目标受众每视点成本＝320 000/4＝80 000（美元）

可通过这样的计算来比较几种不同的电视节目，并确定成本较低的节目。

每千人成本变动范围很广，一个媒介计划人员可能算出 40 美元的每千人成本来触达 1 亿超级碗大赛的受众。

如果你有 450 万美元的预算，你会购买什么样的媒介？这个预算相当于一则 30 秒的超级碗大赛广告的费用。但是考虑一下对于今天的媒介计划人员来说，这些资金将如何在可供选择的众多在线媒介和社交媒介中分配：

- 在推特上将你的品牌作为主流趋势发布 22 天。
- 在你的搜索广告中获得超过 600 万点击量。
- 使你的视频在脸书上得到 5 000 次浏览量（3 秒=1 次浏览量）。
- 使你的广告在 Snapchat 上整整展示一周。[24]

其他测量指标

随着在线和移动设备上的营销传播支出的激增，帮助评估这些平台上的讯息有效性的其他指标已经出现。

- 每点击成本（cost per click，CPC）：每点击成本是指基于广告获得的点击次数而算出的数字广告成本。例如，如果一则 5 美元的在线广告得到 20 次点击，则每点击成本为 0.25 美元。谷歌右侧广告使用每点击成本进行定价。
- 每行动成本（cost per action，CPA）：每行动成本根据有多少用户点击及随后采取了某一行动（如注册新闻通讯、下载一份白皮书、进行一次购买）来评估数字广告。
- 每次观视成本（cost per view，CPV）：广告网络有时会根据在网站上的浏览次数向营销者提供付费广告的选项。每次观视成本往往远低于每点击成本。[25]

媒介组合优化　在之前关于媒介组合策略的讨论中，考虑了不同媒介计划的效率。采用计算机模型估算不同媒介计划的最优使用涉及计算媒介排期比重和为产生最佳效果实施的排期优化。这些**媒介组合优化**（optimization）技术使营销者能确定媒介组合对产品销售的相对影响和媒介组合优化的效率。

通常这种模型可以产生无限量的媒介组合，然后模拟出每种组合所带来的销量。例如，在 2012 年大选期间，美国总统奥巴马的媒介战略家将关于观看习惯的数据与“优化者”计划中期望得到的选民的私人讯息相结合。这样做可以使竞选者的广告组合传递高效率的讯息。分析部门根据目标选民的模型而不是更广泛的媒介受众类别创建了一组新的评级。在对他们支持候选人的可能性进行评级之后，战略家努力寻找最好地接触这些人的媒介，无论是在线媒介还是传统媒介。据此还确定了不太可能通过传统竞选活动获得的选民，包括未定期观看新闻的犹豫不决的选民。因此，该活动出奇地购买了更多的电视时段，重播节目的有线网络，以及深夜电视节目。[26]

考虑预算、时间安排等因素，媒介计划人员使用媒介组合优化模型可做出明智的决策。其他媒介优化服务提供商有：CPM Advisors 公司（www.cpmadvisors.com）、Aggregate Knowledge 公司（www.aggregateknowledge.com）和天盟公司（Telmar）（www.telmar.com）。

然而，媒介组合优化问题不仅仅涉及效率，还涉及媒介超载和消费者刺激。

14.3　媒介购买与谈判如何运行

目前为止，本章介绍了媒介计划、制定媒介计划的关键步骤、与制定媒介计划相关的蓝图。媒介计划是一项建议，在采取任何进一步的行动之前必须得到客户的批准。事实上，媒介计划只是媒介运作的第一阶段。一旦确定了媒介计划的方向，媒介购买人员依据其目标和策略进行战术决策。媒介购买人员选择具体的媒介载具，并就媒介时间和版面进行商议和签订合同。媒介购买人员具有明确的职责，如图 14－3 所示。

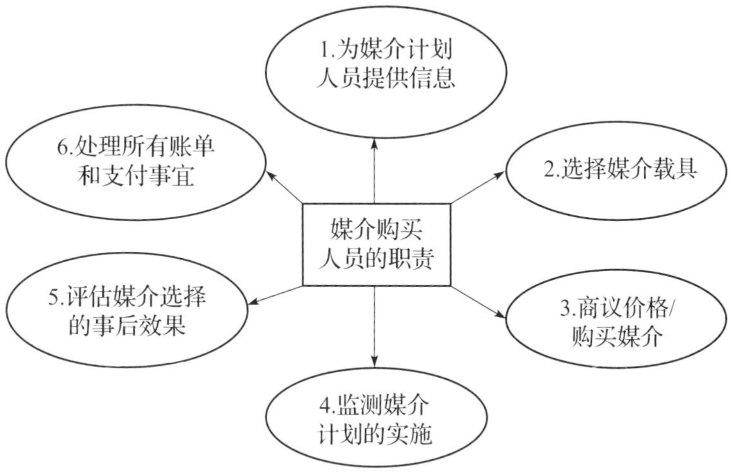

图 14－3　媒介购买人员的职责

媒介购买基础

媒介购买是一个复杂的过程，美国广告公司协会罗列了不少于 21 条媒介购买标准，其中最重要的一条是使媒介载具与讯息、品牌的策略相匹配。除了媒介选择，媒介协商使得媒介计划以一种成本低、收益大的方式成为现实。本节将讨论媒介购买人员最重要的职责：为媒介计划人员提供信息、选择媒介载具、商议价格、监测媒介计划的实施、评估媒介选择的事后效果、处理所有账单和支付事宜。

提供内部信息　对于媒介计划人员而言，媒介购买人员是其重要的信源。他们比较了解媒介发行量的每日变化，因而成为内部最近信息的重要来源。例如，报纸购买人员发现一家主流报纸的投递员在罢工，或杂志购买人员发现某出版物新编辑将大刀阔斧地对编辑风格进行改革。这些事情可能影响当前和以后广告计划的战略和战术。

选择媒介载具　媒介计划人员决定媒介组合，而媒介购买人员负责挑选具体的媒介载具。在线媒介购买通常通过广告交易网络和大型门户网站进行处理。在线载具也提供**程序化购买**（programmatic buying），这意味着算法被应用于购买和刊播针对个体观众的广告，而不仅仅是针对基于其数字追踪数据的受众。[27] 但请注意一点，虽然程序化购买可以优化广告投放过程并帮助品牌实现目标，但营销者可能无法确定其广告在网上的确切位置。最近这种情况已经出现，有些公司惊讶地发现它们的品牌出现在令人反感的网站上或者旁边有冒犯性内容。有一些工具和程序可以让公司控制广告出现的位置，使用简单。[28]

在媒介计划的指导下，媒介购买人员还要为一些棘手的问题寻找答案：媒介载具的受众构成是否合适？节目当前的流行度是上升、稳定还是下降？杂志的编辑风格是否符合品牌和讯息策略？这些问题的答案直接影响传播活动的成败。

商议价格　就像购买汽车的人经常以最优惠的价格谈判一样，媒介购买人员也是如此。关键问题是预期媒介载具是否可利用，通过谈判能否获得符合要求的排期和费率。除了找出目标受众的缝隙外，媒介购买人员再没有什么比争取尽可能低的刊播价格更重要了。在购买网络电视时间时，大部分黄金时间在**预付市场**（up-front market）中以协商的折扣率进行预售，其余黄金时间在**分散市场**（scatter market）中出售，这意味着购买日期更接近刊播日期。[29] 前期广告销售的谈判变得比前几年更加艰难和缓慢，因为计划人员常常会扩大电视、社交媒体、点播视频和移动应用等的预算。前期市场和分散市场之间的转换通常是周期性的，如果广告主在前期支出上缩减太多，那么最终会在分散市场中的广告时间上多支付达 20%的费用。[30]

每一种媒介都会公布价目表，但是媒介购买人员还要用批量购买的折扣谋求特价。媒介购买人员必须权衡可接受价格与受众目标。举例来说，一个媒介购买人员可从娱乐与体育节目电视网得到播放 30 秒钟广告的较低价格，但交易的代价是有一半的广告安排在不能触达其主要目标受众的节目中。所以从长远来看，这个价格可能并不理想。下面列出的是其他一些谈判领域：

● 首选位置的讨价还价。媒介购买人员必须为**首选位置**（preferred position）讨价还价。首选位置是指杂志等印刷媒介上那些具有读者人数优势的位置（见第 12 章）。试想，如果广告能刊登在家庭主妇可能从杂志上剪下来以便长久使用的特殊食谱位置，将为食品广告主带来多大的价值？这则广告可能得到多少额外的展露数？由于首选位置非常显眼，因此它往往要求收取附加费，一般比标准版面费率高出 10～15 个百分点。

● 要求提供额外的支持。除了使用广告，当前的趋势是同时使用其他营销传播方式，因此媒介购买人员往往要求额外的促销支持，这些活动有时叫作**媒介增值服务**（value-added media service），可以采取许多形式：竞赛、特殊事件、店内促销、陈列和以贸易为导向的内部通讯。“额外”取决于各种媒介载具拥有什么样的广告版位以及媒介购买人员讨价还价的能力。

监测绩效　对于一次传播活动，签订关于媒介版面和时间的销售合同后，媒介购买人员的工作并没有结束，他们还要负责跟踪媒介计划的实施，这是广告执行的需要，也是后期广告活动评估的一部分。根据预测的受众规模事先购买媒介，一旦发生不可预期的事件并影响媒介排期会怎样？如果报社罢工、杂志停刊或电视节目被取消该怎么办？媒介购买人员必须处理这些问题。

例如，脸书在 2013 年遭到激进主义女性用户的抗议，她们坚持认为社交媒体网站应该在查找和删除美化暴力及虐待女性的站点上做得更好。抗议活动导致一群广告主从脸书撤回广告。[31]

执行或排期出现问题都是不可避免的，必须面对。对于表现不佳的媒介载具，必须更换媒介或减少费用。媒介购买人员还要检查期刊的出版情况，以核实广告是否已正确编排。媒介购买人员应尽一切努力来获取最新的受众研究结果，以确保媒介排期如期完成。媒介购买人员甚至还需要检查户外广告牌的位置，以确保客户获得计划中的特定展露数。以下是媒介购买人员的其他责任。

● 事后评估。一旦传播活动结束，媒介购买人员的任务就是把媒介计划的预期和预测效果与实际效果进行比较。媒介计划实际上是否达到了既定的毛评点、触达率、频次和每千人成本目标？广告是否刊登在报纸和杂志的预定位置？此类分析有助于为今后的媒介计划提供指导。

● 票据和支付管理。各种媒介的账单往来不断，支付这些费用是广告主的责任，然而协议明确了广告公司有义务代表其客户向媒介索要发票。跟踪发票和款项也是媒介购买人员和广告公司会计部门的责任。

到目前为止，我们一直专注于购买传统媒介，但另一个复杂因素是线上媒介的增长，其中大多数线上媒介需要完全不同的媒介购买技术。购买的基础包括点击率及尼尔森网络评级公司（Nielsen Net Ratings）和 comScore 公司提供的监控数据等新测量标准。谷歌提供有关搜索用户（包括访问网站用户）、新的或重复的浏览者以及在网站上花费的时间的分析数据。为了帮助广告主解决跨多个平台进行营销的复杂性，尼尔森于 2017 年推出了全面内容评级（Total Content Ratings），该服务利用一个测量系统整合了所有传统的、数字的和其他电视/视频。[32]

除了谈判、价格交涉、媒介购买和监测媒介计划的执行以外，媒介购买人员还需处理导致媒介计划恶化的突发情况。实际上，媒介计划人员还是解决问题的能手。媒介排期或广告讯息的再版临时出现问题通常是不可避免的，媒介购买人员必须警惕广告刊登过程中的错登或漏登，以确保问题发生时能给广告主适当的补偿，弥补这种错误的措施称为“根据合同补偿”的**补偿性播出**（make-good）。下面是一些例子。

● 计划救赎。特殊节目或新闻事件往往会打断正常节目安排，广告排期也被迫中断，如果出现需要长期的**计划救赎**（program preemption）的情况，如战争爆发，在媒介排期结束前，媒介购买人员可能难以找到合适的替代媒介。

● 错过截止日。每期杂志和报纸都会明确规定印制的截止期限，即**截止日**（closing）。有时广告材料没有及时送达，如果责任在媒介，它会进行补偿；如果过错在客户或广告公司，媒介就不会赔偿。

● 技术问题。技术上出现大量的失误、机器故障或技术混乱会打乱广告主的媒介排期。**报纸渗透**（bleed through）（可看到印刷页面的反面，并与正面的客户广告相冲突）和**套印不准**（out-of-register color）（全色印刷由四色制版组成，有时没有完全校准）、海报破损、影片卡带、偏离准线都是常见的问题。

2010 年，E! Entertainment 和谷歌正在为奥斯卡金像奖的实况转播忙得热火朝天，使即时场景能够呈现在舞台以外的大众眼前，这使媒介购买人员的活动变得更加复杂。E！在线频道能在几分钟内改变其与奥斯卡相关的广告来反映获奖者和演讲的内容、舞台上的活动、出席者的穿着以及报道的其他特写。[33]

跨媒介购买（和销售）

从媒介购买人员的责任回顾中可以清楚地看出，媒介购买是一项具有挑战性的工作。

许多媒介服务公司提供的服务使得复杂媒介计划的购买变得更加简单。例如，康卡斯特公司及其媒介分支机构美国国家广播环球集团（NBC Universal）通过使用广播、有线电视、互联网以及频道原创节目等跨媒介计划来提升媒介机会。但不同的是，媒介交易要考虑环境或健康等善因。例如，金宝汤公司赞助了全国广播公司的《今日秀》（Today Show）有关健康的内容。这一创意是为了契合目标受众媒介使用的复杂性。

报社长期通过全美报社（Nationwide Newspapers）等公司提供简单的媒介购买，全美报社能提供 2.1 万家报纸的分类广告或展示广告。全美报纸网络联合会（Newspaper National Network）这一同业公会代表 9 000 家报纸安排广告位。在数字领域，DoubleClick 公司面向广告主的 DART 服务，能帮助广告主管理在线展示广告并搜索所有在线营销传播活动。所有这些服务不仅能安排广告位、提供绩效数据来优化媒介购买，而且能报告营销者特定计划的效果。

另一方面的创新是跨媒介购买，即出售媒介载具组合的公司使单次购买更简单。这一方法通过一次交易而非多次的反复联络使得跨平台购买媒介更加简单。跨媒介交易也是媒介融合的结果，就像信息内容在各种新式媒介间的流通，广告也是如此。维亚康姆和迪士尼等大型媒介集团都基于目标受众的兴趣打包“交易”。例如，美国娱乐与体育节目电视网服务体育市场，而且能整合电视、杂志、广播和互联网媒介。迪士尼为选择儿童作为目标受众的广告主创造了一站式购买机会。为了创造这一机会，迪士尼对其广告销售人员进行整合，为能触达儿童的各种业务成立了一支销售队伍——两家有线电视网络（迪士尼频道和 Toon 迪士尼频道）、美国广播公司的儿童节目、迪士尼广播、迪士尼网站和《迪士尼探险》（*Disney Adventures*）杂志。

全球媒介购买

广告从业者可以针对全球广告理论进行争论，但有一事实无可争辩：现在还没有真正的全球媒介，这意味着全球媒介计划必须使用各种媒介工具将全球覆盖范围拼凑在一起。电视可以在全球范围内播送奥运会，但没有一个网络可以控制这种全球传播。因此，寻求全球展露的广告主必须处理不同国家的不同网络和不同载具。

尽管对全球媒介购买的界定存在很大分歧，但大家一致认为目前的营销者很少进行全球媒介购买。不过，许多营销者正在考虑进行全球媒介购买，尤其是计算机和其他 IT 企业，它们被美国电话电报公司等一些媒介追捧。如今，媒介购买的增长领域已超出了单一地区。随着媒介日趋全球化，一些营销者也开始进行跨区域的媒介购买。

现在卫星转播可以让广告触达许多家庭，但因受到信号覆盖区（卫星覆盖范围）、技术、不同政府转播制度的限制，卫星转播也不是全球性的。卫星的波束信号能触达欧洲、亚洲、北美和太平洋，但其覆盖面都只是区域性的，而不是全球性的。虽然存在区域限制，但卫星转播仍然是改变国际广告的重要因素。例如，天空卫星电视的受众遍布欧洲 32 个国家，提供 370 多个讲英语的频道，使广告主有机会在整个欧洲大陆传递统一的讯息。[34]

由于有线电视公司提供越来越多的国际性网络，因此北美、欧洲、亚洲和拉美电视市场日益饱和。这些广播公司包括 Univision 媒体集团和 Televisa 公司取得巨大成功的拉美广播电视网，几乎覆盖包括美国在内的所有西语市场，其中，Univision 媒体集团最受欢迎的节目之一是“El Chavo del Ocho”，在 16 个国家有上千万观众。

在欧洲，随着欧盟的成立及贸易和广告的持续全球化，媒介购买中心正在崛起，它是一个跨多个欧洲国家进行购买的媒介组织。随着商业广播电视的发展和媒介选择余地的扩大，媒介购买中心也开始成长。在弹性价格与协议价格、低通货和广告市场分化的环境中，这些公司得到蓬勃发展。在法国，媒介购买中心大约占媒介市场的 3/4，西班牙为 9/10，英国、荷兰、意大利和斯堪的纳维亚半岛约为 2/5。

然而更重要的是，需要考虑媒介使用的文化含义。因此，媒介计划和媒介购买公司也专门研究或收购了解特定文化的公司，如美国的西语市场和亚洲的中国市场。例如，全球媒介购买公司——实力传播（Zenithoptimedia）设立了实力传播跨文化部门（ZO Multicultural）来帮助客户触达少数族裔市场。

14.4　媒介计划与购买趋势

广告专家在许多年前就宣告了大众媒介广告的消亡，《广告时代》杂志的专栏作家鲍勃·加菲尔德因《混沌情景》一书而受到业界的广泛关注。在这本书中，鲍勃·加菲尔德猜想无线网络电视消失后的媒介发展趋势：人们可以用任意一种他们所想要的方式，例如电视、手机、相机、笔记本电脑、游戏机或 MP3，来获得各种新闻、娱乐、广告。他提出“倾听经济”（listenomics）的概念，强调消费者主导媒介选择的重要性。[35]

整个媒介领域是动态的，而且变化如此之快，以至于很难追踪媒介企业的实践。所有这些变化带来了新的运作方式，并为创新型媒介计划人员和购买人员提供了新的机遇。

分散媒介购买和计划

前面章节提及媒介购买服务的增长，如媒介大买家星传媒体（Starcom MediaVest）为独立公司，专门从事媒介购买业务。媒介产业的这种转移方式是有组织的，这一改变称为**媒介分散服务**（unbundling media service）。当广告公司把媒介部门从公司中剥离出来变成一个独立的利润中心时，媒介分散服务就产生了。媒介集团为客户工作，成为与广告公司争夺同一客户的竞争者。这些公司能够操控资本，已成为广告业的一股强大力量，引发了一场控制媒介计划的战争。

一些媒介公司现在已可以提供**综合服务**（consolidated service），即把媒介计划和购买功能重新整合。利用综合服务优势，一些媒介公司也增加了特别计划小组，涉及事件营销、植入式广告、互联网广告和游击营销等相关领域。在这一点上，这些大型媒介公司看起来更像传统机构。

线上媒介购买

对广告公司而言，更大的威胁来自谷歌和雅虎的媒介购买服务，虽然它们并不是广告公司，但正进入媒介购买和媒介销售市场。谷歌利用其网站主要向小广告主和出版商出售广告，这些广告主、出版商都认为自动化广告网络——谷歌广告网络及其展示广告网络——是一种能够跨越各种媒介、可触达目标用户的经济有效的途径。谷歌认为，将搜索广告与用户兴趣相匹配的专业技术将使其优于传统的广告媒介服务。

媒介调查新形式

如前所述，媒介计划人员面临的一个挑战是缺乏可靠的新媒介受众调查方法和度量标准。使用每千人成本的传统“可测”媒介至少在某种程度上能够预测媒介效果，但这一标尺无法反映在线媒介的网页点击数。目标受众视听率和点击率是无法进行比较的两个概念。

互联网的搜索广告也很复杂，因为如果成功了，就会使原始网站的访问者流失。当访问者点击 StubHub 票务中心的横幅广告而离开美国娱乐与体育节目电视网的网站时，美国娱乐与体育节目电视网还能从中受益吗？你如何评估出版商网站与搜索广告的效率？如果一方成为赢家，另一方不就自然败北了吗？

YouTube 正在研究分析数据来帮助媒介计划人员评估视频分享网站的效果，病毒式营销的效果同样也难测量。Visible Measures、Unruly Media 网站和明略行公司的 Link 工具等提供病毒式传播监测服务，以便评估 YouTube 和网络跨平台的效果。例如，当这些服务公司逐步成长起来后，随着病毒式视频的潜力不断增强，营销者在选择营销传播讯息时将更加精明。[36]

另一个问题是现在的媒介调查是把每个媒介作为一个发射器，分别调查单一媒介。大部分调查服务提供商都不能为你提供很多关于跨媒介传播活动效果的内容。

下章预告

第 5 篇将阐述营销传播的具体领域，例如公共关系、直接反应、销售促进和赞助——所有这些都是跨平台整合营销传播活动的重要方面。最后讨论效果评估并总结对当今品牌传播非常重要的主题。

复习题

1. 媒介计划与媒介购买之间的差异是什么?

2. 什么是缝隙，如何在媒介计划中使用?

3. 如何计算毛印象数和毛评点?

4. 连续式排期策略、脉冲式排期策略、间歇式排期策略的区别是什么?

5. 毛评点与目标受众视听率点的区别是什么? 如何用它们评估一个媒介计划的效果?

6. 每千人成本、目标受众每千人成本、每视点成本之间的差异是什么? 如何用它们评估一个媒介计划的成本效率?

7. 媒介购买人员的职责是什么?

讨论题

1. 假如你刚接手一项任务：为推广通用汽车公司的一款新型汽车做媒介计划。媒介计划的排期将在四个月后开始，媒介主管向你咨询需要从媒介调查部得到哪些数据和资料。你需要哪些讯息资源? 你在制定媒介计划过程中如何利用上述各种讯息资源?

2. 在进行媒介缝隙分析的过程中，从下列产品中选择一个：电子游戏（如任天堂）、男士沐浴用品（如艾科牌沐浴露）、电脑软件（如 Photoshop）或者有氧健身运动鞋（如锐步）。针对你选择的品牌，分析营销形势并凭直觉回答下列问题：

a. 媒介缝隙是如何对该产品产生作用的?

b. 哪一媒介载具可充分利用预期顾客的媒介缝隙?

c. 广告时间选择和时段选择如何提高缝隙机会?

注释

第 5 篇

原理：整合营销传播与全方位传播

第 15 章

整合营销传播管理

学习目标

- 能讨论八个主要的整合营销传播的概念并解释其重要性。
- 能概述整合营销传播的核心内容。
- 能分析有效国际营销传播的战略性决策。
- 能解释全方位传播活动计划的目标指向。

科曼基金会的“粉红丝带”主题传播活动就是一个简单的促销创意的例子。这个创意吸引了支持者和赞助者，让他们亲自参与创建一个成功的乳腺癌研究组织。“粉红丝带”主题传播活动是一项屡获殊荣的整合传播活动，例证了营销者如何在激烈的非营利市场竞争中进行品牌识别和传播方面的决策。本章将汇集IMC的基本原理，其中一些在前几章已经介绍过。然后描述IMC活动计划的规范程序，介绍管理综合性整合传播计划面临的挑战。

获奖案例

粉色的力量

尽管一开始你可能认为粉色不是秋天的颜色，再细想如下现象，你就知道我在说什么了：在全国乳腺癌防治月（10月）到处都可见粉红色；全美足球联盟（National Football League）的粉色足球装备和粉红色制服；达美航空（Delta Airlines）的粉色飞机；帕尼拉面包坊（Panera Bread）的粉色丝带百吉饼；雅芳的粉色产品；优诺的粉色酸奶盖子；厨宝（KitchenAid）的粉色搅拌机；纳斯卡赛事（NASCAR）的粉色赛车；OtterBox的粉色智能手机外壳。

“粉红丝带”主题传播活动成功地提高了人们对艾滋病的认识，受其启发，关注乳腺癌的支持者开始使用“粉红丝带”作为其善因的象征，这已成为有史以来最成功的慈善品牌识别活动的创意之一。1991年，科曼基金会在纽约市举办了一场名为“为治愈而赛跑”的主题传播活动，向乳腺癌幸存者发放粉红丝带，这是该基金会首次向参与者分发。其他有类似目标的组织很快也采用了粉红丝带。

第二年，全国乳腺癌宣传月的领导人采用了粉色丝带作为标志。1993年，雅诗兰黛公司副总裁伊夫琳·兰黛（Evelyn Lauder）成立了乳腺癌研究所（Breast Cancer Research Institute），并将粉红丝带作为研究所的标识。

从品牌化和整合营销传播的角度看，这一活动创意引人注目的原因是：许多公司发现在促销产品中嵌入一个重要善因能产生协同效应。《纽约时报》记者将美国粉色主题传播活动描述为“数十亿美元的生意，是营销、推销商品和募集资金的机会，在范围上几乎是无与伦比的”。这些成果的背后是一个吸引人的故事，涉及出色的营销洞察和在传播与癌症相关的重要讯息方面做出的长期努力。

为了纪念因乳腺癌而去世的姐妹，南希·布林克尔（Nancy Brinker）创建了科曼基金会并兼任首席执行官，给这种无望的疾病带来了希望。在高端百货商店内曼·马库斯做销售实习生期间，布林克尔创作了关于癌症的乐观讯息，使人们相信这种疾病还有存活的希望。这一希望有赖于教育女性接受乳房x光检查和对乳腺癌研究的投资。一项名为“为治愈而赛跑”的年度事件活动帮助传播正面讯息。布林克尔通过招募121家分支机构在全国传播这一讯息，这是科曼基金会最大的收入来源。

为了募集资金去开展妇女教育和治疗，布林克尔成功地招募了许多公司，通过品牌与善因的联合而产生协同效应，特别是在10月份。她认识到粉色的力量：帮助企业将自己的品牌与善因联系起来。公司为品牌树立了友善形象，收入用来支持善因。

自 1982 年以来，科曼基金会已筹集了超过 9.2 亿美元用于研究，超过 20 亿美元用于药物医疗，服务于 60 多个国家的数百万癌症患者。粉红色是成功的颜色吗？可在本章末尾的“成功秘诀”专栏找到答案。

资料来源：Susan G. Komen website，ww5. Komen. org，downloaded August 30，2017；Sam Borden，“A New Twist to N. F. L. Breast Cancer Awareness：A Pink Tutu，” *New York Times*，October 5，2012，www. nytimes. com；Natasha Singer，“Welcome，Fans，to the Pinking of America，” *New York Times*，October 15，2011，www. nytimes. com；Deborah Sweeney，“5 Companies Going above and beyond for Breast Cancer Awareness Month，” Forbes，October 11，2012，www. forbes. com；“OtterBox Promotes Strength in Numbers during Breast Cancer Awareness Month，” OtterBox，October 4，2012，http：//media. otterbox. com/2012-10-04-OtterBox-Promotes-Strength-in-Numbers-During-Breast-Cancer-Awareness-Month；“Pink Ribbon，” Wikipedia，www. wikipedia. org.

15.1　主要的整合营销传播概念

整合营销传播不仅是一个重要的商业概念，也是一套原理与实务，是本书的一个重要主题。本章将总结整合营销传播的基本原理和实务，从区分整合营销传播计划、程序与更传统的广告、其他营销传播领域开始讲述。

利益相关者与品牌关系

之所以从利益相关者开始，是因为在大多数整合营销传播策略中以顾客为中心至关重要。这里的“顾客”实际上是指所有影响顾客关系的利益相关者。关系营销是一个起源于公共关系的概念，它将焦点从以一次性购买为目标转移到维护公司所有关键利益相关者的长期参与上，这些利益相关者包括员工、分销商、渠道成员、广告公司、投资者、政府机构、媒体或社区。

交互性的和良好的传播是连接品牌与关键利益相关者的纽带，是进入良好长期关系的黏合剂。随着数字技术和社交媒体的发展，拓展可靠的双向传播已成为可能。

所有的利益相关者在关系营销中都十分重要，因为它们是品牌正面或负面讯息的传播者。尽管要重视与它们保持联系，但更重要的是拟定关系计划来邀请它们参与双向传播并发出讯息。

通过媒介传递相关讯息带来的积极体验为消费者创造价值。这种价值随着时间的推移而增加，并表现为忠诚，这是关系营销计划的最终目标。品牌关系是**品牌价值**（brand value）的指示器，即一个品牌对公司和顾客是有价值的。积极的关系是品牌的财务价值以及消费者的感知价值的基础。然而，不当处理指向利益相关者的讯息类型和数量会带来负面影响。

记住如下这点很重要：尽管把利益相关者视为独立群体，但事实上，它们之间可能会重叠。例如，员工通常既是股东又是顾客，通常居住在公司业务所在的社区。重要的是，一个品牌不能对一个利益相关者群体说一件事，而对另一个利益相关者群体说相反或矛盾的话——尤其是在互联网即时通信的时代。

许可营销（permission marketing）作为一种邀请消费者报名参加和自行选择进入品牌目标市场的做法，其发展反映了传播从单向到双向的转型。品牌越发涉足社交传播，即网络技术许可接触受众，而不再局限于通常强制性的、不受欢迎的大众媒介广告形式。

全方位传播

早期 IMC 的观点主要关注营销传播工具之间的协调，但正如第 1 章提到的，我们相信营销组合同样能够传递讯息。早在 1976 年，韦恩·德洛齐尔（Wayne DeLozier）的《营销传播》（*Marketing Communicating*）一书将所有的营销组合工具称为传播工具。[1] 产品的设计、性能、品牌在哪里和以什么价格销售，所有这些营销决策都传递了有关品牌定位、质量和形象的讯息。

Interbrand 品牌咨询公司发布了 2016 年最佳全球品牌报告，苹果和谷歌名列前茅。报告也显示，整合传播中最重要的因素是在每一个接触点都表达一致的品牌理念。

媒介策划包括所有传统与非传统的媒介，但在 **360 度传播**（360-degree communication）计划中，公司开展业务的地方还有其他传递讯息的接触点。**全方位传播**（total communication）计划监管所有品牌讯息的来源。记住，如今的品牌传播包括双向传播和针对性策略——接收和回应讯息，这与发出讯息同样重要。

除了要考虑一个品牌所做的每件事，还要考虑未做之事，因为它同样在传递讯息，你不能不传播。无意义的讯息可能来自不经意的品牌体验。例如，顾客服务热线等待时间过长，或者公司代表无法回答产品安全问题，都会传递出公司不重视顾客的讯息。从负面的角度看，这些讯息可能比广告更有力。这就是有必要从传播角度管理所有营销要素的原因。

从信道向接触点转型

接触点（contact point）的概念已经被重新界定，由此我们对媒介的理解拓展为讯息传递系统。接触点是消费者与品牌联系的各种途径。正如第 4 篇中提出的观点：媒介从传统广告媒介（印刷媒介、电波媒介、户外媒介）和各种营销传播功能媒介（新闻稿、事件、促销材料和赞助）发展为体验接触，口碑和顾客服务等先前由广告主导的媒介计划通常不再考虑。

接触机会可在大量的媒介载具中找到，包括从电视到 T 恤、推特上的推文。接触机会清单是无穷无尽的，但可辨别出来，唯一的办法是通过调查消费者生活找出消费者与品牌的接触点，或找到能够进行品牌体验和品牌对话的机会。无论是积极的还是消极的，无论是否被纳入计划和管理之中，每一种不同的媒介载具都能传递出一种品牌讯息。

接触点管理成为营销传播计划人员制定讯息传递制度的新方式，其中包括所有核心利益相关者之间的讯息来往，其目标是最大限度地利用优质接触点，最小化劣质接触点。

接触点也称为品牌的**感触点**（touchpoint），因为个人体验对利益相关者的品牌情感产生影响。消费者可能在接触点接收品牌信息和印象，但感触点是一种品牌体验，即传递的讯息也能触动那些引发积极或消极评价的情感，所以感触点比常规的接触点更能产生情感上的影响。因此，关键感触点是品牌与顾客在情感层面的连接，导致对品牌关系或购买决策给予肯定或否定的抉择。[2]

有时体验营销、感触点策略和利用事件、门店设计或其他方式的计划都欲以人员和涉入方式吸引消费者。一些人主张每次品牌接触都是一次体验，然而在体验营销中，其目标是强化积极参与，超越传统媒介被动的阅读、浏览和聆听。即与消费者接触的方式必须能创造消费者高水平的情感融入，从而带来品牌好感和持续的品牌连接。

讯息的协同效应

当把利益相关者与接触点结合之后，所有讯息都可能通过所有可能的媒介传递给所有的关键利益相关者，由此你就拥有了丰富的讯息。怎样管理所有意义和接触点而不会出现不一致或含混呢？解决此类问题为何重要呢？

要领就是品牌传播不是关注单条讯息，而是关注各种印象和品牌意义的影响，并随着讯息的相互作用和加强而变化。记住协同增效原理：2＋2＝5。换句话说，相互促进的讯息会产生乘数效应，不仅会巩固品牌印象，还会将其美化和放大。如果在广告中（也可在朋友评论中）听到一个品牌的好消息，且与你的品牌体验相同，你很可能不只是一个消费者，还是一个品牌忠诚者，甚至是该品牌的一名粉丝。

在与利益相关者接触的每一个点上，品牌精髓应该是一样的。例如，司机对汽车和汽车安全的看法不同，汽车制造商、供应商和投资者以及本地舆论领袖也是如此。但像沃尔沃这样的品牌，其精髓必须与安全定位保持一致。战略一致性驱动协同增效，协同增效带来品牌印象。因此，品牌管理者和 IMC 计划人员要坚持**战略一致性**（strategic consistency），即讯息可因利益相关者的不同利益而定制，而品牌核心或精髓在每条讯息中保持不变。

品牌是一种整合感知

讯息之间的协同增效基于把一个品牌视为一个整合感知。人们会自觉整合品牌讯息和体验，这是感知的自然过程，不管品牌管理者是否试图管理这个过程，这都会发生。当你想到塔可钟、激浪或苹果时，会想到什么？印象中可能包括品牌在市场中的地位、使用者的形象、在媒介上听到的讯息以及你认识的人论及的讯息。将信息与形象融为一体，这就是我们理解事物的**感知整合**（integrated perception）方式，也是获得品牌印象的方式。感知上的整合只有在各个部分融合在一起时才会出现。

统一的品牌愿景

整合营销传播管理是艺术，也是科学。一个成功的品牌既是科学的产物（有关计划和活动管理的复杂体系)，也是艺术的产物。在品牌精髓的愿景中，所有元素和部件须完美结合，才能形成前后一致的品牌感知。[3] 品牌管理的愿景以及如何将统一愿景传递给参与复杂品牌传播系统的所有广告代理商，决定了品牌传播方案的有效性。

换句话说，营销传播者制定了各种品牌传播活动方案，只有在相互配合的情况下才能很好地发挥作用。当它们为一个品牌的**统一愿景**（unified vision）合作时，就像一首悦耳的交响乐，各个部分完美地合奏，产生意义并创造价值。

内部整合

品牌管理是指创建和管理一套复杂的经营理念和传播活动。如果没有内部整合，就无法从外部予以整合。一个核心的品牌战略具有统一视觉，从而驱动整个组织。淡化部门边界的**跨职能管理**（cross-functional management）能统一视觉，是消费者整合品牌认知的基础。

品牌统合性

如果你查字典，会发现单词 integration 和 integrity 有着相同的拉丁词根。因此，你可能会得出这样的结论：整合的品牌具有**品牌统合性**（brand integrity)，品牌更可信是因为它所言、所为与别人说的相吻合。换句话说，品牌声誉是由口碑评论、媒介报道和满意用户的证言所铸就的。做一个好的企业公民同样会提升品牌关系的信任度，并美化品牌的声誉。

本章回顾了整合营销传播的基本概念，并确定了一套基本原理。下一节把这些原理运用于整合营销传播的活动计划和项目管理中。以下 14 条原理可作为整合营销传播的指南：

1. 互动传播是品牌与利益相关者之间建立相互尊重的长期关系的黏合剂。
2. 品牌关系能提升品牌价值。
3. 利益相关者之间是重叠的，向其传播的讯息也是重叠的。
4. 接收讯息和发送讯息同样重要。
5. 营销组合的每个组成部分都在传递讯息。
6. 如果其他品牌传播活动发出相反的、更有力的讯息，则整合营销工具是无效的。
7. 一个品牌所做的每件事（有时是不做某事）都能传递讯息，你不得不传播。
8. 整合营销传播计划旨在最大限度地利用优质的接触点，并将劣质接触点最小化。
9. 感触点是可触动我们情感的接触点。
10. 协同增效是在所有的讯息共同发挥作用时产生的，用来引发一致的品牌感知。
11. 战略一致性带来协同增效。
12. 品牌是一个统一的视觉系统（艺术的）和复杂的讯息传递、交换系统（科学的)。
13. 没有内部整合则不可能实现外部整合。
14. 整合带来品牌完整性。

15.2 整合营销传播活动计划

之前学到一个原理，即营销传播活动的一个关键目标是让所有营销传播工具和平台产生一致性，这一基本的战术性方法的重点在于精心传递一致的品牌讯息。“一种声音，一个形象”策略成为传播活动的关键目标。然而现在认识到，尽管基于品牌精髓的一致性战略很重要，但针对不同的受众可能会有不同的讯息策略。

总部位于达拉斯的理查兹集团的创始人斯坦·理查兹对其广告公司策划的一个整合传播活动所涉及的运作流程进行了解释，这也是所谓的**球形品牌化**（spherical branding）的创意简报，即不论你站在哪个视角，一个品牌看起来总是一样的[4]，我们称其为 360 度计划，二者都指从各个方向和角度来看待一个品牌。理查兹的简报纲要是制定完整活动计划的坚实基础：

- 三部分定位法。目标受众？竞争者？最有意义的品牌利益？
- 品牌个性。界定品牌个性的 5～6 个词。
- 隶属关系。当你接纳一个品牌后，你会加入什么俱乐部？
- 品牌愿景。品牌“最高使命”的陈述。

什么是活动计划?

整合营销传播活动是一组复杂的、相互关联的、协调一致的活动，它有始有终。IMC 活动计划比传统的广告或公关计划更复杂，因为涉及各个营销传播领域和利益相关者。IMC 计划概述了一系列不同但相关的营销活动的目标和策略，这些活动出现在不同的媒介上，使用不同的营销传播工具，并向各利益相关者传递不同却互补的一致性品牌讯息。

整合营销传播计划与广告计划的基本大纲相类似，区别在于计划范围和所涉及的各种活动。使用的工具越多，协调和保持各种讯息的一致性就越困难。IMC 计划的目标是最有效地、一致性地发挥所有营销传播功能，并影响或控制其他传播因素。下面是一个典型的传播活动计划的提纲：

Ⅰ. 形势分析

A. 背景调查

B. SWOT 分析：优势、劣势、机会、威胁

C. 要解决的主要传播问题

Ⅱ. 关键的战略性传播决策

A. 目标

B. 目标受众选择或利益相关者融入

C. 品牌定位策略

Ⅲ. 营销传播组合

A. 平台及目标
B. 协同增效
Ⅳ. 讯息策略
A. 关键消费者与品牌关系洞察
B. 讯息指向
C. 策略一致性
Ⅴ. 整合营销传播媒介和接触点
A. 跨媒介与跨信道
B. 跨平台
C. 接触点、感触点与关键感触点
Ⅵ. 管理与传播活动控制
A. 传播活动预算
B. 效果评估

把这份提纲当作一个计划模板是非常有用的，不过更重要的是该传播活动计划提纲识别出了主要的战略决策，从而指导一项 IMC 活动计划中的不同模块。

形势分析

与营销计划一样，制定 IMC 计划的第一步不是直接制定计划，而是进行背景分析，即调查、评估与企业相关的现状以及收集所有的相关信息。当调查结果汇总之后，计划人员分析结论，这个过程有时叫作形势分析。广告和整合营销传播计划的目的是找出能用传播手段予以解决的问题。正如帕特·法伦和弗瑞德·森在其著作《鲜橙汁：出奇制胜的广告创意》中所列出的，应从简化问题开始（参见第 8 章）。信息收集的工作量可能很大，但真正相关的可能为零。

SWOT 分析　要分析所收集的信息，以及识别与品牌或产品有关的主要问题，主要工具是 SWOT 分析。优势和劣势主要集中在企业内部环境，机会和威胁则存在于企业所处的外部营销环境。在战略计划中，这种分析法要充分利用企业的优势和机会，同时规避企业的劣势和威胁，从而明确关键问题并识别机会。[5]

● 优势。这是企业的正面特征、条件和有利环境。例如，品类的领导者是一种优势。计划人员应追问：在品牌传播中如何充分利用这一优势。

● 劣势。这是企业可察觉的负面特征、条件和形势。失去市场份额是一个劣势，如果这一劣势很重要，计划人员应追问：怎样通过传播减弱这一劣势。安飞士出租公司将自己定位为第二名，在消极的经典传播活动中体现了积极的东西——“我们更加努力”。

● 机会。这是公司可利用自身的优势超过竞争对手的地方。通常，一个公司的劣势往往是另一个公司的机会，计划人员应努力发现这些机会，在品牌传播中加以利用。对于政治竞选广告而言，这是一个重大策略。

● 威胁。这是指如果企业不采取相应措施，环境中的某种发展趋势会损害企业利益。竞争和经济衰退就是一种普遍的威胁。如果某种威胁成为影响一个品牌成功的至关重要的因素，传播计划人员应质问自己怎样才能消除这种威胁。麦当劳推出了健康菜单，以应对人们认为汉堡包不健康的感知。

在零度可乐上市之际，品牌优势在于可口可乐是传统的“真东西”；机会是把可口可乐的魔方变成一个不含卡路里的强势品牌；劣势是将零度可乐联想成女性用来减肥的一种饮料。可口可乐看到了向男性营销的机会。威胁在于“减肥饮料”的口味欠佳；当时的机会是解释零度可乐尝起来像普通可乐一样。

传播上的主要问题　关键是分析，分析意味着要弄清所有收集起来的数据以及判断这些信息能为品牌未来的成功带来什么。计划人员必须分析市场形势，因为任何传播上的问题都会影响一种产品的成功营销，以及影响可能创造或利用的市场机会。SWOT 分析、具有客户视角以及识别出能通过品牌讯息解决的主要问题是战略思考的核心。特别家乐氏牌（Special K）的“两周挑战”（2-Week Challenge）传播活动就是抓住时机的好例子，它充分利用了消费者想在假期减肥的愿望。

整合营销传播只能解决形象、态度、感知、知识或信息等与讯息有关的问题，尽管能传递营销组合的感知因素，但不能解决价格、效用或质量方面的问题。例如，一条讯息可影响消费者对“价格太高”的感知，或把限量销售的产品描绘成高价产品。换句话说，促销讯息可影响消费者感知价格、效用和质量等。不过，营销者的基本假设及成功标准是：只要一次传播活动产生人们想要的品牌印象，引发人们做出反应并能与竞争品牌区分开来，传播活动就有效果。

传播活动策略

一旦完成形势分析，识别出主要问题，计划人员就需要对策略进行总体表述。也就是说，这场传播活动的目的是什么？作为传播活动指南的总体策略可用多种形式表述。例如，一个策略可以专注于品牌化、定位、反竞争或创造品类优势。以科曼基金会的主题传播活动为例，“粉色丝带”的创意旨在迅速识别这家非营利组织及其在乳腺癌研究方面的工作，宣传独特的品牌视觉。

也许这种策略是为了改变消费者对品牌价格或价格-价值关系的感知。该策略还可能寻求扩大市场规模，即营销者所说的**钱包份额**（share of wallet），也就是顾客在该品牌上的花费额度。其他营销活动可能涉及新品牌上市、品牌延伸或将品牌投入新市场。另一个普遍的关注点是决定品牌竞争性定位的角色与重要性，以及如何对竞争者的讯息做出回应。例如，在大萧条时期，许多大品牌，如唐恩都乐、汉堡王和金宝汤，都大力推行竞争性广告。

正如营销教授朱莉·露丝（Julie Ruth）所言[6]，我们需要记住的重要事情是在制定战术之前，计划人员必须首先对形势进行分析，以获得良好的策略。那么，战略和战术有何不同？利用增加钱包份额（目标）来拓展市场（战略），是通过促销战术（买 4 送 1）来实现的。

形势分析是制定 IMC 活动战略的第一步。形势分析有许多相关的战略决策，我们讨论其中三个：目标、定向和品牌定位。

目标 如果将一大笔钱花在品牌传播上，对营销者而言很重要的问题是要知道从一次活动中得到什么。尽管广告一般呈现单一效果，但我们从第 5 章知悉，为了获得预期的影响力，通常需要多重效果。一些广告可能采取情感策略，另一些广告则采用信息性策略，不过有时需要向头脑和心灵传递讯息。对于前述零度可乐上市而言，顾客需要理解零度可乐的口味与普通的可乐相类似，且用二十几岁男性喜欢的风格与态度来创作讯息，并使其可信。

尽管一些目标追求一个特定的效果，但品牌忠诚等另外一些目标关注一系列更为复杂的效果。举个例子，为了获得品牌忠诚，一次传播活动必须有认知（理性）和情感（感性）效果，还要驱使人们来重复购买。这就是品牌忠诚成为一种长期影响的原因之一，这种长期影响不断地使一个消费者多次体验该品牌及品牌讯息。

还应注意，即使传播目标并非直接关心销售，它可能也很重要。例如，Expedia.com 是一家旅游咨询公司，把传播活动当作吸引注意、引起品牌认知和理解销售产品、服务的一种方法。其观念就是：有了品牌知晓度和品牌理解，卖货就水到渠成了。

每一项传播活动都必须以具体、明确和可衡量的目标为指导。有效的传播活动利用媒介来刺激消费者并触发反应。图 15－1 由梅丽莎·勒纳（Melissa Lerner）（一个户外媒介公司的副总裁）绘制，举例说明了创新媒介计划可以产生各种效果以及在 IMC 计划中如何强化这些效果。

有效的主题传播活动：刺激与激活

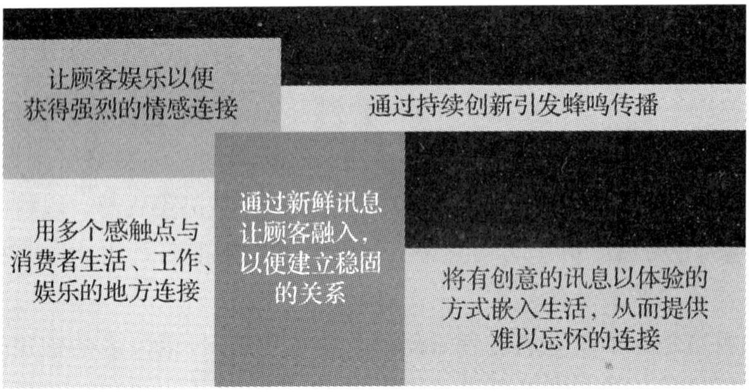

图 15－1 媒介效果模型

说明：有效的主题传播活动利用媒介去激发消费者反应。

不能高估关注可测目标的重要性，之所以强调**可测目标**（measurable objective），是因为它决定传播活动的效果。可测目标有一个底线和一个目的——两个点之间的距离需要测量出来。确定起点就是**标杆分析**（benchmarking），指计划人员使用一个可比较的成果（如类似产品或品牌以前的传播活动）来预测一个合理的目标。可测目标有以下五个要求：

1. 有一个可衡量的具体效果；
2. 有时间期限；
3. 基准线（我们在哪里以及我们从哪里开始的）；
4. 目的（对传播活动引起的某些变化的实际估算，基准用于判断预期目标）；

5. 比例变化（从目标中扣除基准线，以基准线区分不同之处）。

一个设定的目标可能如下："本次传播活动的目标是，在 12 个月内让目标受众知道零度可乐的味道与一般可口可乐的味道相同，知晓度占比从 18%上升到 23%，增长率达到 28%。"

利益相关者定向与融入　第 1 章在介绍整合营销传播时引入了利益相关者这个概念，下面继续深入探讨。整合营销传播计划中的目标受众不仅仅包括消费者。值得提醒的是，利益相关者是与企业或品牌成功攸关的任何群体，这些潜在受众包括可能影响企业产品的购买以及公司营销计划能否成功的所有人，如下表所示。员工特别重要，他们对营销传播计划的支持或"买账"是通过叫作**内部营销**（internal marketing）的活动予以管理的。

典型的利益相关者类型

企业层面	营销层面	营销传播层面
员工	消费者	目标受众
投资者、财经界（分析员、经纪人、金融媒介）	顾客 竞争者 细分市场	目标利益相关者 员工 行业受众
政府组织及其机构 监管机构 业务合伙人	分销商、经销商、零售商、分销渠道上的其他人 供应商和自由撰稿人，包括广告代理商	地方社区 媒介（一般媒介、特殊利益集团媒介、贸易媒介） 消费者激进组织 普通公众 意见领袖

基于对消费者和顾客的调查，以及其他利益相关者的参与，定向或融入策略确定了最重要的受众群体。客户策划人员开展的调查将有助于对这些人的利益细化，并提供决定性洞察。客户策划非常重视消费者的内在需要，已超越其最初的广告导向，对 IMC 活动计划更有用。洞察消费者、顾客、利益相关者与品牌的关系可辨识出可能响应品牌讯息的特定群体。根据这些洞察可创建一个主要、次要目标受众列表及其典型成员的画像。

正如在原理列表中提到的，重要的是记住人们不会被简单地划入表中的某一列。由于成员重叠的事实使讯息策略变得复杂化，所以要求无论来自公司还是利益相关者的对话，所有品牌讯息的一致性和统合性都要有一个核心层。

品牌策略　讯息的一致性要求它必须有核心、灵魂或 DNA。换句话说，它需要一个可以统一各种讯息的核心概念。我们将这一核心概念称为品牌精髓，即是什么使该品牌在其品类中与众不同，它能准确地告诉消费者该品牌代表的是什么——在市场上意味着什么。品牌精髓是一张入场券，可以在激烈的心理市场竞争中进入消费者的心智。[7]

红牛是一种功能性饮料；零度可乐是一种与健怡可乐味道相同的可乐。在某些情况下，甚至大多数情况下，品牌定位是核心——对红牛和零度可乐的核心概念的陈述正是建立在这一定位的基础上。全球营销者 IBM 在 1938 年支持世界和平与世界贸易的经典广告是能反映品牌愿景的案例。

然而，有时品牌定位会根据不同的市场进行调整。例如，如果一个品牌正在进入一个新的国家，并且代表了一个新的或未知的品类，那么其传播活动策略需要以品类和品牌为基础。在品牌知晓度较高的其他市场，品牌策略可能更具竞争力，其定位取决于是否需要从同类品牌中脱颖而出。星巴克进军印度市场是新品类中新品牌的例子。世界上大多数人都知道星巴克，但咖啡和咖啡店环境可能需要不同的讯息策略，尤其是在具有浓厚茶文化的社会。

有效的 IMC 计划能带来可盈利的长期品牌关系，最有利可图的利益相关者参与品牌传播是策略决策的另一维度：如何让他们在第一时间参与进来？如何继续和发展品牌对话？建立和维护长期品牌关系所需要的连接和联系是什么？

整合营销传播组合

在一次传播活动中运用什么营销传播工具，取决于对这些营销传播工具的优势、劣势以及如何最好地用来实现活动目标的分析。正如第 8 章所说，特定工具更适于实现特定目标。例如，用公共关系来宣布有新闻价值的事情，而用销售促进来引发消费者立即行动。因此，制定 IMC 计划需要一套相互关联的目标为所有不同的传播工具提供细化的策略指导。每个领域都有一系列目标，以下按照主要效果列出了主要的 IMC 领域：

- 广告。通过大众媒介触达广泛受众；获得新顾客；塑造品牌形象和品牌个性；确定品牌定位；识别区隔点和竞争优势；抵御竞争；传递品牌提示。
- 公共关系。发布新闻；影响态度和观点；使可信度和好感度最大化；建立和改善利益相关者关系。
- 消费者促销。激发行为；引发即时反应；强化需要、欲望与动机；奖励行为；刺激参与及建立联系；通过渠道增强拉力；提供品牌提示。
- 贸易促销。建立行业认可度；通过渠道增强推力；激励合作；鼓励销售团队、经销商和分销商。
- 售点广告。增加即时销售；在决策点吸引注意力；增加兴趣；刺激紧迫性；鼓励试用和冲动购买。
- 直接营销。刺激销售；建立个人兴趣和关联性；提供深度讯息；创造认可度和确信度。
- 赞助和事件。提高知晓度；创造品牌体验、参与、互动与涉入；创造兴奋感。
- 包装。增加销量；在选择点吸引注意；传递产品信息；创造品牌提示。
- 特品。提高品牌识别度；持续的品牌提示；提高满意度；鼓励重复购买；奖励忠诚顾客。
- 游击营销。在工作、生活、访问地点拦截预期顾客；引发好奇心和兴奋感；提供涉入机会；刺激蜂鸣传播。
- 顾客服务。回答问题；解决顾客问题；记录投诉和表扬；将不好的顾客体验转化为积极体验；倾听顾客感知并记录反馈；将投诉和表扬告知相应部门；测试营销传播策略和文案。

当你浏览上述清单时，想想新产品上市需要什么。你选择哪种最适合的工具？计划人员正是使用该思维方式来初步决定哪种营销传播工具在实现传播活动目标方面最有用。有时可能会有一个主导工具（如事件），其他工具作为辅助。例如，可能需要广告、公共关系、直接营销来进行传播；促销材料对参与其中的人是有用的奖励；特品是一种提示。其他时候，传播活动使用一篮子工具——所有这些工具都以各自的方式发挥着重要作用。

在过去，这些工具通常各自为政，因此有时会出现冲突。例如，一个特销活动可能与一个大事件或大型广告活动计划在同一天举办，但主题完全不同。这种方法称为**竖井**(silos)，这意味着它们独立运作，很少关心其他领域正在做什么。它们珍惜自己的预算，坚守各自的责任。有一个公司零售和在线顾客购物体验之间缺乏协调的例子：一个买鞋的人在网上看到一个视频，然后去商店查看尺码；她在手机上看中了一款颜色，但店里已脱销。公司可能会将顾客信息归入三个不同的数据仓，即便顾客察觉不到。[8]

整合营销传播试图打破功能区域之间的壁垒，并通过以品牌为中心、以顾客为基础的计划予以协调，其结果是讯息策略更具一致性和协同效应。

讯息策略

第 9 章探讨了讯息策略的由来：应该知晓在多大程度上关注理性或情感讯息，使用什么讯息格式，如何获得一个能够吸引注意并印入记忆的大创意。这些审视和结论被写入传播活动计划之中。基于打动目标利益相关者的洞察，讯息策略也与不同的目标利益相关者匹配起来。

优秀的大创意具有价值，因为可长期使用，如边疆航空公司会说话的动物。此外，这些创意具有延展性。换句话说，创意足够好，可作为各种执行方案或小型传播活动的总理念。

讯息策略决策是对前述全方位传播活动目标和方向的辅助。例如，传播活动策略可能涉及长期使用的名人代言人，使其成为品牌的面孔。这为品牌创造了积极联想，如果这个名人是超级明星，其声誉就会关联到品牌形象上来。

例如，高尔夫球运动员泰格·伍兹就是耐克、埃森哲咨询公司等签约的代言人之一。当泰格·伍兹卷入性丑闻时，这一代言策略就瓦解了。这一事件使他从最受人敬仰的名人背书人变成一个有污点的人，其诚信遭受怀疑。耐克、埃森哲咨询公司以及其他赞助商不得不割断其品牌与他长久以来的高尔夫球优势、名誉的联系。泰格·伍兹的不忠不仅仅威胁到品牌形象，经济学家估计有九家合作赞助商的股东损失了近 120 亿美元。[9] 同样的问题也发生在环法自行车赛（Tour de France）的传奇获奖者兰斯·阿姆斯特朗身上。

比泰格·伍兹和兰斯·阿姆斯特朗代言效果更好的名人使用策略的例子是幽默的“用汗水换取饮料”传播活动（第 2 章章首案例）。佩顿·曼宁扮演一家便利店的经理，他拒绝将佳得乐饮料出售给那些显然没有出汗的顾客。[10]

如前所述，不同的利益相关者群体收到不同类型的讯息，并以不同的方式与品牌互动，战略一致性源于创意的主题、品牌定位和个性的一致展示。一致性是一个标准，内置于一个精心制定的跨平台和跨媒介计划中。

在大多数情况下，品牌完整性是一种战略需要，但在其他时候反映的是一种成本效益。IMC 计划会因其重复性而更加有效，这种强化创造了成本效益更高的传播活动、更有效的讯息策略。管理者已认识到，以一致的方式使用多种工具和信道比依赖不协调的、各自为政的工具更具盈利性且可建立长期顾客关系。

整合营销传播媒介和接触点

大部分人提到媒介时都会想到传统的大众媒介和广告。在 IMC 场景中，媒介计划不只是有的放矢地传递讯息，而是让媒介参与、融入，连接消费者与品牌或其他消费者。

跨信道和跨平台 在某种程度上，媒介计划涉及媒介使用，计划人员多年来一直这样做：利用各种不同类型的传统媒介。这一做法叫作跨信道或跨媒介。媒介已变得更加复杂。一项研究估计现在有 200 多种媒介可供选择。研究还提到，所谓的“全信道”传播活动可能平均包括 6 个平台和 32 个信道。[11]

第 14 章描述的媒介计划、所有讯息（如媒介目标、媒介选择、媒介组合、排期和预算）都出现在 IMC 活动计划中。

当 IMC 计划人员提及媒介时，他们会想到讯息传递系统，涉及不同营销传播工具使用的所有媒介。在第 13 章“跨平台的品牌传播”小节，我们阐述了其中的大部分内容。例如，直接反应可出现在传统媒介（如带有反馈表以获取更多品牌或地点订购讯息的印刷媒介、电视购物）、信件（直接邮寄到家庭或办公室）、电话营销（打电话给家庭或办公室）、电子邮件和推特等数字媒介中。脸书使直接网站订购成为可能。

以本田 CR-V 车在冰岛的传播活动为例。广告公司的所有者英格维·洛加松描述了其广告公司的跨媒介和跨平台方法：

> 媒介重心在印刷媒介，辅之以电视媒介和网络。我们重点转向 360 度整合传播方式，从而在其他事情上聚焦那些以高频次为代价获得高触达率的媒介。电视和互动网络旗帜广告在传播活动中打头阵，又有报纸、广播、事件营销作为辅助。我们也通过与汽车主生活方式有关联的大型体育和文化事件来拓展传统媒介。[12]

《今日秀》是整合营销传播跨媒介计划的一个例子。在联合利华的资助下，《今日秀》创办了一个新的食谱网站，并开发了新的手机应用程序。“烹饪学校”（Cooking School）网站上有之前播出的“今日厨房”（Today's Kitchen）片段、流媒体视频以及食谱、烹饪窍门和联合利华品牌的促销，如佰多力（Bertolli）、乡村克洛克（Country Crock）、好乐门（Hellmann's）和乐谷牌（Ragu）。这些食谱可以下载到移动设备上。智能手机应用软件程序能让用户收集食谱并制作购物清单。“烹饪学校”的合作伙伴可与移动媒介、网络和电波媒介链接。[13]

接触点管理 整合营销传播媒介计划的另一个显著特征是重视每一个重要的接触点，包括不同的体验媒介、传统媒介。乘坐飞机时，想想你接触品牌讯息的所有方式——预订机票、办理登机手续、行李检查、登机口、客舱乘务员和乘务长通过扩音器传递的讯息、座位、食物和其他客舱特征、出发和到达时间、离机、拿取行李，更不用说当你错过飞机或丢失行李后的顾客服务。

在此以一家广告公司的“接触点管理”工作为例：总部位于东京的电通广告公司是世界最大的单体广告公司，其整合营销传播取向很明显，并通过计划人员制定的整合营销传播媒介计划展现出来。电通的接触点管理服务是整合营销传播 2.0 模型（区分了各种接触点）的一部分。下面详细介绍电通广告公司制定整合营销传播媒介计划的方法。[14]

电通广告公司的接触点管理计划的目标是选出所需的最有效的接触点，以便实现预期传播目标和实施能够消除无效触达率的最佳整合传播计划。接触点管理的侧重点是对有效整合传播至关重要的两个策略：

1. 找到有价值的接触点，即消费者接触品牌时的激情点。

2. 抛弃企业通过一条讯息吸引消费者的传统 B2C 模式，转向更具互动性的 B2B2C 模式，促进企业与消费者之间的对话，尤其是与有影响力的人的对话（如时尚领袖能与其他消费者交流）。该方法利用大众媒介促进消费者之间的传播或口碑传播。

选择媒介时需要考虑：(1) 有效的接触点必须因传播目标而异；(2) 接触点的效果因品类、目标受众不同而不同。

以汽车传播活动为例来看看电通广告公司是如何管理一整套品牌接触点的。电通广告公司区分出了父亲（50 岁左右的男性）和女儿（20 岁左右的女性）两种目标受众，传播目标是将一款新的小型汽车定位为“带给成熟男人驾驶乐趣的汽车”和“为年轻女性打造的小巧爱车”。

对要纳入考虑范围的各个接触点进行评估，并用一种叫作“有效接触点跟踪器”（Value Contact Point Tracer，VALCON）的自主研发的接触点计划工具来评定等级。在分析过程中，电通广告公司的计划人员还利用了含有大量接触点信息的媒介相关数据库。

对新款小型汽车来说，基于三个目标对接触点予以评估：新产品上市能力（再认度、建立知晓度）、激发兴趣的能力（品牌评价）、使目标受众很想购买的能力（购买意向、态度）。以下是将接触点分配到各个目标所产生的结果：

	父亲	两者兼有	女儿
知晓度	1. 报纸 2. 户外广告	3.　直邮　4.	1. 列车海报 2. 电视广告 3. 杂志广告
兴趣	1. 活动现场汽车展	3.　街道上的汽车　1. 4.　电视广告　2. 2.　产品目录　5. 5.　报纸插页广告　8.	3. 汽车制造商的网站 4. 朋友的汽车
购买意向	3. 汽车杂志新闻报道	2.　产品目录　1. 1.　汽车展　2. 6.　试驾　3.	4. 电视广告

如你所见，此计划需要采用能触达两种受众的接触点（电视广告、产品目录、街道媒介、报纸插页广告和直邮）。对于父亲这一受众群体，需要考虑或重视报纸广告、户外广告、经销商汽车展和汽车杂志新闻报道等接触点。对于女儿这类受众群体，应考虑杂志广告、网站、交通广告、广播广告、家庭口碑传播和电视广告。就其效果而言，这一复杂的媒介计划如下：

	再认	品牌评价	态度
父亲	报纸和户外广告、经销商汽车展		汽车杂志新闻报道
两者兼有	电视广告、产品目录、街道媒介、报纸插页广告、直邮	电视广告、朋友间口碑	产品目录、经销商汽车展、试驾
女儿	杂志广告、交通广告、网站	广播广告、家庭口碑	电视广告

跨媒介整合 选择媒介还需考虑传递讯息的需要，媒介计划和讯息计划由此交汇，如品牌提示广告常存在于电视广告和户外媒介中。更复杂的、满载信息的媒介更有可能出现在杂志、直邮或公共宣传材料中。如果想引发即时行动，可使用日报、广播或销售促进。

一项艰巨的任务是**跨媒介整合**（cross-media integration），这意味着各种媒介共同发挥作用，进行一致的品牌传播。在传统媒介中，这一协同效应有时叫作形象转化，指其他媒介（特别是电视媒介）传递的原始讯息在听众心智中得到强化或再创作。

《大西洋月刊》（*Atlantic Monthly*）杂志开展的复兴传播活动是一个跨媒介整合的范例。该主题传播活动使用“再思考”（Think Again）这一标语来强化其知识领袖的定位。为了让这一创意鲜活起来，活动呈献了《大西洋月刊》14 个最引人思考的问题作为 14 则霓虹灯广告投放到纽约各地。当观众在晚上对明亮闪耀的讯息感到惊讶时，创意小组对观众进行采访。这些视频展现出个人强烈的甚至令人捧腹的反应，并作为所讨论重要事件的主题放到了网站上。户外媒介营销制造了一个能让视频在热门网站（http://vimeo.com/52209849）传播的事件。由此，引用媒介学者麦克卢汉的话说：媒介即讯息。此次主题传播活动成功了吗？该杂志的读者人数实现两位数的增长，网站 TheAtlantic.com 的访问量比上一年增加了 27%。

IMC 管理及活动控制

为了管理整合营销传播，无论是一次活动还是一个项目，管理者必须控制一系列复杂得令人难以置信的任务。有时，品牌经理能追踪每件事，当然还可以聘请一家专门管理大型项目的咨询公司。

除了追踪每件事，所有的活动都是在一定的参数范围内进行的，如预算、时间表和效果评估。通过管理使活动稳步推进。

预算和时间安排 组织应该在一次传播活动上花多少钱？这是难以定夺之事，取决于组织、服务区域（本地或国际）、时间框架（几周、几个月或一年）、要触达的利益相关者以及利益相关者对电视等高成本媒介的需求。事实上，所有的预算都建立在一个时间框架或时间表的基础之上。

预算只有5万美元显得非常拮据，在大多数市场还不足以支付电视广告费。例如，微软为了Windows7操作系统的上市，在2009年投放了3亿美元广告，2012年推出的Windows8则需要更多的预算，从4亿美元增加到10亿多美元。据说Windows10在2015年推出时花了数百万美元的广告费。[15]

预算也决定着选择多少利益相关者、多少媒介和平台以及传播活动持续时间的长短。

为传播活动确定总的预算分配并不是一件容易的事情。在一个年度预算中，通常有一笔预算资金用于营销传播。针对大型活动，公司或组织将决定总体预算水平，并将其分配给活动、营销传播项目、参与活动的各种广告公司和供应商。

对于营销组合和营销传播组合，预算中较大的问题是：我们需要花费多少钱？常用的五种预算方法可回答这一问题。

● 历史法。历年信息是这一普通预算方法的讯息来源，本年度的预算可以简单参考上一年度的预算，如果有一定比例的通货膨胀或者其他市场因素影响，则会增加相应的比例。尽管这种方法很容易计算，但是对达到广告目标并没有多大作用。

● 目标任务法。考虑每项传播活动的目标并根据要完成每个目标所需的成本进行预算是**目标任务法**（objective-task method）。例如，要使市场上50%的人知晓该产品或将6个月计划变成1年计划，需要花费多少钱？这种方法的优点是预算有起点，目标就是预算的起点。

● 销售百分比法。根据上一年或前几年的平均值计算销售总额与广告预算总额（或营销传播预算总额）的百分比是**销售百分比法**（percentage-of-sales method）。该方法也适用于整个行业，以便比较不同品类的广告和营销传播开销。例如，如果某公司上一年的销售额是500万美元，而广告预算为100万美元，那么广告支出占销售额的20%。如果营销经理预计下一年的销售额会达到600万美元，那么广告预算应定为120万美元。如何计算销售比例并确定预算呢？可采取下面两个步骤：

第一步：过去的广告费用÷过去的销售额＝销售额百分比；

第二步：销售额百分比×下一年度预计的销售额＝新的广告预算。

宝洁公司采用了这种方法。为了说明宝洁某一年营销支出的增长情况，一份包含所有营销成本的图表显示，2012年的营销支出约为上一年销售额的16.5%，约合137亿美元。相比之下，其中只有93亿美元用于广告支出，只包括媒介和代理成本。从更广的角度看，宝洁公司的营销预算占销售额的比例从15.5%增长到16.5%，超过了2009年因经济衰退而大幅下滑后的反弹爆点。[16]

● 竞争预算法。该方法以竞争对手的预算为基准，把投资到广告上的支出额度与产品的市场份额联系起来。这表明，广告主的广告声音份额（广告主的媒介使用现状）影响了品牌的注意力份额，进而影响了品牌的市场份额。它们之间的关系如下：

媒介声音份额＝消费者心智份额＝市场份额

请记住，这里描述的关系只是预算的一种参考。媒介声音份额与**心智份额**（share

of mind）或市场份额之间的实际关系很大程度上取决于市场中讯息创意和讯息拥堵程度等因素。

- 尽力而为法。当一个公司把富余资金投入到营销传播上时使用的预算方法是“尽力而为法”。事实上，它并不是一种预算方法，而是一种广告哲学。运用此方法的公司，如产品创新驱动的高新技术公司，并不把广告视为一种战略需要。例如，公司把预算中的大部分资金用于调查和具有优势的产品，可能认为花在广告上的钱无关紧要。

评估 广告公司及其他营销传播代理公司正在创新工具和技法来帮助营销者评估营销传播开支的效果。例如，大型营销传播股份公司埃培智集团开发出一款营销传播伙伴（Marketing Accountability Partnership）工具，来为营销者明确资金应该花在何处及如何优化使用资金。随着全球营销的增长，效果评估问题变得更为复杂。

15.3 国际整合营销传播活动

参与国际传播活动的代理机构也需要一个国际性组织结构。这一组织取决于不同客户、代理机构是采取**标准化**[①]（standardization）还是**本土化**（localization）策略。一些公司及其代理机构实行严格的控制，另一些则给予更多地方自主权。所有这些方法可分为三组：严格的总部国际化控制、资源集中但控制适中、与客户的组织相匹配。如果客户高度集中，代理机构的客户管理结构也就相应高度集中。

战略决策 管理品牌一致性存在的问题是将大多数目标限制在知晓度和回忆度上。虽然在个别市场可能会需要更具体的目标，但这两种是既有效又容易实现的营销传播测量指标。例如，一个品牌可能在某个市场上众所周知，传播活动的主要目标就是提示；在另一个国家它有可能刚上市，所以目标是获得知晓度和试用。

定位是品牌通常用来保持国家间一致的关键策略。研究定位的目的是找出该产品及其在每个国际市场的定位策略所面临的问题和机遇。尤为重要的是，应正确理解每个市场上的消费者购买动机。如果没有本土化的消费者调查，做到这些几乎是不可能的。如果分析表明消费者购买行为和竞争环境在国际市场都是一样的，这说明可以采用标准化定位。当品牌代言人泰格·伍兹面临婚外情的指控时，埃森哲咨询公司面临一个战略性问题：埃森哲咨询公司品牌传播更多地出现在机场，要尽快找到一个能够反映公司品牌定位的全球性形象。在调查并试验几个创意后，公司决定在出乎意料和挑战性的场景下使用动物——一头大象作为其形象代表。

预算安排 所有预算方法都可应用于国外市场。当为多个市场准备一种计划时，很多公司通过使用目标任务预算法分别为每个国外市场做预算。（记住，该方法为每个传播活动设定目标，并决定实现每个目标的成本。）这种方法根据本土化传播活动的需要而具有更大的灵活性。然而，本土化的做法也可能影响预算决策。尤其是，国家之间的

① 本章的标准化策略也是指全球化策略。——译者

汇率不仅影响一个特定市场的花费，也影响支出的时间安排。在东京购买电视广告时间的费用几乎是美国电视网的两倍，而且美国电视广告时间在每年春季就预售完，而日本的电视广告时间一年要批售好几次。

总部控制与地方适应　如前所述，一些营销者开展集中的全球营销传播活动，另一些则在每个主要市场推行本土化传播活动。大多数公司处于中间的位置。如何制定全球传播活动？国际品牌传播活动有两个基本的切入点：（1）在某国获得成功；（2）集中构思策略。计划方法也包括集中构思活动的变体和自下而上的创意。

● 本土化优先。在一个国家获得成功的传播活动，经修改之后再运用到其他国家。箭牌、万宝路、IBM、威迪文（Waterman）、精工（Seiko）、飞利浦、福特和其他许多公司都将在一个国家获得成功的传播活动扩展到全世界，这一实践被称为“搜索和再运用”。一个本土化传播活动获得成功后，就会被一个或两个相似的国家采用。如果效果不错，就把这个传播活动进行推广，最终使之成为该品牌基本的国际传播活动。这个策略有趣的地方是它为本土广告公司提供了额外的激励。尽管所有的本土广告公司都希望成为优秀的代理商来保有本土业务，但这需要自我提升，如果一个本土化传播活动被用到发起国之外，就更不用说带来额外的财务回报了。

● 集中构思活动。第二种形式是集中构思的传播活动，其最早采纳者是可口可乐公司，目前在全球化策略中越来越多地运用。微软就对其 Xbox 电子游戏系统使用了集中构思策略，因为它是一个新的品牌，十分重视持续营销。虽然集中构思很简单，但应用起来比较复杂，需要组织来自世界各地的成员形成一个工作组、任务组或行动小组（名称因人而异）共同提议、讨论，如果有必要还要修改，最终形成一个作为整个传播活动基础的基本策略。成本是一个重要的因素。如果照片和插图能够通用，该策略比起本土化的各种形式要节省费用。

● 集中构思活动的变体。也存在集中构思传播活动的变体。例如，聘请天联广告公司的很多地方代理机构为戴姆勒-克莱斯勒公司（该公司分家后，现在是克莱斯勒公司）所有市场修改创意。负责策划这一传播活动的办公室被称为**领衔机构**（lead agency），要确定该传播活动中所有的必要元素，包括准备一个适用于其他国家的标准手册。照片、插图、电视制作和彩色印刷等费用比较昂贵，如果能在一个地方制作，然后修改文案或以当地语言再录音，能节省不少成本。不过，马来西亚等国家要求所有的传播活动材料必须在当地制作，所以这种方法只能给讯息提供方向，仍然要遵循当地的要求。

● 自下而上的创意。有时通过竞赛来发现最佳的新创意。例如，为了延展麦当劳的以年轻人为目标的“我就喜欢”主题传播活动，麦当劳的全球首席营销官拉里·莱特（Larry Light）在全球麦当劳的广告代理公司之间举行了竞赛。其中一个获胜者来自中国，后来成为其国际广告合作伙伴，这家公司身处生机勃勃的广告创意产业，致力于为年轻人提供新锐、富有突破性的广告。麦当劳的策略不是只在美国创作出创意作品，而是要“让最好的创意胜出”。

国际传播活动执行[①]　全球传播活动的执行通常要比国内传播活动复杂得多。创意

① 国际传播活动（international campaign）与全球传播活动（global campaign）是两个不同的概念，但作者在此没有严格区分。——译者

可能需要采用本土化模式、情景和本地语言。对于依赖语义而不是视觉的传播活动而言，语言作为主要的意义传递要素是一个大的难题，需要语言专家小组来调整术语并用不同的语言表达意义。例如，肯德基的口号“Finger Lickin's Good”（吮指回味）在有的国被翻译为“吃掉你的手指”（Eat Your Fingers off）。

产品名称也会成为一个问题。在加拿大，奔驰发现其 GST 车型名称是一种熟悉的税种的首字母大写，一般理解为“诈骗税”。但是某些词语，例如“柔软”，可以跨越种族和地理界限，想想 Charmin 的商业广告。在一些国家，获得政府批准做电视广告是一件困难的事情。当广告主想做国际甚至全球广告时，会和美国广告主遇到一样的伦理问题，如女性代言的广告和针对儿童的广告。但是，它们也同样不得不面临当地文化的西方化问题。[17]

不仅仅是政府禁令会困扰讯息策略。有些国家十分看重社会责任，在互联网、电子邮件背景下，消费者的担忧会引起大问题。例如，杜嘉班纳（Dolce & Gabbana）时装店的广告展示了一个裸露胸膛的男人将一位漂亮女士按在地上，其朋友却袖手旁观。对此，西班牙、意大利和美国的消费者予以抗议，认为杜嘉班纳时装店对施暴行为袖手旁观，大量的电子邮件投诉迫使公司撤下了广告。

影响国际营销传播活动的因素　为了在全球层面上创建一个一致的品牌印象，必须进行水平和垂直协调。垂直传播活动表示关键计划决策的协调，如传播计划中使用的所有不同工具的目标受众选择、定位、目标、战略和战术。水平层面的协调涉及计划中的所有国家与地区。

因其复杂性，要求有一名专业的管理人员确保不同的营销传播活动与品牌、传播活动策略保持一致性。整合营销传播计划人员经常使用计划网格来进行跨国讯息和跨营销传播项目的战略协调。下表说明了网格是怎样构建的。讯息被分成小方块，表明讯息因不同文化而在各地表现迥异，也说明采用什么品牌元素（如定位、个性）以保持一致性。有些公司销售不止一个品牌，而是一组子品牌或延伸品牌，其面临的困境是要让不同产品线在不同国家保持品牌的一致性。为不同利益相关群体设计讯息策略也存在差异，计划人员会为每个国家阐明品牌讯息的以下变量：

- 国家之间的具体差异。
- 受众之间的具体差异。
- 品牌一致性要素（不可改变）。

营销传播工具	国家 A	国家 B	国家 C	国家 D
广告				
直接反应				
公共关系				
其他				

15.4 360 度营销传播计划管理

汤姆·邓肯是整合营销传播的开创者之一，他解释说，整合营销传播始于对“一种声音，一个形象”传播活动的关注，当公司意识到建立顾客关系的所有品牌传播需要更加协调统一后又将其拓展。[18] 组织致力于整合传播计划，才会采用持续的、跨信道的、跨平台的和多方利益相关者的整合营销传播方法。

从前面的讨论中可知另一点：整合营销传播是一种以非同寻常的视角发现品牌内涵的品牌管理方法。与短期的整合营销传播活动不同，它是一种在品牌生命周期中全方位传播讯息的观念。之所以称为 360 度传播，是因为一个统一的品牌愿景萦绕着所有品牌与其所有利益相关者的互动，一个愿景必须能被品牌相关人员分享。

使命营销

企业想被视为具有社会责任的、在行动和言语上的良好公民，这对建立和维护积极的品牌声誉非常重要，因此营利性企业关注社会问题越来越重要。接受一个善因并帮助募集资金和其他以社区为导向的营销努力叫作善因营销。例如，塔吉特百货公司向地方社区捐款，作为当地社区爱心行动的一部分。另一个例子是一家信用卡交易处理公司 Process for Progress 在网站上的善因活动，它将部分利润捐赠给非营利组织。

卡罗尔·科内（Carol Cone）创立了专事善因营销的 Cone 广告公司，最近，她开始发起一个名为“Carol Cone On Purpose”的咨询业务，侧重达成公司及其品牌的目的。[19] 她的任务是将品牌与善因联系起来，让人们感受热情。Carol Cone 广告公司是支持女性心脏健康的“红裙子”（Red）主题传播活动、优诺酸奶“节约盖子就是珍惜生命”（Save Lids to Save Lives）主题传播活动、雅芳“预防乳腺癌”（Breast Cancer Crusade）主题传播活动的幕后策划者。一个优秀的企业公民有利于企业盈利，《广告时代》上的一篇文章称，这一策略对盈亏的重要性在于：“企业通过做好事来做好生意。”[20]

斯科特·哈穆拉（Scott Hamula）教授的诠释是：“除了依靠社会责任感来运营，营销者通过善因营销来加入慈善事业。”基本目标是“在营销者建立信誉、正面口碑并希望人们下次购买所支持品牌的同时，也帮助社区和非营利组织”。[21]

如果承诺反映了公司核心业务战略，就像多芬的“真实女性”主题传播活动和雅芳支持乳腺癌研究那样，就可以称为**使命营销**（mission marketing）。[22] 使命营销是把公司使命、核心价值观与关系顾客利益的善因联系在一起，但超出了善因营销的义务，因为它反映了长期的品牌建设远景，而且使命变成了所有利益相关者的激情点和统合公司所有营销传播的焦点。

使命营销通过前述品牌统合性而产生协同效应。图 15－2 所示的**整合三角**（integration triangle）表明品牌传播在三个主要方面的差距，也表明它们需要协同产生整合和统合：(1) 公司或品牌怎样表达自己（言）；(2) 这个公司或品牌如何表现（行）；(3) 他人怎样说这个公司（肯定）。如果品牌在计划讯息的所言、所行及他人肯定之间存在差距，它作为一个感知整合就失败了。

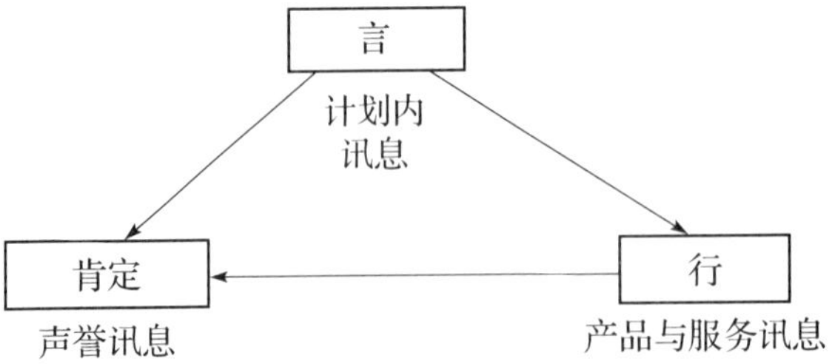

图 15－2　整合三角模型

说明："言—行—肯定"整合三角模型解释了计划内品牌讯息（言）被产品、服务营销组合（品牌和公司完成业务的好坏）所传递的讯息强化或削弱。声誉讯息（他人所言）是品牌统合性的最终测试结果。当所言、所行和肯定讯息之间存在差距时，品牌整合就失败了。

内部整合

无论对于营销者还是代理公司内部而言，每一营销传播职能领域各自为政的部门化竖井问题都成为整合计划的障碍。根据汤姆·邓肯的观点，解决方案是由协调传播活动的职能领域代表组成一个跨职能管理的团队。[23]

另一个问题是协调参与创作不同品牌讯息的所有代理机构，这是控股公司的各位部长在面对不同代理公司时所遇到的特殊问题。以美国电通安吉斯集团（Dentsu Aegis Network）为例，为了更好的合作，它将帕特里克·韦内图奇（Patrick Venetucci）任命为公司的第一任运营和整合总裁。

阳狮集团首席执行官莫里斯·利维（Maurice Levy）认为大公司存在一种伤害客户的"孤岛思维"。他拒绝将阳狮集团称为控股公司，而宁愿称为"关联公司"。[24] 登录阳狮集团的网站 www. publicisgoupe. com 看看，可知这个问题对于大型国际代理公司有多么复杂。

对愿景分享的需要非常重要，这被福特新的首席执行官证实。经济大衰退令汽车业遭受重创，他认识到糟糕的汽车公司需要的是同一愿景。为了重振队伍信心，他将调动员工积极性的愿景印制在钱包大小的卡片上，发给福特员工。卡片上的口号传递着福特重返行业领袖地位的战略，为公司首款全球车型福克斯的上市奠定了基础。[25]

为了实施这样的管理工作，我们创建了一个以品牌为中心的跨职能团队，该团队涉及公司所有相关部门的成员，这些成员与顾客、其他利益相关者、外部代理机构进行互动。其成员代表所有能控制接触点和品牌互动的领域和工具。这个跨职能团队在制定营销传播计划、监测效果和跟踪消费者反应上坚持唯一的品牌愿景。

谁负责规划所有这些品牌创建的机会？一个是代表客户方的营销和传播经理，但营销和传播经理会与代理公司的经理（提供有关整合营销传播战略等方面的指导）合作。无论是在客户端还是在代理公司端，整合营销传播都需要有一个整合营销传播经理。

组织案例研究　为整合营销传播计划而进行组织结构调整的案例是位于东京的电通广告公司。它数十年来致力于为顾客提供全方位的传播服务。[26] 直至 21 世纪，也只有这家广告公司在“一种声音，一个形象”层面上协调使用跨媒介。新技术和新的管理哲学为业务的开展开辟了新路径。

为了在运作上真正实现整合营销传播导向，电通广告公司经历了一次彻底的重组，并且设计了一个综合的、全新的整合营销传播工具包。现在，这个广告公司的员工已经有一个更加先进的能够真正在全方位传播承诺下传递讯息的方法，这种方法被电通广告公司称为“整合营销传播 2.0”，并将它定义为“一个能创造性建立计划、实施和评估品牌传播的持续性系统工程，从而建立顾客关系、建立强势品牌、提高销量和利润”。[27]

为了实现这次转型，电通广告公司首先进行了一次由整合营销传播首席教授汤姆·邓肯领衔的整合营销传播审计，从自身内部与主要客户视角审视广告公司在整合营销传播方面的优势和劣势。之后，电通广告公司成立了一个整合营销传播发展部，其使命是从事整合营销传播的研发。这个部门有 90～100 名员工，致力于整合营销传播的基础研究。这家广告公司还建立了一个整合营销传播的在线网站，网站上有 250 多种用于整合营销传播 2.0 项目的计划工具、模型和方法。这个门户网站也提供案例研究、培训教材、文章和整合营销传播调查机会，每天记录 2 000 次以上来自电通广告公司员工的独立访问数。

一个由 350 名来自不同媒介和营销传播领域的人所组成的整合营销传播策划中心就此成立。该中心的每个员工都要接受整合营销传播集训，因此他们具有在跨职能整合营销传播团队工作所需的技能，可完成不同顾客小组担负的客户策划任务。电通广告公司已有的一个品牌咨询小组品牌创意中心也被整合进整合营销传播策划中心。此外，电通广告公司的 22 个客户小组都配备有 5～10 名有整合营销传播实践经验的客户策划人员，这些人为客户提供整合营销传播目标方面的教育，并建立策划的通用语言。

这项工作仍在进行之中，且被全球经济衰退所牵绊，但电通广告公司的整合营销传播主管和管理人员仍坚信在组织重构上的投资是合理的。已付出的努力并没有变得廉价，电通广告公司最初就令其 4 500 员工中的 600 多人参与整合营销传播开发和客户服务。

下章预告

本书已接近尾声，如果有兴趣从事营销或营销传播相关的工作，你所学的哪些整合营销传播知识可能会助你事业腾飞？

毫无疑问，营销传播行业正朝着整合营销传播的方向迈进。例如，美国广告主协会的一项研究发现，74%的成员表示正在采纳整合营销传播思想指导大部分或全部品牌。该协会的首席执行官认为这是对理解 IMC 本质的“营销者再生”的呼唤。因此，整合营销传播领域有很多的就业机会——你会抓住吗？

或许你正考虑开办一家企业或去研究所当咨询顾问。倘若言中，这一点是非常重要的：认识到广告的概念已拓展到与品牌讯息传播相关的几乎所有事情。如果你从事营销或营销传播工作，可能需要策划整合营销传播活动。本章是你进行 IMC 思考和管理实践的指南。

本章从整合营销传播的原理入手，回顾了整合营销传播活动的发展历程和整合营销传播项目的管理，目标是通过所有的品牌讯息和体验推动品牌一致性。这是一种经济有效的传播方式。第 16 章讨论效果评估，将继续营销传播旅程，这是证明 IMC 计划和活动有效性的重要步骤。

成功秘诀

积极的“粉红色”

“粉红丝带”主题传播活动可以说是迄今为止最成功的促销活动之一，它与其他品牌共同打造了一项善因。正如本章介绍的，营销者可运用各种促销技法，而这场活动展现了产品搭配的有效性。诸如雅芳和优诺等品牌自然地与一个善因（乳腺癌意识和研究）切合起来，可让赞助商和慈善机构双方都受益。

正如本章开篇所讲，科曼基金会自成立以来为乳腺癌治疗募集了 20 多亿美元，并筹集了 9.2 亿多美元用于研究和教育。[28] 但对组织的合作伙伴来说，这是一笔好生意吗？

显然是的。以优诺为例，它的每一个粉色酸奶盖可向科曼基金会捐赠 10 美分，自 1999 年以来，已捐赠了 2 200 多万美元。其实还有品牌像优诺一样。新百伦的“为治愈而系好鞋带”（Lace Up for the Cure）促销活动捐赠了其部分粉色鞋子 5%的零售额，保证每年至少向科曼基金会捐赠 50 万美元。

因此，从这种合作关系中获得经济利益是有潜力的。不过，更难衡量的是产品搭配促销所创造的价值。

老海军（Old Navy）的前总裁为其 T 恤设计了粉色科曼基金会徽标，据说 5%的零售额会捐赠给科曼基金会。他表示并不期望粉色 T 恤能带来极高的收益，但与世界最大乳腺癌慈善组织的联系为老海军品牌带来了友善形象，也因与科曼基金会的善因关系而增加了数百万美元。

多年来，科曼基金会为促使女性了解乳腺癌所做的工作出色，获得了许多大奖，包括为善因营销颁发的许多光环奖（Halo Awards）。随着“粉红丝带”主题传播活动的推进，可乐观预见其发展趋势，合伙公司的讯息在粉红色的汪洋中不会褪色。

复习题

1. 解释 IMC 活动计划与 360 度全方位传播计划的区别。

2. 当我们说将整合营销传播活动计划中的媒介计划从信道向接触点转型时，是什么意思？

3. 一个品牌为什么是一种感知整合？

4. 什么是 SWOT？在营销形势分析中如何战略性地利用？

5. 什么是跨媒介整合？它为何重要？

6. 整合营销传播活动管理中使用的两种控制方法是什么？

7. 解释全球整合营销传播计划比全国性整合营销传播计划更为复杂的原因。

8. 什么是内部整合？

讨论题

1. 在你的社区中选择一家餐馆，拟定一个传播活动计划。餐厅的目标受众是哪类人？你建议它的广告注重价格还是形象？它的形象是什么（或应该是什么）？应该使用什么媒介或营销传播工具？

2. 你接到了一项新任务，团队要将一个瑞士制造的高档钢笔品牌 Pinnacle 投放市场。它的主要优势是拥有一个保证至少使用五年的墨胆。该钢笔有多种形式，包括滚珠笔尖、毛头笔尖以及从细到宽各种宽度。这支笔首先在欧洲上市，然后推向全球，如何选择全球化或本地化策略？你对品牌传播的标准化有何看法？

3. 你为一家大型体育用品连锁店工作，这家店喜欢关注当地慈善活动。你认为公司可从使命营销计划中获益。营销副总裁的提案中应该包括哪些内容来解释使命营销？为什么你认为使命营销项目可能对公司有用？

4. Luna 比萨是当地的冷冻比萨制造商，其唯一强大的竞争对手是 Brutus Bros。以下传播纲要摘自 Luna 比萨下一个财政年度的形势分析。根据下列每种情况，为 Luna 编制下一年度的广告预算。

a. 采用历史预算法，每销售单位花 40 美分来做广告，有 5%的通货膨胀。

b. 采用计划期销售额的固定比例法，比例是 7%。

c. 采用声音份额法，其最主要的竞争对手 Brutus Bros 想用销售额的 6%作为下一年的广告预算。

	上一年度实际广告费用	下一年度估计广告费用
销售单位	120 000	185 000
销售额（美元）	420 000	580 000
Brutus Bros 的销售额（美元）	630 000	830 000

注释

第16章

整合营销传播效果评估

学习目标

- 能解释品牌传播评估的重要性。
- 能讨论传播活动目标在衡量活动成败中所扮演的角色。
- 能阐述传播活动评估的主要方式。
- 能解释如何评价媒介载具的绩效。
- 能列出整合营销传播效果评估面临的主要挑战。
- 能详述判断一项传播活动是否达到其目标的方法。

此时此刻，你应该意识到品牌传播的潜在力量。我们已强调，有效的传播活动不只是赢得创意奖，唯一和首要的目的是实现活动的传播和营销目标。正如你将在本章看到的，评估整合营销传播活动效果的方法有很多。公司需要评估计划讯息的效果、单个整合营销传播工具的绩效、媒介传播讯息的影响力，以及整合营销传播工具能在多大程度上协调一致地发挥作用来改变人们的态度和行为。本章讨论传播活动目标的设定（可以用来评估传播活动的成败），并探讨多种可行的效果测量方法。

获奖案例

Adobe公司以可测性揭穿营销谬论

专业营销者常因被高管低估而愤怒，Adobe公司想改变这种感知，为其新推出的端到端的数字营销和分析产品集（叫作“Adobe营销云”）发动一场整合的、引人注意的主题传播活动。锚定这场传播活动的是讯息，即营销不只是“饶舌”或“废话”，而是可衡量的和有影响力的。对营销可信度的研究揭示了几种主要的误解，包括“社交媒体没有投资回报率可言”“你不能信任营销者”“营销者讨厌大数据”。Adobe公司通过实时分享“衡量标准并不荒诞”（Metrics，Not Myths）主题传播活动的效果，使其分析产品在线上赢得了声誉。

传播活动目标

Adobe公司最为人熟知的产品是其流行的创意工具（如Photoshop），在拥挤的数字营销行业（约合770亿美元）它面临一个巨大的障碍——为其新的分析工具建立知晓度和认可度。Adobe需要将自己从一个“制定型”创意公司转变为一个“制定和测量型”的营销伙伴。这场传播活动的目的是找到并碾碎营销谬论。为什么？因为营销整体上存在认知问题。福尼斯营销集团（Fournaise Marketing Group）的一项研究显示，73%的首席执行官认为营销者缺乏商业可信度。根据Adobe公司的一项“在线广告现状”的研究，53%的消费者认为大多数营销都是一堆废话。基于这些统计数据，Adobe公司聘请爱德曼代理公司（Edelman Berland agency）来帮助揭示对营销专业人员的更多误解，专注于消除误解的方法，并大胆地公布，将Adobe公司完全置于专业营销者的立场。通过剖析营销废话并提供确定性的东西，Adobe公司希望成为一个值得信赖的合作伙伴，为数字营销者提供他们急需的信心。目标包括：

- 直接调查增加20%。
- 显著改善其在首席执行官和消费者中的感知。
- 提高对社交媒体的整体知晓度和融入度（媒体和社交感想、社交融入、社区成长和网站流量）。
- 提及（People Talking About This，PTAT）评分提高5%。

主要的战略性传播活动决策

这次传播活动是整合性的，协调使用了社交媒体、公关、广告、网站、新应用和视频系列，来幽默地挑战那些对营销的误解和负面态度，同时推出新的Adobe分析产品。

目标受众是首席营销官和高级营销决策领袖。广告被投放到出版物和网站上，如《纽约时报》《华尔街日报》《广告时代》。Adobe 在这次传播活动上花费了大约 1 000 万美元。

讯息战略

系列讯息融合了幽默的广告类视频、数据驱动顾客的成功故事、信息图表、街头男人对消费者数据和营销的看法。这些视频得到了付费社交媒体购买的支持，其重点是用三个视频传播融入感。三个视频分别是："废话探测器"（BS Detector）、"责难"（The Slap）和"机器人"（The Robot），与之对应的三个谬论是营销是废话、社交媒体是无用的、营销者讨厌大数据。

传播活动中使用的粗话是为了反映当专业营销者的贡献被低估及其工作绩效不可测时他们感受到的挫折。传播活动还遵循了营销传播的趋势，使用更常见的短语和表达方式。还有另一个原因：在一个像数字媒介这样活跃的行业里，创业公司和重量级公司的讯息都很混乱，Adobe 公司需要令其传播活动脱颖而出，并在忙碌的专业人士中引起注意和兴趣。

成功的广告和整合营销传播的一个要件是评估传播的效果。在本章中你将学到许多方法来评估效果。是 Adobe 公司的努力得到了预期结果，还是又一堆的废话？本章章末的"成功秘诀"专栏将给出答案。

资料来源：Stuart Elliot，"To Stand Out，Campaign for Adobe Gets Blunt，" The New York Times，October 22，2012，http://www. nytimes. com；"Adobe：Metrics，Not Myths，" Effie Worldwide Case Database，2014，https://effie. org；Talia Sinkinson，"Adobe's Product Launch Case Study：Stellar Strategies Adobe Is Using to Pump Up Visibility，Activate Audiences Online and Build a New Brand Story，" Bulldog Reporter，May 23，2014，https://www. bulldogreporter. com；"Project：Adobe Metrics，Not Myths，" Edelman Digital，2013，http://webby2013. edelmandigital. us；"Marketing is BS，" Adobe Systems Inc.，2017，http://tv. adobe. com；Christine Beury，"The Ultimate Case Study：Part 2-Off to a promising start，" Adobe Digital Marketing Blog，November 4，2012，https://blogs. adobe. com；"Adobe：Metrics not Myths，" Adobe Systems Inc.，https://blogs. adobe. com.

16.1 品牌传播效果：奏效了吗

促使整合营销传播活动奏效的是什么？人们喜欢这样吗？让人采取某种行动了吗？或者还有别的什么？

第一要务：传播活动目标

一般来说，一个品牌的传播活动有多个目标。例如，一个（态度上的）目标可能是改变品牌感知，另一个（行为上的）目标可能会使人们以某种方式融入品牌。如果想到 Adobe 公司的推广案例，就会回忆起 Adobe 公司发起整合营销活动的目标是吸引营销专业人士的注意，并提高人们对公司新的数字营销和分析产品的知晓度。

无论一个公司为传播活动设定的目标有多少，事先制定这些既定目标是很关键的，因为这可为评估传播活动是否成功提供非常重要的框架。制定目标并确定恰当的测量方法使传播活动评估成为可能。例如，如果Adobe公司表示其整合营销传播活动的目标是将营销专业人员对新产品的销售查询数量增加20%，那么至少可以建立一种方法对该传播活动进行评估。尤其在使用社交媒体时，必须制定明确的传播活动目标。社交媒体探索者LLC公司的创始人詹森·福尔斯（Jason Falls）认为，这些目标可以包括从增加在线社区积极参与的人数，到促使公众情感从现有水平转变为某一期望水平。然而，无论目标是什么，它都必须是明确的、具体的，并能为衡量营销努力的成功提供方法。[1]

当优秀的广告能促进销售增长时，营销者会因此而感到高兴吗？当然会。

传播活动目的：塑造品牌

开始思考如何衡量整合营销传播的效果时，我们先只考虑一个工具——广告。许多主管认为，广告只有在带来销售时才奏效。雪城大学名誉教授约翰·菲利普·琼斯曾写过与此主题相关的许多书和文章，估计全球每年6 000亿美元的广告费用仅带来41%的销售额（不到一半）。[2]

西蒙·布罗德本特（Simon Broadbent）是效果研究的另一位领军人物，也是销售效果最初的倡导者。他认识到广告的“长期而深远”的效果或长期品牌塑造的效果也很重要。[3] 许多专家同意此观点，也是我们支持的观点，原因如下：

首先，由于其他环境因素的影响，很难确定广告的销售效果。以亚马逊为例，在收看假日广告的主要东北城市，其销售额增长可归因于广告吗？是不是冬季的恶劣天气导致人们在家上网购物？很难衡量影响收入的不同因素的效果。

其次，销售额增长不能简单地归功于品牌做了广告，相反，广告的主要目标之一是在消费者中创建更高水平的品牌知晓度。《商业2.0》（*Business* 2.0）上的一篇文章称，六旗（Six Flags）游乐园的广告从受众问卷调查来看获得了巨大成功，但无论如何，这必须被视为无效的，因为该公司的26个主题公园的入园率在传播活动之后下降而不是上升了。这种反应是否恰当？可能不恰当。也许人们没有去公园的主要原因是油价上涨。如果能证明品牌知晓度的提高与传播活动的目标存在关联，这场传播活动就是成功的。

我们的观点是营销者希望讯息能实现各种各样的目标。非营利组织的传播活动目标可能是告知捐赠者其捐款是如何使用的，换句话说，让捐赠者更加知情（且更加投入）。包装类产品的团队目标可能是建立品牌关系；一家酒店的传播活动的目标可能是为常客飞行计划吸收新会员。所有这些目标都指向广告服务于传播活动目标的方式，因此广告是奏效的，并不只反映在销售数字上。

传播活动往往有多个目标，且在整合营销传播工具箱中有多种测量方法，因此有多种方法来评估营销传播活动的效果。本章将讨论比较常见的衡量传播活动成败的方法，也就是说，我们鼓励未来的营销者掌握衡量效果的新方法。

评估为何重要

如第6章所述，品牌传播的一些评估是非正式的，是基于有经验的管理者的判断，且总是有必要的。重要的是，要更早认识到传播活动计划阶段也需要多种正式的评价机制。正如马克·施图尔福特教授解释的那样，评估应该被安排到任何传播活动中，有了清晰的传播活动目标，这不是一项艰巨的任务，因为评估可以且应该直接从那些目标中产生，但将“传播活动评估阶段”纳入项目时间表是必要的。

结构化评估不仅在客观上决定了一场传播活动的成功，而且为品牌计划在未来的传播活动提供了有价值的反馈。

从商业角度来看，正式的品牌传播评估是必要的。为什么？第一个原因是广告失误的风险太大。到目前为止，国家电视台刊播平均30秒的商业广告就要花费几十万美元的制作成本。如果在全国范围内投放，出资人仅播出一次就需投资数百万美元。第二个原因是广告优化——通过测试、跟踪品牌表现来降低风险，在可能的情况下加以改进，以提高传播效果，助力未来成功。

整合营销传播业务的专家将评估技能放在传播业未来几年所需技能的最重要位置，这是因为大数据将为整合营销传播的决策带来强大力量。

评估如何适应品牌传播测试阶段

通过测试、监控和测量，就对品牌传播有了完整的理解。这个过程如图16-1所述，说明整合营销传播计划的评估是循环往复的，既是一项计划工作的最后一步，又是下一轮工作的第一步。

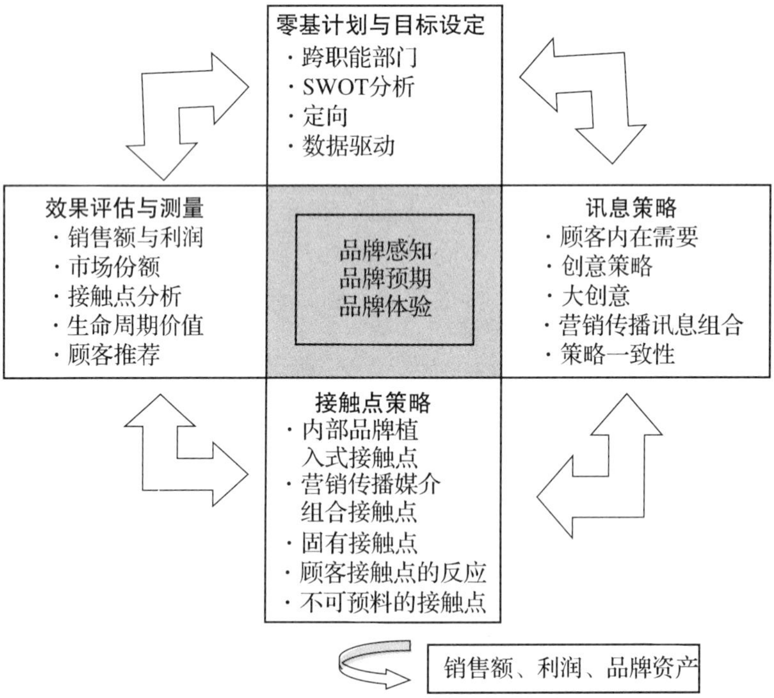

图16-1 整合营销传播品牌优化模型

说明：汤姆·邓肯教授创建的整合营销传播模型说明了评估是一个循环的过程：整合营销传播计划从收集信息开始，经过计划过程中的各个步骤，最后再次收集信息。然而，这一次收集信息是用来确定哪些有效和哪些无效。这些信息反馈到过程中，组织从结果中得以学习。

第 6 章讨论了讯息开发测试，更具体地说，讨论了如何使用**概念测试**（concept testing）、符号分析和**预测试**（pretesting）使一项传播活动在投放市场之前尽可能强大。最理想的情况是在定稿或媒介购买之前获得初步测试的结果。我们也讨论了在传播活动中监测蜂鸣传播并跟踪行为。在此把重点放在效果测量上：如何评估传播活动完成后的实际效果。

16.2 评估整合营销传播讯息

一旦传播活动结束，我们如何发现品牌传播是否有效？如何知道讯息是否奏效？有关效果的问题至关重要。如果没有证据表明传播活动起了作用，公司可能会临时做出削减传播支出的错误决策。换句话说，如果没有证据表明整合营销传播让品牌变得更强大，品牌经理在一定压力下会削减开支，就会停止执行正确的整合营销传播计划。因此，在整合营销传播计划没有对态度或行为产生积极效果的情况下，品牌经理要知道这一点，以便改进未来的营销传播活动。

正如本章前面所讨论的，任何仅仅通过查看销售数字来衡量品牌讯息效果的尝试都会带来问题，因此，品牌讯息效果通常是以传播效果来衡量的，即把对讯息的心理反应（如提高知晓度或改变品牌认知）当作销售效果的**替代性评估指标**（surrogate measure）。积极的传播活动的事后变化，如品牌知晓度、品牌提供的知识、品牌喜爱度和品牌购买意图，表明广告讯息或品牌传播的其他形式对最终的品牌购买起到积极的作用。因品牌传播而增加的其他许多测量指标也很重要。

当传播活动不起作用时，传播活动讯息的事后测试的一个重要作用就是了解哪里出了问题。有些讯息可能会使受众感到困惑，有些可能无法引起人们的注意，还有一些可能无法引起共鸣。在这些情况下，传播活动讯息评估必须使问题暴露出来。在某些情况下，品牌讯息缺乏可信度，甚至可能产生负面影响。例如，当“战神 2”（God of War Ⅱ）视频游戏的公映以一只死去的山羊为主角时，动物权益组织被激怒了[4]，其他消费者也可能受到冒犯。同样，一个品牌经理不仅必须知道这种情况已经发生，而且必须知道为什么以及如何发生。可靠的传播活动评估测量指标准确地告诉我们一场传播活动已完成和没有完成的事情。

表 16-1 对关键讯息的效果度量进行了分组，然后将其与用于确定效果的调查问题类型匹配起来。表中使用了“广告”一词，但这些问题与既定传播活动中使用的所有整合营销传播工具都相关。

讯息评估专家

除一些大型代理机构的调查部门之外，许多调查公司专门测量表 16-1 中效果的各种维度。最成功的公司开展了如此多的测试，以至于它们为常见的产品和服务类别制定

表 16-1　效果调查问卷

效果	调查题项
感知	
知晓/察觉	你记得看过什么广告？ 你知道什么广告？
注意	什么吸引了你的注意力？ 与其他广告和内容比较，该广告鹤立鸡群吗？ 该广告最显眼的地方是什么？
再认（提示性）	你有没有见过这个广告/主题传播活动？ 你记得/不记得其中的哪些元素/哪些？
相关性	产品讯息对你来说有多重要？它与你的兴趣和期望是一致的吗？
情感	该广告激发了你的什么情感？ 你对该广告有何感觉？
好感/没有好感	你喜欢这个品牌吗？喜欢这个品牌故事吗？你喜欢品牌象征角色（其他广告元素）吗？ 你喜欢/不喜欢该品牌的什么方面？你喜欢/不喜欢该广告的什么东西？
欲望	你想要这个产品或品牌吗？
认知	
兴趣	你是否看了该广告的大部分内容？看了多少？ 该广告是否引起了你的兴趣或好奇心？ 你的兴趣从广告转移到什么地方了？
理解/困惑	你对该广告有哪些想法？你能理解该广告是如何奏效的吗？广告中存在你不能理解的地方吗？你理解广告说辞/产品属性/产品利益了吗？ 你需要这个品牌吗？或者说该品牌能满足你的某一需要吗？
回忆（无提示）	在广告中发生了什么？你认为广告中的主要讯息是什么？广告的要点是什么？
品牌回忆/连接	什么品牌做的广告？（在自由回答中，是否回答品牌名称？）
区隔	品牌 X 与品牌 Y 之间有什么区别？
联想	当你想到这个品牌时，品牌与你有何联系（产品、品质、属性、人群、生活方式，等等）？ 你能将该品牌与你的积极体验联系起来吗？
个性/形象	你认为这个品牌的个性是什么？该广告对你的提示是什么？你喜欢品牌个性吗？ 该品牌形象是什么？品牌象征或代表了什么？
自我认同	在使用品牌时，你能从中看到你自己或你的朋友吗？ 你与品牌形象之间存在个人联系吗？
劝服	
购买意向	你想试用或购买这个产品或品牌吗？ 你把该品牌纳入购买清单了吗？
论证/反驳	你购买该品牌的原因是什么？你不购买该品牌的原因是什么？你购买或不购买竞争者品牌的原因是什么？你是怎样将该品牌与竞争者品牌进行比较的？ 你对该广告有什么要反驳的吗？
能信度/确信	你相信广告中的理由、广告说辞或论据陈述吗？ 你认为该讯息是真实的吗？该品牌是最好的吗？
信任	你相信这个品牌吗？
行动	有多少人实际购买、试用、打电话、转发讯息、点击、访问、参与、咨询？ 转化率多大？

了**规范**（norm）。换句话说，在传播活动结束后，这些公司可以观察客户在关键测量指标（如提高品牌知晓度或购买意向）上的变化，并将之与其他类似传播活动的变化进行比较。规范允许品牌和代理机构的领导者决定某一传播活动讯息在“移动指针”方面的表现是否高于或低于品类平均水平，如表 16-1 中列出的那些。

大多数大型效果测量公司还开发了诊断方法，以识别整合营销传播活动的强弱。这些方法很重要，因为如前所述，了解什么起作用和什么不起作用使我们能够慢慢让传播活动变得更好。

下面是一些比较突出的传播评估公司及其提供的测试和测量的类型。当然，新进入者（通常使用新技术）和合并会导致公司列表频繁地发生变化。

- Ameritest 调查公司。品牌连接、注意、动机、传播、浏览广告的注意力和情绪流动。
- 益普索品牌与广告研究公司（Ipsos ASI）。回忆、注意、品牌连接、说服（品牌转换、购买概率）、传播。
- 明略行公司。品牌植入、快乐、涉入度、理解、广告流程、品牌整合、对广告的感受、主要突出理念、喜欢/不喜欢、印象数、劝服、新的新闻、能信度、相关性。
- 普华永道（PwC）。提供支持技术和标杆分析技术，通过信息传递与评估帮助提升传播质量。
- 索福瑞集团（TNS）。品牌选择、品牌权力（在头脑和市场中）、推动品牌选择的动机。
- 捷孚凯调查公司（GfK）。广告计划、广告优化（跨渠道传播测试）、品牌传播持续有效性监控。
- 沙宾特咨询公司（Sapient）。高级分析，通过数字渠道讲故事。

此外，谷歌等主要的在线公司为在线传播活动评估提供了多种工具，包括从测量网站流量或关键词搜索结果的简单分析工具，到允许营销者进行体验研究的更复杂的工具。例如，在体验研究中，一场传播活动可能会展露于一些消费者，但不会展露于其他人，因此对消费者态度的影响可能会得到明确的评估。像睿萃坊（MetrixLab）这样的公司使用标签技术来了解人们在一次传播活动中的展露数，然后测量高展露数的消费者和低展露数的消费者在品牌试用意图上有多大差异。

讯息评估技术

通过传播活动评估，不仅可以了解整合营销传播活动是否达到了目标，还可以了解整合营销传播活动可能未实现的结果，因此可以检查使用的最常见的研究技术。品牌经理可能会为不同类型的传播活动讯息设定不同的目标，因此就需要不同类型的测量技术。例如，Adobe 公司预计其电视和印刷广告将在市场营销专业人士中引发蜂鸣传播，增加新的分析产品的查询量，还预计其网站有助于将公司形象从一家“制造型”公司转变为一个“制造与测量型”的营销合作伙伴。首先，我们将扩展第 6 章提到的传播跟踪调查的作用。

跟踪研究 传播**跟踪研究**（tracking study）从传播活动开始到结束，包括从展露于传播活动的消费者中随机抽样收集信息。尽管各公司在数据收集的确切时间线上存在差异，但在最佳实践场景中，收集消费者信息始于传播活动启动2周或6周后，然后在该时间点和结束时间点之间定期间隔进行。跟踪研究与本章讨论的传播活动评估相关，因为在活动周期结束时，这些评估措施由品牌经理进行了特别细致的分析。通过对这些评估指标的分析，品牌管理者不仅可以确定传播活动的效果，而且可以确定营销传播活动的核心讯息是否能对另一个周期持续产生影响力。

表16-1中列出的调查题项，关注传播活动的回忆、再认、理解和相关性，是传播跟踪调查的主要内容。消费者理解这一讯息是至关重要的，因为如果他们对意义存在困惑，可能会变得漠不关心。

跟踪调查还包括消费者如何看待品牌个性的具体问题（该主题传播活动是否加强了品牌团队欲建立的个性）、对品牌的自我认同（消费者是否觉得品牌是“我的品牌”）、购买意图、购买比例。如果一场传播活动没有提升消费者对品牌的亲和力，或提高购买的可能性，那么传播活动的效果一定是源于题项。在很大程度上，品牌追踪仪囊括了图16-2中的成分。

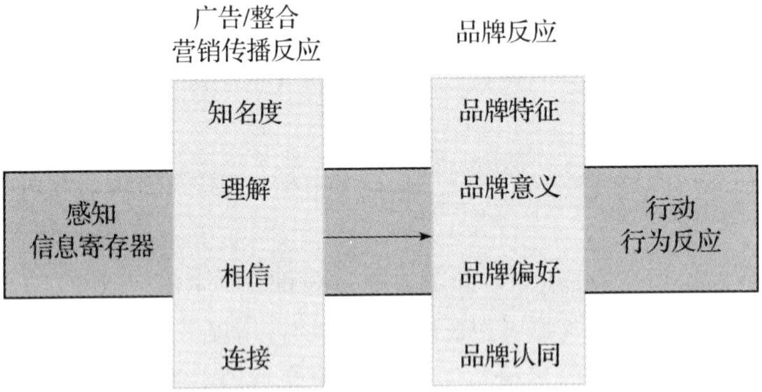

图16-2 跟踪品牌反应

扫描仪分析 事后测试评估的另一个常见工具是**扫描仪研究**（scanner research）。许多零售商店，特别是药店、折扣店和食品店，使用电子扫描仪来收集消费者的购买信息。例如，你在当地的西夫韦超市（Safeway）购物时，购买的每一件产品都有一个电子条形码，它能传递品牌名称、产品代码和价格。如果你是西夫韦“常客购买计划”的会员，就可以享受特殊的促销优惠，这家商店则可跟踪你的购买情况。

当广告和促销投放某一市场时，扫描仪研究可用来观察由此产生的销售激增情况，连锁店和品牌制造商都对这些数据感兴趣。地区性的西夫韦系统也许决定建立一个消费者调查小组，以便跟踪不同消费者群体之间的销售情况。它要求你加入一个可能包含数百个其他顾客的调查小组。你将完成一个相当广泛的问卷调查，分配一个ID号。因为你的参与，你购物或许会获得附赠礼品或折扣。每次购物时，你需要提交你的ID号。

如果西夫韦在报纸上做一则两页的广告，它可跟踪实际的销量，以确定广告效果。向西夫韦供应产品的各种制造商都可以做此类测试。小组问卷还包含每个成员报告使用的媒介列表，以便评估媒介的效果。

单源数据　**单源数据**（single-source data）是通过测量同一个体或住户的各种媒介/营销展露数、购买行为和忠诚度而获得的。这些数据可包括从以下渠道得来的数据：购物忠诚卡、扫描仪数据、电视或有线机顶盒、个人仪器和住户人口统计特征。你可想象，这些数据对于那些希望检测整合营销传播活动对消费者产生效果的广告主来说何其有用。尼尔森等单源数据公司将测试广告发给市场内选定的一组家庭，以便将其行为变化与对照组进行比较，然后在当地的商店里通过扫描仪收集每一组住户的购买行为。由于品牌传播是唯一被操纵的变量，该方法能够十分清晰地解读因果关系。

约翰·菲利普·琼斯曾在智威汤逊广告公司工作多年，他利用该公司的单源数据，结合尼尔森公司的电视收视数据证实广告对销售产生了即时影响。他发现，最强的传播活动可以使销额增加两倍，而最弱的传播活动实际上会导致销额下降 50%以上。[5]

虽然**单源调查**（single-source research）的花费相当高，但其结果是可靠的。品牌传播是在家庭的自然条件下进行的，此结果反映的是消费者的实际购买行为。缺点是单源调查更适合分析短期的即时销售效果，不能很好地捕捉其他品牌建设效果。

记忆测试　记忆测试基于这样一个假设：品牌传播给展露于此的人们留下了心理印记。换句话说，受众已学到了一些东西。评估整合营销传播效果的一种方法就是接触那些展露于传播活动的消费者，并找出他们记住的东西。从前文中可知，记忆测试分为两大组：再认测试和回忆测试。

例如，向人们展示杂志广告后，询问他们是否记得以前看过就是评估记忆效果的一种方法。这种测试称为**再认测试**（recognition test）。在**回忆测试**（recall test）中，要求阅读过杂志的受访者报告他们从广告中得到的有关品牌的记忆。在测试中，访问者可能会通读一组内含品牌名称的卡片，如果受访者说“是的，我记得看到过这个品牌的广告”，访问者会要求受访者描述他们记忆中关于广告的一切。显然，回忆测试比再认测试更严格。

同样，新的电视广告通常在美国超级碗大赛期间播放。赛事结束后的第二天晚上，访问者可能会随机拨打数千个电话，直到他们与大约 200 人取得联系，而这些人在某一广告出现的确切时间观看了这个节目。然后，访问者提出一系列问题，如：

1. 你还记得看到过任何运动型多用途车的广告吗？

2. 如果没有看过，你记得看过吉普牧马人（Jeep Wrangler）的广告吗？（记忆提示）

3. 如果对以上任一题项的回答为“是”，那么广告是怎么宣传产品的？广告展现了什么？广告看起来是什么样的？提出了什么观念？

第一类题项被称为**无提示回忆**（unaided recall）的问题，因为没有提到特定品牌。第二类题项是**提示性回忆**（aided recall）的问题，其中提到了具体的品牌名称。

第三类题项的回答要一字不差地写下来，要求受访者将一个特定的品牌名称或至少一个具体的品类与特定的广告联系起来，有时这类测试叫作**品牌连接测试**（brand linkage test）。

查询测试 行为反应测试的一种是**查询测试**（inquiry test），它是对广告或其他形式的品牌传播的反应数量的测量，其中包括呼叫免费热线电话、发电子邮件或访问网站、返回优惠券、拜访经销商、参与竞赛或给销售人员打电话。查询测试是主要的测试工具，用于直接营销传播，但当查询被纳入讯息设计之后，也可用于评估广告和销售促进。查询测试还可通过在杂志中利用分刊投放技术来评估另类广告的效果，即印刷杂志有两个版本，一本刊登广告 A，另一本刊登广告 B。那些能带来最多反应的广告（或直接邮件作品）注定是最有效的。

16.3 评估各种整合营销传播工具的效果

从第 1 章和第 5 章可知，整合营销传播的协同增效作用是存在的，因为当所有的传播工具一起使用的时候，能创建一个坚实的、可理解的品牌意义。当正确利用整合营销传播工具组合时，传播活动的总体效果最好。因此，在传播活动的整体协同效应被测量之前，通常是对每个工具展开评估。换句话说，品牌经理决定整合营销传播组合中的每个元素（如公共关系或网站）是否单独实现了预期目标。可能会使用内部数据，也可能会检查来自外部调研机构的结果，比如盖洛普-罗宾森公司（Gallup & Robinson）或明略行公司。无论如何，正如本章前文所言，在评估计划时品牌经理必须预先考虑评估，并且必须为组合中使用的每个整合营销传播工具设置特定的目标。

广告可能在整合营销传播工具中具有最高的可视化程度，然而销售促进和在线讯息等其他品牌传播工具可能更容易达到让人们立即购买的效果。在建立可信度方面，公共关系尤为强效。无论其目标是什么，必须对在传播活动中使用的每个整合营销传播工具进行评估，以了解目标是否实现。大多数整合营销传播工具都有自己的评估标准，可在传播活动结束时度量效果。正如图 15-1 所示的梅丽莎·勒内的媒介效果模型，有效的媒介传播活动在许多层面激发了消费者的反应，这一点在本书的效果多面模型中得到了强调。因此，应选择评估方法，以便营销者能评估一系列效果和目标。

在一个整合计划中，我们必须使用最好的工具来达到预期效果，然后衡量实现该效果的成功程度。在表 16-2 中，主要效果位于第一列，第二列中确定了一组替代性评估指标（这里只列举几个），最后一列是最适合实现目标的传播工具。稍后将更详细地解释如何评估几种整合营销传播工具的效果。

表 16－2　讯息效果因子

主要讯息效果	替代性评估指标	传播工具
感知	展露数	广告、公关、购点、数字传播工具
	注意	广告、销售促进、包装、购点
	兴趣	广告、销售促进、公关、直接营销、购点、数字传播工具
	相关性	广告、公关、直接营销、购点、数字传播工具
	再认	广告、公关、包装、购点、特制品
情绪/情感	情感或好感度	广告、销售促进、包装、购点、数字传播工具
	吸引力	广告、公关、减价、事件/赞助
	共鸣	广告、公关、事件/赞助
认知	理解	广告、公关、减价、直接营销、数字传播工具
	回忆度	广告、销售促进、公关、售点、特制品
联想	品牌形象	广告、公关、事件/赞助、数字传播工具
说服	态度	广告、公关、直接营销、数字传播工具
	偏好/意图	广告、公关、减价、销售促进、数字传播工具
	可信度	公关
	信服	公关、减价、直接营销
	动机	广告、公关、减价、销售促进、数字传播工具
行为	试用	销售促进、减价、直接营销、购点、数字传播工具
	购买	销售促进、减价、直接营销、数字传播工具
	重复购买	广告、销售促进、减价、直接营销、特制品、数字传播工具

广告

你如何描述有效的广告？你这辈子大部分时间都在看广告。从表 16－2 可知，广告在实现诸如提高品牌知晓度和改善品牌形象等很多目标方面具有潜力，也是品牌提示和鼓励回购的一个有用工具。

最常见的**事后测试**（posttesting）或传播活动评估是用于评估广告的技术，即本章前述的跟踪研究。在一场持续六周或六个月的传播活动结束时以及之后的几周，公司和代理机构领导者都会密切关注所采取的效果评估方法，以确定该传播活动是否成功。传播跟踪研究意味着营销者的投资巨大，也就是说，既然制作广告存在成本，那么通过全面的传播活动评估来表明花这些钱是值得的。

公共关系

通常根据成功的**产出**（output）（例如，有多少新闻稿引发了故事或新闻故事中的提及）和**成果**（outcome）（由于制作材料的影响而导致态度或行为变化），公共关系从业人员跟踪公共关系活动的影响。换句话说，为了全面了解公共关系的效果，从业人员需要评估过程（发生了什么）和成果（对目标受众的影响）。

产出评估可以通过提出具体的问题来进行。得到了多少广告位（刊播在媒体上的新闻稿）？发言人在脱口秀中出现了多少次？公益广告获得了多少播送时段，或在推特上产生了多少和什么样的蜂鸣传播？结果以分钟数、提及次数或推文转发次数来表示。

另外，成果通常是根据公共舆论和关系变化来衡量的，正在进行的舆论跟踪研究提出了其他问题。例如，受众知识、态度或行为是否发生了变化？能否将行为变化（如产品试用、重复购买、投票或加入）与公共关系工作联系起来？

投资回报率等将公关活动与企业盈亏结合起来的测量方法就像寻找“圣杯”（Holy Grail）一样。公关人员喜欢拿投资回报率来举例，因为它能够为公关效果的重要性提供更多的支持。测量投资回报率的替代指标是股东价值，可透视一个公司或品牌的声誉资本。例如，调查表明，有着最有效的员工传播计划的公司能够为股东提供更高的总投资回报率。最近的基于互联网的分析工具正准备将付费媒介效果与在线商务目标联系起来，如增加网站流量、销售机会、收入，为非营利组织捐赠。[6]

有些人仍然认为并不是所有公共关系的项目价值都是可衡量的[7]，但其他人声称可以增加指标的使用来确定公共关系活动对消费者融入的影响，尤其是在数字领域。阿肯色州公共服务部（Arkansas Department of Human Services）的马克·斯托里（Mark Story）提倡使用新的方法来衡量绩效和消费者的融入度。[8] 必须预先确定衡量成功的目标和标准，只有这样，公共关系专业人士才真正有能力对传播活动进行评估。

消费者、贸易和购点促销

利用分销渠道的包装产品和其他产品的销售促进经理需要评估消费者（或最终用户）促销活动、定向零售商和其他渠道成员的促销活动的效果。你应该还记得，销售促进是一套技巧，能促使消费者、销售代表和行业立即采取行动。在最基本的评估阶段，管理者需要有诸如商店广告文案和店内展示图片等促销证据。销售人员的一项职责是对商店进行检查，以验证商店是否履行了承诺。然而，在促销活动评估的最高级别，必须衡量促销活动引起的涉入度行为和类型。

如果促销包含优惠券等反应工具，就内置了评估措施。然而，除了反应和履行情况，品牌经理还经常衡量消费者对促销活动的知晓度、销售人员对促销活动的参与度，以及在线消费者反应的各种适当形式。衡量什么取决于促销目标。

总体上，相对于广告来说，促销效率可根据财务回报进行评估，这比对广告的评估更容易。将促销成本与促销带来的预计销售额相比较是一种**支出分析**（payout analysis）。**盈亏分析**（break-even analysis）旨在找到促销总成本超过总收益的点，并找到不能开展促销活动的那个点。

直接营销 直接营销传播的主要目标是推动交易或产生其他类型的即时行为反应，如捐赠或拜访经销商。促使这一营销传播工具对营销者有吸引力的原因在于反应容易衡量。有些广告要求通过免费电话、邮寄优惠券、网站、电子邮件地址或嵌入广告正文的报价来直接回应。广告主并不依赖于消费者记忆、对讯息说服力的衡量，或其他一些间接效果指标，而是简单计算购买产品或采取其他行动（如要求额外信息）的观众或读者数量。通过这种方式，直接营销机制是评估讯息效率和营销投资回报的最简单的IMC工具。

评估数字 IMC 工具　无论是广告、公共关系还是其他传播活动，都在线下和网上同时进行。数字绩效指标包括**网页浏览数**（page view）等网站流量或网站的访问者数量。横幅广告和其他广告使用点进率进行评估，如第 12 章所述。然而，业界已经认识到这种形式的广告效果正在下降。特别是弹出式横幅广告，它比横幅广告更能吸引眼球，但也更令人恼火。

有的广告不采用按点击付费方式，而采用**按引导数付费**（cost per lead），即按点进率所带来的潜在顾客人数来计算投资回报。一个更重要的指标是**转化率**（conversion rate），它是完成预期行动（例如玩游戏、订阅时事通讯或购买某些东西）的人的百分比。当然，在线销售也是衡量数字效果的一个重要测量指标。

在考虑对在线努力的评估时，需要理解的最重要一点是尽管网站过去常常表现出的主要数字特征是与目标受众连接，且是发生数字互动最多的地方，但如今已不再如此。今天，数字传播是多信道的（如台式机、移动、平板电脑、户外展示）和多平台的（社交分享、付费数字媒介，如横幅广告、电子邮件、消费者评论、视频分享、音乐、游戏等）。

因此，除了通过转化率（如从信息搜索到试用的转化率）和销售去评估数字传播努力，专家评估数字传播活动工具是根据提高知晓度和考虑集的能力，这是过去仅用于传统媒介的评估指标。消费者不再认为自己在传统媒介和数字媒介之间来回跳动，因为他们对品牌做出了承诺，所以我们必须尝试理解数字努力可能对他们的思考和感觉方式产生的影响。

16.4　评估媒介载具的绩效

如果没有人看到，品牌传播就几乎没有机会生效。分析媒介计划的有效性是评估传播活动的另一个重要部分。该计划是否真正实现了触达率和频次目标？投放在报纸和杂志上的广告是否得到了预期的位置，并产生了预期的毛评点和每千人成本？换句话说，品牌经理的付出是否得到了相应的回报？

媒介优化

当品牌经理优化使用 IMC 工具的组合时，所产生的品牌感知就会变得更强。媒介计划面临的最大挑战之一是媒介效率，即从投资中获得最大投资收益。正如第 14 章所述，媒介计划人员使用**媒介优化**（media optimization）计算机模型，就媒介选择、排期和权重（预算额度）做出决策。模型通常是理论性的，因此评估传播活动的一个重要好处是可将计划的实际表现与媒介计划人员的预测结果进行比较。媒介优化的目标是优化预算——以最少的支出获得最大的效果。例如，将实际媒介触达率、频次与预测的进行比较，发现未来的支出可以微调，以尽可能提高效率。

评估展露数

对于主要的传播活动，代理公司需要进行购后分析，其中包括检查媒介计划与每一媒介载具的表现。如前所述，一个关键的问题是传播活动是否完成了触达率和频次目标。

验证受众测量评估是一项挑战。媒介计划人员有时要花费数百万美元，因此他们承担不起任何失误的代价。对于印刷媒介，诸如媒介审计联盟（以前称为发行量审核局）、益博睿·西蒙斯（Experian Simmons，以前称为西蒙斯市场调查局）和MRI公司等能提供数据。同样，尼尔森公司为广播提供受众监测。媒介计划人员预先使用这些评估方法来制定媒介计划，媒介购买者在传播活动结束后用其验证媒介购买的累积效果。然而，当使用“影响”（impact）一词时，必须澄清一个重要的问题：当影响是由媒介受众的衡量标准来判断时，必须谨慎地看待这些数字。受众成员仅仅展露于营销传播并不意味着他们注意到了传播活动，媒介专业人士必须始终把这一点放在首位。

媒介计划人员需要选择媒介，其工作越来越复杂，他们被要求证明其推荐是明智的，因为在这些地区使用的数据有时遭到怀疑或不可靠，尤其是媒介测量公司的公式和报告系统有问题的时候。例如，尼尔森的电视收视率就受到了质疑。像传立媒介（MindShare）这样的媒介代理机构近年来取得了巨大进步，但其在线评估系统仍然不完善。

逐一评估载具

为了更好地理解媒介评估中遇到的障碍，让我们首先看一下难以评估媒介绩效的几个领域：家外媒介、数字媒介和另类媒介，然后回顾一些传统的媒介评估技术。

家外媒介　正如你所料，准确评估户外广告的移动受众是一项挑战。流量计数是可以检查的，但问题是流量并不等于展露数。一辆汽车经过一块广告牌并不意味着司机或乘客真的看到了它。

为了解决这个问题，交通审计局媒介测量公司（Traffic Audit Bureau for Media Measurement）创建了“交通审计局可视化研究项目”，使用眼球追踪技术来确定广告牌的版式和角度对受到注意的可能性有何影响。交通审计局对户外广告的测量甚至考虑了放置标牌的道路的速度限制。因此，尽管户外广告仍然面临评估的挑战，但人们正在努力更好地理解其影响。特别是，评估专家正试图超越交通流量来理解广告牌产生的情感影响。

数字媒介　直到最近，用于评估线下传播活动效果的衡量指标并没有很好地用于线上。过去，数字跟踪非常困难，离线跟踪在显示整合营销传播支出与结果之间的关系方面更为强大。然而，今天这种情况发生了变化，网络分析公司正在开发更加复杂的评估程序。也就是说，建立明确的数字媒介效果测量的一些障碍仍然存在，稍后本章将加以讨论。

另类媒介　诸如口碑、社交媒体、游击营销等另类媒介计划更难评估。媒介计划人员继续为这些新来源的展露数和蜂鸣传播提供可靠的指标，这等同于传统媒介的绩效指标测量。调查公司明略行公司设计了一个在线口碑指标，用于跟踪和分析在社交网络、博客和聊天室表达的情感。[9] 宝洁公司创建了 TREMOR 公司，开发了蜂鸣传播，还用于设计分析技术，以跟踪口碑传播活动的可测业务成果。另一个有趣的实验是由波士顿大学的大学生和 Mullen 广告公司开展的，使用推特来了解观众对超级碗大赛广告如何做出近乎即时的反馈。然而，与移动媒介一样，明确衡量另类媒介效果的障碍依然存在。

报纸读者人数测量 报纸和其他传统媒介的评估更直截了当。正如第 12 章介绍的那样，报纸以两种方式衡量受众：发行量或订阅量、**读者人数**（readership）或读者数。在传播活动事后评估中，会重新审视这些测量指标。广告代理商通过订阅以下一家或两家审计公司而获得报纸发行量和读者人数的客观检测：一个独立审计集团——媒介审计联盟，以及为全美近 80 个最大城市提供本地数据的士嘉堡调查公司。

杂志读者人数测量 正如第 12 章所述，杂志费率取决于出版商承诺提供的基本发行量及**受众总数**（total audience）或读者总数。

传播活动的事后评估需要验证杂志的发行量以及特定读者的人口统计特征和心理特征。至于报纸，媒介审计联盟负责核实杂志发行量。MRI 公司验证了许多受欢迎的国家和地区杂志（也有其他媒介）的读者人数，并通过人口统计学、心理图形学和产品使用来统计读者人数。益博睿·西蒙斯公司提供了有关谁阅读了哪些杂志以及这些读者购买和使用哪些产品的心理数据。盖洛普-罗宾森公司等研究公司提供的是有关杂志受众规模和行为的信息。

测量广播电视受众人数 在确保广播媒介传播活动的情况下，营销者会重新审视电台的**覆盖面**（coverage），这类似于印刷媒介的发行量、广播节目的收听率（由尼尔森音频提供）。对于电视，尼尔森数据可以帮助广告主了解一场传播活动实际触达的受众。收视率、份额、住户开机率和毛印象数需要再次讨论，以便比较预期与实际的受众情况。

既然已讨论了如何衡量单一整合营销传播工具和媒介绩效的一些细节，下一节将讲述整个整合营销传播活动评估中涉及的主要挑战。一些关键问题与如何整合传统媒介和新媒介的结果及其组合如何影响总体传播活动的结果相关。

16.5 整合营销传播活动评估面临的挑战

大多数整合营销传播活动使用各种工具和媒介来触达和刺激顾客做出反应。整体计划评估的主要挑战是将所有内容整合在一起并查看传播活动绩效（各组成部分的协同增效绩效）的大局，而不是单个工具。

随着公司从只考虑印象数等测量方法转变为密切关注转换率和消费者融入度的心智评估模式，它们越来越接近真正衡量总体传播活动成功的效果评估指标。这些更好的指标与正在进行的品牌跟踪研究中收集的重要指标相结合，可让营销者更全面地了解传播活动的绩效。也就是说，公司选择将哪些指标结合起来进行评估以及如何根据单个工具的重要性赋予一定权重因品牌而异，且仍然是一个激烈争论的领域。

测量投资回报率

广告主继续改进衡量**品牌传播投资回报率**（brand communication ROI）的方式，这样可以比较传播的成本与其产生的收入，但传播的财务影响力难以衡量，很难计算成本与销售比率。直接营销和销售促进活动（因为这些工具的影响力可以隔离和验证）的投资回报率比整个传播活动更容易计算。

一个与投资回报率相关的问题是支出多少是过多了。也就是说，你如何判断广告投放过多还是投放不足？回答这一问题的最好方法是**试销**（test marketing）。通过此方法，在几个不同但匹配（相似）的城市发起一场传播活动，涉及不同级别的媒介活动，然后比较不同市场的传播活动的结果（销售额或其他可追踪的反应），帮助品牌经理确定恰当的媒介支出水平和类型。

尽管试销能帮助品牌经理评估投资回报率，但还有一个因素是时间问题。在本章的开头提到，对广告影响短期销售结果和长期品牌化的能力存在争议。

南加州大学教授杰勒德·特里斯（Gerard Tellis）提醒我们，广告不仅具有**即时效果**（instantaneous effect）（消费者立即做出反应），还具有**延迟效果**（carryover effect）。[10] 任何对传播活动效果的评估都需随着时间的推移跟踪这两种效果。因此，即使测试市场已经建立起来，品牌分析师也面临一个挑战：在活动结束后，需要比较市场上传播活动持续时间的长短，这意味着投资回报率的测量仍然是主观的。

协同增效问题

评估传播活动（尤其是整合营销传播活动）的另一个问题是协同增效。直觉上，我们知道，与单源的单个讯息相比较，多渠道传播讯息会产生更好的效果，但这很难实证。

如果传播活动计划能很好地整合，意味着每个专业工具在讯息设计、传递和时间安排方面与其他专业工具结合，能产生**协同增效**（synergistic effect）作用。换句话说，总体结果大于单个工具的总和。

许多研究通过比较两个或三个工具的传播活动来评估整合营销传播的效果，以检测在组合中添加更多讯息来源时的效果。例如，《广告学刊》（*Journal of Advertising*）指出，一项实验研究发现，如果广告同时伴随着品牌的正面和负面的公共宣传，人们的反应大不相同。[11] 而在另一项研究中，广播广告效果实验室（Radio Ad Effectiveness Lab）报告说，使用广播和互联网广告组合而不单是网站广告时，广告回忆效果得到了增强。[12]《广告研究杂志》（*Journal of Advertising Research*）的一篇文章考虑了四个因素的相互作用：统一和一致的传播、定向上的战略一致性（针对不同受众的不同讯息）、数据库传播和关系计划。[13] 这些对整合营销传播平台和组成部分的研究已开始梳理出协同增效的作用，但要对整个传播计划的效果进行整体评估，还有很长的路要走。

衡量一场传播活动总体效果的最常用方法是前面提到的品牌跟踪方法。随着在传播活动中添加或去掉不同的工具，跟踪研究结果的变化就能显示效果，并能识别出最适合品牌的营销传播工具和媒介组合。换句话说，因为所用的工具和媒介各不相同，品牌经理会随着时间的推移逐渐跟踪研究结果，并询问品牌因为这场传播活动在形象的关键维度（个性和定位线索）上是否变得更佳。

评估计划的协同增效的最后一个复杂因素是需要考虑品牌传播活动之外的其他讯息和接触点。诸如顾客服务和口碑等品牌体验可能比计划的传播活动更重要。

根据默里（Murray）分析吉他被摔坏对美国联合航空（简称美联航）的品牌影响，有三点很夸张：

1. 关键管理决策很重要。在美联航的案例中，制作一流的产品、提供良好的顾客服务和体验涉及带给顾客可发现和享受的真实、有形、可感觉到的现实。没有任何促销炒作能弥补劣质产品。

2. 公司不应忽视或轻视社交媒体。社交媒体讯息向当前和预期顾客传递有用信息时本质上是强大的。在公司没有在大众媒介与其他付费信息来源上传播冲突性信息的情况下甚至会产生更大的影响力。无视社交媒体的影响是一个巨大的管理错误。

3. 管理品牌不只涉及良好的促销策略。保护品牌与公司形象通常涉及整合管理策略，其中要求促销决策做到：（1）能支持合理的管理和与产品有关的实践（如始终提供良好的、体贴的顾客服务）；（2）部署综合性促销策略，包括培育有利的社交媒体（并随时回应），而不是忽略所带来的负面讯息。最成功的做法是努力管理其媒介展露数，就像关注自身服务运营一样。那些令人不满意的航空公司，顾客上传的负面帖子很多，而榜样性的航空公司（如西南航空公司）几乎没有负面帖子。

数字挑战

在反映数字营销传播工作的成功时，营销者面临几个挑战。首先，营销者通常不清楚他们的业务目标而希望直接忽略数字评估。数字整合营销传播的核心是与目标受众建立联系，让他们做有价值的事情。因此，营销者必须提醒自己去实施数字评估计划，并考虑所需的业务成果。

其次，营销者必须制定恰当的数字**关键绩效指标**（key performance indicator），告诉我们数字传播是否正在推动企业走向成功。成功的衡量标准可以是直接的（如产品购买），也可以是间接的（如观看产品的播客，这表明产品购买最终会发生）。无论哪种方式，成功的指标必须是简洁明确的。

最后，数字传播评估必须以更广泛的、商业领袖能够理解的方式和语言来表达。由于可测的数字属性范围和可获的关键绩效指标范围，对传播绩效进行汇报会变得非常复杂。数字评估专家必须不断回归最初设定的业务目标，并在这些条件下进行传播。

要提醒的是，数字营销的效果指标及获得过程仍处于起步阶段。这一事实在2016年得到明确，当时脸书和推特都表示它们无意中夸大了社交网络上的视频和广告的观众人数。在一系列公告中，脸书承认其对观众人数和融入度的计算不准确。这一新闻导致营销者对脸书发布的效果指标失去信心，而推特的错误导致广告主支付的金额超出了应有的水平。由于此类不幸事件，脸书和业内其他公司已开始由媒介评估委员会（Media Rating Council）等独立公司对数字平台进行第三方效果测量审计。[14]

国际挑战

由于不同国家的市场差异（如语言、法律和文化规范）以及各种研究工具的可接受性不同，国际品牌传播难以评估。各种效果评估体系和数据分析技术之间也可能不兼容，难以将一个市场的数据与另一个市场的类似数据进行比较。不熟悉不同的文化、语言和消费者行为可能会导致重大失误，因此国际传播计划至少在初期应该关注预测试。

在一场传播活动结束后，国际传播评估至关重要但难以实现。国际传播活动评估复杂化的一个原因是各国在品牌知晓度、亲和力、住户开机率等指标背后的真实受众方面可能有不同的起点（传播活动事前测量）。因此，尽管可根据全球影响对传播活动进行分析，仍需一国一国地实施。此外，不同国家的消费者对收听量表的打分也不同。例如，亚洲一些地方的消费者可能认为，在 7 级量表上给品牌打低分不礼貌，因此报告的得分会言过其实。

国际整合营销传播评估的最后一个困难在于所有跨国公司所经历的基本传播挑战。让管理人员跨越国界能够且应该达成意见一致地解释评估的方法不是一件容易的事。

16.6 重返全局：传播活动奏效了吗

传播活动绩效的最终测量标准是一个看似简单的问题。该传播活动是否实现了计划过程设定的目标？由于计划过程可能不完善，因此该问题并不总是那么简单。

一项具体的传播活动可以开发出一个效果模型，过去常常既用于活动计划，又用于评估效果。例如，滑雪度假胜地的目标之一是尽早获得收入。在滑雪季来临之前，为了让入场券持有者保持忠诚和吸引有竞争力的入场券持有者，维尔度假村（Vail Resorts）推出了创新的科罗拉多入场券俱乐部（CPC），以两周一次的电子邮件形式出售，邮件中有促销、报价、对入场券持有人的专用折扣，包括从餐饮、票务活动到打折住宿和装备的促销活动优惠。这些活动得到了广播插播广告和入场券俱乐部专门网站的支持。结果是什么？滑雪季门票的销售量增加了 12%。尽管降雪量历史最低，经济陷入困境，但还是有增长。入场券持有人喜欢品牌关系建设活动，维尔度假村也是如此。

还记得本章开篇的 Adobe 公司“废话”主题传播活动吗？Adobe 公司使用各种平台和媒介去触达专业营销者，他们发出了一个令人瞩目的信息，即直接说出他们面临的一个主要问题。这场主题传播活动受到了极大的关注，但它是否实现了访问、查询和销额目标？可在本章末的“成功秘诀”专栏中找到答案。

连接点：测量需要重返预期目标

有能力的品牌传播经理会回归主题传播活动的目标（预先设定的各种预期效果），然后根据这些目标来充分和实际地衡量传播活动的绩效。在此有一个案例证实了如何将评估方法与传播活动的原有目标相匹配。

艾菲奖获得者联合包裹服务公司希望通过提升其包裹递送形象来重新定位自己。[15]虽然公司主导地面递送业务，但它在隔夜和国际包裹市场中输给了联邦快递。联合包裹服务公司从其顾客调查中了解到，为了突破对其"棕色与地面"的感知，必须改变运输经理的一贯认知，即把联合包裹服务公司当作地面包裹业务经营者，而把联邦快递当作隔夜和国际包裹业务经营者。该公司还不得不将高级主管的感知从处理包裹的公司转变为有系统规划的战略合作伙伴。从这些洞察中得出三组目标，重点是提高知晓度、淡化刻板印象和打破模糊的相关性。

以下是传播活动实现目标的绩效情况。请注意，采用感知、图像和行为测量的组合。过去所收集的基线和基准使得衡量成为可能。在缺乏此类数据的情况下，品牌经理或代理商很难指出显著增加或"获胜"的地方。

目标1：提高知晓度

- "棕色"主题传播活动的知晓度超过10多年品牌追踪研究历史上所测量的所有联合包裹服务公司的广告。
- 知晓这一主题传播活动的人能对与联合包裹服务公司品牌的连接予以更新，这类人从占所有受众的95%提升到了98%（公司过去的广告，历史平均比例是20%～40%）。
- "棕色能为你做什么"已在流行文化中占据一席之地。例如，电视节目《周六夜现场》和《交易空间》（Trading Spaces）中提及了宣传语。

目标2：淡化刻板印象

- 对于运输决策者而言，该品牌在关键评估方面取得了稳定且显著的增长，例如"帮助我的运营更顺畅""不断变化和充满活力""提供了广泛的服务"。
- 在该主题传播活动开始后，国际运输业务的盈利增长150%，隔夜交易量飙升9.1%。定向公司的总包装业务量增加4.39%。
- 从3月份主题传播活动开始到年底，地面运输业务的年度收入增长3亿美元。
- 该主题传播活动产生轰动效应，反应率为10.5%，投资回报率为1∶3.5。换句话说，主题传播活动每花1美元，就会产生3.50美元的收入。

目标3：打破模糊的相关性

- 联合包裹服务公司率先开展品牌追踪研究10多年，在高层决策者形象测量方面领先联邦快递。所有重要的品牌形象评估持续上升。
- 在高层决策者中，最大的收益来自关键评估，如"像我这样的人""作为我公司的战略合作伙伴""帮助分销和供应链运营""提供全球竞争优势"。
- 在主题传播活动一开始，年度非包裹业务（供应链）的收入约为14亿美元。截至年底，非包裹业务的收入几乎翻了一番，达到27亿美元。这种收入增长无疑代表了整合营销传播计划的成功。

"棕色能为你做什么"主题传播活动成功地将联合包裹服务公司重新定位在运输业，成为各种商业服务的多功能提供商。通过两次后续主题传播活动——"我爱物流"（We ♥Logistics）和"综合问题的解决者"（United Problem Solvers），联合包裹服务公司进一步强化重新定位。所有这些努力都旨在支持联合包裹服务公司有更广泛的战略，即在商业服务中获取更多利润。例如，为医院和药房提供温度敏感型医疗运输，并帮助实体零售商处理电子商务的物流运输和退货。[16]

成功秘诀

评估标准不是谬论：Adobe 系统

没有更多的“废话”

在本章开头我们了解到，Adobe 公司使用挑衅性传播活动去挑战营销谬论，从而将其营销云产品推向了数字度量市场。其传播效果如何呢？

在主题传播活动开启的当天，营销云网站的流量增加了近 10 倍。在前 3 天内，Adobe 公司引发了超过 2 200 个社交媒体提及，该传播活动视频系列的观看量达到 110 万次。在第一周结束时，Adobe 公司在媒体投放 60 多次，包括与美国消费者新闻与商业频道（CNBC）、《纽约时报》、Mashable 和福布斯等顶级媒体合作。在整个传播活动过程中，Adobe 公司：

- “评估标准不是谬论”视频系列的观看量达 9 600 万次。
- 直接销售查询增加 45%。
- 在社交媒体渠道上“Adobe 营销云”的提及量超过 5 000 次，推特主题标签“评估标准不是谬论”（#MetricsNotMyths）几乎是积极/中立的。
- 超过目标，推动数字营销页面的访问量上升 206%。
- 使其脸书社区增加 40%以上。
- 实现 5 倍的融入度目标，提及评分上升 30%。
- 在每个品牌跟踪器品类的数字营销领域，Adobe 公司都有两位数的增长。

图 16－3 反映了“销售漏斗”是如何使这场主题传播活动奏效的。

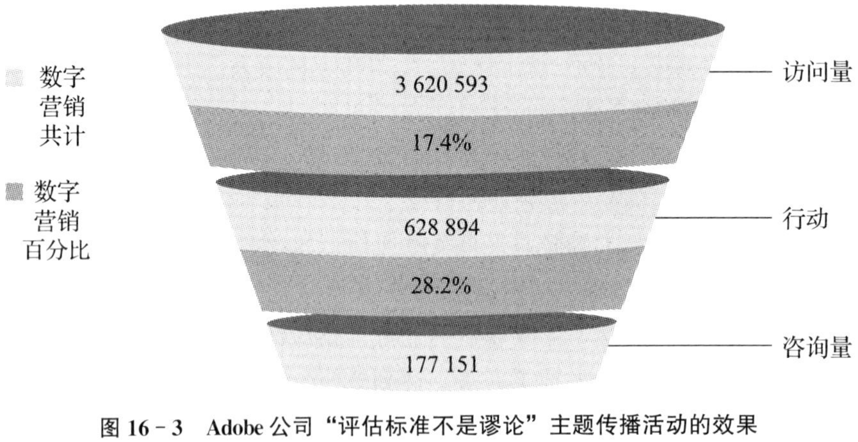

图 16－3 Adobe 公司“评估标准不是谬论”主题传播活动的效果

“评估标准不是谬论”主题传播活动的成功表明早就应该开展营销专业人士之间关于数字营销效果的对话。该讯息赢得了专业数字营销者的好评，他们希望在其组织中“从零变成主角”。Adobe 公司在每个指标上都超出主题传播活动的目标，为公司赢得了心智份额、市场空间以及新的数字营销类收入。这些可不是废话。

复习题

1. 为什么设定传播活动目标很重要？
2. 为什么传播活动评估比过去更重要？
3. 什么是单源研究？扫描仪数据如何与之相关？
4. 什么是媒介优化？如何评估其实现程度？
5. 为什么整合营销传播活动难以评估？
6. 评估数字传播活动会有哪些挑战？

讨论题

1. 大多数客户希望快速简单地回答整合营销传播计划是否奏效的问题。然而，广告专业人士认为，仅着眼于销售的评估方法是不合适的。他们为什么这么想？如果你正在帮助代理机构准备其传播活动效果的演示文稿，你建议该机构如何解释使用单一销售指标评估传播活动的想法？

2. 你正聘请一家研究咨询公司来帮助一个客户评估其传播活动的有效性。其中一位顾问建议使用焦点小组访谈来评估其有效性；另一位顾问表示焦点小组访谈对传播活动评估不是很有效，建议采取其他方法。你认为哪种观点最具洞察力？对于传播活动评估的目的，最常使用的是定性调查还是定量调查？

3. 浏览两家整合营销传播评估公司的网站，如 Ameritest 调查公司（www. Ameritest. net）、益普索品牌与广告研究公司（www. ipsos. com）、明略行公司（www. millwardbrown. com）或沙宾特咨询公司（www. sapieni. com）。比较它们提供的服务。如果你正在寻找一家公司来评估传播活动的回忆度，你更喜欢哪一家公司？为什么？如果你正在寻找一家公司来评估传播活动的数字效果，你会选择哪一家公司？为什么？

注释

图书在版编目（CIP）数据

广告学：原理与实务：第 11 版 /（美）桑德拉·莫里亚提等著；桂世河，汤梅译. -- 北京：中国人民大学出版社，2021.11

（工商管理经典译丛. 市场营销系列）

ISBN 978-7-300-29690-6

Ⅰ.①广… Ⅱ.①桑… ②桂… ③汤… Ⅲ.①广告学 Ⅳ.①F713.80

中国版本图书馆 CIP 数据核字（2021）第 220525 号

工商管理经典译丛·市场营销系列

广告学：原理与实务（第 11 版）

［美］ 桑德拉·莫里亚提 南希·米切尔 查尔斯·伍德 威廉·维尔斯 著

桂世河 汤 梅 译

Guanggaoxue：Yuanli yu Shiwu

出版发行	中国人民大学出版社		
社　　址	北京中关村大街 31 号	**邮政编码**	100080
电　　话	010－62511242（总编室）		010－62511770（质管部）
	010－82501766（邮购部）		010－62514148（门市部）
	010－62515195（发行公司）		010－62515275（盗版举报）
网　　址	http://www.crup.com.cn		
经　　销	新华书店		
印　　刷	北京宏伟双华印刷有限公司		
规　　格	185 mm×260 mm　16 开本	**版　　次**	2021 年 11 月第 1 版
印　　张	26 插页 1	**印　　次**	2021 年 11 月第 1 次印刷
字　　数	556 000	**定　　价**	79.00 元

Pearson

尊敬的老师：

您好！

为了确保您及时有效地申请培生整体教学资源，请您务必完整填写如下表格，加盖学院的公章后以电子扫描件等形式发我们，我们将会在 2～3 个工作日内为您处理。

请填写所需教辅的信息：

采用教材			□ 中文版　□ 英文版　□ 双语版
作　者		出版社	
版　次		ISBN	
课程时间	始于　　年　月　日	学生人数	
	止于　　年　月　日	学生年级	□ 专科　□ 本科 1/2 年级 □ 研究生　□ 本科 3/4 年级

请填写您的个人信息：

学　校			
院系/专业			
姓　名		职　称	□ 助教 □ 讲师 □ 副教授 □ 教授
通信地址/邮编			
手　机		电　话	
传　真			
official email（必填） （eg：×××@ruc. edu. cn）		email （eg：×××@163. com）	
是否愿意接受我们定期的新书讯息通知：　□ 是　□ 否			

系/院主任：______________（签字）

（系 / 院办公室章）

____年____月____日

资源介绍：

——教材、常规教辅资源（PPT、教师手册、题库等）：请访问 www. pearsonhighered. com/educator。（免费）

——MyLabs/Mastering 系列在线平台：适合老师和学生共同使用；访问需要 Access Code。（付费）

地址：北京市东城区北三环东路 36 号环球贸易中心 D 座 1208 室（100013）

Please send this form to：copub. hed@pearson. com

Website：www. pearson. com

教师教学服务说明

中国人民大学出版社管理分社以出版经典、高品质的工商管理、统计、市场营销、人力资源管理、运营管理、物流管理、旅游管理等领域的各层次教材为宗旨。

为了更好地为一线教师服务，近年来管理分社着力建设了一批数字化、立体化的网络教学资源。教师可以通过以下方式获得免费下载教学资源的权限：

在中国人民大学出版社网站 www. crup. com. cn 进行注册，注册后进入“会员中心”，在左侧点击“我的教师认证”，填写相关信息，提交后等待审核。我们将在一个工作日内为您开通相关资源的下载权限。

如您急需教学资源或需要其他帮助，请在工作时间与我们联络：

中国人民大学出版社　管理分社

联系电话：010-82501048，62515782，62515735

电子邮箱：glcbfs@crup. com. cn

通讯地址：北京市海淀区中关村大街甲 59 号文化大厦 1501 室（100872）